Direito Industrial

Direito Industrial

NOÇÕES FUNDAMENTAIS

2020 • 2ª Edição • Reimpressão

Pedro Sousa e Silva
Professor da Universidade de Aveiro
Advogado

ALMEDINA

DIREITO INDUSTRIAL
NOÇÕES FUNDAMENTAIS

AUTOR
Pedro Sousa e Silva

EDITOR
EDIÇÕES ALMEDINA, S.A.
Rua Fernandes Tomás, nºs 76, 78 e 80
3000-167 Coimbra
Tel.: 239 851 904 · Fax: 239 851 901
www.almedina.net · editora@almedina.net

DESIGN DE CAPA
FBA.

PRÉ-IMPRESSÃO
EDIÇÕES ALMEDINA, S.A.

IMPRESSÃO E ACABAMENTO
ACD Print, S.A.

Agosto, 2020

DEPÓSITO LEGAL
461588/19

ALMEDINA | GRUPOALMEDINA

BIBLIOTECA NACIONAL DE PORTUGAL – CATALOGAÇÃO NA PUBLICAÇÃO

SILVA, Pedro Sousa e

Direito industrial: noções fundamentais. – (Manuais profissionais)
ISBN 978-972-40-8119-9

CDU 347

NOTA PRÉVIA

Os oito anos decorridos sobre a primeira edição deste *Direito Industrial* e o acolhimento que teve, a nível profissional e académico, seriam incentivo bastante para o actualizar e aperfeiçoar. Mas foi a publicação do novo Código da Propriedade Industrial e a consequente desactualização do texto que me levaram a não protelar mais a sua revisão.

Ao reler o texto inicial, com o distanciamento que o tempo nos dá, tive oportunidade para repensar alguns temas, corrigir insuficiências e preencher várias lacunas, num esforço que, se não melhorou a obra, terá pelo menos beneficiado o seu autor.

O maior trabalho de revisão incidiu, sem surpresa, sobre o domínio das marcas, reflectindo as alterações decorrentes da transposição da Directiva 2015/2436, de harmonização dos direitos nacionais relativos a estes sinais distintivos. Paralelamente, as mudanças impostas pela Directiva 2016/943, relativa à protecção dos segredos comerciais, repercutiram-se no capítulo dedicado à concorrência desleal, visto que a tutela desses bens imateriais passou a dispor de um regime autónomo. Remodelação profunda sofreu, também, o capítulo dos desenhos ou modelos, reflectindo parte da minha investigação de doutoramento, concluído com uma tese publicada em 2017 sob o título *A Protecção Jurídica do Design*. Igualmente reformulado foi o texto relativo às denominações de origem e indicações geográficas, domínio em que a regulamentação e a jurisprudência europeias introduziram alterações substanciais. A matéria das patentes beneficiou de diversos melhoramentos, feitos em colaboração com o meu filho e colega Nuno, que mais uma vez assumiu o papel de primeiro leitor e mais certeiro crítico dos meus escritos. À imagem do que sucedeu na primeira edição, também agora contei, no capítulo da fiscalidade, com a colaboração amiga e competente do Dr. Avelino Antão, meu colega na Universidade de Aveiro. A parte restante da obra, além de espelhar as alterações legislativas e a jurisprudência dos últimos anos, manteve-se essencialmente inalterada, sem prejuízo de alguns retoques pontuais.

O que espero não tenha mudado é o perfil despretensioso deste manual, que a mais não aspira que ser útil a quem principia ou trabalha nesta fascinante área do direito.

Porto, 15 de Julho de 2019

NOTA PRÉVIA À 1ª EDIÇÃO

Este livro constitui, despretensiosamente, um manual. Concebido inicialmente com intuito pedagógico, a pensar nos meus alunos da licenciatura em Marketing da Universidade de Aveiro, acabou afinal por assumir outra dimensão e visar um público mais alargado.

O texto é parcialmente tributário de escritos preparatórios de intervenções nos cursos de pós-graduação em Direito Industrial da Faculdade de Direito de Lisboa e da Associação Portuguesa de Direito Intelectual, que o dinamismo e a largueza de espírito do Professor Oliveira Ascensão transformaram na entidade mais fecunda e influente neste domínio científico, em Portugal. Alguns capítulos, como os relativos aos Modelos de Utilidade e às Denominações de Origem e Indicações Geográficas, viram mesmo a luz do dia no âmbito dos volumes VI e VII do "Direito Industrial", obra colectiva editada pela APDI e pela FDUL. A intensa e gratificante colaboração com estas entidades, ao longo da última década, tem sido um estímulo determinante para o aprofundamento de temas que, de outro modo, deixaria de lado.

Mas a maior parte da obra foi escrita – ou (re)escrita – propositadamente para este manual, que pretende ser útil, também, aos aplicadores do Direito Industrial, abordando de forma estruturada os domínios fundamentais desta disciplina, além de outras matérias relevantes, mas frequentemente ignoradas, como as questões tributárias e processuais da Propriedade Industrial. Também por isso, é um livro com um acentuado pendor prático. O que explica que o necessário tratamento dogmático dos temas seja feito na medida do essencial, deixando a autores mais apetrechados e motivados nessa valência a tarefa de desbravar novos caminhos na floresta dos princípios gerais. Este pragmatismo explica, ainda, certas opções sistemáticas, como a chamada de alguns temas à Introdução ou a inclusão da Concorrência Desleal na terceira parte do livro, relativa aos aspectos comuns do Direito Industrial, quando seria dogmaticamente preferível autonomizá-la. Pretendo, sobretudo, que o leitor principiante consiga, ao longo do texto, adquirir progressivamente as noções necessárias à construção sustentada deste conhecimento, largamente cumulativo.

A terminar, duas linhas de gratidão para quem, de forma mais remota ou mais próxima, contribuiu para a existência desta obra. Devo ao meu colega e amigo Carlos Maria Pinheiro Torres um apoio e um incentivo permanentes para iniciar... e terminar este livro. Ao meu amigo Pedro Maia, da Faculdade de Direito de Coimbra, a paciência de ler o texto original e a generosidade de me ter feito sugestões que reflectem a sua reconhecida inteligência. Ao Dr. Avelino Antão, distinto revisor oficial de contas e meu colega na Universidade de Aveiro, agradeço a revisão do capítulo respeitante à fiscalidade. Do Eng. Pedro Pelayo de Sousa, ilustre agente oficial da propriedade industrial, recebi um auxílio precioso na elaboração dos diagramas relativos ao registo de marcas e patentes, no plano interno e internacional. Por fim, ao meu filho Nuno, co-autor do capítulo relativo à firma, devo inúmeras sugestões e as críticas mais certeiras que este trabalho recebeu. Esta obra seria muito diferente, e não para melhor, se eu não tivesse contado com a sua companhia e entusiasmo, ao longo deste percurso.

Porto, 28 de Julho de 2011.

PRINCIPAIS ABREVIATURAS UTILIZADAS

Ac. – Acórdão
Art. – Artigo
BMJ – Boletim do Ministério da Justiça
BEP – Boletim Europeu de Patentes
BPI – Boletim da Propriedade Industrial
CC – Código Civil
CDACD – Código do Direito de Autor e dos Direitos Conexos
CIRC – Código do Imposto sobre o Rendimento das Pessoas Colectivas
CIRS – Código do Imposto sobre o Rendimento das Pessoas Singulares
CIS – Código do Imposto do Selo
CJ – Colectânea de Jurisprudência
CMLR – Common Market Law Review
Col. – Colectânea de Jurisprudência do Tribunal de Justiça e do Tribunal Geral da União Europeia (anteriormente a 1986, "Recueil de Jurisprudence de la CJCE", abreviadamente "Rec.")
CPC – Código de Processo Civil
CPE – Convenção de Munique (Patente Europeia)
CPI – Código da Propriedade Industrial
CSC – Código das Sociedades Comerciais
CUP – Convenção da União de Paris de 1883

DHM – Directiva (UE) 2015/2436 do Parlamento Europeu e do Conselho de 16 de Dezembro de 2015 que harmoniza as legislações dos Estados-Membros em matéria de marcas (revoga e substitui a Directiva 2008/95/CE do P.E. e do Conselho de 22.10.2008)
DL – Decreto-Lei
DM – Desenhos ou Modelos
DI – Revista de Direito Intelectual
DO – Denominação de Origem
DR – Diário da República
DPI – Direito de Propriedade Industrial (ou direitos de Propriedade Industrial)
EUIPO – Instituto da Propriedade Intelectual da União Europeia (sigla na designação inglesa)
IEP – Instituto Europeu de Patentes
IG – Indicação Geográfica
INPI – Instituto Nacional da Propriedade Industrial
LOSJ – Lei da Organização do Sistema Judiciário
MUE – Marca da UE / Marca da União Europeia
OCDE – Organização para Cooperação e Desenvolvimento Económico
OMC – Organização Mundial do Comércio
OMPI – Organização Mundial da Propriedade Intelectual
PCT – Patent Cooperation Treaty (Tratado de Cooperação em Matéria de Patentes)
Rel. – Relator
RC/RE/RG/RL/RP – Relação de Coimbra/Relação de Évora/Relação de Guimaães/Relação de Lisboa/Relação do Porto
RDM – Regulamento (CE) nº 6/2002 do Conselho de 12 de Dezembro de 2001 sobre Desenhos ou Modelos Comunitários
RLJ – Revista de Legislação e de Jurisprudência
RMUE – Regulamento (UE) 2017/1001 do Parlamento Europeu e do Conselho de 14 de Junho de 2017 sobre a marca da União Europeia (revoga o Regulamento (CE) 207/209 do Conselho de 27 de Fevereiro de 2009, sobre a Marca Comunitária).

RNPC – Registo Nacional de Pessoas Colectivas
ROA – Revista da Ordem dos Advogados
RRNPC – Regime do Registo Nacional de Pessoas Colectivas (aprovado pelo DL 129/98, de 13 de Maio)
RTDE – Revue Trimestrielle de Droit Européen
Sent. – Sentença
STJ – Supremo Tribunal de Justiça
TComL/TComG – Tribunal de Comércio de Lisboa / Tribunal de Comércio de Vila Nova de Gaia
TFUE – Tratado Sobre o Funcionamento da União Europeia (que substituiu o Tratado da Comunidade Europeia, conhecido por "Tratado de Roma")
TPI – Tribunal da Propriedade Intelectual
TG – Tribunal Geral (anteriormente designado Tribunal de Primeira Instância da União Europeia)
TJ – Tribunal de Justiça
TRIPS – Trade Related Intellectual Property Rights (ADPIC – Acordo sobre os Direito da Propriedade Intelectual Relacionados com o Comércio)

Capítulo I
Introdução

1. Preliminar

A disciplina da Propriedade Intelectual contraria frontalmente uma inclinação natural do ser humano: a tendência para a imitação.

É por imitação que o homem aprende a falar. É por imitação que aprende as regras básicas da convivência social. É também por imitação, sobretudo do exemplo de quem lhe é próximo, que forma a sua escala de valores e estrutura a sua personalidade.

Ora a chamada Propriedade Intelectual – e a Propriedade Industrial, em particular –, vem precisamente reprimir essa tendência: admite que se proíba que um dado comportamento humano, eventualmente apreciado ou bem sucedido, seja reproduzido por outra pessoa, interessada em obter os mesmos efeitos benéficos que resultaram da conduta alheia. Proíbe-se assim a cópia de obras de arte. Proíbe-se o uso de símbolos iguais para assinalar produtos ou serviços idênticos ou afins. Proíbe-se a exploração de certos inventos ou criações estéticas, durante um período julgado suficiente para o seu criador as explorar em exclusivo.

Trata-se, evidentemente, de situações excepcionais. Pois a regra é, e continua a ser, a liberdade de imitação – ressalvados os casos extremos da imitação servil, que podem redundar em concorrência desleal. Mas o registo de marcas, a concessão de patentes de invenção ou a tutela dos direitos de autor geram verdadeiros monopólios de exploração de determinadas criações, que ficam reservadas em exclusivo ao seu titular, com exclusão de todas as outras pessoas.

Não tinha que ser assim. E nem sempre foi assim. No tempo de Mozart era frequente um compositor usar peças musicais alheias, compondo a partir delas, no que era considerado uma homenagem ao criador original, a quem frequentemente eram dedicadas as obras derivadas. E se o legislador julgou oportuno privar a sociedade desta margem de liberdade – ao atribuir direitos de carácter exclusivo –, fê-lo por considerar que a própria sociedade, como um todo, teria algo a ganhar com isso: o estímulo à criação artística ou técnica de que todos beneficiariam, no caso dos direitos de autor, das patentes de invenção, modelos de utilidade e topografias de semi-condutores; e também, em certa medida, dos desenhos ou modelos; ou a ordenação da concorrência, mediante a identificação e distinção dos produtos ou serviços (ou dos empresários), através de sinais distintivos como marcas, firmas, logótipos, e ainda, noutra perspectiva, denominações de origem e indicações geográficas.

Ao longo dos anos, estas opções legislativas têm vindo a evoluir, ao sabor das orientações políticas dominantes, ou dos *lobbies* mais influentes a cada momento: conta-se que, de cada vez que a imagem do Rato Mickey estava em vias de cair no domínio público, o legislador norte-americano aumentava a duração dos direitos de autor, que hoje se situa em... 70 anos a contar da morte do autor. Aliás, a duração das patentes de invenção foi há alguns anos alargada de 15 para 20 anos, alegadamente para estimular a investigação científica e técnica; quando nunca, como nas últimas décadas, terá havido tanto investimento (e, porventura, tanto lucro...) nessas áreas da criação humana.

Assim, importa ter presente para que serve, efectivamente, a Propriedade Intelectual. E agir em consonância com a sua verdadeira função. É que, no momento em que se concede a alguém um direito exclusivo de exercer uma actividade, estão a privar-se milhões de outras pessoas da liberdade de fazer o mesmo. Está a proibir-se o resto da população de praticar um acto que de outra forma seria livre. Por isso, os exclusivos devem ser concedidos com parcimónia, apenas na medida do indispensável para assegurar um retorno económico adequado a quem investiu e criou algo de *efectivamente* novo. E sem perder de vista que o progresso da Humanidade não se dá bem com privilégios e monopólios, bastando olhar a História para compreender que foi a liberdade e a expansão do comércio que fizeram avançar a Economia, as Descobertas e a própria Ciência.

2. Conceito de Direito Industrial

A designação "Direito Industrial", usada em alternativa a "Direito da Propriedade Industrial"[1], abrange uma parte limitada de uma categoria mais ampla, o "Direito da Propriedade Intelectual". Esta categoria cobre assim, além do mais, o Direito de Autor e os Direitos Conexos, destinados a atribuir direitos exclusivos sobre criações do foro artístico e literário[2]. A escolha da designação "Direito Industrial", no âmbito desta obra, resulta do entendimento perfilhado, no ponto seguinte, acerca da natureza dos direitos de propriedade industrial[3]; o que não impedirá que, ocasionalmente, se use a designação tradicional de "Propriedade Industrial", que é aliás empregue pelo legislador português.

O Direito Industrial, em si mesmo, cobre dois grandes domínios: a **tutela da inovação** (técnica ou estética), incluindo o regime das *Patentes de Invenção*, dos *Modelos de Utilidade*, das *Topografias dos Produtos Semicondutores*, dos *Direitos de Obtenção Vegetal*, bem como dos *Desenhos ou Modelos*; e a protecção dos **sinais distintivos do comércio**, nomeadamente das *Marcas*, dos *Logótipos*, das *Denominações de Origem e Indicações Geográficas*, bem como, em certo sentido, das *Firmas* e das próprias *Recompensas*.

A disciplina destas duas áreas tem de comum envolver a atribuição, a certas pessoas, de direitos exclusivos de utilização de determinados bens imateriais, relativos à inovação ou à diferenciação empresarial, proibindo todas as demais de utilizar esses mesmos bens. Mas estas duas categorias distinguem-se claramente na sua função e em muitos traços do seu regime: enquanto os direitos relativos à tutela da inovação visam incentivar a criatividade nos domínios da técnica e da estética industrial (através da atribuição

[1] Na literatura jurídica portuguesa a designação "Direito Industrial" é adoptada, entre outros, por OEHEN MENDES (*Direito Industrial* – I, 1983/84), OLIVEIRA ASCENSÃO (*Direito Comercial* – Vol. II, *Direito Industrial*, 1988) e por COUTO GONÇALVES (*Manual de Direito Industrial*, 2019). No estrangeiro, essa designação é utilizada pelo menos em Itália, v.g. por FRANCESCHELLI (*Trattato di Diritto Industriale*, Vol. I, 1961) e por VANZETTI e DI CATALDO (*Manuale di Diritto Industriale*, 2018). Mas mesmo os autores que adoptam esta terminologia, reconhecem a dificuldade de definir com rigor os limites desta disciplina que, para alguns, deveria até incluir os direitos de autor e o direito da concorrência.

[2] Embora actualmente os direitos de autor respeitem a obras de natureza muito variada, indo das obras literárias às composições musicais, fotografias, filmes, belas artes, passando pelas obras de arquitectura e as chamadas "obras de arte aplicadas", sobre que falaremos *infra*, a propósito do regime dos desenhos e modelos.

[3] Ao longo do texto abreviadamente designados por "DPI".

de exclusivos temporários de exploração), o grupo dos sinais distintivos destina-se a ordenar a concorrência no mercado (mediante a atribuição de sinais privativos de identificação dos produtos, dos serviços ou das empresas, de duração indefinidamente renovável).

Como adiante veremos, as *patentes de invenção*, reguladas pelos arts. 50º a 115º do Código da Propriedade Industrial[4], atribuem ao inventor um exclusivo de exploração, até ao máximo de 20 anos, sobre um invento do domínio da técnica; o registo dos *modelos de utilidade*, nos termos dos arts. 119º a 152º, destina-se a inventos menos relevantes, também do foro da técnica, conferindo um exclusivo com duração máxima de 10 anos; as *topografias de produtos semi-condutores* (os vulgarmente designados "chips" electrónicos), podem beneficiar de um direito privativo de exploração até 10 anos, conforme dispõem os arts. 153º a 172º; o registo dos *desenhos e modelos* garante um exclusivo sobre a aparência dos produtos, que pode durar até 25 anos, nos termos dos arts. 173º a 207º.

O elenco dos sinais distintivos não consta apenas do CPI, já que a *firma* – isto é, o nome do comerciante – está regulada simultaneamente no Código das Sociedades Comerciais e no Decreto-Lei nº 129/98, de 13 de Maio, que disciplina o Registo Nacional de Pessoas Colectivas. No CPI, os arts. 208º a 269º estabelecem o regime das *marcas*, que constituem sinais destinados a assinalar produtos ou serviços. Os *logótipos*, destinados a assinalar entidades (em geral), vêm regulados nos arts. 281º a 294º; e a disciplina das *denominações de origem e indicações geográficas*, sinais de utilização colectiva destinados a indicar a proveniência geográfica dos produtos, consta dos arts. 299º a 309º. O CPI contém ainda, nos arts. 270º a 280º, normas relativas ao registo e utilização das *recompensas*, que consistem em prémios e distinções atribuídos por entidades oficiais ou oficialmente reconhecidas.

A par destes regimes de protecção, nacionais, há que assinalar a disciplina dos *Desenhos e Modelos Comunitários* e da *Marca da UE*, cujo registo incumbe ao Instituto da Propriedade Intelectual da União Europeia, sedado em Alicante, Espanha[5], para além da protecção das Denominações de Origem

[4] Ao longo do texto, abreviadamente, "CPI". Todas as disposições legais doravante mencionadas sem qualquer outra referência devem considerar-se como pertencentes a este código, na sua versão actual, aprovada pelo DL nº 110/2018, de 10 de Dezembro.

[5] Anteriormente denominado "Instituto de Harmonização do Mercado Interno" ("IHMI"). Ao longo do texto, o Instituto da Propriedade Intelectual da União Europeia será abreviadamente designado pela sua sigla inglesa, "EUIPO", de utilização generalizada.

e Indicações Geográficas registadas na Comissão Europeia e da tutela das variedades vegetais. Estes regimes, cada vez mais importantes, constam de regulamentos europeus que integram, evidentemente, o domínio do Direito Industrial.

Apesar de dogmaticamente não fazer parte da Propriedade Industrial, na sua concepção clássica, os sucessivos Códigos da Propriedade Industrial têm vindo a incluir a disciplina da Concorrência Desleal, tipificando-a e estabelecendo as sanções aplicáveis a esta infracção, como sucede nos arts. 311º e 330º do CPI. Aqui já não se trata de atribuir e defender quaisquer direitos privativos, mas sim de reprimir comportamentos censuráveis, no âmbito da luta concorrencial, que sejam julgados "contrários às normas e usos honestos de qualquer ramo da actividade económica". São pois reprimidos e sancionados, como contra-ordenações, actos de concorrência exercida de forma desleal, nomeadamente mediante actos de confusão, de agressão ou de aproveitamento indevidos, em prejuízo dos concorrentes. Assumindo uma lógica semelhante, a Protecção dos Segredos Comerciais é disciplinada nos artigos 313º a 315º, 331º e 351º a 357º do CPI, tutelando informações secretas dotadas de valor comercial e reprimindo a sua obtenção, utilização ou divulgação indevidas.

3. Natureza do Direito Industrial

Convém esclarecer que, apesar de estes direitos privativos serem habitualmente designados por "Propriedade Industrial", não é de uma verdadeira propriedade que aqui se trata[6]. Os direitos exclusivos sobre marcas,

[6] As designações "Propriedade Intelectual", "Propriedade Industrial" ou "Propriedade Artística e Literária" surgiram na sequência da Revolução Francesa, quando se pretendeu reconhecer aos autores um direito de exclusividade sobre a exploração económica das suas obras. Esse direito, apesar de relativo a realidades incorpóreas, mostrava-se análogo ao direito de propriedade sobre coisas corpóreas, na medida em que deveria ter carácter absoluto (oponibilidade *erga omnes*) e dimensão patrimonial. Pelo que, naturalmente, surgiu a concepção da "propriedade" intelectual – considerada, nas célebres palavras de Le Chapelier (relator do decreto francês de 1791 que reconheceu direitos exclusivos sobre obras dramáticas) "a mais sagrada, a mais inatacável e a mais pessoal de todas as propriedades". Mas, na realidade, e como demonstra categoricamente Siva Vaidhyanathan (*Copyrights and Copywrongs*, 2001, pp. 37 e ss.), na origem do "copyright" está um direito do *editor* e não do autor; mais concretamente, as raízes deste regime situam-se no "Stationer's charter" de 1557, da rainha inglesa Maria Tudor, que atribuiu à corporação dos tipógrafos o monopólio de impressão de livros, sujeitando-a a prévia autorização da coroa. Aliás, como sublinha André Bertrand, a fonte

invenções, ou desenhos e modelos não têm a mesma natureza do direito de propriedade, nem constituem propriamente direitos reais, apesar de terem algumas das suas características típicas: conteúdo patrimonial e carácter absoluto.

É que estes direitos não têm propriamente um objecto sobre o qual o seu titular possa exercer quaisquer poderes de fruição (ao contrário do que sucede com os demais direitos reais), conferindo antes ao seu titular um *exclusivo* de exercício de certa actividade, ou de uso de determinado sinal. O seu objecto não é o poder de usar ou fruir um sinal ou um invento, mas apenas o de *impedir* terceiros de o fazer. Ou seja, não têm um conteúdo positivo, mas sim *negativo*, consistindo unicamente num *direito de proibir* terceiros de exercer uma actividade ou de usar um sinal.

Dois exemplos simples servem para o demonstrar:

Se um inventor conceber um novo mecanismo para dessalinizar água, terá naturalmente o direito de o produzir e comercializar. Mas, para isso, não precisa de obter uma patente de invenção. Se a pedir, ela não lhe irá dar esse direito, que já lhe assiste. O que a patente lhe traz é, unicamente, o direito de *impedir* terceiros de produzir e comercializar o mecanismo que ele inventou. Ou seja, a patente só lhe dará um exclusivo, um *monopólio*. Nada mais.

De igual modo, se um comerciante quiser usar uma marca para assinalar os seus produtos, não é obrigado a registá-la. Pode usá-la sem qualquer formalidade, não sendo a falta de registo que impede essa marca de desempenhar a sua função, de identificar os produtos e indicar a sua proveniência. Por isso, se o dito comerciante registar a sua marca, tal registo apenas lhe trará, a mais, o direito de *impedir* terceiros de usar uma marca igual para a mesma categoria de produtos. Isto é, o direito resultante do registo da marca não é o de usar esse sinal (que já existia), mas sim de o usar em *exclusivo*.

LAWRENCE LESSIG explica a diferença entre a propriedade intelectual e propriedade "real" desta forma simples: se eu for dono de uma maçã e

de inspiração do pensamento de Le Chapelier foi, precisamente, a citada legislação inglesa (*Droit d'Auteur*, 2010, p. 7). Essa regulamentação pioneira, com propósitos mais censórios que remuneratórios, não concedia quaisquer direitos aos autores, enquanto tais, consistindo a remuneração destes, unicamente, no preço que conseguissem negociar com os tipógrafos/ /editores. Neste sentido, cf. L. FRANCISCO REBELLO, *Introdução ao Direito de Autor*, Vol. I, 1994, pp. 31 ss..

um terceiro a comer, isso impede-me de a usar; mas se eu tiver uma ideia e alguém a usar, eu continuo a poder usá-la. Isso explica um traço incontornável da propriedade intelectual, cujo consumo é "não excludente": o consumo por terceiros não impede o meu. Ao contrário do que sucede com o direito de propriedade sobre bens corpóreos, cujo consumo simultâneo não é possível (é "excludente")[7].

Por isso, não devem transpor-se para este ramo do Direito, acriticamente, soluções e explicações pensadas para o âmbito dos Direitos Reais. Nem nos devemos impressionar excessivamente pela remissão feita no art. 1303º do Código Civil, quando dispõe que são *subsidiariamente aplicáveis aos direitos de autor e à propriedade industrial as disposições deste código, quando se harmonizem com a natureza daqueles direitos e não contrariem o regime para eles especialmente estabelecido*. Tal remissão, na maioria dos casos, é inútil, já que os casos omissos na disciplina da Propriedade Industrial são relativamente raros, pois esta tem há longos anos uma regulamentação própria e detalhada. Além disso, atenta a demonstrada diversidade de natureza, a transposição das regras e princípios dos direitos reais raramente se harmonizará "com a natureza daqueles direitos".

Importa, contudo, sublinhar que a natureza deste tipo de direitos é objecto de controvérsia antiga, que está longe de terminada. Inicialmente, prevaleceu a ideia de que a Propriedade Intelectual era uma verdadeira propriedade, integrando o domínio dos direitos reais: ORLANDO DE CARVALHO afirmava que a propriedade respeitava à *obra como fonte de fruição económica*[8] e que a tutela destes direitos *só na aparência tem que ver com um privilégio ou monopólio, pois se destina, não a impedir uma actividade idêntica ou a fruição económica de bens semelhantes àquele, mas a impedir a turbação da disponibilidade da coisa que a ideação constitui como ente economicamente fruível*[9]. Mas este entendimento parece ignorar que a obra ou a invenção pode ser fruída mesmo na ausência de qualquer direito privativo (que aliás só se mostra útil

[7] *Code and Other Laws of Cybersapace*, 1999, p. 131. Noutra obra do mesmo autor (*The Future of Ideas*, 2001, p. 94) cita-se um escrito de Thomas Jefferson, de 1813, em que este afirmava: *se a natureza criou algo insusceptível de apropriação exclusiva foi a acção do poder do pensamento, chamada ideia, que um indivíduo só pode possuir em exclusividade enquanto a guardar para si (...) Aquele que recebe uma ideia minha, recebe informação sem reduzir a que eu tenho; do mesmo modo que aquele que acende a sua vela na minha recebe luz sem me trazer escuridão.*

[8] *Introdução à posse*, R.L.J., Ano 122º., p. 108.

[9] *Direito das Coisas*, Coimbra, 1977, p. 194, nota 2.

caso um terceiro a queira fruir também, o que nem sempre acontecerá). Ora, o direito privativo não há-de servir para dar ao autor ou inventor aquilo que ele já tem. Como vimos, o que este tipo de direitos lhe acrescenta é apenas o *jus prohibendi* que lhe assegura a fruição *exclusiva*. Em rigor, quando obtém um direito exclusivo, o autor ou inventor não fica mais rico: o resto do mundo é que fica mais pobre...

Entre as teses destinadas a qualificar os DPI incluem-se, além da teoria da propriedade "incorpórea" (a que já aludimos), as concepções que os definem como "direitos de personalidade", "direitos sobre bens imateriais" e "direitos de clientela". Mas todas elas, num grau maior ou menor, pecam por uma excessiva e desnecessária complexidade, ficcionando realidades que manifestamente não existem[10].

Na esteira do que ficou dito, a concepção que, a meu ver, melhor explica a natureza destes direitos privativos é a defendida por FRANCESCHELLI[11], que os inclui na categoria dos *direitos de monopólio*, isto é, direitos de carácter patrimonial com base nos quais é assegurado ao seu titular uma certa actividade económica, com exclusão de terceiros. No fundo, um DPI é um privilégio concedido pelo Estado ao titular, proibindo a todos os demais o exercício de uma actividade que doutra forma seria livre. Estes direitos não são outra coisa senão *monopólios* de exploração ou de uso, i.e., prerrogativas

[10] Para um enunciado das diversas teses sobre a natureza dos direitos de Propriedade Intelectual, cfr. a excelente síntese de OEHEN MENDES, *Direito Industrial*, cit., pp. 90 a 175, OLIVEIRA ASCENSÃO, *Direito Industrial* cit., pp. 389 a 409 e COUTO GONÇALVES, *Manual de Direito Industrial*, cit., pp. 29 a 36. De registar, igualmente, a posição defendida por PIRES DE LIMA e ANTUNES VARELA, *Código Civil Anotado*, Vol. III, 2ª.ed., pp. 86 e 87. Na literatura estrangeira, cf. PAUL ROUBIER, *Le Droit de la Propriété Industrielle*, 1952, vol. I, p. 86 e ss., TROLLER, *Précis du droit de la propriété immatérielle*, 1978, p. 32 e ss., FRANCESCHELLI, *Nature Juridique des droits de l'auteur et de l'inventeur*, in *Studi Riuniti di Diritto Industriale*, 1972, p. 65 e ss..

[11] *Nature Juridique des droits de l'auteur et de l'inventeur*, cit., p. 78. OLIVEIRA ASCENSÃO exprime esta mesma ideia, embora prefira a expressão "direitos de exclusivo", sublinhando que este tipo de direitos não tem "um núcleo positivo", sendo apenas *o resultado de uma proibição que atinge todos, com excepção do titular. Só este pode então continuar a usufruir da sua natural liberdade; os outros não* (*Direito Industrial*, cit., pp. 404 e 405). Este Autor sublinha que *há uma diferença flagrante entre a violação de um exclusivo intelectual e a violação da propriedade de coisas corpóreas. Se utilizam sem autorização um meu direito intelectual posso continuar a usá-lo, mas se furtarem o meu automóvel, tenho de ir a pé!* (*Direito Industrial e Direito Penal*, in Direito Industrial, Vol. VIII, 2010, p. 28).

exclusivas concedidas pelos poderes públicos, para que os titulares possam explorar uma criação ou usar um sinal de forma privativa, fornecendo-lhes para tanto os meios de impedir, se necessário judicialmente, essa exploração por parte de terceiros[12].

4. Fontes do Direito Industrial

Neste capítulo introdutório, referem-se apenas as principais fontes do DPI, sem prejuízo de mais adiante – relativamente a cada uma das diversas figuras que integram o Direito Industrial – se indicarem fontes mais específicas e se aprofundar a análise das fontes agora enunciadas de forma sumária.

4.1. Fontes internas

Em Portugal, a mais importante fonte do Direito Industrial é o Código da Propriedade Industrial, aprovado pelo DL nº 110/2018, de 10 de Dezembro, em vigor a partir de 1 de Julho de 2019[13], diploma que se visou essencialmente transpor duas directivas europeias e actualizar o CPI, reforçando e simplificando a tutela dos DPI.

[12] Como é óbvio, o monopólio a que me refiro no texto não corresponde a um monopólio em sentido económico, mas apenas ao direito de usar um sinal ou explorar uma invenção em condições de exclusividade. Se daí resulta, ou não, uma situação monopolística no mercado, depende do circunstancialismo económico concreto (nomeadamente da existência de outros concorrentes, oferecendo produtos idênticos ou afins no mesmo mercado relevante). Sublinhando lucidamente este ponto, Moura e Silva refere que *um novo produto (ou um processo de obter um produto) apenas conferem poder de mercado ao seu titular na ausência de um produto ou processo substituto. E mesmo esse poder de mercado poderá ser meramente temporário devido à existência de tecnologias concorrentes* (*O Abuso de Posição Dominante na Nova Economia*, 2010, p. 456).

[13] Que revogou e substituiu o CPI aprovado pelo DL 36/2003, de 5 de Março, alterado pelo DL nº 143/2008, de 25 de Julho e pela Lei nº 52/2008 de 28 de Agosto. As disposições do novo CPI respeitantes à protecção dos segredos de negócio entraram em vigor a 1 de Janeiro de 2019, nos termos do art. 16º, nº 2 do DL 110/2018. Refira-se que, apesar da entrada em vigor das restantes disposições do novo CPI ter sido diferida para 1.07.2019, o legislador não teve o cuidado de remeter para essa data a revogação do CPI anterior. Assim, o art. 14º do DL 110/2018 revogou o CPI de 2003 sem qualquer ressalva ou diferimento temporal, o que significa que, decorridos 5 dias após a respectiva publicação (ocorrida em 10.12.2018), a dita revogação se consumou. O que, em rigor, deixa o nosso país sem Código da Propriedade Industrial durante mais de meio ano... As implicações decorrentes deste vazio legal, nomeadamente ao nível criminal, são perturbadoras, para além de sintomáticas do modo atabalhoado como se legisla em Portugal, mormente na área da Propriedade Intelectual.

O nosso país dispõe de legislação específica em matéria de Propriedade Industrial desde o século XIX, quando a publicação do Decreto de 16 de Janeiro de 1837 veio disciplinar a propriedade de novas invenções. Mas, mesmo antes disso, cumpre assinalar a existência de privilégios ou monopólios régios que eram concedidos para a exploração de determinados inventos, apesar de se tratar de simples medidas avulsas, não enquadradas por uma disciplina geral e abstracta[14]. A disciplina das marcas comerciais e industriais surgiu com a Carta de Lei de 4 de Junho de 1883, que foi regulamentada pelo Decreto de 23 de Outubro seguinte. O serviço de registo da Propriedade Industrial veio a ser instituído por um decreto de 15 de Dezembro de 1884, regulamentado no ano seguinte.

De então para cá, os marcos mais significativos do nosso Direito Industrial foram a aprovação do Código da Propriedade Industrial de 1940[15], que subsistiu até à entrada em vigor do CPI de 1995[16], entretanto revogado pelo Decreto-lei nº 36/2003, que aprovou o CPI de 2003, substituído recentemente pelo actual CPI.

De sublinhar ainda, no plano interno, o Decreto-lei nº 360/2007, de 2 de Novembro, que prevê a intervenção das autoridades aduaneiras em relação às mercadorias suspeitas de violarem certos direitos de propriedade intelectual, e o Decreto-Lei nº 28/84, de 20 de Janeiro, relativo à repressão das Infracções Antieconómicas e contra a Saúde Pública, cujo art. 24º, nº 1, criminaliza a produção e comercialização de mercadorias contrafeitas ou mercadorias falsificadas ou depreciadas. Este último diploma, embora não versando especialmente sobre Propriedade Industrial, acaba por revestir grande relevância prática no combate à contrafacção.

[14] Para uma descrição das origens e evolução da disciplina nacional da Propriedade Industrial, cf. Carlos Olavo, *Propriedade Industrial*, Vol. I, p. 9 e ss., e o *Parecer* da Câmara Corporativa que precedeu a aprovação do CPI de 1940, pp. 5 a 28. Para uma exposição no plano internacional, cf. Ladas, *Patents, Trademarks, and Related Rights. National and International Protection*, Vol. I, 1975, pp. 19 a 55, e Pires de Carvalho, *A estrutura dos Sistemas de Patentes e de Marcas. Passado, Presente e Futuro*, Rio de Janeiro, 2009.

[15] Aprovado pelo Decreto nº 30.679, de 4 de Agosto de 1940, ao abrigo da Lei nº 1.972, de 21 de Junho de 1938.

[16] Aprovado pelo Decreto-Lei nº 16/95, de 24 de Janeiro, que entrou em vigor em 1 de Junho de 1995.

4.2. Fontes internacionais

No plano internacional, a Convenção de Paris para a Protecção da Propriedade Industrial de 20 de Março de 1883[17] representou a primeira iniciativa bem sucedida de instituir um padrão mínimo de protecção, sendo habitualmente designada por "Convenção da União de Paris" ou pela sigla "CUP". Esta convenção, além de definir *regras comuns* para a protecção da Propriedade Industrial, nas suas diversas vertentes, estabeleceu o denominado princípio do *tratamento nacional*, mediante o qual cada Estado Contratante deve conceder os nacionais de outros Estados Contratantes a mesma protecção que proporciona aos seus próprios nacionais. A CUP prevê ainda um direito de *prioridade* (de 12 meses para as patentes e modelos de utilidade e de 6 meses para os desenhos e para as marcas) para que o requerente de uma patente ou de um registo num Estado contratante possa solicitar o mesmo registo nos demais Estados contratantes, devendo estes pedidos posteriores ser considerados como tendo sido apresentados na data do primeiro pedido.

A CUP contou até hoje com a adesão de um considerável número de países[18], tornando-se num poderoso factor de aproximação das legislações nacionais de Propriedade Industrial. Mas isso não impediu que – em consonância com o art. 19º da Convenção – os países da União de Paris celebrassem entre si *acordos particulares*, de âmbito mais restrito ou geograficamente mais limitado, instituindo formas de protecção mais aprofundadas. Nesse sentido, há a registar inúmeras convenções bilaterais e multilaterais, nos mais variados domínios, entre as quais se destacam as seguintes:

- Acordo de Madrid relativo ao Registo Internacional de Marcas, de 14 de Abril de 1891[19]. Este acordo, completado pelo Protocolo de

[17] Revista em Bruxelas em 14 de Dezembro de 1900, em Washington, em 2 de Junho de 1911, na Haia, em 6 Novembro de 1925, em Londres, em 2 de Junho de 1934, em Lisboa, em 31 de Outubro de 1958 e em Estocolmo em 14 de Julho de 1967 e alterada em 28 de Setembro de 1979. Portugal aprovou para ratificação a versão resultante da Conferência de Estocolmo, através do Decreto nº 22/75, de 22 de Janeiro, a que se seguiu o Aviso publicado no Diário da República, Série I, de 15 de Março de 1975.

[18] 177 países, segundo dados da OMPI – Organização Mundial da Propriedade Intelectual (cf. página da Internet http://www.wipo.int/treaties, consultada em 3.01.2019).

[19] Revisto em 14 de Dezembro de 1900 em Bruxelas, em Washington a 2 de Junho de 1911, em Haia, em 6 de Novembro de 1925, em Londres, em 2 de Junho de 1934, em Nice, a 15 de

17 de Junho de 1989[20], veio instituir um sistema centralizado para, a partir de um registo (ou um pedido de registo) de marca nacional, obter registos de marcas noutros países, de uma forma mais cómoda e menos dispendiosa. Mas, como adiante veremos, não criou uma "marca internacional", protegida num âmbito geográfico supranacional, como sucede com a marca comunitária;

- Acordo de Madrid relativo à Repressão das Falsas Indicações de Proveniência das Mercadorias, de 14 de Abril de 1891[21];
- Acordo de Lisboa para a Protecção das Denominações de Origem e seu Registo Internacional, de 31 de Outubro de 1958[22];
- Tratado de Washington, de Cooperação em matéria de Patentes, de 19 de Junho de 1970[23];
- Convenção de Munique sobre a Patente Europeia, de 5 de Outubro de 1973[24] e Convenção sobre a Patente Europeia 2000[25], que a veio substituir;
- Acordo sobre os Aspectos dos Direitos de Propriedade Intelectual Relacionados com o Comércio ("ADPIC"), anexo ao Acordo que instituiu a Organização Mundial do Comércio (conhecido internacionalmente pela sigla "TRIPS")[26]. Este acordo, que actualmente conta com 162 Estados-membros, tornou-se o "standard" mínimo

Junho de 1957 e em Estocolmo, a 14 Julho de 1967 e alterada em 28 de Setembro de 1979. Este acordo foi completado pelo Protocolo de 17 de Junho de 1989, ratificado pelo Decreto nº 31/96, de 25 de Outubro.

[20] Ratificado pelo Decreto nº 31/96, de 25 de Outubro.

[21] Revisto em Washington em 2 de Junho de 1911, na Haia em 6 de Novembro de 1925, em Londres em 2 de Junho de 1934, e em Lisboa em 31 de Outubro de 1958.

[22] Revisto em Estocolmo em 14 de Julho de 1967 e alterado em 28 de Setembro de 1979, aprovado pelo Decreto nº 44/90, de 17 de Outubro.

[23] Revisto em 28 de Setembro de 1979, 3 de Fevereiro de 1984 e em 3 de Outubro de 2001. Aprovado para adesão pelo Decreto nº 29/92, de 25 de Junho.

[24] Revista em 17 de Dezembro de 1991 e em 29 de Novembro de 2000. Aprovada pelo Decreto nº 52/91, de 30 de Agosto, que foi complementado pelo Decreto-Lei nº 42/92, de 31 de Março, que estabelece regras de aplicação da convenção em Portugal.

[25] Aprovada para ratificação pela Resolução da Assembleia da República nº 60-A/2007, em 30 de Novembro de 2007 e ratificada pelo Decreto nº 126-A/2007, de 12 de Dezembro.

[26] Aprovado para ratificação pela Resolução da Assembleia nº 75-B/94, de 27 de Dezembro e ratificado pelo Decreto nº 82/94, de 27 de Dezembro. O Acordo "TRIPS" entrou em vigor em Portugal a partir de 1 de Janeiro de 1995.

de protecção da Propriedade Intelectual a nível mundial, cuja importância não cessa de aumentar. É de sublinhar que os tribunais portugueses já reconheceram aplicabilidade directa a algumas das disposições do Acordo[27]. Além disso, o TRIPS – que não substituiu a CUP, antes a pressupondo – vai consideravelmente mais longe na protecção dispensada aos diversos direitos exclusivos, impondo inclusivamente a adopção de mecanismos processuais concretos para defesa desses direitos, com um grau de pormenor inédito em convenções deste tipo.

No âmbito da **União Europeia**, é extensa a lista de actos legislativos com relevância para o Direito Industrial, quer no sentido de procederem à harmonização das legislações nacionais nesta matéria, quer no de instituírem, através de regulamentos, regimes comuns aplicáveis à escala da União Europeia.

Assim, cumpre sublinhar a existência de *directivas* de harmonização de legislações nos domínios da Protecção Jurídica dos Produtos Semicondutores[28], em matéria de Marcas[29], da Protecção de Invenções

[27] Nomeadamente o ac. RL de 22.10.98 (CJ 98, III, p. 120), confirmado por ac. do STJ de 20.04.99, que reconheceu efeito direito aos arts. 33º e 70º/2 do TRIPS, alargando o prazo de duração das patentes portuguesas anteriores a 1995 de 15 para 20 anos). A aplicabilidade directa destas normas do TRIPS voltou a ser afirmada pela Relação de Lisboa, em 14.12.2004 (Col. Jur. 2004, V, p. 114). Esta jurisprudência, contudo, não é isenta de críticas, à luz da jurisprudência do Tribunal de Justiça da União Europeia, nomeadamente os acs. de 14.12.2000 (DIOR; Col. p. I-11307), de 23.11.1999 (Portugal/Conselho; Col. p. I-8395) e de 1.03.2005 (Van Parys; Col. p. I-1465), disponíveis in http://curia.europa.eu/jurisp. Alguns autores, como v.g. Pires de Carvalho, são categóricos no sentido de recusar aplicabilidade directa ao Acordo TRIPS: *Because the provisions of the TRIPS Agreement are not self-executing, WTO Members are obliged to take action to make them effective through laws and regulations, as Articles 8.1 and 63.2 of the Agreement explain* (cf. *The TRIPS Regime of Patent Rights*, 2005, p. 59; e, mais recentemente, *The TRIPS Regime of Trademarks and Designs*, 2006, p. 71). No mesmo sentido, Casado Cerviño e Cerro Prada, *Gatt y Propriedad Industrial*, 1994, pp. 73 e 74.

[28] Directiva nº 87/54/CEE, do Conselho de 16 de Dezembro de 1986.

[29] Directiva (UE) 2015/2436 do Parlamento Europeu e do Conselho de 16 de Dezembro de 2015 que harmoniza as legislações dos Estados-Membros em matéria de marcas (revoga e substitui a Directiva 2008/95/CE do P.E. e do Conselho de 22.10.2008).

Biotecnológicas[30], dos Desenhos e Modelos[31], relativamente ao Respeito dos Direitos de Propriedade Intelectual[32] e aos Segredos Comerciais[33], já transpostas para o ordenamento jurídico português.

Por outro lado, de entre os *regulamentos* europeus, cumpre aqui destacar os seguintes:

- Regulamento (CE) nº 2100/94 relativo ao Regime Comunitário de Protecção das Variedades Vegetais[34];
- Regulamento (CE) nº 6/2002, do Conselho de 12 de Dezembro de 2001, relativo aos Desenhos e Modelos Comunitários;
- Regulamento (UE) nº 608/2013 do Parlamento Europeu e do Conselho de 12 de Junho de 2013, relativo à intervenção das autoridades aduaneiras para assegurar o cumprimento da legislação sobre os direitos de propriedade intelectual.
- Regulamento (UE) nº 1151/2012 do Parlamento Europeu e do Conselho de 21 de novembro de 2012, relativo aos regimes de qualidade dos produtos agrícolas e dos géneros alimentícios
- Regulamento (UE) nº 2017/1001 do Parlamento Europeu e do Conselho de 14 de Junho de 2017 sobre a marca da União Europeia[35];
- Regulamento (UE) nº 1308/2013 do Parlamento Europeu e do Conselho de 17 de Dezembro de 2013, que estabelece uma organização comum dos mercados dos produtos agrícolas ("OCM única").

5. Características Gerais dos Direitos Privativos Industriais

Os vários direitos exclusivos que adiante estudaremos têm funções diferenciadas e regimes parcialmente distintos. Mas apresentam certos traços comuns, característicos, que importa sublinhar desde já: a tipicidade, a exclusividade e a territorialidade.

[30] Directiva nº 98/44/CE, do Parlamento Europeu e do Conselho de 6 de Julho de 1998.

[31] Directiva nº 98/71/CE, do Parlamento Europeu e do Conselho de 13 de Dezembro de 1998.

[32] Directiva nº 2004/48/CE, do Parlamento Europeu e do Conselho de 29 de Abril de 2004.

[33] Directiva (UE) nº 2016/943 do Parlamento Europeu e do Conselho, de 8 de junho de 2016.

[34] Alterado pelo Regulamento (CE) nº 873/2004 do Conselho, de 29 de Abril de 2004.

[35] Revogou o Regulamento (CE) 207/209 do Conselho de 27 de Fevereiro de 2009, sobre a Marca Comunitária.

5.1. Tipicidade

O nosso sistema político-constitucional tem como princípio estruturante a livre iniciativa e, em particular, a liberdade de iniciativa económica privada. Deste princípio, consagrado no art. 61º da Constituição, decorre necessariamente a liberdade de concorrência, que é aliás salvaguardada noutros preceitos constitucionais, como a alínea f) do art. 81º e a alínea a) do art. 99º.

Ora, os DPI constituem excepções a essa liberdade concorrencial, pois atribuem monopólios (de exploração de criações ou de uso de sinais distintivos), que restringem a margem de liberdade dos empresários e a dose de competição económica existente no mercado. Mas, apesar disso, são considerados benéficos, na medida em que estimulam o desenvolvimento económico e o progresso técnico. Por isso, cabe ao legislador definir em que aspectos e até que ponto interessa limitar a liberdade de concorrência, mediante a instituição de diferentes monopólios (patentes, desenhos e modelos, marcas, etc.), tendo em conta os diversos interesses em presença, dos empresários, dos consumidores e da sociedade como um todo.

Como excepções que são, estes direitos exclusivos estão sujeitos ao princípio da tipicidade; isto é, só existem nos casos especificamente previstos na lei, que define e disciplina cada uma das diversas figuras que integram o Direito Industrial, fixando nomeadamente os pressupostos de protecção, o respectivo âmbito, os seus efeitos e a sua duração[36].

Não existe, pois, qualquer regra geral de proibição da imitação. Pelo contrário, pode mesmo falar-se num princípio geral da "livre apropriabilidade das ideias". A liberdade é a regra e a proibição a excepção. Assim, só nos casos tipificados pelo legislador – e preenchidos os pressupostos específicos de protecção – existirá um direito exclusivo e a correspondente obrigação passiva universal, de respeitar esse monopólio. Em consequência, a protecção que os titulares de DPI podem reclamar ao abrigo do Direito Industrial é apenas a correspondente ao respectivo direito privativo, não

[36] Neste sentido, Oliveira Ascensão escreve que, *enquanto não surge a lei, por mais justificada que a tutela pareça, o direito não existe.* E sublinha: *Terá que ser a norma que delimite, figura por figura, quais os produtos do intelecto que podem ser juridicamente tutelados, através da atribuição de um direito privativo* (in *Direito Industrial*, cit., p. 25). Carlos Olavo referia mesmo que este princípio da tipicidade resulta dos arts. 1303, nº 2 e 1306º do Código Civil (*Propriedade Industrial*, cit., p. 39).

sendo admissível alargar essa protecção por analogia, nem usar um certo tipo de direitos para proteger outras realidades.

Isto explica que haja diversos tipos de criações que não beneficiam de qualquer protecção exclusiva, como sucede, v.g., com os aromas e os sabores, que são livremente imitáveis. Pelo mesmo motivo, não poderá invocar-se a concorrência desleal para obter exclusivos sobre tecnologias já caídas no domínio público, nem o registo de marcas para conseguir, por vias travessas, obter um monopólio sobre formas funcionais ou elementos decorativos de uso comum. Cada DPI serve, unicamente, para assegurar direitos privativos sobre a realidade a que respeita, e nada mais do que isso.

5.2. Exclusividade

Como já ficou dito, estes direitos traduzem-se em monopólios de uso de certos sinais ou de exploração de certas actividades. Como a própria expressão indica, a exclusividade do titular do direito implica atribuir-lhe os meios de "excluir", proibir, impedir quaisquer outras pessoas de exercer a actividade coberta pelo exclusivo.

Assim, a lei rodeia a atribuição dos DPI de diversos mecanismos de protecção, de natureza criminal e contra-ordenacional, estabelecendo sanções para quem – violando a exclusividade atribuída ao titular – explore sem o seu consentimento o objecto do direito privativo. Tais sanções estão previstas nos arts. 318º a 336º do CPI, incluindo, nomeadamente, penas de prisão até 3 anos e de multa até 360 dias.

Paralelamente, a violação desses direitos exclusivos constitui um ilícito de natureza civil, podendo fundamentar acções declarativas e providências cautelares, nos termos dos arts. 337º a 358º, destinadas à condenação no pagamento de indemnizações, à apreensão e destruição de bens, para além de outras medidas inibitórias, visando impedir a continuação ou repetição da prática de infracções.

O carácter exclusivo destes direitos não impede, porém, que o titular autorize outras pessoas a exercer as prerrogativas que a lei lhe reserva. O art. 31º do CPI prevê expressamente a concessão de licenças de exploração, mediante as quais um terceiro fica autorizado, nas condições que acordar com o titular, a praticar actos que, de outra forma, seriam ilícitos[37].

[37] Sobre o contrato de licença, cf. *infra*, Capítulo XII.

5.3. Territorialidade

Em regra, os DPI resultam de um acto de concessão, praticado por uma autoridade pública. Trata-se de um *acto administrativo* [que] *tem a sua eficácia limitada pelas fronteiras do Estado a que pertence a autoridade concedente*[38]. Este princípio está reflectido no texto do art. 4º do CPI: *Os direitos conferidos por patentes, modelos de utilidade e registos abrangem todo o território nacional.* Daqui resulta, portanto, uma vinculação genética ao território do Estado que os concede, o que tem diversas consequências:

Uma, que releva do Direito Internacional Privado, respeita à *escolha do direito aplicável* à protecção do direito exclusivo, devendo ser o do país em que o seu titular a solicita. A essa lei caberá a determinação das condições, do conteúdo e do alcance dessa protecção[39].

A outra significa que o *efeito* dessa protecção deverá limitar-se ao território do Estado que a concede, pois só aí vigora o monopólio resultante da patente ou registo. Isto é, o direito privativo não poderá ser violado por actos praticados no estrangeiro ou vice-versa. Assim, por exemplo, o facto de **A** usar no mercado espanhol uma marca que está registada em Portugal em nome de **B**, não constitui violação do direito deste, que apenas será ofendido se os produtos marcados em Espanha por **A** forem importados em Portugal, sem o seu consentimento. Por outras palavras, *o local da protecção e o da contrafacção devem coincidir*[40].

[38] BAPTISTA MACHADO, *Lições de Direito Internacional Privado*, 1982, p. 389.

[39] Consentaneamente, o art. 8º do Regulamento Roma II [Regulamento (CE) nº 864/2007 do Parlamento Europeu e do Conselho de 11 de Julho de 2007 relativo à lei aplicável às obrigações extracontratuais], dispõe que *a lei aplicável à obrigação extracontratual que decorra da violação de um direito de propriedade intelectual é a lei do país para o qual a protecção é reivindicada.* Já o art. 6º, relativo à Concorrência Desleal, adopta elementos de conexão diferentes. Note-se que estas questões são relativas à determinação da lei (material) aplicável e não devem ser confundidas com as questões do chamado processo civil internacional, que visa determinar a competência internacional dos tribunais portugueses. Sobre esta temática, cf. LIMA PINHEIRO, *Direito Internacional Privado – Direito dos Conflitos – Parte Especial*, 2009, pp. 493 e ss. e DÁRIO MOURA VICENTE, *A Tutela Internacional da Propriedade Intelectual*, 2008, p. 16 e 369 e ss..

[40] Como sublinhava FRIEDRICH-KARL BEIER, *La territorialité du droit des marques et les échanges internationaux*, in *"Clunet"*, 1971, pp. 16 a 18 (estudo que foi originalmente publicado em 1968 na G.R.U.R. International, nº 8, constituindo uma referência fundamental nesta matéria).

Este princípio, como veremos adiante, deve ser conciliado com o disposto em normas e convenções internacionais, nomeadamente aquelas que prevêem registos com eficácia supranacional, como sucede com a marca da UE e os desenhos e modelos comunitários, cujo registo confere um exclusivo válido em todo o território da União Europeia. Todavia, a existência de regimes transnacionais de protecção de DPI não põe em causa a regra da territorialidade, que continua a aplicar-se, embora numa área geográfica maior.

Por outro lado, a regra da territorialidade não significa que os factos ocorridos no estrangeiro sejam irrelevantes para efeitos de aplicação da lei nacional ou que não tenham influência sobre os factos que ocorrem no território nacional. Esses factos podem e devem ser atendidos para diversos efeitos, como por exemplo para aferir da novidade de um invento ou de um desenho ou modelo (que é aferida à escala mundial, podendo ser destruída por uma divulgação ocorrida mesmo do outro lado do globo). Ou no escrutínio das "importações paralelas", em que cumpre saber quem foi o responsável pela primeira colocação dos produtos no mercado, para aplicação da regra do esgotamento dos direitos[41]. Mas, apesar de os factos ocorridos no estrangeiro poderem ser tidos em conta pela lei nacional, isso não os sujeita *directamente* ao império desta lei, nem permite concluir que a prática desses factos constitui violação desta.

6. Sistemas de Protecção

Em regra, os direitos exclusivos de Propriedade Industrial não nascem de forma automática, dependendo antes de um prévio procedimento administrativo, destinado a averiguar se estão reunidos os requisitos de que a lei faz depender a protecção[42].

[41] Este princípio será desenvolvido mais adiante, no Capítulo XI.

[42] Já assim não sucede, por exemplo, no âmbito dos direitos de autor, em que o direito exclusivo é reconhecido independentemente de registo, depósito ou qualquer outra formalidade, nos termos do art. 12º do Código dos Direitos de Autor e Direitos Conexos, conforme estabelecido na Convenção de Berna para a Protecção das Obras Literárias e Artísticas, de 9 de Setembro de 1886, de que Portugal é membro. Assim, o nascimento de direito de autor depende exclusivamente da *criação* da obra e da sua *exteriorização*, por qualquer forma. Para aprofundamentos sobre este tema, cf. André Lucas e.a., *Traité de la propriété littéraire et artistique*, 2012, pp. 57 a 151, André Bertrand, *Droit d'Auteur* cit., pp. 101 e ss., Alberto de Sá e Mello, *Manual de Direito de Autor*, 2014, pp. 95 a 111, Menezes Leitão, *Direito de Autor*, 2011, pp. 69 a 101, Alexandre Dias Pereira, *Direitos de Autor e Liberdade de*

Há sistemas legais, nomeadamente o britânico e o norte-americano, que concedem uma protecção significativa a marcas não registadas e que reprimem a imitação da aparência de produtos através de institutos como a repressão do "passing-off" ou a tutela do "copyright". Não é essa, porém, a tradição legislativa no nosso país, que tem um sistema de protecção da Propriedade Industrial baseado no prévio registo.

6.1. Pressupostos

Em Portugal, para se obter um exclusivo de marca, é necessário registá-la junto do organismo competente, o INPI – Instituto Nacional da Propriedade Industrial[43]. Para adquirir o direito privativo de explorar uma invenção, o inventor deve pedir a respectiva patente. Para um empresário deter um exclusivo sobre um logótipo, deve registá-lo.

Por outras palavras, o Direito Industrial português tem como princípio estruturante que *sem registo, não há protecção*. Exprimindo esta ideia de uma forma sugestiva, a propósito do direito francês, ROUBIER afirmava: *não há qualquer direito do inventor, mas apenas um direito do inventor patenteado*[44].

Isto significa, pois, que o registo desempenha aqui uma função *constitutiva* e não meramente declarativa. Em consonância com esse entendimento[45], são várias as disposições do CPI que exprimem a ideia de que o nascimento do direito exclusivo resulta do registo ou da patente. Assim, o art. 102º, nº 1, dispõe que *a patente confere o direito exclusivo de explorar a invenção em qualquer parte do território português*, o mesmo constando dos arts. 144º, nº 1,

Informação, 2008, pp. 379 a 433, OLIVEIRA ASCENSÃO, *Direito Civil, Direito de Autor e Direitos Conexos*, 1992, pp. 158 a 163 e L. FRANCISCO REBELLO, *Introdução ao Direito de Autor*, cit., p. 81. Para uma perspectiva jurisprudencial, cf. TITO RENDAS / NUNO SOUSA E SILVA, *Direito de Autor nos Tribunais*, 2019, pp. 9 a 96.

[43] O INPI foi criado em 28 de Julho de 1976, pelo Decreto-Lei nº 632/76, por reforma da antiga Repartição da Propriedade Industrial, revestindo a natureza de instituto público autónomo, sob a superintendência e tutela do Ministro da Justiça, no que se refere à definição das políticas específicas da propriedade industrial bem como do acompanhamento da sua execução. O INPI rege-se pela sua Lei Orgânica (Decreto-Lei nº 147/2012, de 12 de Julho) e pelos seus estatutos (aprovados pela Portaria nº 386/2012, de 29 de Novembro).

[44] Texto original : *il n'y a pas de droit de l'inventeur, mais seulement un droit de l'inventeur breveté – in Le Droit de la Proprieté Industrielle*, Vol. I, 1952, p. 217.

[45] Que é pacífico na doutrina portuguesa. Neste sentido, entre outros, OLIVEIRA ASCENSÃO, *Direito Comercial*, Vol. II, *Direito Industrial*, p. 17 e CARLOS OLAVO, *Propriedade Industrial*, Vol. I, p. 40,

relativamente ao modelo de utilidade e no art. 164º, nº 1, quanto às topografias de produtos semicondutores. Na mesma linha, o art. 197º, nº 1 refere que *o registo de um desenho ou modelo confere ao seu titular o direito exclusivo de o utilizar e de proibir a sua utilização por terceiros sem o seu consentimento.* No âmbito dos sinais distintivos encontramos disposições semelhantes, como o art. 249º, para as marcas (*o registo da marca confere ao seu titular o direito de impedir terceiros, sem o seu consentimento, de usar...*), o art. 293º, para os logótipos, e o art. 35º do RRNPC, para as firmas[46].

Além dos DPI resultantes do registo efectuado no INPI, existem outros direitos de Propriedade Industrial com eficácia no território português, como sucede com as Marcas da União Europeia e os Desenhos ou Modelos Comunitários, concedidos pelo EUIPO, para além das Denominações de Origem e Indicações Geográficas registadas pela Comissão Europeia e as Variedades Vegetais registadas numa agência da UE, o Instituto Comunitário das Variedades Vegetais.

Mas esta exigência de registo, como condição de protecção, vai sofrendo cada vez mais excepções e derrogações.

Desde logo, há que atender ao regime dos Desenhos e Modelos Comunitários *não registados*, que beneficiam de uma protecção de 3 anos a contar da data em que o desenho ou modelo tiver sido pela primeira vez divulgado ao público na Comunidade[47]. Esta protecção, menos intensa do que a resultante do registo no EUIPO, nasce de forma automática, pelo simples facto da divulgação do desenho ou modelo (v.g. mediante a sua comercialização ou exposição), não estando dependente de qualquer formalidade.

[46] Já relativamente às denominações de origem e indicações geográficas não poderá fazer-se idêntico raciocínio, atenta a redacção do art. 304º do CPI, que consagra a respectiva protecção *independentemente do registo.* Apesar disso, e de forma algo contraditória, o art. 306º do mesmo código dispõe que *o registo das denominações de origem ou das indicações geográficas confere o direito de impedir* o uso dessa designação nas diversas situações tipificadas no seu nº 1. O que poderia suscitar alguma perplexidade acerca da utilidade do registo. No entanto, a norma do art. 304º poderá fazer sentido se considerarmos que boa parte das denominações de origem e indicações geográficas portuguesas beneficiam de protecção por força de diplomas legais específicos, independentemente de estarem registadas no INPI. E, assim, o art. 304º terá o efeito de alargar a protecção resultante das normas do CPI àquelas denominações ou indicações que não se encontrem registadas no INPI, mas beneficiem de tutela legal.

[47] Art. 11º/1 do Regulamento (CE) nº 6/2002, do Conselho de 12 de Dezembro de 2001.

Outra excepção reside no direito de *prioridade* para efectuar o registo de marcas, que o art. 213º atribui a quem usar marca livre ou não registada por prazo não superior a seis meses. Durante este semestre inicial, existe uma protecção potencial, que poderá tornar-se efectiva – dando primazia no registo ao primeiro utilizador da marca – caso este tome a iniciativa de requerer o registo até final daquele período.

Prioridade equivalente, mas não sujeita a prazo-limite, é atribuída aos titulares das marcas de prestígio e das marcas notórias, que não se encontrem registadas em Portugal. Assim, se alguém pedir o registo de uma marca idêntica ou confundível com um destes sinais, os arts. 234º e 235º do CPI permitem que esse pedido seja recusado, mediante oposição do titular da marca prestigiada ou notória. O titular da marca de prestígio pode, além disso, opor-se ao uso de sinais idênticos ou confundíveis com a sua marca, nos termos do art. 249º, nº 1, al. c) do mesmo código.

Cumpre ainda recordar aqui o já mencionado direito de *prioridade* (de 12 meses para as patentes e modelos de utilidade e de 6 meses para os desenhos e para as marcas) de que beneficia o requerente de uma patente ou de um registo num Estado contratante da CUP, para solicitar o mesmo registo nos demais Estados contratantes[48].

Por último, assinale-se o mecanismo da *protecção provisória*, regulado pelo art. 5º do CPI, que permite assegurar, ao titular de um simples *pedido* de registo ou de patente, a defesa precária e condicional do seu direito, enquanto aguarda pela decisão final (de concessão ou recusa) do seu pedido. Esse mecanismo, adiante analisado em maior detalhe, constitui outra excepção à regra de que a protecção depende do registo – pois fica disponível numa fase em que o registo (ainda) não está efectuado, podendo mesmo vir a ser recusado.

6.2. Aspectos gerais da tramitação nacional

Como vimos, a regra em matéria de Direito Industrial é a da necessidade do registo ou da patente[49], para alguém beneficiar dos direitos exclusivos que

[48] Art. 4º, c), 1 da CUP. Idêntico prazo de prioridade (de 12 meses) é concedido pelo art. 87º da CPE a quem tenha apresentado o pedido num Estado parte da CUP ou num membro da Organização Mundial do Comércio.

[49] Esclareça-se que a terminologia do CPI é diversificada, quando se refere ao acto administrativo que concede a protecção. No domínio das invenções, o CPI não usa a expressão

a lei prevê. Ou seja, é imprescindível a prática de um acto administrativo de *concessão* do exclusivo requerido pelo interessado, após análise – mais ou menos aprofundada – dos requisitos legalmente estabelecidos para a atribuição desse direito.

Esse acto, de concessão ou de recusa do direito solicitado pelo interessado, depende assim de um procedimento administrativo relativamente complexo, que poderá demorar meses ou mesmo anos, consoante as vicissitudes e obstáculos com que o pedido de registo vier a deparar. Esse procedimento varia consoante o tipo de DPI que seja solicitado, sendo certo que existem variantes procedimentais dentro de cada categoria, como veremos nos capítulos seguintes. Mas importa, por ora, descrever em traços largos o procedimento comum dos pedidos de registo que seguem a denominada "via nacional".

Assim, tudo começa com o *pedido de registo*, apresentado no INPI pelo interessado ou seu mandatário, nos termos genericamente descritos nos arts. 9º e seguintes do CPI e nas normas da parte especial do Código. Este pedido pode ser formulado por transmissão electrónica de dados[50] ou pelos meios tradicionais, devendo ser acompanhado dos documentos necessários, especificamente exigidos para cada tipo de direito.

Seguidamente, o pedido é *publicado* no Boletim da Propriedade Industrial[51], mediante um aviso que contém os elementos mínimos para divulgação do seu objecto. Uma vez publicado o aviso do pedido, inicia-se um prazo de 2 meses para apresentação de *reclamações*, por parte de quaisquer interessados, a que o requerente do registo poderá responder, através de

"registo", mas antes "patente" (cf., nomeadamente, arts. 50º ou 61º), ou "modelo de utilidade" (arts. 119º ou 126º). Já para os semicondutores e desenho ou modelos, o acto de concessão é designado por "registo" (cf., respectivamente, os arts. 160º ou 162º e 183º ou 195º). Relativamente às marcas (arts. 210º ou 231º), logótipos (arts. 282º ou 288º), denominações de origem e indicações geográficas (arts. 301º ou 306º) e firmas (art. 35º RRNPC), a designação usada é a de "registo".

[50] Tendo em conta que a opção pela via electrónica beneficia de um desconto de 50% nas taxas devidas, não constitui surpresa o facto de 98% dos pedidos de registo de marcas e outros sinais distintivos entrados no INPI em 2009 já terem seguido já essa via. Fonte: Relatório Estatístico Anual – 2009 do INPI, disponível na página http://www.marcasepatentes.pt.

[51] Adiante, abreviadamente, "BPI". Actualmente, o BPI é publicado apenas em suporte electrónico, acessível na página do INPI na Internet: endereços http://www.inpi.justica.gov.pt.

contestação a apresentar em igual prazo, de 2 meses a contar da notificação[52]. Enquanto não for proferida a decisão, há ainda a possibilidade de as partes apresentarem *exposições suplementares*, com vista *ao melhor esclarecimento do processo*. Durante estes mesmos prazos é possível apresentar *observações de terceiros*, que apenas são admissíveis no âmbito de procedimentos de registo de marcas ou de logótipos[53]. Estas observações servem para permitir a terceiros – não titulares de direitos prioritários, passíveis de fundamentar uma reclamação, invocando motivos *relativos* de recusa do registo – intervir no procedimento de registo, invocando apenas motivos *absolutos* de recusa que, no seu entender, justificam o indeferimento do pedido de registo.

Terminado este contraditório, podem ocorrer *vistorias* ou exames periciais a realizar nos termos do art. 20º. Concluída a instrução do procedimento, os técnicos do INPI procedem ao *exame* do pedido e das alegações das partes, após o que elaboram um *parecer* que será submetido a despacho, de *concessão ou de recusa*, total ou parcial, do pedido. São *fundamentos gerais de recusa* do pedido (a que acrescem os fundamentos específicos de cada DPI) os factos enumerados no nº 1 do art. 23º do CPI: falta de pagamento de taxas, de apresentação de documentos ou de cumprimento das formalidades regulamentares. Além disso, a alínea d) do art. 23º impõe a recusa do *requerimento cujo objecto seja impossível ou ininteligível* (o que permitirá rejeitar pretensões absurdas ou manifestamente inviáveis).

Estes despachos finais são seguidamente *publicados* no BPI[54], o que dá início a novo prazo de 2 meses para eventuais *recursos judiciais* contra a decisão proferida, para cujo julgamento é competente o tribunal de propriedade intelectual[55]. A decisão em primeira instância poderá ainda ser objecto de um único recurso, para o Tribunal da Relação de Lisboa, não

[52] Cf. arts. 16º e 17º. Os prazos de reclamação, de contestação e de observações de terceiros, podem ser prorrogados, por mais um mês, a requerimento fundamentado do interessado.

[53] E, eventualmente, de DO e IG, por força da remissão do nº 2 do art. 301º. À apresentação das observações de terceiro aplica-se o disposto nos arts. 17º/1 e 4, 226º/1 e 286º/1 do CPI.

[54] Sem prejuízo de essas decisões deverem ser notificadas directamente às partes intervenientes no procedimento, salvo quando haja despacho de concessão e não tenha havido reclamação, em que se prevê que o INPI remeta um simples aviso, privilegiando a utilização dos meios electrónicos (art. 16º, nºs. 1 e 4).

[55] Art. 39º do CPI. O TPI tem actualmente 3 juízes (na sequência da L 19/2019, de 19 de Fevereiro), instalados em Lisboa (apesar de uma parte muito substancial deste contencioso envolver entidades do Norte do país).

sendo admissível neste tipo de processos recurso ordinário para o Supremo Tribunal de Justiça[56]. Antes de interporem recurso judicial, os interessados podem solicitar ao superior hierárquico do autor do despacho a modificação da decisão, fazendo uso do mecanismo previsto no art. 22º, caso em que o prazo de recurso apenas se contará da decisão final[57].

A decisão de concessão ou recusa da patente, modelo ou registo dependerá, obviamente, da compatibilidade do pedido com as normas, gerais e especiais, aplicáveis a cada tipo de DPI. Em particular, o examinador irá verificar se estão satisfeitos os requisitos, formais e substanciais, de que depende a concessão do direito. Faltando algum, ou alguns, desses requisitos, existirá fundamento para a recusa do pedido. O CPI distingue, a este propósito, entre *fundamentos gerais de recusa* (enumerados no art. 23º: falta de pagamento de taxas, não apresentação de elementos necessários, inobservância de formalidades ou apresentação de requerimento com objecto impossível ou ininteligível), e os *fundamentos específicos de recusa*, enunciados no Título II do Código, autonomamente para cada categoria de direitos. De entre estes últimos, haverá ainda que distinguir entre os fundamentos *absolutos* de recusa (relacionados essencialmente com a inidoneidade do objecto ou a falta de requisitos intrínsecos de protecção) e os fundamentos *relativos* de recusa (resultantes da existência de direitos prioritários de terceiros, que obstam à concessão do direito). Os fundamentos específicos de recusa serão analisados nos capítulos seguintes, a propósito de cada uma das figuras a que respeitam.

Como veremos, o conhecimento dos motivos de recusa nem sempre está dependente da sua invocação, em sede de reclamação ou oposição de terceiros. Na maioria dos casos, tais fundamentos de recusa são de conhecimento oficioso. O que, aliás, tem plena justificação, pois o INPI e o EUIPO não

[56] Art. 45º/3 do CPI. Sublinhe-se que a legitimidade para interpor recurso judicial contra o despacho do INPI, por parte de terceiros, não depende da prévia apresentação de reclamação contra o pedido de registo, estando esse recurso à disposição de *quem seja directa e efectivamente prejudicado pela decisão* (art. 40º/1), na linha do disposto no art. 30º do CPC.

[57] Esta solução, que já parecia evidente à luz do art. 42º do CPI de 2003, é hoje indiscutível face à redacção inequívoca do art. 41º do novo CPI ("decisão final, de manutenção ou revogação, proferida ao abrigo do artigo 22º"), não sendo hoje admissíveis interpretações restritivas daquele preceito (como a da infeliz decisão do ac. RL de 10.10.2017, rel. Rijo Ferreira, que só admitia tal contagem quando ocorresse alteração ou revogação da decisão do INPI, mas não em caso de confirmação do decidido).

existem apenas para proteger os seus "clientes" (os requerentes de DPI). Têm ainda o dever de proteger o *domínio público*, evitando a apropriação indevida de realidades banais, insusceptíveis de protecção pelo Direito Industrial, que devem ser mantidas na disponibilidade de todos.

6.3. A Protecção Provisória

O procedimento acima descrito dura, no mínimo, alguns meses. E, quando haja reclamações ou oposição de terceiros, a decisão definitiva pode demorar vários anos, até à conclusão dos processos contenciosos, administrativos ou judiciais.

Ora, sendo o acto de concessão da patente ou do registo de marca o acto *constitutivo* do direito, até à decisão definitiva daquele procedimento não existe ainda um verdadeiro exclusivo que o titular possa fazer valer contra terceiros, que porventura decidam explorar o mesmo invento ou adoptar a mesma marca. Mas, se nenhuma protecção existisse, o requerente do registo estaria exposto a todo o tipo de imitações, correndo o risco de ver o seu direito exclusivo completamente desvalorizado, quando finalmente lhe viesse a ser concedido.

Para fazer face a esse risco, o art. 5º do CPI contém um mecanismo de protecção provisória dos direitos de propriedade industrial, que confere ao titular do pedido um direito *limitado e condicional*, que lhe permite processar judicialmente os usurpadores do seu direito em formação. Assim, uma vez publicado o pedido no BPI[58], o titular desse pedido pode demandar judicialmente terceiros que estejam a invadir o exclusivo resultante da patente ou registo a conceder, com vista a exigir destes uma indemnização. No entanto, o desfecho destes processos ficará dependente do êxito ou inêxito do pedido: como dispõe o nº 4 do citado art. 5º, *as sentenças relativas a acções propostas com base na protecção provisória não podem ser proferidas antes da concessão ou da recusa definitiva da patente, do modelo de utilidade ou do registo, suspendendo-se a instância finda a fase dos articulados*. Assim, mesmo que se preencham todos os demais requisitos para a procedência da acção, se o registo for recusado, a sentença terá que ser desfavorável.

E que poderá o requerente do registo pedir ao tribunal, nesse tipo de acções? Uma leitura apressada do nº 1 do art. 5º poderia induzir em erro,

[58] Ou mesmo antes da publicação, quando o titular do pedido notifique o infractor de que o mesmo já foi apresentado, comunicando-lhe os elementos essenciais desse pedido (art. 5º/2).

pois refere que o pedido confere ao requerente *protecção idêntica à que seria atribuída pela concessão do direito*. Mas logo acrescenta: *para ser considerada no cálculo de eventual indemnização*. Ora, confrontando esta redacção (resultante da revisão de 2003) com a formulação dos preceitos do CPI de 1995 que dispunham sobre protecção provisória[59], torna-se claro que o legislador pretendeu limitar a uma *eventual indemnização* as consequências da imitação ou usurpação ocorridas no período que medeia entre o pedido e a decisão final. O Código já não refere genericamente *a protecção que seria conferida pela atribuição do direito*, mas antes, mais prudentemente, *protecção "idêntica" à que seria atribuída pela concessão do direito*. E, sobretudo, especificou que esta protecção se destina a *ser considerada no cálculo de eventual indemnização*.

Em face disso, parece evidente que esta protecção – limitada e condicional – não constitui base suficiente para requerer *providências cautelares*, que sempre seriam temerárias na medida em que, relativamente ao direito a acautelar, "a procissão ainda vai no adro" (não havendo certezas quanto ao desfecho do procedimento administrativo de registo)[60] [61]. Em contrapartida, não repugna aceitar que, na acção declarativa em que se peça a condenação do terceiro a pagar a eventual indemnização, seja também pedida a condenação do réu a abster-se de violar o direito do requerente (que só se tornará efectiva em caso de concessão desse direito e a partir da data da concessão). Nesta parte, tratar-se-á de um pedido de condenação *in futurum*, que sempre seria admissível, mesmo na ausência do regime da protecção provisória, por força do disposto no art. 610º do CPC.

[59] O art. 62º/8 do CPI de 95 dispunha: *O pedido de patente confere provisoriamente ao requerente, a partir da data da publicação a que se referem os números anteriores, a protecção que seria conferida pela atribuição do direito*. Refira-se que, no CPI de 1995, os arts. 62º/6 a 8, 127º/1 e 153º/7 apenas conferiam protecção provisória às patentes, modelos de utilidade e modelos e desenhos industriais, deixando de lado os sinais distintivos do comércio.

[60] É certo que o decretamento de providências cautelares assenta num *fumus boni juris*, enfrentando sempre o risco de – na acção principal – a decisão definitiva não reconhecer o direito invocado pelo requerente. Mas, na fase de protecção provisória, não há ainda sequer uma "aparência de direito", mas apenas uma expectativa (e uma prioridade) de aquisição desse eventual direito.

[61] Sublinhe-se que, na vigência do CPI de 1995, são conhecidas diversas decisões judiciais decretando providências cautelares de arresto e ordens de abstenção, ao abrigo do respectivo art. 62º (vg. o ac. STJ de 12.01.99, in CJ-STJ 99 – I, p. 34 e o ac. RC de 28.03.2000, in CJ 2000, II, p. 30).

A indemnização a pagar pelo réu, numa acção deste tipo, deve abranger todo o período anterior à concessão do direito, e cobrir pelo menos[62] os prejuízos causados ao autor, a partir do momento em que a protecção provisória teve início (o da publicação do BPI ou da notificação prevista no nº 2 do art. 5º).

Isto significa que um terceiro que seja acusado de violar um direito exclusivo em formação, durante a fase da protecção provisória, enfrenta o seguinte dilema: ou suspende de imediato essa prática, aguardando pelo desfecho do procedimento de registo; ou decide "tentar a sua sorte", continuando a fazer o que vinha fazendo, arriscando-se nesse caso a ter que pagar uma indemnização.

6.4. A Extinção dos DPI

A natureza dos direitos de Propriedade Industrial – que, como vimos, constituem uma excepção à regra da livre concorrência e da própria liberdade de imitação – justifica que sejam concedidos por um período de tempo limitado, julgado adequado à realização da função específica de cada um desses direitos.

Assim, os exclusivos relacionados com a tutela da inovação (patentes, modelos de utilidade, topografias de semicondutores e desenhos ou modelos) são temporários por natureza, tendo um prazo de duração máxima, findo o qual caducam, independentemente de qualquer formalidade. Já o registo dos sinais distintivos do comércio (marcas e logótipos), embora seja também concedido por um prazo limitado, pode ser *indefinidamente renovado por iguais períodos*[63]. É fácil de entender esta diversidade de regimes: enquanto as patentes e os registos de modelos ou desenhos geram monopólios de exploração de determinadas técnicas ou produtos, visando proporcionar uma remuneração do esforço criativo, os sinais distintivos desempenham uma função diversa (ordenadora da concorrência), que não se esgota com o decurso do tempo. Por isso, enquanto a sociedade tem interesse em fazer

[62] Os critérios de cálculo da indemnização por perdas e danos por violação de direitos de propriedade industrial constam actualmente do art. 347º do CPI.

[63] Cf. os arts. 247º e 291º, que fixam uma duração de 10 anos para o registo das marcas e dos logótipos, respectivamente. Ressalve-se, no contexto dos sinais distintivos, o regime das denominações de origem e indicações geográficas, que têm *duração ilimitada,* nos termos do art. 304º, o mesmo sucedendo com as firmas, cuja protecção não está sujeita a prazo.

cessar aqueles monopólios de exploração (logo que decorrido tempo suficiente para remuneração do esforço criativo), já o mesmo não sucede com os sinais distintivos, cuja subsistência continua a fazer sentido enquanto os mesmos forem usados.

Deste modo, a *caducidade* pelo decurso do prazo de duração dos DPI, a par da falta de pagamento de taxas, constitui um dos motivos mais frequentes para a sua extinção. Mas, além destes fundamentos gerais de caducidade, enunciados pelo art. 36º, existem outros fundamentos específicos para cada categoria de direitos, como por exemplo a falta de uso sério de marcas durante 5 anos consecutivos, ou a extinção da entidade assinalada pelo logótipo, como adiante veremos. Importa referir desde já que – enquanto as causa gerais de caducidade operam automaticamente, *independentemente da sua invocação* – o nº 2 daquele preceito dispõe que as demais causas de caducidade *apenas produzem efeitos se invocadas por qualquer interessado,* perante o INPI.

Uma outra causa de extinção, referida na parte geral do Código, é a *renúncia*, isto é, a declaração unilateral do titular do direito de que prescinde dele. Esta declaração, nos termos do art. 37º, deverá ser feita através de requerimento a apresentar no INPI. Na prática, esta figura raramente é utilizada, e normalmente apenas em caso de litígio; isto porque, quando o titular de um direito deixa de estar interessado nele, basta-lhe deixar de pagar as taxas ou anuidades devidas pela renovação do registo e este caducará, sem qualquer formalidade.

Por fim, a extinção dos DPI poderá resultar também da sua *invalidade*, regulada genericamente nos arts. 32º a 35º do Código, que distingue entre os casos de *nulidade* e de *anulabilidade*, embora nem sempre seja fácil de entender a distinção, tal a similitude de regimes a que estas modalidades estão sujeitas, no âmbito do Direito Industrial. Na verdade, esta distinção apenas releva para efeitos do prazo do pedido de declaração de invalidade, que o CPI estabelece nos casos de anulabilidade (5 anos), sendo a nulidade invocável a todo o tempo[64].

[64] Cf., respectivamente, os arts. 34º, nº 7 (anulabilidade) e 32ºº, nº 2 (nulidade). No domínio do código anterior, a lei só fixava prazo para a instauração da acção de anulação no domínio dos sinais distintivos (arts. 266º/4, 304º-R/2 e 314º/2), de 10 anos a contar da data do despacho de concessão do registo, e ressalvando em qualquer caso a instauração da acção de anulação, em caso de registo de má-fé, que não tinha prazo. Contudo, o facto de o CPI de 2003 não fixar prazos de arguição de anulabilidade nos restantes domínios da Propriedade Industrial não queria dizer que eles não existissem. A esse respeito, na esteira de CARVALHO

O regime da invalidade dos DPI – que será retomado em capítulos posteriores – pode descrever-se, sumariamente, do modo seguinte: os fundamentos da *nulidade*, constantes do art. 32º, têm a ver com a falta de requisitos intrínsecos de protecção, com a preterição de formalidades essenciais e com a violação de regras de ordem pública; os fundamentos da *anulabilidade* respeitam, predominantemente, à preterição de direitos de terceiros (admitindo-se mesmo que em certos casos, em vez da anulação, o interessado peça a reversão do direito a seu favor). Também aqui, além dos fundamentos comuns referidos na parte geral do CPI, haverá que considerar os fundamentos específicos de invalidade, constantes do regime próprio de cada direito.

A declaração de nulidade e a anulação, no âmbito do novo código, estão sujeitas a um regime dual, consoante estejamos perante DPI relacionados com a tutela da inovação técnica ou perante outros registos. Assim, os DPI do primeiro grupo (patentes, CCP, MU e topografias de semi-condutores) só podem ser invalidados por decisão judicial, enquanto que, para a invalidação dos registos dos restantes DPI (desenhos ou modelos, marcas, logótipos e demais sinais distintivos) é competente o INPI, excepto quando a invalidade destes direitos seja invocada em reconvenção deduzida num processo judicial[65]. A consagração deste regime ficou a dever-se, no caso das marcas, à transposição da DHM, que impunha aos Estados-membros a instituição de *um procedimento administrativo eficiente e expedito de extinção ou de declaração de nulidade de uma marca junto dos respectivos institutos*[66]. Contudo, indo para além desse imperativo, o legislador português adoptou esta solução (administrativa) para todos os demais sinais distintivos e também para os desenhos ou modelos, sem enunciar minimamente as razões desta opção.

A legitimidade para formular estes pedidos de declaração de nulidade e de anulação (em processos administrativos ou judiciais) é reconhecida a

FERNANDES, alguma jurisprudência considerava que, nos casos de anulabilidade previstos no CPI em que este código não fixava prazo de arguição, deveria *recorrer-se ao regime comum do art. 287º, nº 1, do Código Civil,* de onde *resulta ser tal prazo, em regra, de um ano, contado do momento em que a pessoa com legitimidade para invocar a anulabilidade tem conhecimento da causa em que ele se funda* (*A Nova Disciplina das Invalidades dos Direitos Industriais,* ROA Ano 63º, nº I/II 2003, p. 103). Subscrevendo este entendimento, cf. ac. STJ de 12.03.2009 (rel. Oliveira Vasconcelos; www.dgsi.pt). Em sentido divergente, cf. acs. STJ de 23/6/16 (rel. Olindo Geraldes; insígnia, dgsi.pt) e de 15/4/15 (rel. Granja da Fonseca; insígnia, dgsi.pt).

[65] Cf. Arts. 34º, nº 1 e 2.

[66] Art. 45º da DHM, que apenas teria que ser transposto até 14.01.2023 (art. 54º, nº 1).

qualquer interessado, sendo que, no caso das acções judiciais essa legitimidade é alargada, ainda, ao Ministério Público[67]. Em caso de procedência do pedido, a decisão tem *eficácia retroactiva*, ficando apenas salvaguardados os efeitos produzidos em cumprimento de obrigação, de sentença transitada em julgado, de transacção, ainda que não homologada, ou de actos análogos[68]. Por outras palavras, e descontados estes casos, a declaração da invalidade conduz, portanto, à extinção do direito resultante do registo, tudo se passando como se este nunca tivesse sido concedido. Por razões evidentes, estes pedidos de anulação ou de declaração de nulidade surgem, frequentemente, no contexto de processos de contrafacção, em que o réu se defende sustentando a invalidade do direito que contra si está a ser invocado. O que por vezes leva mesmo à suspensão do processo de infracção, atenta a prejudicialidade que uma questão assume relativamente à outra[69].

[67] Art. 34º/3 e 4. As acções judiciais estão sujeitas a averbamento no INPI, a promover oficiosamente pelo tribunal, nos termos do nº 6 desta disposição. Não há, pois, fundamento para o tribunal exigir às partes que promovam o averbamento da acção. Apesar disso, face ao regime do art. 263º/3 do CPC, é do interesse do autor promover esse averbamento, ainda que o tribunal o não faça.

[68] Art. 35º.

[69] Neste sentido, entre outros, o ac. STJ de 5.06.1964 (rel. Gonçalves Pereira; BMJ nº 138º, pp. 302 e 303), que decidiu o seguinte: *a ilegalidade da concessão da patente envolve a nulidade absoluta do acto, violador de lei de interesse e ordem pública (art. 10º do Código Civil); a sentença produz efeitos erga omnes, como resulta do seu registo na Repartição da Propriedade Industrial e publicação no respectivo Boletim (art. 33º do Código da Propriedade Industrial). É doutrina corrente que a caducidade ou nulidade da patente, alegada durante o processo de falsificação, faz surgir uma questão prejudicial que se resolve no decurso deste ou separadamente, mantendo então em suspenso a decisão do pleito de falsificação, cujo êxito depende da outra (...). Se a patente for anulada, todos os actos cometidos com pretensa violação do direito do titular da patente não podem ser considerados ilícitos, pois tudo se passa como se a patente não tivesse tido existência jurídica, dado o efeito retroactivo da sentença declaratória da anulação.* Na mesma linha, e em matéria de modelos industriais, o STJ voltou a declarar, em 12.01.1999 (rel. Ferreira de Almeida; CJ-STJ, Vol. I, p. 34), que *a falta de novidade de um dado modelo industrial é geradora de nulidade do registo, a qual pode ser conhecida e declarada a todo o tempo, a pedido de qualquer interessado, pela via judicial. Uma vez que os modelos desprovidos de novidade não podem ser objecto de registo, também não podem conferir qualquer direito, seja a título definitivo seja a título provisório.* Cf. ainda o ac. RC de 6.03.1996 (CJ II, p. 46), considerando que *a decisão a proferir em acção ordinária já proposta em que se peticiona a nulidade do registo de depósitos* [sic] *de desenhos industriais é prejudicial em relação à decisão em processo crime*, pelo que este *deve, pois, ser suspenso, aguardando a decisão a proferir na acção cível.*

PRIMEIRA PARTE

TUTELA DA INOVAÇÃO

Capítulo II
Patentes de invenção

1. Introdução

É óbvio que sempre haveria invenções mesmo que não existissem patentes. Aliás, a primeira lei de patentes digna desse nome só surgiu no século XV, em Veneza[70], e tal não impediu o anterior progresso técnico da Humanidade.

Apesar disso, acredita-se que a existência de um sistema de patentes incrementa a actividade inventiva e, sobretudo, torna possível, porque rentável, certo tipo de pesquisa e investigação mais dispendiosas. As quais não

[70] Através de uma lei do Senado de Veneza de 1474, que outorgava a quem fabricasse nessa cidade "uma máquina nova e inventiva que nunca antes tenha sido fabricada dentro das fronteiras da nossa jurisdição" e que a registasse na "repartição dos Provedores da Comuna", o direito de proibir "a qualquer outra pessoa do nosso território fazer uma outra máquina idêntica ou semelhante àquela sem o acordo ou a licença do autor, durante dez anos". Embora existam inúmeros antecedentes históricos de atribuição de direitos (exclusivos ou não) de fabrico ou de exploração de produtos (nomeadamente privilégios ou monopólios concedidos pela coroa, a pessoas ou entidades determinadas), este diploma foi o primeiro a criar uma disciplina *geral e abstracta* para a concessão deste tipo de direitos, naquilo que constitui uma verdadeira "lei de patentes", no sentido moderno da expressão. O termo "patente" provém das denominadas "letters-patent" (i. e. "cartas abertas") mediante as quais a coroa inglesa, pelo menos a partir de 1236, atribuía a certos tecelões e outros artesãos estrangeiros o direito de exercerem o seu comércio em Inglaterra. A este respeito, cf. Pires de Carvalho, *A Estrutura dos Sistema de Patentes e de Marcas...*" cit., pp. 175 a 186 e 198 a 213, Oehen Mendes, *Direito Industrial* – I, pp. 21 a 32, Roubier, *Le Droit de la Propriété Industrielle*, Vol. I, pp. 63 a 77 e David Bainbridge, *Intellectual Property*, 2010, p. 380.

seriam realizadas se não houvesse, no horizonte, a perspectiva de fazer uma exploração económica do invento em condições monopolísticas, ao abrigo do direito exclusivo resultante da patente. As patentes de invenção são encaradas como uma *recompensa* destinada a estimular a criatividade técnica do inventor, em contrapartida do acréscimo de conhecimento partilhado com a sociedade através da *divulgação pública* do invento.

Esta justificação não é isenta de críticas, quer dos que entendem que o sistema de patentes está a "asfixiar a criatividade que deveria estimular", quer daqueles que consideram desnecessário o estímulo à invenção. Até porque, como sublinham CORNISH/LLEWELYN/APLIN[71], *é muito difícil medir ou avaliar os efeitos (se é que os há) que um sistema de patentes está a produzir.*

Ainda assim, esta explicação continua a ser a "verdade oficial" em matéria de patentes, que são encaradas como um instrumento de política económica. No entendimento dominante, se não houvesse patentes haveria muito menos invenções, em prejuízo da Ciência, da Economia e da Sociedade.

Mas é, também, inegável que o Direito de Patentes se está a desvirtuar, pois vem servindo, em larga medida, para proteger a banalidade e conferir exclusivos sobre coisas triviais. A tal ponto que a actividade económica começa a transformar-se num "campo de minas" em que é cada vez mais difícil não "tropeçar" em direitos exclusivos sobre as realidades mais vulgares[72]. Existem patentes sobre os objectos mais inesperados, incluindo um "método para exercitar um gato (usando um laser)", que obteve em 1995 a patente nº 5.443.036[73] concedida pelo *United States Patent and Trademark Office*, que também concedeu, em 1999, a patente nº 5.965.809[74], relativa a um "método de determinação do tamanho de *soutien*, por medição directa"... Por isso, há já quem afirme que as patentes se tornaram uma forma de *poluição industrial*, argumentando que *tanto a poluição como as patentes constituem externalidades*

[71] *Intellectual Property. Patents, Copyright, Trademarks and Allied Rights*, 9ª ed., 2019, p. 141.

[72] Para uma reflexão crítica acerca dos efeitos da propriedade intelectual sobre a criatividade e inovação, cf. LAWRENCE LESSIG, *The future of ideas*, 2001.

[73] Disponível in http://www.freepatentsonline.com/5443036.html (*a method for inducing cats to exercise consists of directing a beam of invisible light produced by a hand-held laser apparatus onto the floor or wall or other opaque surface in the vicinity of the cat, then moving the laser so as to cause the bright pattern of light to move in an irregular way fascinating to cats, and to any other animal with a chase instinct*).

[74] Disponível in http://www.freepatentsonline.com/result.html?query_txt=5.965.809 (*method of bra size determination by direct measurement of the breast*).

económicas que podem enriquecer pessoas ou empresas à custa da sociedade como um todo. E ambas são justificadas como necessidades económicas[75].

Não obstante, em certos domínios do conhecimento e em certas áreas de actividade, é manifesto que o sistema de patentes constitui um factor decisivo para a mobilização de fundos para a investigação científica e tecnológica.

2. Conceito de patente

Uma patente de invenção é um título que confere um direito exclusivo de exploração de um invento[76]. Este direito é concedido pelo Estado, através de uma entidade administrativa, que em Portugal é o INPI – Instituto Nacional da Propriedade Industrial[77], a quem cabe verificar se o invento reúne as condições, positivas e negativas, de que a lei faz depender tal concessão. O invento pode ser um *produto* novo; ou pode simplesmente consistir num *processo* novo de obter um produto já conhecido; ou mesmo, sob certas condições, numa nova *utilização* desse produto.

Nem todas as invenções podem beneficiar de uma patente. Aliás, são inúmeras as invenções que não estão, nem nunca estiveram, protegidas por uma patente. Ou porque o inventor não a pediu, ou porque não eram inventos passíveis de protecção. E, se assim for, nada impede que essa invenção

[75] Phil Karn, *The US Patent System Is Out of Control!* – cf. http://people.qualcomm.com/karn/patents.

[76] Para uma análise aprofundada do conceito de patente, cf., entre muitos outros, Bently/Sherman/Gangjee/Johnson, *Intellectual Property Law*, 2018, pp. 393 a 715, Fernández-Nóvoa/Lastres/Agra, *Manual de la Propiedad Industrial*, 2017, pp. 99 a 271, Cornish/Llewelyn/Aplin, *Intellectual Property: Patents, Copyright, Trade Marks and Allied Rights*, cit., pp. 117 a 315, Rudolf Krasser, *Patentrecht*, 2009, pp. 119-334, S. P. Ladas, *Patents, Trademarks and Related Rights, National and International Protection*, 1975, Vol. I, p. 286 e ss., A. Bertrand, *La Propriété Intellectuelle, Livre II, Marques e Brevets, Dessins et Modèles*, 1995, pp. 76 a 265, Roubier, *Droit de la Propriété Industrielle*, Vol. II, 1954, p. 85 e ss.. Entre nós, cf. nomeadamente, Eugénio Lucas, *A Patente Comunitária e o seu Controlo Jurisdicional*, 2009, Remédio Marques, *Biotecnologias(s) e Propriedade Intelectual*, 2007, em especial Vol. I, pp. 337 e ss. e Vol. II, pp. 696 a 815, Couto Gonçalves, *Manual...* cit., pp. 39 a 137, Oliveira Ascensão, *Direito Comercial*, Vol. II, *Direito Industrial*, 1988, p. 233 e ss., Silva Carvalho, *O Objecto da Invenção*, 1970, p. 7 e ss. e Osório de Castro, *Os efeitos da nulidade da patente sobre o contrato de licença da invenção patenteada.*, 1994, p. 90 e ss..

[77] Isto sem prejuízo do papel desempenhado pelo IEP – Instituto Europeu de Patentes, quando se trate de uma patente europeia, concedida ao abrigo da Convenção de Munique, como veremos *infra*, 6.2.

seja usada por qualquer outra pessoa, pois nesse caso o invento, não patenteado, pertence ao *domínio público*, estando à disposição de quem o quiser explorar.

É evidente que o inventor pode sempre optar por não patentear a sua criação, tentando resguardá-la através do *segredo comercial*, que goza agora de tutela própria. Mas trata-se de uma protecção mais precária e de duração indefinida, podendo cessar a qualquer momento, caso o segredo seja divulgado publicamente, mesmo contra a vontade do inventor.

Uma alternativa intermédia, de que falaremos no capítulo seguinte, será proteger o invento através de um *modelo de utilidade*, que proporciona uma protecção inferior à da patente, embora seja mais fácil e rápida de obter.

2.1. A invenção patenteável. O pré-requisito do carácter técnico

A patente tem por objecto uma "invenção". Este conceito não está cunhado na nossa lei, nem nas convenções internacionais aplicáveis em Portugal, mas pode ser definido como *a solução de um problema específico no domínio da tecnologia*[78].

Para uma invenção ser patenteável tem que preencher não só os requisitos de patenteabilidade enumerados nos arts. 50º e 54º do CPI e 52º da CPE (*novidade, actividade inventiva* e *aplicabilidade industrial*), mas também o

[78] A definição é da OMPI (*WIPO Intellectual Property Handbook: Policy, Law and Use,* Cap. II, p. 17, disponível in http://www.wipo.int/export/sites/www/about-ip/en/iprm/pdf/ch2.pdf. Oliveira Ascensão esclarece: *a invenção, que respeita ao direito industrial, distingue-se da descoberta por representar a solução de um problema técnico. Já pode aparecer mais como criação e não mera descoberta, por um lado, e por outro é necessariamente caracterizada pelo problema técnico a que vem dar resposta* (in *Direito Comercial, II, Direito Industrial*, p. 233). Couto Gonçalves, sob inspiração da jurisprudência germânica, propõe a definição seguinte: *ensinamento para uma acção planeada, com a utilização das forças da natureza susceptíveis de serem dominadas, para obtenção de um resultado causal previsível* (*Manual* cit., p. 44). Sobre o conceito de invenção, cf. ainda Remédio Marques, *Biotecnologias(s)...*, cit., Vol. I, p. 231. Por curiosidade, refira-se que o art. 1º da lei iraniana de patentes contém uma boa definição de invenção: *uma invenção é o resultado da mente humana que cria um produto ou processo pela primeira vez e fornece a solução para um problema específico no âmbito de certo domínio de especialidade, técnica, tecnologia, indústria ou similar* (Fonte: tradução inglesa disponibilizada pela WIPOLEX, disponível in http://www.wipo.int/wipolex/en: *An invention is the outcome of an individual(s)' mind that produces a certain product or a process for the first time and provides for a solution to a specific problem in a certain line of specialty, technique, technology, industry and the like*).

(pré)requisito do **carácter técnico**[79]. Esta exigência, decorrente do nº 2 do art. 50º do CPI e do nº 1 do art. 52º da CPE, significa que o invento deve *ter por objecto um «ensinamento técnico», ou seja, deve indicar ao perito na especialidade como proceder para resolver um determinado problema técnico utilizando certos meios técnicos*[80].

Consequentemente, é recusada protecção às *descobertas, às teorias científicas e aos métodos matemáticos, aos materiais já existentes na natureza, às criações estéticas, às apresentações de informação e aos projectos, princípios e métodos do exercício de actividades intelectuais em matéria de jogo ou no domínio das actividades económicas*[81] – pois estas realidades, por mais importantes que sejam, revestem natureza abstracta ou intelectual, sem carácter técnico. Por outras palavras, *as concepções intelectuais só se tornam patenteáveis na medida em que tenham sido incorporadas em aplicações técnicas*[82].

Por outro lado (e a despeito do seu carácter técnico), é também afastada a patenteabilidade dos *programas de computadores, como tais, sem qualquer contributo técnico*[83]. Esta opção legislativa deve-se, não tanto à especial natureza do *software*, mas antes à ideia – dominante aquando da redacção da Convenção de Munique, de 1973, que inspirou o nosso CPI – de que os programas informáticos seriam melhor protegidos pela disciplina dos Direitos de Autor[84].

No entanto, o nº 2 do art. 51º do CPI esclarece que, nesses casos, só é excluída a patenteabilidade quando o objecto da patente *se limite aos elementos* acima referidos. Ou seja, a descoberta de um mineral existente na natureza (até agora desconhecido) não poderia levar à concessão de uma patente sobre esse produto; mas já poderia ser patenteada a utilização desse mineral para o fabrico de um certo produto.

[79] Esta catalogação é proposta pelo próprio Instituto Europeu de Patentes (adiante, "IEP"), na linha da decisão da Câmara de Recurso no processo T 154/04 (OJ 2008, p. 46), que esclareceu que os quatro requisitos supracitados constituem critérios de patenteabilidade *distintos e independentes*, sendo susceptíveis, *per se*, de conduzir à recusa da patente. Sobre este aspecto, cf. *Case Law of the Boards of Appeal of the European Patent Office*, 8ª ed., 2016, p. 2 – disponível in www.epo.org/patents/appeals.

[80] Cf. *Case Law of the Boards of Appeal of the European Patent Office*, cit., p. 2.

[81] Art. 51º/1 do CPI e 52º da CPE.

[82] Cornish/Llewelyn/Aplin, *Intellectual Property...*, cit., p. 221.

[83] Art. 51º/1/d) do CPI e 52º/2/c) da CPE.

[84] Neste sentido, Bently e Sherman, *Intellectual Property Law*, cit., pp. 394 e 410.

2.1.1. As patentes sobre programas de computador

Esta regra, quando aplicada a invenções relacionadas com programas de computador, ou que utilizem *software*, tem suscitado fundadas dúvidas de interpretação, que estão longe de superação[85]. O mesmo se diga quanto a patentes relacionadas com *métodos comerciais*, que têm dado origem, no estrangeiro, a uma acesa controvérsia [86]. Na Europa existe uma atitude restritiva, exigindo que uma invenção tenha *intrinsecamente* carácter técnico, não bastando o simples facto de utilizar um computador. Fala-se por isso de um *contributo técnico adicional* ("further technical effect")[87].

A orientação do IEP no caso PENSION BENEFITS SYSTEM (ao interpretar o art. 52º da CPE, que só exclui a patenteabilidade na medida em que o pedido *apenas diga respeito a um desses elementos considerado como tal*), é a de não considerar invenções os *métodos envolvendo apenas conceitos económicos e práticas de fazer negócio*. Por isso, este Instituto vem considerando que *uma característica de um método respeitante ao uso de meios técnicos para uma finalidade exclusivamente não técnica e/ou para processar exclusivamente informação não técnica não confere necessariamente carácter técnico a esse método*. E esclarece: *qualquer*

[85] Em 2010, no caso G3/08, o Enlarged Board of Appeal do IEP recusou uniformizar jurisprudência sobre o tema alegando que não existia verdadeira contradição entre as decisões das Câmaras de Recurso. Apesar disso, como demonstra Matthieu Dhenne, *The assessment of technicality of computer-implemented inventions in Europe* (EIPR 2018, p. 295 e ss.) continua a existir uma grande divergência na jurisprudência quanto à forma de determinação do carácter técnico de uma invenção. Sobre a problemática das patentes de *software*, cf. Sigrid Sterckx/Julian Cockbain, *Exclusions from Patenteability*, Cambridge University Press, 2015, pp. 67 e ss. (com uma análise aprofundada da evolução da jurisprudência do IEP), Cornish/Llewelyn/Aplin, *Intellectual Property*... cit., pp. 226 e 827 a 930 e 862 a 872, Bently e Sherman, *Intellectual Property Law*, cit., pp. 342 a 344 e 410 a 423. Entre nós Alexandre Dias Pereira, *Patentes de Software. Sobre a patenteabilidade de programas de computador*, DI, Vol. I, 2001, p. 385 e ss. e Remédio Marques, *Patentes de programas de computador e sistemas informáticos de jogos electrónicos / métodos de exercício de actividades económicas* in AAVV, *Estudos de Direito Intelectual em Homenagem ao Prof. Doutor José de Oliveira Ascensão*, p. 807 e ss..

[86] Nos casos *Bilski v. Kappos*, 561 U.S. 593 (2010) e *Alice Corporation Pty. Ltd. v. CLS Bank International*, 573 U.S. 208 (2014), o Supremo Tribunal Norte-Americano veio restringir significativamente o âmbito das patentes de métodos comerciais implementados por computador. Sobre a situação anterior a esta jurisprudência veja-se P. Sousa e Silva, *A patenteabilidade dos métodos comerciais*, in Direito da Sociedade da Informação, Vol. V, 2004, p. 237 e ss.

[87] Veja-se EPO Guidelines, Part. G, Chapter II, 3.6..

actividade nos domínios não tecnológicos da cultura humana envolve entidades físicas e utiliza, num grau maior ou menor, meios técnicos. Porém, faz notar que *a mera existência de características técnicas numa reivindicação não transforma o objecto dessa reivindicação num invento.* Deste modo, quando o aperfeiçoamento resultante da invenção seja *essencialmente económico, i.e., pertença ao domínio da Economia, não poderá contribuir para a actividade inventiva*[88].

Contudo, esta firmeza inicial do IEP atenuou-se, no caso AUCTION METHOD/HITACHI[89], quando a Câmara de Recurso considerou que *um método envolvendo meios técnicos constitui uma invenção no sentido do nº 1 do artigo 52º da CPE,* acrescentando: *o que importa é a existência do carácter técnico que pode resultar das características físicas de uma entidade ou da natureza de uma actividade, ou que pode ser conferido a uma actividade não-técnica pelo uso de meios técnicos.*

Esta última expressão – algo enigmática – poderia significar que a mera utilização de meios informáticos numa reivindicação de um método comercial, conferindo-lhe carácter técnico, seria bastante para preencher o requisito absoluto de patenteabilidade, independentemente de qualquer contribuição técnica – o que, afinal, aproximaria significativamente a posição do IEP da do USPTO. Contudo, o IEP insiste em afirmar que *não concede patentes de software,* mas apenas inventos que impliquem programas de computador ("computer-implemented inventions"), na linha da malograda proposta de directiva[90]. Ou seja, além de exigir que tais inventos

[88] Decisão proferida em 8.09.2000, pela Câmara de Recurso do IEP, confirmando a recusa inicial do pedido de patente europeia nº 88 302 239.4 (*PENSION BENEFITS SYSTEMS,* relativo a um sistema de pensões que alegadamente reduzia os encargos financeiros e administrativos a suportar por empregadores e trabalhadores – Proc. T 931/95, JO 2004, p. 441), por falta de carácter técnico. A Comissão Europeia tentou clarificar estas questões, apresentando em 2002 uma proposta de directiva de harmonização *relativa à patenteabilidade dos inventos que implicam programas de computador,* mas tal proposta viria a ser rejeitada pelo Parlamento Europeu, em Julho de 2005, por uma maioria de 648 contra 14 votos. Nesta matéria, portanto, os Estados-membros da UE mantiveram competência legislativa, com a consequente autonomia para admitir, ou não, este tipo de patentes.

[89] Decisão de 21.04.2004, Proc. T 258/03 (JO 2004, p. 575).

[90] Cf. *Patents for Software? European law and practice* – ed. do IEP de 2009, disponível in www.epo.org. Uma tentativa de clarificação deste regime, através de uma questão submetida pelo Presidente do IEP à Grande Câmara de Recurso (ao abrigo do nº 1 do art. 112º da CPE) não surtiu o efeito visado, dado que o parecer nº G 3/08, de 12.05.2010, acabou por não reconhecer a existência de divergências de decisão entre as câmaras de recurso (disponível

tenham *carácter técnico* e sejam a *solução de um problema técnico*, exige ainda que os mesmos *envolvam um contributo técnico inventivo face ao estado da técnica, independentemente de serem implementados através de hardware ou de software*. E, por falta desse contributo técnico, considera que os "métodos comerciais puros" não são patenteáveis, pois resolvem um problema comercial e não um problema técnico. E será esta, em resumo, a principal diferença entre a posição europeia e a norte-americana.

Perante este panorama, não é fácil concluir com segurança sobre a admissibilidade das patentes sobre puros programas de computador. Até porque, como ironiza BAINBRIDGE, os redactores da Convenção de Munique *não podiam ter chegado a uma posição mais opaca e imprevisível, mesmo que tivessem esse objectivo. Espantosamente, ao fim e ao cabo, tudo se reduz a averiguar o efeito de duas curtas palavras: "como tal"*[91].

Apesar disso, a prática extremamente liberal do IEP – que assumidamente interpreta as exclusões do art. 52º da CPE de forma muito restritiva – tem levado nos últimos anos à concessão de um elevado número das chamadas "computer-implemented inventions" (ou "CII"). Segundo o IEP, em 2018 foram concedidas 11.718 patentes neste domínio[92].

2.2. As excepções à patenteabilidade

Por outro lado, há certas invenções, que abstractamente seriam patenteáveis, mas que o legislador não admite patentear, por opção política e legislativa[93].

Assim, os arts. 52º do CPI e 53º da CPE **excluem a patenteabilidade** de inventos cuja exploração seja contrária à *lei, à ordem pública, à saúde pública e aos bons costumes*, fornecendo um elenco, exemplificativo, de inventos não patenteáveis: processos de clonagem de seres humanos ou de modificação da

na página http://www.epo.org/topics/issues/computer-implemented-inventions/referral.html). Apesar disso, este extenso parecer fornece pistas relevantes para o aprofundamento desta matéria.

[91] DAVID I. BAINBRIDGE, *Intellectual Property*, 2010, pp. 451 e 452. Para uma crítica bem humorada (e extremamente elucidativa) da posição actual do IEP, vd. *Moses and Patentability – The Ten Exclusions vs Stealing with a further Ethical Effect*, disponível in http://swpat.a2e.de/analysis/epc52/moses (consultado em 21.01.2011).

[92] EPO Annual Report 2018.

[93] Possibilidade expressamente admitida pelo art. 27º/2 do TRIPS. Para um comentário a esta disposição, cf. PIRES DE CARVALHO, *The TRIPS Regime of Patent Rights*, 2005, p. 205 e ss.

sua identidade genética germinal, as utilizações de embriões humanos para fins industriais e comerciais, ou processos de engenharia genética causando sofrimento a animais sem utilidade médica substancial[94].

São igualmente excluídas[95] – essencialmente por motivos éticos e de interesse público – patentes sobre o corpo humano (incluindo a descoberta dos seus elementos, nomeadamente a sequência de genes humanos), as variedades vegetais ou raças animais (e processos essencialmente biológicos da sua obtenção) e os métodos de tratamento cirúrgico ou terapêutico do corpo humano ou animal (ressalvando, contudo, os produtos, substâncias ou composições usados nesses métodos). A linha de fronteira resultante destas exclusões é, cada vez mais, difícil de traçar com rigor, havendo a registar complexas ressalvas e distinções, especialmente no domínio da Biologia e das Ciências Médicas, que ditaram diversas **excepções** àquela regra, no art. 53º do CPI[96]. Nesse contexto, cumpre destacar as hipóteses da patente de *novo uso* de uma substância conhecida numa utilização terapêutica, cirúrgica ou de diagnóstico [al. a)], da patente de *segundo uso farmacêutico* [al. b)], ou das patentes sobre matéria biológica (incluindo, dentro de certos limites, material biológico humano) e sobre processos microbiológicos[97].

[94] Um debate aceso em torno desta última restrição ocorreu no caso "ONCO-MOUSE/HARVARD", em que era pedida uma patente europeia sobre animais transgénicos, nomeadamente ratos, apresentando uma probabilidade acrescida de desenvolverem cancro. A patente (nº 0169672) acabou finalmente por ser concedida e posteriormente confirmada em recurso, pelo IEP, depois de uma ponderação entre o sofrimento dos roedores e a utilidade médica do invento (T 315/03, JO 2006, p. 15). Para uma explicitação (limitada) dos conceitos de ordem pública e de bons costumes, vd. a decisão T 356/93 (JO 1995, p. 545), no caso "PLANT GENETIC SYSTEMS". Sobre este tema, cf. Nuno Sousa e Silva, *Patentes de células estaminais: a situação europeia em confronto com o Direito dos EUA*, RDI 2/2017, p. 123 e ss. Bently e Sherman, ob. cit., pp. 434 a 442, e Remédio Marques, *Biotecnologias(s)...*, Vol. I, cit., em especial pp. 347 e ss.

[95] Pelos arts. 52º/3 do CPI e 53º/b) e c) da CPE. Estas regras provêm da Directiva 98/44/CE relativa à protecção das invenções biotecnológicas.

[96] E art. 53º/4 e 5 da CPE. Para uma análise desenvolvida desta matéria, cf., por todos, Remédio Marques, *Biotecnologias(s)...*, cit., e *Medicamentos versus Patentes*, 2008.

[97] Alíneas c) a f). Por "matéria biológica" deve entender-se *qualquer matéria que contenha informações genéticas e seja auto-replicável ou replicável num sistema biológico* (nº 4) e por "processo microbiológico" aquele que utilize, produza ou inclua uma intervenção sobre uma matéria microbiológica.

3. Função

Como vimos, a patente confere ao seu titular o exercício exclusivo de uma actividade de conteúdo económico. Este monopólio, justificado como recompensa do inventor ou como contrapartida da divulgação pública do invento[98], tem o objectivo de incentivar o esforço criador, ao viabilizar a sua remuneração, que é retirada do mercado, na medida em que este absorva os produtos fabricados ao abrigo da patente.

Há como que uma "troca" entre a sociedade (beneficiada pela descrição e divulgação públicas do invento) e o inventor (que recebe um monopólio temporário de exploração industrial e comercial). Ou seja, só na medida em que o inventor enriqueça o domínio público com conhecimento técnico novo e não óbvio é que se justifica limitar a liberdade de actuação dos demais agentes económicos, proibindo-lhes temporariamente a exploração do invento. Consequentemente, o nº 4 do art. 62º do CPI e o art. 83º da CPE exigem que, no pedido de patente, o objecto da invenção seja descrito de forma *clara, sem reservas nem omissões*, contendo uma *explicação pormenorizada de, pelo menos, um modo de realização da invenção, de maneira a que qualquer pessoa competente na matéria a possa executar*[99].

Assim, a função da patente consiste em assegurar ao inventor a *possibilidade* de este extrair do mercado a remuneração do seu esforço criativo, pondo-o temporariamente ao abrigo da concorrência, no exercício da sua actividade económica de exploração do invento. Como é óbvio, a patente não lhe *garante* qualquer espécie de remuneração, servindo apenas para criar condições especialmente propícias (tendencialmente monopolísticas) para que essa remuneração seja obtida.

[98] Estas são porventura as concepções mais generalizadas para justificar, ao nível teórico, a existência e a atribuição de direitos de patente. Além das teses referidas (a da recompensa e a do contrato, em ordem ao estímulo à inovação) outras fundamentações foram já defendidas, como a do direito natural e a da propriedade. Sobre este tema, que não iremos desenvolver, cf.,entre outros, Bently e Sherman, *Intellectual Property Law*, cit., pp. 327 e ss., Paul Demaret, *Patents, Territorial Restrictions and EEC Law. A Legal and Economical Analysis*, in I.I.C., 1978, pp. 3 e ss. e referências apontadas por este Autor. Para uma reflexão original sobre este tema, sustentando que a verdadeira função das patentes consiste em *medir o valor* que uma invenção representa para a sociedade, Pires de Carvalho, *The Primary Function of Patents*, in Journal of Law, Technology and Policy da Universidade do Illinois, Vol. 2001, I, pp. 25 ss.

[99] Isto sob pena de recusa da patente [art. 75º/1/d) do CPI] e de nulidade, caso a patente venha a ser indevidamente concedida [art. 114º/d) do CPI e 109º/b) da CPE].

Esta função deve ter-se em especial atenção ao interpretar e aplicar a disciplina das patentes, na medida em que o exclusivo conferido pela lei só merece tutela nos casos em que tal função possa ser *afectada* ou *prejudicada*. É com essa preocupação que o legislador limita expressamente o exclusivo do titular da patente, em casos como os referidos no art. 103º (v.g. actos realizados por terceiros num âmbito privado e sem fins comerciais) ou no art. 104º (actos posteriores à introdução no mercado, sujeitos ao esgotamento do direito), dado que, nessas situações, a função da patente não é posta em causa – não se justificando, pois, proibir actos que não impedem a exploração económica da patente, nem afectam o direito do inventor em ver remunerado o seu esforço.

4. Requisitos de protecção

O pedido de patente consiste num requerimento (nos termos do art. 61º do CPI), incluindo documentos tais como as *reivindicações do que é considerado novo e que caracteriza a invenção, descrição do objeto da invenção, desenhos necessários à perfeita compreensão da descrição e um resumo da invenção*[100]. O **resumo** é utilizado apenas para efeitos de pesquisa.[101] A **descrição** visa dar conta detalhada do contexto da invenção (a arte prévia e o problema técnico em causa) e da sua utilidade; tem que conter pelo menos uma explicação de um modo de aplicação da solução técnica que contem[102]. As **reivindicações**, através de fórmulas verbais padronizadas, visam delimitar a invenção que se pretende ver protegida. Os **desenhos** têm uma função auxiliar na interpretação da patente, sendo frequentemente mencionados através de números na descrição e nas reivindicações.

A invenção reivindicada pode dizer respeito a um produto (uma nova máquina, ferramenta, substância, composto, etc.) ou a um processo (método de fabrico, aplicação, organização, utilização, etc.). As reivindicações podem ser *independentes* (valendo autonomamente, ex. "1. um material luminescente com a composição X") ou *dependentes* (constituindo exemplos da

[100] Art. 62º/1 do CPI e art. 78º da CPE. A redacção de pedidos de patente é tarefa altamente complexa e especializada. Como referem BENTLY/SHERMAN/GANGJEE/JOHNSON, *Intellectual Property...cit.*, p. 425 *patents are at once technical, commercial, and legal documents.*

[101] Art. 62º/6 CPI, sublinhando que o resumo *não será tomado em consideração para qualquer outra finalidade, designadamente para determinar o âmbito da protecção requerida.*

[102] Art. 62º/4 CPI.

realização/utilização da reivindicação principal, ex. "2. um material tal como descrito em 1. combinado com um substrato mineral").

Por exigência legal, o texto das reivindicações é divido em duas partes: *um preâmbulo que mencione o objeto da invenção e as características técnicas necessárias à definição dos elementos reivindicados, mas que, combinados entre si, fazem parte do estado da técnica* e *uma parte caracterizante, precedida da expressão «caracterizado por» e expondo as características técnicas que, em ligação com as características indicadas na alínea anterior, definem o âmbito da proteção solicitada*[103]. A análise dos requisitos de protecção faz-se a partir da parte caracterizante das reivindicações.

Os requisitos de patenteabilidade são enunciados nos arts. 54º a 56º do CPI e 54º a 57º da CPE: a novidade, a actividade inventiva e a aplicabilidade industrial. A estes três requisitos, alguns autores[104] acrescentam, pelo menos, mais um: *a descrição do invento* de modo suficientemente claro e completo para permitir a sua execução por qualquer pessoa competente na matéria, conforme é exigido pelos arts. 62º/4, 75º/1/d) e 114º/d) do CPI[105]. Contudo, esta exigência não constitui propriamente um requisito *substancial* do objecto da invenção, mas antes um requisito *formal* (ainda que não menos importante) de concessão da patente.

4.1. Novidade

Uma invenção é considerada nova quando não estiver compreendida no *estado da técnica*, o qual abrange tudo o que, dentro ou fora do país, foi tornado acessível ao público (por descrição, utilização ou qualquer outro meio) ou foi descrito em pedidos de outras patentes ou modelos de utilidade destinados a produzir efeitos em Portugal[106]. A novidade afere-se, pois, à *escala mundial*, bastando que uma descrição do invento tenha ocorrido anteriormente na Nova Zelândia, para destruir a novidade de uma invenção em Portugal.

Note-se que pode haver invenções que não sejam novas, o que sucederá quando alguém invente algo que, sem o seu conhecimento, já antes tenha

[103] Art. 62º/3 CPI. Para a CPE veja-se a Regra 43.

[104] V.g. BAINBRIDGE, *Intellectual Property*, cit., p. 413.

[105] Na mesma linha, o art. 83º da CPE exige que a invenção seja descrita *de forma suficientemente clara e completa para que um perito na matéria a possa executar.*

[106] Arts. 55º/1 do CPI e 54º/1 da CPE.

sido inventado por outrem: não deixará de se tratar de uma invenção (ou seja, de um produto da criatividade humana), mas não será patenteável, por carecer de novidade.

A nossa lei consagra, pois, um princípio de *novidade absoluta*: a novidade do invento é medida à luz de toda a informação disponível na data do pedido (ou da prioridade) da patente, independentemente do modo, do tempo ou do local em que a sua divulgação ocorreu.

Em rigor, a novidade é algo que não pode ser provado. O que pode provar-se é apenas a *falta* de novidade de um invento, quando se demonstre que este foi antecedido por outro invento semelhante, que faça parte do estado da técnica na data do pedido (ou de prioridade) da patente.

Mas, para que o invento anterior prive de novidade o invento posterior é necessário que ambos se destinem a resolver, substancialmente, o *mesmo problema técnico*; isto é, que constituam **meios equivalentes** para a resolução do mesmo problema[107]. Se assim não suceder, a novidade do segundo invento não foi destruída pela divulgação do primeiro, já que o contributo que este deu para o estado da técnica foi a solução para um problema técnico *diferente* daquele que a segunda invenção veio resolver[108].

Além disso, lembre-se que é legalmente possível patentear um *novo uso* de um produto ou substância conhecida, incluindo um novo *uso farmacêutico*, na medida em que se esteja a resolver um problema técnico nunca antes resolvido dessa forma. Nestes casos, a novidade existe, dado que esta solução técnica não era anteriormente conhecida.

[107] A aferição deve partir da formulação da reivindicação no pedido de patente (a descrição verbal daquilo que o requerente considera ser a sua invenção) e procurar no estado da técnica uma solução que, se fosse posterior, cairia no âmbito daquela reivindicação.

[108] Esta questão tem sido tratada, desenvolvidamente, pela denominada "doutrina dos equivalentes", de que falaremos a propósito do âmbito de protecção da patente. Esta doutrina foi concebida e desenvolvida na perspectiva de determinar quando há (ou não) infracção ao exclusivo do inventor. Mas nada impede que seja também utilizada na delimitação do estado da técnica, para efeitos de avaliação dos requisitos da novidade e da actividade inventiva. Neste sentido, Gomez Segade, *Actividad Inventiva y Doctrina de los Equivalentes*, in Direito Industrial Vol. IV, 2005, p. 42 e 43 e, segundo Couto Gonçalves, também a jurisprudência alemã, *que afasta a novidade no caso de o pedido apresentar uma equivalência evidente* (*Manual*... cit., p. 69, nota 152). No entanto, o IEP não recorre à doutrina dos equivalentes para a aferição da novidade, tratando a novidade como a busca de uma correspondência total entre a reivindicação e uma referência do estado da técnica.

O momento relevante para se aferir da novidade da invenção a patentear não é necessariamente a data do respectivo pedido, mas sim o da sua **prioridade**. Frequentemente, as duas datas coincidem; mas pode suceder que, antes de pedir a patente em Portugal, o titular a tenha pedido noutro país membro da CUP, dentro do prazo de prioridade (de 12 meses) que o art. 4º dessa convenção reconhece aos requerentes de patentes. Quando assim aconteça, basta que a novidade do invento existisse aquando da apresentação do primeiro pedido, no estrangeiro, isto é, na data da prioridade. Por outras palavras, o facto de o titular já ter divulgado no estrangeiro o seu invento, ao pedir uma patente, não destrói a novidade para efeitos do (posterior) pedido nacional, desde que este ocorra no prazo de 12 meses a contar do primeiro pedido[109].

4.1.1. O estado da técnica

O conceito de estado da técnica é, pois, fundamental, servindo de *padrão* não só para aferir da novidade, mas também para avaliar o requisito da actividade inventiva, de que falaremos em seguida.

A determinação do estado da técnica é feita através de pesquisas realizadas pelos examinadores do INPI e do IEP, consoante os casos, mediante consulta de bases de dados internacionais e de publicações da especialidade em que se insere a invenção. Por vezes, tais instituições recorrem mesmo a pareceres de especialistas externos, atenta a elevada especificidade ou complexidade das matérias.

O estado da técnica compreende, pois, todo o conhecimento que, em qualquer parte do mundo, foi tornado *acessível ao público* em momento anterior à data do pedido, ou da prioridade. Por "acessível" entenda-se *disponível*, isto é, basta que o público tenha *podido* aceder à informação, ainda que não se demonstre que alguém, em concreto, acedeu efectivamente a esse conhecimento[110]. O *modo* de divulgação é indiferente: sejam descrições

[109] Sublinhe-se que o art. 87º da CPE também concede um direito de prioridade de 12 meses a quem apresentar um pedido de patente, modelo de utilidade ou certificado de utilidade num Estado parte da CUP ou membro da OMC.

[110] Neste contexto, por "público" deve entender-se o universo das pessoas que não estejam obrigadas perante o inventor a manter a informação em segredo. Ou seja, se o inventor divulgar a informação a um amigo, pedindo-lhe que a mantenha secreta, ou se tal informação for conhecida de colaboradores contratualmente vinculados à confidencialidade, não haverá divulgação ao público. Contudo, se alguma destas pessoas, ainda que ilicitamente,

escritas (em pedidos de patente ou artigos de jornais ou revistas), utilização anterior, exposição, venda ou mesmo comunicação verbal (desde que comprovada). Irrelevante ainda é a *antiguidade* dessa divulgação, o *idioma* ou o *local* onde ocorreu.

Em contrapartida, já será relevante o *grau* de clareza ou completude da divulgação. É que uma simples alusão ou referência vaga a uma invenção não devem bastar para destruir a sua novidade. Exige-se, pois, que tenha ocorrido uma "divulgação habilitante", isto é, uma revelação que preste informação suficiente para habilitar uma pessoa competente na matéria a pôr em prática o invento[111].

Além disso, integra também o estado da técnica o conteúdo dos *pedidos de patentes* e de modelos de utilidade que tenham sido requeridos em data anterior à do pedido da patente, para produzir efeitos em Portugal e ainda não publicados[112].

Há, porém, certas divulgações que não fazem entrar o conhecimento divulgado no estado da técnica. Assim, o art. 56º do CPI[113] dispõe que *não prejudicam a novidade da invenção:*

transmitir a informação a terceiros, ela torna-se "acessível ao público", para efeitos de aferição da novidade. Apesar disso, a divulgação mediante "abuso evidente" poderá não ter esse efeito caso o pedido de patente seja apresentado durante os 6 meses seguintes, nos termos da alínea a) do nº 1 do art. 56º do CPI.

[111] A expressão ("enabling disclosure") é usada no direito britânico, relativamente ao qual Bently e Sherman (*Intellectual Property*... cit, pp. 451 e 452) esclarecem que a divulgação será "novelty-destroying" se der ao público *informação suficiente para permitir que a invenção seja posta em prática. Ou seja, uma divulgação só antecipará a invenção se habilitar alguém a executar ou a pôr em prática a invenção.* Neste sentido, estes autores perguntam, sem responder: *Seria a patente do quinino impedida pelo facto de os Índios da Amazónia já saberem há algum tempo que a casca da chinchona possui certas qualidades benéficas no tratamento de febres?* Atrevo-me a responder que sim: a partir do momento em que esse uso terapêutico se tornou conhecido publicamente, tal conhecimento entrou no estado da técnica, independentemente de saber se o inventor usa bata ou usa tanga...

[112] Art. 55º/2 do CPI e 54º/3 da CPE. Como é óbvio, este conhecimento, apesar de ainda não estar acessível ao público, não pode ser patenteado por alguém que apresenta um pedido posterior a outro já pendente, em fase de aguardar publicação.

[113] Regime semelhante está previsto no art. 55º da CPE, que, todavia, não contempla (pelo menos explicitamente) a hipótese de publicação indevida e sujeita os casos de abuso evidente ao prazo de 6 meses (o que não sucede no art. 56º do CPI).

a) *As divulgações em exposições oficiais ou oficialmente reconhecidas nos termos da Convenção Relativa às Exposições Internacionais, se o requerimento a pedir a respectiva patente for apresentada em Portugal dentro do prazo de seis meses;*
b) *As divulgações resultantes de abuso evidente em relação ao inventor ou seu sucessor a qualquer título, ou de publicações feitas indevidamente pelo INPI, I.P.*

No entanto, a regra da alínea a) só se aplica se, no mês seguinte ao pedido de patente, o requerente apresentar no INPI um certificado emitido pela entidade responsável pela exposição, nos termos dos nºs. 2 e 3 do mesmo artigo.

Note-se que, em Portugal, não está consagrado o denominado *período de graça*, ou seja, um lapso de tempo anterior ao pedido de patente, dentro do qual o requerente pode explorar ou divulgar o invento sem o fazer cair no domínio público[114]. Por isso, a divulgação pelo titular – em momento anterior à data do pedido ou da prioridade – implica a destruição da novidade da invenção. E, mesmo que venha a obter uma patente (aproveitando-se do desconhecimento dessa divulgação, por parte do INPI), ela poderá vir ser declarada nula mais tarde, com esse fundamento, por aplicação do disposto na al. a) do art. 114º do CPI [equivalente ao art. 100º/a) da CPE].

4.2. Actividade inventiva

O requisito da actividade inventiva – em inglês sugestivamente designada "non obviousness" ou "inventive step" – estabelece um patamar qualitativo respeitante ao mérito do invento. Uma invenção goza de "inventividade"

[114] Neste sentido, não acompanho a afirmação de COUTO GONÇALVES (*Manual*... cit., p. 70), de que *a ratio do preceito* da alínea a) do art. 57º/1 do CPI é a de conceder ao inventor *um "período de graça"* que lhe permita *testar a sua invenção, discutir o seu mérito com outros especialistas, avaliar ou negociar o seu valor económico potencial*; nem de que *esta opção encontra paralelo na legislação americana*. É que esta excepção da lei portuguesa é extremamente limitada (só abrangendo "as divulgações em exposições") ao contrário da lei norte-americana (Patent Act – 35 USC 102), que concede um verdadeiro período de graça (de um ano), abrangendo não só a publicação do invento em qualquer parte do mundo, como também o uso público e a venda no interior dos EUA (*the invention was patented or described in a printed publication in this or a foreign country or in public use or on sale in this country, more than one year prior to the date of the application for patent in the United States)*. Acrescente-se, ainda, que um verdadeiro período de graça está consagrado no regime aplicável aos Desenhos e Modelos Comunitários [art. 7º/2/b) do RDM], como adiante veremos.

quando, *para um perito na especialidade, não resultar de maneira evidente do estado da técnica* (art. 54º/2 do CPI e 56º da CPE).

O "estado da técnica" relevante para aferir da actividade inventiva não é exactamente o mesmo daquele que é atendido para efeitos de novidade. O art. 54º/3 CPI, na linha do art. 56º da CPE, determina que a análise da actividade inventiva desconsidere *o conteúdo dos pedidos de patente e de modelos de utilidade destinados a produzir efeitos em Portugal* ainda não publicados à data do pedido da patente, dado que os mesmos (ainda que relevantes para efeitos de novidade) não podem influir sobre a actividade criativa do segundo inventor.

Trata-se de um requisito eivado de grande dose de subjectividade. O célebre juiz norte-americano LEARNED HAND escreveu um dia que a actividade inventiva é *um dos fantasmas mais fugidios, impalpáveis, caprichosos e vagos que existem em toda a parafernália dos conceitos jurídicos*[115]. Até porque os peritos não são todos iguais pelo que aquilo que é evidente para um perito inteligente, já não o será para outro menos sagaz. Note-se que, quando a lei refere um "perito na especialidade", pressupõe naturalmente um especialista (ou uma equipa de especialistas) no ramo, ou seja, alguém devidamente qualificado na área de conhecimento a que respeita o invento. Mas não se exige alguém excepcionalmente dotado ou acima da média, bastando um técnico competente, adequadamente experiente e actualizado.

Embora não faltem tentativas de definição deste conceito etéreo de "actividade inventiva", não é fácil determinar aquilo que é, ou não, "evidente", à luz do acervo de conhecimentos anterior[116]. Exige-se ao inventor uma certa dose de *criatividade* ou *imaginação*, pois a invenção é algo mais do que mera dedução. É necessário que a ideia inventiva, além de nova, não pudesse ter sido logicamente deduzida por um perito mediano que tivesse tentado

[115] Numa decisão de 1950, no caso Harries v. Air King, citado por BENTLY e SHERMAN, *Intelectual Property...* cit, p. 469.

[116] Sobre este ponto específico, cf., entre nós, AMÉRICO DA SILVA CARVALHO, *O Objecto da Invenção*, 1970, pp. 11 a 17, REMÉDIO MARQUES, Biotecnologias(s) e Propriedade Intelectual, vol. I, cit., pp. 644 e ss., e COUTO GONÇALVES, *Manual...* cit., pp. 71-72. Na literatura estrangeira, entre muitos outros, cf. ROUBIER, *Le Droit de la Propriété Industrielle*, Vol. II, cit., pp. 57 a 68, ANDRÉ BERTRAND, *La Propriété Intellectuelle, Livre II*, cit., pp. 118 a 125, CORNISH/LLEWELYN/APLIN, *Intellectual Property...* cit., pp. 202 a 219, e BENTLY e SHERMAN, *Intellectual Property Law*, cit., pp. 469 a 48.

resolver o problema em apreço. Essa ideia deve ter algo de *inesperado*. Se a solução encontrada for algo a que um técnico normal – confrontado com o problema a resolver – tivesse previsivelmente chegado usando os conhecimentos disponíveis, não há actividade inventiva[117]. Ao inventor não chega a "transpiração": exige-se alguma dose de "inspiração".

Perante as óbvias dificuldades de medição deste requisito, a Doutrina e a Jurisprudência desenvolveram *métodos* ou *técnicas* de avaliação da actividade inventiva, sendo especialmente conhecida a *abordagem problema-solução*, adoptada pelo IEP e por este descrita nos termos seguintes[118]:

a) *Identificar o "estado da técnica mais próximo",*
b) *avaliar os resultados (ou efeitos) técnicos obtidos pela invenção reivindicada em comparação com o "estado da técnica mais próximo" estabelecido,*
c) *definir o problema técnico que a invenção se propõe resolver, sendo o objecto da invenção obter esses resultados técnicos, e*
d) *examinar se, tendo em conta o "estado da técnica mais próximo", o perito na especialidade teria ou não sugerido as características técnicas reivindicadas para chegar aos resultados obtidos pela invenção reivindicada.*

Este exercício de análise visa determinar se esse perito *teria*, em condições normais, chegado à solução encontrada pelo inventor (ou seja, se essa solução era previsível). E não se *poderia* ter chegado a ela (o que é sempre óbvio, quando já se sabe que o inventor lá chegou)[119].

A dificuldade desta avaliação tem levado os tribunais, com grande frequência, a recorrer à prova pericial, apoiando a sua decisão no parecer de especialistas na matéria a que respeita a patente[120]. Além disso, existem indícios secundários de altura inventiva, tais como cepticismo dos especialista quanto à viabilidade daquela solução, um efeito técnico inesperado, a existência de uma necessidade há muito sentida e não satisfeita, ou o sucesso

[117] Não obstante, a forma como se chegou à invenção (o acaso, ou um esforço de anos) é irrelevante.

[118] *Case Law of the Boards of Appeal of the European Patent Office*, cit. p. 162.

[119] Admite-se por isso que se combinem várias referências da arte prévia desde que fosse provável que um perito as combinasse.

[120] No entanto, a altura inventiva (tal como os restantes requisitos) não deixa de ser matéria de Direito.

comercial da invenção, indícios esses que, não sendo determinantes, ajudam a formar uma decisão[121].

Ainda assim, a forma *benevolente* como este requisito tem vindo a ser aplicado na prática do INPI e do IEP implica que um invento que goze de novidade só excepcionalmente deixará de ser qualificado como inventivo. O que pode levar a que, na prática das repartições de patentes, "novidade" e "actividade inventiva" se tornem quase sinónimos

4.3. Aplicabilidade industrial

De acordo com o nº 4 do art. 54º do CPI (e 57º da CPE), o invento é susceptível de aplicação industrial *se o seu objecto puder ser fabricado ou utilizado em qualquer tipo de indústria ou na agricultura*.

Este requisito exprime a ideia de que o invento não pode situar-se apenas no plano abstracto das criações intelectuais, devendo antes ter uma concretização tangível e concreta. Numa sugestiva expressão de Bently e Sherman[122], a patente *transporta as invenções do domínio da ciência e tecnologia para o mundo do comércio*. É, pois, necessário que a solução técnica a patentear possa ser executada (não sendo necessário provar que ela funcione) com um grau de homogeneidade e repetibilidade suficientes para tornarem a invenção apta à *produção em série*.

Mas a verdade é que esta exigência, que em boa parte se confunde com a exigência do carácter técnico (derivado do conceito de invenção), reveste uma importância cada vez menor, havendo mesmo legislações estrangeiras que nem sequer a formulam. Ainda assim, reveste certa utilidade, pois, como sublinham Cornish/Llewelyn/Aplin[123], o próprio IEP vem usando este requisito *com a finalidade de excluir alguns aspectos do domínio do lunático: tentativas para patentear ideias que manifestamente não atingem os fins que se propõem, tais como máquinas destinadas ao movimento perpétuo*.

[121] EPO Guidelines Part. G, VII, 10.

[122] *Intellectual Property Law*, cit., p. 362 ("patenting translates invention from the world of science and technology to the world of commerce").

[123] *Intellectual Property...*, cit., p. 220. Sobre este requisito, cf. ainda Couto Gonçalves, *Manual...* cit., p. 73 e Silva Carvalho, *O Objecto da Invenção*, cit., pp. 31 e ss. (embora esta obra haja sido publicada na vigência do CPI de 1940, que aludia ao "carácter industrial", com um significado ligeiramente diverso).

5. Titularidade

O direito à patente, isto é, o direito a requerer e obter uma patente sobre determinada invenção, pertence ao respectivo inventor ou aos seus sucessores por qualquer título[124].

No entanto, na maioria dos casos a invenção não é feita por um inventor isolado, que chegou à invenção com os seus próprios meios. A maior parte das patentes é requerida por grandes empresas, que têm ao seu serviço vastas equipas de investigadores, que são "pagos para inventar". Por esse motivo, existem normas específicas regulando os casos de invenções realizadas em execução de contratos de trabalho, em que a invenção pertence à entidade patronal, quando a actividade inventiva esteja contratualmente prevista (art. 58º do CPI).

A regra geral é a de que, quando a invenção do trabalhador foi realizada ao abrigo de contrato de trabalho em que a actividade inventiva esteja *prevista* e seja especialmente *remunerada*, o direito à patente pertence à empresa, sem que esta tenha de pagar outra contrapartida para além da estipulada no contrato[125]. Faltando alguma destas duas condições, o trabalhador terá direito a uma remuneração equitativa, calculada nos termos dos nºs 2 a 6 do art. 58º, que prevêem, no limite, o recurso à arbitragem. Por remissão dos nº 7 e 8 do art. 58º este regime aplica-se, também, às invenções feitas por encomenda e às relações entre o Estado e seus funcionários e servidores, com excepção de trabalhador ou colaborador pessoa coletiva pública em cujo escopo estatutário se incluam atividades de investigação e desenvolvimento, sujeitas às regras do art. 59º[126].

[124] Arts. 57º do CPI e 60º da CPE. Sobre o tema *vide* NUNO SOUSA E SILVA, *Propriedade Industrial no contexto laboral: quem tem direito a quê?* RDE (2017) pp. 203-249.

[125] Esta remuneração especial, no silêncio da lei, poderá assumir diversas modalidades. Pode tratar-se de um montante fixo, pago independentemente dos resultados da actividade. Ou pode consistir num prémio ou compensação especial, cujo pagamento dependa dos frutos do trabalho contratado. Essencial é que a remuneração dessa parte da actividade (ou da totalidade, se for esse o caso) esteja claramente assinalada ou autonomizada no contrato, pois a lei exige que tenha uma remuneração "especial" (isto é, *específica*). No caso da invenção por encomenda, essa remuneração especial existirá por natureza, constituindo em princípio o *preço* do serviço encomendado. No entanto, quando a actividade inventiva constitua uma parte (ou um mero resultado eventual) do serviço contratado, será prudente especificar de que forma e em que medida será remunerada tal actividade.

[126] Este artigo prevê um regime semelhante ao do art. 58º: titularidade da pessoa colectiva pública (nº 1), obrigação por parte do inventor de notificar no prazo de três dias a pessoa

De qualquer modo, ao inventor assiste sempre o direito (denominado "moral") a ser reconhecido como tal, mesmo que a patente não seja requerida em seu nome, devendo, neste último caso, ser mencionado como inventor, quer no requerimento quer no título da patente[127].

Sublinhe-se, por último, que a obtenção indevida de uma patente sobre uma invenção pertencente a outrem constitui crime, previsto e punido pelo art. 325º, com pena de prisão até 1 ano, sem prejuízo da transmissão da patente a favor do inventor.

6. Vias de Protecção

Como já ficou dito, a concessão da patente é precedida de um procedimento administrativo demorado, que corresponde genericamente à sequência que ficou descrita no Capítulo I. No entanto, essa tramitação reveste certas especificidades que importa agora descrever, até porque existem relevantes diferenças entre os procedimentos resultantes de pedidos formulados pela *via nacional* (6.1), pela *via europeia*, ao abrigo da CPE (6.2) e pela *via internacional*, ao abrigo do PCT (6.3). Não se justificando descrever aqui em detalhe toda essa tramitação, importa mesmo assim salientar os seus aspectos (e diferenças) essenciais, que ficarão sintetizados no diagrama com que se encerra este ponto (Fig. nº 1).

Antes, porém, cumpre fazer uma referência ao projecto desenvolvido desde os anos 70 do século passado, de criar uma **patente unitária**, válida à escala da União Europeia, que foi deparando com sucessivas resistências e dificuldades, relacionadas sobretudo com o regime linguístico a adoptar. Pretende-se permitir aos interessados, com um só pedido, obter uma patente única e válida em todos os Estados-membros da UE – à semelhança do que já acontece com a Marca da UE e os Desenhos ou Modelos Comunitários.

colectiva pública (nº 2), direito, sem "natureza retributiva ou salarial" (nº 7), do inventor a "participar nos benefícios económicos auferidos" com a patente (nº 3). Admite-se que a patente fique a pertencer ao(s) inventor(es) (nº 4), gozando a pessoa colectiva pública de direito a receber uma parte dos "benefícios económicos da exploração de uma invenção" (nº 5). Este artigo, pensado para Universidades e Centros de Investigação, levanta várias interrogações, desde logo, face ao texto ambíguo do nº 8, quanto à sua natureza (supletiva ou imperativa). Couto Gonçalves, *Manual...cit.*, p. 77 parece inclinar-se para a a primeira opção.

[127] Arts. 60º do CPI e 62º da CPE.

As tentativas de instituir este tipo de patentes remontam à Convenção do Luxemburgo de 1975 (que nunca chegou a ser implementada), tendo desembocado numa solução algo intrincada, assente em três instrumentos jurídicos: um regulamento europeu criando a Patente Europeia de Efeito Unitário[128], um regulamento estabelecendo o regime linguístico aplicável a esta patente[129] e um acordo internacional instituindo um Tribunal Unificado de Patentes e aprovando o respectivo Estatuto, a que acrescem as detalhadas regras de procedimento. O sistema decorrente destes instrumentos reveste uma certa complexidade[130].

Em termos de vias de protecção, a patente europeia não procura substituir as patentes nacionais, concedidas pelos Estados-Membros. Passará é a haver **três *patamares* de protecção**: patentes nacionais, patentes europeias sem efeito unitário e patentes europeias com efeito unitário. Todas as patentes emitidas pelo IEP são consideradas **patentes europeias**; mas apenas algumas terão efeito unitário. Após a concessão o titular escolhe, dentro de um mês, se quer uma patente europeia sem efeito unitário, ou seja, um *feixe* de patentes nacionais, ou se quer uma única patente válida nos Estados que integrem o sistema unitário, instituído pela cooperação reforçada.

No entanto, a litigância relativa a todas as patentes europeias (com ou sem efeito unitário) terá lugar no Tribunal Unificado de Patentes, com efeitos circunscritos aos Estados que são parte do Acordo relativo ao Tribunal.

Apesar de o Acordo já estar ratificado por um número elevado de Estados-membros, este sistema ainda não está instituído e as dificuldades associadas a uma queixa constitucional na Alemanha e à saída do Reino-Unido da União Europeia tornam arriscado fazer previsões quanto ao seu destino.

6.1. Via Nacional

O pedido nacional de patente, regulado nos arts. 61º a 76º do CPI, deve ser apresentado no INPI (presencialmente, por correio ou por via electrónica),

[128] Regulamento (UE) Nº 1257/2012 do Parlamento e do Conselho de 17 de Dezembro de 2012 que regulamenta a cooperação reforçada no domínio da criação da proteção unitária de patentes (JO L 361, de 31.12.2012).

[129] Regulamento (UE) Nº 1260/2012 do Conselho, de 17 de Dezembro de 2012.

[130] Cf. Dário Moura Vicente, *Patente unitária, regime linguístico e jurisdição competente*, cit., p. 733 e ss., Oehen Mendes, *O Tribunal Unificado de Patentes*, RDI 1/ 2016, pp. 119-142 e Pedro Sousa e Silva, *O Tribunal Unificado de Patentes*, RDI 1/2014, pp. 273-321.

através de um requerimento acompanhado dos seguintes documentos (art. 62º):

a) **Reivindicações** do que é considerado novo e caracteriza a invenção (peça essencial do pedido, pois as reivindicações definem e delimitam o objecto da protecção);
b) **Descrição** do objecto da patente (indicando de maneira breve e clara, sem reservas nem omissões, tudo o que constitui o objecto da invenção, contendo uma explicação pormenorizada de, pelo menos, um modo de realização da invenção, de maneira que qualquer pessoa competente na matéria a possa executar)[131];
c) **Desenhos** necessários à perfeita compreensão da descrição;
d) **Resumo** da invenção, destinado à publicação no BPI e consistindo numa breve exposição que serve, exclusivamente, para fins de informação técnica.

Nos casos em que o requerente ainda não disponha de todos os documentos necessários, mas pretenda assegurar a prioridade de um pedido de patente, pode apresentar um **pedido provisório**, ao abrigo dos arts. 63º e 64º, dispondo de um prazo de 12 meses para o completar e converter em pedido definitivo.

Apresentado o pedido no INPI, segue-se um *primeiro exame*, preliminar, versando apenas sobre aspectos formais e sobre os requisitos absolutos de patenteabilidade previstos nos arts. 52º e 53º do CPI. Depois deste exame e no prazo de dez meses a contar da data do pedido o INPI fará uma *pesquisa ao estado da técnica* e elaborará um relatório[132]. Sendo o pedido julgado conforme, e decorrido um prazo dilatório de 18 meses a contar da data do pedido[133], o INPI *publica* no BPI um aviso contendo o respectivo resumo. Inicia-se então um prazo de 2 meses para eventuais *reclamações* (nos termos do art. 17º do CPI), após o que ocorrerá o *exame de fundo* da invenção, elaborando-se

[131] O CPI prevê agora, no art. 65º, um regime especial para o depósito de invenções biotecnológicas que não possam ser descritas de forma tradicional.

[132] Art. 68º do CPI.

[133] Art. 69º/2 do CPI. Este compasso de espera permite ao requerente manter secreta a sua invenção, enquanto efectua preparativos para a sua exploração comercial. Contudo, o nº 3 deste preceito admite que a publicação seja *antecipada a pedido expresso do requerente*.

o respectivo relatório[134]. A *decisão* final é notificada ao requerente (e aos eventuais reclamantes) e *publicada* no BPI (art. 76º), contando-se a partir desta publicação o prazo de 2 meses para recurso da decisão para o tribunal judicial de 1ª instância (a interpor pelo requerente ou por qualquer interessado).

Os motivos de *recusa* do pedido de patente encontram-se elencados no art. 75º e consistem essencialmente na falta dos requisitos de patenteabilidade (formais e substanciais) que acima ficaram descritos ou na violação de preceitos em matéria de titularidade da patente – para além dos fundamentos gerais de recusa, estabelecidos no art. 23º do CPI.

6.2. Via Europeia

A patente europeia, regulada pela Convenção de Munique ("CPE")[135] e atribuída pelo Instituto Europeu de Patentes ("IEP"), tem uma designação enganadora. Na verdade, não se trata propriamente de conceder um direito exclusivo unitário, válido à escala europeia, mas sim de conceder um *conjunto* de patentes nacionais, na sequência de um único pedido e de um processo de exame centralizado no IEP. A patente europeia será válida apenas nos Estados-membros da Convenção de Munique que forem designados pelo requerente. A CPE unificou apenas a fase prévia ao despacho de concessão (ou recusa) da patente. Daí para a frente, os *efeitos* são regulados pela lei de cada um dos Estados designados pelo requerente da patente (ou seja, a patente obtida pela via europeia tem os mesmos efeitos e é submetida ao mesmo regime que uma patente obtida pela via nacional). Apesar disso, a

[134] Art. 70º do CPI. O procedimento de exame, que passa naturalmente pelo levantamento do estado da técnica e pela verificação dos requisitos relativos de patenteabilidade, inclui uma audiência escrita do requerente, quando o exame apontar no sentido do indeferimento (total ou parcial) do pedido. No decurso do procedimento, o requerente pode introduzir alterações no pedido, nos termos do art. 72º.

[135] Revista no ano 2000, aprovada para ratificação pela Resolução da Assembleia da República nº 60-A/2007, de 30.11.2007 e ratificada pelo Decreto do Presidente da República nº 126-A/2007, de 12 de Dezembro. Portugal é parte da Convenção de Munique desde 1 de Janeiro de 1992. Para uma análise aprofundada do regime da patente europeia, cf. as *Guidelines for Examination in the European Patent Office*, disponível in http://www.epo.org/patents/law/legal-texts/guidelines.html. O número de Estados contratantes eleva-se a 38, havendo ainda dois Estados aos quais a Patente Europeia se pode estender e quatro países africanos em que esta pode ser validada.

CPE implicou a *harmonização* de diversos aspectos da disciplina nacional em matéria de patentes, nomeadamente no que respeita à duração, aos direitos concedidos, ao âmbito de protecção (incluindo consequências da contrafacção) e às causas de invalidade.

Os pedidos de patente europeia podem ser apresentados no IEP (na sede em Munique, no departamento da Haia ou na agência de Berlim), ou nas repartições nacionais de Propriedade Industrial (em Portugal, o INPI), ou ainda por fax, correio ou por via electrónica, numa das três línguas oficiais (alemão, francês e inglês)[136]. O requerente pode optar, numa primeira fase, por pedir apenas uma patente nacional, dispondo de um prazo de 12 meses para alargar o pedido a uma patente europeia (invocando a prioridade do pedido nacional).

Os pedidos de patente europeia são disciplinados pelo disposto nos arts. 77º a 90º do CPI e 75º a 98º da CPE. A tramitação e o conteúdo deste pedido são semelhantes ao estabelecido para a via nacional.

Após o pedido, é efectuado não só um exame formal, mas também uma *pesquisa ao estado da técnica*, que dá origem a um Relatório de Pesquisa Europeia, com Opinião Preliminar de Patenteabilidade, que é enviado ao requerente (art. 92º da CPE). Este relatório, que não envolve ainda um exame definitivo do invento, serve para dar logo ao interessado uma indicação acerca da viabilidade do pedido (fornecendo-lhe informação relevante para aferir da novidade e actividade inventiva). Segue-se a *publicação* do pedido de patente no Boletim Europeu de Patentes ("BEP"), decorrido o prazo de 18 meses sobre o pedido (que pode ser encurtado a pedido do requerente), normalmente acompanhado do Relatório de Pesquisa. Esta publicação faz surgir uma *protecção provisória* idêntica à que é reconhecida aos pedidos de patente nacionais[137]. O passo seguinte – o exame de fundo dos requisitos de patenteabilidade do invento – apenas tem lugar *a pedido* do requerente, em função do juízo que tiver feito em face do relatório de pesquisa. Se não pedir esse exame no prazo de 6 meses a contar da publicação da menção ao relatório de pesquisa no BEP, o pedido de patente fica

[136] Art. 78º do CPI.

[137] Art. 67º da CPE e art. 80º do CPI. Como já vimos, no Capítulo I, o pedido de patente nacional goza entre nós de uma protecção regulada pelo art. 5º do CPI, que atribui ao requerente o direito a exigir uma indemnização a qualquer terceiro que explore o seu invento durante a fase anterior à concessão da patente.

sem efeito[138]. O exame é realizado por três membros da Divisão de Exame, podendo levar à recusa ou concessão da patente.

Em caso de concessão, a decisão é publicada no BEP e inicia-se a fase de *validação* da patente nos diversos Estados designados pelo requerente (aqueles em que a patente europeia produzirá efeitos). Em Portugal, era necessário apresentar no INPI uma *tradução* do fascículo da patente europeia, no prazo de 3 meses[139]. Contudo, na sequência da adesão de Portugal ao Acordo de Londres, essa exigência foi aligeirada quanto às patentes concedidas em inglês[140]. Em caso de recusa, o requerente terá o direito de recorrer da decisão para a Câmara de Recurso Jurídica do IEP no prazo de 2 meses a contar da respectiva notificação[141].

Outra diferença importante em relação à via nacional é que não está prevista uma *fase de oposição* intercalada no procedimento de concessão. A oposição à patente europeia, por qualquer contra-interessado, só pode ser apresentada *após* a respectiva concessão, no prazo de 9 meses a contar da publicação no BEP da menção dessa concessão (art. 99º da CPE). Se julgada procedente, a patente europeia será revogada. A decisão da oposição é, por seu turno, passível de impugnação perante a Câmara de Recurso Jurídica.

[138] Art. 94º da CPE e Regra 70 do Regulamento de Execução.

[139] Vejam-se os artigos 79º, 82º a 84º, 86º e 87º do CPI.

[140] Acordo sobre a Aplicação do Artigo 65º da Convenção Sobre a Concessão da Patente Europeia. Aprovado para adesão pelo Conselho de Ministros em 28.10.2010. A adesão a este acordo suprimiu a exigência de apresentação junto do INPI, no acto de validação das patentes europeias que tenham sido concedidas em inglês pelo IEP, de uma tradução integral da patente para português. Só as reivindicações terão que ser traduzidas, passando os restantes elementos que compõem a patente a poder ser apresentados em inglês. A obrigatoriedade de apresentação de documentos em português mantém-se, também, para todo o conteúdo das patentes que venham a ser concedidas pelo IEP em alemão ou em francês, bem como para todas as patentes europeias validadas em Portugal que sejam objecto de um litígio em território nacional. Todos estes casos continuam sujeitos à obrigatoriedade de apresentação de documentos em português junto do INPI, não beneficiando, por isso, deste regime de dispensa de tradução.

[141] Art. 108º da CPE. Note-se que as Câmaras de Recurso, embora integradas funcionalmente no IEP, são independentes do Instituto nas suas decisões, estando vinculadas unicamente pela Convenção da Patente Europeia. Existem actualmente 26 câmaras de recurso técnicas, além da Câmara Jurídica, da Câmara Superior de Recursos e da Câmara de Recurso em matéria disciplinar.

6.3. Via PCT

Existe ainda uma outra via de protecção, internacional, instituída pelo Tratado de Cooperação em matéria de Patentes[142] (conhecido pela sigla "PCT", derivada da designação inglesa) e que é regulada internamente pelos arts. 91º a 97º do CPI.

Este tratado instituiu um procedimento que facilita os pedidos de patente em mais de 150 países[143], permitindo apresentar um único pedido internacional designando os países em que a protecção é solicitada e conseguindo, desse modo, *centralizar* o processo de obtenção de patentes nacionais.

Assim, os pedidos podem ser apresentados nas repartições nacionais (em Portugal no INPI), no IEP ou na própria Organização Mundial da Propriedade Industrial[144], dando-se início à *fase internacional*, durante a qual é elaborado um "relatório de pesquisa internacional" para determinar o estado da técnica com opinião escrita sobre patenteabilidade (art. 92º do CPI). Este relatório é notificado ao requerente, à OMPI e aos Estados designados, seguindo-se a publicação do pedido internacional, uma vez decorridos 18 meses sobre a data do pedido (arts. 15º e 16º do PCT), após o que se entrará na *fase nacional*, que envolverá a análise dos requisitos de patenteabilidade, por parte de cada uma das repartições nacionais. No entanto, o art. 31º do PCT prevê a possibilidade de o requerente solicitar um "exame preliminar internacional", indicando os países em que pretende utilizar os resultados desse exame (os "Estados eleitos"). Este exame *tem por objecto formular uma opinião preliminar e sem compromisso sobre as questões de saber se a invenção cuja protecção é solicitada parece ser nova, implicar uma actividade inventiva (não ser evidente) e ser susceptível de aplicação industrial* – como esclarece o nº 1 do art. 33º do Tratado, cujo nº 3 sublinha que os Estados contratantes não ficam vinculados às conclusões desse relatório, podendo *aplicar critérios adicionais ou diferentes a fim de decidir se a invenção pode ou não ser patenteada.*

Refira-se que existe uma grande articulação entre os mecanismos da patente europeia e do PCT, na medida em que o IEP actua não só como organismo receptor de pedidos internacionais, mas também como entidade

[142] Tratado concluído em Washington em 19.06.1970 e aprovado para adesão pelo Decreto nº 29/92, de 25 de Junho.

[143] Em Julho de 2019, o número de Estados-membros do PCT atingia os 152; cf. https://www.wipo.int/pct/en/pct_contracting_states.html.

[144] Art. 92º do CPI. Se o requerente tiver domicílio em Portugal e não reivindicar prioridade de pedido apresentado em Portugal, o pedido deve ser apresentado no INPI.

responsável pela pesquisa internacional e pelo exame preliminar internacional, nos termos dos arts. 151º a 153º da CPE. Isto significa que o IEP pode conceder patentes europeias com base em pedidos internacionais formulados ao abrigo do PCT[145].

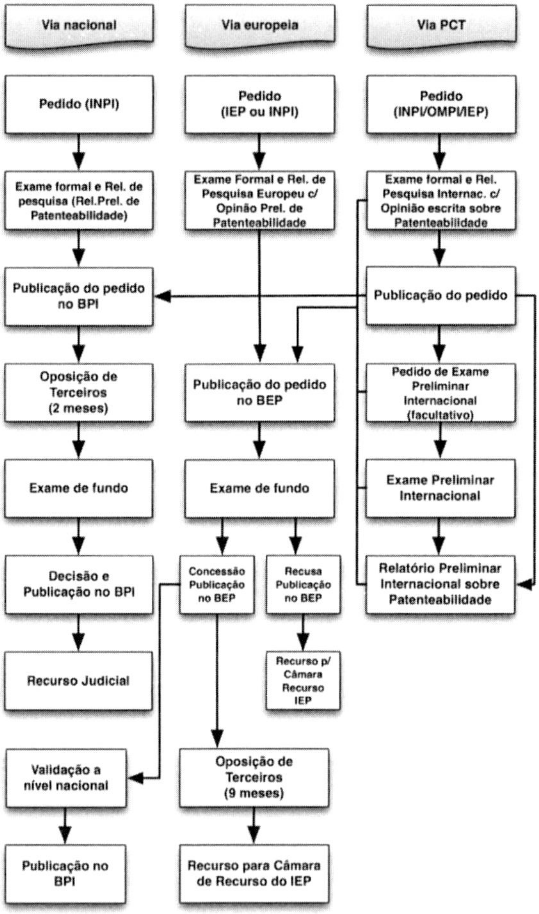

Fig. nº 1 – **Vias de concessão de patentes**

[145] Para mais desenvolvimentos acerca do regime do PCT, cf. António Campinos / Couto Gonçalves (coord), e.a., *Código da Propriedade Industrial Anotado*, 2010, pp. 271 a 281, João Marcelino e Manuel Lopes Rocha, *Invenções e Patentes. Guia prático do Produtor de Tecnologia*, 2009, pp. 80 a 86, Couto Gonçalves, *Manual...* cit., pp. 89 a 91, André Bertrand, *La Propriété Intellectuelle, Livre II*, cit., pp. 141 e 142 e Cornish/ Llewelyn/Aplin, *Intellectual Property...* cit., pp. 153 a 182.

7. Âmbito de Protecção

7.1. Duração

O direito exclusivo resultante da patente vigora durante um máximo de 20 anos, a contar da data do pedido[146], na condição de que vão sendo pagas as taxas anuais, cobradas pelo INPI a partir da 5ª anuidade, de valor crescente até à 20ª anuidade[147]. Decorrido este prazo, a patente extingue-se por *caducidade*, cessando automaticamente o direito exclusivo do seu titular[148].

Contudo, embora este prazo de 20 anos comece a correr na data do pedido, a protecção decorrente da patente não nasce logo nesse momento. É que, como vimos, entre o *pedido* e a *concessão* da patente desenrola-se um procedimento administrativo para averiguar do preenchimento dos requisitos de patenteabilidade, que envolve nomeadamente o exame formal do pedido, a pesquisa do estado da técnica, a publicação do pedido, com vista à apresentação de eventuais oposições e sua apreciação, o exame de fundo da invenção e a publicação da decisão final – o que implica uma demora considerável na concessão definitiva da patente[149].

Ora, sendo o despacho de concessão o acto *constitutivo* do direito de patente, até à decisão definitiva daquele procedimento não existe ainda um verdadeiro exclusivo que o titular possa fazer valer contra terceiros, que porventura decidam explorar o mesmo invento. O que suscita diversas questões, relacionadas com a relativa desprotecção resultante dessa demora. Além disso, a produção e comercialização de alguns produtos (como os medicamentos) estão sujeitas a autorizações ou homologações prévias das autoridades públicas, o que contribui para retardar a sua exploração

[146] Art. 100º do CPI e 63º da CPE. É esta a duração prevista pelo art. 33º do TRIPS, que estabeleceu um padrão que é hoje aceite na generalidade dos países.

[147] Actualmente fixadas pela Portaria nº 201-A/2019, de 1 de julho, corrigida pela Declaração de Retificação nº 32/2019, de 4 de Julho, que prevê taxas que vão de € 53,07 (na 5ª anuidade) até € 742,94 (nas anuidades 19ª e 20ª).

[148] Isto é, sem que a caducidade tenha que ser invocada por qualquer interessado ou declarada pelo INPI (art. 36º do CPI).

[149] Em 2009, uma patente europeia aguardava em média 43 meses até à publicação da concessão (Fonte: *EPO Annual Report 2009*, p. 19. Sublinhe-se que este valor não inclui o prazo de oposição, de 9 meses, que decorre posteriormente à publicação da concessão da patente europeia (art. 99º da CPE). Em 2019 o IEP limita-se a afirmar que o procedimento de concessão dura "entre 3 a 5 anos" (https://www.epo.org/service-support/faq/own-file.html#faq-274).

económica. Estas circunstâncias levaram à instituição de dois tipos de mecanismos compensatórios:

Por um lado, como já vimos[150], o art. 5º do CPI consagra um regime de **protecção provisória** dos direitos de propriedade industrial, que confere ao requerente da patente um direito precário e condicional, que lhe permite demandar judicialmente os usurpadores do seu direito em formação, pedindo desde logo uma indemnização, dependente da concessão definitiva da patente.

Por outro, existe um mecanismo de *prorrogação* do prazo de duração da patente, denominado **certificado complementar de protecção**, regulado nos arts. 116º a 118º do CPI e no Regulamento (CE) 469/2009 de 6 de Maio de 2009[151]. Esta possibilidade apenas é admitida para os *medicamentos* e para os *produtos fitofarmacêuticos*, tendo em conta que estes produtos carecem de uma autorização de introdução no mercado ("AIM"), que reduz (ainda mais) o tempo disponível para o titular da patente explorar economicamente o seu monopólio. A prorrogação tem uma duração correspondente ao tempo que mediou entre a data do pedido de patente e a data da concessão da AIM, reduzido de um período de cinco anos[152]. O período de validade do certificado não pode exceder 5 anos a contar da data em que produzir efeitos (i.e, o termo legal da validade da patente de base), podendo beneficiar de uma prorrogação adicional de seis meses, quando respeite a medicamentos para uso pediátrico[153]. Os certificados devem ser pedidos no INPI, no prazo de 6 meses a contar da data em que o produto obteve a AIM (ou da data da concessão da patente, se posterior)[154].

150 Cf. *supra*, Capítulo I, 6.3.

151 Sobre este regime veja-se OEHEN MENDES, *Os certificados complementares de protecção (CCP) para medicamentos à luz da jurisprudência recente do TJUE* RDI 1/2014, pp. 217-250; INÊS AGAPITO, *O Certificado Complementar de Protecção para Medicamentos*, Propriedades Intelectuais nº 5 (2016) pp. 5-22 e MARCO STIEF / DIRK BÜHLER (eds), *Supplementary Protection Certificates (SPC)*, C. H. Beck, 2015.

152 Art. 13º/1 do citado Regulamento (CE) nº 469/2009. O TJUE afirmou no caso de 13.02.2014, C-555/13, *Merck Canada* que a duração total da patente em conjugação com o certificado não poderá exceder 15 anos.

153 Art. 13º/3, *idem*, 177º do CPI e art. 36º do Regulamento (CE) nº 1901/2006 de 12 de Dezembro de 2006 (JO L 378, de 27.12.2006).

154 Art. 7º/2 do Regulamento (CE) nº 469/2009.

7.2. Âmbito substancial de protecção

Uma vez concedida definitivamente a patente, o seu titular poderá gozar plenamente o monopólio de exploração que a lei lhe confere, fazendo valer os seus direitos exclusivos.

A patente permite-lhe, pois, impedir terceiros de explorar a invenção em qualquer parte do território nacional, opondo-se a todos os actos que constituam violação do seu direito. O titular pode *impedir a terceiros, sem o seu consentimento, o fabrico, a oferta, a armazenagem, a introdução no comércio ou a utilização de um produto objecto de patente, ou a importação ou posse do mesmo, para alguns dos fins mencionados* (art. 102º/2 do CPI). Prevê-se agora a possibilidade de o titular da patente actuar contra a *oferta ou a disponibilização a qualquer pessoa que não tenha o direito de explorar a invenção patenteada dos meios para executá-la no que se refere a um seu elemento essencial, se o terceiro tem ou devia ter conhecimento de que tais meios são adequados e destinados a essa execução* (102º/3 do CPI), sendo que esta hipótese não se aplica *se os meios forem produtos que se encontram correntemente no mercado, salvo se o terceiro induzir a pessoa a quem faz a entrega* a violar a patente (102º/4 do CPI)[155]. No fundo está em causa a prevenção de um risco e não a prática de um ilícito a título próprio pelo fornecedor desses meios. Por isso, esta hipótese não exige culpa e não implica necessariamente responsabilidade civil do fornecedor.

Em caso de violação do seu exclusivo, o titular da patente poderá lançar mão dos meios repressivos previstos nos arts. 337º a 350º do CPI, nomeadamente instaurando acções de condenação, acompanhadas ou não de procedimentos cautelares (designadamente providências inibitórias e arrestos) ou apresentando denúncias com vista à instauração de procedimentos criminais ou contra-ordenacionais, pela prática das infracções tipificadas nos arts. 318º, 325º e 333º do CPI, que analisaremos no Capítulo XIV.

Mas quais são os limites objectivos deste "direito de proibir"? O **âmbito do exclusivo** *é determinado pelo conteúdo das reivindicações, servindo a descrição e os desenhos para as interpretar*, como dispõem os arts. 98º, nº 1 do CPI e 69º,

[155] Trata-se da hipótese de violação indirecta da patente (*contributory infringement* ou *mittelbare Verletzung*), especialmente desenvolvida nos EUA e na Alemanha e prevista no art. 26º do Acordo relativo ao Tribunal Unificado de Patentes. Sobre o tema veja-se BENTLY/SHERMAN/GANGJEE/JOHNSON, *Intellectual Property...cit.*, pp. 652 e ss. RUDOLF KRASSER, *Patentrecht...cit.*, pp. 805-815, HAEDICKE / TIMMANN, *Patent Law: A Handbook*, 2014, pp. 753-766 e, entre nós, REMÉDIO MARQUES, "Violação Indirecta do direito de patente", in O Direito 140 (2008), pp. 753 e ss.

nº 1 da CPE. As reivindicações, que são *o enunciado daquilo que é considerado novo e característico da invenção*, são redigidas pelo titular da patente, ao apresentar o seu pedido, sendo posteriormente objecto de análise pelos examinadores do INPI (ou do IEP), que têm a faculdade de reconhecer apenas parte dessas reivindicações, rejeitando as demais. O texto das reivindicações aceites pelos examinadores constitui assim o "núcleo duro" da patente já que, como refere o nº 7 do art. 102º do CPI, *os direitos conferidos pela patente não podem exceder o âmbito das reivindicações.* Por outras palavras, as reivindicações são a medida da inovação e, consequentemente, a medida da protecção.

Sendo assim, em caso de suspeita de infracção ao direito de patente, é à luz das reivindicações que se avalia a conduta do potencial infractor. Só haverá infracção se um terceiro utilizar um produto ou um processo que esteja *abrangido* por uma ou mais das reivindicações reconhecidas aquando da concessão da patente.

Dito de outra forma, quando se comparem dois produtos ou processos, para saber se um deles constitui violação do exclusivo da patente que recai sobre o outro, apenas há que atender à *parte inovadora* do produto patenteado (indicada nas reivindicações), pois é essa, e só essa, que beneficia de protecção. As restantes qualidades ou características do produto que incorpora o invento, pertencendo ao *domínio público*, podem ser livremente reproduzidas ou utilizadas. Se alguém patentear, por exemplo, uma torradeira utilizando micro-ondas, não ficam os seus concorrentes privados de fabricar torradeiras com outros dispositivos, usando tecnologias diferentes.

7.2.1. A Doutrina dos Meios Equivalentes

Quando o invento patenteado é reproduzido ou utilizado sem quaisquer modificações ou alterações, a existência da infracção é inequívoca. E o mesmo sucederá se o infractor utilizar a invenção protegida com ligeiras *variantes* de pormenor. Contudo, em muitos casos torna-se extremamente difícil determinar se estamos perante "ligeiras variantes" ou, pelo contrário, perante diferenças substanciais, suficientemente relevantes para poder falar-se já numa "outra invenção".

Para traçar esta linha de fronteira, foi concebido há mais de um século um critério, conhecido por "Doutrina dos Meios Equivalentes", que considera abrangidos pelo exclusivo da patente todos os casos em que um elemento da invenção seja substituído por outro *meio equivalente*, isto é, que tenha uma estrutura diferente, mas que cumpra *a mesma função* no conjunto da invenção[156]. E, embora o CPI não formule explicitamente esta regra, ela vigora inequivocamente para a Patente Europeia, constando hoje do art. 2º do Protocolo Interpretativo do Art. 69º da CPE, na sequência da revisão de 2000: *para efeitos de determinação da extensão da protecção conferida por uma patente europeia, deve ter-se em conta todo o elemento equivalente a um elemento especificado nas reivindicações.* Os tribunais portugueses já tiveram o ensejo de declarar que esta regra – embora omissa na lei portuguesa – se aplica também às patentes nacionais, independentemente da via de protecção adoptada (nacional, europeia ou internacional), *por razões de igualdade concorrencial e de segurança jurídica*[157].

A aplicação prática desta regra suscita diversas questões, incluindo a de determinar o significado da expressão "equivalentes", que está relacionada com o valor a atribuir às reivindicações. Tipicamente opunham-se duas perspectivas, uma literalista, de quc a jurisprudência britânica constituía paradigma, e outra mais favorável ao titular da patente, por não se prender ao teor literal das revindicações, que seriam apenas um ponto de partida para determinar o âmbito de protecção, de que era exemplo a jurisprudência germânica.

[156] Sobre a doutrina dos equivalentes, com que até hoje se gastaram "rios de tinta", cf. a excelente síntese de Gomez Segade, *Actividad Inventiva y Doctrina de los Equivalentes,* in Direito Industrial Vol. IV, 2005, pp. 41 a 55. Na literatura nacional, merecem especial destaque Samuel Dias Henriques, *O Âmbito da Patente e a Doutrina dos Equivalentes,* Almedina, 2019; Couto Gonçalves, *Manual...,* cit., pp. 101 a 111, Remédio Marques, *Reivindicações: algumas reflexões sobre a sua interpretação e a fundamentação dos critérios de decisão em litígios de patentes,* ADI 33 (2012-2013), pp. 231-256 e Silva Carvalho, *O Objecto da Invenção,* cit..., pp. 73 a 78. No estrangeiro, cf., nomeadamente, Rudolf Krasser, *Patentrecht... cit.,* pp. 721 e ss., Bently/Sherman/Gangjee/Johnson, *Intellectual Property... cit.,* pp. 655 e ss., Cornish/Llewelyn/Aplin, *Intellectual Property...* cit., pp. 252 a 279, David Bainbridge, *Intellectual Property,* cit., pp. 500 a 510 e André Bertrand, *La Propriété Intellectuelle, Livre II,* cit., pp. 158 a 170. Para uma boa descrição do entendimento norte-americano desta doutrina, cf. Alan Durham, *Patent Law Essentials. A Concise Guide,* 2004, pp. 144 a 169.

[157] Ac. do Tribunal Central Administrativo – Sul, de 18.03.2010, Proc. nº 5893/10 (relator Paulo Carvalho). No mesmo sentido, a propósito da lei espanhola de patentes, Gomez Segade sublinha que *careceria de sentido que as patentes espanholas, consoante o procedimento de concessão fosse puramente nacional ou europeu, pudessem ter um âmbito de protecção distinto* (cf. *Actividad Inventiva y Doctrina de los Equivalentes,* cit., p. 48). Entre nós, cf. Couto Gonçalves, *Manual...* cit., p. 102.

Esta divergência de critérios levou mesmo a que, em determinados lítigios paralelos (ou seja, entre as mesmas empresas e a propósito da mesma patente), as decisões proferidas por tribunais do Reino Unido e da Alemanha, a respeito da mesma questão, fossem diametralmente opostas[158].

No entanto, em 2017, a jurisprudência britânica tradicional – centrada no *teor literal* das reivindicações e considerando que só haverá violação da patente quando o pretenso infractor faça uso da *essência da invenção*, mesmo que não use totalmente o conteúdo das reivindicações – foi alterada[159]. No acórdão ACTAVIS v. ELI LILY[160], o Supremo Tribunal reformulou o teste[161], passando este a ser o seguinte[162]:

[158] Por exemplo no caso *Improver v Remington* [1990] F.S.R. 181, em que estava em causa uma patente relativa a um dispositivo de depilação (conhecido sob a designação comercial "Epilady"), que consistia numa mola helicoidal rotativa, *metálica*, ligada a um motor que, quando activado, a expandia e contraía. O produto alegadamente ilícito consistia numa máquina depiladora que usava lâminas de *borracha* sintética, igualmente rotativas, para capturar e cortar os pelos. Enquanto os tribunais alemães consideraram que a patente anterior havia sido violada, os tribunais britânicos decidiram que não havia infracção, por se tratar de soluções técnicas diferentes. Sobre estas decisões, cf., entre outros, CORNISH, *Cases and Materials*... cit., pp. 112 a 115, CORNISH/LLEWELYN/APLIN, *Intellectual Property*... cit., pp. 252 e ss. e BENTLY e SHERMAN, *Intellectual Property*... cit., pp. 534 e ss..

[159] Para uma descrição desta evolução cf. BENTLY/SHERMAN/GANGJEE/JOHNSON, *Intellectual Property...cit.*, p. 656 e ss.

[160] ACTAVIS v. ELI LILLY [2017] UKSC 48.

[161] As três perguntas anteriores, enunciadas no mencionado caso *Improver*, eram (1) A variante tem um efeito substancial na forma como o invento funciona? Se sim, essa variante está fora das reivindicações [ou seja, não há equivalência]. Se não: (2) Isto (i.e. que a variante não tem um efeito substancial) teria sido óbvio para um perito na data da publicação da patente? Se não, a variante está fora das reivindicações [ou seja, não há equivalência]. Se sim: (3) Apesar disso, teria o perito depreendido da redacção da reivindicação que era um requisito essencial da invenção, para o titular da patente, que existisse uma correspondência exacta com o significado original? Se sim, a variante está fora da reivindicação [ou seja, não há equivalência]. Como se depreende, esta é uma abordagem mais literal, dando grande relevância ao texto das reivindicações.

[162] No original "(1) Notwithstanding that it is not within the literal meaning of the relevant claim(s) of the patent, does the variant achieve substantially the same result in substantially the same way as the invention, i.e. the inventive concept revealed by the patent? (2) Would it be obvious to the person skilled in the art, reading the patent at the priority date, but knowing that the variant achieves substantially the same result as the invention, that it does so in substantially the same way as the invention? (3) Would such a reader of the patent have concluded that the patentee nonetheless intended strict compliance with

(1) *Não obstante esta não estar contida no âmbito literal da(s) reivindicação(ões) relevante(s) da patente, a variante alcança substancialmente o mesmo resultado, substancialmente da mesma forma que a invenção, i.e., o conceito inventivo revelado pela patente?*
(2) *Seria óbvio para um perito na especialidade, ao ler a patente na data da prioridade, mas sabendo que a variante alcança substancialmente o mesmo resultado que a invenção, que o faz substancialmente da mesma forma que a invenção?*
(3) *Teria um tal leitor da patente concluído, porém, que o requerente da patente pretendia que o cumprimento estrito do significado literal da(s) reivindicação(ões) relevante(s) fosse um requisito essencial invenção?*

A resposta afirmativa às duas primeiras questões e negativa à terceira permite concluir que haverá equivalência.

A Convenção sobre a Patente Europeia procurou situar-se entre os dois extremos (britânico e germânico), de acordo com a orientação definida pelo art. 1º do "Protocolo Interpretativo do Artigo 69º da CPE":

O artigo 69º não deve ser interpretado como significando que a extensão da protecção conferida por uma patente europeia é determinada no sentido estrito e literal do texto das reivindicações e que a descrição e os desenhos servem unicamente para dissipar as ambiguidades que poderiam ocorrer nas reivindicações. Nem deve ser considerado como significando que as reivindicações servem unicamente como orientação e que a protecção se estende também ao que, da consideração da descrição e desenhos por um especialista na matéria, o titular da patente entendeu proteger. Pelo contrário, o artigo 69º deve ser interpretado como definindo uma posição, entre estes extremos, que assegura simultaneamente uma protecção justa ao titular da patente e um grau de segurança jurídica para terceiros.

Esta formulação vaga e compromissória tem suscitado inúmeras interrogações, que o tempo permitirá esclarecer e densificar[163]. Mas poderá

the literal meaning of the relevant claim(s) of the patent was an essential requirement of the invention?"

[163] O acórdão do TCA – Sul, de 18.03.2010, a propósito deste Protocolo Interpretativo, limitou-se a repetir "ipsis verbis"a interpretação proposta por COUTO GONÇALVES (*Manual...* cit., p. 110) *verifica-se infracção do direito de patente por equivalência sempre que: a) A invenção patenteada e a invenção questionada se situarem no âmbito do mesmo problema técnico; b) Ambas apresentarem uma soluçção idêntica e os elementos modificados (ou variantes) estiverem ao alcance de um perito na especialidade, a partir da interpretação lógica (não estritamente literal) e objectivista*

funcionar como um "farol" orientador dos tribunais nacionais, ao navegarem nas ondas alterosas deste mar de imprecisão. E significará, pelo menos, que as reivindicações constituem o *referencial básico* do juízo a efectuar acerca de uma potencial infracção, podendo ser *complementado* pelo recurso a outros elementos interpretativos, mas tendo sempre como *limite* o respectivo texto, com o qual terá obrigatoriamente um mínimo de correspondência.

Seja como for, o momento determinante a que esta análise deve reportar-se é a data do *pedido* (ou prioridade) da patente e não o da pretensa infracção[164]. Por outras palavras, a indagação do que constitui um meio equivalente à solução técnica protegida deve realizar-se à luz dos conhecimentos existentes na data em que as reivindicações foram apresentadas, sendo irrelevantes descobertas ou desenvolvimentos técnicos posteriores. Não seria justo que o titular da patente viesse a beneficiar de uma esfera de protecção superior à medida do seu contributo para o estado da técnica existente à data em que divulgou o seu invento[165]. Neste, como noutros domínios da Propriedade Industrial, a medida da protecção deve coincidir com a medida da inovação.

7.2.2. As Patentes de Processo

As patentes podem incidir sobre produtos ou sobre processos, em quaisquer domínios da tecnologia. Por sua vez, os processos patenteados podem destinar-se ao fabrico de *produtos* ou à obtenção de um determinado *resultado técnico*, mesmo que não se traduza na fabricação de um produto (v.g, um novo sistema de refinação de petróleo). A lei admite também a patenteabilidade

(a procura da vontade declarada deve sobrepor-se à procura da vontade do titular da patente) do conteúdo das reivindicações da invenção protegida, de acordo com a orientação hermenêutica do art. 1º do Protocolo Interpretativo do art. 69º da CPE. Todavia, apesar da equivalência, o âmbito de protecção de uma patente de invenção não deve abranger o equivalente se este for insusceptível de protecção ou for considerado evidente face ao estado da técnica. Contudo, na situação concreta julgada nesse aresto, a doutrina dos equivalentes não tinha qualquer papel a desempenhar (pois estava em causa apenas a interpretação do art. 99º do CPI, relativo à inversão do ónus da prova nas patentes de processo), pelo que a alusão àquela regra não passou de um "obiter dictum", sem qualquer consequência prática.

164 Neste sentido, Couto Gonçalves, *Manual*... cit., p. 111.

165 O IEP já esclareceu que a doutrina dos equivalentes não deve ser tido em conta para aferir a novidade (veja-se ponto 3.5. da Decisão da Câmara de Recurso do IEP T.223/05 de 24 de Abril de 2017). Não obstante, o teste tem pontos de contacto com a apreciação de altura inventiva, pelo que a afirmação se mantem válida.

de *processos novos de obtenção de produtos, substâncias ou composições já conhecidos* (art. 50º/3, do CPI). Ou seja, pode haver patentes sobre um processo de obter um produto novo e também sobre um processo de obter um produto conhecido. O que se exige é que o processo, *em si mesmo* considerado, seja novo, inventivo e com aplicabilidade industrial.

Quando alguém obtém uma patente de processo de fabrico de um dado produto, adquire o direito de impedir terceiros de empregar o mesmo processo para fabricar esse produto. Aliás, o nº 2 do art. 98º do CPI determina que, *se o objecto da patente disser respeito a um processo, os direitos conferidos por essa patente abrangem os produtos obtidos directamente pelo processo patenteado*. Mas não resulta daí que o titular da patente possa opor-se ao fabrico desse produto através de um *processo alternativo*, já conhecido ou inédito. Neste caso, o seu direito exclusivo não está a ser usurpado, pois versa apenas sobre *uma das formas* possíveis de fabricar o produto. Por isso, se alguém conseguir produzi-lo de uma maneira diferente, será livre de o fazer e até de o patentear, se reunir os necessários requisitos.

Neste tipo de situações, quando ocorra um litígio, é crucial saber quem tem o **ónus da prova** relativamente ao processo que foi empregue para fabricar o produto suspeito de contrafacção. Compreensivelmente, nestes casos o titular da patente pode sentir grandes dificuldades em provar que o produto fabricado pelo pretenso infractor foi produzido através do processo patenteado, quanto mais não seja por falta de acesso às instalações deste, ou devido ao desaparecimento dos meios de prova. Em contrapartida, a prova da diversidade do processo será muito simples para o alegado infractor, pois este normalmente dispõe de toda a documentação e demais material probatório necessário para a demonstrar. Por este motivo, o art. 99º do CPI estabelece uma *presunção* favorável ao titular da patente, que apenas funciona relativamente às patentes de processo de fabrico de produtos *novos*[166]. Nestes casos, a lei inverte o ónus da prova, dispensando o titular da patente de demonstrar que o terceiro utilizou o seu processo: *o mesmo produto fabricado por um terceiro será, salvo prova em contrário, considerado como fabricado pelo processo patenteado*. Essa "prova em contrário" terá, pois, que ser feita pelo

[166] Sobre o sentido desta presunção *vide* COUTO GONÇALVES, *Manual...cit.*, pp. 99-101 e OEHEN MENDES, *A inversão do ónus da prova na violação das patentes de processo*, in AAVV, *Iuris et de jure : nos vinte anos da Faculdade de Direito da Universidade Católica Portuguesa – Porto*, Univ. Catolica Editora, 1998, pp. 1087-1115.

terceiro acusado de violar a patente, demonstrando que fabricou o produto por um processo diferente daquele que está coberto pela patente[167].

7.3. Limites da protecção

Para além dos limites objectivos que resultam do âmbito das reivindicações, a exclusividade de que goza o titular de uma patente tem ainda outros limites, que resultam quer de imperativos de interesse público, quer da própria natureza e função destes direitos privativos.

Desde logo, importa assinalar as **excepções enunciadas no art. 103º/1 do CPI**, que dispõe que *os direitos conferidos pela patente não abrangem:*

a) *Os actos realizados num âmbito privado e sem fins comerciais.* Note-se que esta excepção exige a verificação cumulativa destes dois requisitos. Pelo que um acto sem finalidade comercial que extravase o âmbito privado pode ofender os direitos do titular. Imagine-se que alguém, tendo produzido uma grande quantidade de exemplares de um produto patenteado por outrem, os distribui gratuitamente pelo público. Apesar de não existir aí, necessariamente, uma finalidade comercial, tais actos poderiam ser impedidos pelo titular da patente, que seria manifestamente lesado com isso.

b) *A preparação de medicamentos feita no momento e para casos individuais, mediante receita médica nos laboratórios de farmácia, nem os actos relativos*

[167] Sublinhando claramente este aspecto, o citado ac. do TCA-Sul de 18.03.2010 refere que *são pressupostos desta inversão do ónus de prova: i) A titularidade de patente de processo de fabrico de um produto; ii) A novidade deste à data do pedido de concessão da patente; iii) A sua obtenção por aquele processo; iv) A identidade daquele produto com o posterior.* No caso concreto, *não tendo o titular da patente alegado a novidade do produto, não pode beneficiar da presunção de que a sua patente abrange o produto nem aproveitar a inversão do ónus da prova.* Como é óbvio, se se tratar de uma patente de processo de fabrico de um produto ou substância já conhecidos, esta presunção não existe, não havendo inversão do ónus da prova, a qual recairá, nos termos gerais do art. 342º do Código Civil, sobre o titular da patente, que invoca um facto constitutivo do seu direito (a alegada usurpação da sua patente). Sobre o regime desta inversão do ónus da prova, cf. com muito interesse o ac. do STJ de 26.01.2006 (rel. Salvador da Costa; CJ-STJ I, p. 45), que esclareceu que a presunção do art. 99º *é aplicável mesmo que os factos provados revelem a existência de posteriores processos de fabrico do mesmo produto* (ainda que esses processos estejam também patenteados). Este aresto precisou, contudo, que a presunção do art. 99º e a consequente inversão do ónus da prova *apenas produz efeitos em matéria civilística do direito de propriedade industrial,* pois *não é susceptível de produzir efeito em quadro de responsabilidade criminal,* tendo em conta a presunção de inocência de que goza o arguido.

aos medicamentos assim preparados. Esta excepção, que outrora revestiu grande relevo, tem hoje em dia menor importância, tendo em conta que é cada vez mais rara a preparação de medicamentos em farmácia.

c) *Os actos realizados exclusivamente para fins de ensaio ou experimentais, incluindo experiências para preparação dos processos administrativos necessários à aprovação dos produtos pelos organismos oficiais competentes*. Esta previsão assume enorme importância estratégica, pois permite realizar livremente investigação a partir de conhecimento técnico abrangido pela patente, que pode inclusivamente gerar novas patentes (cuja exploração ficará, naturalmente, dependente da caducidade da patente anterior ou de acordo com o respectivo titular, como ressalva expressamente a parte final desta alínea)[168].

d) *A utilização de material biológico para fins de cultivo ou descoberta e desenvolvimento de novas variedades vegetais*. Trata-se da excepção do produtor de variedades vegetais, que, conjugada com o previsto no nº 3 deste artigo 103º, lhe permitirá produzir e comercializar essa variedade.

e) Actos relacionados com *a utilização a bordo de navios de outros países membros da União ou da OMC, ou de veículos de locomoção terrestre ou aérea desses países*, quando estes meios de transporte *entrarem temporária ou acidentalmente em território nacional*, nos termos das alíneas e), e f)) do citado nº 1 do art. 103º. A justificação desta ressalva é evidente, visando permitir a livre circulação internacional dos meios de transporte, que também explica a excepção da alínea g) do mesmo preceito, relativa a *aeronaves* abrangidas pelo art. 27º da Convenção de 7.12.1944 relativa à aviação civil internacional.

f) Prevê-se ainda a possibilidade de um agricultor utilizar para fins agrícolas *o produto da sua colheita para fins de reprodução ou multiplicação na sua exploração* (103º/1/h) do CPI), bem como *de animais protegidos ou outro material de reprodução animal* (103º/1/i) do CPI), desde que os materiais em causa tenham sido vendidos ou comercializados de

[168] É de sublinhar que o art. 19º/8 do Estatuto do Medicamento, aprovado pelo Decreto-Lei nº 176/2006, de 30 de Agosto (revisto pelo DL 26/2018, de 24 de abril), dispõe que *a realização dos estudos e ensaios necessários* à obtenção, junto do INFARMED, de uma autorização de introdução no mercado de medicamentos genéricos de medicamentos de referência, *e as exigências práticas daí decorrentes, não são contrárias aos direitos relativos a patentes ou a certificados complementares de protecção de medicamentos.*

outro modo ao agricultor pelo titular da patente ou com o seu consentimento. No caso de animais, o art. 103º/2 do CPI vem restringir o âmbito desta previsão, estabelecendo que esta não abrange a venda do animal *tendo em vista uma atividade de reprodução com fins comerciais ou no âmbito da mesma.*

g) A fim de garantir que as utilizações livres estabelecidas na Directiva 2009/24/CE relativa à protecção de programas de computador por direito de autor, transposta em Portugal pelo DL 252/94, de 20 de Outubro, não são neutralizadas pelo direito de patente, o legislador consagra ainda uma excepção relativa aos *atos e a utilização das informações obtidas nos termos permitidos pela legislação vigente em matéria de proteção jurídica dos programas de computador, nomeadamente pelas respetivas disposições em matéria de descompilação e interoperabilidade* [103º/1/j) do CPI].

Uma segunda excepção a assinalar prende-se com a *inoponibilidade* da patente em relação às **invenções independentes anteriores** à data do pedido ou da prioridade, prevista pelo art. 105º do CPI. Esta norma permite que um terceiro que, *de boa-fé, tenha chegado pelos seus próprios meios ao conhecimento da invenção e a utilizava ou fazia preparativos efectivos e sérios com vista a tal utilização,* possa *prosseguir, ou iniciar, a utilização da invenção, na medida do seu conhecimento anterior.* No entanto, esta possibilidade excepcional, e dependente de prova cujo ónus recai sobre o terceiro, apenas permite uma utilização *para os fins da própria empresa.*

Por fim, o exclusivo do titular está sujeito à regra do **esgotamento dos direitos**, que opera em relação aos produtos abrangidos pela patente, após a sua comercialização no território do Espaço Económico Europeu, feita pelo titular da patente ou com o seu consentimento, como dispõe o art. 104º. Esta norma, introduzida no CPI por imperativos decorrentes do Direito da União Europeia, será objecto de análise e aprofundamentos no Capítulo XI, consagrado aos reflexos do Direito da União sobre a Propriedade Industrial.

8. A exploração da patente

O titular da patente pode explorá-la *directamente* – fabricando e comercializando os produtos patenteados ou utilizando o processo protegido –, ou fazer uma exploração *indirecta*, celebrando contratos de *licença* com terceiros, que ficam desse modo autorizados a praticar os actos de exploração que a lei reserva de modo exclusivo ao titular. Pode, em alternativa, alienar o seu direito de patente, através de um contrato de *transmissão*. Estes contratos constituem o suporte jurídico habitual para a transferência de tecnologia, estando regulados nos arts. 30º e 31º do CPI, que desenvolveremos adiante, no Capítulo XII.

O nosso Código impõe ao titular da patente uma *obrigatoriedade de exploração* do invento (art. 107º), que pode ser feita directamente ou por intermédio de licenciados, devendo *comercializar os resultados obtidos por forma a satisfazer as necessidades do mercado nacional*. No entanto, isso não equivale a uma obrigação de produção *no território nacional* que, além do mais, seria contrária ao Direito da União Europeia, por constituir uma medida de efeito equivalente a uma restrição quantitativa à importação, proibida pelo art. 34º do TFUE[169]. Por isso, à luz do nº 3 do art. 107º do CPI, considera-se que existe exploração do invento mesmo que os produtos patenteados não sejam produzidos localmente, mas sim importados de qualquer outro país membro da União Europeia ou da OMC.

Na falta ou insuficiência de exploração da invenção patenteada, por parte do titular, qualquer interessado poderá requerer ao INPI que o autorize a explorar esse invento, independentemente da vontade do titular, mediante o pagamento de uma remuneração adequada. Essas autorizações, denominadas **licenças obrigatórias**, estão previstas nos arts. 108º a 113º do CPI, que as admitem também em caso de dependência entre patentes ou por motivos de interesse público[170]. Trata-se de uma autorização administrativa de exploração da invenção, concedida pelo INPI com carácter não exclusivo, conservando o titular o direito sobre a patente e o de explorar o seu invento. Diga-se, de passagem, que este mecanismo reveste muito pouco interesse prático, no nosso país, tendo até à data sido concedida apenas 1 (uma) licença deste tipo[171], apesar de estas licenças estarem previstas na lei portuguesa desde 1940.

[169] Neste sentido, DEMARET, *Industrial Property Rights, Compulsory Licences and the Free Movement of Goods under Community Law*, I.I.C., Vol. 18, 1997, p. 180 e ss.

[170] Sobre o seu regime *vide* VITOR PALMELA FIDALGO, *As Licenças Compulsórias de Direitos de Propriedade Industrial*, Almedina, 2016.

[171] Trata-se de uma patente de processo de preparação de misturas fungicidas (nº 76136), que caducou em 2003, tendo a licença obrigatória sido concedida à SAPEC AGRO, S.A. em 2002. Informação gentilmente prestada pelo INPI, em 10.02.2011.

Refira-se, ainda, que o titular pode ser privado da patente mediante expropriação por utilidade pública, nos termos do art. 106º do CPI, *se a necessidade de vulgarização da invenção, ou da sua utilização pelas entidades públicas, o exigir*. Neste caso, haverá lugar ao pagamento de justa indemnização, a fixar nos termos do Código das Expropriações.

À semelhança do que sucede com os demais DPI, a patente pode ser objecto de penhora e posterior venda em processo executivo, podendo ser dada em garantia de obrigações, ao abrigo do disposto no art. 6º do CPI.

9. Extinção

O direito de patente pode extinguir-se de diversas maneiras. Desde logo, pelo decurso do prazo de duração de 20 anos, ou seja, por *caducidade*. A caducidade opera automaticamente, sem necessidade de qualquer declaração nesse sentido, podendo ocorrer antes do termo daquele prazo, caso deixem de ser pagas as taxas anuais, devidas a partir do 5º ano, inclusive, como determina o art. 36º do CPI.

Além disso, a patente pode vir a ser declarada inválida, quando ocorra algum dos motivos de nulidade ou de anulabilidade, previstos nos arts. 32º e 33º do CPI, para os direitos de propriedade industrial em geral, já analisados no capítulo anterior.

Existem também fundamentos específicos de *nulidade* das patentes, enunciados pelo art. 114º, que se prendem essencialmente com a falta de requisitos de patenteabilidade (novidade, actividade inventiva e aplicação industrial) ou com a insusceptibilidade de protecção do seu objecto (tendo havido violação dos arts. 50º, 51º ou 52º do CPI) ou, ainda, quando a invenção não tenha sido descrita de forma a permitir a sua execução por qualquer pessoa competente na matéria. Estatui-se, igualmente, a nulidade da patente nas situações (raras ou mesmo inexistentes) em que *o título ou epígrafe dado à invenção abrange objecto diferente*. A nulidade não está dependente de prazo de arguição, podendo ser invocada a todo o tempo durante a vigência da patente.

O art. 115º do CPI admite ainda que seja declarada a invalidade parcial da patente, quando ocorra invalidade de parte das *reivindicações*, permanecendo a mesma em vigor relativamente às restantes, sempre que subsistir matéria para uma patente independente.

Capítulo III
Modelos de utilidade

1. Introdução

A figura do modelo de utilidade é comparável à daqueles arbustos que nascem à sombra de árvores maiores. E que, por falta de espaço vital, nunca chegam a atingir uma dimensão comparável à da árvore vizinha, que as priva da luz do sol e da atenção de quem passa.

Nascido à sombra das patentes, o modelo de utilidade ("MU") nunca se afirmou seriamente no nosso país. Basta pensar que, no ano de 2017, foram pedidos em Portugal 93 MU, enquanto os pedidos de patente (incluindo certificados complementares de proteção) foram 666, a que acrescem 5.223 validações em Portugal de patentes europeias[172]. De resto, nem todos os países atribuem este tipo de direito privativo. O Reino Unido e os Estados Unidos bastam-se com as patentes e isso não tem privado os inventores de

[172] Fonte: Relatório Estatístico Anual do INPI, disponível in https://inpi.justica.gov.pt/Noticias-do-INPI/Relatorio-Estatistico-Anual-2017. Para uma panorâmica geral sobre o regime dos modelos de utilidade, cf. Remédio Marques, *Biotecnologia(s)*... cit., Vol. I, pp. 1197 a 1222, Pedro Sousa e Silva, *O Direito ao Modelo de Utilidade*, DI VI, pp. 375 a 390, *As alterações ao regime dos modelos de utilidade previstas no projeto de Novo CPI*, RDI, nº 2/2018 e Couto Gonçalves, *Manual* ... cit., pp. 363 ss. Na literatura estrangeira cf., entre outros, Otero Lastres, *Manual de La Propriedad Industrial*, cit., pp. a 300, Cornish/Lewellyn/Aplin, *Intellectual Property*... cit., pp. 140 a 143, e Sthephen P. Ladas, *Patents, Trademarks and Allied Rights. National and International Protection*, Vol. II, cit., p. 949.

protecção. Na verdade, os EUA ocupam o primeiro lugar mundial quanto a patentes em vigor (2.984.825)[173].

Esta posição subalterna é fácil de entender: os MU não se distinguem das patentes, nem pela sua natureza, nem pela sua função. E, durante muitos anos, tão-pouco se diferenciavam pelos processos de registo ou pelos encargos suportados com o pedido e manutenção destes direitos. A distinção, entre nós, resultava essencialmente do período de protecção (inferior ao das patentes) e do âmbito das invenções registáveis (mais limitado que o das patentes). Nesse contexto, a reduzida popularidade dos modelos de utilidade era inelutável. O esforço (financeiro e burocrático) para os obter era semelhante ao das patentes e o retorno era menor: uma duração inferior e um estatuto secundário. Para quê escolher a "Segunda Divisão", se custava o mesmo estar na "Primeira"?

O CPI de 2003 veio tentar inverter esta tendência, estabelecendo para os modelos de utilidade uma protecção mais ténue e mais precária, embora mais fácil e rápida de obter, através da modalidade dos MU de *concessão provisória*, sem exame de fundo[174]. No entanto, esse regime (alternativo ao dos MU com exame) foi eliminado no novo CPI, sem quaisquer explicações[175], repondo no essencial o regime do código de 1995, o que não augura grande êxito a estes direitos exclusivos.

[173] Dados de 2017. Fonte: OMPI (https://www.wipo.int/ipstats/en/statistics/country_profile).

[174] Esse regime (descrito em detalhe na 1ª edição deste nosso *Direito Industrial*, pp. 90 a 96) correspondia a um regime que chegou a estar previsto num projecto de directiva europeia (publicada no JO C de 29.08.2000), que nunca chegou a ser aprovada – cf. *Consultation on the impact of the Community utility model in order to update the Green Paper on the Protection of Utility Models in the Single Market* (26 de Julho de 2001) SEC (2001) 1307. Para uma descrição desse inconsequente processo legislativo, cf. BENTLY e SHERMAN, *Intellectual Property* cit., pp. 339 e 340.

[175] Inexplicavelmente, a supressão deste regime não mereceu qualquer referência no Preâmbulo do DL 110/2018, que aprovou o CPI, sendo as actas do Grupo de Trabalho de Revisão do Código da Propriedade Industrial (nomeado por Despacho nº 10126/2017, da S.E. da Justiça) completamente omissas a este respeito. Aplaudindo e, de algum modo, justificando esta opção legislativa, cf. COUTO GONÇALVES, *Manual...* cit., pp. 367 e 368. Assinalem-se positivamente, pelo menos, os aperfeiçoamentos introduzidos no texto inicial da proposta apresentada à Assembleia da República (Proposta de Lei nº 132/XIII, recebida na A. R. em 15/05/2018), tendo a redacção final do Código sido expurgado de diversos erros e incongruências apontadas no meu citado artigo *As alterações ao regime dos modelos de utilidade previstas no projeto de Novo CPI*, RDI, nº 2/2018.

2. Conceito e função dos Modelos de Utilidade

Os modelos de utilidade desenvolveram-se especialmente na Alemanha, onde foram criados para contrabalançar o excessivo rigor com que era aplicada a lei de patentes, que deixava sem protecção alguns inventos, ditos "menores", dotados de um grau inferior de actividade inventiva. Apesar disso, LADAS localiza na Inglaterra as origens deste conceito, que derivaria dos denominados "Useful Designs" previstos numa lei de 1843, embora tenham sido rapidamente abandonados, em 1883, não voltando a ser retomados[176]. Aos MU está, pois, subjacente a intenção de proporcionar à indústria um mecanismo de protecção menos ambicioso, que sirva para proteger produtos que – sem representarem uma genuína invenção ¾ revistam um carácter inovador, tendo características mais aperfeiçoadas, que lhes aumentem a utilidade ou melhorem o desempenho. É o campo de eleição das utilidades domésticas, ferramentas e outros dispositivos aperfeiçoados, utensílios de cozinha, vasilhas e embalagens. Normalmente, são produtos já conhecidos, mas que, fruto de uma modificação ou inovação de forma, se tornam mais eficientes, mais fáceis de usar ou, de algum modo, mais úteis.

Contudo, não têm os modelos de utilidade *natureza* diversa das patentes. Qualquer destes direitos exclusivos constitui um *monopólio* concedido pelo Estado ao inventor, destinado a garantir ao seu titular o exercício de uma certa actividade económica ao abrigo de um exclusivo. Estamos perante direitos de carácter patrimonial que permitem ao seu titular proibir que todas as demais pessoas exerçam uma actividade que doutra forma seria livre.

Tão-pouco têm uma *função jurídica* diferente: o monopólio sobre a invenção – quer resulte de uma patente, quer do registo de um MU – tem por objectivo incentivar o esforço criador, ao assegurar ao inventor/criador a possibilidade de retirar do mercado a remuneração do seu esforço, proporcionando-lhe os meios necessários para evitar a turbação, por terceiros, da sua actividade económica de exploração do invento ou criação[177].

[176] *Patents,Trademarks and Allied Rights...* cit., Vol. II, p. 949. No mesmo sentido, BENTLY e SHERMAN afirmam: *it is usually asserted that the idea of second-tier protection was first developed in Germany, where the 'gebrauchmuster' was introduced in the 1891 Utility Models Act, but the better view is that the UK's Utility Design Act 1843 was an earlier utility model system* (*Intellectual Property Law*, cit., p. 338, nota 90).

[177] Acerca da função e natureza jurídica do direito de patente e dos DPI em geral, cf. *supra* Capítulo I, nº 3. e Capítulo II, nº 3.

E, se acrescentarmos que são essencialmente idênticos os *requisitos de protecção* destes dois direitos exclusivos – como adiante se verá –, teremos de concluir que só através de elementos externos, ou acidentais, é que poderemos diferenciar as duas figuras. Ou seja, só na medida em que o legislador lhes fixe regimes, duração ou processos de registo diversos é que poderemos considerá-los institutos autónomos.

Tradicionalmente, os modelos de utilidade são descritos como uma espécie de "pequenas patentes", em que a inovação resulta normalmente de uma alteração na forma de um produto já conhecido. Para usar uma síntese feliz, de OEHEN MENDES, os modelos de utilidade consistiam (no domínio do CPI de 1940) na *solução de problemas técnicos que se resolvem pela forma*. OLIVEIRA ASCENSÃO[178] falava em modelos tridimensionais, em que se protege *o carácter funcional da forma*, esclarecendo: *interessa pois a forma funcional*, podendo dizer-se que *está mais em causa a "fôrma" que a "forma"*. Ou, reproduzindo uma passagem do Parecer da Câmara Corporativa que precedeu a aprovação do referido CPI, *os modelos de utilidade são criações engenhosas que tornam os objectos corpóreos mais úteis ou aproveitáveis por uma simples modificação na forma ou disposição, sendo este o seu elemento específico*[179]. A esta luz, não é difícil distinguir os modelos de utilidade de uma outra figura da Propriedade Industrial, os *desenhos e modelos*: nos primeiros interessa a forma *funcional*, enquanto nos segundos se protege a forma (melhor, a aparência), do ponto de vista *geométrico ou ornamental*. Hoje, porém, as invenções passíveis de MU não se restringem ao domínio da forma, tendo um âmbito de protecção mais abrangente, como veremos.

3. Regime geral

O CPI actual assume claramente que não existem **diferenças conceptuais** entre as figuras da patente e do modelo de utilidade, prevendo (no art. 117º/4) que *a mesma invenção pode ser objecto de um pedido de patente e de um pedido de modelo de utilidade*, dependendo de *opção do requerente* a modalidade de protecção a conceder a uma dada invenção. Esses pedidos podem ser simultâneos ou sucessivos (devendo o segundo ser apresentado *no período de um ano a contar da data da apresentação do primeiro pedido*). Nesse caso, se forem ambos concedidos, o MU caduca após a concessão da patente (que está sujeita a um procedimento de concessão mais moroso).

[178] *Direito Comercial – Vol. II, Direito Industrial*, cit. , p. 208.

[179] P. 198.

Um traço distintivo apontado pelo legislador será o de que os MU visam *a protecção das invenções por um **procedimento** administrativo mais simplificado e acelerado do que o das patentes* (art. 119º/2). Contudo, após a abolição dos MU de concessão provisória, esta afirmação só é verdadeira na medida em que o prazo de publicação do pedido de MU é mais curto (6 meses: art. 131º/2) que o da publicação do pedido de patente (18 meses: art. 69º/1).

No que respeita ao **objecto**, registou-se em 2003 uma ampliação do âmbito de protecção, passando os modelos de utilidade a abranger as invenções *de processo* e deixando de estar limitados à inovação relativa à *forma tridimensional*. As invenções passíveis de beneficiar de MU são, à partida, dos mesmos domínios técnicos que relevam para as patentes, com as excepções constantes das alíneas b) a e) art. 119º do CPI: reservadas para a protecção por patente ficam as invenções que incidam sobre *matéria biológica*, sobre *substâncias, composições ou processos químicos ou farmacêuticos*, ou ainda as que *incidam sobre produtos alimentares ou processos para a preparação, obtenção ou confecção desses produtos*.

O **direito ao modelo** de utilidade não apresenta qualquer desvio face ao regime das patentes, para onde remetem expressamente os arts. 123º e 124º. Como tal, o direito a registar o modelo pertence *ao inventor ou seus sucessores*, sem prejuízo das regras especiais para as invenções realizadas no âmbito laboral ou mediante encomenda (arts. 57º a 59º do CPI).

Os **requisitos de concessão**, à primeira vista, são os mesmos das patentes: novidade, actividade inventiva, susceptibilidade de industrialização[180]. No entanto, consagra-se de forma explícita uma menor exigência ao nível da actividade inventiva: a alínea b) do nº 2 do art. 122º considera bastante que a invenção apresente *uma vantagem prática, ou técnica, para o fabrico ou utilização do produto ou do processo em causa*[181]. Este é um dos traços mais característicos

[180] A este respeito, confrontem-se os arts. 50º e 54º a 56º (relativos às patentes) com os arts. 119º e 122º (referentes aos MU).

[181] O art. 6º/2 do projecto de directiva comunitária considerava suficiente que o invento apresentasse *uma vantagem prática ou técnica para a utilização ou o fabrico do produto ou do processo em causa, ou noutra vantagem para o utilizador, como por exemplo uma vantagem educativa ou um valor em termos de entretenimento*. Refira-se que, na lei alemã, o grau de exigência relativamente à altura inventiva é, explicitamente, superior nas patentes (em que se exige *actividade inventiva*, "erfinderische Tätigkeit") do que nos modelos de utilidade (que apenas carecem de um *passo inventivo*, "erfinderischer Schritt"). A este respeito, cf. F.K. BEIER, G. SCHRICKER e W. FIKENSCHTER, *German Industrial Property, Copyright and Antitrust Laws – Legal Texts*

do regime dos modelos de utilidade, visando facilitar a tutela de inovações de carácter mais modesto que o das patentes. Contudo, esta maior benevolência no exame da inventividade não pode (não deve) servir para conceder protecção a novidades óbvias, ou banais, nomeadamente a soluções que pudessem ser normalmente deduzidas por um perito na especialidade, se tivesse de resolver a questão técnica em apreço à luz do estado da técnica. Ainda que em grau menor que o exigido para as patentes, a actividade inventiva tem de existir, no domínio dos modelos de utilidade.

A segunda grande diferença dos MU face às patentes reside na respectiva **duração**, estabelecendo-se como prazo máximo 10 anos, a contar do pedido, incluindo um primeiro período de 6 anos, com duas possíveis renovações de 2 anos cada[182].

No que respeita aos **direitos conferidos** pelo registo, o art. 144º distingue consoante o modelo verse sobre um produto ou sobre um processo. No primeiro caso, o titular pode proibir a qualquer terceiro, sem o seu consentimento, *o fabrico, a utilização, a oferta para venda, a venda ou a importação do produto para estes fins*. No caso de se tratar de um processo, pode proibir a *utilização* do mesmo, bem como a prática dos actos acima referidos quando respeitem a um *produto obtido directamente por esse processo*[183]. À semelhança do que se dispõe para as patentes, o exclusivo não abrange os actos realizados num *âmbito privado e para fins não comerciais*, ou a *título experimental*, para além dos actos realizados a bordo de navios, aeronaves e outros veículos de locomoção terrestre, que transitem temporariamente em território nacional (arts. 145º e 103º do CPI).

Também aqui encontra consagração explícita a regra do **esgotamento do direito**, constituindo o art. 146º reprodução exacta do art. 103º do Código, tendo ambas as disposições acolhido a ressalva da existência de motivos legítimos para a oposição do titular à comercialização dos produtos após a sua introdução no mercado. Este tema será desenvolvido no Capítulo XI, relativo à incidência do Direito Europeu na Propriedade Industrial.

with Introduction, Max-Plank Institute, p. I/A/8, e WILFRIED STOCKMAIR, *The Protection of Technical Innovations in Germany*, VCH, p. 128.

182 Art. 142º do CPI.

183 À semelhança do que sucede com as patentes de processo, também aqui se aplica a regra da inversão do ónus da prova (arts. 141º e 99º do CPI), mediante a qual, se o direito privativo *tiver por objecto um processo de fabrico de um produto novo, o mesmo produto fabricado por um terceiro será, salvo prova em contrário, considerado como fabricado pelo processo* protegido.

Relativamente ao **âmbito substancial de protecção**, o art. 140º repete a fórmula estabelecida para as patentes: esse âmbito *é determinado pelo conteúdo das reivindicações, servindo a descrição e os desenhos para as interpretar*. Valem aqui, portanto, as considerações já feitas no capítulo anterior a respeito da *regra dos equivalentes*, com a renovada advertência de que só na (limitada) medida em que um modelo seja inovador (novo e inventivo) é que o seu titular pode reivindicar exclusividade perante terceiros.

4. Vias de protecção

Como já ficou dito, embora o legislador proclame que os MU visam proporcionar aos agentes económicos uma protecção alternativa, através de *um procedimento administrativo mais simplificado e acelerado do que o das patentes*, como se afirma no nº 2 do art. 119º, a verdade é que, no CPI de 2018, o único reflexo dessa celeridade reside no encurtamento do prazo de publicação do pedido (que é de 6 meses para os MU e de 18 meses para as patentes: arts. 131º/1 e 69º/1).

Tirando isso, a tramitação dos dois procedimentos é muito semelhante, prevendo um **exame formal** no prazo de 2 meses e a elaboração de um **relatório de pesquisa** sobre o estado da técnica no prazo de 10 meses, ambos a contar da data do pedido (art. 129º e 130º). Feita a publicação do pedido no BPI e decorrido o prazo de reclamação (de 2 meses: art. 17º/1), procede-se ao exame de fundo da invenção, no prazo de 1 mês, elaborando um relatório que, se desfavorável ao requerente, lhe será enviado para responder às observações feitas, em 2 meses, podendo ainda repetir-se a audiência do requerente (art. 132º).

Em **matéria tributária**, o regime dos MU é substancialmente menos oneroso que o das patentes: apesar de as taxas devidas pelos *pedidos* serem iguais, as taxas anuais cobradas para a *manutenção* dos modelos de utilidade, a partir do 4º ano de validade, são substancialmente inferiores às das patentes[184].

Paralelamente ao registo nacional que ficou descrito, o CPI admite o registo de modelos de utilidade via PCT[185], mediante remissão do art. 139º para o regime das patentes, com as devidas adaptações. Mas refira-se que,

[184] A tabela de taxas vigente à data da publicação desta edição é a fixada pela Portaria 201-A//2019, de 1 de Julho.

[185] O denominado "Patent Cooperation Treaty", concluído em Washington, em 19 de Junho de 1970, de que já falamos a propósito das patentes.

durante o ano de 2017, não foi apresentado em Portugal um único pedido de modelo de utilidade por essa via[186].

5. Extinção

As causas de extinção do direito sobre o modelo de utilidade não diferem das relativas à patente: nos termos do art. 37º do CPI, o direito pode findar por *caducidade, quando expirar o seu prazo de duração* (seja o inicial, de 6 anos, seja o das duas prorrogações admissíveis, de 2 anos cada); ou ainda se deixarem de ser pagas as taxas anuais, devidas a partir do 5º ano, inclusive. Pode extinguir-se por *renúncia*, nos termos gerais. E o registo pode ainda ser declarado *inválido*, com algum dos fundamentos de nulidade ou de anulabilidade, especificados no art. 151º ou previstos nos arts. 32º e 33º para os direitos de propriedade industrial em geral, já analisados no Capítulo I.

Sublinhe-se, por último, que as acções judiciais de anulação de MU passaram a estar sujeitas a um prazo de caducidade, de 5 anos, nos termos do art. 34º/7 do CPI, pondo-se termo à incerteza que rodeava esta matéria no código anterior, omisso a esse respeito.

[186] Fonte: Relatório Estatístico Anual do INPI de 2017, disponível in https://inpi.justica.gov.pt/Documentos/Observatorio-da-PI.

Capítulo IV
Desenhos ou modelos

1. Introdução

A aparência dos produtos é um dos factores que mais decisivamente pesa nas escolhas dos consumidores, sendo imediata e espontaneamente apreendida pelos adquirentes, de modo mais directo e intuitivo que os demais factores relevantes, como o preço, a qualidade ou a funcionalidade[187]. A primeira impressão, quando favorável, predispõe o cliente a avaliar positivamente o produto, à luz dos demais critérios, influenciando, consciente ou inconscientemente, todo o processo de decisão que conduz à compra. Em contrapartida, uma desfavorável impressão inicial pode levar à rejeição liminar do produto, independentemente dos seus méritos.

Por isso, as empresas investem crescentemente na criação de novos modelos de produtos e na concepção de novos padrões decorativos, nos mais diversos ramos de actividade, como a moda, o mobiliário, a cerâmica ou a electrónica de consumo. Mas todo esse esforço criativo, e os investimentos que o suportam, necessitam de protecção contra as imitações, que vêm colher, já maduros, os frutos melhor sucedidos do esforço alheio.

[187] Para uma análise económica da influência da aparência de um produto no seu êxito comercial, cf., entre outros, Bruce Tether, *The Role of Design in Business Performance*, 22 e Mariëlle Creusen/Jan Schoormans, *The Different Roles of Product Appearance in Consumer Choice*, in "The Journal of Product Innovation Management", 2005 (22) 63-81.

É para combater essa atitude parasitária que existe a disciplina dos desenhos ou modelos[188].

Estes direitos privativos, previstos no CPI e no Regulamento (CE) nº 6/2002[189], têm como *função* proteger a aparência inovadora dos bens de consumo, atribuindo ao respectivo criador um exclusivo temporário, destinado a permitir-lhe extrair do mercado a remuneração do seu esforço criativo. Nesta perspectiva – a par da dimensão do *incentivo* à inovação estética –, pode atribuir-se aos DM uma função de *marketing*[190], na medida em

[188] Adiante, abreviadamente, "DM". Sobre este tema, em geral, cf. Pedro Sousa e Silva, *A Protecção Jurídica do Design*, 2017 e *A «Protecção Prévia» dos Desenhos e Modelos, in* DI, Vol. IV, 2005, pp. 343 e ss., Remédio Marques, *Biotecnologia(s) e Propriedade Intelectual*, I, 1235-1318, Couto Gonçalves, *Manual de Direito Industrial* (8ª ed.), pp. 141 a 170, M. Miguel Carvalho, *Desenhos e Modelos. Carácter Singular. Cumulação com Marca, in* DI VII, 2010, 421-446, Ribeiro de Almeida, *Desenhos ou modelos e peças sobresselentes, in* DI, VII, 2010, 11-25, Carlos Olavo, *Desenhos ou Modelos Comunitários, in* DI, V, 2008, 451-459 e *Desenhos e Modelos. Evolução Legislativa, in* DI, III, 2003, 45-76, Bárbara Quintela Ribeiro, *A Tutela Jurídica da Moda pelos Desenhos ou Modelos, in* DI, V, 2008, 477-528, e Moura e Silva, *Desenhos e Modelos Industriais – Um Paradigma Perdido? in* DI, I, 2001, 431-451. Na literatura estrangeira, cf. Gielen/Von Bomhard (ed.), *Concise European Trade Mark and Design Law*, 2017, Otero Lastres *Manual de la Propiedad Industrial*, pp. 345- 482 e *El diseño industrial según la Ley de 7 de Julio de 2003*, in "Tratado de Derecho Mercantil", Vol. 2, 2003, García Vidal (coord.), *El Diseño Comunitário. Estudios sobre el Reglamento (CE) núm 6/2002*, 2012, Fernando Carbajo Cascón, *Bienes Inmateriales Híbridos y Concurrencia de Protecciones: Formas de Tutela de las Obras Aplicadas a la Industria*, Pe.i revista de propiedad intelectual, 55, Janeiro-Abril 2017, Uma Suthersanen, *Design Law in Europe*, 2010 e *Design Law: Europe and United States of America*, 2010, Dinwoodie/Janis, *Trade Dress and Design Law*, 2010, Martin Howe, *Russell-Clarke and Howe on Industrial Designs*, 2005, Victor Saez, *The unregistered Community design*, EIPR 2002, 24 (12), 585-590, Massa/Strowel, *Community Design: Cinderella revamped*, EIPR 2003, 25(2), pp. 68-78, David Stone, *European Union Design Law. A Practitioners' Guide*, 2012, Cornish/Llewelyn/Aplin, *Intellectual Property...*, 599 ss., Bently/Sherman, *Intellectual Property Law*, 693 ss., Gordian Hasselblatt (ed.), *Community Design Regulation. A Commentary*, 2015, Oliver Ruhl, *Gemeinschaftsgeschmacksmuster*, 2010, Hörst-Peter Götting, *Gewerblicher Rechtsschutz*, 2014, 288-337, Denis Cohen, *Le droit des dessins et modèles*, 2009, Greffe/Greffe, *Traité des dessins & des modèles*, 2008, André Bertrand, *La Propriété Intellectuelle – Livre II, Marques et Brevets, Dessins et Modèles*, cit., pp. 21 a 75, Philipp Fabbio, *Disegni e Modeli*, 2012, Silvia Magelli, *L'estetica nel diritto della proprietà intellettuale*, 1998 e Newton Silveira, *Direito de Autor no Design*, 2012.

[189] Do Conselho de 12 de Dezembro de 2001, JO L 3, de 5.1.2002, adiante "RDM".

[190] Philipp Fabio, *Disegni e Modelli*, p. 28 e Oliver Ruhl, *Gemeinschaftsgeschmacksmuster*, art. 6 rn.1.

que constituem criações que enriquecem o património estético no domínio dos objectos utilitários, com a finalidade de estimularem a preferência no mercado pelos produtos que as incorporam.

O regime dos DM é, por vezes, equiparado à protecção jurídica do *design*. Contudo, trata-se de conceitos distintos; e, apesar de esta disciplina visar em primeira linha proteger as obras de *design*, não abrange necessariamente todas as suas dimensões, sendo certo que cobre realidades que dificilmente poderão ser qualificadas como obras desse género[191].

É hoje claro que o *design* não se reconduz à simples ornamentação do produto. Intervém desde logo ao nível da concepção, condicionando a estrutura e as características dos objectos, segundo critérios não só estéticos, mas também técnicos ou funcionais e, até, económicos. O *design* não tem apenas uma dimensão estética. Tem que de acomodar também exigências técnicas, na óptica da produção, e de funcionalidade, na perspectiva da utilização[192]. O carácter multifacetado do *design* pode sintetizar-se com a ideia de um triângulo cujos lados exprimem os três valores essenciais que ele incorpora: estética, *marketing* e técnica. A estética, como meio de valorizar a aparência (estimulando o agrado dos consumidores), o *marketing* (definindo os valores que a aparência e as características do produto devem transmitir), e a técnica

[191] NEWTON SILVEIRA, *Direito de Autor no design*, 2012, 11, coincide nesta ideia: *Design é mais abrangente que desenho industrial, não se limitando a formas de produtos industriais, mas à arte aplicada, ao artesanato, mobiliário, moda, marketing e, até, branding*, acrescentando (45) : *O design representa a união entre a técnica e a estética, fenômeno do sistema industrial moderno que não pode ser reduzido aos critérios convencionais da arte e da técnica*. Para maiores desenvolvimentos sobre esta matéria e referências de direito comparado, cf. PEDRO SOUSA E SILVA, *A Protecção Jurídica do Design*, cit., pp. 33 ss. e *O artigo 240º do CPI e a Protecção do Trade Dress*, in "Estudos de Direito Intelectual em Homenagem do Professor Doutor Oliveira Ascensão", ob. col. editada pela APDI, 2015, pp. 1033 ss..

[192] Como sublinham GRAEME DINWOODIE / MARK JANIS, *Trade Dress and Design* Law, 2010, 10: *The designer cannot follow wherever aesthetic interests might lead. Utilitarian concerns influence, and at times dictate, available choices. Indeed, aesthetic success is often measured, in terms of harmony achieved between competing interests. The merger of aesthetics and utility defines the designer's craft, so that "whatever else he is or isn't – artist, engineer, salesman, planner, management consultant, inventor – the industrial designer is a problema solver". The most obvious factor influencing and directing the designer's creativity is the necessity of accomodating the functional operation of the product.* UMA SUTHERSANEN, *Design Law: Europe and United States of America*, [v], converge nesta ideia: *With time, the notion of design became seen as something to do with functionality, problem-solving, and was caught between Art and Science.*

(assegurando a facilidade e eficiência da produção, a economia de meios, o desempenho do produto e a sua ergonomia). Ora, a tutela decorrente da DHDM e do RDM incide unicamente sobre a "aparência" dos produtos, deixando de fora aspectos ligados à funcionalidade, em si mesma considerada. Tal decorreu de uma opção consciente do legislador europeu, por se considerar que a tutela da funcionalidade, através do regime dos DM, implicaria uma sobreposição com a tutela das inovações técnicas[193].

Assim, embora a disciplina melhor vocacionada para tutela do *design* seja o regime dos DM, este não permite abarcar todas as dimensões em que este se desdobra, nomeadamente a sua vertente técnica ou funcional. Em contrapartida, a disciplina dos DM não é a única que protege o *design*, pois com ela concorrem, de modo directo ou indirecto, a dos direitos de autor, a das marcas e a da concorrência desleal.

2. Conceito de Desenho ou Modelo

A definição legal de DM é-nos dada, hoje, pela al. a) do art. 3º do RDM (e pelo art. 173º do CPI): *"Desenho ou modelo" designa a aparência da totalidade ou de uma parte de um produto resultante das suas características, nomeadamente, das linhas, contornos, cores, forma, textura e/ou materiais do próprio produto e/ou da sua ornamentação*[194]. Não releva aqui qualquer espécie de merecimento estético, pelo que até as criações reconhecidamente feias podem gozar de tutela como DM, desde que cumpram os requisitos legais de protecção. Nem releva, neste contexto, a distinção entre desenhos "ornamentais" e "funcionais"[195]: todos são protegidos, na sua aparência, qualquer que tenha sido o objectivo que presidiu à sua concepção.

De igual modo, não se nega a protecção dos DM às obras de arte (pura ou aplicada). Isto apesar de estas criações já beneficiarem da tutela dos direitos de autor; e de a criação artística, no âmbito dos DM, não constituir um fim em si mesmo, sendo *instrumental* das finalidades decorativas de valorização do produto em que essa criação necessariamente se plasma. O legislador

[193] *Green Paper on the Legal Protection of Industrial Designs Working document of the services of the Commission*, Bruxelas, Junho 1991, p. 58.

[194] No referido *Green Paper*, a Comissão Europeia definia os DM (nessa altura ainda designados "industrial designs") como *as características bidimensionais ou tridimensionais da aparência de um produto, que são susceptíveis de ser apercebidas pelos sentidos.*

[195] Excepto nos casos dos arts. 175º/6 do CPI e 8º do RDM.

não quis privar as obras de arte da tutela dos DM, na medida em que estas preencham os requisitos legalmente fixados para este tipo de protecção. Bem pelo contrário, os artigos 96º do RDM e 194º do CPI admitem a tutela simultânea dessas obras ao abrigo do Direito de Autor e da disciplina dos DM[196].

Um DM pode respeitar a objectos de três dimensões (um frasco de perfume, um biscoito ou um banco de jardim) ou realidades em duas dimensões (desenhos cerâmicos, padrões têxteis, pinturas ou fotografias, que possam aplicar-se na decoração de um objecto utilitário, ou até imagens virtuais, como interfaces gráficas e ícones para ambientes informáticos[197]). Mas a distinção entre "desenhos" e "modelos" (prevista na DHDM e no RDM) não tem qualquer relevo prático, sendo meramente conceptual, pois o regime a que as duas figuras estão sujeitas é único.

A tutela legal dos DM incide sobre o *aspecto exterior* dos produtos, resultante das suas características que *influem* sobre esse aspecto. Note-se que essa protecção não abrange apenas a *forma* dos objectos[198]. É mais ampla do que isso, cobrindo tudo aquilo que pode definir o aspecto, incluindo as características explicitadas na lei (linhas, contornos, cores, textura e materiais), mas não se restringindo a elas, pois a enumeração é claramente exemplificativa. Por isso, outras características como, por exemplo, o brilho ou certos efeitos de luz, na medida em que permitam definir a aparência dos objectos, beneficiam também da tutela dos DM[199]. No estádio actual da

[196] A respeito da tutela cumulativa, através do regime dos DM e do Direito de Autor, cf. *infra*, 5.4..

[197] Aliás, a própria Classificação de Locarno (adoptada na sequência do Acordo de Locarno, celebrado sob os auspícios da OMPI, e utilizada para catalogar produtos para efeitos de registo como DM) prevê uma sub-classe específica (14.04) para interfaces e ícones gráficos (incluindo os correntemente denominados *graphic user interfaces,* "GUI"): cf. 12ª edição, em vigor desde 1.01.2019, disponível in http://www.wipo.int/classifications/nivilo/locarno. Sobre este aspecto, cf. Jason Du Mont / Mark Janis, *Virtual Designs,* Max Planck Institute for Intellectual Property & Competition Law Research Paper nº 13-13, 8.01.2014, disponível in hppt://papers.ssrn.com.

[198] Em contrapartida, não releva aqui a *dimensão* dos produtos em que o DM se aplica ou incorpora, ficando sujeitos ao direito exclusivo do titular todos os produtos com a mesma aparência, independentemente do seu tamanho (por exemplo, uma miniatura de um automóvel cuja aparência estivesse registada como DM infringiria o exclusivo decorrente desse registo).

[199] Neste sentido, Otero Lastres, *Manual...*, p. 353. Essas características podem, no entanto, ser difíceis de representar, para efeitos de registo. Já não podemos subscrever, em

regulamentação europeia, a prática seguida pelo EUIPO vai no sentido de considerar excluídas da protecção dos DM caraterísticas como as cores *per se*, embora as combinações de cores possam ser protegidas, na medida em que sirvam para definir, v.g., um símbolo gráfico[200].

2.1. O carácter aparente

Uma questão não inteiramente esclarecida pelo legislador é a de saber se o desenho ou modelo deve ter carácter aparente; e, em particular, se as características definidoras da aparência do produto devem permanecer *visíveis* no decurso da sua utilização normal (isto é, a realizada pelo utilizador final: arts. 4º/3 do RDM e 175º/5 do CPI). Esta condição, que certa doutrina e a jurisprudência estrangeiras já enunciavam há muito tempo[201], tornou-se expressa com a redacção dos arts. 4º/2 do RDM e 175º/4 do CPI. Porém, a explicitação refere-se unicamente aos DM incorporados em *produtos complexos*. Por isso, poderia questionar-se se a visibilidade constitui uma exigência aplicável só a estes produtos ou se, pelo contrário, a mesma vigora para todo e qualquer DM.

contrapartida, o entendimento de Bárbara Quintela Ribeiro, *A Tutela Jurídica da Moda pelos Desenhos ou Modelos, in* DI V, 2008, p. 503 ss. (citando aprovadoramente Mota Maia, *Propriedade Industrial*, II, p. 329, que admite que *o peso e a elasticidade podem, também, em certos casos, constituir características do desenho ou modelo*). Mas não se vê como poderá conciliar-se esta posição com a noção de DM, dado que tais características nada têm a ver com a *aparência* de um produto. São, pura e simplesmente, características *físicas* ou *mecânicas* de um produto, porventura perceptíveis pelos sentidos, mas que não influem sobre a aparência (como aliás sucede com outras características dos objectos, como a dureza, a densidade ou a resistência à abrasão, que tão pouco podem ser tuteladas pela disciplina dos DM). O mesmo se diga, de resto, de características *sensoriais* ou *organolépticas*, como o aroma e o sabor, que, embora detectáveis pelos sentidos, não caracterizam a aparência dos produtos.

[200] A este respeito, cf. *The Manual Concerning Proceedings Before the Office for the Harmonization in the Internal Market (Trade Marks and Designs). Registered Community Designs. Examination of Applications*, 20 ss., bem como David Musker, *Concise...*, 635.

[201] Greffe/ Greffe, *Traité..*, pp. 42-45, afirmam que este requisito é exigido pela jurisprudência há mais de um século, acrescentando que isso *resulta evidente da natureza dos objectos protegidos e do motivo pelo qual são protegidos. Eles têm uma função estética, são destinados à ornamentação de artigos utilitários; para esse efeito, têm que ser aparentes, visíveis... é necessário que a inovação seja sensível ao olhar.* A doutrina francesa é praticamente unânime nesse sentido, como referem, entre outros, Eugène Pouillet, *Traité Théorique et Pratique des Dessins et Modèles*, 1911, p. 141, Paul Roubier, *Droit de la Propriété Industrielle*, II, 1954, p. 424 e André Bertrand, *La Propriété Intellectuelle*, II, p. 42.

A doutrina divide-se, surgindo de um lado autores, como UMA SUTHERSANEN, que entendem que, não se formulando especificamente essa exigência no texto legal, a tutela pode abranger DM *que não sejam imediatamente visíveis no acto de compra, que careçam de dispositivos de ampliação para serem inspeccionados ou que não sejam visíveis durante o uso normal*[202]. O entendimento contrário, perfilhado por autores como GREFFE/GREFFE e OTERO LASTRES, desvalorizando os elementos literal e sistemático, dá especial prevalência ao elemento racional ou teleológico, à luz da natureza dos DM[203]. Como afirma este último autor, *a nota da "visibilidade" é tão essencial que não pode faltar em caso algum (...). Sem visibilidade não há desenho ou modelo protegível,* visto que a "aparência", por definição, corresponde àquilo *que "se deixa ver"*[204]. Este argumento é incontornável: a "aparência" – que pode definir-se como "face da realidade imediatamente apreendida pelos sentidos" ou "o

[202] *Design Law: Europe and U.S.A.*, pp. 95 e 121. Na mesma linha, DAVID MUSKER, *Hidden meaning? UK perspective on invisible in use designs,* EIPR 2003, 25(10), pp. 450-456 e MARTIN SCHLÖTELBURG, *Design protection for technical products,* JIPLP, 2006, p. 678. Entre nós, ANTÓNIO CAMPINOS et al., *CPI Anotado*, p. 359, defendem (sem o justificar) que *esta particularidade da visibilidade não se aplica aos demais desenhos ou modelos, sendo uma característica exigida apenas aos componentes de produtos complexos.* REMÉDIO MARQUES, *Biotecnologia(s)...*, I-1272 e ss. e I-1327 parece adoptar uma posição intermédia (admitindo a protecção de características reveláveis ao *tacto* – I-1292), ao sustentar que *o requisito da visibilidade das características da aparência deve adequar-se não só à qualidade ou à natureza dos sujeitos a quem os produtos que as ostentam são destinados, mas também deve traduzir o próprio destino que é dado a essas matérias por estes outros adquirentes,* acabando por concluir que *essas características da aparência, ainda quando não sejam discerníveis pelo simples olho humano ("olho nú") satisfazem o requisito da visibilidade se e quando forem discerníveis pelo olhar humano através do auxílio de máquinas* (I-1330).

[203] CF. GREFFE/ GREFFE, *Traité..*, p. 42 e OTERO LASTRES, *Manual de la Propriedad Industrial,* pp. 352-355, que invoca os trabalhos preparatórios da DHDM, nomeadamente uma proposta apresentada pelo Parlamento Europeu em Fevereiro de 1996 – no sentido de definir DM como "a aparência exteriormente visível da totalidade ou de uma parte de um produto" –, que não foi aceite por ser considerada *redundante,* dado que a palavra "aparência" já significava "exteriormente visível". Na mesma linha, DAVID STONE, *European Union Design Law. A Practitioners' Guide,* 2012, p. 32, ULRIKE KOSTCHIAL, *Design Law: Individual Character, Visibility and Functionality,* IIC 2005, p. 312, AZÉMA/GALLOUX, *Droit de la Propriété Industrielle,* 2012, p. 694, ANDRÉ BERTRAND, *La Propriété Intellectuelle,* II, p. 42 e CHAVANNE/BURST, *Droit de la Propriété Industrielle,* p. 395. Entre nós, pronunciam-se neste sentido COUTO GONÇALVES, *Manual de Direito Industrial,* p. 144 e MARIA MIGUEL CARVALHO, *Desenhos e modelos...*, p. 426.

[204] *Idem*, p. 355. Este autor define o DM protegível como *la apariencia –o aspecto que se deja ver– de lo que da carácter y diferencia de lo demás a un producto o su ornamentación* (*ibidem*, p. 352).

aspecto exterior de alguém ou de alguma coisa"[205] – é determinada através das características observáveis *visualmente.* Isto significa que o bem imaterial objecto deste DPI se destina a ser fruído através de um dos cinco sentidos: a visão. Por isso, só haverá uma criação tutelável como DM se, e na medida em que tal criação seja detectável à vista[206].

O Tribunal de Justiça veio a consagrar este entendimento, no caso GROUP NIVELLES[207], declarando que, *no quadro do sistema previsto no Regulamento n.º 6/2002, a aparência constitui o elemento determinante de um desenho ou modelo. Por conseguinte, o facto de uma característica de um desenho ou modelo ser visível constitui uma condição essencial dessa proteção.*

Sendo assim, as características da aparência dos produtos (simples ou complexos), para serem protegidas como DM, devem ser visíveis para o respectivo utilizador, e assim permanecer durante a sua utilização normal (arts. 4º/3 do RDM e 175º/5 do CPI)[208].

Uma questão conexa com esta consiste em saber se as *características da aparência, ainda quando não sejam discerníveis pelo simples olho humano ("olho nú") satisfazem o requisito da visibilidade se e quando forem discerníveis pelo olhar humano através do auxílio de máquinas,* como defende REMÉDIO MARQUES[209]; ou se, pelo contrário, deve atender-se apenas às características que sejam observáveis sem recurso a dispositivos especiais. Este segundo entendimento, perfilhado por ULRIKE KOSCHTIAL[210], defende que, *correctamente interpre-*

[205] *Dicionário da Língua Portuguesa Contemporânea,* da Academia de Ciências de Lisboa, I, pp. 282,283.

[206] O motivo pelo qual o legislador só explicitou esta exigência para os componentes dos produtos complexos foi o objectivo de garantir que estes – que correm o risco de deixar de ser visíveis devido à sua incorporação –, só serão protegidos se permanecerem visíveis; ou seja, se continuarem a desempenhar a função que justifica a sua tutela: definir e caracterizar a aparência de um produto. Ora, como esta função é comum a todos os DM, a exigência de visibilidade não pode deixar de ser transversal. Todos os DM têm que ser visíveis (os simples e os complexos). Só que, para os DM incorporados em produtos complexos, há uma *exigência de visibilidade reforçada*: além de serem visíveis em si mesmos, têm de *continuar* visíveis depois de aplicados.

[207] Ac. de 21.09.2017 (C-361/15 P e C-405/15 P; sifão de chuveiro, §§62,63).

[208] Para mais desenvolvimentos sobre esta questão, cf. PEDRO SOUSA E SILVA, *A Protecção Jurídica do Design*, cit. , pp. 75 ss..

[209] *Biotecnologia(s)...*, I-1330. No mesmo sentido, UMA SUTHERSANEN, *Design Law. Europe and U.S.A.*, p. 95.

[210] *Design Law: Individual Character, Visibility and Functionality,* p. 310.

tado, "visível" significa "visível para o observador médio com um esforço normal". Isto significa que se pode exigir que o observador use óculos, mas não um microscópio. Esta perspectiva é, em nosso entender, a mais acertada. Não quer isto dizer que as características atendíveis tenham que estar *permanentemente* visíveis (v.g., a aparência do pássaro do relógio de cuco é protegível, apesar de passar a maior tempo recolhido[211]). Mas devem ser observáveis a olho nú durante a utilização normal do produto.

O que seja esta "utilização normal" é matéria ainda não totalmente esclarecida. Pode significar a utilização *habitual* ou *mais frequente*, ou, numa leitura mais abrangente, abarcar toda a utilização que não seja *invulgar* ou *anormal*. Concretizando, com o exemplo de certas peças do motor de um automóvel (encobertas pelo capô do veículo): se usarmos um critério mais estrito, essas peças não podem ser protegidas como DM, pois a utilização *habitual* do automóvel é feita com o capô fechado. Mas, se usarmos o segundo critério, a situação inverte-se, pois não é *invulgar* ou *anormal* o condutor ou dono do veículo abrir o capô para verificar o nível de óleo, ou para reabastecer o depósito do limpa pára-brisas, caso em que algumas peças do motor se tornam visíveis para ele[212]. No entanto, é o próprio legislador que dá um sinal apontando para a leitura mais restritiva, quando dispõe, nos arts. 175º/5 do CPI (e 4º/3 do RDM), que se entende por utilização normal *a utilização feita pelo utilizador final, excluindo-se os actos de conservação, manutenção ou reparação*. A escassa jurisprudência existente sobre o assunto parece ir nesse sentido, quando o TG considerou que a utilização normal de um cortador de relva era a realizada pelo utilizador, colocado atrás desse equipamento e observando-o de cima para baixo, visualizando apenas, durante a utilização normal, a parte superior do motor desse cortador[213]. Sendo assim, "utilização normal" parece ser aquela que é feita habitualmente, a *utilização-padrão*, excluindo-se de protecção os componentes (v.g., uma bateria eléctrica) que o usuário normal do produto não observa enquanto usa o produto complexo na sua função típica[214].

[211] ULRIKE KOSCHTIAL, *idem*, p. 310.

[212] Cf. DAVID MUSKER, *Concise...*, p. 637, que se pronuncia a favor do critério mais restritivo.

[213] Ac. do TG de 9.09.2011 (T-10/08, KWANG YANG MOTOR CO., §§20-22), confirmando a anulação de um registo de DM de um motor de combustão interna destinado a incorporação num cortador de relva (por falta de carácter singular).

[214] Neste sentido, LIONEL BENTLY, *Intellectual Property*, p. 727, faz as seguintes considerações: *o uso normal inclui entrar e saír de um veículo e pôr coisas na bagageira, bem como guiar ou*

2.2. Noção de "produto"

A protecção dos DM incide sobre a aparência da totalidade ou de uma parte de um produto. A definição de "produto" consta dos arts. 3º/b) do RDM e 174º/1 do CPI: *qualquer artigo industrial ou de artesanato, incluindo, entre outros, os componentes para montagem num produto complexo, as embalagens, as formas de apresentação, os símbolos gráficos e os caracteres tipográficos, mas excluindo os programas de computador*. Produto "complexo" é *qualquer produto composto por componentes múltiplos susceptíveis de serem dele retirados para o desmontar e nele recolocados para o montar novamente* [arts. 3º/c) do RDM e 174º/2 do CPI].

Advirta-se, antes de mais, que o exclusivo legal respeitante aos DM não tem por objecto o produto, em si mesmo considerado, nem o seu desempenho técnico, mas apenas o seu *aspecto exterior*, revelável à vista. Numa síntese lapidar de OTERO LASTRES[215], o bem protegido como DM decompõe-se em dois elementos: a entidade imaterial (o *corpus mysticum*) e o suporte material (*corpus mechanicum*). Há, pois, que distinguir a entidade imaterial ("a aparência") protegida como DM e os suportes físicos que incorporam ou plasmam essa entidade ("a totalidade ou uma parte de um produto").

O legislador europeu sentiu necessidade de definir "produto" para circunscrever de algum modo a tutela dos DM, pois a atividade dos *designers* estende-se a realidades muito mais vastas do que o *design* de objectos propriamente ditos[216]. Mas a definição que, finalmente, prevaleceu (na DHDM e no RDM) acabou por se mostrar extremamente abrangente, cobrindo

viajar como passageiro. Mudar o óleo ou afinar embraiagem ou travões são quase de certeza actos de manutenção. As partes protegíveis de um carro devem incluir as características internas como os assentos, manípulo da caixa de velocidades, travão de mão, volante, e os espelhos retrovisores, e as características externas, como o capô, tampa da bagageira, portas, tampões das rodas, escovas de parabrisas, e espelhos exteriores, O desenho de coisas como os radiadores (que geralmente só são vistos quando o carro está em reparação) não serão registáveis.

[215] *Manual de la Propiedad Industrial*, 351. Cf. também *El diseño industrial según la Ley de 7 de Julio de 2003*, in "Tratado de Derecho Mercantil", Vol. 2, 2003, 30 e *La Definición Del Diseño Industrial y los Requisitos de Protección en la Propuesta Modificada de Directiva, in* ADI, Tomo XVII, 1996, 38.

[216] Cf. *Green Paper...*, pp. 66,67, dando como exemplos a arquitectura paisagística, a decoração de interiores ou o *design* de televisão, que no entender da Comissão Europeia ficariam melhor protegidas ao abrigo do Direito de Autor. Ainda assim, esta reconhecia a existência de uma "zona cinzenta" em que a noção de produto poderia revelar-se difícil de aplicar: *uma cozinha desenhada através do uso de um conjunto de elementos (armários, cadeiras, mesas, frigorífico, máquina de lavar, forno a gás e banca) combinados de modo a formar um conjunto agradável, novo*

realidades muito diversas, não se limitando ao *design* de bens corpóreos, mas abrangendo também criações de outra natureza. Assim, estão desde logo cobertos os artigos industriais ou de artesanato[217], ou seja, objetos *corpóreos*. São abrangidas as vasilhas ou embalagens, quer sejam de molde a definir a forma de produtos amorfos (v.g. garrafas ou frascos), quer sejam independentes do formato do artigo embalado (como caixas de sapatos ou de bombons). A definição legal de produto menciona também "as formas de apresentação" (que na versão inglesa surgem como "get-up"), o que permite abranger certas dimensões do *trade dress* de produtos[218], a aparência interior de estabelecimentos[219] (por exemolo, lojas, restaurantes, estúdios de televisão), o desenho de jardins ou de parques de diversão. E acrescenta, por último, os "símbolos gráficos e os caracteres tipográficos, mas excluindo os programas de computador". Assim, além dos "logos" e dos "tipos de letra" (*fonts*), podem ser protegidos como DM as interfaces gráficas (incluindo o chamado *webdesign*) e ícones para ambientes informáticos; a alusão expressa aos "programas de computador" visa deixar claro que a aparência dos "objectos informáticos" é passível de protecção (a tal não obstando o seu carácter "virtual"), só não podendo beneficiar da tutela dos DM o *software* propriamente dito[220].

e unitário, poderia ser considerado simultaneamente um exemplo de decoração interior ou como um produto complexo, merecedor de protecção como DMC.

[217] Isto significa que a protecção não se limita aos bens de produção em série, em grandes quantidades, sendo independente da vocação "multiplicadora" da criação. Como sublinha Phillip Fabbio, *Disegni e Modelli*, p. 10, é irrelevante para este efeito a "reprodutibilidade", bem como o "início efectivo da produção": no limite, um protótipo ou uma obra única também são protegidos. O *Green Paper* (p. 65) era já muito claro acerca da irrelevância do número de unidades, admitindo mesmo a protecção como DM de obras de *um único exemplar* (como por exemplo vestidos de alta-costura, joalharia ou vasos de cristal), esclarecendo que a tutela dos produtos de artesanato era compatível com *pequenas variações na forma* dos produtos, quando reproduzidos manualmente. Como sublinha Uma Suthersanen, o RDM *omite deliberadamente o requisito do "carácter industrial" ou da "aplicação industrial", e um produto pode resultar de um processo industrial ou de artesanato tradicional (Function, Art and Fashion: Do We Need the EU Design Law?,* p. 7).

[218] Para uma caracterização das noções de *get-up* e *trade dress*, cf. Pedro Sousa e Silva, *O artigo 240º do CPI e a Protecção do Trade Dress*, cit., p.1034 ss.

[219] Para um exemplo de um DMC desse tipo, cf. o registo nº 000521760-0001 (interior das lojas de alta-costura da ESCADA).

[220] O qual goza de uma tutela própria, prevista na Directiva nº 91/250/CEE, do Conselho, de 14 de Maio, transposta para o direito português pelo DL 252/94, de 20 de Outubro.

A enumeração constante dos artigos 3º/a) do RDM e 174º/1 do CPI é claramente exemplificativa ("incluindo, entre outros"). Aliás, o próprio EUIPO informa, no seu portal de Internet, que *quase todos os produtos industriais ou de artesanato podem ser elegíveis para protecção como desenhos ou modelos (com exceção do programas de computador)*, fornecendo 12 tipos de exemplos: produtos/conjuntos de produtos, partes de produtos, embalagem de produtos, produtos complexos, logos, ícones de computador, caracteres tipográficos, desenhos e ilustrações, "get-up", ornamentação, "webdesign" e mapas.

A noção de "produto" é tão inclusiva que pode ser melhor caracterizada pelo enunciado daquilo que fica *excluído* do que por aquilo que fica coberto. Nesta perspectiva, a doutrina e a jurisprudência têm recusado protecção como DM a conceitos, ideias ou estilos[221], aromas, simples palavras e sequências de palavras (excepto se assumirem uma forma estilizada, caso em que só isso será protegido), cores isoladas, música e sons ou organismos vivos[222].

A nível internacional, têm surgido nos últimos anos propostas ousadas para alargamento do objeto de protecção dos DM, que vão desde os hologramas ao som e aos aromas ou perfumes[223]. No entanto, é relativamente consensual que, à luz do RDM e da DHDM, tais realidades não podem considerar-se abrangidas pela noção de produto, estando claramente privadas da tutela desta disciplina.

[221] Como sublinha Eveline Van Keymeulen, *Copyright couture or counterfeit chic? Fashion design: a comparative EU-US perspective*, JIPLP 2012, 7(10), 730, *mere fashion 'styles' such as mini-skirts or boot cut/flare/skinny jeans – which lie between a (non-protectable) idea and a (protectable) embodiment of it – are not protectable.* Para um enunciado da casuística relativa à noção de produto, cf. designadamente, Uma Suthersanen, *Design Law: Europe and U.S.A.*, p. 96 ss., David Stone, *European Union Design Law...*, p. 40 ss., Martin Howe, *Russell-Clarke and Howe on Industrial Designs*, p. 31 ss. e Massa/Strowel, *Community Design: Cinderella Revamped*, EIPR 25(2), p. 72.

[222] Cf. decisão da 3ª Câmara de Recurso do EUIPO, de 18.02.2013 (R 595/2012-3), confirmando a recusa do registo como DM da aparência de tomates com forma de coração, por não poderem ser considerados um "artigo industrial ou de artesanato". Relativamente à exclusão dos organismos vivos, David Stone, *European Union Design Law...*, p. 43, esclarece que – apesar de o corpo humano estar excluído de protecção – adornos ou próteses podem ser protegidos (nomeadamente implantes cirúrgicos, membros artificiais, tatuagens e perucas).

[223] Como resulta de um relatório apresentado pelo Instituto Japonês de Patentes em 2007 (*apud* Uma Suthersanen, *Design Law. Europe and USA*, p. 21).

2.3. Exclusões; remissão

A tutela dos DM não abrange *as características da aparência de um produto* que sejam *determinadas exclusivamente pela sua função técnica* [arts. 8º/1 do RDM e 175º/6/a) do CPI]. Esta exclusão, ditada pela *funcionalidade*, que tem suscitado grande controvérsia, será analisada mais adiante, no contexto dos requisitos de protecção dos DM.

Excluídas de protecção estão, também, as características da aparência *que devam necessariamente ser reproduzidas nas suas formas e dimensões exactas para permitirem que o produto a que o desenho ou modelo se aplica ou em que é incorporado seja ligado mecanicamente a outro produto ou colocado dentro, à volta ou contra outro produto, de modo a que ambos os produtos possam desempenhar a sua função* [arts. 8º/2 do RDM e 175º/6/b) do CPI]. Esta regra também será explicitada ulteriormente.

Com uma lógica completamente diversa, há ainda que mencionar a exclusão prevista no art. 9º do RDM, relativa a DM contrários *à ordem pública ou aos bons costumes* [que também surge no art. 192º/1/c) do CPI, que determina a recusa do registo como DM de *expressões ou figuras contrárias à lei, moral, ordem pública e bons costumes*]. Trata-se de cláusulas gerais, não definidas pelo legislador, cujo preenchimento concreto é passível de variar de país a país, como se reconhece no Considerando 16 do preâmbulo da DHDM. Esta exclusão abrange, v. g., objectos destinados a tortura, imagens com conteúdo racista ou ofensivas de símbolos religiosos[224].

3. Requisitos de protecção

3.1. Novidade e carácter singular

A tutela legal está reservada aos DM que preencham os requisitos definidos nos artigos 4º a 9º do RDM e 175º a 179º do CPI, que formulam as exigências da novidade e do carácter singular. De acordo com estas disposições, um DM reveste **novidade** *se nenhum desenho ou modelo idêntico tiver sido divulgado ao público* antes da data relevante para a protecção (data do depósito do DM, da prioridade ou, no caso dos DMC não registados, da sua divulgação). Os DM são considerados idênticos *se as suas características diferirem apenas em pormenores insignificantes* (na versão do RDM) ou *sem importância* (na versão da DHDM e do CPI). Um DM possui **carácter singular** (ou singularidade)

[224] Para desenvolvimentos sobre este ponto, cf. entre outros, DAVID MUSKER, *Concise...*, 375, PHILIPP FABIO, *Disegni e Modeli*, p. 57 ss., e DENIS COHEN, *Le droit des dessins et modèles*, p. 29.

se a impressão global que suscita no utilizador informado diferir da impressão global suscitada nesse utilizador por qualquer desenho ou modelo divulgado ao público antes da data relevante para a protecção[225]. Na apreciação deste requisito *será tido em consideração o grau de liberdade de que o criador dispôs na realização* do DM.

Estas noções fazem uso de uma multiplicidade de conceitos que os textos legais só parcialmente definem. Assim, enquanto a lei fornece uma definição razoavelmente detalhada de "divulgação", já não esclarece em que consiste o "utilizador informado", ou como se avalia a "impressão global" ou, ainda, qual o limiar abaixo do qual os pormenores ficam "sem importância". Por isso, uma adequada compreensão deste regime recomenda que passemos a dilucidar as noções de "divulgação" **(3.1.1.)** e de "utilizador informado" **(3.1.2.)**, antes de examinarmos como deve realizar-se a apreciação da novidade **(3.1.3.)** e da singularidade **(3.1.4.)**, com o apoio das (escassas) referências gramaticais e históricas, bem como da jurisprudência e da doutrina conhecidas.

Mas não é só devido à (relativa) indefinição destas noções que se mostra árduo distinguir entre os requisitos da novidade e da singularidade. É que estes conceitos, tal como concebidos pelo legislador, parecem ser intrinsecamente indestrinçáveis um do outro, como adiante veremos **(3.2.)**. Por fim, importa indagar se, além destes requisitos, existem outros de que dependa a outorga da tutela relativa aos DM, como v.g. o já referido carácter aparente, a licitude e a realidade prática **(3.3.)**.

3.1.1. Conceito de divulgação ao público

Quer a novidade quer a singularidade de um DM são aferidas em função da realidade pré-existente. O que é lógico, se tivermos presente que a lei quer aqui defender e incentivar a *inovação*. Assim, importa confrontar a criação que se quer proteger com o ponto de partida, isto é, com o acervo das criações anteriores – que poderemos designar, por simplificação, como "estado

[225] A expressão "carácter singular", adoptada nas versões portuguesa e espanhola do RDM e da DHDM, não corresponde exatamente à maioria das restantes versões linguísticas destes diplomas, que optaram por "carácter individual": *individual character*, em inglês, *caractère individuel*, em francês, *Eigen karakter*, em holandês, *carattere individuale*, em italiano, *individuální povaha*, em checo, *individuel karakter*, em dinamarquês, *indywidualny charakter*, em polaco e *caracterul individual*, em romeno, entre outras. Refira-se que a versão alemã refere "individualidade" (*Eigenart*), ao passo que a versão búlgara optou por "originalidade" (*оригиналност*) e a versão grega por "especificidade" (*Ατομικός χαρακτήρας*).

da arte" ou "arte prévia" –, de modo a determinar se existiu, efectivamente, um enriquecimento desse património estético antecedente. Contudo, esse escrutínio não deve atender a tudo aquilo que já existia quando foi criado o DM a proteger, mas apenas ao universo dos desenhos ou modelos *divulgados ao público* em momento anterior à data relevante para efeitos de protecção. Além disso, como veremos em seguida, mesmo este universo comporta algumas exclusões.

A data relevante para efeitos de protecção de um novo DM é, no que respeita a DM *registados,* a data do *depósito* do respectivo pedido de registo ou a data da prioridade reivindicada[226]. No que concerne aos DM não registados, a data relevante é aquela em que estes últimos foram *divulgados ao público*[227].

A arte prévia a considerar, para efeitos de aferição da novidade e da singularidade[228], é delimitada à luz do conceito normativo de "divulgação ao público", enunciado pelos arts. 7º do RDM e 178º e 179º do CPI. Estas disposições não tipificam os actos de divulgação capazes de destruir a novidade e singularidade de um DM. Limitam-se a enumerar alguns desses actos, como a revelação ao público derivada da publicação do depósito de um pedido de registo, a apresentação numa exposição e a utilização no comércio, tendo o cuidado de esclarecer que está também abrangida "qualquer outra circunstância" e a divulgação de "qualquer outro modo" (art. 7º/1 do RDM e 178º/1 do CPI). O que é decisivo é que o DM seja "revelado" ao público, em circunstâncias tais que permitam que o mesmo possa *razoavelmente ter chegado ao conhecimento dos meios especializados do sector em causa que operam na Comunidade pelas vias normais e no decurso da sua actividade corrente* (art. 7º/1 do RDM e 178º/1 do CPI). Esta redacção inculca a ideia de que não terá que se demonstrar um conhecimento *efectivo*, bastando-se a lei com um conhecimento *potencial* (i.e., que tenha havido uma possibilidade razoável de ter chegado ao conhecimento dos meios especializados)[229].

[226] Arts. 5º/1/a) e 6º/1/a) do RDM e 176º/1 e 177º/1 do CPI.

[227] Arts. 5º/1/b) e 6º/1/b) do RDM. A figura do desenho ou modelo comunitário não registado está prevista e regulada nos arts. 11º e 19º/2 do RDM, e será analisada *infra,* 4.2..

[228] DAVID MUSKER, *Community Design Law. Principles and Practice,* 2002, 1-054, sublinha que o estado da arte para avaliar o carácter singular é o mesmo que o utilizado para aferir da novidade. No mesmo sentido, ANNETTE KUR, *Industrial Design Protection in Europe – Directive and Community Design, in* "Intellectual Property Rights. A Global Vision", 2003, p. 284.

[229] A versão inglesa do RDM, o art. 7/1 ao definir divulgação ("disclosure") utiliza a expressão "made available to the public", isto é, tornar *disponível* ou *acessível* ao público,

Esta definição *normativa* de divulgação não corresponde ao seu significado lexical. "Divulgar" é "tornar pública (alguma coisa desconhecida por outrem)", dar a conhecer, transmitir informação[230]. Ora, nem todos os actos de transmissão de informação relativos a DM são atendíveis para efeitos da aferição da novidade e singularidade.

Por um lado, o conjunto dos destinatários desta divulgação não corresponde ao público em geral, mas sim a um universo mais restrito, em função de uma *dupla* qualificação, com elementos pessoais e territoriais. Desde logo, tal universo é integrado apenas pelas pessoas que integram os *meios especializados* do sector em questão (isto é, pelos especialistas que actuam no domínio de actividade relacionada com o DM em apreciação)[231]; além disso, existe uma restrição geográfica, pois só haverá que atender ao conjunto dos indivíduos que *operam na Comunidade* (actualmente, União Europeia). Estas qualificações do conceito de divulgação relevante levam alguns autores a falar de um requisito de "novidade relativa" ou novidade *sui generis* dos DM, dado que um DM não tem que ser absolutamente novo para ser protegido, bastando que seja desconhecido dos meios especializados que operam na UE[232]. Esta ressalva, conhecida como a "cláusula de salvaguarda", foi

evidenciando a ideia de que basta que os "meios especializados" *tenham podido* aceder à informação, independentemente de saber se esse acesso se chegou a concretizar. Neste sentido, David Musker, *Concise...*, p. 645, sublinha: *It is neither necessary nor sufficient to show that any disclosure actually came to the attention of the sector concerned; the test is whether it could reasonably have done so.*

[230] Cf. *Dicionário da Língua Portuguesa Contemporânea*, da Academia de Ciências de Lisboa, I, p. 1293 e *Dicionário Houaiss da Língua Portuguesa*, I, p. 1381.

[231] O que significa que ocorre uma divulgação relevante mesmo que o conhecimento não atinja o público em geral. Note-se que o legislador alude aos "meios especializados do sector em causa", não para definir "divulgação", mas antes para referir que factos devem ser *desconsiderados* como divulgação (ou seja, para delimitar a "arte prévia obscura"). Porém, essa linha de fronteira (traçada no art. 7º/1 do RDM) serve simultaneamente para estabelecer (*a contrario sensu*) o critério delimitador da divulgação relevante para definir o "estado da arte". Ainda assim, perguntar-se-á: seria pensável uma divulgação que não atingisse os "meios especializados" mas chegasse ao público em geral? Esta hipótese não faz sentido, pois os especialistas integram, conjuntamente com os leigos, a massa indistinta do "público em geral". Logo, uma divulgação que chegue ao público em geral atingirá, por maioria de razão, os especialistas do sector em causa.

[232] A este propósito, Remédio Marques, *Biotecnologia(s)...*, I-1275, conclui, certeiramente, que *o estado da arte é, portanto e tão-só, o estado da arte europeu*. Por seu lado, Otero Lastres. *Manual de la Propiedad Industrial*, 392, observa que *o que importa não é tanto o lugar em que se*

adoptada devido a pressões dos sectores têxtil e da moda europeus, a fim de baixar o limiar de inovação exigido para efeitos de protecção [233]. Além disso, como explicou a Comissão Europeia, esta opção permite desconsiderar a denominada **arte prévia "obscura"**, evitando que os direitos relativos a DM *possam ser invalidados por infractores alegando a existência de antecedentes em lugares ou museus remotos* [234].

O conceito de "meios especializados", não definido na lei, foi explicitado pelo TJ no caso GAUTZSCH[235], relativo ao DMC não registado de uma pérgula de jardim, concebida por uma empresa alemã e imitada por uma empresa chinesa, que a exportava para a Alemanha. O TJ, em recurso prejudicial, esclareceu que o círculo de pessoas relevantes para efeitos de divulgação não são apenas os especialistas em *design* e os profissionais que concebem produtos do mesmo género, visto que *os comerciantes que não participaram na conceção do produto em causa* [i.e. grossistas e retalhistas desses produtos] *não podem, à partida, ser excluídos do círculo de pessoas que podem ser consideradas parte dos referidos meios especializados*[236]. Em contrapartida, a respeito da intensidade da divulgação necessária para destruir a novidade, o Tribunal afirmou que um DM, *embora tenha sido revelado a terceiros sem condições explícitas ou implícitas de confidencialidade, não pode razoavelmente ter chegado ao conhecimento dos meios especializados do setor em causa que operam na União, no*

tenha divulgado o desenho, mas sim se é razoável esperar que a divulgação possa ter tido como resultado que o desenho tenha chegado a ser conhecido pelos especialistas do sector em apreço que operem na União Europeia. No mesmo sentido, DENIS COHEN, *Le droit des dessins et modèles,* 57 e DAVID MUSKER, *Concise...*, 645, referindo que *a divulgação pode ocorrer dentro ou fora da UE.* Apesar disso, *dada a crescente ubiquidade da Internet, este requisito tende a tornar-se sinónimo da novidade mundial,* como assinala CHRISTOPHER HEATH, *The Protection of Aesthetic Creations as Three-Dimensional Marks, Designs, Copyright or Under Unfair Competition,* IIC 25, 2005, p. 182.

233 Neste sentido, UMA SUTHERSANEN, *Design Law in Europe and U.S.A,* p. 125.

234 Sobre este ponto, cf. UMA SUTHERSANEN, *Design Law in Europe and U.S.A,* p. 125 ss., que relativiza a importância desta cláusula, uma vez que *it is hard to envisage, in this era of communications and of cross-fertilisation of cultural concepts, of many areas which would be inaccessible to European industrial sectors.* Cf. ainda DAVID STONE, *European Union Design Law...*, p. 113, que considera que um DM só deve ser considerado "obscuro" em "circunstâncias excepcionais". PHILIPP FABIO, *Disegni e Modeli,* p. 75, dá como exemplos de arte prévia "obscura" a divulgação numa feira puramente local, sem qualquer repercussão nacional, ou a exibição numa publicação pouco conhecida, de tiragem limitada e dificilmente disponível.

235 Ac. de 13.02.2014 (C-479/12, GAUTZSCH v. JOSEPH DUNA).

236 § 27.

decurso da atividade corrente, quando apenas foi divulgado a uma única empresa do setor, ou apenas foi exposto nos locais de exposição de uma empresa que se encontra fora do território da União[237].

Por outro lado, certos actos de divulgação (isto é, de transmissão de conhecimento) não são considerados relevantes, atendendo às circunstâncias em que decorrem[238]. Desde logo, exige-se que a divulgação dos factos susceptíveis de conhecimento pelos meios especializados da Comunidade, ocorra *pelas vias normais e no decurso da sua actividade*. Isto significa que um conhecimento meramente acidental, improvável ou episódico não deve ser tido em conta[239]. Em segundo lugar, não constitui divulgação ao público a mera revelação *a um terceiro em condições explícitas ou implícitas de confidencialidade* (arts. 7º/1 *fine* do RDM e 178º/2 do CPI); ou seja, uma comunicação por acto voluntário do titular do DM, mas feita sob reserva, manifestada expressamente (v.g., por instruções ou em acordos de confidencialidade) ou subentendida devido às circunstâncias em que se verifica (por exemplo, a comunicação a colaboradores ou a agentes de propriedade industrial para efeitos de registo), não constitui "divulgação ao público"[240].

A arte prévia relevante inclui, pois, os DM previamente divulgados que possam razoavelmente ter chegado ao conhecimento dos meios

[237] § 36. No caso concreto, a pérgula de jardim em causa havia sido apresentada a clientes europeus em Março de 2005 no "showroom" da empresa alemã na China, que, em junho desse mesmo ano, havia também enviado um modelo à empresa Kosmos, com sede na Bélgica. Estas actividades não foram consideradas suficientes, pelo TJ, para que o DM pudesse *razoavelmente ter chegado ao conhecimento dos meios especializados do setor em causa que operam na União*. Ainda assim, o Tribunal – com alguma prudência, ou ambiguidade... – acrescentou que *não se pode excluir que, em certas circunstâncias*, a divulgação de um DM a uma única empresa, no território da União, seja *suficiente para se considerar que os meios especializados do referido setor podem razoavelmente ter tido conhecimento desses eventos, no decurso da atividade comercial corrente* (§ 35).

[238] As denominadas "divulgações inócuas", na expressão de Otero Lastres, *Manual de la Propiedad Industrial*, p. 390.

[239] Sobre este ponto, Philipp Fabio, *Disegni e Modeli*, pp. 72,73, sublinhando que *não basta que a cognoscibilidade diga respeito a um reduzido número de indivíduos (por ex. devido a uma cultura superior à média, como no caso de críticos e docentes especialistas em design, ou devido a oportunidades de contacto privilegiadas)*.

[240] Neste sentido, Denis Cohen, *Le droit des dessins et modèles*, p. 67. Note-se que não está aqui em causa a divulgação abusiva (prevista nos arts. 7º/3 RDM e 179º/2 do CPI), que é tida como uma verdadeira divulgação ao público, embora seja equiparada à divulgação pelo titular, para efeitos do "periodo de graça".

especializados do sector em causa que operam na Comunidade. Mas isto não significa que apenas os desenhos ou modelos "do sector em causa" devam ser atendidos. A definição deste sector é relevante para aferir da cognoscibilidade pelos meios especializados (e também para determinar o perfil do utilizador informado). Mas isso não impede que se considerem na análise da novidade e da singularidade (i.e., que se incluam na arte prévia) produtos de *todos os sectores* de actividade, desde que a sua existência possa razoavelmente ser conhecida dos meios especializados do sector indicado para efeitos do registo[241].

Por fim, as divulgações ocorridas durante o chamado "**período de graça**" não relevam, em princípio, para destruir a novidade e a singularidade do DM. Este período, destinado a *permitir que o criador ou o seu sucessível testem no mercado os produtos que incorporam o desenho ou modelo antes de ser tomada uma decisão sobre se é desejável a protecção resultante do seu registo*, é estabelecido nos arts. 7º/2 do RDM e 179º/1 do CPI, quc dispõem que *a divulgação de um produto não será tida em consideração* (para efeitos de aferição da novidade e singularidade) quando a mesma seja feita:

a) *Pelo criador, pelo seu sucessível ou por um terceiro com base em informações fornecidas pelo criador ou pelo seu sucessível ou na sequência de medidas por eles tomadas; e*
b) *Durante o período de 12 meses que antecede a data de depósito do pedido ou, caso seja reivindicada prioridade, antes da data de prioridade.*

[241] Neste sentido, cf. ac. TJ de 21.09.2017 (C-361/15 P e C-405/15 P; Group Nivelles). A Divisão de Anulação do EUIPO já considerou que um modelo de automóvel em escala natural antecipa uma miniatura desse modelo, apesar de a primeira se situar no sector automóvel e a segunda no sector dos brinquedos (decisão de 13.11.2006). Também o Hight Court britânico, numa curiosa decisão envolvendo modelos de bolas de borracha com saliências aguçadas, considerou que na arte prévia deveriam incluir-se todos os produtos anteriores, mesmo que mudassem de destino, pois a atribuição de uma nova finalidade não poderia fazer "reviver" a protecção de um DMC expirado (decisão de 19.07.2007, Green Lane vs. PMS International). Subscrevendo este entendimento, Denis Cohen, *Le droit des dessins et modèles,* 70. Contra, Silvia Magelli, *L'estetica nel diritto della proprietà intelletuale,* p. 81 e David Musker, *Community Design Law. Principles and Practice,* 1-044, que refere que o *design* de uma cambota pode ser anteriorizado pelo desenho de um fusível eléctrico e que a publicação de um "cartoon" numa revista destrói a novidade para o seu uso em qualquer outro produto. Sobre este ponto, cf. *infra,* 5.2..

Assim, os actos de divulgação que sejam imputáveis, directa ou indirectamente, ao criador de um DM não irão alimentar o acervo da arte prévia relevante para exame de quaisquer DM que esse mesmo criador pretenda proteger durante os 12 meses seguintes àquela divulgação[242]. Esta excepção funciona ainda que a divulgação do produto não tenha sido imputável ao criador, mas tenha ocorrido, durante esse mesmo período, *em resultado de um abuso relativamente ao criador ou ao seu legítimo sucessor,* conforme dispõe o art. 7º/3 do RDM.

3.1.2. O referencial do "utilizador informado"

A figura do "utilizador informado" é usada pelo legislador como referencial para dois tipos de exame: para a aferição do carácter singular (arts. 6º/1 do RDM e 177º/1 do CPI) e para determinação do âmbito de protecção do DM (arts. 10º/1 do RDM e 193º/1 do CPI). Ou seja, um novo DM só terá singularidade se suscitar no utilizador informado uma impressão global diferente da suscitada pelos DM que o antecederam. E o exclusivo que rodeia um DM protegido abrange todos os DM que não suscitem no utilizador informado uma impressão global diferente. Deste modo, o utilizador informado é uma "sentinela" presente em dois momentos da vida de um DM: aquando do seu nascimento e aquando da sua defesa perante infracções.

A ausência de uma definição legal desta "personagem de referência" levou a doutrina a esforços interpretativos que levaram a um consenso

[242] Uma questão que pode colocar-se é a de saber se – para efeitos de aferição da novidade/singularidade de um DM – será inatendível a divulgação, nos 12 meses antecedentes, desse DM *específico* ou se, pelo contrário, qualquer DM que tenha sido divulgado pelo criador deverá ser desconsiderada a título de arte prévia, incluindo *variantes* do DM que virá a ser registado. Atenta a *ratio* do preceito, esta última interpretação parece ser a mais ajustada, visto que a ideia subjacente a esta excepção é evitar que um acto do titular do DM destrua a novidade da sua própria criação. Ora, se isso acontece com um modelo *igual* àquele que irá registar posteriormente, por maioria de razão deverá ocorrer com modelos *parecidos* com o modelo a registar. Aliás, nada impede um criador de incluir num único pedido de registo uma série de DM, que nesse caso são divulgados em simultâneo. Por isso, se um criador quiser lançar no mercado uma nova *série de produtos*, semelhantes uns aos outros mas com ligeiras variantes entre si, todos os produtos dessa série devem beneficiar do período de graça, mesmo que divulgados em momentos diferentes do ano anterior. Exprimindo dúvidas quanto esta conclusão, David Musker, *Concise...*, 646 e *Community Design Law. Principles and Practice*, 1-068.

alargado no sentido de considerar este utilizador como *algo mais do que um consumidor médio e algo menos do que um perito na especialidade*[243]. Entretanto, de 2010 em diante a jurisprudência europeia veio, no essencial, sancionar este entendimento, como sucedeu com o acórdão do TG no caso Shenzen Taiden[244] e posteriormente com o TJ no acórdão PEPSICO ("tazos"), definindo o utilizador informado como *um conceito intermédio entre o de consumidor médio, aplicável em matéria de marcas, a quem não se exige nenhum conhecimento específico e que, regra geral, não efectua aproximações directas entre as marcas em conflito, e o de homem do ramo, perito dotado de competências técnicas aprofundadas. Assim, pode entender-se que o conceito de utilizador informado designa um utilizador dotado, não de uma atenção média mas de uma vigilância especial, em razão da sua*

[243] Neste sentido, Otero Lastres, *Manual de la Propiedad Industrial*, pp. 399-400, depois de sublinhar que, por se tratar de um "utilizador", não pode estar em causa um *perito na matéria*, nem sequer *um dos sujeitos que integram os "meios especializados"*, mas sim *um destinatário final conhecedor e entendido a respeito dos produtos com desenho do sector de que se trate*. Cornish/Llewelyn/Aplin, *Intellectual Property...*, p. 609, referem que o "utilizador informado" *não corresponde ao perito na especialidade do direito de patentes (não sendo, pois, um designer médio) e é mais criterioso e melhor informado que o consumidor médio do direito de marcas*. Na mesma linha, Uma Suthersanen, *Design Law in Europe and U.S.A.*, p. 115 (*the end consumer or purchaser of the* product), Massa/Strowel, *Community Design: Cinderella revamped*, EIPR 2003, 25(2), p. 73 (*he or she is a connoiseur, yet not an initiate*), Denis Cohen, *Le droit des dessins et modèles*, p. 74 (*le personnage de référence est fondamentalement un consommateur et non un professionnel du domaine considéré (...) n'est pas un profane, mais un homem qui possède de réelles connaisances esthétiques dans le domaine considéré*). Para uma análise detalhada dos critérios de determinação das características do utilizador informado, cf. Philipp Fabbio, *Disegni e Modeli*, pp. 38-45. Entre nós, Remédio Marques, *Biotecnologia(s)...*, I-1278 e I-1309-1312, situa o utilizador informado acima do nível do utilizador médio, sendo-lhe *exigível notar as pequenas diferenças, que, no seu conjunto (na impressão global), facilmente distinguem o desenho ou modelos de outras criações anteriores*, admitindo que os utilizadores informados *tanto podem ser os potenciais adquirentes informados como os criadores (designers) do sector relevante*, enquanto Couto Gonçalves, *Manual de Direito Industrial*, p. 147, menciona um utilizador *conhecedor, atento e experimentado no ramo de actividade em causa*, Maria Miguel Carvalho, *Desenhos e Modelos. Carácter Singular. Cumulação com Marca*, DI-VIII, 2010, p. 436, sublinha que se trata de *um utilizador e não um perito, mas que tem um nível de conhecimentos superior ao consumidor médio e portanto não se trata de um qualquer utilizador, mas de um utlizador informado*, e Bárbara Quintela Ribeiro, *A Tutela Jurídica da Moda pelo Regime dos Desenhos ou Modelos*, DI V, 2008, p. 489, refere *o utilizador que já tem conhecimentos sobre a aparência do produto em causa, embora não ao nível de sabedoria que caracteriza um especialista*.

[244] Ac. de 22.06.2010 (T-153/08).

experiência pessoal ou do seu amplo conhecimento do sector em causa[245]. Nesta decisão, o TJ aproveitou para esclarecer que este utilizador, *sempre que possível, procederá a uma comparação directa dos desenhos ou modelos em causa*, embora não se possa excluir que *essa comparação seja impraticável ou inabitual no sector em causa*[246]. Relativamente ao nível de atenção desta personagem, o tribunal acrescentou que, *sem ser um criador ou um perito técnico, o utilizador conhece diferentes desenhos ou modelos existentes no sector em causa, dispõe de um certo grau de conhecimentos quanto aos elementos que estes desenhos ou modelos normalmente incluem e, devido ao seu interesse nos produtos em causa, presta um grau de atenção relativamente elevado quando os utiliza*[247].

A opção por este conceito intermédio – entre o consumidor médio e o especialista – tem implicações claras no âmbito de protecção dos DM. É que, se optasse pelo padrão do consumidor médio (que presta pouca atenção aos detalhes), poucos modelos seriam protegidos. E se a escolha recaísse sobre o especialista (que, conhecendo praticamente tudo, dá grande relevância aos pormenores), o número de DM protegíveis seria enorme. Assim, a escolha de um critério entre esses dois extremos conduz a um equilíbrio razoável, conferindo protecção a um espectro considerável de criações, mas sem abranger as inovações detectáveis apenas pelos olhos dos peritos.

Como resulta claro desta jurisprudência, o perfil desta pessoa ideal é diferente de produto para produto, variando em função de uma multiplicidade de factores e de circunstâncias. Por isso, antes de iniciar o exame do carácter singular de um determinado DM, será necessário traçar o "retrato-robô" do respetivo utilizador informado[248]. Na prática do EUIPO, e de acordo com a jurisprudência da sua Câmara de Recurso, *o utilizador informado é individualizado a partir da tipologia dos produtos em que, segundo o pedido de registo, o modelo se destina a ser incorporado*[249]. Em função disso, o universo de pessoas a

[245] Ac. de 20.10.2011 (C-281/10 P, § 53). Na mesma linha, cf. ainda acs. TG de 25.04.2013 (T-80/10, BELL & ROSS, § 100), de 13.11.2012 (T-83 e 84/11, ANTRAX, § 36) e de 7.11.2013 (T-666/11, DANUTA BUDZIEWSKA.PUMA, § 32).

[246] Ac. de 20.10.2011 (PEPSICO, § 55).

[247] *Idem*, § 59. A este respeito, no ac. Shenzhen Taiden, cit., o TG já havia referido que *o utilizador informado não sabe necessariamente, para além da sua experiência como utilizador, quais as características do produto que são arbitrárias e as que são ditadas pela função técnica do produto* (§ 48).

[248] Nesta linha, Otero Lastres, *Manual de la Propiedad Industrial*, p. 399, refere a necessidade de *configurar un prototipo abstracto de usuário*.

[249] Cf. decisão de 25.01.2008 (R 84/2007-3, FERRARI S.P.A. v Dansk Supermarked A/S).

considerar poderá ser mais restrito ou mais alargado. O acórdão do TG no caso ANTRAX[250] fornece um exemplo sugestivo de utilizador informado, no domínio dos radiadores de aquecimento: *aquele que compra radiadores de aquecimento para os instalar em sua casa*; explicando que o qualificativo «informado» significa que ele *deve ter tido a possibilidade de ver e de comparar desenhos ou modelos de radiadores, através da consulta de revistas de design ou de decoração, de visitas a lojas especializadas e de navegação na Internet. Por outras palavras (...), esta pessoa, sem ser um perito em desenho industrial (como é um arquiteto ou um decorador de interiores), está ao corrente da oferta de mercado, das tendências da moda e das características de base do produto.* Num extremo oposto, está o "utilizador informado de logótipos", caracterizado no acórdão Danuta Budziewska[251], como podendo ser "qualquer pessoa", já que os logótipos podem ter utilizações muito variadas: *por exemplo um empresário, um industrial, um comerciante, um banco, um organismo público, um artista ou um partido político (...) que tenha adquirido uma certa experiência no sector ao consultar documentação relativa à representação gráfica, obras de síntese sobre logótipos e outras obras similares.*

Coloca-se aqui uma questão relevante: ao determinar o sector de actividade e a natureza do produto, com vista a aferir da singularidade e caracterizar o utilizador informado, deve atender-se ao produto *concreto* vendido pelo titular e ao seu ramo de actividade específico, tal como caracterizados no momento do exame? Ou deve atender-se unicamente às indicações que, nesse sentido, seja possível colher do registo? Em princípio, a resposta correcta será a segunda, dado que o produto em que o DM esteja incorporado, num dado momento, poderá evoluir ou variar ao longo do período de vigência do registo[252]. Ora, o âmbito do exclusivo deve manter-se estável durante todo esse período, independentemente das alterações que possa sofrer o *corpus mechanicum* em que a criação protegida se incorpore. Assim, um desenho de um estampado floral, registado com a indicação de se

[250] Ac. de 13.11.2012 (T-83 e 84/11, §§ 41 e 42).

[251] Ac. TG de 7.11.3013 (Proc. T-666/11, §§ 11 e 36).

[252] Neste sentido, Philipp Fabio, *Disegni e Modelli,* 42, David Musker, *Concise...*, p. 645 e Peter Arrowsmith, *The relevance of the product in the scope of registered designs,* JIPLP, 2013, 8(11) 876-878, que afirma: *This must be performed only on the basis of the documents of the register. The overall impression should depend neither on the alleged infringement nor on the product sold by the proprietor.* Apesar disso, a prática do EUIPO não é exatamente essa, "contaminando" por vezes as suas análises com considerações ligadas à utilização *concreta* que o titular do registo está fazendo do seu DM.

destinar a papel de parede, pode vir a ser usado como padrão para vestidos, mantendo intacta a sua protecção; mas, apesar disso, o utilizador informado a considerar para examinar a singularidade (ou para indagar de eventuais infracções) será o utilizador de papel de parede e não o de moda feminina.

3.1.3. Apreciação da novidade

O requisito da novidade de um DM, segundo os arts. 5º do RDM e 176º do CPI, é preenchido quando *nenhum desenho ou modelo idêntico tiver sido divulgado ao público* anteriormente à data do início da respectiva protecção (data do registo, da prioridade ou, quanto aos DMC não registados, da primeira divulgação). Tudo estará em saber se, no acervo da arte prévia, existem desenhos ou modelos idênticos àquele que se quer proteger. Os nºs 2 das citadas disposições fornecem ao intérprete uma orientação interpretativa: os DM em confronto serão considerados idênticos *se as suas características diferirem apenas em pormenores insignificantes* (ou "sem importância", na versão portuguesa da DHDM). Esta explicitação, porém, pouco acrescenta em segurança jurídica, pois deixa em aberto o que sejam os ditos "pormenores".

Numa abordagem literal, poderia dizer-se que "insignificantes" serão os pormenores "sem significado", isto é, que não se *repercutem* nas características visíveis do desenho ou modelo e, por isso, não *influem* na sua aparência, sendo como tal irrelevantes. Mas a subjectividade desta análise é inevitável, pois cada pessoa tem um modo próprio de observar a realidade, o que leva pessoas diferentes a prestar atenção a detalhes distintos. A prática do EUIPO tem procurado objectivar esta matéria, recorrendo a critérios como a *exterioridade* ou *acessoriedade* dos pormenores (considerando insignificantes os detalhes "exteriores ao projecto" do DM, como, v. g., códigos de produtos ou marcas de qualidade[253]); tendo também julgado insignificantes as modificações impostas pela necessidade de *actualização técnica* dos produtos[254]. A doutrina tem aludido também a diferenças minúsculas ou que sejam invisíveis na posição normal do observador, bem como a diferenças de materiais utilizados, de dimensões ou de cores[255]. A intenção do legislador terá sido a de fixar

[253] Cf. decisão da 3ª Câmara de Recurso do EUIPO, de 2.11.2010 (R 1451/2009-3, § 32), que em recurso judicial veio a dar origem ao cit. ac. ANTRAX.

[254] Cf. referências citadas por PHILIPP FABIO, *Disegni e Modelli*, p. 23.

[255] PHILIPP FABBIO, *Disegni e Modelli*, pp. 21-23. REMÉDIO MARQUES, *Biotecnologia(s)...*, I-1312, conjecturando que a qualificação destes pormenores *será, as mais das vezes, fruto do*

um limiar de diferenciação relativamente apertado, mais estreito que o da "impressão global diferente" (utilizado para apreciar a singularidade)[256].

A apreciação da novidade deve fazer-se de um modo objectivo, sem cuidar de saber se há riscos de confusão[257] ou qual o sector de actividade de onde provêm as anterioridades. Além disso, a comparação deve realizar-se "par a par"; isto é, o DM cuja novidade se discute deve ser comparado com uma anterioridade de cada vez (atendendo às caracteristicas próprias de cada um dos DM anteriores, *um por um*), só sendo destruída quando ocorra um "perfect match" (ou, para usar a expressão francesa, uma "anteriorité de toutes pièces") e não com uma combinação de características pertencentes a dois ou mais DM anteriores[258].

Talvez por esse motivo, a lei não indica uma personagem de referência (como o "utilizador informado") para servir de orientação na análise da novidade. Se o confronto é objectivo e visa indagar, simplesmente, se um DM reproduz as características da aparência de outro, não será necessária grande especialização ou informação para realizar o exame[259]. Para isso, chegará o homem médio ou, sendo caso disso, o juiz médio...

casuísmo, defende que não devem ser atendidas características da aparência que constituam meras *variações de cor ou de dimensões dos objectos.* David Musker, *Concise...*, p. 639, adverte que as diferenças de cor ou de textura não podem à partida ser descartadas como "insignificantes", dado que as mesmas estão listadas como características relevantes no art. 3º/a) do RDM; em contrapartida, diferenças de tonalidade já poderão ser insignificantes.

256 Neste sentido, David Musker, *Community Design Law. Principles and Pratice,* 1-045.

257 Denis Cohen, *Le droit des dessins et modèles,* p. 70, David Musker, *Concise...*, p. 639 e David Stone, *European Union Design Law...*, p. 134 e *Some clarity, some confusion: 12 P&G v Reckitt Benckiser decisions help explain registered Community designs,* JIPLP 2008, 3(6), p. 383.

258 Sendo assim, o facto de todas as características de um DM já serem conhecidas anteriormente não destrói, por si só, a novidade, desde que tais características não se encontrem todas reunidas num mesmo DM. Neste sentido, Denis Cohen, *Droit des dessins et modèles,* p. 63 (*il est nécessaire qu'une seule antériorité présente les caractéristiques nécessaires pour détruire la nouveauté et le caractère propre du dessin ou modèle enrégistré. Autrement dit, il n'est pas permis de combiner plusieurs antériorités pour contester la validité d'un dessin ou modèle enregistré).* Igualmente, Philipp Fabio, *Disegni e Modelli,* p. 24.

259 Em sentido parcialmente coincidente, Philipp Fabio, *Disegni e Modelli,* p. 26. A Câmara de Recurso do EUIPO entendeu, também, que *no caso da novidade, o regulamento não especifica a personagem de referência. Pelo que cabe à Câmara estabelecer as diferenças com base na aparência geral do desenho ou modelo em questão* (decisão de 2.09.2008, R1456/2006-3, Imperial International / Handle Cookware).

3.1.4. A apreciação da singularidade

O requisito do carácter singular, ou singularidade, é uma pedra angular do regime dos DM, servindo não só para fazer a *triagem* das criações merecedoras de protecção, mas também para *delimitar* o âmbito dessa mesma protecção. Como decorre dos arts. 6º do RDM e 177º do CPI, o carácter singular de um DM consiste na capacidade de suscitar no utilizador informado uma impressão global diferente da *impressão nele suscitada pelo património de desenhos ou modelos existente, atendendo à natureza do produto a que o desenho ou modelo se aplica ou em que está incorporado, e em especial ao sector industrial a que pertence e ao grau de liberdade do criador na realização do desenho ou modelo*[260]. Por outras palavras, o DM deve provocar no utilizador informado uma impressão global distinta daquela que pode retirar da arte prévia.

A jurisprudência europeia posterior a 2010 tem dado contributos significativos para a concretização deste conceito. Assim, o TG esclareceu no acórdão Danuta Budziewska[261] que o carácter singular de um DM *resulta de uma impressão global de diferença, ou de ausência de «déja-vu», do ponto de vista do utilizador informado, relativamente a qualquer anterioridade no seio do património dos desenhos ou modelos, sem ter em conta diferenças que não sejam suficientemente marcadas para afectar a dita impressão global, ainda que excedendo detalhes insignificantes (...), mas tendo em consideração diferenças suficientemente marcadas para criar impressões de conjunto dissemelhantes.* A comparação dessas impressões globais *deve ser sintética e não pode limitar-se à comparação analítica de uma enumeração de semelhanças e de diferenças (...)* devendo *incidir unicamente sobre os elementos efectivamente protegidos, sem ter em conta as características excluídas de protecção*[262].

[260] Considerando 14 do preâmbulo do RDM. Como refere David Musker, *Concise...*, p. 640, *the 'individual character' test governs the level of difference a design must show from the prior art in order to be valid.*

[261] Ac. TG de 7.11.2013 (Proc. T-666/11), § 29. Esta decisão explicita uma linha jurisprudencial iniciada pelos acs. PEPSICO (§§ 77 a 84) e Shenzhen Taiden (§§ 73 e 74) e acolhe uma definição avançada pela Comissão Europeia em 1993, quando definiu "carácter singular" como algo que *produz uma impressão de dissemelhança global comparativamente aos desenhos ou modelos existentes*, não causando por isso uma *sensação de "déjà vu"– Explanatory Memorandum Accompanying the Proposal for a European Parliament and Council Regulation on the Community Design*, 1993, p. 12.

[262] Ac. TG de 7.11.2013 (Proc. T-666/11), § 30. Sublinhando este ponto, David Musker (*Community Design Law. Principles and Practice*, 1.056) afirma: *the words "overall impression" are a clear instruction to look at the designs as a whole, rather that attempt a piecemeal dessection of differences.* Contudo, apesar de esta análise dever assentar na "impressão de conjunto", não

O exame da singularidade é, pois, uma operação complexa, que – apesar de envolver uma apreciação de conjunto, isto é, de *síntese* – não pode abstrair da consideração de diversos factores relevantes, que condicionam decisivamente essa análise. No caso DANUTA BUDZIEWSKA, o TG sistematizou de forma particularmente clara as "quatro etapas" em que se divide a apreciação do carácter singular[263]:

- Em primeiro lugar, *determinar o sector dos produtos* em que o DM se destina a ser incorporado ou aplicado;
- em segundo lugar, *definir o utilizador informado* desses produtos consoante a sua finalidade e, com referência a este utilizador, o *grau de conhecimento* da arte prévia bem como o *nível de atenção* na comparação, *se possível directa*, dos DM;
- em terceiro lugar, avaliar o *grau de liberdade do criador* na elaboração do DM;
- em quarto lugar, *estabelecer o resultado da comparação* dos DM em causa, tendo em conta o sector em questão, o grau de liberdade do criador e as impressões globais produzidas no utilizador informado pelo DM contestado e por todo o DM anterior divulgado ao público.

Nesse aresto, o TG lembrou ainda que – como passo prévio do exame da singularidade e da novidade de um DM – haverá que *estabelecer a existência e a anterioridade da divulgação ao público de todo e qualquer desenho ou modelo invocado como fundamento de nulidade do desenho ou modelo contestado*. Ou seja, há que definir a arte prévia a considerar na análise a efectuar.

O primeiro passo daquele escrutínio (**determinação do sector** dos produtos em causa) deve atender à indicação feita pelo titular do DM no seu pedido de registo, por força do disposto nos arts. 36º/2 do RDM e 183º/1/b) do CPI, que impõem que tal pedido contenha *a indicação dos produtos em que o desenho ou modelo se destina a ser incorporado*. Todavia, esta indicação, como

pode prescindir de um escrutínio detalhado das diferenças e das semelhanças, quanto mais não seja para fundamentar a decisão a proferir. PHILIPP FABIO, *Disegni e Modelli*, p. 35, também refere este aspecto, acrescentando que o escrutínio analítico serve, além do mais, para distinguir as características relevantes das que são irrelevantes (v.g., as ditadas exclusivamente pela sua função técnica).

[263] *idem*, § 21, citando jurisprudência anterior, nomeadamente os acs. PROMER, do TG (§§ 54 a 88), e PEPSICO, do TJ (§§ 53,55 e 59).

ressalva o nº 6 do art. 36º do RDM, não afecta *o âmbito da protecção do desenho ou modelo enquanto tal*. O primeiro passo tem como objectivo imediato preparar o segundo passo, isto é, *definir o utilizador informado* desses produtos consoante a sua finalidade. Mas isto não significa que o âmbito de protecção do DM esteja limitado ao círculo dos produtos do mesmo género ou afins. Pretende-se apenas, nesse primeiro momento, desenhar o "palco" em que irá actuar o "actor" principal, o utilizador informado. Nada mais do que isso.

Uma vez caracterizado o **utilizador informado** – personagem *abstracta* cuja noção já desenvolvemos –, deve passar-se à avaliação do **grau de liberdade** de que gozou o criador *concreto*, na concepção do seu DM (art. 6º/2 do RDM e 178º/2 do CPI) [264]. Esta averiguação justifica-se, desde logo, porque não são susceptíveis de protecção as características da aparência de um produto que sejam determinadas exclusivamente pela sua função técnica ou pela necessidade de o ligar mecanicamente a outro produto (arts. 8º do RDM e 175º/6 do CPI). Aí não existirá criatividade estética. O TG teve já oportunidade de enunciar, no seu acórdão ANTRAX[265], alguns dos factores que condicionam este grau de liberdade, nos termos seguintes:

> *O grau de liberdade do criador de um desenho ou modelo define-se, designadamente, a partir das limitações ligadas às características impostas pela função técnica do produto ou de um elemento do produto, ou, ainda, pelas prescrições legais aplicáveis ao produto ao qual o desenho ou modelo é aplicado. Estas limitações levam a uma normalização de determinadas características, que se tornam então comuns aos desenhos ou modelos aplicados ao produto em causa (...). Por conseguinte, quanto maior for a liberdade do criador na elaboração de*

[264] Referimo-nos aqui ao ao grau de liberdade de que o criador do *design* gozou, na *data da criação*. Neste sentido, David Stone, *European Union Design Law...*, p. 166 e Henning Hartwig, *European design law: reciprocity revisited*, JIPLP, 2012, Vol. 7, Nº 11, p. 829, citando jurisprudência do Supremo Tribunal Alemão de 19.05.2010 e de 24.03.2011. Por outro lado, tal como já decidiu o England and Wales Court of Appeal, em ac. de 27.10.2011 (§18), interpretando o art. 9º/2 da DHMD, esta disposição *claramente refere-se ao grau de liberdade do designer do desenho ou modelo registado, não ao grau de liberdade do designer da alegada infracção.*

[265] Ac. de 13.11.2012 (T-83/11 e T-84/11 – termossifões para radiadores de aquecimento, §§ 44 e 45), citando e desenvolvendo jurisprudência anterior do mesmo tribunal, dos casos PEPSICO (*tazos*), cit. e KWANG YANG MOTOR/IHMI – HONDA GIKEN KOGYO (ac. de 9.09.2011, T-10/08 – Motor de combustão interna). Para um comentário ao ac. ANTRAX, cf. Stefano Barazza, *The individual character of a design: freedom and the "saturation of the state of the art"*, JIPLP, 2013, 8(4) pp. 267-270.

um desenho ou modelo, menos as diferenças menores entre os desenhos ou modelos comparados são suficientes para suscitar uma impressão global diferente no utilizador informado. Inversamente, quanto mais a liberdade do criador na elaboração de um desenho ou modelo for limitada, mais as diferenças menores entre os desenhos ou modelos comparados são suficientes para suscitar uma impressão global diferente no utilizador informado. Assim, um grau elevado de liberdade do criador na elaboração de um desenho ou modelo reforça a conclusão de que os desenhos ou modelos comparados que não apresentam diferenças significativas suscitam a mesma impressão global no utilizador informado.

Isto equivale a dizer que o carácter singular é *inversamente proporcional* ao grau de liberdade de que dispôs o criador. Quanto menor tiver sido a sua liberdade criativa, menos exigente deverá ser a análise, valorizando-se mais as pequenas diferenças relativamente à arte prévia e mais facilmente se concluindo que existe singularidade bastante para permitir o registo[266]. A liberdade do criador pode ser condicionada ainda por outros factores, para além dos mencionados pelo TG, como por exemplo custos de produção, materiais disponíveis, normas de segurança ou especificidades do processo produtivo[267].

Paralelamente – apesar de o acórdão DANUTA BUDZIEWSKA não ter autonomizado este factor –, haverá também que atender ao **grau de saturação da arte prévia**, na medida em que um DM oriundo de um sector já muito explorado (onde "quase tudo já foi feito") terá mais dificuldade em

[266] Neste sentido, DAVID MUSKER, *Concise...*, p. 642. Na mesma linha, JASON DU MONT / MARK JANIS, *Functionality in Design Protection Systems*, Journal of Intellectual Property Law, Vol. 19, p. 295, explicam esta regra de modo especialmente claro: *although this analysis invariably cuts both ways for the designer – enhancing the ability to obtain rights, while decreasing the ability to successfully enforce them – it is thought to strike a cricial balance between rightholders and the next generation of designers y attempting to award a scope of exclusivity that is commensurate with contribution.*

[267] Sobre este ponto, cf. DAVID STONE, *European Union Design Law...*, P. 158 ss., DAVID MUSKER, *Concise...*, p. 642, OTERO LASTRES, *Manual de la Propiedad Industrial*, p. 397, PHILIPP FABIO, *Disegni e Modelli*, p. 50 ss., DENIS COHEN, *Le droit des dessins et modèles*, p. 77 ss.. A Comissão Europeia, no *Green Paper*, p. 74, mencionava expressamente *condicionantes técnicas e de marketing (standartização, condicionantes físicas ou mecânicas, necessidade de ter em conta exigências de marketing bem enraízadas pela clientela e características impostas pela moda)*. Mas, até à data, a jurisprudência do TJ e do TG não deu mostras de reconhecer a legitimidade dos condicionantes do domínio do *marketing*. Para um exemplo interessante da determinação destes condicionantes, num caso concreto, cf. ac. TG no caso PROMER (*tazos*).

afirmar-se como singular, inesperado ou surpreendente. A doutrina invoca a este propósito a chamada *crowded-art rule*, que significa que, num domínio já muito preenchido com criações anteriores, sobrará menos espaço para criar algo de novo, justificando assim que se atribua protecção a inovações mais modestas[268]. O TG, de algum modo, validou esse princípio no caso ANTRAX[269], ao declarar que *uma eventual saturação da área de conhecimento, decorrente da alegada existência de outros desenhos ou modelos de termossifões ou de radiadores que apresentam as mesmas características de conjunto dos desenhos ou modelos em causa, era pertinente, na medida em que podia ser suscetível de tornar o utilizador informado mais sensível às diferenças de proporções internas entre estes diferentes desenhos ou modelos*. Sendo assim, o grau de saturação do património de DM pre-existente tem uma influência determinante no exame da singularidade.

Apesar disso, o TG recusa a ideia de que a *saturação da arte prévia* possa constituir um *factor de limitação da liberdade do criador*. No acórdão ANTRAX[270] sublinhou que *o Tribunal Geral apenas recusou que uma tendência geral em matéria de design pudesse ser considerada um factor de limitação da liberdade do criador, uma vez que é precisamente esta liberdade do criador que lhe permite descobrir novas*

[268] A doutrina da "crowded art" exprime uma regra oriunda do direito de patentes norte-americano, que a doutrina tem considerado transponível para o domínio dos DM. Neste sentido, Bárbara Quintela Ribeiro, *A tutela Jurídica da Moda pelo Regime dos Desenhos ou Modelos*, p. 490, considera a apreciação do grau de liberdade do criador de DM similar àquele exame, referindo que, *quanto maior for o número de criações num sector específico, menor será o espaço criativo disponível nesse mesmo ramo, e, consequentemente, menor será o gradiente de originalidade exigido para efeitos de atribuição do direito privativo*. No mesmo sentido, Remédio Marques, *Biotecnologia(s)...*, I-1307, sublinhando a relevância da *densidade ou concentração de formas* para a análise da impressão global. Sobre este aspecto, cf. também Uma Suthersanen, *Design Law. Europe and U.S.A.*, pp. 112 e 119, Philipp Fabio, *Disegni e Modelli*, p. 49 ss., e Silvia Magelli, *L'estetica nel diritto della proprietà intellettuale*, p. 76.

[269] Ac. de 13.11.2012, cit., § 89. Esta declaração é repetida no ac. Danuta Bodziewska, cit., § 31. A nossa jurisprudência também acolhe este princípio, v.g. no ac. RL de 29.09.2011 (rel. Luís C. Mendonça; DM de organizador de carteiras; CJ 2011 IV, p. 98), referindo que no juízo sobre a singularidade *deve atender-se às circunstâncias concretas de cada ramo de atividade ou sector económico, adequando-se o grau de exigência na observância do requisito da novidade* [no sumário do acórdão refere-se, erradamente, novidade, enquanto que no texto, citando Couto Gonçalves (p. 100), se refere acertadamente o carácter singular].

[270] Ac. de 13.11.2012, cit., §§ 94 a 96, em que o TG se esforça por esclarecer uma afirmação anterior (feita no ac. SHENZEN TAIDEN, § 58) a respeito da relevância das tendências gerais em matéria de *design*.

formas, novas tendências, ou ainda inovar no âmbito de uma tendência existente. Em contrapartida, o Tribunal Geral não quis (...) de modo nenhum enunciar que uma situação de saturação da área de conhecimento devia ser considerada desprovida de pertinência a propósito da apreciação do caráter singular de um desenho ou modelo. (...) quando muito, excluiu da apreciação do caráter singular qualquer consideração relativa à estética do desenho ou modelo examinado ou ao sucesso comercial do produto no qual esse desenho ou modelo é incorporado.

Se bem entendemos o sentido desta jurisprudência, ela significará o seguinte: para apreciar o carácter singular de um DM, há que ter em conta diversos factores, entre os quais o grau de liberdade de que goza o criador. Segundo o TJ, o grau de saturação da área do conhecimento é irrelevante para aferir desse grau de liberdade, mas não para apreciar os *demais factores* que influenciam a singularidade, repercutindo-se na visão do utilizador informado e, consequentemente, na quarta e última operação da "sequência Danuta Budziewska": *estabelecer o resultado da comparação* entre dois DM.

E que dizer sobre a relevância da "**tendência geral em matéria de design**"? O TG já declarou que esta tendência é irrelevante para a *liberdade do criador*. O que se entende, pois os criadores afirmam-se, frequentemente, quando conseguem romper com tendências anteriores e, mais ainda, quando conseguem iniciar pioneiramente uma nova tendência (destacando-se "da multidão"). Mas o que ficou por dizer é se essa tendência pode ser atendida, ao sopesar os demais factores de que depende o escrutínio do carácter singular. Claro que a "tendência geral em matéria de design" está normalmente ligada ao "património dos DM existentes" e pode influir de algum modo na "saturação da arte prévia"[271].

A meu ver, o facto de existir uma tendência geral em matéria de *design* é manifestamente relevante quando se comparam dois DM, na medida em que os traços caracterizadores dessa tendência não devem ser atendidos para

[271] Mas este ponto não ficou suficientemente esclarecido, até porque se observa uma retractação do TG quanto a este ponto, pois tinha começado por declarar peremptoriamente que *uma tendência geral em matéria de design (...) é irrelevante no quadro da apreciação do carácter singular do desenho ou modelo em causa* (Ac. SHENZEN TAIDEN, § 58); para posteriormente, no acórdão ANTRAX (§§ 95 e 96), vir dizer que essa *tendência geral* apenas seria irrelevante para a apreciação *da liberdade do criador*; e que, *quanto muito, excluiu da apreciação do caráter singular qualquer consideração relativa à estética do desenho ou modelo examinado ou ao sucesso comercial do produto no qual esse desenho ou modelo é incorporado* (o que não é o mesmo que excluir a relevância das tendências gerais em matéria de *design*...).

avaliar a semelhança entre eles, porquanto esses traços serão naturalmente... comuns. Por isso, do mesmo modo que a saturação da arte prévia é *suscetível de tornar o utilizador informado mais sensível às diferenças entre os diferentes desenhos ou modelos* (como reconheceu o TG no caso ANTRAX), as tendências de design causam uma espécie de "saturação da arte contemporânea", tornando o utilizador informado mais sensível às diferenças entre os diferentes desenhos ou modelos que obedeçam a essa tendência.

Para concluir o itinerário lógico do exame da singularidade, haverá que cumprir a quarta etapa: **estabelecer o resultado da comparação** entre os DM em confronto. Nesta fase, impõe-se realizar um exame *objectivo*, acerca da impressão provocada num utilizador abstracto, com um determinado perfil, e não um escrutínio *subjectivo*, baseado no conhecimento concreto do criador do DM[272]. O teste a realizar não visa averiguar se o utilizador informado poderá *confundir* o novo DM com outro DM pertencente à arte prévia, mas sim se os dois provocam nele a mesma impressão de conjunto[273]. Logo, o confronto do DM a avaliar com os DM prexistentes não deve fazer-se segundo o método usado para comparação de marcas (olhar para um sinal apenas com a reminiscência do outro), mas antes realizar-se na *presença simultânea* de ambos os DM, ou seja, "par a par" (confrontando o novo DM com *cada uma* das anterioridades que lhe sejam opostas[274]). No acórdão KAREN MILLEN[275], o TJ sublinhou que, para estabelecer se um DM tem carácter singular, *a impressão global que esse desenho ou modelo suscita no utilizador informado deve ser diferente da impressão que é suscitada nesse utilizador* ***não por uma combinação de elementos isolados****, retirados de vários desenhos ou modelos*

[272] DAVID MUSKER, *Concise...*, p. 643.

[273] DAVID MUSKER, *idem*.

[274] DENIS COHEN, *Droit des dessins et modèles*, p. 63 e PHILIPP FABBIO, *Disegni e Modelli*, p. 45. Por isso, este autor considera (*idem*, p. 31) que não seria *adequadamente fundamentada uma decisão que declarasse a falta de carácter singular referindo-se genericamente ao património de formas prexistentes*. No mesmo sentido, OLIVER RHUL, *Gemeinschaftsgeschamcksmuster*, Art. 6 rn. 13, afirma que *a individualidade não pode ser negada com base na aparência combinada de mais do que um desenho ou modelo anterior; um tal conjunto de desenhos ou modelos anteriores pode, porém, ser relevante para a determinação da liberdade de forma* ["Gestaltungsfreiheit"] (...). *De igual modo não é possível negar a individualidade de um desenho ou modelo sem o confronto de um desenho ou modelo concreto.*

[275] Ac. de 19.06.2014 (C-345/13, KAREN MILLEN/DUNNES STORES – peças de vestuário feminino, §§ 25, 26 e 35).

anteriores, mas por um ou vários desenhos ou modelos anteriores, ***considerados individualmente.***

A comparação destina-se, pois, a estabelecer se o DM em apreço suscita no utilizador informado uma impressão global diferente daquela que lhe suscitam os diversos DM incluídos na arte prévia, considerados um por um. Porém, como adverte GRAEME DINWOODIE[276], o carácter singular não consiste numa expressão de criatividade absoluta: *individual character does not connote a flash of genius; it simply requires the noticeable and non-trivial development of designs beyond what has gone before.* A arte prévia a considerar, já o sabemos, é constituída pelos DM previamente divulgados (nos termos dos arts. 7º do RDM e 178º do CPI), de modo a poderem razoavelmente ter chegado ao conhecimento dos meios especializados do sector em causa que operam na Comunidade, ainda que hajam sido divulgados num sector de actividade diferente.

Um aspecto ainda não completamente apurado é saber se a impressão global é apenas a resultante do sentido da *visão*, ou se pode resultar de outros sentidos, como o *tacto*. Alguns autores admitem esta última possibilidade, invocando o silêncio da lei, a natureza "global" da impressão e a referência à "textura", na definição do que pode constituir um DM[277]. Mas não parece que seja esse o melhor entendimento, atenta a natureza e a função deste DPI, que incide sobre a *aparência* dos produtos e se destina a proteger a inovação *estética*, sendo a *visibilidade* um traço essencial do conceito de DM. O facto de a definição de DM aludir à "textura" e até a "materiais" não significa que deva atender-se à impressão *táctil* que essas características possam suscitar; mas sim que também essas características são relevantes para definir a *aparência*, isto é, aquilo que é *visível*. A textura dos produtos (v.g. dos tecidos) influi significativamente sobre a impressão visual que os mesmos produzem. Por isso, não pode retirar-se dessa menção a ideia de que a impressão global pode ser definida pelo sentido do tacto. Esta leitura mais restritiva parece mesmo ter sido perfilhado pelo TG, ao declarar que, uma vez que *um desenho*

[276] *Federalized Functionalism: The Future of Design Protection in the European Union,* AIPLA Quarterly Journal, Vol. 24, 1996, pp. 660-661.

[277] Neste sentido, MARIA MIGUEL CARVALHO, *Desenhos e Modelos. Carácter Singular. Cumulação com Marca,* p. 433, BÁRBARA QUINTELA RIBEIRO, *A tutela Jurídica da Moda...,* p. 486 nota (23) e UMA SUTHERSANEN, *Design Law: Europe and U.S.A.,* p. 115 (que admite que o silêncio da lei torne "tentador" alargar a noção de impressão global de modo a abranger "qualquer impacto sensorial causado pelo desenho ou modelo no utilizador informado").

ou modelo mais não é do que a aparência da totalidade ou de uma parte do produto, a impressão global a que se referem os arts. 10º/1 do RDM e 9º/1 da DHDM *apenas pode ser visual*[278].

Por outro lado, o TJ e o TG já esclareceram que, na comparação a efectuar entre os DM em confronto, estes devem ser considerados *tal como registados*, embora admitam que o exame possa ter em conta, *a título de ilustração aquando dessa comparação, os produtos efectivamente comercializados e que correspondem a esses desenhos ou modelos tal como registados*[279]. Na verdade, se o direito exclusivo do titular do DM resulta do seu registo, constitui um imperativo de certeza e segurança jurídica limitar a aparência protegida às características que podem observar-se na representação gráfica constante do registo[280].

O que ficou dito torna quase supérfluo sublinhar que o exame da singularidade (e a comparação entre DM) não depende de factores como o preço dos produtos, os seus canais de distribuição ou o facto de ostentarem marcas[281]. Em contrapartida, há circunstâncias que, mesmo sem dizerem respeito à aparência dos produtos, podem ser atendidos, complementarmente, no exame da singularidade, na medida em que constituam *indícios* de um acentuado carácter inovador, como v.g. o êxito comercial do produto, um elevado nível de preço, a sua presença em museus ou a obtenção de prémios de *design*[282].

3.2. A distinção entre novidade e singularidade

Aqui chegados, cumpre perguntar: apesar de os textos legais distinguirem a novidade e o carácter singular, dando definições diferentes a cada um dos

[278] Ac. de 18.03.2010 (T-9/07, GRUPO PROMER v. IHMI, "tazos", § 50), que viria a ser confirmado pelo citado ac. do TJ de 20.10.2011 (PEPSICO, cit.).

[279] Ac. PEPSICO, cit., § 73 e DANUTA BUDZIEWSKA, cit., § 30.

[280] Como é óbvio, esta conclusão não é transponível para a tutela dos DMC não registados, de que falaremos adiante. Para a tutela deste tipo de DM, a comparação a efectuar deverá atender à imagem com que os mesmos foram divulgados (pois é a divulgação ao público que desencadeia a respectiva tutela).

[281] Estes factores, que poderiam ser relevantes no contexto de comparação de marcas ou em casos de concorrência desleal, não relevam no domínio dos DM, em que se tutela apenas a aparência. Apesar disso, a presença de uma marca num DM protegido poderá, ainda assim, ser valorada se esta fizer parte do próprio DM (i.e, se do registo do DM constar a marca), valendo aí, unicamente, pelo seu contributo para a aparência geral do DM.

[282] Neste sentido, PHILIPP FABIO, *Disegni et Modelli*, p. 49.

conceitos, estes serão essencialmente distintos um do outro? Estes dois requisitos de protecção dos DM são autonomizados tanto na lei portuguesa (arts. 176º e 177º, transpondo fielmente a DHDM), como no RDM (arts. 5º e 6º). A novidade de um DM consistirá no facto de, na arte prévia, não existir nenhum desenho ou modelo *idêntico*, i. e., cujas características sejam iguais ou difiram daquele *apenas em pormenores insignificantes* (na redacção do RDM) ou em *pormenores sem importância* (na versão da DHDM); enquanto a singularidade de um DM corresponde à sua capacidade de suscitar no utilizador informado uma *impressão global diferente* da impressão suscitada pelos DM pertencentes à arte prévia.

A maioria dos autores esforça-se por clarificar a distinção entre novidade e singularidade. Assim sucede, entre nós, com COUTO GONÇALVES[283] (que assimila o conceito da *novidade* a "ser diferente" e da *singularidade* a "ser não comum"), MOURA E SILVA[284] (que alude à *análise da confundibilidade*, no regime das marcas, como sendo um teste paralelo ao da *singularidade*, previsto para os DM), MARIA MIGUEL CARVALHO[285] (considerando que a *aferição do carácter singular assenta num juizo comparativo idêntico* ao da novidade, mas é uma apreciação *mais subjectiva*, nomeadamente devido à consideração do grau de liberdade do criador) ou BÁRBARA QUINTELA RIBEIRO[286] (que qualifica a novidade como um *critério puramente objectivo* e a sigularidade como um *conceito subjectivo*, reportando-se o primeiro a *características específicas, que é um conceito claramente oposto ao de "impressão global"*).

Na doutrina estrangeira, CORNISH/LLEWELYN/APLIN[287] referem que *a novidade se dirige à semelhança essencial com desenhos pré-existentes; são idênticos, excepto em detalhes imateriais? O carácter individual, porém, está muito mais no olhar do observador específico.* Por seu turno, VANZETTI/DI CATALDO[288] distinguem

[283] *Manual de Direito Industrial*, 4ª edição (2013), 130 e 8ª edição (2019), p. 147, em que este autor acrescenta: *Temos, pois, como perfeitamente razoável que não se deva atribuir um direito privativo a uma forma que, apesar de nova, e sem prejuízo da valoração do maior ou menor grau de liberdade criativa do designer do ramo de actividade económica em causa, não seja susceptível de provocar um impacto estético ou uma diferença incomum, qualificada ou suficiente (haja ou não valor artístico intrínseco), em relação aos desenhos ou modelos divulgados aos olhos de um utilizador informado.*

[284] *Desenhos e Modelos Industriais – Um Paradigma Perdido?* DI I, 2001, p. 435 e ss..

[285] *Desenhos e modelos...*, p. 434 ss..

[286] *A Tutela Jurídica da Moda...*, p. 487.

[287] *Intellectual Property...*, 610.

[288] *Manuale di Diritto Industriale*, p. 68.

a novidade e o carácter singular em função da perspectiva utilizada (a primeira é aferida pelos olhos do público em geral e a segunda pelos olhos do utilizador informado). Uma Suthersanen[289] considera que, ao avaliar a singularidade, ao contrário do teste da novidade, deve considerar-se o DM *como um todo* e não deve atender-se *a uma lista detalhada de características semelhantes ou diferentes* que existam nos DM em confronto. David Musker[290] refere que a novidade deve ser aferida segundo um escrutínio mais exigente ("a narrower test") do que o do critério da "impressão global diferente" relativo ao carácter singular; mas admite que, na prática, pode existir uma curta distância entre "pormenores insignificantes" e uma "impressão global" semelhante. David Stone[291], reconhecendo embora que os testes da novidade e singularidade são até certo ponto redundantes, considera que, se a "identidade" inclui ligeiras variações em detalhes insignificantes, então um DM *com carácter singular pode estar ainda mais afastado*. Denis Cohen[292], que faz uma interpretação extremamente liberal do conceito de novidade (a ponto de considerar que, *na prática, a ausência de novidade resultará na maioria dos casos de uma autodivulgação*), considera que este requisito difere do carácter singular por este *relevar necessariamente de uma apreciação algo subjectiva*, tendo em conta que *uma "impressão" é por definição subjectiva e os juízes dispõem por isso da margem de manobra indispensável na matéria*. Horst-Peter Götting[293] considera que estamos perante uma mera *novidade fotográfica*.

Este sector da doutrina – para quem faz sentido distinguir a novidade e a singularidade – destrinça os dois conceitos recorrendo basicamente a um de dois critérios. Para alguns autores, a novidade e a singularidade distinguem-se apenas pelo *grau de distanciamento* relativamente à arte prévia (ser "diferente" e ser "qualificadamente diferente"; "escrutínio mais exigente"; "estar ainda mais afastado"). É, pois, uma questão de "dose". Para outros, a distinção assenta antes na *natureza dos exames* a efectuar: para testar a novidade, usar-se-á um critério com um referencial *objectivo*; para testar a singularidade, recorre-se a um padrão *subjectivo*.

289 *Design Law: Europe and U.S.A.*, p. 114.

290 *Community Design Law. Principles and Practice*, 1-045/1-046.

291 *European Union Design Law...*, p. 139.

292 *Le droit des dessins et modèles*, p. 75.

293 *Gewerblicher Rechtsschutz*, 2014, p. 295.

Uma segunda corrente doutrinal defende que os requisitos da novidade e da singularidade não se distinguem verdadeiramente, na medida em que esta *absorve* aquela. Nesta perspectiva, OTERO LASTRES declara que o requisito do "carácter singular" *absorve uma grande parte do conteúdo daquele requisito* [da novidade]. *Com efeito, se se afirma que um determinado desenho possui carácter singular, está-se a dizer que difere na sua impressão geral de todos os desenhos tornados públicos anteriormente. Portanto, salvo quando na comparação para determinar o carácter singular se tenha em conta o próprio desenho solicitado, reconhecer a um desenho carácter singular significa que não foi tornado público nenhum outro idêntico ou que difira em pequenos detalhes*[294]. Por isso, conclui que *é suficiente o requisito do carácter singular*[295]. E vai ao ponto de acrescentar que, *como está mais arreigado nos ordenamentos nacionais o requisito da novidade que o do "carácter singular", o mais acertado teria sido exigir somente o requisito da novidade,* embora com a definição dada ao carácter singular pela directiva de harmonização[296]. MASSA e STROWEL[297], depois de dizerem que *o carácter singular parece ser mais exigente que a novidade, pois recusa protecção ao déjà-vu, a despeito da existência de detalhes diferentes,* reconhecem que, *na prática, o carácter singular provavelmente absorve a novidade.* PHILIPP FABIO[298] refere que, face ao carácter individual, a novidade é geralmente considerada um *requisito sem autonomia* cuja previsão como requisito autónomo apenas se explica por razões históricas, *podendo afirmar-se que o carácter singular "inclui" a novidade.* OLIVER RUHL[299] entende que *o significado do conceito de novidade é limitado. O requisito de protecção da novidade não deve ter um âmbito de aplicação próprio (...) se um desenho ou modelo não tem individualidade não será em qualquer caso susceptível de protecção.* GREFFE/GREFFE[300] consideram que *não é possível definir o carácter singular* de uma forma que o distinga da *condição da originalidade,* a qual, por sua vez, tem *o mesmo significado que a novidade,* acrescentando que *toda a controvérsia sobre os*

[294] *La Definición Del Diseño Industrial y los Requisitos de Protección en la Propuesta Modificada de Directiva, in* ADI, Tomo XVII, 1996, p. 47.

[295] *Idem, ibidem.*

[296] *El diseño industrial según la Ley de 7 de Julio de 2003,* p. 88.

[297] CHARLES-HENRY MASSA/ALAIN STROWEL, *Community Design: Cinderella revamped,* EIPR 2003, 25(2), p. 73.

[298] *Disegni e Modelli,* 20.

[299] *Gemeinschaftsgeschmacksmuster,* art. 4, rn. 2.

[300] *Traité des dessins & des modèles,* 104-107.

sentidos respectivos atribuidos à novidade ou à originalidade não reveste qualquer interesse do ponto de vista jurídico.

Perante esta disparidade de opiniões, fica a sensação de que, no fundo, ninguém acredita genuinamente na diversidade dos requisitos da novidade e da singularidade. Porém, como o legislador achou por bem consagrá-los, a doutrina vai tentando encontrar algum sentido para uma desastrada opção legislativa. No entanto, não posso subscrever uma tese que se propõe distinguir dois conceitos que são, na realidade, redundantes. Aliás, parte dos autores que subscrevem a linha "oficial" da distinção, acaba por reconhecer que *a novidade e a singularidade até certo ponto se sobrepõem*[301].

Curiosamente, a tese de que o exame do carácter singular reveste natureza *subjectiva*, apesar de tentar ser fiel à vontade do legislador, carece totalmente de apoio textual, pois nem o CPI nem o RDM contêm qualquer alusão a essa subjectividade. De resto, os autores que a defendem nem sequer se entendem quanto ao significado de "subjectivo", que empregam em sentidos divergentes: para alguns "subjectivo" é usado como sinónimo de "impreciso", ou de "contingente"[302]; enquanto outros se referem à natureza do examinador (variando consoante o perfil do "utilizador informado")[303]. Ora, a imprecisão constitui uma inevitabilidade da aplicação do Direito (que tem o rigor científico de a admitir como tal...). Mas tanto pode haver imprecisão ao aferir da singularidade (medindo a "impressão global") como ao examinar a novidade (determinando o que são "pormenores insignificantes"). Por outro lado, o recurso à figura ideal do "utilizador informado", longe de subjectivizar a análise, torna-a mais objectiva, ao desligá-la das circunstâncias concretas do criador do DM em apreço. Neste sentido, David Musker[304] sublinha que o exame do carácter singular *é um teste objectivo, baseado na impressão causada no 'utilizador informado', em vez de um teste subjectivo,*

[301] Cf. Uma Suthersanen, *Design Law: Europe and U.S.A.*, p. 111 ("novelty and individual character do overlap to some extent") e David Stone, *European Union Design Law...*, p. 139.

[302] Cf. Maria Miguel Carvalho, *Desenhos e Modelos...*, p. 435 e Denis Cohen, *Droit des dessins et modèles*, p. 75 (*une "impression" reste par définition subjective et les juges disponsent ainsi de la marge de manoeuvre indispensable en la matière*).

[303] Cf. Cornish / Llewelyn / Aplin, *Intellectual Property...*, 610.

[304] *Concise...*, p. 643. Nesta perspectiva, Massa e Strowel, *Community Design: Cinderella revamped*, 73, alertam para que o exame *should not tinge the individual character objective test with subjectivity. The reference person is the informed user, not the creator; individual character is to be more objective than originality.*

baseado na conduta do designer. Por isso, não parece aceitável distinguir a novidade e a singularidade em função do grau de subjectividade do exame de cada um destes parâmetros, pois ambos são (devem ser) objectivos.

O outro critério de distinção destes requisitos assenta, como vimos, no *grau de distanciamento* do DM em apreço relativamente à arte prévia, que será superior na singularidade do que na novidade. A jurisprudência das instâncias europeias que versa sobre este tema insere-se claramente nesta linha, embora admitindo expressamente a já referida "sobreposição entre a novidade e o carácter singular"[305]. São, assim, conhecidas diversas decisões reconhecendo a existência de *novidade* de um determinado DM, mas negando-lhe *singularidade*, em face da arte prévia[306]. O que parece confirmar, afinal, a diversidade destes requisitos. Porém, esta demarcação é aparente, pois estas decisões limitam-se a repetir acriticamente a fraseologia legal, sem conseguirem explicitar, *substancialmente*, os critérios que estão a aplicar. Aliás, a explicação do que sejam "pormenores insignificantes", dada pela Câmara de Recurso do EUIPO[307], é de antologia:

– *The literal meaning of the term suggests that 'immaterial differences', as contrary to 'material', are those differences which do not matter...*

É curioso verificar que a Comissão Europeia, nos trabalhos preparatórios da DHDM e do RDM, defendeu a adopção de um único requisito substancial

[305] Assim, a Câmara de Recurso do EUIPO já declarou que *novelty and individual character, although presented as separated requirements in Articles 4 to 6, overlap to some extent* (Decisão de 1.11.2006, R196/2006-3, *Daka Research*), tendo repetido que *in spite of the overlap between novelty and individual character, there are certain differences between the two requirements* (decisão de 11.08.2009, R887/2008-3, *Normann Copenhagen*). Cf. ainda, na mesma linha, decisão de 5.11.2009, R1592/2008-3 (*SGM Technology for Lighting*).

[306] Foi essa a decisão no caso SHENZHEN TAIDEN (ac. de 22.06.2010, T-153/08), em que o TG confirmou uma decisão da Câmara de Recurso do EUIPO que havia julgado que um modelo de equipamento de comunicação (microfone de conferência) possuia novidade, mas era desprovido de carácter singular. De igual modo, o TG confirmou a decisão da Câmara de Recurso no caso ANTRAX (ac. de 13.11.2012, T-83/11 e T-84/11), em que esta reconheceu existir novidade em certos modelos de termossifões, devido à existência de diferenças face à arte prévia que não eram "detalhes insignificantes", mas que considerou insuficientes para lhes conferir carácter singular. Mais recentemente, no caso DANUTA BUDZIEWSKA (ac. de 7.11.2013, T-666/11), o TG confirmou as decisões da Divisão de Anulação e da Câmara de Recurso, que consideraram um logótipo com a imagem de um felino era desprovida de singularidade, embora fosse dotada de novidade.

[307] Decisão de 2.09.2008 (R1456/2006-3, *Imperial International*).

de protecção, o carácter distintivo ("distinctive character", com um sentido análogo ao que existe em Direito de Marcas) em lugar dos dois requisitos autónomos que viriam a ser consagrados (e que na altura eram ainda designados como "novidade", a avaliar por peritos, e "distintividade", a avaliar pelos olhos do consumidor médio)[308]. Aliás, em diversos Estados-membros, incluindo Portugal, o requisito material de protecção era apenas a novidade, entendida como "aspecto geral distinto"[309]. Contudo, as diferentes tradições legislativas dos Estados-membros conduziram à consagração de dois requisitos autónomos, numa solução manifestamente artificial, que veio dividir aquilo que deveria ter-se mantido uno.

Com este pano de fundo, haverá maneira de distinguir *efectivamente* estes conceitos, sem trair as respectivas definições legais? Creio que a tentativa de os destrinçar se revela um autêntico "trabalho de Sísifo". Segundo o legislador, um DM é novo quando nunca antes dele existiu outro idêntico e é singular quando se distingue dos DM que já existiam anteriormente. Ou seja, quer para medir a novidade, quer para medir a singularidade, temos de confrontar o objecto da análise com os DM pertencentes à arte prévia (o "património de desenhos ou modelos existente"). Se o DM se distingue dos anteriores apenas em "pormenores sem importância" (ou "insignificantes", como refere o RDM), então está carecido não só de novidade, mas também, necessariamente, de carácter singular, pois a "impressão global" será a mesma. Mas, se esses modelos se diferenciam em pormenores *com* importância, isto é, que não são "insignificantes", a dissemelhança daí resultante irá projectar-se na "impressão global" do utilizador informado, de modo a fazê-la *diferir da impressão global suscitada nesse utilizador por qualquer desenho ou modelo divulgado ao público*; e, neste segundo caso, além da novidade, o DM também dispõe de carácter singular.

Em contrapartida, se a "impressão global" for diferente, isso significará que os DM em confronto se distinguem, pelo menos, em pormenores *com* importância (aí haverá singularidade e também novidade); se a impressão

[308] *Green Paper on the Legal Protection of Industrial Designs, Working document of the services of the Commission*, documento nº 111/F/5131/91-EN, Junho 1991 – pp. 74-75.

[309] O CPI de 1995 (como também o de 1940), mencionava apenas a "novidade" como requisito material de protecção dos modelos e desenhos industriais [usando como teste o critério do "aspecto geral distinto", referido no art. 141º, e mandando recusar o registo se existisse DM anterior "confundível com o pedido" – art. 158º/1/b)].

global for a mesma, isso significará que as eventuais diferenças de pormenor não se repercutiram na "impressão global" do utilizador informado, o que sugere que tais pormenores, afinal, são "insignificantes" ou "sem importância" (caso em que faltaria não só a singularidade, mas também a novidade). Efectivamente, quando os pormenores têm alguma importância, ou relevância, ela consiste, justamente, em criar uma aparência distinta, uma impressão global diferente. Se não a conseguirem criar, é seguramente porque não têm importância...

Por isso, a novidade e a singularidade são como que "duas faces da mesma moeda", pois um modelo só tem carácter singular quando é novo e, quando é novo, terá também carácter singular[310]. Por isso, o verdadeiro critério substancial de aferição da inovação é o carácter singular. É nesta perspectiva que Graeme Dinwoodie[311] qualifica a singularidade como o verdadeiro requisito ("the real hurdle"), isto é, *o conceito que verdadeiramente define os parâmetros exteriores da protecção*. Aliás, o âmbito do exclusivo também é demarcado com um único critério (a "impressão global diferente no utilizador informado"), estabelecido pelos arts. 193º/1 do CPI e 10º do RDM. Não faria sentido, de resto, que o legislador usasse bitolas distintas para o acesso à protecção e para a defesa do exclusivo.

A existência de singularidade implica necessariamente a existência de novidade, pois só pode haver uma impressão global diferente se houver características específicas diferentes. De resto, os autores que distinguem os dois requisitos ainda não tiveram a bondade de fornecer um único exemplo de *criações dotadas de singularidade mas carecidas de novidade*. Que se saiba, esse

[310] Na 1ª edição deste *Direito Industrial*, de 2011, na p. 101, eu afirmava, em sentido ligeiramente diferente, que quando um DM *é novo tem necessariamente carácter singular*. Esta afirmação, que permanece válida à luz da tese que defendo (i.e., que as noções de novidade e singularidade não se distinguem), deverá hoje ser lida à luz da citada jurisprudência do TG (*supra*, nota 306), que identificou casos em que o grau de distanciamento à arte prévia era, no entender do tribunal, suficiente para haver novidade, mas insuficiente para haver singularidade. Como é óbvio, estas decisões não demonstram a radical diversidade dos conceitos de novidade e singularidade, pois o TG limitou-se a utilizar uma bitola de *grau de intensidade* da criatividade envolvida, o que releva mais da subjectividade do olhar do julgador do que da diversidade dos critérios empregues. De resto, em tese até se poderiam imaginar mais níveis de inovação: a novidade, o carácter singular, o carácter invulgar, a excepcionalidade e a genialidade... mas isso não demonstraria a viabilidade dessas distinções, nem o rigor desses critérios.

[311] *Federalized Functionalism...*, p. 657.

teste, que seria essencial para demonstrar a autonomia destes dois requisitos, nunca foi realizado com êxito. E, enquanto assim for, continuarei a entender que o requisito da singularidade "consome" ou "absorve" o da novidade, tratando-se de conceitos essencialmente equivalentes. Por outras palavras, colhidas do ensino oral de OEHEN MENDES, distinguir a novidade e o carácter singular será algo como "distinguir um buraco de meio buraco"...

É certo, como vimos, que o EUIPO e os tribunais têm vindo a julgar certas diferenças – pequenas, mas não insignificantes – como bastantes para criar a novidade, sem irem ao ponto de gerar o carácter singular. Mas isso não significa que a novidade e singularidade sejam conceitos essencialmente diversos, mas unicamente *graus diferentes* do mesmo conceito. Nesse sentido, é como dizer-se que, para ter novidade, um DM deve ter mais de 1% de características diferentes da arte prévia e, para ter singularidade, precisa de ter mais de 10%. Contudo, como estes limiares não estão definidos em lado algum, o escrutínio dos dois requisitos acaba por não ter verdadeira autonomia, na prática, até porque a falta de qualquer destes requisitos terá sempre a mesma consequência: quer falte a novidade, quer a singularidade (quer faltem ambas em simultâneo, como acontecerá normalmente), deverá recusar-se a protecção.

Em face disso, seria bem mais claro e coerente que o grau de inovação necessário para conferir protecção a um DM ficasse dependente de um único requisito, que poderia designar-se por *originalidade*, em sentido objectivo: ou existe, e o produto merece protecção, ou não existe, e não a deverá obter. A originalidade a que me refiro consiste na capacidade de uma criação do domínio da Estética Industrial provocar no utilizador informado uma impressão global diferente daquela que este retira das criações pertencentes à arte prévia[312].

[312] Tal impressão só existirá quando o DM em questão transcender o limiar da banalidade ou vulgaridade e se distanciar do património de desenhos ou modelos conhecidos o mínimo necessário para lhe conferir um aspecto geral distinto das criações anteriores. Ou seja, o DM terá de possuir características de aparência suficientemente inovadoras para revelar uma individualidade própria, destacando-se de algum modo do acervo da arte prévia. Este conceito de originalidade reveste, necessariamente, contornos objectivos, abstraindo totalmente da intenção do criador e do seu grau de conhecimento da arte prévia. Para uma criação ser original, e merecer protecção enquanto DM, deverá ser objectivamente nova, atendendo à arte prévia relevante. Para mais desenvolvimentos sobre esta matéria, cf. PEDRO SOUSA E SILVA, *A protecção Jurídica do Design*, cit., p. 106 ss.

3.3. Outros requisitos de protecção

A terminar a análise dos requisitos de protecção dos DM, importa fazer uma referência a outras condições ou pressupostos da respectiva tutela, para além da novidade e do carácter singular. Uma dessas exigências, de que falamos anteriormente[313], é o carácter aparente ou requisito de **visibilidade**, impondo que as características da aparência do DM sejam perceptíveis pelo sentido da visão e permaneçam visíveis durante a utilização normal do produto em que o DM se incorpora ou aplica. Como ficou dito, essa exigência deve formular-se para todos os DM, e não apenas para os componentes de produtos complexos, referidos pelos arts. 4º/2 do RDM e 175º/4 do CPI.

Um outro requisito (implícito, porque não explicitado na lei) é que os DM sejam dotados de **realidade prática** (isto é, sejam susceptíveis de aplicação ou incorporação num produto) e não meros conceitos abstractos, ideias ou projectos[314]. Neste sentido, Philipp Fabio afirma que *a inovação estética, bi- ou tridimensional é protegida como desenho ou modelo, não em absoluto, mas enquanto incorporada ou aplicada num produto. Por outras palavras, é necessário que a criação se instale numa entidade material ou tangível (princípio da materialidade ou suficiente concretização)*[315]. Esta ideia é também sublinhada por Otero Lastres[316], quando define o DM como um bem imaterial integrando,

[313] Cf. *supra*, 2.1..

[314] Embora não seja referido expressamente pelo legislador, este requisito deriva da própria natureza dos DM, que têm por objecto a aparência dos *produtos*. De qualquer modo, esta condição emerge indirectamente de várias disposições, como v. g. os arts. 3º, 7º ou 8º do RDM, que se referem repetidamente a produtos, e não a imagens abstractas, como sendo o objecto da protecção, bem como do art. 47º/1(a) desse diploma, que impõe a recusa do pedido de registo se o EUIPO verificar que o DM *não corresponde à definição dada na alínea a) do artigo 3º*. Sublinhando este aspecto, Denis Cohen refere que, *por definição, a noção de "desenho ou modelo" designa uma criação materializada, concreta. A esta criação, protegível, opõe-se tradicionalmente "a ideia", a qual é insusceptível de protecção. Não se pode proteger uma ideia no sentido de "conceito" ou de "pensamento", mas apenas a forma tangível em que ela se exprimiu* (*Le droit des dessins et modèles*, p. 3). Uma Suthersanen concorre neste entendimento, ao afirmar que, mesmo sem existir qualquer referência do direito positivo à exclusão da *abstract subject matter such as ideas, principles of construction, etc.*, deve deduzir-se tal exclusão implicitamente do art. 8º/1 do RDM, especialmente se lido conjuntamente com a norma que impõe que se tome em conta o grau de liberdade de que o criador dispôs na realização do desenho ou modelo (*Design Law. Europe and U.S.A.*, p. 107).

[315] *Disegni e Modelli*, p. 5.

[316] *La definición Del Diseño Industrial y los Requisitos de Protección en la Propuesta Mofificada de Directiva*, p. 38.

simultaneamente, *el corpus mysticum o entidad inmaterial en que consiste el diseño y el corpus mechanicum o conjunto de soportes físicos en los que puede plasmarse la entidad inmaterial.* A aparência protegida tem, assim, que ser susceptível de incorporação ou aplicação num bem corpóreo, um produto.

Além disso, é necessário que as características inovadoras (novas e singulares) do DM não resultem, como consequência necessária, de imperativos técnicos ou funcionais; ou seja, devem revestir um certo grau de **arbitrariedade**. Em consequência, não são protegidas pelo registo *as características da aparência de um produto que sejam determinadas exclusivamente pela sua função técnica*, nem as que devam ser necessariamente reproduzidas para permitir a ligação mecânica a outro produto[317]. Trata-se de um verdadeiro *requisito negativo* de protecção dos DM, que se decompõe em duas exclusões de protecção.

A **primeira exclusão** – relativa às características da aparência "determinadas exclusivamente pela sua função técnica" – corresponde à denominada regra da *funcionalidade* [arts. 8º/1 do RDM e 175º/6/a) do CPI], que serve não só para demarcar o âmbito de protecção dos DM do âmbito das patentes e modelos de utilidade, como também para evitar que a tutela da Estética Industrial venha a atribuir, por vias travessas, direitos exclusivos sobre soluções técnicas. A interpretação do advérbio "exclusivamente" tem feito correr rios de tinta, podendo, à partida, assumir dois significados diferentes:

a) excluirem-se de protecção apenas aquelas características da aparência que sejam *imprescindíveis* para cumprir uma função técnica, isto

[317] Arts. 8º do RDM e 175º/6 do CPI, embora com a ressalva prevista nos nºs 3 e 7, respectivamente, desses dois preceitos, destinados a admitir protecção de produtos destinados a "montagem múltipla de produtos idênticos ou intermutáveis" (ressalva que ficou informalmente conhecida como a "cláusula LEGO"). Acerca das exclusões previstas no art. 8º do RDM, cf. nomeadamente Graeme Dinwoodie, *Federalized Functionalism: The Future of Design Protection in the European Union,* AIPLA Quarterly Journal, Vol. 24, 1996, pp. 611-723, Dinwoodie/Janis, *Trade Dress and Design Law,* 2010, p. 312 ss., Du Mont/Janis, *Functionality in Design Protection Systems,* JIPLP 19, 2012, pp. 261-302, Uma Suthersanen, *Design Law: Europe and U.S.A.*, p. 100 ss., David Musker, *Concise...*, pp. 647-649, Cornish/Llewelyn/Aplin, *Intellectual Property...*,p. 611 ss., David Stone, *European Union Design Law...*, p. 63 ss., Martin Howe, *Russell-Clarke and Howe on Industrial Designs,* p. 34 ss., Philipp Fabio, *Disegni e Modelli,* p. 103 ss., Denis Cohen, *Le droit des dessins et modèles,* p. 24 ss., Otero Lastres, *El diseño industrial según la Ley de 7 de Julio de 2003,* p. 49 ss.., e Oliver Ruhl, *Gemeinschaftsgeschmacksmuster,* pp. 209-240. Entre nós, Remédio Marques, *Biotecnologia(s)...*, I-1295 ss. e Couto Gonçalves, *Manual de Direito Industrial,* pp. 149-152.

é, quando não haja formas alternativas para desempenhar a mesma função ("mandatory approach", ou critério da "multiplicidade de formas");

b) excluirem-se de protecção todas as características da aparência *destinadas* a cumprir uma função técnica, mesmo que haja formas alternativas para desempenhar a mesma função ("causative approach").

No primeiro critério, a forma tem que ser *essencial* para a função; no segundo basta que seja *necessária*. Como é óbvio, estas alternativas têm repercusões completamente diferentes quanto ao universo de DM que ficam privados de protecção. A "mandatory approach" permite proteger DM com funções técnicas, desde que se demonstre que há formas alternativas para desempenhar a mesma função (o que leva a excluir relativamente poucos DM). A "causative approach" só permite que um DM com funções técnicas seja protegido quando se demonstre que aquela forma foi adoptada com um propósito não técnico (o que, além de difícil de provar, levará à exclusão de um largo número de DM)[318].

A jurisprudência dos últimos anos – das instâncias do EUIPO e dos tribunais nacionais – vinha oscilando entre estas duas interpretações, com vantagem para o critério da "multiplicidade das formas". Contudo, o TJ acabou por perfilhar a interpretação mais severa ("causative approach"), no caso DOCERAM[319], em que estavam em causa modelos de pinos cerâmicos de centragem para operações de soldadura, utilizados na indústria automóvel, das máquinas têxteis e da construção mecânica. Para isso, o Tribunal começou por sublinhar (§26) que o art. 8º/1 do RDM *exclui da proteção conferida por este regulamento os casos em que a necessidade de cumprir uma função técnica do produto em causa é o* ***único fator*** *que determinou a escolha pelo criador de uma característica da aparência desse produto, ao passo que as considerações de outra natureza, em especial as ligadas ao aspeto visual do referido produto,* ***não desempenharam nenhum papel*** *no momento da escolha dessa característica.* Ora, a irrelevância destas considerações estéticas pode existir, acrescenta-se na

[318] Por esse motivo, me pronunciei favoravelmente à *mandatory approach*, in *A protecção Jurídica do Design*, cit., p. 119. Para uma clara comparação do significado e implicações dos dois critérios, cf. Du Mont/Janis, *Functionality in Design Protection Systems*, 288 e Uma Suthersanen, *Design Law: Europe and U.S.A.*, 100 ss..

[319] Ac. de 8.03.2018 (C-395/16).

decisão (§31), ***mesmo que existam outros*** *desenhos ou modelos que permitem assegurar essa mesma função.* Sendo assim, concluiu o TJ, *para apreciar se as características da aparência de um produto são determinadas exclusivamente pela sua função técnica, há que demonstrar que esta função é o único fator que determinou essas características, não sendo a este respeito determinante a existência de desenhos ou modelos alternativos* (§32). Esta jurisprudência rejeitou, claramente, o critério da "multiplicidade de formas", acrescentando mesmo que este critério abriria a porta a estratégias anti-concorrenciais[320]. O Tribunal aproveitou ainda para esclarecer (§37) que esta apreciação não deve ser feita através dos olhos de um "observador objectivo" (semelhante ao "utilizador informado"), mas sim *à luz do desenho ou modelo em causa, das circunstâncias objetivas que revelam as razões que orientaram a escolha das características da aparência do produto em causa, dos dados relativos à sua utilização ou ainda da existência de desenhos ou modelos alternativos que permitam realizar a mesma função técnica, desde que essas circunstâncias, esses dados ou essa existência estejam assentes em provas fiáveis.*

Esta referência aos DM "alternativos que permitam realizar a mesma função técnica" parece significar que a "multiplicidade de formas" – embora não possa ser aceite como critério de validação automática de um DM – continuará a ser um indício importante de que a forma de um dado produto obedeceu a considerações estéticas (e não exclusivamente técnicas).

A **segunda exclusão** refere-se às características da aparência de um produto *que devam ser necessariamente reproduzidas nas suas formas e dimensões exactas para permitirem que o produto a que o DM se aplica ou em que é incorporado seja ligado mecanicamente a outro produto ou colocado dentro, à volta ou contra outro produto, de modo a que ambos os produtos possam desempenhar a sua função.* Esta cláusula (conhecida por "must-fit") refere-se às chamadas *interconexões mecânicas*, e tem por objectivo evitar que a *interoperabilidade de produtos de fabrico diferente* possa ser *entravada pela extensão da protecção dos desenhos ou modelos*

320 Nesse sentido, acolhendo a tese do advogado-geral, o TJ sublinhou que, se a mera existência de DMs alternativos fosse suficiente para afastar a aplicação do art. 8º/1, *não se podia excluir que um operador económico registasse, como desenho ou modelo comunitário, diferentes formas concebíveis de um produto que incorporam características da sua aparência que são determinadas exclusivamente pela sua função técnica. Tal permitiria a esse operador beneficiar, relativamente a esse produto, de uma proteção na prática exclusiva e equivalente à conferida por uma patente, sem estar sujeito aos requisitos aplicáveis à obtenção desta última, e poderia impedir os concorrentes de oferecer um produto que incorpora determinadas características funcionais ou limitaria as soluções técnicas possíveis e privaria, assim, o referido artigo 8.º, n.º 1, do seu efeito útil* (§30).

dos acessórios mecânicos[321]. Como esclarece Uma Suthersanen, os trabalhos preparatórios evidenciam que esta norma teve em vista preservar o mercado de peças de substituição e de acessórios automóveis, embora aproveite também a outros sectores, como por exemplo o dos cartuchos de impressoras e a indústria da reprografia[322]. Esta exclusão abrange não só os componentes de produtos, mas também produtos que sejam independentes e possam ser usados separadamente, como uma chávena e um pires, na medida em que *devam ser necessariamente reproduzidas nas suas formas e dimensões* para se ligarem entre si [323]. O RDM e o CPI estabelecem, contudo, uma **excepção à exclusão**, em favor dos DM *cuja finalidade seja permitir a montagem múltipla de produtos idênticos ou intermutáveis, ou a sua ligação num sistema modular*, destinada assumidamente a conferir protecção a jogos de construção baseados em elementos modulares destinados a interligação (como o Knex, o Meccano ou o Lego)[324]. Apesar disso, a redacção desta cláusula abrange os *acessórios mecânicos dos produtos modulares* em geral[325], podendo aproveitar a outras indústrias para além do sector dos brinquedos, nomeadamente a sistemas modulares de construção ou mobiliário (estantes, telhados, paletes)[326].

Outro requisito (negativo) de protecção é a **licitude** do DM, na medida em que devem ser indeferidos – ou declarados inválidos[327] – os registos de DM que colidam com os motivos de recusa ou fundamentos de invalidade enunciados no RDM e no CPI. Assim, não são passíveis de protecção os DM contrários à ordem pública ou ofensivos dos bons costumes (art. 9º do RDM), ou, na fórmula usada pelo art. 192º/1/c) do CPI, os DM que contenham *expressões ou figuras contrárias à lei, moral, ordem pública e bons costumes.*

[321] Cf. Considerando 10 do RDM.

[322] *Design Law: Europe and U.S.A.*, p. 108.

[323] David Musker, *Concise...*, p. 649.

[324] Comentando esta excepção, que consideram injustificada, Cornish/Llewelyn/Aplin, *Intellectual Property...*, 613, afirmam: *The concession does show how determined lobbying can squeeze concessions into legislation.*

[325] Cf. Considerando 11 do RDM.

[326] David Musker, *Concise...*, p. 649.

[327] No caso dos DM comunitários, não existindo uma fase de oposição prévia à concessão, alguns dos fundamentos de invalidade (em especial os resultantes de direitos anteriores de terceiros) só podem ser invocados no âmbito de um pedido de declaração de nulidade, nos termos dos arts. 52º (acção perante o EUIPO) ou 84º (pedido reconvencional em tribunais nacionais), ambos do RDM.

Será o caso, nomeadamente, de imagens de conteúdo racista ou ofensivas da dignidade humana[328]. O CPI enuncia ainda, como motivos absolutos de recusa, a inclusão no DM, sem autorização, de símbolos de entidades oficiais ou sinais com elevado valor simbólico, nomeadamente símbolos religiosos [salvo autorização, quando aplicável ou quando se trate de sinais usuais: art. 192º/1/b)], ou da Bandeira Nacional (quando se infrinja o disposto no art. 192º/2 e 3). Além disso, a infracção de direitos ou posições jurídicas de terceiros (em especial DPI prioritários) constituem causas de nulidade dos DMC[329] e fundamentos de recusa ou de invalidade dos DM concedidos pelo INPI[330].

Por último, nunca será de mais sublinhar que a concessão ou recusa do registo não depende do *mérito estético* ou *técnico* do objecto a proteger, que não são sequer analisados. O desenho ou modelo não tem que ser bonito[331], nem de ter utilidade ou qualidade. Para merecer protecção, basta que seja novo e tenha carácter singular, face aos DM anteriormente divulgados, ainda que seja reconhecidamente feio, inútil e de baixa qualidade. A disciplina actual dos DM não estabelece, pois, qualquer requisito relacionado com a natureza ornamental do objecto de protecção, nem, muito menos, com o seu valor estético.

4. Regimes de protecção

Constitui princípio tradicional do Direito Industrial português subordinar a atribuição de direitos exclusivos a um prévio acto administrativo de *accertamento* constitutivo, no âmbito de um procedimento organizado pelo INPI, entidade responsável pelo exame dos pedidos de registo, pela organização de um cadastro actualizado dos direitos em vigor e pela publicidade desses pedidos e das decisões que sobre eles recaem. Por outras palavras, em

[328] Cornish/Llewelyn/Aplin, *Intellectual Property...*, p. 613, nota (17), citam o caso da miniatura de um escocês ("highlander") envergando um "kilt" sob o qual figurava o órgão sexual masculino, cujo DM, após uma recusa de registo, viria a ser considerado admissível, por afinal não ofender os bons costumes. De qualquer modo, o elemento controverso do boneco nunca seria "visível durante a utilização normal", pelo que, nessa parte, sempre ficaria privado de protecção...

[329] Art. 25º/1 do RDM.

[330] Arts. 192º/4 e 5, 202º e 203º do CPI.

[331] Sublinhando este aspecto, Otero Lastres, *Manual de la Propiedad Industrial*, p. 357.

Portugal a regra é que a protecção do Direito Industrial resulta do registo e não do uso.

No que respeita aos DM, esse princípio emerge do art. 197º do CPI, que enuncia o elenco dos actos que ficam reservados em exclusivo ao titular do registo. Contudo, a protecção não nasce logo com o pedido de registo, sendo necessário aguardar pelo desfecho do procedimento administrativo de exame do pedido (e, sendo caso disso, do recurso judicial interposto da decisão do INPI). O mero pedido de registo não atribui ao requerente o direito exclusivo que ele pretende obter, tendo este que aguardar pela concessão definitiva do registo. Esta ausência de protecção antes do registo é, todavia, atenuada por efeito de diversos dispositivos e excepções, a que importa fazer uma referência sumária.

Um mecanismo transversal a todo o Direito Industrial é a denominada *protecção provisória*, regulada no art. 5º do CPI, que reconhece ao requerente de um registo o direito de exigir judicialmente de terceiros, que infrinjam o seu direito em vias de constituição, uma indemnização que ficará dependente da futura (e eventual) concessão do registo[332]. No que respeita, especificamente, aos DM, cumpre referir a *prioridade* derivada do uso ou da divulgação pelo titular nos doze meses anteriores ao registo[333], que permite a exploração do desenho ou modelo durante um ano sem o fazer cair no domínio público. A que acresce a protecção conferida aos DMC não registados, sem dependência de quaisquer formalidades, como veremos em seguida. Estes mecanismos têm em comum o desígnio de evitar ou atenuar a desprotecção do requerente do registo, no período que antecede a concessão definitiva do seu direito exclusivo. Necessidade que se faz sentir de modo mais intenso relativamente a produtos com um ciclo de vida curto e a bens imateriais com uma procura fugaz. Na falta dessa tutela expedita, enquanto um produto ainda tivesse valor, não estaria protegido; e, quando ficasse protegido, já não teria valor nenhum.

Actualmente, em Portugal, a protecção dos DM resulta de três regimes concorrentes: um de *direito interno*, prevendo o registo no INPI, mediante um procedimento de exame de forma (e também de fundo, em caso de oposição); e dois regimes de *direito europeu*, instituindo – paralelamente – uma

[332] Sobre o regime da protecção provisória, cf. Capítulo I, 6.3., *supra*.

[333] Prevista nos arts. 7º/2 do RDM e 179º/1 do CPI (o chamado "período de graça", referido *supra*, 3.1.1.).

tutela informal, resultante da simples divulgação ao público e com 3 anos de duração, para os DM comunitários *não registados*, e uma protecção de tipo "clássico", com uma duração máxima de 25 anos, para os DM comunitários *registados* no EUIPO.

4.1. Registos nacionais

O actual regime nacional de tutela dos DM caracteriza-se por um registo *sem exame* de fundo, o que permitiu acelerar o procedimento de concessão destes DPI[334]. Assim, não sendo deduzida oposição por parte de terceiros, o INPI abstém-se de examinar os requisitos substanciais da criação a proteger, limitando-se a verificar o preenchimento dos requisitos *formais* e a conformidade do pedido com certos princípios de interesse e ordem pública. O procedimento[335] é desencadeado por um pedido que dá origem a um exame oficioso, a realizar no prazo de um mês, destinado a verificar o preenchimento de requisitos *formais*[336] e o respeito pelas *regras imperativas* constantes do art. 192º do CPI (proibição do uso abusivo de símbolos públicos, incluindo a bandeira nacional, de sinais com elevado valor simbólico, e de expressões ou sinais contrários à lei, moral, ordem pública e bons costumes).

No sistema actual de protecção dos DM nacionais, o exame dos requisitos *substanciais*, nomeadamente a novidade e a singularidade, só tem lugar em caso de reclamação (art. 192º/4 do CPI). Na falta desta, o registo do DM é efectuado sem controle preventivo das respectivas novidade e singularidade, que apenas poderão vir mais tarde a ser questionadas num processo de declaração de nulidade e de anulação[337]. Este sistema privilegia a celeridade

[334] Na sequência da publicação do Decreto-Lei nº 143/2008, de 25 de Julho, que aboliu o sistema dualista prevendo, a par dos registos provisórios (sem exame de fundo), os registos definitivos (com exame de fundo). Este diploma também aboliu o (inútil) regime da protecção prévia, anteriormente regulada nos arts. 211º a 221º do CPI, com a redacção inicial de 2003. Para uma análise desse regime, cf. PEDRO SOUSA E SILVA, *A «Protecção Prévia» dos Desenhos e Modelos*, DI IV, 2005, pp. 343-356.

[335] Regulado nos arts. 183º a 192º do CPI.

[336] Estabelecidos pelos arts. 173º e 174º (incluindo a verificação de que se trata efectivamente de um DM), pelo art. 179º/3 e 5 (comprovativos de prioridade ou de divulgação anterior não oponível) e pelos arts. 183º a 186º do CPI (que definem a forma e as modalidades do pedido de registo e os documentos que devem acompanhá-lo).

[337] Instaurados nos termos dos arts. 204º ss. do CPI, adiante analisados. Sublinhe-se, porém, que não tendo sido deduzida reclamação com base na falta de requisitos de fundo, poderá não ser admissível o recurso judicial previsto no art. 45º do CPI, com esse mesmo

em desfavor da segurança, pois facilita a proliferação de registos inválidos, infestando o mercado com exclusivos sobre "criações" banais, ou já carecidas de novidade, que entorpecem a actividade empresarial em vez de a estimular[338].

Uma vez publicado o pedido de registo no BPI[339], abre-se um prazo de dois meses para a apresentação de reclamações (art. 17º/1 do CPI) que, além da falta de novidade ou singularidade, podem ter por fundamento a ofensa de direitos prioritários, relativos a DM anteriores, sinais distintivos ou direitos de autor, a violação de direitos de personalidade, má-fé do requerente ou, ainda, o risco de concorrência desleal (art. 192º do CPI).

O direito ao registo do DM e as regras sobre a *titularidade* em casos especiais (trabalhadores por conta de outrem, obras sob encomenda ou resultantes de actividades de investigação) correspondem ao regime definido

fundamento, tal como decidiu o TPI (Sent. de 14.03.2014, do 1º Juízo, P. 283/12.3YHLSB, Rui Vultos), dado que estes fundamentos de recusa só são conhecidos quando invocados em sede de reclamação. Este obstáculo já não impede, porém, a via do pedido de anulação ou de declaração de nulidade.

[338] Estes regimes de protecção sem exame prévio, apesar de terem as vantagens da rapidez e da economia de meios, envolvem riscos sérios de utilização abusiva, conferindo aparência de novidade a "criações" que não a têm e dando origem a exclusivos imerecidos, que subvertem o sistema de incentivo à inovação que supostamente deveriam servir. Alertando para estes perigos, William Cornish interroga-se se *a concessão de exclusivos sem exame não beneficia sobretudo certos industriais espertalhaços que vendem a paz sob a forma de licença, àqueles que poderiam legitimamente defender-se, mas carecem de recursos ou de vontade suficiente para o fazer?* (*The Expansion of Intellectual Property Rights,* "Geistiges Eigentum im Dienst der Innovation", p. 14). Analisando criticamente este sistema de "passive registration", Graeme Dinwoodie, *Federalized Functionalism...*, p. 709, afirma que o registo de um DM não examinado *é apenas a reivindicação de um direito* ("a claim of right"), *de natureza bem diferente da concessão de uma patente*; mas, apesar disso, tem um efeito dissuasor sobre concorrentes, mesmo que esteja em causa um registo inválido.

[339] O art. 190º do CPI permite que requerente do registo peça o *adiamento* da publicação do pedido de registo (até 30 meses a contar da apresentação do pedido inicial). Nesse caso, o DM é inscrito nos registos do INPI, mas o processo do pedido não terá qualquer divulgação. Este mecanismo terá diversas utilidades para o requerente do registo: marcar temporalmente a reivindicação da titularidade, reforçando a prioridade da obtenção do direito; permitir introduzir o produto no mercado sem correr o risco de o fazer cair no domínio público; e preparar o terreno para invocar a protecção provisória prevista no art. 5º do CPI, bastando, em caso de necessidade, promover a notificação prevista no nº 2 desta disposição para beneficiar dessa protecção.

para as patentes, por força das remissões constantes dos arts. 180 a 182º do CPI, embora com as particularidades decorrentes da possibilidade de tutela cumulativa com o Direito de Autor, que pode suscitar questões específicas[340].

4.2. Os desenhos e modelos comunitários

O Regulamento nº 6/2002 veio instituir dois regimes paralelos de protecção dos DM: o regime dos *desenhos ou modelos comunitários não registados*, conferindo uma tutela relativamente mais fraca, com a duração de 3 anos e concedida sem qualquer formalidade (à semelhança do que há muito sucede com os direitos de autor); e o regime dos *desenhos ou modelos comunitários registados* (no EUIPO), atribuindo uma protecção mais intensa e mais prolongada. Sublinhe-se que o DMC não registado, apesar das suas limitações, não constitui um mero regime *subsidiário* do aplicável ao DMC registado, mas sim uma verdadeira tutela *alternativa*, destinada a proteger criações com uma vida comercial efémera, que não carecem nem justificam um processo de registo[341].

A União Europeia, ao instituir um sistema centralizado de protecção dos DMC, não teve em vista substituir os sistemas nacionais, que continuam a existir e a conservar alguma utilidade, em especial para quem pretenda um direito privativo de âmbito territorial mais limitado e, naturalmente, menos dispendioso. No entanto, trata-se de sistemas autónomos, regulados por disciplina distintas (embora o regime europeu remeta em aspectos específicos para os ordenamentos nacionais, como por exemplo em matéria de "enforcement": art. 89º do RDM). A protecção dos DMC reveste um

[340] Acerca das regras de titularidade relativas aos desenhos ou modelos, cf. Nuno Sousa e Silva, *Propriedade Industrial no contexto laboral: quem tem direito a quê?*, RDE Outubro 2017, p. 234 ss.

[341] Sublinhando este aspecto, Graeme Dinwoodie, *Federalized Functionalism...*, p. 641, esclarece: *The purpose of providing protection without registration is to accomodate industries that develop large numbers of designs, only a few of which are commercially exploited, and whose products are short-lived. For these industries, such as fashion and textiles, almost any registration process will remain an overly expensive, induly time-consuming, and not particularly helpful, proposition (...) For these industries, some form of automatic short-term protection against unauthorized reproduction is necessary (and, largely, suficient).* Segundo Herman Cohen Jehoram, a consagração deste regime de protecção automática de 3 anos visou, de algum modo, *compensar a inexistência de tutela autoral nos Estados-membros que na altura recusavam este tipo de protecção para desenhos ou modelos – Cumulation of protection in the EC design proposal*, EIPR 1994, 16(12), p. 518.

carácter unitário, que se manifesta não só na unicidade do pedido de registo, perante o EUIPO, como sobretudo na circunstância de o DMC produzir *efeitos idênticos* no território de toda a União Europeia, e só poder *ser registado, transmitido, ser objecto de renúncia ou de declaração de nulidade, ou o seu uso ser proibido*, à escala da UE[342].

A tutela dos **DMC não registados** resulta, de forma automática, da sua *divulgação* ao público na União Europeia. Para que um DMC adquira esta protecção informal, basta que seja *publicado, exposto, utilizado no comércio ou divulgado de qualquer outro modo, de tal forma que estes factos possam ter chegado ao conhecimento dos meios especializados do sector em causa na Comunidade, pelas vias normais e no decurso da sua actividade corrente*[343]. Porém, a tutela que lhes é dispensada é mais limitada – temporal e substancialmente – do que a reconhecida aos DM registados, que beneficiam de uma segurança jurídica superior. Por um lado, porque o titular de um DMC não registado só pode proibir o respectivo uso por parte de terceiros quando *o uso em litígio resultar de uma cópia do desenho ou modelo protegido*; não se considerando existir uma cópia se o DM em litígio *resultar de um trabalho de criação independente, realizado por um criador de que não se possa razoavelmente pensar que conhecia o desenho ou modelo divulgado pelo seu titular* (art. 19º do RDM). Esta limitação contrasta com a protecção mais "musculada" que é dispensada aos **DMC registados**, os quais estão protegidos não só contra a "cópia"[344], mas também contra a criação independente de um DM semelhante por um segundo criador (isto

[342] Art. 1º/3 do RDM.

[343] Art. 11º/2 do RDM, que ressalva a hipótese de o DM haver *sido revelado a um terceiro em condições explícitas ou implícitas de confidencialidade*. Como vimos, só se considera relevante a divulgação que possa ter chegado "ao conhecimento dos meios especializados" operando na União Europeia, o que relativiza a exigência da novidade à escala mundial (que vigora para as patentes e modelos de utilidade: arts. 55º/1 e 120º/5 do CPI).

[344] A Comissão Europeia, na sua nota para a imprensa aquando da apresentação da proposta de regulamento, utilizou a expressão "cópia sistemática" para designar o tipo de cópia relevante para efeitos de tutela dos DMC não registados (continuando a usá-la, actualmente, na sua síntese de legislação do Mercado Interno, disponível na página europa.eu/legislation_summaries): *o grau de protecção oferecido aos desenhos ou modelos registados é diferente do grau de protecção concedido aos desenhos ou modelos não registados. Os desenhos ou modelos registados estão protegidos simultaneamente contra a cópia sistemática e a criação independente de desenhos ou modelos similares, ao passo que os desenhos ou modelos não registados só são protegidos contra a cópia sistemática*). Cf. ainda o Considerando 21 do preâmbulo do RDM. Recusando atribuir relevância a esta expressão, cf. ac. RL de 23.9.2014 (rel. Barateiro Martins, CJ 2014 IV, p. 17).

é, um DM *que não suscite no utilizador informado uma impressão global diferente* – art. 10º/1). A distinção entre estas duas situações não é isenta de imprecisão, embora a redacção do preceito sugira que a linha de fronteira está na *intenção*, real ou presumida, do infractor. Assim, o titular de um DMC não registado só poderá impedir o uso de um desenho ou modelo que resulte de uma cópia intencional e não de uma criação independente feita por um terceiro de boa fé[345]. Porém, não se exige aqui a *má-fé* do infractor, mas apenas a intenção (consciência e vontade) de copiar algo já existente, ainda que na convicção (porventura errada) de que essa cópia é lícita[346].

Sublinhe-se, porém, que o âmbito de protecção dos DMC registados e não registados é o mesmo (pois não existe, a este nível, qualquer distinção no art. 10º do RDM), cobrindo ambos todos os desenhos ou modelos *que não suscitem uma impressão global diferente no utilizador informado*[347]. O que separa a tutela dos DMC registados e não registados não é a exigência de *graus de semelhança* distintos, mas sim o facto de, relativamente a estes últimos, só haver infracção quando se prove a *cópia*. Se se apurar que não houve cópia, podem os DM em confronto ser iguais como duas gotas de água que nem por isso haverá infracção[348]. Em contrapartida, se a cópia se provar, não serão algumas diferenças de pormenor que impedirão o exercício dos direitos do titular do DMC não registado[349].

[345] Art. 19º/2 RDM. Graeme Dinwoodie, *Federalized Functionalism...*, p. 699, sintetiza esta ideia dizendo: *independent creation is a defense in an action for infringement of an unregistered, but not a registered, design*. Por este motivo, como justamente sublinha Remédio Marques, *Biotecnologia(s)...*, I-1240, *este criador "independente" não poderá almejar obter protecção por este direito de propriedade industrial, pois ao "seu" desenho ou modelo falta a novidade e a singularidade: ele apenas paralisa ou impede a acção do titular do desenho ou modelo comunitário não registado dirigida precipuamente a proibir a utilização dessas características da aparência.*

[346] Nesta linha, Victor Saez esclarece que não é necessário apurar uma intenção de violar o direito do titular do DM (a "má-fé" propriamente dita), mas apenas a *intenção de copiar* esse desenho ou modelo (*The unregistered Community design*, EIPR 2002, 24(12), p. 587). Sobre este ponto, cf. David Musker, *Concise...*, p. 666 e Uma Suthersanen, *Design Law: Europe and U.S.A.*, p. 161.

[347] Neste sentido, Uma Suthersanen, *Design Law: Europe and U.S.A.*, p. 158.

[348] É óbvio que, quanto maior for a semelhança entre dois DM, mais facilmente se provará a existência de cópia e mais difícil se tornará ao suspeito demonstrar que se está perante uma inocente "coincidência criativa", resultante de uma criação independente...

[349] Esta conclusão é partilhada por Victor Saez (*The unregistered Community design*, p. 587), que considera que o critério para definir o *âmbito de protecção* dos DMC registados e

O ónus da prova relativamente às infracção de DMC não registados recai, num primeiro momento, no seu titular (art. 85º/2 RDM), que, em caso de litígio, deverá fazer prova do preenchimento dos pressupostos de protecção do seu DM (primeira divulgação na UE há menos de 3 anos) e *indicar em que aspectos o seu modelo apresenta carácter singular.* Feito isso, o DMC invocado passa a gozar de presunção de validade, invertendo-se o ónus da prova relativamente a este aspecto, impondo-se que o demandado demonstre, sendo caso disso, que o DM em questão carece de novidade e/ou singularidade[350]. No que diz respeito à existência de cópia, a repartição do ónus é semelhante, como declarou o TJ no caso GAUTZSCH, interpretando o nº 2 do art. 19º do RDM: *quando o titular do desenho ou modelo protegido invoca o direito enunciado no primeiro período desta disposição, o ónus de provar que a utilização contestada resulta de uma cópia desse desenho ou modelo pesa sobre esse titular, ao passo que, no âmbito do segundo período da mesma disposição, cabe à parte contrária provar que a utilização contestada resulta de um trabalho de criação independente*[351].

não registados é o mesmo: a impressão global do utilizador informado. Por isso, acrescenta: *If the second design is a copy of an unregistered Community design, there is no reason why it should be considered as non-infringing just because the competitor has changed some minor details in the design which do not make it distinct from the original design.* Na mesma linha, REMÉDIO MARQUES, *Biotecnologia(s)...*, I-1238 ss., sublinha que esta *protecção informal* não se limita a proibir as *cópias servis de desenhos ou modelos já divulgados,* indo mais longe e aproximando-se da protecção oferecida pelo direito de autor: o titular do DMC não registado *não goza apenas do direito de impedir que terceiros reproduzam literalmente as características da aparência que por si já tenham sido divulgadas; ele usufrui, igualmente, do direito de impedir que terceiros se apropriem do elemento (ou dos elementos) verdadeiramente criativo(s) que marca(m) a individualidade dessas características da aparência, mesmo que não realizem uma cópia servil, contanto que essas características não tenham sido atingidas de uma forma independente por parte do terceiro, cuja inspiração fique a dever-se ao modelo ou desenho anterior.* Em síntese, conclui este autor (*idem*, 1240), o regime dos DMC *protege o titular não apenas da reprodução servil, mas igualmente do plágio.*

[350] Neste sentido, UMA SUTHERSANEN, *Design Law: Europe and U.S.A.*, p. 159. A este respeito, cf. ac. TJ de 19.06.2014 (Proc. C 245/13, KAREN MILLEN / DUNNES STORES, § 47), que esclareceu que, *para que um tribunal de desenhos ou de modelos comunitários considere que um desenho ou modelo comunitário não registado é válido, o titular desse desenho ou modelo não tem de provar que este possui caráter singular na aceção do artigo 6º deste regulamento, devendo unicamente indicar em que é que consiste semelhante caráter do referido desenho ou modelo, ou seja, identificar o ou os elementos do desenho ou modelo em causa que, segundo esse titular, lhe conferem esse carácter.*

[351] Ac. de 13.02.2014 (C-479/12, GAUTZSCH.JOSEPH DUNA, § 41). Nesta decisão, o TJ acrescentou que, *se o tribunal de desenhos ou modelos comunitários verificar que o facto de impor este ónus ao referido titular é suscetível de tornar impossível ou excessivamente difícil a administração da*

A segunda diferença entre as duas modalidades de protecção respeita à *duração máxima* da tutela. O exclusivo sobre os DMC não registados vigora apenas nos 3 anos posteriores à sua divulgação ao público na Comunidade (art. 11º do RDM), enquanto os DM registados podem gozar de protecção por um período máximo de 25 anos, a contar do depósito do pedido de registo, em fracções renováveis de 5 anos (art. 12º do RDM)[352]. Sublinhe-se que, para que nasça a protecção de um DMC não registado, é necessário que a sua *primeira* divulgação ao público ocorra no interior da União Europeia, visto que (por força do art. 110º-A/5 do RDM) *um DM que não tenha sido tornado público no território da Comunidade não deve ser protegido* como DMC não registado[353].

Contudo, ressalvadas as diferenças acima enunciadas, importa sublinhar que as duas modalidades de protecção dependem dos mesmos requisitos substanciais e estão sujeitas às mesmas excepções, pelo que um DM

prova, é obrigado, para garantir o respeito do princípio da efetividade, a recorrer a todos os meios processuais que o direito nacional põe à sua disposição para atenuar esta dificuldade, incluindo, se for caso disso, as regras de direito interno que preveem adaptações ou aligeiramentos do ónus da prova (§ 44).

352 As figuras dos DMC registados e não registados distinguem-se, ainda, ao nível da disciplina da *declaração de invalidade* – que deve ser declarada pelo EUIPOI, no caso dos DM registados, podendo ser declarada por um tribunal de DM no caso dos não registados (arts. 24º e 52º/1 do RDM), embora tal declaração também seja possível por via de reconvenção, em acções de contrafacção de DM registados e não registados (art. 81º RDM) – e quanto ao regime de *transmissão, direitos reais* e da *execução forçada* (que apenas são expressamente regulados quanto aos DMC não registados: arts. 28º, 29º e 30º do RDM). Acresce que os DM registados conferem uma presunção de *titularidade* (art. 17º do RDM) e gozam de uma presunção de *validade* (art. 85º/1 do RDM), o que não sucede com os DM não registados. Para uma comparação mais detalhada dos regimes de DMC registados e não registados, cf. Victor Saez, *The unregistered Community design*, EIPR 2002, 24(12), pp. 585-590, Massa/Strowel, *Community Design: Cinderella revamped*, EIPR 2003, 25(2), p. 69 e Uma Suthersanen, *Design Law: Europe and U.S.A.*, p. 155 ss..

353 Por esse motivo, conforme decidiu o Supremo Tribunal Federal Alemão (BGH) em 9.10.2008 (Gebäckpresse, I ZR 126/06), se a primeira divulgação do DM ocorrer *no exterior* da União Europeia, isso poderá ter por efeito destruir *de imediato* a novidade do DM, mesmo que essa divulgação tenha ocorrido há menos de 12 meses, não beneficiando da regra do "período de graça" previsto no art. 7/2 do RDM, uma vez que o facto gerador da tutela dos DMC não registados é a sua divulgação ao público "na Comunidade" (art. 11º/1 e 2 do RDM). Sobre este ponto, cf. Uma Suthersanen, *Design Law: Europe and U.S.A.*, pp. 157,158 e David Musker, *Concise...*, p. 639.

susceptível de ser registado será, necessariamente, merecedor da tutela dos DMC não registados[354].

A existência do chamado "período de graça" de 12 meses, previsto nos arts. 7º/2 do RDM e 179º/1 do CPI, reforça a utilidade dos DMC não registados, pois durante esse período a divulgação feita pelo criador ou com o seu consentimento, no interior da União Europeia, não terá por efeito destruir a novidade e singularidade do DM. O que permite que os agentes económicos possam testar tranquilamente os seus produtos no mercado, ao abrigo de uma tutela automática, sem encargos nem formalidades, dispondo de um ano para seleccionar os DM que merecem uma protecção mais alargada, mediante registo nacional ou comunitário[355].

À semelhança do que sucede com os DM nacionais, o registo dos DMC não depende de um prévio exame dos requisitos substanciais da novidade e singularidade, mas apenas da verificação dos requisitos de forma (art. 45º do RDM), da natureza do DM e do respeito pela ordem pública e bons costumes (art. 47º do RDM). Contudo, diversamente do que sucede no procedimento de registo nacional (art. 191º do CPI), não está prevista uma fase de oposição contra os pedidos de registo de DMC, que só poderão ser contestados, por terceiros interessados, após a eventual concessão do registo (através de um pedido de declaração de nulidade, apresentado no EUIPO ou em sede reconvencional numa acção de contrafacção [arts. 24º, 52º/1 e 81º/d) do RDM].

O direito ao DMC pertence *ao criador ou ao seu sucessível*, conforme dispõe o art. 14º do RDM, que disciplina também as situações especiais de titularidade (em caso de pluralidade de criadores ou de criações no âmbito laboral). De sublinhar que esta disposição – ao contrário do que resulta do regime previsto no CPI – não disciplina as criações feitas por encomenda, como foi entendido pelo TJ no caso FEIA[356].

[354] Sublinhando este aspecto, Graeme Dinwoodie, *Federalized Functionalism...*, p. 644, Uma Suthersanen *Design Law: Europe and U.S.A.*, p. 156 e Victor Saez, *The unregistered Community design*, p. 587.

[355] Por este motivo, Bárbara Quintela Ribeiro, *A tutela jurídica da moda...*, p. 485, afirma que o regime dos DMC não registados *representa uma poderosa arma de auscultação de mercado, permitindo aos produtores escolher, de entre todos os desenhos ou modelos que lançam no mercado, aqueles cujo registo será vantajoso (pelo respectivo êxito junto do público), assim obtendo um prazo mais longo de protecção e uma maior segurança jurídica*.

[356] Ac. de 2.07.2009 (C-32/08, § 55). A este respeito, cf. Nuno Sousa e Silva, *Propriedade Industrial no contexto laboral*, cit., p. 235 ss..

A disciplina dos DMC (registados e não registados) não é definida exaustivamente pelo direito derivado da União, havendo uma remissão genérica para o direito dos Estados-membros, no art. 88º/2 do RDM[357]. Por esse motivo, o regime aplicável em matéria de sanções por infracções [art. 89º/1/d) RDM] e a relativa ao DM enquanto objecto de propriedade (transmissão, licença, oneração, oponibilidade a terceiros) rege-se, subsidiariamente, pela lei interna do estado em que, respectivamente, ocorreu a infracção ou se situe a sede, domicílio ou estabelecimento estável do titular do DM[358].

4.3. O registo internacional

No plano internacional, o panorama da protecção relativa aos DM é extremamente diversificado, podendo mesmo afirmar-se que este domínio é o menos harmonizado dos regimes da Propriedade Intelectual[359]. Mesmo assim, existe um mecanismo adicional de protecção, criado pelo "Acordo da Haia Relativo ao Registo Internacional de Desenhos Industriais", assinado em 1925 e posteriormente revisto pelos Actos de Londres (1934), da Haia (1960) e de Genebra (1999)[360].

Este acordo instituiu um sistema de registo internacional que permite obter a tutela jurídica de desenhos industriais em vários estados (ou uniões de estados, como a UE), mediante um único pedido de registo, formalizado centralizadamente na Secretaria Internacional da OMPI. Assim, quem pretenda obter protecção em mais do que um país poderá formular um só pedido (internacional), em lugar do conjunto de pedidos paralelos que seriam necessários para obter protecção nesses mesmos países. Este pedido internacional não pressupõe a existência de um pedido (ou de um registo) nacional anterior, podendo ser protegido *ab initio* mediante a apresentação

[357] *Às questões não abrangidas pelo presente regulamento, os tribunais de desenhos e modelos comunitários aplicarão o seu direito nacional, incluindo o seu direito internacional privado.*

[358] Art. 27º RDM. Para uma descrição mais detalhada deste regime, Remédio Marques, *Biotecnologia(s)...*, I-1241 e ss.

[359] Neste sentido, Anna Kingsbury, *International harmonization of designs law: the case for diversity?* EIPR 2010, 32 (8), p. 391.

[360] Para uma boa síntese deste regime, cf. *L'arrangement de La Haye concernant l'enregistrement international des dessins et modèles industriels: principale caractéristiques et avantajes* – Publicação da OMPI nº 911(F), de 2010, disponível in http://www.ompi.int e Greffe/Greffe, *Traité Des Dessins et Modèles*, p. 659 ss..

de um pedido de registo internacional ao abrigo do Acordo da Haia. O pedido central dá origem a um exame *formal*, realizado pela Secretaria Internacional, após o que terá lugar o exame de fundo (quando seja caso disso) por parte das administrações nacionais dos vários países indicados pelo requerente do registo. O destino desse pedido pode, naturalmente, ser diferente de país para país, consoante o resultado deste exame.

Sublinhe-se que, sendo o Acordo da Haia um mero acordo de *procedimento* internacional, as questões *substanciais* relacionadas com a novidade do DM e os seus efeitos ficam sujeitas à lei interna de cada parte contratante. Por isso, em cada país em que o registo seja concedido, os respectivos efeitos serão determinados exclusivamente pela respectiva lei interna.

Embora Portugal não haja assinado o Acordo da Haia, a circunstância de a União Europeia ter aderido a ele[361] tem por efeito alargar ao nosso país os efeitos deste regime, sendo possível ao titular de um DMC registado designar outros países aderentes ao Acordo da Haia para efeitos de registo internacional, sendo a inversa também verdadeira[362].

5. Âmbito de protecção

O âmbito *temporal* da tutela dos DM nacionais e dos DMC registados é semelhante: ambos são concedidos por períodos de 5 anos, renováveis até um máximo de 25 anos, a contar da data do pedido (arts. 12º do RDM e 195º/1 do CPI). Os DMC comunitários não registados, como vimos, têm uma protecção de apenas 3 anos, a contar da data em que o mesmo tiver sido pela primeira vez divulgado ao público na União Europeia[363], sem dependência de qualquer formalidade (art. 11º do RDM).

[361] A UE deliberou aderir ao Acordo da Haia através da Decisão nº 2006/954/CE do Conselho (JO L 386, de 20.12.2006). O instrumento de adesão foi depositado em 24.09.2007 e produz efeitos a partir de 1 de Janeiro de 2008.

[362] Assim, por exemplo, um cidadão suíço pode pedir simultaneamente protecção no seu país e em todo o Espaço Económico Europeu, incluindo Portugal, recorrendo ao mecanismo do registo internacional. Em contrapartida, e dado que Portugal integra a União Europeia (parte do Acordo), qualquer interessado (mesmo que não seja titular de um DMC) pode apresentar em Portugal um pedido internacional no âmbito do Sistema de Haia, na medida em que o pedido internacional não depende da existência de um pedido (ou de um registo) nacional (ou regional) anterior.

[363] Como já ficou dito, é necessário que a *primeira* divulgação ao público do DM ocorra *no interior* da União Europeia; caso a primeira divulgação ocorra no exterior da UE, poderá

Do ponto de vista *geográfico*, como é sabido, os DMC, registados e não registados, cobrem todo o território da União Europeia, como dispõe o art. 1º/3 do RDM, que enuncia o já referido princípio da unidade do sistema de protecção destes direitos exclusivos.

O âmbito *substancial* do exclusivo decorrente do registo dos DM é definido pelos arts. 193º do CPI e 10º do RDM, abrangendo qualquer desenho ou modelo *que não suscite no utilizador informado uma impressão global diferente*.

5.1. Tipo de tutela

Os regimes nacionais e comunitário de protecção dos DM são susceptíveis de *aplicação cumulativa*. O mesmo DM pode ser registado, simultaneamente, no INPI e no EUIPO, desde que ambos os pedidos de registo cumpram os requisitos necessários (e sejam feitos com intervalos temporais que não prejudiquem a novidade um do outro). Sendo efectuados os dois registos, o DM ficará protegido em Portugal (duplamente) e no resto da União Europeia, até um máximo de 25 anos, além de beneficiar também, em toda a União, da protecção automática como DMC não registado, durante 3 anos. Estas protecções são essencialmente redundantes, constituindo um exemplo da chamada "cumulação absoluta"[364]. Mas constituem tutelas autónomas. Por isso, no caso hipotético de o titular desses dois registos se desinteressar do DMC registado, poderá não o renovar após o primeiro quinquénio, renovando apenas o registo nacional. Ou fazer o inverso, se entender que prefere antes manter o DMC registado. Além disso, o facto de o EUIPO indeferir o registo de um DMC (v.g., com fundamento na falta de singularidade) não impede que o INPI o conceda (se fizer uma análise distinta desse requisito, no caso concreto), sendo a inversa também verdadeira.

A protecção do DM nacional nasce com a *concessão* do registo, embora o seu prazo de duração se conte desde a data do pedido (arts. 195º/1 e 197º/1 do CPI). No caso do DMC registado, a protecção nasce com o *depósito* do pedido (art. 12º do RDM), enquanto que a protecção do DMC não registado

destruir a novidade do DM, inviabilizando a sua protecção como DMC, registado ou não registado.

[364] Para uma análise deste fenómeno, cf. PEDRO SOUSA E SILVA, *A Protecção Jurídica do Design*, cit. p. 409 ss. e NUNO SOUSA E SILVA, *The Ownership Problems of Overlaps in European Intellectual Property*, 2013.

principia na data em que o mesmo *tiver sido pela primeira vez divulgado ao público na Comunidade* (art. 11º do RDM). Essa protecção consiste num *monopólio de exploração,* que permite ao titular impedir que terceiros, sem o seu consentimento, explorem economicamente o DM protegido, ficando assim habilitado a usar os meios processuais disponíveis para assegurar o respeito pelo seu direito exclusivo. Os meios de tutela previstos na legislação de cada Estado-membro da UE são extensíveis aos DMC por força de remissões expressas para as legislações nacionais, constantes dos arts. 88ºa 90º do RDM.

O exclusivo de que goza o titular do DM abrange todo e qualquer acto de exploração do mesmo, nomeadamente *o fabrico, a oferta, a colocação no mercado, a importação, exportação ou utilização de um produto em que esse desenho ou modelo esteja incorporado, ou em que tenha sido aplicado, bem como a armazenagem desse produto para os mesmos efeitos* – conforme explicitado pelos arts. 19º/1 do RDM e 197º/2 do CPI; e permite impedir esses actos relativamente a todos os produtos cuja aparência não cause ao utilizador informado "uma impressão global diferente" (como resulta dos arts. 10º/1 do RDM e 193º/1 do CPI).

Este direito privativo está limitado pela regra do "esgotamento dos direitos"[365], que nega ao titular do DM o direito de controlar a revenda (ou de impedir as chamadas "importações paralelas"), de produtos que ele próprio tenha posto em circulação, internamente ou noutros países do Espaço Económico Europeu. Por isso, quando um produto protegido é colocado nesse mercado, pelo titular do direito ou por alguém com o seu consentimento, o referido titular deixa, a partir desse momento, de poder controlar a circulação desse produto (isto é, do exemplar concreto que foi posto em circulação), não podendo opor-se a que o mesmo seja revendido em qualquer outro lugar.

Além desta limitação ao direito exclusivo do titular, importa referir as enunciadas no art. 20º do RDM (e no art. 198º do CPI), que permitem expressamente o uso do DM por terceiros, quando estejam em *causa actos do domínio privado e sem finalidade comercial,* para *fins experimentais,* ou, ainda, *actos de reprodução para efeitos de referência ou para fins didácticos, desde que esses actos sejam compatíveis com a lealdade das práticas comercias e não prejudiquem indevidamente a exploração normal do desenho ou modelo, e desde que seja mencionada*

[365] Consagrada nos arts. 199º do CPI e 21º do RDM. Sobre este tema, cf. *infra,* Cap. XI e Pedro Sousa e Silva, *Direito Comunitário e Propriedade Industrial,* 1996, p. 26 ss..

a fonte[366] – além das ressalvas quanto ao uso em navios e aeronaves de países terceiros que transitem temporariamente pelo território da UE.

Salvo no que respeita aos DMC não registados[367], a protecção conferida aos DM é de carácter *objectivo*, não dependendo da prova de intenção ou sequer consciência de imitação, por parte do infractor[368]. Por isso, mesmo em caso de semelhança fortuita entre dois DM, se a impressão global não for distinta, o segundo infringirá o primeiro, dando ao titular do DM registado o direito de impedir a respectiva utilização.

5.2. Âmbito merceológico

Uma questão muito relevante coloca-se a respeito ao âmbito merceológico do exclusivo sobre o DM. Isto é, importa saber se o titular do direito pode impedir a utilização desse DM em produtos de qualquer ramo de actividade, mesmo que essa utilização seja completamente diferente da prevista ou da inicialmente dada ao DM protegido. Por outras palavras, o seu direito

[366] O TJ teve já a oportunidade de explicitar esta excepção do uso "para efeitos de referência", no seu ac. de 27.09.2017(C-24/16 e C-25/16; NINTENDO v. BIG BEN), em que um terceiro que, sem o consentimento do titular dos direitos conferidos por um DMC, utilizava, incluindo através do seu sítio Internet, as imagens de produtos correspondentes a esses desenhos ou modelos (de consolas de videojogos e seus acessórios), no âmbito de uma comercialização lícita de produtos destinados a serem utilizados como acessórios dos produtos do titular desses DMC, para explicar ou demonstrar a utilização conjunta dos seus produtos e dos produtos do titular. O Tribunal considerou que a utilização dessas imagens era admissível, desde que respeitasse as demais condições previstas na alínea c) do nº 1 do art. 20º do RDM.

[367] Cujo titular apenas tem o direito de se opor ao uso do seu DM em caso de cópia (e não nos casos de criações independentes, isto é, coincidências criativas), conforme dispõe o art. 19º/2 do RDM. Segundo Phillipp Fabio, *Disegni e Modelli*, p. 163, *a* explicação para esta tutela mais aligeirada no caso dos DMC não registados reside na circunstância de a pesquisa de anterioridades não registadas ser muito mais difícil que no caso dos DM registados (sendo a congnoscibilidade destes muito facilitada pela publicidade resultante do registo).

[368] Como sublinha David Musker, *Community Design Law, Principles and Practice*, 1-125, *the rights granted are true monopoly rights; there is no need for copying, or confusion as to origin, or knowledge of the existence of the design right.* No mesmo sentido, Philipp Fabio, *Disegni e Modelli*, p. 163. Estre nós, Remédio Marques, *Biotecnologia(s)...*, I-1308, que sublinha que, *em matéria de desenhos ou modelos registados, a oponibilidade do direito é objectiva e erga omnes relativamente a todos os que hajam reproduzido ou imitado as características da aparência; basta, na verdade, que o imitador tenha agido objectivamente mal, em violação do exclusivismo de criação conferido ao desenho ou modelo registado.*

exclusivo é *transversal* a todos os domínios da actividade económica, abrangendo qualquer utilização da aparência protegida pelo seu DM? Ou, pelo contrário, será que vigora para os DM uma regra semelhante à do **princípio da especialidade**[369] do direito de marcas?

A dúvida tem algum fundamento: o art. 36º/2 do RDM e o art. 183º/1/b) do CPI exigem que o pedido de registo do DM contenha *a indicação dos produtos em que o desenho ou modelo se destina a ser incorporado.* Além disso, o considerando 14 do RDM refere a necessidade de, ao apreciar o carácter singular, se comparar *a impressão global suscitada pelo desenho ou modelo num utilizador informado que o observe e a impressão global nele suscitada pelo património de desenhos ou modelos existente, atendendo à* ***natureza do produto*** *a que o desenho ou modelo se aplica ou em que está incorporado, e em especial ao* ***sector industrial*** *a que pertence.* Em contrapartida, o nº 6 do art. 36º do RDM dispõe expressamente que as indicações feitas para efeito de registo *não afectam o âmbito da protecção do desenho ou modelo enquanto tal.*

Alguns autores, como Philipp Fabio, consideram que, ao contrário do que sucede no domínio do Direito de Autor, o âmbito de protecção dos DM deve ser definido em função do *tipo de produto* e as anterioridades a atender para efeitos de aferição da novidade devem reportar-se *ao mesmo tipo de produto, e não também a tipos de produtos diferentes*[370]. Mas a esmagadora maioria da doutrina e da jurisprudência inclina-se no sentido oposto, entendendo que o âmbito de exclusividade do DM não sofre qualquer limitação relacionada com o domínio de actividade em que o mesmo se insere. Isto significa, por um lado, que o facto de se dar a uma forma conhecida uma utilização inovadora (uma mudança de finalidade) não confere *novidade* a essa mesma forma[371]. E, por outro, que o direito que incide sobre o DM pode ser violado pela sua

[369] Para um enunciado desenvolvido deste princípio no âmbito das marcas, Pedro Sousa e Silva, *O princípio da especialidade. A regra e a excepção: as marcas de grande prestígio*, ROA, 1998, 377-440.

[370] *Disegni e Modelli*, 6 e 33, ainda que reconhecendo que se trata de um ponto controverso na doutrina italiana, embora pacífico na jurisprudência (de que cita diversos exemplos, p. 33-nota 17). Na mesma linha, Silvia Magelli, *L'estetica nel diritto della proprietà intellettuale*, p. 81, considera que o requisito da novidade é reportado apenas ao sector em que se insere o produto, isto é a novidade *é relativa no que respeita ao sector merceológico.*

[371] Esta ideia é salientada por Denis Cohen ("transposer n'est pas créer": *Le droit des dessins et modèles*, pp. 70,71) e tem sido confirmada pela jurisprudência francesa citada por este autor (*idem*, p. 72).

utilização por terceiros, seja qual for o domínio merceológico ou sector de actividade em que tal utilização ocorra.

Esta solução é, desde logo, a mais ajustada à letra da lei, que refere expressamente que a indicação dos produtos, para efeito de registo, *não afecta o âmbito* da protecção do DM. Além disso, o art. 10º do RDM, que enuncia o âmbito da protecção conferida por um DM, refere que este abrange *qualquer desenho ou modelo* que não suscite no utilizador informado uma impressão global diferente. A redacção deste preceito é especialmente enfática, indiciando que o legislador pretendeu proteger *todo e qualquer* DM que tenha a mesma aparência que o DM protegido[372]. Este entendimento é, também, o mais conforme à natureza deste DPI, que tem por objecto a *aparência* dos produtos, independentemente do concreto suporte material que, conjunturalmente, produza esse efeito estético ou da utilização que se faça dessa criação estética.

Uma limitação merceológica como aquela que decorre do princípio da especialidade, vigente no Direito de Marcas, não faz sentido no domínio dos DM. A *ratio* daquele princípio deduz-se da própria natureza destes sinais distintivos: se as marcas servem para *ordenar a concorrência*, indicando a origem empresarial dos produtos ou serviços assinalados, só se justifica reservar o uso desse sinal relativamente a produtos ou serviços que possam competir com aqueles que o titular da marca oferece (isto é, produtos e serviços idênticos ou afins)[373]. Ora, a tutela dos DM desempenha uma função completamente distinta, visando *remunerar* o esforço criativo do titular do registo, através da outorga de um exclusivo de exploração da sua obra. Por isso, onde quer que a prestação criativa se manifeste, o criador deve gozar de protecção, de modo a poder maximizar a remuneração do seu esforço. Essa remuneração pode ser obtida nos mais variados sectores económicos, independentemente de existir entre eles uma relação de concorrência. Limitar essa remuneração a um só ramo de actividade seria contrário à *ratio* da protecção dos DM, que não têm uma função indicativa, mas sim uma

[372] A indicação dos produtos para efeitos de registo tem uma relevância meramente classificatória e tributária (i.e., para efeitos do cálculo das taxas a pagar pelos requerentes). Tal catalogação é realizada de acordo com a denominada "Classificação de Locarno", que consiste num sistema internacional de classificação de produtos para efeitos de registo de DM, instituído pelo Acordo de Locarno de 8.10. 1968, cuja última versão (12ª) está em vigor desde 1.01.2019. Para mais detalhes acerca deste sistema, cf. www.wipo.int/classifications/locarno.

[373] Sobre este ponto, cf. Pedro Sousa e Silva, *O princípio da especialidade...*, p. 392 ss..

função remuneratória, de incentivo à criatividade no domínio da Estética Industrial. À luz desta função, o princípio da especialidade não tem qualquer justificação; pelo contrário, constituiria até um entrave contraproducente à exploração económica da prestação do titular do DM, impedindo-o de fruir em pleno os benefícios decorrentes da sua criação. O bem imaterial é único, e deve poder ser explorado em exclusivo em qualquer domínio susceptível de gerar contrapartida económica.

Por isso, deve reconhecer-se ao titular de um DM o poder de impedir terceiros de o usarem ou aplicarem em quaisquer objectos ou suportes, de qualquer natureza, finalidade ou domínio de actividade. O exclusivo que protege os DM abrange toda e qualquer utilização que não provoque ao observador uma impressão global distinta. Por exemplo, se alguém registar como DM um novo desenho, destinando-o a papel de parede, poderá obstar ao uso não autorizado desse padrão em tecidos para cortinados, revestimentos cerâmicos ou em artigos de papelaria. Determinante é que a *aparência* destes produtos não seja distinta da aparência do DM registado[374].

Este entendimento foi recentemente validado pelo TJ, no caso GROUP NIVELLES[375], quando declarou que *resulta quer do artigo 36.º, n.º 6, quer do artigo 19.º, n.º 1, do Regulamento n.º 6/2002 que um desenho ou modelo comunitário registado confere ao seu titular o direito exclusivo de utilizar em todo o tipo de produtos, e não apenas ao produto indicado no pedido de registo, o desenho ou modelo em causa.* Além disso, sublinhou que *o «setor em causa», na aceção do artigo 7.º,*

[374] Sublinhando este aspecto, DAVID MUSKER, *Concise...*, p. 666. Também, neste sentido, MASSA/STROWEL, *Community Design: Cinderella revamped*, EIPR 2003, 25(2), p. 71, afirmam que *design may arguably protect one appearence regardless of the product embodying it. This goes far beyond any "speciallity of goods" principle;* CORNISH/LLEWELYN/APLIN, *Intellectual Property...*, p. 616 (e também p. 606): *While a design has to be registered for a product, infringement is no longer confined to use on the article for which the design is registered. The design may be infriged by use on anything where the overall impression is not different;* LADAS dava o exemplo de um recipiente de vidro que, uma vez registado, fica protegido de forma independente do tipo de produto que se destine a acondicionar (*Patents, Trademarks and Related Rights. National and International Protection*, Vol. II, pp. 843 e 1027). No mesmo sentido, cf. ainda ANNA CARBONI, *The overlap between registered Community designs and Community trade marks,* p. 263, DENIS COHEN, *Le droit des dessins et modèles,* p. 244 e GREFFE/GREFFE, *Traité des dessins & des modèles,* p. 471. Entre nós, defendendo este entendimento, cf. PEDRO SOUSA E SILVA, *A Protecção Jurídica do design,* cit., p. 134. ss. e REMÉDIO MARQUES, *Biotecnologia(s)...*, I-1250, nota 2855, I-1281, nota 2913, I-1306 e I-1317..

[375] Ac. de 21.09.2017 (C-361/15 P e C-405/15 P; sifão de chuveiro, §§88 a 103).

n.º 1, do mesmo regulamento [para aferir da divulgação relevante para efeitos da aferição da novidade e singularidade], *não se limita ao setor do produto em que o desenho ou modelo contestado se destina a ser incorporado ou aplicado.* Por isso, acrescentou o TJ, *quando um desenho ou modelo tiver sido considerado como tendo sido divulgado ao público (...) essa divulgação é válida quer para a análise da novidade (...) do desenho ou modelo com o qual o desenho ou modelo divulgado é comparado quer para a análise da singularidade desse primeiro desenho ou modelo*[376]. Pelo que a novidade e a singularidade de um DM podem ser destruídas por uma divulgação ocorrida no contexto de um sector de actividade completamente distinto.

Esta posição já vinha sendo adoptada pelo próprio EUIPO, como sucedeu no caso FERRARI[377], em que o registo de um DMC de uma *miniatura* de automóvel de Fórmula 1, depositado em 2003 pela célebre construtora italiana, foi declarado nulo por falta de singularidade face ao modelo de viatura de competição utilizado por esta no Campeonato do Mundo de 2001[378]. Num outro caso, já citado, da jurisprudência britânica (GREEN LANE v. PMS), foi apreciada a validade de um DM de esferas de plástico com saliências ponteagudas utilizadas para massagem de mãos desde 2002 e mais tarde registadas, invalidamente, como utensílios para máquinas de lavar, em que o Court of Appeal considerou que *o direito* [do titular do registo] *confere um monopólio sobre qualquer tipo de produtos correspondentes ao desenho*, acrescentando: *Faz todo o sentido que a arte prévia disponível para atacar*

[376] *Idem*, § 128.

[377] Decisão da 3ª Câmara de Recurso do EUIPO, de 25.01.2008 (R84/2007-3; Ferrari S.P.A. / DANSK SUPERMARKED A/S). Para uma análise desta questão e um comentário crítico a recentes decisões do EUIPO neste domínio, cf. PETER ARROWSMITH, *The relevance of the product in the scope of registered designs*, JIPLP, 2013, 8-11, 876-878, bem como UMA SUTHERSANEN, *Design Law: Europe and U.S.A.*, 132 e DAVID STONE, *Some clarity, some confusion: 12 P&G v Reckitt Benckiser decisions help explain registered Community designs*, JIPLP 2008, 3(6) 384.

[378] Neste caso, foi o próprio titular do DM a destruir a singularidade da sua criação, ao ter depositado o DM após o termo do período de graça do art. 7/2 do RDM – dando fundamento ao pedido de declaração de nulidade que viria a ser apresentado pela DANSK SUPERMARKED. Curiosamente, é conhecida uma outra decisão, do Supremo Tribunal holandês (citada por MASSA/STROWEL, *Le Cumul des Droits Intellectuels*, p. 46), *que considerou válido o registo como DM de uma cadeira de cabeleireiro para crianças com a forma de uma viatura Ferrari* (o que manifestamente vai ao arrepio do entendimento dominante).

a novidade deva também incluir todo o tipo de bens, apenas com a limitada exceção da arte prévia obscura do próprio sector de onde provém[379].

Face ao exposto, é hoje inequívoco que, ao contrário do que sucede no Direito de Marcas, no domínio dos DM não vigora um princípio da especialidade, seja para efeitos de aferição da novidade e singularidade de novas criações, seja para determinação do âmbito de protecção das criações tuteladas.

5.3. Reciprocidade

O âmbito de exclusividade que o titular de um DM pode reivindicar depende do grau de criatividade daquilo que concebeu. Não por acaso, há uma grande coincidência de redacção entre, por um lado, o disposto nos arts. 6º do RDM e 177º do CPI (que definem o "carácter singular") e, por outro, nos arts. 10º do RDM e 193º do CPI (que definem o "âmbito de protecção"). O critério de aferição da singularidade e da existência de infracção reside, assim, em saber se os DM em confronto suscitam (ou não) *no utilizador informado uma impressão global diferente*.

Esta circunstância sugere que o âmbito de protecção deverá coincidir com a medida da inovação; isto é, que a eventual infracção de um DM deverá ser julgada com o mesmo critério que foi utilizado para aferir a novidade e a singularidade desse mesmo DM[380]. Neste sentido – comentando o facto de o art. 10º do RDM espelhar o art. 6º e de o conceito de utilizador informado ser o mesmo nas duas disposições –, ANNETTE KUR[381] afirma que, *embora tal não seja expressamente referido nos textos legais, parece essencial para um*

[379] Ac. de 23.04.2008 do Supreme Court of Judicature Court of Appeal (Civil Division), texto disponível in http://www.bailii.org/ew/cases/EWCA/Civ/2008/358.html.

[380] Neste sentido, REMÉDIO MARQUES, *Biotecnologia(s)...*, I-1301, refere que a DHDM e o RDM *fazem coincidir o objeto de protecção com o âmbito de protecção, especialmente com os critérios de violação dos direitos existentes sobre modelos ou desenhos anteriormente registados.* Daí que, como acrescenta este autor, a contrafacção só possa verificar-se em relação às *características da aparência que conferem singularidade ao desenho ou modelo anteriormente protegido, e só essas* (*idem*, I-1302). Apesar disso, admite (*ibidem*, I-1303, nota 2946) que, em circunstâncias especiais, o âmbito do exclusivismo não seja imutável, v.g. quando se trate de um *desenho ou modelo que veicule um determinado "estilo" ou "moda"*, e que, com o decurso do tempo, os utilizadores fiquem *em condições de apreciar certos "traços de singularidade", que não seriam perceptíveis por ocasião do momento em que os orgãos administrativos competentes efectuam o juízo quanto à registrabilidade.*

[381] *Industrial Design Protection in Europe – Directive and Community Design, in* "Intellectual Property Rights. A Global Vision", 2003, 288.

equilíbrio óptimo na protecção dos desenhos ou modelos que os requisitos de protecção e o âmbito de protecção concedido se espelhem mutuamente, no sentido em que (só) um desenho ou modelo dotado de um forte carácter singular confere uma protecção forte, enquanto que os desenhos ou modelos que só ligeiramente diferem do acervo de formas pré-existente, ainda que não necessariamente privados de protecção, apenas tenham um âmbito de protecção muito estreito[382]. Já em 1954 PAUL ROUBIER ensinava – a respeito da protecção dos DM – que *a extensão do direito privativo deve medir-se em função daquilo que tenha sido realmente criado, e a protecção será tanto mais completa quanto mais considerável seja a originalidade. É em função do que haja de pessoal no trabalho de criador que se delimitará o âmbito do seu direito*[383].

Assim, a generalidade da doutrina conflui hoje na ideia de que deve usar-se o mesmo critério quer na *aquisição* do direito quer na *defesa* desse direito[384]. Este entendimento, além de exprimir um imperativo de justiça (equitativa), decorre directamente da função dos DM, de remunerar o enriquecimento do património estético (o que deve fazer-se na medida do contributo do criador para esse enriquecimento). Justifica-se, assim – neste ramo do Direito Industrial, que tutela a inovação estética –, defender que a *singularidade* é simultaneamente *condição* e *medida* da protecção. Um DM só é protegido desde que tenha algo de inovador. E é apenas essa "parcela de criatividade" que deve beneficiar do exclusivo reconhecido ao titular do DM, permitindo-lhe reagir contra terceiros que a usurpem. Asssim, a singularidade é determinante não só no momento do exame da criação (e da validade do DM), mas também no momento da tutela da mesma, servindo

[382] Em oposição a este entendimento, poderia invocar-se uma referência constante dos preâmbulos da DHDM (§ 13) e do RDM (§ 14), de que seria exigível uma diferença "clara" para o exame da *singularidade* de um DM, o que não é referido para efeitos de exame de uma eventual infracção. Essa expressão (que não ficou a constar do articulado desses diplomas) levou mesmo a jurisprudência britânica, num primeiro momento, a considerar que o teste da singularidade era diferente (mais exigente) que o teste do *infringement* (ac. do Supreme Court of Judicature Court of Appeal, Civil Division, de 10.10.2007; PROCTER & GAMBLE). Contudo, tendo sido demonstrado que a palavra "clara" só não foi suprimida devido a um lapso durante o processo legislativo, o Court of Appeal veio a reconhecer que, afinal, os critérios eram idênticos e que *a diferença de texto resultava simplesmente de uma redacção descuidada* ("sloppy drafting"), conforme veio a declarar o juiz ROBIN JACOB, no ac. de 27.10.2011 (DYSON.VAX, § 34).

[383] *Droit de la Propriété Industrielle*, II, p. 429.

[384] Para maiores desenvolvimentos sobre este aspecto, cf. PEDRO SOUSA E SILVA, *A Protecção Jurídica do design*, cit., p. 138 ss..

para delimitar o alcance do *jus excludendi alios* que a lei reconhece ao titular do DM [385]. Por isso, o âmbito de protecção de que beneficia um DM é *directamente proporcional* ao seu carácter singular: um elevado grau de singularidade confere ao DM um largo âmbito de protecção, enquanto que um grau de singularidade modesto apenas permite um âmbito de protecção estreito.

Esta conclusão justifica-se, ainda, pela ideia de que este ramo do Direito Industrial, destinado a incentivar a criatividade, não permite a apropriação individual de elementos do domínio público. A este propósito, ANDRÉ BERTRAND[386] sublinha que, *para beneficiar da protecção legal, o desenho ou modelo em causa deve obrigatoriamente ter uma configuração distinta e reconhecível que a diferencie dos seus congéneres. Não se pode estender a protecção que é reconhecida aos elementos distintivos aos elementos do domínio público, ou proibir que a estes acedam os concorrentes.* Pelo mesmo motivo, as características funcionais excluídas de protecção (devido à referida regra da funcionalidade), podem ser livremente copiadas pelos concorrentes do titular do DM, cujo direito exclusivo só será violado se forem reproduzidas as demais características. Assim, as características exclusivamente funcionais não relevam, nem para aferir a validade do DM , nem para delimitar o seu âmbito de protecção[387].

A identidade de critérios que temos vindo a assinalar – a "impressão global" para apreciar a singularidade é igual à "impressão global" para aferir da violação do exclusivo – encontra expressão no denominado princípio da

[385] Neste sentido, GRAEME DINWOODIE, *Federalized Functionalism...*, pp. 697-698: *The scope of protection received by the design right holder will, however, vary with the degree of authorial creativity displayed by the design.* DAVID MUSKER, *Concise...*, p. 651, exprime a mesma ideia (*Interaction between validity and scope of protection*), acrescentando: *designs which differ by only a small amount from the state of the art can therefore only validly have a correspondingly narrow scope of protection.* Na mesma linha, HENNING HARTWIG, *The concept of reciprocity in European design law*, JIPLP 2010, 5 (3) p. 187 e também *European design law: reciprocity revisited*, JIPLP 2012, 7 (11) pp. 827-831. Entre nós, REMÉDIO MARQUES, *Biotecnologia(s) e Propriedade Intelectual...*, I, 1308 sublinha essa ideia, afirmando que *quanto maior for a força actractiva visual, que o mesmo é afirmar quão mais elevado for o estalão de originalidade posta na expressão dessas características da aparência, maior será, por sua vez, a singularidde; e mais alargado deverá ser o âmbito de protecção.*

[386] *La Propriété Intellectuelle...*, p. 41.

[387] Sublinhando este aspecto, DU MONT/ JANIS, *Functionality in Design Protection Systems*, p. 298, afirmam: *Because protection cannot be leveraged on excluded functional features, competitors are theoretically free to copy them, making infringement contingent upon the reproduction of the protected' design's remaining features.*

"**reciprocidade**", especialmente desenvolvido por HENNING HARTWIG[388], que o enuncia nos termos seguintes: *the individual character of a design in relation to a prior design corresponds to the scope of protection of the same design in relation to a later contested design. In other words, if the prior and the contested designs were exchanged, the result would be the same.* Este princípio pode ainda ser sintetizado com o velho adágio, oriundo do direito de patentes, segundo o qual *that which infringes, if later, would anticipate, if earlier*[389]. Esta exigência de reciprocidade projecta-se, também, na identidade do "utilizador informado", que, segundo HARTWIG[390], deve ser definido da mesma maneira quer para efeitos da aferição da singularidade, quer para medição do âmbito de protecção. Este autor esclarece, ainda, que a aferição da reciprocidade deve ser reportada à data do pedido de registo do primeiro DM (ou da respectiva prioridade), dado que *tudo aqui que foi divulgado depois dessa data não pode fortalecer nem enfraquecer o âmbito de protecção* desse DM[391].

5.4. A cumulação com o Direito de Autor

Um traço fundamental do sistema de protecção instituído pelo RDM e pela DHDM é a possibilidade de cumulação da protecção específica dos DM (nacionais e/ou comunitários) com a tutela do Direito de Autor. Nesse sentido, o art. 17º desta directiva dispõe:

> *Qualquer desenho ou modelo protegido por um registo num Estado-membro de acordo com a presente directiva beneficia igualmente da protecção conferida pela legislação dos Estados-Membros em matéria de direitos de autor, a partir da data em que esse desenho ou modelo tenha sido criado ou definido sob qualquer forma. Cada Estado-Membro determinará o âmbito dessa protecção e as condições em que é conferida, incluindo o grau de originalidade exigido.*

Espelhando esta solução, o art. 96º do RDM, além de prescrever esta tutela cumulativa para os DM comunitários, no seu nº 2 (com uma redacção

[388] *The concept of reciprocity in European design law*, JIPLP 2010, 5(3), p. 187.

[389] Ac. Supremo Tribunal Federal dos EUA de 5.03.1889 (PETERS v. ACTIVE MANUF'G CO.). Sobre este ponto, cf. ainda GRAEME DINWOODIE, *Federalized Functionalism...*, 655 e nota (123), aludindo à inevitável conexão entre os limiares de protecção e o âmbito de protecção: *the easier protection is to acquire, the lesser will be the scope of rights afforded by that protection.*

[390] *The concept of reciprocity...*, p. 189.

[391] *European design law: reciprocity revisited*, p. 829.

idêntica à do art. 17º da DHDM), admite expressamente, no nº 1, que as criações registadas como DM comunitários beneficiem dos regimes de *direito comunitário ou do direito dos Estados-Membros em questão aplicáveis aos desenhos ou modelos não registados, às marcas ou outros distintivos, às patentes e modelos de utilidade, aos caracteres tipográficos, à responsabilidade civil e à concorrência desleal*. Consagra-se, deste modo, a *coexistência* do regime de tutela europeia dos DMC com os regimes nacionais, não só em matéria de DM e de DA, mas também os relativos às invenções, aos sinais distintivos e à disciplina da concorrência desleal[392].

No que respeita, especificamente, à cumulação entre os DM e os DA, esta é justificada, no preâmbulo da DHDM[393], nos seguintes termos: (...) *na falta de harmonização dos direitos de autor, é importante estabelecer o princípio da cumulação da protecção ao abrigo da legislação em matéria de protecção específica dos desenhos e modelos registados com a protecção do direito de autor, deixando simultaneamente aos Estados-membros a liberdade de fixarem o **alcance** da protecção ao abrigo dos direitos de autor e as **condições** em que é conferida essa protecção.*

[392] Sublinhando este aspecto, Annette Kur, *Community Design, in* "Max Planck Encyclopedia of European Private Law", 2012, I, p. 272. Acerca da tutela cumulativa dos DM e dos DA, cf., especificamente, Estelle Derclaye / Mathias Leistner, *Intellectual Property Overlaps. A European Perspective,* 2011, 7-12, pp. 32-47, 116-129, 186-200, 233-237 e 289-290, Massa/Strowel, *Le cumul du dessin ou modèle et du droit d'auteur: orbites parallèles et forces d'attraction entre deux planètes indépendantes mais jumelles, in* "Le Cumul des Droits Intellectuelles", 2009, pp. 21-85, Pascal Kamina, *Droit d'auteur et droit des dessins et modèles, in* "L'articulation des droits de propriété intellectuelle", 2011, pp. 85-89. A respeito deste tema, cf. ainda Otero Lastres, *Manual de la Propiedad Industrial,* 373 ss. e *El diseño industrial según la Ley de 7 de Julio de 2003,* in "Tratado de Derecho Mercantil", Vol. 2, 2003, Annette Kur / Thomas Dreier, *European Intellectual Property Law,* 2013, p. 367 ss., Uma Suthersanen, *Design Law: Europe and United States of America,* 2010, p. 176 ss., Martin Howe, *Russell-Clarke and Howe on Industrial Designs,* 2005, p. 234 ss., David Stone, *European Union Design Law. A Practitioners' Guide,* 2012, p. 58 ss., Oliver Ruhl, *Gemeinschaftsgeschmacksmuster,* 2010, pp. 1041-1061, Denis Cohen, *Le droit des dessins et modèles,* 2009, p. 148 ss., Greffe/Greffe, *Traité des dessins & des modèles,* 2008, p. 49 ss., Philipp Fabbio, *Disegni e Modeli,* 2012, p. 185 ss., Newton Silveira, *Direito de Autor no Design,* 2012, p. 119 ss.. Entre nós, cf. Pedro Sousa e Silva, *A Protecção Jurídica do Design,* cit., p. 243 ss., Remédio Marques, *Biotecnologia(s) e Propriedade Intelectual,* I, pp. 157 ss. e 1255 ss., Couto Gonçalves, *Manual de Direito Industrial,* 2019, p. 161 ss., Bárbara Quintela Ribeiro, *A Tutela Jurídica da Moda pelos Desenhos ou Modelos, in* DI, V, p. 501 ss. e Carlos Olavo, *Desenhos e Modelos. Evolução Legislativa, in* DI, III, p. 71 ss..

[393] Considerando 8.

Portugal deu cumprimento a essa determinação, estabelecendo no art. 200º do CPI de 2003 (art. 194º do CPI de 2018) que *qualquer desenho ou modelo registado beneficia, igualmente, da protecção conferida pela legislação em matéria de direito de autor, a partir da data em que o desenho ou modelo foi criado, ou definido, sob qualquer forma.* Contudo, abstendo-se de fazer uso da margem de liberdade outorgada pela DHDM, o legislador lusitano não explicitou o *alcance* nem as *condições* de que depende essa protecção cumulativa. E, com isso, deu azo a uma nuvem de incerteza e imprecisão, que se tem vindo a projectar numa jurisprudência errática e imprevisível, que em nada beneficia as empresas nacionais que investem em *design* criativo e inovador.

Em face disso, cabe à doutrina tentar minorar as consequências da inércia do legislador português, que, no articulado do novo CPI de 2018, voltou a desperdiçar a oportunidade de clarificar esta matéria.

5.4.1. O acórdão "FLOS" e suas implicações

A protecção da Estética Industrial, ao nível da União Europeia, assenta em dois princípios estruturais: o da possibilidade de *aplicação convergente* da disciplina unitária dos DM com outros tipos de tutela de bens imateriais, nacionais e europeus; e o da *delegação* nos Estados-membros da competência para articular essa convergência com os regimes nacionais de protecção ainda não harmonizados, em particular com os direitos de autor.

No entanto, o poder concedido aos Estados-membros para definirem o âmbito e condições dessa protecção cumulativa, não vai ao ponto de lhes permitir *excluir* essa cumulação. O TJ teve oportunidade de o sublinhar, no caso FLOS[394], no âmbito de um reenvio prejudicial apreciando a admissibilidade de uma lei italiana que tinha por efeito privar da protecção dos direitos de autor os DM que se encontrassem (ou tivessem caído) no domínio público antes de uma certa data. Por efeito de uma norma transitória dessa legislação, só os DM criados a partir dessa data poderiam beneficiar, cumulativamente, da protecção do DA. Para os restantes, a tutela jusautoral era excluída.

O Tribunal veio declarar, categoricamente, que o segundo período do art. 17º da DHDM *não pode ser interpretado no sentido de que os Estados-membros têm a faculdade de conceder ou não a protecção dos direitos de autor a um desenho ou modelo que tenha sido objecto de registo num ou com efeitos num Estado-membro (...) pois a vontade do legislador da União* foi no sentido de consagrar *o princípio da*

[394] Ac. de 27.01.2011 (C-168/09, FLOS.SEMERARO CASA E FAMIGLIA, §§ 36 a 38).

cumulação da protecção específica dos desenhos e modelos pelo registo e da protecção dos direitos de autor[395]. Dito de outro modo, os Estados-membros podem optar pelo regime da cumulação que considerem mais adequado. Mas não podem deixar de admitir essa cumulação, num grau maior ou menor.

Sublinhe-se que, na resposta dada à questão prejudicial, o TJ distinguiu duas situações: a dos DM *registados* que caíram no domínio público *pelo facto de a protecção resultante do registo ter deixado de produzir efeitos*; e a dos DM que nunca foram *objecto de registo como tais* e que *estavam no domínio público devido à falta de registo*[396]. Ora, só em relação aos primeiros é que o TJ impõe a cumulação, pois só estes estão abrangidos pela previsão do art. 17º da directiva[397]. Relativamente aos segundos, o Tribunal esclarece que *não são abrangidos pelo âmbito de aplicação do referido artigo*, remetendo assim para a solução que o direito nacional entenda consagrar. Ainda assim, acrescenta, em *obiter dictum*, uma advertência sibilina: *não se pode excluir que a protecção dos direitos de autor de obras que possam constituir desenhos ou modelos não registados possa resultar de outras directivas em matéria de direitos de autor, designadamente da Directiva 2001/29, na medida em que as condições em que esta se aplica estejam preenchidas, o que cabe ao órgão jurisdicional de reenvio verificar*[398].

Por fim, este acórdão declara que a margem de liberdade dos Estados-membros para *determinarem o alcance e as condições de obtenção da protecção dos direitos de autor também não pode ter a ver com o prazo dessa protecção, dado que esse prazo já foi objecto de harmonização ao nível da União através da Directiva 93/98*[399].

As implicações desta decisão não são ainda inteiramente claras, havendo aspectos que podem considerar-se adquiridos, a par de outros que só a jurisprudência futura poderá clarificar[400].

[395] Ac. FLOS, cit., §§ 36 e 38.

[396] *Idem*, §§ 33 e 35.

[397] § 32 ("... *cumpre referir que, nos termos do artigo 17º da Directiva 98/71, apenas um desenho ou modelo que tenha sido objecto de registo num ou com efeitos num Estado-Membro, em conformidade com as disposições desta directiva, pode beneficiar, ao abrigo da mesma, da protecção concedida pela legislação sobre direitos de autor desse Estado*").

[398] § 34.

[399] § 39.

[400] O enunciado do acórdão FLOS foi, entretanto, reafirmado por um despacho do TJ de 9.09.2011 (C-198/10, Cassina.Alivar, §§ 24-28), proferido em novo reenvio prejudicial da justiça italiana, num processo em que estava em causa uma reprodução de cadeirões criados pelo famoso arquitecto Le Corbusier, anteriormente a 2001, ainda na vigência da

Entre os primeiros está a questão da existência de **protecção cumulativa** pela disciplina dos DM e do Direito de Autor, que é considerada imperativa. O TJ foi muito claro quanto à inadmissibilidade de os Estados-membros optarem por uma solução de não cumulação. O que nos parece justificado, em face do disposto na DHDM, cujo art. 17º contém um comando inequívoco nesse sentido: *qualquer desenho ou modelo protegido por um registo num Estado-membro de acordo com a presente directiva* ***beneficia igualmente*** *da protecção conferida pelo direito de autor desse Estado.* Ao elemento literal acresce o elemento teleológico, revelado pelo parágrafo 8 do preâmbulo da directiva, quando sublinha que, *na falta de harmonização dos direitos de autor, é importante estabelecer o princípio da cumulação da protecção*[401]. Em face disso, não parece possível adoptar uma solução que exclua completamente a cumulação, pois isso seria contrário à letra e ao espírito daquela norma. Os Estados-membros podem determinar "o âmbito dessa protecção" e "as condições" de que a mesma dependerá, mas não ir ao ponto de a rejeitar.

Um segundo ponto que parece consolidado tem a ver com a **duração** da tutela jusautoral. O TJ foi peremptório quanto à existência de uma harmonização completa dessa questão ao nível da União, por efeito da Directiva 93/98[402], que fixou o prazo de protecção do direito de autor sobre obras literárias e artísticas, fazendo-o corresponder à *vida do autor e setenta anos após*

Lei nº 633, de 22 de Abril de 1941, que não admitia a cumulação da protecção dos DM e dos direitos de autor.

[401] Apesar disso, há quem sustente que dos trabalhos preparatórios resulta que o legislador não tinha a intenção de impedir a continuação de soluções como a italiana, da "cindibilidade": LIONEL BENTLY, *The return of Industrial Copyright?* University of Cambridge Faculty of Law Legal Studies Research Paper Series, Paper nº. 19/2012, disponível in http://ssrn.com/abstract=2122379. Em sentido contrário, TREVOR COOK, *The Cumulative Protection of Designs in the European Union and the Role in such Protection of Copyright,* JIPLP, 18, Janeiro 2013, 85, que considera que a *aparentemente permissiva última frase do artigo 17 cegou muita gente durante muitos anos quanto às reais consequências desta disposição,* e que, face à jurisprudência FLOS e INFOPAQ, aos Estados-membros resta *muito pouca, ou nenhuma, latitude para limitar o âmbito de protecção conferida pelo direito de autor aos desenhos ou modelos.*

[402] A Directiva 93/98/CEE do Conselho, de 29 de Outubro de 1993 foi entretanto substituída pela Directiva 2006/116/CE do Parlamento Europeu e do Conselho, de 12 de Dezembro de 2006 (versão codificada), a qual, por sua vez, foi alterada pela Directiva 2011/77/UE, do Parlamento Europeu e do Conselho, de 27 de Setembro de 2011. Para uma análise desta sequência, NUNO SOUSA E SILVA, *Uma Introdução ao Direito de Autor Europeu,* ROA Out/Dez 2013, 1355 ss..

a sua morte, independentemente do momento em que a obra tenha sido licitamente tornada acessível ao público. Isto significa que, uma vez terminada a protecção decorrente do registo de um DM (de 25 anos, no máximo) essa criação pode continuar a gozar da tutela do DA até ao final do prazo de 70 anos *post mortem auctoris.* Note-se que o Tribunal só impõe esta solução quanto aos DM registados (pois é só a estes que a DHDM se refere), sendo certo que a definição das "condições" de que depende a concessão da tutela jusautoral continua a competir aos Estados-membros. Por isso, como adiante veremos, pode acontecer que nem todos os DM mereçam protecção por parte do DA. Porém, aqueles que a merecerem, ficarão protegidos não só durante a vigência do registo como DM, mas ainda posteriormente, durante todo o prazo de duração dos direitos de autor[403].

Em contrapartida, a alusão do TJ às "outras directivas em matéria de direitos de autor, designadamente da Directiva 2001/29", é passível de diversas interpretações, a mais radical das quais será a de que o próprio critério da "originalidade" teria sido objecto de harmonização, no que respeita às obras de artes aplicadas[404]. Note-se que este *obiter dictum* se referia apenas à protecção, por direitos de autor, de obras que possam constituir desenhos ou modelos *não registados,* e não aos DM em geral – o que retira importância àquela referência *a latere.* No entanto, esta questão não pode ser dissociada da jurisprudência INFOPAQ e das suas implicações, que se prendem não só com a definição de obra protegida, mas também com o conceito de

[403] Sobre este ponto, cf. *infra*, 5.4.5.. Criticando esta opção, que todavia considera compatível com o ordenamento jurídico europeu, LIONEL BENTLY, *The return of Industrial Copyright?*, E, observa que *os benefícios públicos deste prolongamento são inexistentes ou especulativos: em termos de incentivos, não há motivos para pensar que as decisões de investimento em design são baseadas em lucros de exploração num futuro superior a 25 anos.*

[404] Para uma análise crítica das diferentes leituras possíveis, LIONEL BENTLY, *The return of Industrial Copyright?*, que afirma que essa leitura maximalista do acórdão FLOS implicaria que *as liberdades reservadas no art. 17 da Directiva dos Desenhos ou Modelos terão sido eliminadas pela Directiva da Sociedade da Informação.* Outra leitura possível, ainda segundo este autor, é a de que o TJ não tratou da questão em profundidade, e que o acórdão FLOS apenas impõe o respeito pela directiva respeitante ao prazo de duração dos direitos de autor, que teria de ser aplicada no caso dos DM registados que constituam obras de arte aplicada. Acerca do caso FLOS, cf. ainda KUR/DREIER, *European Intellectual Property Law*, 368, MATTHIAS LEISTNER, *Europe's Copyright Law Decade: Recent Case Law of the European Court of Justice and Policy Perspectives*, Common Market Law Review 2014, 51, 566 ss. e NUNO SOUSA E SILVA, *Uma Introdução ao Direito de Autor Europeu*, 1369 ss..

originalidade das criações abrangidas pelo direito de autor[405]. Esta referência às directivas de harmonização de vários aspectos de direitos de autor, feita num contexto de DM, foi recebida com reticências por alguma doutrina, questionando a legitimidade do TJ para invadir uma reserva de competência que o legislador da União reconheceu ao legislador nacional, em sintonia com o disposto no art. 2/7 da Convenção de Berna[406]. Na verdade, se cabia a cada Estado-Membro "determinar o âmbito da protecção e as condições em que é conferida", parece óbvio que – nesta parte – as directivas de harmonização relativas ao DA não tinham que ser invocadas. Por outro lado, a interpretação que o Tribunal faz da "vontade do legislador da União", baseada no oitavo considerando da DHDM, não encontra sequer apoio nos trabalhos preparatórios, em especial no *Green Paper on the Legal Protection of Industrial Designs*. Nesse documento, ficou claro qual o sentido a atribuir à regra da cumulação: a ideia de que os Estados-membros não deveriam negar a tutela autoral a uma criação, *pelo simples facto* de ela ser registada como DM. Nada mais do que isso[407]. Por isso, ainda é cedo para perceber até que ponto subsistirá a margem de manobra dos Estados-membros, para definirem quais os requisitos de protecção jusautoral das criações que constituam obras protegidas como DM[408]. Não é impossível que neste domínio, como já sucedeu

[405] Para maiores desenvolvimentos sobre este aspecto, cf. Pedro Sousa e Silva, *A Protecção Jurídica do Design*, cit., p. 222 ss.

[406] Neste sentido, Lionel Bently, *The return of Industrial Copyright?* Considerando que a harmonização neste domínio deixou uma ampla margem de discricionariedade aos Estados-membros em matéria de cumulação, que aliás, reprovam, Thomas Margoni, *Not for Designers. On the Inadequacies of EU Design Law and How to Fix It*, JIPITEC 2013, 234 e Graeme Dinwoodie, *Federalized Functionalism: The Future of Design Protection in the European Union*, AIPLA Quarterly Journal, Vol. 24, nºs 2, 3 e 4, 1996, 713.

[407] *The principle of "cumulation" of the specific design protection and copyright protection should be acknowledged by all Member States. No design should be denied protection under copyright law for the "sole" reason that it has been registered either at national or at the Community level* (cf. ponto 11.3.4, p. 146). De resto, a proposta de regulamento de DMC, elaborada pelo Instituto Max Planck (*Towards a European Design Law*, 1991, art. 14) apontava no mesmo sentido: *A community design right does not preclude protection of the appearance of the product from being protected as a work under national copyright law.*

[408] O Supremo Tribunal Federal Alemão (BGH), no seu ac. de 13.11.2013 (Geburtsratgszug), perfilhou claramente uma interpretação "minimalista" do acórdão FLOS, declarando (§ 28) que a directiva 2001/29 *se refere apenas à regulação da obra como objeto de protecção* e que *os requisitos de protecção jusautoral de obras de arte aplicada não estão regulados no direito da União Europeia*. A actual lei italiana insere-se justamente nesse espaço de liberdade, ao fazer

noutros casos, o TJ vá para além da mera interpretação das normas de uma directiva de aproximação de legislações, consagrando soluções que implicam harmonização de matérias que os Estados-membros, manifestamente, não pretenderam uniformizar. No entanto, no actual enquadramento normativo, não há razão para que o legislador nacional renuncie voluntariamente a usar a margem de liberdade que lhe foi reconhecida por norma expressa.

5.4.2. As origens da regra da cumulação. A "unidade da arte"

Esta regra da cumulação de protecções tem as suas raízes no direito francês de finais do século XIX, que consagrou a chamada "doutrina da unidade da arte", assente na ideia de que não há que distinguir entre a criação artística "pura" e a "arte industrial" e cuja paternidade é geralmente atribuída a EUGÈNE POUILLET[409]. Este autor tentou fazer luz sobre a natureza e características dos desenhos e modelos industriais, rejeitando a *distinção impossível* entre o «desenho industrial» e o «desenho artístico», e criticando a ideia de *separar duas coisas feitas para se aliarem e se unirem, a arte e a indústria* e a de *estabelecer entre elas uma linha de demarcação*[410]. Este princípio teve grande acolhimento junto dos tribunais franceses, que ao longo do século XX lhe deram desenvolvimentos exagerados e seguramente imprevistos pelo seu autor. A tal ponto que a jurisprudência francesa acabou por reconhecer tutela autoral às mais diversas criações utilitárias, ainda que desprovidas de qualquer carácter artístico. São inúmeros (e pitorescos) os exemplos deste género, desde uma famosa saladeira ao modelo de um parafuso, passando

depender a tutela autoral dos DM da existência de um "valor artístico" suplementar, que vem sendo exigido pela jurisprudência transalpina, nomeadamente no caso Casina (Ac. de 17.02.2014, do Tribunal de Milão, Proc. 37937/11).

409 *Traité Théorique et Pratique de la Propriété Littéraire et Artistique et du Droit de Représentation*, 1ª ed., 1879 (ao longo do texto, reportamo-nos preferencialmente à 3ª ed., de 1908) e *Traité Théorique et Pratique des Dessins et Modèles*, 1ª ed. 1868 (no texto, citamos unicamente a 2ª ed., 1884 e a 5ª ed., 1911). Para uma excelente descrição dos primórdios da disciplina dos desenhos e modelos, em França, e das origens da teoria da "unidade da arte", cf. PAUL ROUBIER, *Le Droit de la Propriété Industrielle*, Vol. II, 377-425. Para uma crítica da teoria da "unidade da arte" e da aplicação que dela foi feita, cf. GEORGES CHABAUD, *La Protéction Légale des Dessins et Modèles*, 1913, pp. 61-94 e ANDRÉ BERTRAND, *La Propriété Intellectuelle...*, p. 24. Para mais desenvolvimentos a este respeito, cf. PEDRO SOUSA E SILVA, *A protecção Jurídica do Design*, cit., pp. 251 ss..

410 *Traité Théorique et Pratique des Dessins et Modèles*, p. 49.

por peças de automóveis, batedeiras ou abre-cápsulas[411]. Na opinião autorizada de ANDRÉ BERTRAND, a teoria da unidade da arte foi gerando *uma interpenetração quase grotesca* do direito de autor na vida comercial, levando a que a venda do produto mais banal seja hoje olhada como o resultado de uma sucessão de "criações artísticas"[412]. Ora, se os resultados excessivos da regra da unidade da arte agradam a uns, prejudicam outros e, seguramente, lesam a economia no seu todo, sujeitando-a a restrições adicionais da concorrência, não justificadas pela necessidade de incentivar a Estética Industrial, que já goza de incentivos próprios, previstos na disciplina dos desenhos ou modelos.

Aliás, uma leitura atenta das obras de POUILLET permite concluir que este autor nunca defendeu a extensão *automática* da protecção autoral às criações protegidas como desenhos ou modelos (ao contrário do que ainda hoje supõem alguns autores franceses [413]). Na verdade, quem tenha lido a prosa viva e elegante deste autor, saberá que ele se preocupou unicamente em evitar que as obras de arte aplicadas ficassem privadas de protecção pelo simples facto de serem... aplicadas. A síntese da sua doutrina reside na ideia de que a destinação industrial não muda a natureza de uma obra. Por isso, proclama: *la loi doit être uniforme pour toutes les œuvres qui tiennent de l'art, et qui, de près ou de loin, en procèdent*[414]. O que demonstra que a sua doutrina tem por

[411] Para referências destes e de outros exemplos, cf., nomeadamente, GREFFE/GREFFE, *Traité...*, p. 56 ss., AZÉMA/GALLOUX, *Droit de la Propriété Industrielle,* p. 723 ss., MICHEL VIVANT, *L'art, le vrai et le droit,* in "Propriétés Intellectuelles", Janvier 2011 (38) p. 8, P.-Y. GAUTIER, *Propriété littéraire et artistique,* p. 61 ss., e ANDRÉ BERTRAND, *Droit d'Auteur,* p. 16 ss..

[412] *La Propriété Intellectuelle*, p. 24, em que o autor ilustra este exagero com um exemplo: *a venda de bananas envolve os seguintes «autores»: o autor da respectiva embalagem, o autor das inscrições que figuram nessas embalagens, o autor da etiqueta ou do autocolante aposto nas bananas, o autor do slogan utilizado pelo distribuidor, o autor da publicidade (que são pelo menos seis se for publicidade audiovisual), o autor das notas de encomenda, o autor das facturas...*

[413] Como, v.g., AZÉMA/GALLOUX, *Droit de la Propriété Industrielle,* p. 686.

[414] *Traité Théorique et Pratique des Dessins et Modèles,* 1911, 53. Os fundamentos desta tese podem encontrar-se, desde logo, no *Traité Théorique et Pratique des Dessins et Modèles de Fabrique,* de 1884, 2ª edição, 45. É o próprio Pouillet que refere, na 5ª edição do *Traité Théorique et Pratique de la Propriété Littéraire et Artistique et du Droit de Représentation,* 1908, 96, nota (4), que foi nesta 2ª edição do *Traité Théorique et Pratique des Dessins et Modèles de Fabrique* que pela primeira vez sustentou estas ideias, acrescentando então que essa discussão tinha apenas um mero interesse histórico, visto que as suas ideias tinham entretanto recebido consagração na lei de 11 de Março de 1902

objecto, não todas as criações da Estética Industrial, mas apenas aquelas *qui tiennent de l'art*... Isto significa que o objectivo deste autor era impedir que a aplicação industrial de uma obra de arte a fizesse perder a tutela jusautoral, já que ela continuava a manter o seu "*caractère d'œuvre d'art*".

Este ilustre jurista nunca defendeu que as obras desprovidas de carácter artístico, ainda que protegidas pela lei dos desenhos ou modelos, deviam alcançar a tutela dispensada às criações artísticas. A "unidade da arte" de que falava POUILLET era a unidade entre a "arte pura" e a "arte industrial", pois ambas constituíam "arte". Por isso, a arte aplicada, pelo facto de poder beneficiar da tutela própria dos desenhos ou modelos, não deixava por isso de ser arte e de, consequentemente, gozar da protecção dispensada pelo Direito de Autor. Os dois tipos de arte não deviam ser separados, pelo simples facto de um deles poder beneficiar de uma protecção adicional. Por isso se justificava manter a "unidade" entre os dois.

Assim, para POUILLET, não era toda e qualquer criação que merecia a tutela cumulativa dos desenhos ou modelos e do Direito de Autor. Ele referia-se, reiteradamente, às "obras de arte" e foi só com elas que se preocupou, contestando a ideia de as desgraduar pelo facto de lhes ser dada uma "destination industrielle". A sua doutrina pretendeu evitar a *desqualificação* das obras de arte; e não promover a *qualificação* das obras que o não são. Por isso, a verdadeira teoria da "unidade da arte" aproveita, única e exclusivamente, às criações da arte aplicada.

5.4.3. As alternativas possíveis em matéria de cumulação. Direito comparado

A expressão "cumulação", neste contexto, designa a possibilidade de vários direitos subjectivos de Propriedade Intelectual protegerem simultaneamente o mesmo objecto. Não se trata aqui de uma mera "coexistência" ou "protecção concorrente", como sucede quando no mesmo produto se reúnem características diferentes, protegidas por direitos distintos (por exemplo, características técnicas, protegidas por uma patente e características estéticas, protegidas por DM). No sentido aqui usado, haverá "cumulação" quando *a mesma característica* (v.g., a aparência de um produto) seja passível de protecção por parte de diferentes disciplinas jurídicas (Direito de Autor e Direito Industrial). Imaginemos um candelabro em cristal com um formato que é não só tecnicamente inovador (evitando o apagamento acidental da chama) como também esteticamente atraente.

A solução técnica inovadora pode ser protegida como invenção (por patente ou modelo de utilidade) e a criação estética poderá alcançar, sob certas condições, protecção como desenho ou modelo e também como obra artística, sujeita a direitos de autor[415]. A *cumulação* ocorrerá, nesta hipótese, entre os DM e o DA, mas não já entre estes e o direito de patentes, que só protege a inovação técnica, não tutelada por aqueles.

Para disciplinar a questão da cumulação de protecções, são à partida concebíveis três soluções distintas[416]:

- **Não cumulação**: neste regime, a tutela dos DA e dos DM aparece como *alternativa*, (i.e., mutuamente exclusiva). Em princípio, a opção cabe ao autor da obra, embora também possa decorrer da lei (v.g., fixando um número máximo de exemplares, acima do qual cessa a protecção jusautoral). Porém, uma vez que a protecção dos DA decorre da lei, sem qualquer formalidade, ela só deixará de existir por iniciativa do autor (por exemplo, pedindo o registo da obra como DM ou fabricando um número de exemplares acima do limite legal).
- **Cumulação total**: vigorando esta solução, a aparência inovadora de um objecto, quando protegida por DM, beneficia simultaneamente da protecção dos DA (a qual nasce logo com a criação da obra). A tutela jusautoral é atribuída de forma automática e indiscriminada a

[415] Na medida em que não estejamos perante formas ditadas exclusivamente pela sua função técnica ou por necessidades de encaixe ou ligação mecânica, conforme dispõem os arts. 175º/6 do CPI e 8º do RDM. Sobre este ponto, cf. *infra*, 3.3.

[416] Para uma descrição destas diferentes opções, Otero Lastres, *Manual de la Propiedad Industrial*, p. 373 e ss., Nuno Sousa e Silva, *The Ownership Problems of Overlaps in European Intellectual Property*, 2014, p. 51 ss., Sam Ricketson/Uma Suthersanem, *The Design/Copyright Overlap: Is There a Resolution?*, *in* Neil Wilkof/Shamnad Basheer, "Overlapping Intellectual Property Rights", 2012, pp. 159-187, Sam Ricketson/Jane Ginsburg, *International Copyright and Neighbouring Rights...*, 2006, pp. 468-469, Uma Suthersanen, *Design Law in Europe*, 2000, p. 109, Goldstein/Hugenholtz, *International Copyright. Principles, Law, and Practice*, 2010, p. 211, e Yves Gaubiac, *La théorie de l'unité de l'art*, "Revue Internationale du Droit d'Auteur", 111, Janvier 1982, pp. 45-59. Entre nós, cf. Remédio Marques, *Biotecnologia(s)...*, I–164-177, Couto Gonçalves, *Manual de Direito Industrial*, p. 161 ss., e Bárbara Quintela Ribeiro, *A Tutela Jurídica da Moda pelos Desenhos ou Modelos*, p. 503 ss..

toda e qualquer criação intelectual do domínio da estética que goze de protecção como DM[417].

- **Cumulação parcial**: nesta opção, a protecção cumulativa não aproveita a toda e qualquer obra passível de registo como DM, mas apenas àquelas (em particular as "obras de artes aplicadas") que satisfaçam certos requisitos adicionais, como por exemplo carácter artístico ou um grau acrescido de originalidade[418]. Esta solução apresenta diversas variantes, em função dos requisitos exigidos e dos efeitos decorrentes da cumulação[419].

Note-se que *estas três categorias não são de modo algum impermeáveis e nem sempre são intrinsecamente consistentes; as diferenças existentes de país para país, dentro de cada categoria, são por vezes tão salientes quanto as que existem entre as próprias categorias*[420]. Por isso, os três regimes acima sintetizados constituem paradigmas que nem sempre se encontram em "estado puro", podendo surgir temperados com traços típicos uns dos outros.

Na União Europeia, como já vimos, a opção pela não cumulação está claramente afastada, atento o disposto nos arts. 17º da DHDM e 96º/2 do RDM e a jurisprudência do caso FLOS[421]. Em face disso, nos vários ordenamentos jurídicos europeus apenas podemos encontrar exemplos das outras duas soluções, acima referidas, consagrando a cumulação total ou parcial[422].

[417] UMA SUTHERSANEN, *Design Law in Europe*, p. 109, descreve este sistema como aquele em que *the registered design law is applied unconditionally in tandem with the copyright law.*

[418] Nas palavras de OTERO LASTRES, *Manual...*, 374, neste sistema – que denomina "acumulación restringida" – *só uma categoria de obras, as de arte aplicada à indústria, beneficiam da dupla protecção, sempre que, está claro, se solicite para a obra de arte aplicada o registo como desenho ou modelo.*

[419] Para um enunciado dessas variantes, cf. REMÉDIO MARQUES, *Biotecnologia(s)...*, I-164 ss..

[420] Como advertem GOLDSTEIN/HUGENHOLTZ, *International Copyright...*, p. 211.

[421] Ac. de 27.01.2011 (Proc. C-168/90, FLOS.SEMERARO CASA E FAMIGLIA, cit.). A não cumulação era o regime que vigorava em Itália até 2001, por efeito da já referida regra da "cindibilidade" (*scindibilitá*), que só reconhecia protecção jusautoral a obras em que o "valore artístico dell'opera" fosse separável do "carattere industriale" do produto ao qual a obra estava associada. Para uma descrição deste regime, cf., entre outros, PHILIPP FABBIO, *Disegni et Modeli*, p. 186.

[422] Para uma perspectiva global, a nível mundial, cf. relatórios elaborados no âmbito da Associação Internacional para a Protecção da Propriedade Intelectual ("AIPPI"), em 2012 (em resposta à Question Q231, "The interplay between design and copyright protection for industrial products", disponíveis in http://www.aippi.org). Para uma análise comparativa

A solução tradicional no **direito alemão** é a da cumulação parcial. Esta solução foi consagrada pela doutrina e jurisprudência germânicas muito antes da entrada em vigor da actual lei de Desenhos e Modelos de 2004[423], que procedeu à transposição da DHDM. Durante décadas, a jurisprudência alemã, seguindo a denominada *Stufentheorie* de Eugen Ulmer[424], exigia que as obras de arte aplicada atingissem um *nível de criatividade* ("Gestaltungshöhe") reforçado – isto é, superior ao exigido às obras de arte pura – para gozarem de direitos de autor[425]. Num dos casos

da questão da cumulação da tutela dos DA e dos DM, ainda que algo desactualizada, cf. Greffe/Greffe, *Traité des dessins & des modèles*, p. 2008.

423 "Designsgesetz" de 12 de Março de 2004, que veio substituir a "Gesetz betreffend das Urheberrecht an Mustern und Modellen" de 11 de Janeiro de 1876.

424 *Urheber- und Verlagsrecht*, p. 150, em que este autor afirmava: *No seu nivelamento e no seu efeito conjunto o direito de autor artístico e os desenhos ou modelos garantem a protecção de formas industriais e artesanato. Uma regulação que no domínio da exploração industrial apenas dispensasse protecção por via de desenhos ou modelos eliminaria a demarcação. A sua desvantagem será, porém, a de também submeter verdadeiras criações artísticas ligadas à forma à protecção de conteúdo mais fraco e duração mais curta dos desenhos ou modelos. A distinção pelo grau de criatividade/prestação* ["Grad der Leistung"] *merece assim a preferência. A fórmula da jurisprudência de acordo com a qual só existe uma obra artística quando esta atinja um dado grau de "acréscimo estético"* ["Ästhetische überschuß"] *ou conteúdo estético para que na opinião maioritária se possa falar de arte, permanece, é claro, contestável. Falamos melhor de altura criativa artística* ["Künstlerichen Gestaltungshöhe"]: *a protecção por desenhos ou modelos exige uma criação com individualidade* ["eigentümliche"] *que resulte da forma ou das cores (ou de ambas). Atingindo a forma altura artística* ["Künstlerische Höhe"] *também gozará da protecção mais ampla dos direitos de autor.* Descrevendo este regime, Annette Kur, *Les protection alternatives au droit d'auteur en droit allemand, in* "MPI Studies on Intellectual Property, Competition and Tax Law", Vol. 2, 2007, p. 214 ss., Loewenheim *in* Schricker/Loewenheim, *Urheberrecht Kommentar*, §2 rn. 159-160, e Ansgar Ohly, *Areas of Overlap Between Trade Marks Rights, Copyright and Design Rights in German Law*, GRUR Int. 2007, pp. 705 e 708. Van Gompel /Lavik, *Quality, Merit, Aesthetics and Purpose...*, p. 191 ss., referem que, para decidirem se uma obra de arte aplicada goza de tutela jusautoral, *os tribunais alemães avaliam se a obra é suficientemente artística, baseados numa impressão de conjunto das suas características individuais. Para gozar de direitos de autor, o nível estético de uma obra deve atingir um nível que, segundo as normas prevalecentes na sociedade, leve o observador médio familiarizado com as artes a considera-la uma obra artística.*

425 Para uma descrição da solução adoptada na Alemanha antes da transposição da DHDM, cf. Paul Katzenberger, *Protection of Industrial Designs in Germany*, IIC 1975, 304, Gerhard Schricker, *Farewell to the "Level of Creativity" in German Copyright Law?*, IIC 1995, 41-48, e Mireille Buydens, *La protection de la quasi-création*, p. 151 ss..

mais conhecidos (SILBERDISTEL[426]), o BGH declarou que o *design* de um objecto utilitário, para ser protegido como desenho ou modelo, *deve destacar-se da média dos desenhos ou modelos não protegidos, para além do que é meramente bem feito e quotidiano;* e que, para alcançar protecção jusautoral, é necessária *uma diferença ainda maior, ou seja, a obra deve ultrapassar claramente o que são obras de design médio*. Por isso, exigia-se a tais obras um *grau de individualidade criativa superior*. Porém, na sequência das alterações de 2004, o BGH, em acórdão de 2013 (GEBURTSTAGSZUG)[427], veio declarar que já *não faz sentido exigir às obras de arte aplicada um requisito de criatividade mais elevado que às obras de arte pura*[428], tendo acrescentado: *Após a reforma do direito dos desenhos ou modelos pela Geschmacksmusterreformgesetz (...), deixou de haver uma relação entre níveis* ["Stufenverhältnis"] *entre os direitos de autor e o direito dos desenhos ou modelos, visto que tal relação assenta num direito de autor com a mesma natureza que este último. Como uma tal relação entre níveis não existe, o requisito adicional para obras de arte aplicada não se justifica*[429]. Esclarecida a alteração do enquadramento jurídico, o BGH prosseguiu, explicando que *a protecção dos desenhos ou modelos e dos direitos de autor não se excluem; pelo contrário, podem existir lado a lado*[430]. No entanto, sublinhou, esses dois regimes *não têm apenas diferentes direcções de protecção* ["Schutzrichtungen"] *mas também diferentes requisitos e consequências jurídicas*. Por isso, prossegue o dito acórdão, *uma criação de forma pode, em virtude da sua diferença em relação a formas anteriores, ser protegida por desenhos ou modelos sem reunir a criatividade* ["Gestaltungshöhle"] *necessária para obter protecção jusautoral*[431]. Isto porque, acrescenta o BGH, *a protecção jusautoral não pode ser concedida em relação às formas cujo efeito estético seja devido à finalidade do objecto mas apenas àquelas que se devam a uma realização artística*[432]. Em face disto, é claro que o direito germânico consagra uma

[426] Ac. do BGH de 22.06.1995 (I ZR 119/93 – tradução inglesa disponível *in* IIC 140, 1997, 141 ss.).

[427] Ac. de 13.01.2013, I ZR 143/12, disponível in http://juris.bundesgerichtshof.de (tradução portuguesa disponível *in Direito de Autor nos Tribunais,* TITO RENDAS e NUNO SOUSA E SILVA, 2019, p. 80).

[428] § 40.

[429] § 34.

[430] § 39.

[431] *Idem.*

[432] § 41. Esta conclusão já havia sido, de algum modo, prenunciada pelo acórdão de 12.05.2011 (SEILZIRKUS, 58, 60 – I ZR 53/10), em que o BGH reconheceu protecção

solução de cumulação parcial, só reconhecendo tutela jusautoral aos DM que constituam uma "realização artística", ainda que já tenha deixado de lhes exigir um nível de criatividade superior ao requerido para as demais obras de arte[433].

Em **Espanha**, a Ley 20/2003, de *Protección Jurídica del Diseño Industrial*[434], admite que o DM beneficie também da protecção do direito autoral quando *apresente em si mesmo o grau de criatividade e de originalidade necessário para ser protegido como obra artística segundo as normas que regulam a propriedade intelectual*. O que significa, pois, que também o legislador espanhol optou pelo sistema da cumulação parcial, como sublinha Otero Lastres[435], um convicto defensor desta solução. A jurisprudência do país vizinho já teve ocasião de clarificar aquele princípio, no caso ROURA, envolvendo um poste de iluminação pública, relativamente ao qual era invocada protecção jusautoral por parte das respectivas *designers*, que não dispunham de registo de DM sobre essa criação. O Tribunal Supremo de Espanha[436], depois de sublinhar que *las finalidades de las normas que tutelan derecho de autor y diseño son muy distintas*[437], lembrou que *está expresamente admitida por el Ordenamiento de la Unión Europea la posibilidad de exigir para la tutela del diseño por derecho de autor, además de la novedad y singularidad, cierto grado de "originalidad"*[438]. Em face disso, concluiu

jusautoral a obras de artes aplicadas que constituam *uma criação com carácter individual, cujo conteúdo estético tenha atingido um grau que, na opinião das pessoas receptivas à arte e familiarizadas com o modo como a arte é vista, possa ser considerado uma criação artística*.

433 Neste sentido, já após o caso GEBURTSTAGSZUG, Eva Inés Obergfell, *Abschied von der "Silbertdistel": Zum urheberrechtlichen Schutz von Werken der angewandten Kunst*, GRUR 2014, pp. 612-627, Uma Suthersanen, *Copyright and Industrial Objects: Aesthetic Considerations and Policy Discriminations*, p. 12, e Nuno Sousa e Silva, *The Ownership Problems of Overlaps in European Intellectual Property*, p. 47, nota 191 e p. 52, nota 214.

434 De 7.07.2003; disposición adicional décima (texto consolidado disponível *in* http://www.boe.es).

435 *Manual...*, p. 381. Partilhando esta conclusão, Eduardo Galán Corona, *in* Rodrigo Bercovitz Rodríguez-Cano, *"Comentarios a la Ley de Propiedad Intelectual"*, 2007, p. 61 e Miguel Ruiz Muñoz, *Diseño Industrial y Derecho de Autor en Europa (La acumulación en alguns Derechos Nacionales harmonizados)*, ADI 27 (2006-2007), p. 388.

436 Por ac. de 27.09.2012 (Recurso no 831/2010, Elisenda Y CM Salvi v. Industrias de Iluminación Roura, SA); texto disponível *in http://www.poderjudicial.es/search*, consultado em 28.09.2014).

437 § 44.

438 § 45.

que os DM só podem gozar de protecção jusautoral quando, além da *novedad precisa para el modelo industrial,* tenham ainda *un plus de creatividad*[439].

No **direito francês**, como já adiantámos, vigora um regime de cumulação total, por aplicação de um certo entendimento da regra da "unidade da arte"[440]. Este regime, jurisprudencialmente deduzido da lei de 11 de Março de 1902 – que estendeu o direito de autor *aux sculpteurs et dessinateurs d'ornements, quels que soient le mérite et la destination de l'œuvre* –, repousa actualmente sobre o disposto nos arts. L.112-1 e L.513-2 do *Code de la Propriété Intellectuelle*; normas que, na verdade, são completamente omissas a esse respeito, limitando-se a proclamar a indiferença do *destino* da obra para efeitos de tutela autoral e a dispor que a protecção dos DM é concedida sem prejuízo dos direitos resultantes de outros regimes, nomeadamente dos direitos de autor. Sendo assim, os tribunais franceses concedem protecção jusautoral aos desenhos ou modelos, independentemente de estes serem, ou não, registados como tal. Esta linha jurisprudencial tem vindo a ser objecto de críticas crescentes, por parte da doutrina[441], mas não parece dar sinais de inflexão num futuro próximo.

439 *Idem.* Para um comentário a esta decisão, Nuno Sousa e Silva, *Novelty is not enough: Spanish Supreme Courts rejects unity of the art in an enigmatic decision,* JIPLP, 2013, 8 (11), p. 825.

440 Cf., nomeadamente, Denis Cohen, *Le droit des dessins et des modèles,* p. 148 ss. e Greffe/Greffe, *Traité des dessins & des modèles,* p. 48 ss.. Estes últimos autores referem (ob. cit, p. 48) que a França é o único país da UE a adoptar actualmente o sistema do "cumul total" – o que não corresponde à realidade, como veremos no texto, pois a Bélgica e a Holanda também adoptam o mesmo sistema.

441 Assim, André Bertrand, *La Propriété Intellectuelle...,* p. 33, defende o abandono definitivo desta teoria, que considera mais prejudicial do que benéfica, Lucas, et. al., *Traité...,* p. 109, entende que a regra da "unidade da arte", tal como tem sido aplicada, conduz ao enfraquecimento do Direito de Autor e *mina a coerência do sistema,* Pierre-Yves Gautier, *Propriété littéraire et artistique,* p. 113, afirma que o regime francês consagra uma protecção excessiva, acrescentando que essa acumulação se justificaria em 1909, numa altura em que o direito *sui generis* existente só abrangia alguns domínios determinados. Porém, a partir do momento a lei passou a abranger todos os tipos de artes, *teria sido judicioso suprimir esta excrescência.* É curioso notar que estas críticas já se faziam ouvir no início do século XX, pela pena inspirada de Georges Chabaud, *Le Droit d'Auteur des Artistes & des Fabricants,* 1908, p. 126 ss., que as retomou na sua obra de 1913, *La Protéction Légale des Dessins et Modèles,* p. 66 ss..

No que respeita à **Bélgica** e à **Holanda**, em que se aplica a *Convention Benelux en matière de propriété intellectuelle (marques et dessins ou modèles)*[442], o entendimento generalizado – mesmo na ausência de norma expressa nesse sentido – é o de que vigora actualmente um sistema de cumulação total[443]. Nesse sentido se pronunciou, ainda na vigência da lei anterior àquela convenção, o Tribunal de Justiça do Benelux, no caso SCREENOPRINTS[444], declarando que um desenho ou modelo, para beneficiar de tutela jusautoral, tem apenas que satisfazer o critério da originalidade, sem que deva apresentar um especial carácter artístico.

Na **Itália**, abandonada que foi a regra da "scindibilitá", que implicava a exclusão da cumulação, vigora actualmente um sistema de cumulação parcial. Assim, por força do decreto legislativo de 2 de Fevereiro de 2001, a *Legge* 633/1941 passou a admitir a tutela jusautoral para *le opere del disegno industriale che presentino di per sé carattere creativo e valore artistico*[445]. O significado a atribuir a estes dois requisitos não está ainda inteiramente esclarecido, tendo vindo a ser objecto de um intenso debate na doutrina italiana[446]. Mas

[442] De 2005, tendo a última versão entrado em vigor a 1 de Outubro de 2013. Note-se que os países do Benelux adoptaram um regime uniforme em matéria de DM, mas não no domínio dos direitos de autor.

[443] Relativamente à Bélgica, cf. ESTELLE DERCLAYE, *La Belgique: un pays de cocagne pour les créateurs de dessins et modèles?* – disponível in http://works.bepress.com/estelle_derclaye/22, 2009. Relativamente à interpretação da Convenção Benelux, cf. ainda VAN GOMPEL / LAVIK, *Quality, Merit, Aesthetics and Purpose : An Inquiry into EU Copyright Law's Eschewal of other Criteria than Originality*, RIDA 236, Abril 2013, p. 195 ss.. Quanto à Holanda, cf. ANSELM KAMPERMAN SANDERS, *in* "100 Years of Copyright – The Interface with Design Law Coming Full Circle?", *in* "A Century of Dutch Copyright Law", 2012, p. 99 ss..

[444] Ac. de 22.05.1987 (Screenoprints v. Citroën Nederland, Journal des Tribunaux 1987, 570).

[445] Art. 2/10. Fonte: http://www.parlamento.it/parlam/leggi. Para uma descrição do actual regime italiano, cf. VANZETTI/DI CATALDO, *Manuale di Diritto Industriale*, p. 525 ss., PHILIPP FABBIO, *Disegni e Modeli*, pp. 183-194, SILVIA GUIZZARDI, *Osservazioni in tema di protezione di diritto d'autore dele opere do design*, pp. 93-113 e ALBERTO MUSSO, *Del Diritto di Autore...*, pp. 77-89.

[446] VANZETTI/DI CATALDO, *Manuale di Diritto Industriale*, p. 527, sustenta que o requisito do 'carácter criativo' exige apenas que a obra não tenha sido copiada, mas criada pelo seu autor; enquanto que a condição do 'valor artístico' significa que o legislador quis *reservar a tutela autoral a uma "faixa alta" das obras de design, isto é, aquelas que apresentam um particular gradiente estético.* PHILIPP FABBIO, *Disegni e Modeli*, p. 189, dá conta de que a jurisprudência transalpina *tende na prática a reconhecer carácter criativo até a obras em que o contributo criativo*

algumas decisões do tribunal de Milão têm vindo a densificar o critério do valor artístico, remetendo para a percepção que da obra têm os meios culturais e mandando atender ao reconhecimento da natureza artística da obra por parte de instituições culturais e à sua inserção em tendências e movimentos artísticos[447].

O **Reino Unido** consagra hoje uma solução de cumulação parcial, numa opção que já foi descrita como "ambivalente"[448]. Esta matéria é regulada, essencialmente, pelo "Copyright, Designs and Patents Act 1988", que dispõe[449] que a noção de "obra artística" abrange três tipos de criações: *a) a graphic work, photograph, sculpture or collage, irrespective of artistic quality; b) a work of architecture being a building or a model for a building; or c) a work of artistic*

é muito modesto e que se mostra mais exigente a respeito do requisito do valor artístico, prevalecendo actualmente a ideia de reservar a tutela especial do direito de autor a uma "gama alta" do design, "de preço superior" ou que apresente gradiente estético "superior à média". SILVIA GUIZZARDI, *Osservazioni in tema di protezione di diritto d'autore dele opere di design*, p. 95, que considera que esta dupla exigência exprime a intenção do legislador italiano de estabelecer um *critério selectivo mais rígido*, de modo a evitar que *a extensão da tutela autoral às obras de design industrial possa ter efeitos anti-concorrenciais insuportáveis para o sistema económico subjacente*, cita diversas decisões judiciais posteriores à alteração legislativa de 2001, com uma orientação muito restritiva quanto à cumulação (*idem*, 100). VITTORIO DE SANCTIS, *Manuale del Nuovo Diritto D'Autore*, p. 60, considera que a expressão "carattere creativo e valore artístico" "di per sé" não pode redundar num juízo sobre o mérito (a que conduziria a interpretação da doutrina dominante, que exige que o DM *suscite emoções estéticas e intelectuais superiores, relativamente aos produtos industriais análogos*). Por isso propõe que aquele requisito seja interpretado no sentido de que o DM *resulte de uma atenção formal estética e pessoal do autor, não influenciada por factores orientados para um resultado técnico e isto quando sejam possíveis várias formas alternativas, independentemente da originalidade do produto.*

[447] Cf. sentença do Tribunal de Milão, de 12.09.2012 (Flos) e despacho do mesmo tribunal, de 17.02.2014 (Cassina), *apud* site www.lexology.com/library.

[448] A expressão é de SAM RICKETSON e UMA SUTHERSANEN, *The Design/Copyright Overlap: Is There a Resolution?*, p. 177. Para uma descrição do actual sistema britânico em matéria de cumulação, cf. ainda LIONEL BENTLY, *The return of Industrial Copyright?*, A/iii), BENTLY/SHERMAN, *Intellectual Property Law*, 2014, 769-778 e CORNISH/LLEWELYN/APLIN, *Intellectual Property...*, p. 620 ss..

[449] Section 4(1). Este diploma foi objecto de diversas alterações relevantes por força do "Intellectual Property Act 2014", com entrada em vigor a 1 de Outubro de 2014. Para uma descrição das principais alterações, cf. "Business guidance on changes to the law on designs," editado pelo Intellectual Property Office britânico, em 30.06.2014, disponível in https://www.gov.uk/government/publications/changes-to-design-law-business-guidance (texto legal disponível in https://www.gov.uk/government/publications).

craftsmanship. Este diploma protege, igualmente, os *registered designs*[450] e os *unregistered design rights*[451]. Em síntese, pode afirmar-se que, actualmente, a tutela jusautoral está disponível para desenhos ou modelos tridimensionais apenas na medida em que constituam "works of artistic craftmanship", gravuras ou esculturas (e estas últimas com muitas limitações, depois do acórdão LUCASFILM[452]).

Por último, é interessante referir o direito **norte-americano**, como um exemplo de sistema de não cumulação, decorrente da definição dada pelo "United States Copyright Law" a *pictorial, graphic, and sculptural works*[453]. De acordo com este regime, a tutela jusautoral apenas será concedida a produtos utilitários ("useful articles") na medida em que as características pictóricas, gráficas ou esculturais a proteger sejam *separáveis* ("can be identified separately") dos aspectos utilitários desse artigo. Esta *separabilidade* deve ser física ou pelo menos conceptual[454]. Assim, as características da aparência de um

[450] Section 213.

[451] Section 216 (prevendo uma protecção de 15 anos). Note-se que este regime coexiste com regime dos DMC não registados, sendo independente dele.

[452] Decisão do High Court of Justice de 31.07.2008, confirmada em 27.07.2011 por decisão do U. K. Supreme Court (*Lucas Film v. Ainsworth,* disponível *in* www.bailii.org/uk). Sobre este ponto, cf. Ricketson/Suthersanen, *The Design/Copyright Overlap: Is There a Resolution?,* 178,179. A limitação temporal da protecção por copyright a um máximo de 25 anos, que era aplicável às obras produzidas induatrialmente ("industrially manufactured works") deixou de existir a partir de 2016, tendo sido revogada a Section 52 do *Copyright, Designs and Patents Act 1988,* na sequência do acórdão FLOS (sobre este ponto, cf. Kur / Levin / Schovsbo (ed.), *The EU Design Approach. A Global Appraisal*, 2018, p. 86).

[453] United States Code, Title 17, § 101: *"Pictorial, graphic, and sculptural works" include two-dimensional and three-dimensional works of fine, graphic, and applied art, photographs, prints and art reproductions, maps, globes, charts, diagrams, models, and technical drawings, including architectural plans. Such works shall include works of artistic craftsmanship insofar as their form but not their mechanical or utilitarian aspects are concerned; the design of a useful article, as defined in this section, shall be considered a pictorial, graphic, or sculptural work only if, and only to the extent that, such design incorporates pictorial, graphic, or sculptural features that can be identified separately from, and are capable of existing independently of, the utilitarian aspects of the article.* Para uma análise da solução adoptada nos E.U.A., cf. Uma Suthersanen, *Design Law.: Europe and U.S.A.*, 2010, p. 229 ss., Dinwoodie/Janis, *Trade Dress and Design Law,* p. 440 ss. e Ricketson/Suthersanen, *The Design/Copyright Overlap: Is There a Resolution?,* p. 179 ss..

[454] Nesse sentido, uma decisão de 2005, citada por Ricketson/Suthersanen, *The Design/Copyright Overlap: Is There a Resolution?,* p. 181 (Galiano v. Harrah's Operating Company, Inc.), refere que *conceptual separability exists when there is any substantial likelihood that even if the*

produto só serão protegidas pelo direito de autor na medida em que sejam independentes da vertente utilitária desse produto. Como é bom de ver, este critério de demarcação mostra-se extremamente impreciso e imprevisível, tendo vindo a ser qualificado como "confuso" e "intrigante"[455]. Apesar disso, foi recentemente reafirmado pelo Supremo Tribunal Federal no caso STAR ATHLETICA v. VARSITY BRANDS, em que foi reconhecida protecção do *copyright* a uniformes de "chearleaders"[456].

5.4.4. A doutrina e jurisprudência portuguesas

A doutrina portuguesa relativa a esta matéria mostra-se maioritariamente favorável a um regime da cumulação parcial. Mas tal não significa que haja consenso sobre a interpretação a dar ao actual direito positivo, nomeadamente ao disposto no art. 194º do CPI (e ao seu antecessor, o art. 200º). Pelo contrário, autores há que interpretam esta norma como impondo uma solução de cumulação total, enquanto outros a lêem no sentido de consagrar apenas a cumulação parcial.

Assim, Remédio Marques considera que *a regra, embora lamentável, é, destarte e entre nós, a da cumulação automática, ao arrimo do consabido princípio da unidade da arte*[457]. Apesar disso, defende[458], *por via da redução teleológica* do art. 200 do CPI, *um regime de protecção cumulativa restrita ou parcial*, limitada àquelas *hipóteses em que a criação das características da aparência dos produtos satisfaça não somente os requisitos da novidade e singularidade (no quadro da protecção*

article had no utilitarian use it would still be marketable to some significant segment of the community simply because of its aesthetic qualities.

455 Uma Suthersanen, *Design Law: Europe and U.S.A.*, pp. 240, 241.

456 Ac. de 22.03.2017, texto disponível in https://www.supremecourt.gov/opinions.

457 *Biotecnologia(s)...*, I-157 e I-169. Esta afirmação, contudo, parece dificilmente compaginável com a conclusão (I-158), de que *a remissão constante do citado artigo 200º do CPI 03 para o regime do direito de autor – para mais quando não se alterou, neste particular, o CDA – só significa que o legislador não quis modificar o regime actualmente existente, segundo o qual constituem criações intelectuais (no domínio artístico) as formas igualmente protegidas pelo regime jurídico dos modelos e dos desenhos, desde que, porém, constituam uma criação artística.* Na verdade, esta última condição separa as criações estéticas passíveis de dupla tutela (dos DM e do DA), daquelas que não o são – o que corresponde, afinal, à solução da cumulação parcial. Certamente por isso, o mesmo autor vem a afirmar (*idem*, p. 173) que *não terá o legislador pretendido, como à primeira vista poderá ser sugerido, conferir uma tutela autoral, cumulativa e automática, a todo e qualquer desenho ou modelo registado.*

458 *Idem*, pp. 163-177.

dos desenhos ou modelos), mas também constitua uma criação artística (no quadro da protecção por direito de autor). Por outras palavras, do mesmo autor, os DM *não são, por si só, obras de arte aplicadas, salvo se puderem merecer a protecção por direito de autor – nisto consiste a redução teleológica*[459]. Já Couto Gonçalves[460] entende que, *em Portugal, face à conjugação do disposto no CPI (art. 194º, apesar da redacção infeliz de "intromissão abusiva" no âmbito do direito de autor) e no CDADC (art. 2º, nº 1 alª i), a solução é a da cumulação parcial. Isto significa que uma obra artística aplicada à indústria é passível de ser protegida, em simultâneo, pelo direito de autor e pela propriedade industrial, desde que sejam cumpridos os requisitos de protecção de cada sistema (originalidade v. novidade e carácter singular, respectivamente).* Na mesma linha, Carlos Olavo[461] afirmava que a lei portuguesa *prevê, pois, que as manifestações de arte aplicada possam gozar de um cúmulo de protecção através da propriedade industrial e através do direito de autor, ainda que estabeleça limites a esse cúmulo, por nem todas as manifestações beneficiarem dele.* Esta é, igualmente, a posição de Victoria Rocha, quando afirma que *a obra de arte aplicada, antes de ser original, deve ser de incluir no género "obras artísticas"*[462]. Por seu lado, Menezes Leitão afirma (sem fundamentar) que *a lei portuguesa sempre admitiu, para além da protecção relativa à propriedade industrial (art. 173º e ss. CPI), uma protecção cumulativa no âmbito do direito de autor (cfr. art. 200º CPI)*[463].

[459] *Ibidem*, p. 1246. Em alternativa a essa redução teleológica, este autor propõe (176), *de jure constituendo, uma protecção autoral diferenciada das características da aparência dos produtos,* exigindo, *para efeito da tutela pelo direito de autor, a presença de uma criação individual-personalizante, de um nível ou bitola estética mais elevados,* à semelhança do que se verificava, à data, no ordenamento jurídico alemão.

[460] *Manual de Direito Industrial*, 2019, p. 164.

[461] *A protecção do 'Trade Dress'*, *in* DI V, 2008, p. 445.

[462] Vitória Rocha, *Contributos para delimitação da "originalidade" como requisito de protecção da obra pelo Direito de Autor*, p. 787. Numa versão inicial deste artigo (policopiada), a Autora ia um pouco mais longe, declarando: ... *apesar de nos reservarmos o direito de futuramente vir a modificar a nossa posição, por ora estamos convencidos que a solução passa não pelo conceito de originalidade, mas sim pelo próprio conceito de obra artística. A obra de arte aplicada, antes de ser original, deve ser de incluir no género "obras artísticas". E estas, para o serem, pressupõem que seja criado no espectador uma qualquer emoção estética, seja de agrado, seja de desagrado. (...) Só os objectos utilitários ou de design que despertem algum tipo de emoção estética, qualquer que seja, devem merecer protecção pelo direito de autor, porque só então são obras artísticas.*

[463] *Direito de Autor*, 2011, p. 89. Segundo este autor, o legislador português *exige, no entanto, como requisito específico a existência de uma criação artística, sem o que não existirá protecção jusautoral. (...) A criação artística exigida para a protecção do modelo ou desenho industrial não tem que ser cindível, no sentido de ser considerada autonomamente da aplicação industrial ou funcional do*

Já Bárbara Quintela Ribeiro[464], considerando que no regime anterior a 2003 *essa protecção dupla era de difícil verificação,* afirma que *hoje em dia a realidade é outra: continua a reclamar-se um determinado nível de exigência artística, mas, ao invés de excluir as obras típicas protegidas pelo Direito de Autor do âmbito da sua protecção, o Direito Industrial admite a tutela, por parte deste, das criações por si protegidas, explicitamente prevendo que qualquer desenho ou modelo poderá beneficiar dessa protecção.* Por esse motivo, esta autora classifica o regime actual como de *cúmulo relativo de tutelas*[465]. É esta, também, a interpretação expressa no relatório da AIPPI relativo a Portugal[466], que descreve o regime nacional como sendo de protecção cumulativa, restrita ao universo dos DM que constituam uma criação artística.

A opinião de Oliveira Ascensão – enunciada na vigência da lei anterior à transposição da DHDM – era frontalmente contrária à cumulação total, quando afirmava que *nas obras de destinação utilitária temos antes de mais essa função, e não uma função literária ou artística. Nenhum motivo há para deixar automaticamente essas obras transpor o limiar do direito de autor. Só o poderão fazer se uma apreciação particular permitir concluir que, além do seu carácter utilitário, têm ainda um mérito particular que justifica que as consideremos também obras literárias ou artísticas*[467]. No entanto, este autor ia mais longe, mostrando-se mesmo desfavorável à cumulação parcial, por considerar "desproporcionada" a latitude dessa tutela dupla[468] – posição que, aparentemente, manteve mesmo

bem. Deverá, no entanto, exigir-se uma criação artística qualificada, no sentido de que um desenho ou modelo suscite, para além da sua aplicação funcional, uma apreciação de mérito em termos estéticos, que seja objecto de reconhecimento externo. Esta leitura peca por uma errada assimilação entre "mérito" artístico e "carácter" artístico, esquecendo que o legislador expressamente exclui a relevância do mérito como requisito de protecção jusautoral (art. 2º/1 do CDA).

[464] *A Tutela Jurídica da Moda pelo Regime dos Desenhos ou Modelos, in* DI V, 2008, p. 507.

[465] *Idem.*

[466] Associação Internacional para a Protecção da Propriedade Intelectual, *The interplay between design and copyright protection for industrial products* (Rel. elaborado por João Luís Garcia, datado de 26.03.2012 e disponível in http://www.aippi.org).

[467] *Direito de Autor e Direitos Conexos,* p. 96. Também na vigência do CPI anterior, Moura e Silva, *Desenhos ou Modelos. Um Paradigma Perdido?,* DI I, p. 449, admitindo que em Portugal vigorava a regra da cumulação da protecção, afirmava que a "exigência de mérito artístico" decorrente do art. 2/1/i) do CDA retirava "quase toda a utilidade a essa cumulação". Esta afirmação, a nosso ver, confundia *mérito* com *carácter* artístico, quando a nossa lei expressamente declara inexigível (apenas) o mérito.

[468] *Direito de Autor e Direitos Conexos,* 498.

após a publicação da DHDM[469]. Ora, face à jurisprudência do Tribunal de Justiça no caso FLOS, esta posição do insigne Mestre deixou obviamente de ser defensável, atenta a primazia do direito europeu.

A nossa **jurisprudência** neste domínio é, infelizmente, pouco abonatória da coerência e da actualização dos tribunais portugueses. A orientação predominante, sob a influência assumida do pensamento de Oliveira Ascensão, vai no sentido de reservar a tutela jusautoral a obras que satisfaçam *uma exigência reforçada quanto à criação artística*, como se escreve num acórdão da Relação de Coimbra, de 2002[470], que recusou protecção a certos bordados de Castelo Branco. Na mesma linha, embora com fundamentos algo distintos, podem citar-se um acórdão da Relação do Porto, de 2003[471], que negou tutela jusautoral a quatro padrões de tecidos, e um acórdão do STJ, de 2003[472], que condenou a imitação de um modelo de sacos térmicos, mas apenas com base em concorrência desleal, embora tenha admitido, em tese, que esse modelo poderia beneficiar de tutela autoral. Um traço comum a estas decisões, aplicando a disciplina anterior a 2003, é a sua imprecisão conceptual e terminológica, confundindo frequentemente a originalidade com a mera novidade e misturando os diversos níveis e pressupostos de protecção[473].

[469] *A Reforma do Código da Propriedade Industrial, in* DI I, 499.

[470] Ac. de 22.01.2002 (Proc. 2236/01, Maria Marques v. Délia Brandão; rel. Jaime Ferreira – CJ I, 2002, 21).

[471] Ac. de 31.03.2003 (Proc. 1258/03, Boussac v. Criabel; rel. Fonseca Ramos – CJ II, 2003, 183).

[472] Ac. de 11.02.2003 (Proc. 4599/02, Application des Gaz e Camping Gaz v. Olívio Barardo, Lda; rel. Azevedo Ramos CJ-STJ, I-2003, 93).

[473] Nessa óptica, o citado ac. RP de 22.01.2002 é paradigmático. Depois de proclamar que *a lei, visando proteger o produto do processo criativo como direito de autor, pretende evitar a concorrência desleal, beneficiando não só os que investem na criação e novidade como os consumidores*, este aresto prossegue, reconhecendo que *a Autora criou os quatro desenhos*, mas negando-lhe protecção por carecerem de novidade, exigida para a tutela dos desenhos industriais. Ora, a Autora não havia invocado a titularidade de quaisquer desenhos industriais, prevista no CPI (que aliás dependia de registo, cuja existência nem sequer é mencionada), não se entendendo por que razão o tribunal analisou uma questão de DA à luz do regime do CPI. Comentando esta decisão, Remédio Marques, *Biotecnologia(s)...*, I-1259, detecta, certeiramente, *uma confusão heurística nos planos de análise*, para além de contradições no julgamento dos factos.

Já na vigência do CPI de 2003, cumpre destacar um acórdão de 2012, da Relação de Guimarães[474], que recusou tutela jusautoral a uma linha de torneiras destinada a cozinha e casa de banho. No caso em apreço, essa gama havia sido concebida pelo arq. Carvalho Araújo em 2000, e registada como DM no INPI em 2001, por um licenciado do autor, tendo tal registo caducado em 2004, por falta de pagamento de taxas. Em 2010, o autor intentou uma acção destinada a impedir terceiros de comercializar torneiras desse modelo, alegando que a linha de torneiras por si concebida *é uma criação artística, merecendo, por isso, a tutela dos direitos de autor.* Tendo a acção sido julgado improcedente em primeira instância, a Relação manteve a sentença, nesta parte, por duas razões: Por um lado, porque *a protecção conferida pela legislação em matéria de direito de autor quanto a desenhos ou modelos não tem a amplitude aparente que a letra das normas do CDADC* [art. 2/1/i)] *sugere, antes está condicionada pela existência de registo;* ora, como o registo neste caso já não existia, não seria possível derivar daí uma tutela jusautoral reflexa. Em segundo lugar, porque *o desenho ou modelo só confere direitos de autor ao seu criador se constituir uma criação artística.* Com essas premissas, o citado acórdão passa à subsunção dos factos em análise: ... *que a criação dos desenhos em causa pelo Autor é o fruto do seu espírito e engenho intelectual, é assunto de que ninguém pode duvidar. Mas já duvidamos que tal criação intelectual tenha necessariamente que ser qualificada de artística. Artístico é aquilo que decorre da arte, e esta, no seu sentido mais amplo, é geralmente entendida como uma actividade ligada a manifestações de ordem estética e espiritual, actividade essa susceptível de gerar nas pessoas algum tipo de sentimento ou de emoção (positiva ou negativa). Sucede que ver numa linha de torneiras destinadas a cozinha e casa de banho a manifestação de conceitos desta ordem, é algo que nos parece, em princípio (isto é, até significação factual em contrário), pouco sustentável. (...) Repare-se que inovação, distinção, individualização, funcionalidade, modernidade, beleza, elegância e ergonomia (vamos dar de barato que estes qualificativos assentam de alguma forma ao produto desenhado) não se confundem necessariamente com arte. Não fora deste modo, todas as criações intelectuais (a começar por toda e qualquer nova linha de torneiras) seriam artísticas, e sabemos bem que não é assim.*

474 Ac. de 27.02.2012 (Proc. 1607/10.3TBBRG, J.M. Carvalho Araújo v. Bruma, rel. Manso Raínho).

A nosso ver, este acórdão vale mais pelo seu dispositivo do que pelos seus fundamentos[475]. Como veremos, a falta de registo de uma obra como DM não pode constituir obstáculo à sua protecção autoral. Além disso, uma recusa tão categórica da natureza artística de um objecto, baseada apenas na sua finalidade prática (uso na cozinha ou na casa de banho), é excessivamente redutora, esquecendo que a tutela cumulativa se destina, justamente, a abranger objectos com finalidade *utilitária*. Há inúmeros objectos de *design* que são universalmente reconhecidos como criações artísticas, figurando em museus de arte moderna de todo o mundo, a despeito da sua finalidade utilitária. Por isso, esta decisão da Relação deveria ter avaliado concretamente o alegado carácter artístico[476], não se limitando a descartá-lo, sem mais, num exercício do "prudente arbítrio" do julgador.

Além desta decisão, vale a pena referir dois acórdãos da Relação do Porto, que abordaram de algum modo esta temática. O primeiro[477] reconheceu a um *designer* de mobiliário direitos de autor sobre um modelo de cadeirão, tendo condenado a ré a pagar-lhe uma indemnização pela violação desses direitos. O segundo aresto[478] recusou protecção jusautoral a uma escultura em poliuretano representando um coração humano, para exposição num congresso de cardiologia. Isto porque o tribunal entendeu que essa obra não continha, *em si, uma criação intelectual que justifique protecção em sede de direito de autor,* e que *a mesma não possui qualquer*

[475] Anotando desfavoravelmente este acórdão, Nuno Sousa e Silva, *"No copyright protection for tap designs", says Portuguese court,* JIPLP, 2013 8 (9), 886-887, considera que o mesmo é incompatível com a jurisprudência INFOPAQ, porquanto, tratando-se de uma "criação individual do autor", deveria necessariamente gozar de tutela jusautoral, independentemente de qualquer carácter artístico. Não partilho deste entendimento, atenta a interpretação que faço do citado acórdão INFOPAQ (sobre este ponto, cf. *A Protecção Jurídica do Design,* cit., p. 222 e ss.).

[476] O que poderia fazer-se ao abrigo do mecanismo do art. 662º/1/c) do CPC [art. 712º/1/c) do CPC anterior à reforma de 2013, em vigor à data da decisão], que permite a anulação da decisão proferida em primeira instância, quando a Relação repute deficiente, obscura ou contraditória a matéria de facto ou quando considere indispensável a ampliação desta. No caso em apreço, a Relação limitou-se a afirmar que os autores nada alegaram factualmente que pudesse justificar um juízo no sentido de que a criação em causa coenvolve algum tipo de arte, renunciando implicitamente à faculdade de ampliar a matéria de facto, admitida na citada disposição.

[477] Ac. de 23.11.2006 (Proc. 0633334, rel. José Ferraz).

[478] Ac. de 8.07.2004 (Proc. 0442253, rel. Dias Cabral).

originalidade ou trouxe qualquer novidade na sua forma, ela mais não faz do que reproduzir um coração humano tal como ele é. Esta decisão inscreve-se, claramente, na orientação restritiva do citado acórdão relativo às torneiras, só admitindo a tutela jusautoral para criações artísticas. Assim, depois de afirmar que, *sob pena de se cair na vulgarização do conceito de obra e na banalização da protecção deste tipo de direitos, muitas obras feitas pelo homem não encontram acolhimento no Código de Direito de Autor,* a Relação do Porto considera *excluídas da protecção do CDADC as obras utilitárias que não tenham a "originalidade" suficiente que as tornem* (sic) *artísticas*[479]. Esta última afirmação enferma de uma manifesta confusão de conceitos, ao apresentar o carácter artístico como dependente da originalidade. Ora, uma coisa é o carácter artístico (um *pressuposto* de tutela jusautoral) e outra é a originalidade (que constitui um dos *requisitos* dessa protecção). Aliás, é apodíctico que existem criações extremamente originais fora do âmbito das artes e letras, nomeadamente no domínio da técnica. Por isso, se me parece de aplaudir o sentido desta decisão, já não me revejo totalmente nos seus fundamentos, embora seja inegável que nem todas as obras humanas merecem acolhimento pelo Direito de Autor.

De sinal contrário, um recente acórdão da Relação de Lisboa[480], considerou merecedoras de protecção ao abrigo do direito de autor modelos de calças de ganga, "sweatshirts", e "t-shirts", declarando que, *tendo em especial conta o panorama jurisprudencial europeu hodierno, não existe neste momento fundamento bastante para sufragar o argumentário profundamente restritivo (...) exigir um elevado e altamente qualificado entendimento do conceito de vertente artística para que se possa conferir ao design/modelo (...) a correspondente protecção no âmbito dos direitos autorais.* Em face disso, acrescentou, não se pode exigir aqui, *para estes efeitos de protecção jusautoral, um entendimento extremamente apertado e restrito de arte/produção artística, um grau de qualificação similar à quase inatingível excelência máxima, praticamente exclusivo das peças com inestimável valor histórico e elevadíssimo interesse cultural, dignas de integrar qualquer selectivo, credenciado e elitista museu de história, arquitectura, pintura ou qualquer outra ciência ou modalidade artística em geral.* Na mesma linha, a Relação de Lisboa – invocando também a

[479] Ac. de 8.07.2004, cit..

[480] Ac. de 21/2/2017 (Proc. 268/13.2YHLSB; rel. Luís Espírito Santo). Esta decisão foi objecto de recurso para o STJ, que, lucidamente, procedeu a um reenvio prejudicial para o Tribunal de Justiça, em 6.12.2017 (pendente o nº C-683/17, COFEMEL v. G-Star Raw), a fim de esclarecer, nomeadamente, o conceito de obra para efeito de direito de autor.

jurisprudência INFOPAQ – também reconheceu a tutela do direito de autor a modelos de armaduras de iluminação da autoria do Arq. Souto Moura[481], por ter considerado que *os elementos dos autos permitem a conclusão de que as luminárias em causa preenchem estas qualidades intrínsecas de molde a aceitar-se que estamos perante uma criação estética que lhes confere um valor acrescentado. Isto é, tais luminárias pelo design incorporado do seu criador, acabam por ter um valor que excede o valor que resulta da sua funcionalidade. A elegância, a sobriedade e a delicadeza das formas acabam por ser passiveis de gerar uma emoção estética, sendo, pois, mais fácil obter a adesão dos consumidores, a qual parte de algo que transcende a mera funcionalidade das mesmas.*

No entanto, incompreensivelmente, a mesma Relação de Lisboa recusou tutela jusautoral a papeleiras, bancos e floreiras em betão, por serem *objectos de mobiliário urbano, de cariz industrial*, que têm um *design meramente funcional, não devendo ser considerados uma criação artística*[482], tendo sido secundada pelo STJ[483], que considerou estar-se perante *produtos sem incorporação de criação artística, por ausência de características inovadoras, e de natureza meramente utilitária, não justificam proteção no âmbito do direito de autor*. Nesta mesma linha, a Relação do Porto negou a tutela do Direito de Autor a modelos de mobiliário de exterior[484], por não as considerar *uma criação artística com individualidade e novidade*.

A sensação que fica, ao ler estas decisões, é que o desfecho destes processos depende, demasiado, da sensibilidade e do grau de actualização dos decisores, que se sentem habilitados a avaliar – sem recurso a contributos exteriores, nomeadamente periciais – o *carácter artístico* das criações que demandam protecção. O que é que leva a Relação de Guimarães a negar tutela jusautoral às *torneiras* do arq. Carvalho Araújo e a Relação de Lisboa a concedê-la aos *candeeiros* do arq. Souto Moura? Qual a explicação para a Relação de Lisboa ter reconhecido protecção do Direito de Autor a *t-shirts e calças de ganga* e tê-la recusado a *papeleiras* e *bancos de jardim*?

[481] Ac. de 10.04.2018 (Proc. 225/13.9YHLSB.L1-7, rel. M. Amélia Ribeiro). Este ac. foi, entretanto, confirmado com os mesmos fundamentos pelo ac. STJ de 14.03.2019 (rel. Oliveira Abreu), sem que o Supremo julgado oportuno aguardar pelos esclarecimentos do TJ, no reenvio do caso COFEMEL.

[482] Ac. de 9.01.2018 (Proc. 76/14.3YHLSB: rel. Carla Câmara).

[483] Ac. de 27.09.2018 (Proc. 76/14.3YHLSB: rel. Olindo Geraldes).

[484] Ac. de 25.10.2018 (Proc. nº 364/12.3TVPRT; rel. Inês Moura)

5.4.5. Posição adoptada

Os tribunais não têm vocação para aferir do carácter artístico das obras de *design*, devendo abster-se de o avaliar com base num "palpite" do julgador. É certo que, sendo esse carácter pressuposto da tutela jusautoral, o juiz não pode furtar-se a apreciá-lo, mas deve basear-se em critérios mais fiáveis e previsíveis do que a sua sensibilidade e bagagem cultural.

Como tentei demonstrar noutro local[485], uma obra tem carácter artístico quando constitui um modo de expressão estética, reflectindo de algum modo a sensibilidade do seu autor e resultando de escolhas arbitrárias deste, feitas segundo critérios não exclusivamente funcionais. Na indagação do carácter artístico, não devem utilizar-se critérios conceptuais (baseados numa certa definição de "arte"), mas antes critérios de ordem *institucional*, que atendam à circunstância em que a obra é criada e ao modo como é encarada pelos "meios interessados". Ou seja, o carácter artístico de uma obra deve ser aferido, não tanto em função das características próprias dessa obra ou através da respectiva subsunção a uma dada concepção de arte (necessariamente controversa), mas sobretudo atendendo à posição que ela ocupa num contexto social e cultural, segundo duas ópticas distintas, mas complementares: a do autor e a do meio envolvente. Por um lado, obra de arte é aquela que é criada por um *artista*. Por outro, só é artística a obra que a sociedade *reconheça* como tal. A orientação institucional impõe uma abordagem holística, que pondera uma multiplicidade de factores, que assumem um cariz meramente *indiciário*: opiniões de especialistas, de artistas da mesma área, de comerciantes de arte, exames periciais, inclusão da obra em publicações especializadas, em livros de arte ou em colecções de museus, todos devem ser atendidos no escrutínio da natureza artística da obra. É, pois, com recurso a elementos desta natureza – e, se possível, com apoio pericial – que os tribunais devem reconhecer, ou negar, o carácter artístico das obras da estética industrial.

Dito isto, importa acrescentar que toda esta matéria poderá estar em vias de clarificação, na sequência da louvável iniciativa do STJ de proceder a um reenvio prejudicial para o Tribunal de Justiça no citado caso COFEMEL, relativo aos modelos de modelos de calças de ganga, "sweatshirts", e "t-shirts"[486], em que se confronta a norma do art. 2º/1/i), do CDADC (que

[485] *A Protecção Jurídica do Design*, cit., pp. 182 ss..

[486] Reenvio formulado em 6.12.2017 (pendente no TJ sob o nº C-683/17, COFEMEL v. G-Star Raw), no âmbito do citado Proc. 268/13.2YHLSB, em recurso do referido ac. RL de

confere proteção a obras de artes aplicadas, desenho ou modelo industriais ou obra de *design*) com a interpretação dada pelo TJ ao artigo 2º, alínea a), da Diretiva 2001/29/CE, nomeadamente a jurisprudência INFOPAQ. A decisão a proferir neste recurso prejudicial poderá contribuir decisivamente para objectivar o conceito de obra protegida e, consequentemente, para atenuar a imprevisibilidade das decisões judiciais nesta matéria.

Independentemente disso, o modo displicente como o legislador português transpôs o art. 17º da DHDM é um dos factores que mais contribui para a errática jurisprudência que acima ficou descrita. Esta atitude era tanto mais evitável quanto é certo que aquela norma envolvia um convite expresso a que cada Estado-membro determinasse *o âmbito* da protecção jusautoral dos DM e *as condições em que é conferida, incluindo o grau de originalidade exigido*. Por isso, era de todo aconselhável que o legislador (de 2003 e, mais ainda, o de 2018) não se limitasse a uma mera reprodução literal do primeiro período daquele art. 17º e tivesse feito uso da faculdade que lhe era outorgada pelo segundo período desta disposição.

Confrontado com o actual art. 194º do CPI – e tendo presente o disposto no art. 2º/1/i) do CDA –, o intérprete terá de optar entre a solução de cumulação *total* ou de cumulação *parcial*, cabendo-lhe ainda, nesta segunda

21.02.2017. Nesse processo, o Advogado-Geral Maciej Szpunar, nas conclusões apresentadas em 2.05.2019, depois de sustentar que a noção de obra para efeitos de direito de autor já se encontra harmonizada (na sequência da jurisprudência INFOPAQ, PAINER e FOOTBALL DATACO), propõe que o TJ declare que o art. 2º/a) da Directiva 2001/29/CE se opõe *a que os desenhos e modelos industriais só sejam protegidos pelo direito de autor se apresentarem um caráter artístico acrescido, que vá além do que é normalmente exigido a outras categorias de obras*, pelo que, saber se uma criação protegida como DM merece ser protegida também pelo Direito de Autor dependerá da sua qualificação como "obra", à luz da definição enunciada pelo TJ: ser uma *criação intelectual do próprio autor*, ou seja, uma criação que *refflecte a sua personalidade*, o que será o caso *quando o autor pôde exprimir as suas capacidades criativas na realização da obra, fazendo escolhas livres e criativas*. Relativamente ao caso concreto que deu origem ao reenvio, embora ressalvando a competência decisória das instâncias nacionais, o Advogado-Geral sempre foi dizendo (§60) que, em seu entender, *características como a «composição específica baseada em formas, cores, palavras e números», o «esquema de cores», o «local da colocação de bolsos na barriga», ou ainda o «corte com a montagem de 3 painéis», cuja reprodução é imputada à Cofemel, deveriam ser analisadas como ideias suscetíveis de diferentes expressões, ou mesmo como soluções funcionais, e não deveriam ser abrangidas pela proteção pelo direito de autor* – numa clara sugestão de que as características das calças de ganga, *t-shirts* e *sweatshirts* em causa não devem merecer esse tipo de tutela.

hipótese, determinar os requisitos e a extensão dessa cumulação. Isto porque, como vimos, a opção da não cumulação deve considerar-se excluída, na sequência do acórdão FLOS, que negou aos *Estados-membros a faculdade de conceder ou não a protecção dos direitos de autor a um desenho ou modelo que tenha sido objecto de registo num ou com efeitos num Estado-membro*[487].

Numa primeira ponderação entre a cumulação total ou parcial, o *elemento literal* parece apontar para a primeira solução, dado o sentido aparentemente injuntivo do texto do art. 194º do CPI, ao dispor que *qualquer* desenho ou modelo *beneficia igualmente* da protecção do DA. Esta redacção poderia significar que "todo e qualquer" DM beneficia da dupla tutela. No entanto, importa ter presente que este texto é igual à primeira parte do art. 17º da DHDM, o qual tem uma segunda parte atribuindo expressamente aos Estados-membros a liberdade de fixarem o alcance e as *condições* dessa cumulação. Isto ignifica, pois, que esta cumulação não tem que ser *incondicional*; por outras palavras, pode não ser total, mas apenas *parcial* (isto é, só ocorrer naquelas situações em que as condições a definir estejam reunidas). A comprovar que o art. 17º da DHDM não impõe a cumulação total está, ainda, o facto de os demais Estados-membros da UE, sujeitos ao mesmo comando legislativo, terem optado maioritariamente pela cumulação parcial[488]. Além disso, o intérprete português não pode ignorar um elemento sistemático de sentido contrário à solução da cumulação total: o texto da alínea i) do art. 2º/1 do CDA qualifica como obras sujeitas a direitos de autor *as obras de artes aplicadas, desenhos ou modelos industriais e obras de design* ***que constituam criação artística***, sugerindo claramente que as obras deste género que não constituam criação artística ficam excluídas da tutela jusautoral. Daqui resulta, a meu ver, que o elemento literal de interpretação desta última disposição aponta para o regime da cumulação *parcial* e, mais concretamente, para uma cumulação circunscrita ao universo dos DM que constituam *criação artística*. Nesta perspectiva, o disposto no art. 194º do CPI não carecerá da *redução teleológica* preconizada por Remédio Marques para o art. 200º do CPI anterior[489], merecendo, quando muito, uma *interpretação restritiva*, já que um dos significados literais possíveis é o de que "qualquer" DM "beneficia

[487] Cf. *supra*, 5.4.1..

[488] Com efeito, actualmente, só a França, Holanda e Bélgica optaram pela cumulação total.

[489] *Biotecnologia(s)...*, I-1246.

igualmente" da tutela jusautoral, quando reúna as condições de que esta depende (entre as quais a de constituir uma "criação artística").

Deste ponto de partida literal, cumpre avançar para os elementos lógicos de interpretação, começando pelo *elemento histórico*. Os trabalhos preparatórios do CPI de 2018 são omissos a este respeito, sendo que os relativos ao código de 2003 evidenciam que o legislador português não teve outro propósito senão o de – numa atitude de "bom aluno" – tratar da *inadiável transposição para a ordem jurídica interna de instrumentos de direito comunitário*, como refere o preâmbulo do DL 36/2003, de 5 de Março. Isto significa que o elemento histórico de interpretação do art. 194º do CPI de 2018 (e do art. 200º do CPI de 2003) deve pesquisar-se, não a nível nacional, mas antes no plano da União Europeia. Neste âmbito, os documentos mais importantes são o já referido *Green Paper on the Legal Protection of Industrial Designs*, de 1991[490], as propostas de directiva[491] e de regulamento[492] sobre desenhos e modelos apresentadas pela Comissão em 1993 e 1996 e o estudo prévio elaborada pelo Instituto Max Planck, em 1991[493]. Sem surpresa, as propostas de regulamento e de directiva não fazem uma escolha entre a cumulação parcial e a cumulação total, limitando-se a rejeitar soluções legislativas incompatíveis com a cumulação[494]. Esta contenção é coerente com o disposto na parte final dos arts. 17º da DHDM e 96º do RDM, quando reconhecem

[490] *Green Paper on the Legal Protection of Industrial Designs. Working document of the services of the Commission*, doc. nº 111/F/5131/91-EN, Junho 1991.

[491] *Proposta de Directiva do Parlamento Europeu e do Conselho relativa à protecção jurídica dos desenhos e modelos*, doc. COM (93) 344 final – COD 464, de 3 de Dezembro de 1993 (J.O. C 345, de 23.12.1993) e *Proposta alterada de Directiva do Parlamento Europeu e do Conselho relativa à protecção jurídica dos desenhos e modelos*, doc. COM (96) 344 final – COD 464 (J.O. C 142, de 14.05.1996).

[492] *Proposta de Regulamento do Parlamento Europeu e do Conselho relativa à protecção jurídica dos desenhos e modelos*, doc. COM (93) 342 final – COD 463, de 3 de Dezembro de 1993 (J.O. C 345, de 23.12.1993) e *Proposta alterada de regulamento (CE) do Conselho relativo aos Desenhos ou Modelos Comunitários*, doc. COM/99/0310 final – CNS 93/0463 (J.O. C 248 E de 29/08/2000).

[493] *Towards a European Design Law*, 1991.

[494] A exposição de motivos da primeira proposta de DHDM (7) referia mesmo que o art. 18 (que viria a dar origem ao art. 17) *estabelece, de acordo com o disposto no art. 100º da proposta de regulamento* [que veio a gerar o art. 96 do RDM], *a* ***obrigatoriedade*** *de aplicação cumulativa da legislação em matéria de direitos de autor e da legislação específica em matéria de desenhos e modelos.* Nesse mesmo sentido, o Green Paper (146) refere: *The principle of "cumulation" of the specific design protection and copyright protection should be acknowledged by all Member States.*

aos Estados-membros liberdade para determinar *o âmbito* da protecção dos DM pelos direitos de autor e *as condições em que é conferida, incluindo o grau de originalidade exigido*. Apesar disso, há alguns ténues sinais que apontam num sentido favorável à solução da cumulação parcial. Desde logo, o estudo preparatório do Instituto Max Planck propunha, originalmente, que o preceito destinado a regular a questão da cumulação (art. 14 da respectiva proposta) tivesse a seguinte redacção[495]:

> *When products the originality of which exceeds the requirements contained in Article 7* [distinctive character] *have been granted protection as a Community design pursuant to this Regulation this does not preclude them from being protected as works under national copyright law.*

Esta solução corresponde, inequivocamente, à cumulação *parcial*: nem todos os DM protegidos pelo regulamento gozariam de tutela jusautoral, mas apenas aqueles que revelassem um grau de originalidade superior ao necessário para ter carácter distintivo (ou carácter singular). Ora, se é certo que esta redacção acabou por ser abandonada, isso não se deveu ao facto de a cumulação parcial ter sido preterida, mas antes à convicção de que não seria necessário impô-la desde logo, dado que em países em que a cumulação total ainda subsistia (França e, ao tempo, Reino Unido), havia já *uma tendência crescente contra a protecção generalizada dos produtos industriais pelos direitos de autor*[496]; além disso, quis-se evitar intromissões no direito de autor de cada Estado-membro e não dar a ideia de que a futura tutela dos DM constituiria uma espécie de DA de segunda linha ("a petty copyright")[497].

Um segundo sinal favorável à cumulação parcial resulta da justificação invocada pela Comissão, no citado *Green Paper*, para impor a regra da cumulação: *No design should be denied protection under copyright for the "sole" reason that it has been registered either at national or at the Community level. Member States would however remain free, pending future harmonisation, to determine the*

[495] *Towards...*, 21, nota 13).

[496] *Idem*, 11. Além da França (e, ao tempo, do Reino Unido, que entretanto adoptou a cumulação parcial), também os países do Benelux previam (e continuam a prever) uma solução de cumulação total (como assinalado no referido estudo, pp. 52 e 53), embora nestes países esta opção seja mais consensual.

[497] *Ibidem*.

requirements of "originality" that the design should fulfil to enjoy protection under their copyright law[498]. Isto sugere que o objectivo desta regra é, sobretudo, evitar que uma obra merecedora de tutela jusautoral possa perdê-la devido ao seu registo como DM, e não o propósito de alargar essa tutela a todo e qualquer DM, como sucede no sistema de cumulação total. Além disso, esta cumulação é apresentada como uma solução transitória, enquanto se espera por uma harmonização do Direito de Autor, que determine o limiar de protecção específico dos direitos de autor, que os DM teriam de ultrapassar para (também) acederem à tutela jusautoral. Ainda assim, e apesar do que fica dito, entendo que o elemento histórico tem um contributo limitado a dar na interpretação do art. 17º da DHDM e, consequentemente, do art. 194º do CPI.

Já o mesmo não se dirá, contudo, quanto ao *elemento sistemático*, que, a meu ver, milita claramente contra o regime da cumulação total. Desde logo, por um imperativo de coerência de regimes, que recomenda que a solução a encontrar, do lado do Direito Industrial, se ajuste harmonicamente com a solução já existente, do lado do Direito de Autor. Ora, o art. 2º/1/i) do CDA apenas reconhece tutela jusautoral aos *desenhos ou modelos industriais e obras de design que constituam criação artística*. Por isso, não deverá a disciplina dos DM consagrar um regime diferente, sob pena de pôr em causa a congruência jurídico-sistemática do Direito da Propriedade Intelectual. Assim, ambos os regimes devem confluir na previsão de uma regra de cumulação parcial. Por outro lado, a unidade do sistema jurídico convive mal com a aplicação simultânea de duas disciplinas distintas a uma mesma realidade. Se o mesmo facto desencadear uma protecção simultânea de dois corpos normativos, com regimes diferentes, incidindo sobre o mesmo objecto (uma criação no domínio da Estética Industrial) e visando objectivos idênticos (conferir um exclusivo de exploração), fica abalada a coerência interna da Propriedade Intelectual e a harmonia dos seus componentes[499]. As dificuldades de articulação e compatibilização dos dois regimes recomenda, portanto, que se reduzam ao mínimo indispensável as áreas de sobreposição. Por outro lado,

[498] *Green Paper...* (11.3.4), p. 146.

[499] Sublinhando este aspecto, OTERO LASTRES, *Manual de la Propiedad Industrial*, p. 378, chama a atenção para as disparidades de regime entre o DA e a disciplina dos DM, e das dificuldades daí resultantes para a articulação entre eles, quando incidam sobre uma mesma obra.

embora haja diferenças relevantes entre a tutela jusautoral e a decorrente do Direito Industrial[500], admitir que todo e qualquer DM registado beneficiasse automaticamente da protecção do Direito de Autor geraria uma protecção consideravelmente *redundante*, erodindo as fronteiras entre os vários mecanismos de protecção. Por fim, a própria diversidade teleológica das disciplinas em questão – Direito de Autor e Direito Industrial – recomenda que não se faça uma aplicação sobreposta das respectivas normas, sem atender à especificidade própria das criações do espírito que cada uma delas se destina a reger[501]. Também por isso, é desejável que os pressupostos e requisitos da tutela jusautoral e os da protecção dos DM se distingam claramente, evitando que o simples preenchimento destes equivalha ao preenchimento daqueles (como sucede no regime da cumulação total).

Um outro argumento sistemático prende-se com as soluções adoptadas noutros ramos do Direito Industrial, como o direito das patentes e dos modelos de utilidade. Estas criações, de natureza técnica, atribuem ao inventor exclusivos que duram apenas 20 anos (patentes: art. 100º do CPI) e 10 anos (modelos de utilidade: art. 142º do CPI); ou seja, muito menos do que a duração dos direitos de autor. Pois bem, não parece que o esforço necessário para realizar uma invenção seja, à partida, inferior ao despendido com a criação de um DM. Ora, se o esforço não é diferente, por que razão há-de ser superior o incentivo dado pelo legislador? Note-se que os DM já gozam de uma tutela mais longa (25 anos) do que as invenções. Por isso, mal se compreenderia que, em acréscimo disso, a lei conferisse *automaticamente* ao criador do DM um exclusivo muito mais prolongado (vida do autor + 70 anos) do que aquele que atribui ao inventor de uma nova solução técnica.

[500] As diferenças mais salientes situam-se, nomeadamente, ao nível do facto gerador da protecção (criação/exteriorização no DA e registo ou divulgação nos DM), das formalidades (independência de registo no DA e registo como regra, nos DM), da titularidade (do criador intelectual, no DA e ao criador ou adquirente, nos DM), do âmbito de protecção (abrangendo só a cópia, no DA e abrangendo a cópia e a criação independente, nos DM), e da duração (vida + 70 anos, no DA e 25 anos, nos DM). Para um elenco sistematizado destas diferenças, cf., entre outros, Azéma/Galloux, *Droit de la Propriété Industrielle*, 2012, p. 688 ss., Otero Lastres, *Manual de la Proprieda Industrial*, p. 378.

[501] Acentuando particularmente este aspecto, Remédio Marques, *Biotecnologia(s)...*, I-1258-1259, considera que essa aplicação cumulativa indiscriminada colocaria *em crise a autonomia científica do regime dos desenhos ou modelos, doravante instrumentalizado e colonizado pelo regime do direito de autor.*

De resto, não parece que a relevância social dos DM seja superior ao das patentes[502]. Por isso, uma opção pela cumulação total mostrar-se-ia claramente desalinhada no contexto do Direito Industrial.

Mas é sobretudo no plano *racional ou teleológico* que encontramos argumentos mais sólidos, em favor da tese da cumulação parcial. Desde logo, esta é a solução mais ajustada aos fundamentos da tutela jusautoral e da protecção dos DM. Como já referi, a principal justificação para a outorga de direitos exclusivos aos criadores de obras no domínio da Estética Industrial reside no *incentivo económico* à criatividade e à inovação. Ora, não parece que a generalidade dos criadores e das empresas necessite de mais de 25 anos de exclusivo legal para se sentir estimulada a desenvolver novos produtos. Aliás, serão muito raras as empresas que planeiam a sua actividade para além de um horizonte de 5 ou 10 anos. Por isso, o estímulo gerado pela perspectiva de um exclusivo de 25 anos de duração não será muito inferior à perspectiva de um exclusivo de 70 ou mais anos. A diferença, a existir, será seguramente desprezável. Até porque, no domínio dos objectos utilitários, o *ciclo de vida* dos produtos tem, normalmente, curta duração. Dos produtos comercializados há 25 anos atrás, poucos serão os que subsistem actualmente, e mesmo esses, raramente mantêm a mesma aparência[503]. Ora, é apenas dessa aparência que cuidamos aqui. Sendo assim, para salvaguardar os interesses protegidos pela disciplina dos DM, não parece necessário reforçá-la com a tutela adicional e mais longa, prevista para os direitos de autor. Até porque, como vimos, o regime da cumulação parcial não tem por efeito retirar a protecção jusautoral às obras merecedoras de protecção do DA.

Esta reflexão conduz-nos a outro argumento, relativo à ponderação dos interesses em presença: o interesse individual do criador (em ser remunerado), o interesse dos concorrentes (em exercerem livremente a sua actividade), o interesse dos consumidores (de disporem de uma oferta alargada) e o interesse colectivo (do progresso económico). Atribuir

[502] Neste sentido, Otero Lastres, *Manual de la Propiedad Industrial*, p. 379.

[503] Basta pensar no domínio dos modelos de vestuário de moda (cujas necessidades de protecção se limitam, frequentemente, a uma estação), nos telefones móveis (cujos modelos são normalmente "descontinuados" ao fim de 2 ou 3 anos), ou mesmo dos veículos automóveis (cujos modelos raramente estão em linha de produção durante mais de 10 anos). Outros sectores de atividade, como, v.g., o mobiliário, a joalharia e a relojoaria, registam ciclos de vida de produto mais prolongados, mas raramente haverá modelos que estejam em produção mais de 25 anos.

indiscriminadamente um exclusivo com a duração de 70 anos *post mortem auctoris* ao titular de todo e qualquer DM é colocar-lhe nas mãos um monopólio inútil (porque relativo a algo que ele, em regra, já não quererá comercializar, ao fim de alguns anos) mas nefasto (porque serve para entravar a concorrência, impedindo que sejam lançados no mercado produtos mais ou menos semelhantes àquele que o criador já não pretende explorar[504]). Neste caso, o titular do exclusivo ficará na posição de quem "não faz nem deixa fazer", sem qualquer vantagem para a sociedade como um todo, e em claro prejuízo dos concorrentes e dos consumidores. Acresce que, do ponto de vista de política legislativa, os efeitos da cumulação total são nocivos, pois geram *insegurança jurídica*, dado que a protecção independente de registo – típica dos direitos de autor – é alargada a um universo muito mais vasto de produtos industriais. Ora, na ausência de registo, e da consequente publicidade dos exclusivos em vigor, torna-se muito mais difícil evitar a infracção de direitos protegidos, o que contribui para estorvar a actividade económica, confrontada com um verdadeiro "campo de minas", com os consequentes efeitos negativos sobre a concorrência. Uma equilibrada e justa ponderação dos interesses relevantes aponta, assim, para a rejeição da cumulação total.

Além disso, a *ratio legis* do art. 17º da DHDM – e logo, "por contágio", do art. 194º do CPI – consiste em evitar que uma obra seja privada de protecção jusautoral, *pela simples razão* de ser registada como DM, nacional ou comunitário, como decorre dos trabalhos preparatórios, acima invocados[505]. Por outras palavras, o escopo destas normas é evitar a *desqualificação* da arte aplicada, em consequência do seu registo como DM. Ora, este objectivo é plenamente assegurado com o regime da cumulação parcial, não havendo necessidade de uma solução tão extrema como a da cumulação total, conferindo indiscriminadamente tutela autoral a todo e qualquer DM registado.

Isto posto, importa extrair as consequências lógicas da interpretação que acabo de enunciar, acerca do sentido do art. 194º do CPI, e esclarecer diversas questões que o nosso legislador deixou em aberto, relacionadas

[504] Dir-se-á, em contrário, que o direito de autor apenas permite impedir os casos de cópia, e não a criação independente de produtos semelhantes. Mas, apesar disso, o risco de um concorrente não conseguir provar que não copiou estará sempre presente, e contribuirá para o dissuadir de fazer algo que se assemelhe a um objeto sujeito a tutela jusautoral.

[505] Em especial o *Green Paper*... (11.3.4), p. 146.

com o âmbito da protecção cumulativa e as condições de que a mesma depende.

Começando pelo **âmbito**, entendo que nem todos os DM protegidos podem beneficiar automaticamente da tutela do Direito de Autor, mas apenas aqueles que constituam, *por si próprios*, obras passíveis de tutela jusautoral[506]. O que equivale a dizer que deverá tratar-se de criações artísticas. Se a *ratio* do art. 194º do CPI é evitar a desqualificação de uma obra de arte devido ao seu registo como DM, a previsão desta norma deve abranger apenas realidades contidas no universo da criação artística (ou, para usar a terminologia do TJ, criações dotadas de "originalidade"). Aquele preceito deve ser lido em conjunto com o art. 2º/1/i) do CDA, que reconhece tutela jusautoral às *obras de artes aplicadas, desenhos ou modelos industriais e obras de design que constituam criação artística.* Assim, estas disposições do CDA e do CPI significam unicamente que uma criação artística, pelo facto de ser aplicada num produto utilitário ou de ser usada como tal – e, consequentemente, poder ser protegida como DM –, não fica por isso privada da protecção que porventura mereça, *enquanto obra de arte.* Isto é, uma obra de arte não é *desgraduada* pelo facto de servir como modelo para o fabrico de um produto ou como padrão decorativo de um artigo industrial. Se a obra de arte merecia protecção ao abrigo do DA, não a perde por causa do seu registo como DM. Mas a inversa não é verdadeira. Um DM que não constitua criação artística (e, como tal, seja insusceptível de beneficiar de direito de autor) não é pelo facto de ser registado que adquire uma protecção que não merecia. Se não era uma "obra de arte", não passa a sê-lo em resultado do seu registo como DM: um "príncipe disfarçado de sapo" não deixa de ser um príncipe; mas isso não significa que todos os sapos sejam príncipes... Por outras palavras, numa síntese lapidar de OTERO LASTRES, a regra da cumulação deve aplicar-se exclusivamente ao "caminho de ida" (uma obra protegida pelo DA pode ser protegida também pelo Direito Industrial), mas não já ao "caminho de volta" (todo o DM teria também protecção do DA)[507]. Assim sendo, impõe-se aqui uma *interpretação restritiva*, no sentido de que não é *todo e qualquer*

[506] Para mais desenvolvimentos sobre esta posição, PEDRO SOUSA E SILVA, *A Protecção Jurídica do Design*, cit., p. 274 ss..

[507] *Manual de la Propiedad Industrial*, pp. 405-406, enunciando a interpretação a dar ao art. 3/2 do "Texto Refundido de la Propiedad Intelectual", aprovado pelo Real Decreto Legislativo 1/1996, de 12 de Abril.

DM registado que beneficia igualmente da protecção dos DA, mas apenas aquele que constitua uma criação artística[508].

Daqui resulta, ainda, que as **condições** de protecção cumulativa correspondem – para além das exigíveis para a tutela dos DM, nomeadamente a novidade e singularidade – aos pressupostos e requisitos de que depende a protecção jusautoral, *maxime* a condição de que se trate de uma criação artística (ou, na terminologia do TJ, de uma "criação individual do próprio autor", em que este "reflecte a sua personalidade", fazendo "escolhas livres e criativas")[509]. Se o carácter artístico constitui pressuposto necessário da tutela autoral, não há qualquer razão para se prescindir dessa exigência relativamente a obras com finalidade utilitária. Cada corpo normativo tem as suas próprias exigências. Por isso, para que uma obra beneficie da tutela sobreposta dos dois regimes, deve satisfazer simultaneamente os requisitos de cada um deles. Não basta ao DM ser uma criação estética, é mister que seja uma criação artística. Protecção cumulativa pressupõe "criatividade" cumulativa.

Isto posto, há que determinar o **âmbito temporal** de protecção das criações sujeitas à dupla tutela. Ou seja, importa saber se, uma vez decorrido o prazo máximo de protecção dos DM – 25 anos a contar da data do pedido (art. 195º/1 do CPI e art. 12º do RDM) –, a protecção jusautoral se extingue, ou se, pelo contrário, ela se prolonga até ao termo do prazo geral de vigência (70 anos após a morte do criador intelectual, nos termos do art. 32º do

[508] Neste ponto, subscrevemos conclusão idêntica à maioria da doutrina portuguesa, em que se destaca Couto Gonçalves, *Manual de Direito Industrial*, p. 164, Victoria Rocha, *Contributos para delimitação da "originalidade" como requisito de protecção da obra pelo Direito de Autor*, p. 787 e os demais AA. cit., *supra*, 5.4.4.. Posição divergente quanto à interpretação da lei vigente, mas coincidente quanto à solução (após *redução teleológica* da norma do art. 200º do CPI), tem Remédio Marques, *Biotecnologia(s)...*, I-1246 e I-1255. À luz do disposto no art. 2º/1/i) do CDA, Oliveira Ascensão, *Direito de Autor e Direitos Conexos*, 1992, pp. 497-498, admite a possibilidade de o titular de uma obra registada como desenho ou modelo industrial com carácter artístico (logo, passível de tutela autoral), optar entre o ramo do direito a que recorreria para a sua tutela, embora considere "desproporcionado" beneficiar simultaneamente dos dois tipos de protecção. Trata-se, porém, de uma posição anterior à publicação e transposição da DHDM, e incompatível com a actual regulamentação europeia.

[509] O que não tem qualquer justificação, como vimos, é que se faça depender a protecção jusautoral dos DM de um "carácter artístico acrescido".

CDA)[510]. Pois bem, estando as obras de arte aplicada sujeitas ao prazo geral do art. 32º do CDA, a conclusão terá de ser esta: um DM registado pode ter dupla protecção durante os primeiros 25 anos, continuando a partir daí (ou antes disso, se o registo do DM entretanto se extinguir) a beneficiar da tutela do DA até ao final do prazo de 70 anos *post mortem auctoris*[511]. Esta solução é hoje inquestionável, como vimos, quanto aos DM *registados*, como decidiu o TJ no caso FLOS[512]. Mas entendo que a mesma solução é aplicável aos DMC não registados, à luz do fundamento invocado pelo Tribunal para chegar a essa conclusão: a existência de uma harmonização completa do prazo de protecção do direito de autor, no interior da UE[513]. Com efeito, se a dupla tutela depende do preenchimento simultâneo dos pressupostos e requisitos de protecção dos DM e dos DA, não há motivo para discriminar negativamente as obras de arte, pela "simples razão" de serem usadas como objectos utilitários ou de serem aplicadas em produtos deste género. Como vimos, o destino concreto que é dado à obra artística não influi na sua qualificação como arte. De resto, sendo a tutela jusautoral independente de registo, qualquer criação que revista carácter artístico beneficiará automa-

[510] A primeira solução vigorou entre nós por força do art. 34 do CDA, com a redacção dada pelo DL 63/85, de 14 de Março, que dispunha que as obras de arte aplicada gozavam de protecção apenas durante 25 anos após a realização da obra (e não durante o prazo geral de protecção das obras artísticas e literárias). No entanto, essa distinção cessou por força do disposto no DL 334/97, de 27 de Novembro.

[511] Couto Gonçalves, *Manual de Direito Industrial*, pp. 164/165, apesar de discordar desta solução *de jure constituendo* (entendendo que o prazo de protecção deveria ser comum e fixado em 25 anos), não tem dúvidas que, no plano do direito constituído, *o autor que veja a sua forma artística protegida, quer como obra de engenho, quer como desenho ou modelo, continua a poder, de facto, utilizar o direito de propriedade industrial por mais tempo do que a duração prevista no CPI (art. 195º, nº 1), de modo exclusivo, atendendo a que se pode opor a que outros concorrentes a possam usar, por violação do direito de autor)*, propondo mesmo que se recorra à figura do abuso do direito para *escrutinar este direito deoposição*. Preconizando uma solução idêntica (*de que o prazo de duração do direito de autor não ultrapasse a longevidade do direito industrial que concretamente incida* sobre o DM), na hipótese, de *lege lata*, de se consagrar a exigência de uma originalidade fraca, assente em factores objectivos, Remédio Marques, *Biotecnologia(s)....*, I-177.

[512] Ac. de 27.01.2011, cit., §§ 39-44.

[513] Por efeito da Directiva 93/98/CEE do Conselho, de 29 de Outubro de 1993 (entretanto substituída pela Directiva 2006/116/CE do Parlamento Europeu e do Conselho, de 12 de Dezembro de 2006), que fixou essa duração no prazo da *vida do autor e setenta anos após a sua morte, independentemente do momento em que a obra tenha sido licitamente tornada acessível ao público.*

ticamente de protecção autoral, venha ou não venha a ser registada como DM, no INPI e/ou no EUIPO[514].

Esta constatação resolve ainda uma outra questão que o legislador não tratou expressamente: a de saber se o **registo** do DM constitui condição da protecção cumulativa, ou se os DM não registados também podem gozar de tutela jusautoral. É que, se uma obra reúne as características necessárias para gerar direitos de autor, a sua exteriorização dá origem, automaticamente, à protecção do DA [515]. No entanto, uma leitura superficial do art. 194º do CPI poderia inculcar a ideia de que o legislador português teria reservado esta protecção suplementar aos DM nacionais que fossem objecto de um registo. Foi aliás nesse sentido que se pronunciou o já referido acórdão da Relação de Guimarães[516] (a respeito do art. 200º do CPI de 2003), ao afirmar que *a protecção conferida pela legislação em matéria de direito de autor quanto a desenhos ou modelos não tem a amplitude aparente que a letra das normas do CDADC* [art. 2º/1/i)] *sugere, antes está condicionada pela existência de registo.* Porém, esta conclusão apressada não resiste a uma análise mais cuidada. Na verdade, importa recordar que o art. 200º do CPI de 2003 mais não fazia do que reproduzir o art. 17º da DHDM, que tinha por objectivo – já o sabemos – evitar que o registo de uma criação artística como DM a privasse da protecção a que teria direito como obra de arte. Por isso, o legislador europeu *impôs* aos Estados-membros que concedessem tutela jusautoral aos DM registados, embora lhes permitisse definir as condições desta última tutela. Mas não resulta daí que os Estados-membros tenham ficado *impedidos* de conceder tutela autoral a criações não registadas. O legislador europeu quis apenas tornar

[514] Em consequência, o início da cumulação só ocorre quando a obra adquire protecção como DM, o que sucede normalmente em momento posterior ao nascimento da tutela jusautoral. Isto porque o facto gerador do DA (criação/exteriorização) é diferente do facto gerador do direito sobre o DM (registo ou divulgação, quanto aos DMC não registados). Sobre este ponto, cf. OTERO LASTRES, *Manual de la Propiedad Intelectual,* p. 384.

[515] Tenha-se presente, além do mais, que a alínea i) do art. 2º/1 CDA protege as obras de arte aplicadas, ou desenhos ou modelos industriais e as obras de design, *independentemente da protecção relativa à propriedade intelectual.* Isto parece significar que a existência ou inexistência de tutela do Direito Industrial (logo, de um registo como DM) não é condição necessária para a outorga da tutela autoral deste tipo de obras. Bastará que tais obras "constituam criação artística".

[516] Ac. de 27.02.2012 (Proc. 1607/10.3TBBRG, J.M. Carvalho Araújo/Bruma, rel. Manso Raínho).

obrigatória a cumulação no caso dos DM registados ("o caminho de ida", de que fala OTERO LASTRES); mas não quis invadir a esfera de competência nacional, relativamente à definição dos pressupostos de atribuição da tutela jusautoral; nem significar que, na falta de registo, ficaria afastada a tutela do DA (o que, aliás, violaria o disposto no art. 2º da Convenção de Berna). Esta interpretação ficou particularmente nítida com o acórdão FLOS, quando o TJ afirmou que *não se pode excluir que a protecção dos direitos de autor que possam constituir desenhos ou modelos não registados possa resultar de outras directivas em matéria de direitos de autor, designadamente da directiva 2001/29, na medida em que as condições em que esta se aplica estejam preenchidas*[517]. Por isso, uma leitura *a contrario sensu* do art. 17º da DHDM mostrar-se-ia completamente infundada. Como infundada será tal leitura, se reportada ao art. 194º do CPI, que mais não faz do que reproduzir literalmente aquela disposição[518].

Em apoio desta interpretação virá ainda a circunstância de o nº 2 do art. 96º do RDM conferir a protecção dos direitos de autor a *qualquer desenho ou modelo protegido como desenho ou modelo comunitário*, sem fazer distinção entre os DM registados e os não registados. Ora, como já vimos, os DM divulgados no território nacional – sejam ou não registados em Portugal – ficam automaticamente sujeitos ao regime dos DMC não registados, na sequência da sua divulgação pública, por força do disposto no art. 11º/2 do RDM. Logo, se o art. 96º/2 do RDM confere protecção cumulativa a *qualquer desenho ou modelo protegido como desenho ou modelo* comunitário, sem excluir os DMC não registados, a protecção cumulativa dos DM não registados, divulgados em

[517] Ac. de 27.01.2011, cit., § 34. É apenas neste sentido que deve interpretar-se o § 32 deste acórdão, quando refere que, *nos termos do artigo 17º da Directiva 98/71, apenas um desenho ou modelo que tenha sido objecto de registo num ou com efeitos num Estado-membro, em conformidade com as disposições desta directiva, pode beneficiar,* ***ao abrigo da mesma****, da protecção concedida pela legislação sobre direitos de autor nesse Estado.* É que essa premissa destinou-se a preparar a conclusão de que ***não são abrangidos*** *pelo âmbito de aplicação do referido artigo* [17] *os desenhos e modelos que (...) estavam no domínio público devido à falta de registo.* (realce acrescentado).

[518] Partilhando deste entendimento, quanto ao sentido a dar ao art. 200º do nosso CPI, MIGUEL RUIZ MUÑOZ, *Diseño Industrial y Derecho de Autor en Europa...*, 417 refere que *la norma en cuestión viene dada por un seguimiento mimético del artículo 17 de la DDyM, donde se habla igualmente de dibujo o modelo registrado. En consecuencia no parece que se deba interpretar el artículo 200 del CPI en el sentido de que exija la previa inscripción de diseño, si bien esto sera lo normal, sino que estamos ante una armonización de un derecho nacional tan fiel al texto de base que ha podido dar lugar a este equivoco.*

Portugal, torna-se inevitável, se não por efeito da lei nacional, pelo menos por força do RDM[519].

Portanto, se alguém cria uma obra de conteúdo estético passível de tutela autoral, essa protecção nasce em resultado do acto de criação, e por força das normas do Direito de Autor – venha ou não venha essa obra a ser registada como DM. Se é uma obra merecedora de DA, é-o pelos seus próprios "méritos", independentemente de ser (ou vir a ser) registada para efeitos da sua tutela como DM. Logo, o art. 194º do CPI não pode ter o significado de só admitir a protecção do DA aos DM registados. Assim, uma obra utilitária que pudesse ser registada como DM mas o não foi, pode beneficiar de tutela jusautoral, desde que preencha os requisitos para ser considerada obra protegida, à luz do DA.

Uma outra questão que pode suscitar-se é relativa à **titularidade** dos direitos sobre uma obra cumulativamente protegida pelo Direito de Autor e pela disciplina dos DM. Imaginemos que um fabricante de cerâmica pede autorização a um escultor para usar uma obra deste como modelo para uma jarra de flores e que procede ao registo desta jarra como DM. O titular do exclusivo decorrente deste registo será o fabricante. Mas o escultor não perdeu, por esse facto, o seu direito de autor. Se, por qualquer motivo, a licença concedida ao fabricante caducar, ou de outro modo se extinguir, qual o efeito disso sobre os direitos relativos ao DM? E se o criador da obra for um trabalhador por conta de outrem, ou se tratar de uma obra feita por encomenda? Poderá suceder – atenta a diversidade de regimes dos arts. 14º do CDA e 58º do CPI (*ex vi* art. 181º do CPI e 14º do RDM) – que o direito de autor sobre a obra fique pertencendo ao criador intelectual e o DM venha a ser registado em nome da entidade patronal ou do cliente que encomendou a obra. Esta diferença de titularidade pode levantar questões de difícil resolução, até porque muito ligadas às particularidades concretas de cada situação, sendo propostos, pela doutrina, diversos critérios de solução do conflito de interesses, que vão desde a prevalência de um direito sobre o

[519] Neste sentido, Uma Suthersanen, *Design Law: Europe and U.S.A.*, 155, declara: *There is nothing in the Design Directive or CDR which prevents the co-existence of parallel protection under unregistered design right and copyright.* No mesmo sentido, Mireille Van Eechoud, *Along the Road to Uniformity – Diverse Readings of the Court of Justice Judgements on Copyright Work*, 69.

outro a soluções contratuais ou quasi-contratuais, como a licença implícita ou ainda o recurso ao instituto do abuso de direito[520].

Face ao exposto, bem teria feito o legislador português se tivesse aproveitado a revisão do CPI para esclarecer algumas das questões resultantes da imprecisão do art. 200º do CPI de 2003, dando ao art. 194º do novo CPI a seguinte redacção:

> *Qualquer modelo ou desenho* ***legalmente protegido que constitua criação artística*** *beneficia, igualmente, da protecção conferida pela legislação em matéria de direito de autor, a partir da data em que o desenho ou modelo foi criado, ou definido, sob qualquer forma.*

Uma redacção alternativa, destinada a atender aos eventuais desenvolvimenmtos decorrentes da jurisprudência INFOPAQ, poderia ser a seguinte:

> *Qualquer modelo ou desenho* ***legalmente protegido que reúna as condições necessárias para beneficiar da protecção conferida pela legislação em matéria de direito de autor, beneficia, igualmente, desta protecção,*** *a partir da data em que o desenho ou modelo foi criado, ou definido, sob qualquer forma.*

Esta alteração permitiria, por um lado, consagrar expressamente o regime da *cumulação parcial*, restrita às obras merecedoras de tutela jusautoral autónoma, e, por outro, esclarecer que a protecção cumulativa não fica dependente do registo, sendo extensiva aos DMC não registados – como não pode deixar de ser.

[520] Devido à especificidade deste tema, não tratarei de o desenvolver aqui. Para uma análise aprofundada dessas questões, cf. NUNO SOUSA E SILVA, *The Ownership Problems of Overlaps in European Intellectual Property*, 2014, em especial p. 65 ss.. Sobre este ponto, cf. ainda FEER VERKADE, *The Cumulative Effect of Copyright Law and Trademark Law: Which Takes Precedence?* p. 72 ss., *in* "Intellectual Property and Information Law", pp. 69-78, 1998, ANTOON QUAEDVLIG, *Overlap/relationships between copyright and other intellectual property rights, in* "Research Handbook in the Future EU Copyright", 2009, p. 515, ALBERTO MUSSO, *Del Diritto di Autore sulle Opere dell'Ingegno Letterarie e Artistiche,* in "Commentario del Codice Civile" (arts. 2575-2583)", 2008, p. 87 ss. e, numa abordagem pioneira, GEORGES CHABAUD, *Le Droit d'auteur des Artistes & des Fabricants*, 1908, p. p. 170 e ss..

6. Extinção

À semelhança do que sucede com outros DPI, o direito exclusivo resultante do registo dos DM extingue-se por caducidade (após decurso do prazo de duração ou por falta de pagamento das taxas devidas), por renúncia ou mediante declaração de invalidade.

No que respeita especificamente à invalidade dos DM nacionais, além dos fundamentos gerais de nulidade e anulabilidade previstos nos arts. 32º e 33º do CPI, estão previstos fundamentos específicos, nos arts. 202º e 203º. Recorde-se aqui que o legislador português não distingue as duas modalidades de invalidade quanto à legitimidade activa (de "qualquer interessado", em ambos os casos: art. 34º/2), nem quanto aos seus efeitos (retroactivos, com as ressalvas comuns do art. 35º). O legislador europeu, mais pragmático, apenas menciona a nulidade, nos arts. 24º a 26º e 52º a 54º do RDM, prevendo que a mesma seja declarada pelo EUIPO ou, em alternativa, por um tribunal de desenhos ou modelos comunitários[521], com base num pedido reconvencional deduzido como meio de defesa no âmbito das acções judiciais referidas no art. 81º do RDM.

A declaração de invalidade dos registos de DM nacionais – que, no domínio do CPI de 2003, apenas podia ser decretada por decisão judicial – passou agora a estar sujeita a um procedimento administrativo, análogo ao previsto para os DMC. Assim, o pedido de declaração de nulidade e de anulação desses registos deve ser apresentado no INPI (art. 204º do CPI), dando início a um procedimento cuja decisão final será passível de recurso para o TPI, nos termos gerais dos arts. 38º e seguintes do CPI. No entanto, esses pedidos também podem ser deduzidos judicialmente, mas apenas em sede de reconvenção, nas condições definidas pelo art. 207º do mesmo código. Esta disposição admite a suspensão da instância, pelo tribunal, a fim de convidar o réu a apresentar esse pedido no INPI. O convite, dependente do prudente arbítrio do julgador, poderá não ser aceite pelo réu, mas nesse caso o pedido reconvencional será considerado sem efeito (art. 207º/6 do CPI).

[521] Estes tribunais, apesar da sua denominação, são tribunais nacionais de primeira e de segunda instância (art. 80º do RDM), designados por cada Estado-membro para exercer as diversas competências exclusivas que lhes são atribuídas pelos arts. 81º e seguintes do RDM. Em Portugal, os tribunais designados para o efeito são os referidos no art. 39º/2 do CPI: o TPI e a RL.

Os pedidos de anulação apresentados no INPI estão sujeitos ao prazo de caducidade de 5 anos, genericamente estabelecido no nº 7 do art. 34º do CPI, ao contrário do que sucede com os pedidos de declaração de nulidade, que não estão sujeitos a prazo (art. 32º/2).

SEGUNDA PARTE

SINAIS DISTINTIVOS

Capítulo V
Marcas

1. Introdução

Na linguagem corrente, uma "marca" é um vestígio de um evento passado, podendo constituir um sinal com um dado significado. Algo que pode ser apercebido pelos sentidos, memorizado e, assim, transmitir informação aos seus destinatários. Da mais variada natureza: pode tratar-se de um visto de inspecção sanitária, de uma punção para indicar a qualidade do metal, de um carimbo para certificar um pagamento ou de um *ex-libris* para identificar o proprietário de um livro.

As marcas *comerciais* constituem sinais destinados a identificar produtos ou serviços, distinguindo-os de outros do mesmo género. Por isso, são denominados *sinais distintivos do comércio*, pois servem para distinguir e referenciar bens ou serviços no mercado, fornecendo aos adquirentes informação útil para a realização das suas escolhas. Para que um sinal seja uma verdadeira marca, tem que poder ser encarada como tal pelos clientes, com o conteúdo significativo de referenciar produtos ou serviços. Por outras palavras, tem que ter o "ingrediente psicológico" que transforma um símbolo numa marca[522], gerando na mente do público a noção de que esse símbolo está a identificar um produto ou serviço.

[522] A expressão é de FERNÁNDEZ-NÓVOA, *Tratado Sobre Derecho de Marcas*, pp. 28-30, em que refere, justamente, que *a marca em sentido próprio é a união entre o símbolo e o produto, na medida em que essa união seja apreendida pelos consumidores*, acrescentando: *a união entre o símbolo e o*

A prática de assinalar bens transaccionáveis com marcas é muito antiga e foi-se generalizando, em especial no século XX, embora continue a haver quem não adopte qualquer marca[523]. Aliás, para a generalidade dos produtos, o registo de marcas nem sequer é obrigatório[524]. Nada impede que um empresário adopte uma marca e a use como marca livre (ou não registada). Neste caso, a marca não deixa de ser válida e de desempenhar plenamente a sua função indicativa. Só que, na falta de registo, esse empresário não terá o direito de impedir terceiros de a usarem também[525]. Pior, corre o risco de

produto é obra do empresário. Mas esta união não desemboca numa verdadeira marca até ao momento em que os consumidores captam e retêm na sua memória essa união. Por isso, considera que, até esse *ingrediente psicológico* existir, estaremos apenas perante *um projecto de marca*.

523 Para uma descrição da "(longa) história das marcas", cf. Nogueira Serens, *A Monopolização da Concorrência e a (Re-) Emergência da Tutela da Marca*, 2007, pp. 589 e ss., e Pires de Carvalho, *A Estrutura dos Sistemas de Patentes e de Marcas. Passado, Presente e Futuro*, 2009, p. 465 e ss. Sobre o regime das marcas, em geral, cf. entre nós, Maria Miguel Carvalho, *A Marca enganosa*, 2010, António Campinos e Couto Gonçalves (coord.), *Código da Propriedade Industrial Anotado*, 2015, Couto Gonçalves, *Manual de Direito Industrial*, cit. pp. 173 a 360, Coutinho de Abreu, *Curso de Direito Comercial*, Vol. I, 2009, pp. a 364 a 412, Nogueira Serens, ob. cit., bem como *Aspectos do Princípio da Verdade da Marca*, Boletim da Faculdade de Direito de Coimbra, 2002, pp. 1 a 95 e *A Vulgarização da Marca na Directiva 89/104*/CEE, de 21 de Dezembro de 1988, Carlos Olavo, *Propriedade Industrial*, Vol. I, pp. 71 a 161, Oliveira Ascensão, *Direito Comercial, Direito Industrial*, cit., pp. 139 a 191, Pedro Sousa e Silva, *O princípio da especialidade das marcas. A regra e a excepção: as marcas de grande prestígio*, ROA, 1998, pp. 377 e ss., Ferrer Correia, *Lições de Direito Comercial*, Vol. I, 1973, pp. 312 a 360. Na literatura estrangeira, *Concise European Trade Mark and Design Law*, Gielen, C. / Von Bomhard, V. (ed.), 2017, Cornish/Llewelyn/Aplin, *Intellectual Property...* cit., pp. 637 a 800, Karl-Heinz Fezer, *Markenrecht*, 2009, Jehoram, Van Nispen & Huydecoper, *European Trademark Law*, 2010, Bently e Sherman, *Intellectual Property Law*, cit., pp. 691 a 961, David Bainbrigdge, *Intellectual Property*, cit., pp. 655 a 808, Vanzetti e Di Cataldo, *Manuale di Diritto Industriale*, 2018, pp. 145 a 320, Fernández-Nóvoa, *Tratado sobre Derecho de Marcas*, 2004, Manuel Lobato, *Comentario a la Ley 17/2001 de Marcas*, 2002, Azéma/Galloux, *Droit de la Propriété Industrielle*, 2012, pp. 791 a 938, André Bertrand, *La Propriété Intellectuelle*, Livre II, pp. 290 a 467, Chavanne e Burst, *Droit de la Propriété Industrielle*, cit., pp. 445 a 742 e Stephen P. Ladas, *Patents, Trademarks, and Related Rights, National and International Protection*, Vol. II, pp. 965 a 1482.

524 A obrigatoriedade do registo de marcas só existe relativamente a alguns produtos, referidos em legislação especial, como por exemplo os vinhos e bebidas do sector vinícola (art. 2º do DL 376/97, de 24 de Dezembro).

525 Sem prejuízo da tutela decorrente da disciplina da concorrência desleal, quando reunidos os pressupostos da sua aplicação.

alguém registar essa marca, caso em que ficará impedido de continuar a usá-la e privado de um sinal que concebeu, promoveu e valorizou junto da sua clientela, que poderá entretanto ser desviada por efeito da atracção da marca em causa. É este poder atractivo da marca que gera o seu "selling power", levando algumas marcas a atingir valorizações impressionantes, como os 214 biliões de dólares da "APPLE" ou os 48 biliões da "MERCEDES"[526].

A protecção destes activos assenta, naturalmente, no direito exclusivo que rodeia o uso destes sinais, assegurando aos seus titulares que mais ninguém pode utilizá-los com a mesma finalidade. Mas este exclusivo não é absoluto, só devendo ser exercido para impedir actuações ilegítimas de terceiros, que ponham em causa a(s) função(ões) legalmente protegida(s) da marca. O direito de marcas não existe para proteger as marcas. Mas sim para assegurar que estas distinguem adequadamente os produtos a que respeitam e impedir a usurpação do seu poder apelativo[527].

2. Conceito de marca

A disciplina das marcas resulta hoje da confluência de diversos regimes, nacionais, internacionais e da União Europeia, a descrever neste capítulo. Aliás, o texto do CPI de 2018 reflecte, nesta parte, a transposição das directivas europeias de harmonização das legislações nacionais em matéria de marcas[528]. A regulamentação das marcas nacionais, registadas no INPI,

[526] Em 2018, estas duas marcas foram consideradas as mais valiosas, respectivamente, nos Estados-Unidos e na Europa (Alemanha), sendo que as 5 primeiras marcas deste "ranking" são norte-americanas (APPLE, GOOGLE, AMAZON, MICROSOFT e COCA-COLA). Fonte: INTERBRAND, *Best Global Brands 2018*, disponível in http://www.interbrand.com.

[527] Exprimindo esta ideia, um tribunal norte-americano proclamava que, quando alguém imita uma marca, *não é a marca que é violada. O que é violado é o direito do público, de não ser confundido e, paralelamente, o direito do titular da marca, de controlar a reputação do seu produto* – U.S. Court of Appeals, 7th Circuit, no caso JAMES BURROUGH, LTD V. SIGN OF THE BEEFEATER, INC., 1976 (nº 36: *A "trademark" is not that which is infringed. What is infringed is the right of the public to be free of confusion and the synonymous right of a trademark owner to control his product's reputation*).

[528] A Directiva nº 89/104/CEE do Conselho de 21 de Dezembro de 1988 foi transposta para o CPI de 1995. Posteriormente, essa directiva foi substituída pela Directiva nº 2008/95/CE do Parlamento Europeu e do Conselho de 22.10.2008 (versão consolidada), e, mais recentemente, pela Directiva (UE) 2015/2436 do Parlamento Europeu e do Conselho de 16.12.2015 (adiante referida abreviadamente como "DHM"), que foi transposta para o CPI de 2018 pelo DL 110/2018, de 10 de Dezembro.

coexiste com a das marcas da União Europeia, registadas no EUIPO, hoje disciplinadas pelo Regulamento (UE) 2017/1001[529]. Além disso, há que atender ao regime do Registo Internacional das Marcas, previsto no Acordo de Madrid, de 14 de Abril de 1891[530].

O art. 208º do CPI define marca como *um sinal ou conjunto de sinais suscetíveis de representação gráfica, nomeadamente palavras, incluindo nomes de pessoas, desenhos, letras, números, sons, cor, a forma do produto ou da respetiva embalagem, ou por um sinal ou conjunto de sinais que possam ser representados de forma que permita determinar,de modo claro e preciso, o objeto da proteção conferida ao seu titular, desde que sejam adequados a distinguir os produtos ou serviços de uma empresa dos de outras empresas.*

Esta redacção espelha a alteração do conceito de marca resultante da DHM de 2015, com o abandono da exigência da *susceptibilidade de representação gráfica*, substituida pelo requisito da *indentificabilidade* ou *determinabilidade*, que é formulado na alínea b) do art. 3º da directiva[531].

Esta enunciação (pela positiva) é complementada pela delimitação (negativa) decorrente do art. 209º do CPI, que enumera os sinais *insusceptíveis* de ser registados como marca, e do art. 231º do CPI, que enuncia os motivos *absolutos* de recusa do registo (reflectindo este último, no essencial, o regime dos arts. 4º da DHM e 7º do RMUE). Assim, o citado art. 209º dispõe, no seu nº 1, que *não satisfazem as condições* necessárias para obter um registo de marca[532]:

[529] Regulamento do Parlamento e do Conselho, de 14.06.2017, que substituiu o Regulamento (CE) 207/2009 do Conselho de 27.02.2009 (que por sua vez revogou o Regulamento 40/94 do Conselho de 20.12.1993), adiante referido abreviadamente como "RMUE".

[530] Revisto em 14 de Dezembro de 1900, em Bruxelas, em Washington, a 2 de Junho de 1911, em Haia, em 6 de Novembro de 1925, em Londres, em 2 de Junho de 1934, em Nice, a 15 de Junho de 1957, e em Estocolmo, a 14 Julho de 1967 e alterado em 28 de Setembro de 1979. Este acordo foi completado pelo Protocolo de 17 de Junho de 1989, ratificado pelo Decreto nº 31/96, de 25 de Outubro.

[531] Em face disso, não se entende por que é que se manteve na redacção deste art. 208º a expressão "susceptíveis de representação gráfica", que por interpretação conforme com o direito europeu, deve ser tida como irrelevante. De resto, se um sinal é susceptível de representação gráfica será, obviamente, determinável.

[532] Deste elenco foi (acertadamente) retirada a alínea e) do art. 223º do CPI de 2003, que impedia o registo de *cores, salvo se forem combinadas entre si ou com gráficos, dizeres ou outros elementos de forma peculiar e distintiva*. Esta disposição estava em contradição clara com a Directiva 89/104/CEE, cujo art. 3º não fazia qualquer referência às cores, e com a própia jurisprudência do TJ (ac. de 6.5.2003, C-104/01, LIBERTEL).

a) *As marcas desprovidas de qualquer carácter distintivo;*
b) *Os sinais constituídos, exclusivamente, pela forma imposta pela própria natureza do produto, pela forma do produto necessária à obtenção de um resultado técnico ou pela forma que confira um valor substancial ao produto;*
c) *Os sinais constituídos, exclusivamente, por indicações que possam servir no comércio para designar a espécie, a qualidade, a quantidade, o destino, o valor, a proveniência geográfica, a época ou meio de produção do produto ou da prestação do serviço, ou outras características dos mesmos;*
d) *As marcas constituídas, exclusivamente, por sinais ou indicações que se tenham tornado usuais na linguagem corrente ou nos hábitos leais e constantes do comércio;*

Por seu lado, o art. 231/1º do CPI qualifica como motivos absolutos de recusa do registo da marca, entre outros, a circunstância de esta ser:

a) *constituída por sinais que não possam ser representados graficamente ou de forma que permita determinar, de modo claro e preciso, o objeto da proteção conferida ao seu titular;*
b) *constituída por sinais desprovidos de qualquer carácter distintivo;*
c) *constituída, exclusivamente, por indicações ou sinais referidos nas alíneas b) a d) do nº 1 do artigo 209º.*

Dessas normas resulta, pois, que os requisitos *essenciais* para que um sinal possa constituir uma marca são o **carácter distintivo** e a **determinabilidade**. Assim, desde que um sinal reúna esses dois requisitos, poderá em princípio ser registado como marca, ainda que não corresponda a um dos sinais mencionados no elenco do art. 208º (ou do art. 4º do RMU), que é manifestamente *exemplificativo*, como decorre do advérbio "nomeadamente". Isto, evidentemente, desde que respeite as restantes condições estabelecidas nos nºs. 3 a 5 do art. 231º do CPI [ou, para as marcas da UE, nas als. a) a m) do nº 1 do art. 7º do RMUE], designadamente não ser contrária à lei, moral, ordem pública e bons costumes ou susceptível de induzir o público em erro – requisitos negativos que adiante veremos mais em detalhe.

3. Tipos de marcas

Que tipos de sinais podem ser utilizados como marcas? Ou, perguntando melhor, que sinais é que o legislador reconhece e protege como marca, permitindo o seu registo e atribuindo ao seu titular um direito exclusivo de exploração? É que nem tudo o que pode constituir uma marca é (ou foi sempre) legalmente protegido como marca. Se pensarmos nos apitos dos amoladores de facas, que se faziam anunciar ao som de um pífaro, cada um com o seu toque personalizado, teremos um bom exemplo de uma marca de serviços, usada há largas décadas, numa época em que a nossa lei ainda não admitia o registo de marcas sonoras[533].

No CPI de 1940, o elenco das marcas expressamente admitidas limitava-se às marcas *nominativas* (i.e, palavras, incluindo nomes de pessoas, de localidades, palavras inventadas, letras, números), *figurativas* (desenhos, emblemas, símbolos, rótulos, fotografias, etc.) e *mistas* (conjugando elementos nominativos e figurativos). Apesar disso, já então se debatia a possibilidade de registo, mesmo nesse quadro legal, de marcas tridimensionais, nomeadamente a forma da embalagem[534]. Com a publicação do CPI de 1995[535], este catálogo foi substancialmente alargado, passando a mencionar explicitamente os *sons* e a *forma* do produto ou da respectiva embalagem, numa enunciação retomada pelos códigos posteriores. A novidade do CPI de 2018 foi a de prescindir da exigência da susceptibilidade de representação gráfica, por força da DHM de 2015, passando a admitir o registo de quaisquer *sinais que possam ser representados de forma que permita determinar, de modo claro e preciso, o objeto da proteção conferida ao seu titular.* Esta alteração, como veremos, não envolverá, pelo menos de imediato, um substancial alargamento do espectro de sinais protegíveis, tendo em conta as limitações técnicas que

[533] Este exemplo é dado por Pires de Carvalho, *A Estrutura dos Sistemas de Patentes e de Marcas. Passado, Presente e Futuro,* cit., p. 635.

[534] A favor da admissibilidade do registo de marcas tridimensionais, na vigência do CPI de 1940, pronunciavam-se nomeadamente Nogueira Serens (*Marcas de Forma* – Parecer publicado na Col. Jur. 1991, Tomo IV, pp. 58 e ss.), Vasco Xavier (em nota de concordância com esse parecer, *idem*, pp. 78 e 79), Pinto Coelho (*Lições de Direito Comercial,* 1º Vol., 1957, p. 450 e ss.; e já assim no domínio da Lei de 21 de Maio de 1896, in *Marcas Comerciais e Industriais,* 1922, p. 67) e Justino Cruz, *Código da Propriedade Industrial anotado,* 1983, pp. 176 a 178. Em sentido contrário, pronunciava-se Ferrer Correia, por entender que, traduzindo-se a marca, *necessariamente, num elemento extrínseco à própria estrutura do objecto (...) não poderá proteger-se como marca a forma do produto, mesmo quando não desempenhe, em relação a este, qualquer função* (in *Lições de Direito Comercial,* vol. I, cit., p. 323, nota 2). Sobre a disciplina actual das marcas tridimensionais, cf. Iván Sempere Massa, *La protección de las formas como marca tridimensional,* 2011.

[535] Aprovado pelo DL 16/95, de 24 de Janeiro.

se colocam relativamente a certo tipo de sinais, v.g. olfactivos. Mas o tempo dirá se esta nova redacção terá ou não impacto real.

Assim, além das marcas figurativas, nominativas (ou "verbais") e mistas – que habitualmente se designam por marca *tradicionais* – são registáveis marcas, ditas *não tradicionais* ou *não convencionais*, desde que respeitem os requisitos da capacidade distintiva e da determinabilidade[536]. Contudo, o exame destes requisitos tem suscitado dúvidas e dificuldades, que têm levado a divergências entre as diversas repartições de registo, incluindo o próprio EUIPO, e dando origem a uma jurisprudência interessante a respeito da admissibilidade de marcas *olfactivas, tácteis, gustativas, dinâmicas* e *holográficas*[537]. Vejamos, pois, qual o estado da arte relativamente aos diversos tipos de marcas, catalogando-as em "sinais visíveis em si mesmos" e "sinais não visíveis em si mesmos". Esta distinção justifica-se porque este último grupo suscita dificuldades especiais no preenchimento do requisito da determinabilidade, por motivos compreensíveis, a que voltaremos adiante.

[536] Couto Gonçalves (*Objecto. Sinais protegíveis. Modalidades*, p. 282; in DI, VI), refere que os sinais não convencionais são aqueles que não são *independentes fisicamente do produto e que, por via disso, ou são apenas conceptualmente autónomos (cor, sinal tridimensional), ou são apreensíveis por sentidos diferentes da visão (sons, aromas, sabores, tactilidades)*. Mas não creio que possamos usar este critério (da independência física do produto) para distinguir estes sinais dos sinais tradicionais. Desde logo, porque este critério não funcionaria adequadamente com as marcas de serviço, que são geralmente *independentes* fisicamente do serviço que assinalam (sejam ou não marcas "tradicionais"). Por outro, porque alguns dos sinais não tradicionais (como a cor em si mesma) podem ter completa autonomia física relativamente ao produto, podendo ser usados só na respectiva embalagem ou publicidade, sendo que outros (como o som) terão quase sempre essa autonomia, porque raramente estarão incorporados no próprio produto.

[537] Sobre esta matéria, cf. nomeadamente Pedro Sousa e Silva, *A Protecção Juridica do Design*, pp. 293 a 352, Maria Miguel Carvalho, *"Novas" marcas e marcas não tradicionais,* in DI, VI, p. 217 e ss., Couto Gonçalves, *Objecto* ... cit., p. 275 e também *Manual de Direito Industrial,* cit., pp. 198 ss., Rui Solnado da Cruz, *A Marca Olfactiva,* 2008 e A. Campinos/C. Gonçalves (coord.), AAVV, *Código da Propriedade Industrial Anotado,* pp. 338 ss.. Na literatura estrangeira, entre muitos outros, cf. Philipp Von Kapf, *Concise...*, cit., p. 12 ss., Fezer, *Markenrecht,* cit., p. 340 ss., Fernández-Nóvoa/Lastres/Agra, *Manual de la Propiedad Industrial,* cit., p. 519 ss., António Lobato, *Comentario a la Ley 17/2001 de Marcas,* 2002, pp. 149 a 162, Vanzetti/Di Cataldo, *Manuale di Diritto Industriale,* cit., p. 161 ss., André Bertrand, *La Propriété Intellectuelle,* Livre II, pp. 318 a 323, Cornish/Llewelyn/Aplin, *Intellectual Property: Patents, Copyright, Trademarks and Allied Rights,* 2018, pp. 719 a 743 e Bently e Sherman, *Intellectual Property Law,* 2004, pp. 818 e ss.

3.1. Sinais visíveis em si mesmos

3.1.1. Marcas "tradicionais"

Nesta primeira categoria incluem-se, desde logo, as marcas *nominativas* (também chamadas *verbais*) constituídas por palavras (formando ou não frases), letras, ou números e que podem corresponder a vocábulos já existentes ou a fonemas ou siglas inventadas ou modificadas. Desde que se respeitem os demais requisitos absolutos e relativos de protecção, são também admissíveis nomes de pessoas, de localidades, ou palavras sugestivas dos produtos e serviços a assinalar. O CPI de 2003 referia explicitamente (art. 222º/2) as "frases publicitárias" (*slogans*), tendo o novo código deixado de as referir, mas tal não significa que tenham deixado de ser registáveis, desde que tenham carácter distintivo. Outro tipo de marcas "tradicionais" são as *figurativas* (ou *emblemáticas*), constituídas nomeadamente por símbolos, desenhos, figuras ou fotografias. Nestes sinais, como é óbvio, prevalece o aspecto visual da respectiva imagem. Deste primeiro elenco fazem ainda parte as marcas *mistas*, que combinam elementos nominativos e figurativos, com maior ou menor prevalência de cada um.

É habitual distinguir-se, também, entre marcas *simples* (constituídas por uma só palavra ou figura) e marcas *complexas* (incorporando diversos elementos, verbais, figurativos ou dos dois tipos). Um exemplo frequente de marcas complexas encontra-se no registo de rótulos de garrafas como marcas (que incluem uma pluralidade de elementos e informações, parte dos quais insusceptíveis de apropriação exclusiva). Apesar disso, o direito exclusivo derivado do registo reporta-se à marca como um todo (impressão de conjunto), mesmo que alguns dos seus pormenores sejam de uso comum e, como tal, inapropriáveis individualmente.

3.1.2. Marcas de forma

A expressão "marca de forma" é frequentemente usada como sinónimo de "marca tridimensional", isto é, um sinal distintivo correspondente a um objecto definido em três dimensões: comprimento, largura e altura. Mas tal equiparação não é rigorosa, pois há formas a três dimensões e formas a duas dimensões, como por exemplo placas ou cartões[538]. É certo que mesmo

[538] Imaginemos cartões de visita com a silhueta de uma maçã, que poderiam servir para assinalar serviços da "Apple", ou crachás com o formato de uma estrela de três pontas, para identificar serviços da "Mercedes-Benz".

estes objectos têm normalmente uma terceira dimensão, ainda que residual: *a espessura*. Mas esta dimensão não é, em geral, determinante do seu aspecto, não influindo, por isso, na impressão visual que perdura na memória do observador. Por esse motivo, as formas *bidimensionais*, quando usadas como sinais distintivos, são geralmente registadas como marcas figurativas e não (pelo menos de início) como marcas tridimensionais[539]. Mas tal não impede que essas formas de duas dimensões fiquem sujeitas às exigências reforçadas que a lei impõe às marcas de forma[540].

As marcas de forma podem consistir não só no formato do *produto* em si mesmo, mas também no da respectiva *embalagem*, vasilha ou invólucro, desde que, em qualquer caso, tenham configurações suficientemente características para poderem ser memorizadas e recordadas pelo público. É o que acontece, v. g., com determinadas garrafas ou frascos (de perfume, de refrigerantes ou de bebidas alcoólicas). Ou com certos produtos com um formato invulgar, como sucede com alguns objectos utilitários, brinquedos e até bens alimentares. Por exemplo, estão registados no EUIPO, como marcas tridimensionais, os frascos do perfume "TRÉSOR" e as garrafas da vodka "ABSOLUT" e do whisky "DIMPLE". O mesmo sucede com os chocolates "TOBLERONE" e as suas embalagens de secção triangular, com as conhecidas esferográficas "BIC" e com o tradicional modelo dos automóveis "MINI".

Estas formas, devido à sua originalidade ou uso intensivo e prolongado, têm a capacidade de identificar o produto, aos olhos do consumidor, que o reconheceria mesmo que tais vasilhas não tivessem qualquer rotulagem. Como sublinham BENTLY e SHERMAN, o registo, como marca, da forma de um produto exige, *em primeiro lugar, uma ponderação sobre se há algo de invulgar ou idiossincrático nessa forma, que leve o consumidor relevante a reparar*

[539] Um exemplo de fronteira reside nos ambientadores celulósicos para automóveis, nomeadamente as denominadas "marcas-árvore", que se encontram registadas simultaneamente como marca *figurativa* e marca *tridimensional* (cf., por exemplo, as marcas da UE nº 003222163 e nº 003071305).

[540] Neste sentido, OTERO LASTRES, *La prohibición de registrar como marca la forma que da un valor sustancial al produto*, ADI 28, 2007/2008, pp. 373-376 e o ac. TJ de 20.09.2007 (C-371/2006, BENETTON.G-STAR, §§ 21-28), que aplicou o regime específico das marcas de forma a certos pespontos, costuras e cortes usados como marca de *jeans*. Reafirmando essa jurisprudência, cf. o ac. TG de 16.01.2014 (T-433/12, STEIFF, § 21). Sobre este ponto, cf. ainda MARIA MIGUEL CARVALHO, *Desenhos e Modelos. Carácter Singular. Cumulação com Marca*, DI VII, 2010, 442.

nela e a lembrá-la; e então, se tal individualidade existir, uma ponderação sobre se o consumidor pensaria nessa forma como sendo indicativa da origem, em vez de ser meramente funcional ou decorativa[541].

O registo destas marcas torna-se especialmente melindroso, devido à exigência legal de que os sinais não sejam *constituídos, exclusivamente, pela forma ou outra característica imposta pela própria natureza do produto, pela forma ou por outra característica do produto necessária à obtenção de um resultado técnico ou pela forma ou por outra característica que confira um valor substancial ao produto*[542]. Para usar uma fórmula sintética, adoptada pelo Advogado-geral COLOMER no caso PHILIPS.REMINGTON[543], não podem registar-se como marcas formas que sejam *naturais, funcionais ou ornamentais*. Neste mesmo processo, relativo a uma marca constituída pela representação de uma máquina de barbear com três cabeças rotativas, o Tribunal de Justiça esclareceu que a *ratio* destes motivos absolutos de recusa *consiste em evitar que a protecção do direito da marca leve a conferir ao seu titular um monopólio sobre soluções técnicas ou características utilitárias de um produto, que possam ser procuradas pelo consumidor nos produtos dos concorrentes*. E esta recusa impõe-se ainda, acrescentou o Tribunal, mesmo que o resultado técnico possa ser alcançado por outras formas. O disposto no art. 4º/1/e) da DHM [transposto pelo art. 209º/1/b) do CPI] reflecte, pois, *o objectivo legítimo de não permitir aos particulares utilizarem o registo de uma marca para obter ou perpetuar direitos exclusivos relativos a soluções técnicas*[544].

Na mesma linha, no caso LEGO[545], o Tribunal de Primeira Instância da União Europeia[546] confirmou a recusa do IHMI em registar uma marca tridimensional correspondente a um tijolo de cor vermelha, para "jogos de

[541] *Intellectual Property Law* cit., p. 819.

[542] Como dispõem os arts. 209º/1/b) do CPI, 4º/1/e) da DHM e 7º/1/e) do RMUE.

[543] Ac. de 18.06.2002 (C-299/99). Conclusões apresentadas em 23.01.2001.

[544] Para obter direitos exclusivos sobre este tipo de inovações deve antes recorrer-se às patentes ou aos modelos de utilidade, que são por natureza limitados no tempo (com um máximo de 20 e 10 anos, respectivamente: arts. 100º e 142º do CPI).

[545] Ac. de 12.11.2008, T-270/06), confirmado pelo ac. do TJ, de 14.09.2010 (C-48/09). Em contrapartida, foi posteriormente concedido um outro pedido de registo da LEGO, com a forma de uma placa de base de construções (Marca nº 008879892, registada desde 16/06/2010), para serviços da classe 36ª (seguros, negócios financeiros, negócios monetários e negócios imobiliários).

[546] Que passou a designar-se "Tribunal Geral" a partir de 1 de Dezembro de 2009, data da entrada em vigor do Tratado de Lisboa.

construção", tendo esclarecido: para que o registo seja recusado, *basta que as características essenciais da forma reúnam as características tecnicamente causais e suficientes para a obtenção do resultado técnico visado, de molde a serem atribuíveis ao resultado técnico; a adição de características não essenciais que não tenham uma função técnica não leva a que uma forma escape a este motivo absoluto de recusa se todas as características essenciais da referida forma responderem a tal função.*

Especialmente difícil de aplicar é o critério da *forma que confira um valor substancial ao produto,* que CORNISH/LLEWELYN/APLIN[547] consideram *particularmente opaco*... De facto, o objectivo desta exclusão é impedir que a mais-valia estética de um produto obtenha indirectamente a tutela reservada aos sinais distintivos[548]. Mas não é fácil – nem isento de subjectividade – qualificar uma forma como esteticamente neutra, pois a forma dos produtos influi quase sempre, num grau maior ou menor, nas escolhas e preferências dos consumidores. Recentemente, o TJ esclareceu, no caso LOUBOUTIN, que *um sinal que consiste numa cor aplicada na sola de um sapato de salto alto* não é constituído excusivamente pela forma, na acepção desta norma[549].

Note-se que a *ratio* deste regime particular não se prende com o facto de estas marcas terem um *conteúdo estético* – que a generalidade das marcas figurativas e mistas também tem – mas sim com a circunstância de as marcas correspondentes ao formato ou à ornamentação do produto não serem *independentes* do objecto assinalado. É essa falta de autonomia que as distingue das demais e que justifica o especial tratamento jurídico que lhes é dispensado. Isso mesmo foi confirmado pelo TJ no caso STORCK[550], quando considerou que um elemento figurativo incorporado numa marca tridimensional não podia *ser apreciado segundo os critérios aplicáveis às marcas verbais ou figurativas,* na medida em que esse elemento *não consiste num sinal independente do aspecto dos produtos* e apenas *constitui, no espírito do consumidor, uma configuração decorativa*. Por esse motivo, as exigências acrescidas de que depende a tutela das marcas de forma aplicam-se não só às marcas *tridimensionais* constituídas pela forma do próprio produto, mas também às marcas *bidimensionais* correspondentes ao formato de produtos de configuração

[547] *Intellectual Property* ... cit., p. 740.

[548] Como é sabido, para protecção da vertente estética dos produtos existe o regime dos desenhos e modelos e, sob certas condições, do Direito de Autor.

[549] Ac. de 12.06.2018 (C-163/16, § 27).

[550] Ac. de 6.09.2012 (C-96/11, STORCK, "rato de chocolate", § 38).

plana, como ainda a marcas (aparentemente figurativas) correspondentes a *representações* do próprio produto (desenhos, fotografias ou outras imagens) – pois todas essas marcas carecem de autonomia relativamente ao produto que visam assinalar.

Um outro objectivo destas proibições, acrescentou o TJ no acórdão STOKKE, consiste em *evitar que o direito exclusivo e permanente atribuído por uma marca possa servir para perpetuar outros direitos que o legislador da União pretende submeter a prazos de caducidade*[551], tendo acrescentado que os motivos de recusa previstos nas três subalíneas do art. 3º/1/e) da DHM prosseguem *o mesmo objectivo*[552]. Sendo assim, pode concluir-se que este regime tem uma dupla *ratio*, visando não só evitar a *sobreposição* ou *sucessão* indevidas da tutela das marcas e da decorrente dos exclusivos sobre criações técnicas e estéticas, mas também limitar os danos *anti-concorrenciais* resultantes da protecção das marcas de forma, *mantendo no domínio público as* ***características essenciais*** *do produtos em causa, que se reflectem na forma deste*[553].

À luz do que já ficou dito, a decisão de conceder protecção a uma marca de forma deve depender, *prima facie*, da resposta a esta pergunta: será que esta forma, *em si mesma considerada*, permite aos consumidores identificar o produto (e distingui-lo dos demais), mesmo na falta de outra referência identificativa? Terá essa forma, despida de outras referências nominativas ou figurativas, a capacidade de indicar ao público a proveniência do produto assinalado? Não sendo viável tratar aqui mais detalhadamente esta matéria[554], dir-se-á, resumidamente, que o registo de marcas correspondentes à forma, bidimensional ou tridimensional, do próprio produto, deve ficar sujeito às seguintes condições, a comprovar pelo requerente do registo[555]:

[551] Ac. de 18.09.2014 (C-205/13, STOKKE, "cadeira TRIPP TRAPP", §§ 18 e 19).

[552] *Idem*, § 20.

[553] Esta fórmula é do Advogado-Geral MACIEJ SZPUNAR, nas conclusões apresentadas em 14.05.2014, no Proc. C-205/13 (STOKKE, § 28; realce acrescentado). Neste sentido, cf. também UMA SUTHERSANEN, *The European Court of Justice in Phillips v. Remington – Trade Marks and Market Freedom*, Intellectual Property Quarterly, 2003 (3) p. 265 ss..

[554] Para mais desenvolvimentos, cf. PEDRO SOUSA E SILVA, *A Protecção Jurídica do Design*, cit., pp. 293 a 352.

[555] Tendo em conta o desfavor com que o legislador encara este tipo de marcas e o facto de estarem em causa requisitos (negativos) de protecção, o ónus da prova da sua verificação deve recair sobre o requerente do registo. Neste sentido, acs. do TG de 15.10.2010 (T-547/08, X Technology Swiss, § 43) e de 13.06.2014 (T-85/13, K-SWISS, § 18).

- a forma deve ter **capacidade distintiva própria**, permitindo aos consumidores da área geográfica abrangida pelo registo identificar o produto (e distingui-lo dos demais), mesmo na falta de outra referência identificativa. Para isso,
  - a forma a registar deve ser **peculiar** ou invulgar; isto é, ter algo de fora do comum, no contexto em que é usada;
  - deve ser **reconhecida** (e entendida) pelos consumidores como um sinal distintivo do produto assinalado; e
  - deve gozar de uma **notoriedade** elevada junto do universo de consumidores desse tipo de produtos, permitindo o seu reconhecimento como marca pela maioria do público relevante;
- a forma deve ser **arbitrária** (não resultando da natureza do produto ou de uma necessidade funcional ou decorativa); ou seja, a marca não deve ser constituída por uma forma que tenha de permanecer disponível para permitir aos concorrentes competirem efectivamente com o titular.

3.1.3. Marcas monocolores

Está aqui em causa o registo, como marca, de uma cor *em si mesma*, sem corresponder a qualquer forma ou figura geométrica definida (o que permitiria, naturalmente, enquadrá-la nas marcas ditas tradicionais, do tipo figurativo). As marcas "normais" coloridas não suscitam, à partida, problemas específicos, tendo de satisfazer, como as demais, os requisitos gerais de protecção: determinabilidade, carácter distintivo e o respeito por diversos preceitos destinados à tutela de interesses de ordem pública[556].

As dificuldades podem surgir, porém, quando esteja em causa uma marca constituída pela própria cor, *em si mesma*, sem estar combinada com outras cores ou com elementos gráficos adicionais. É que a cor constitui

[556] Que estão na base de diversos motivos absolutos de recusa, previstos no art. 231º do CPI e no art. 7º do RMUE. A respeito das questões suscitadas pelas marcas monocolores, cf. PEDRO SOUSA E SILVA, *Sinal e Marca: as marcas não tradicionais,* DI VIII, 2012, 371 ss., COUTO GONÇALVES, *Objecto. Sinais Protegíveis. Modalidades,* DI VI, 2009, 282 ss., MARIA MIGUEL CARVALHO, *"Novas" marcas e marcas não tradicionais: objeto,* DI VI, 2009, 237 ss. Na literatura estrangeira, entre outros, cf. FEZER, *Markenrecht,* §3 rn. 443-462, COHEN JEHORAM/VAN NISPEN/HUYDECOPER, *European Trademark Law,* 107 ss., FERNÁNDEZ-NÓVOA, *Tratado sobre Derecho de Marcas,* 163 ss., BENTLY/SHERMAN, *Intellectual Property Law,* 894 ss., e AZÉMA/GALLOUX, *Droit de la Propriété Industrielle,* 828-829.

uma *característica* dos produtos, servindo para definir ou melhorar a sua aparência, sem que normalmente seja suficientemente distintiva para permitir a individualização e diferenciação desses produtos face aos congéneres existentes no mercado. O que torna difícil, em muitos casos, reconhecer-lhe carácter distintivo.

Por outro lado, o registo de uma cor, como marca, levaria a retirar aos concorrentes a possibilidade de escolherem livremente a cor dos seus próprios produtos. Com a agravante de algumas cores ou combinações de cores terem significados próprios (v.g., o verde, associado a produtos naturais ou com cuidados ambientais), ou características funcionais (de especial visibilidade ou de aviso de perigo), havendo inclusivamente códigos de cores em diversos domínios (por exemplo, para assinalar a eficiência energética dos electrodomésticos). Como já vimos, os arts. 209º/1/b) do CPI e o 7º/1/e) do RMUE proíbem o registo de marcas constituídas exclusivamente *pela forma ou por outra característica* (como a cor) que seja imposta pela natureza do produto, ou necessária para obter um resultado técnico, ou que confira um valor substancial ao produto.

Apesar disso, no caso LIBERTEL[557], a respeito de uma marca da *cor-de--laranja* para produtos e serviços de telecomunicações, o TJ entendeu que *as cores por si sós podem ser adequadas a distinguir os produtos ou serviços de uma empresa dos de outras empresas na acepção do artigo 2º da directiva*[558]. Nesse acórdão, o Tribunal começou por reconhecer que, *normalmente, a cor constitui uma mera característica das coisas. Contudo, pode constituir um sinal. Isso depende do contexto em que a cor for utilizada. Uma cor, por si só, relacionada com um produto ou serviço, pode sempre constituir uma marca*[559]. Porém, a sua representação gráfica deve respeitar certas condições: *deve ser clara, precisa, completa por si própria, facilmente acessível, inteligível, duradoura e objectiva*[560]. Para o efeito não bastará a apresentação de uma *simples amostra de* cor, dado que esta *pode alterar-se*

[557] Ac. de 6.05.2003 (C-104/01).

[558] § 41. O TJ referia-se à DHM de 1989, sendo o art. 2º desta directiva correspondente ao art. 3º da DHM de 2015.

[559] § 27.

[560] *Idem*, § 29, citando o ac. de 12.12.2002 (C-273/00, SIECKMANN, relativo a uma marca olfactiva, cujo registo foi recusado, por insuficiência da representação gráfica). Sublinhe-se que, apesar de o requisito da representação gráfica ter sido suprimido, esta jurisprudência permanece actual, na medida em que já menciona a exigência de uma identificação "clara e precisa" do objecto de protecção, o que equivale ao actual requisito da determinabilidade.

com o tempo[561]. Mas já assim não sucederá se a amostra for acompanhada de uma *descrição verbal da mesma*, ou se a cor for referenciada *através de um código de identificação internacionalmente reconhecido* [e.g., o código PANTONE], *pois estes códigos são considerados precisos e estáveis*[562].

Estas exigências são aplicáveis, também, no caso de marcas constituídas por **combinações de cores**, como declarou o TJ no acórdão HEIDELBERGER BAUCHEMIE, formulando para este tipo de sinais uma exigência específica: que *o pedido de registo comporte uma disposição sistemática que associe as cores em questão de forma predeterminada e constante*[563]. Isto porque, segundo declarou, *a simples justaposição de duas ou mais cores, sem forma nem contornos, ou a menção de duas ou mais cores "sob todas as formas imagináveis"*, não satisfaz os traços de precisão e de constância exigidos pela DHM[564].

Apesar de o Tribunal de Justiça admitir o registo de marcas deste tipo (monocolores ou de combinação de cores), fá-lo em termos bastantes restritivos, por motivos de interesse público, dado que *o número reduzido de cores efectivamente disponíveis tem como resultado que um pequeno número de registos como marcas para serviços ou produtos determinados pode esgotar toda a paleta de cores disponíveis. Um monopólio assim entendido não seria compatível com o sistema de concorrência leal, designadamente na medida em que poderia criar uma vantagem concorrencial ilegítima a favor de um só operador económico. Também não seria adequado ao desenvolvimento económico e à promoção do espírito empresarial que os operadores já estabelecidos pudessem registar a seu favor a totalidade das cores efectivamente disponíveis, em prejuízo de novos operadores*[565]. Por isso, acrescentou, *uma cor por si só pode ser reconhecida como tendo carácter distintivo na acepção do*

[561] §§ 31 e 32.

[562] § 36-38.

[563] Ac. de 24.06.2004 (C-49/02, § 42). Neste caso, havia sido pedido o registo de uma marca para produtos de construção civil constituída *pelas cores da empresa da requerente, que são utilizados sob todas as formas imagináveis, em especial em embalagens e etiquetas*, sendo essas cores o azul e o amarelo (de tonalidades precisas, indicadas por referencia a um código de cores convencional). O registo foi inicialmente recusado pelo *Deutsches Patentamt*, por falta de carácter distintivo. Com interesse, também, cf. o ac. do TG de 9.12.2010 (T-282/09, FÉDÉRATION INTERNATIONALE DES LOGIS, "quadrado verde", § 28), em que se decidiu que a *combinação de dois elementos não distintivos, em si mesmos*, não tem à partida carácter distintivo, carecendo de elementos adicionais que lhe confiram esse carácter.

[564] Ac. de 24.06.2004 (Heidelberger Bauchemie, cit., § 34).

[565] Ac. de 6.05.2003, Libertel, cit., §§ 53-56, o que foi reafirmado pelo ac. do TG de 13.09.2010 (T-97/08, KUKA ROBOTER).

artigo 3º, n.ºs 1, alínea b), e 3, da directiva, na condição de que, em relação à percepção do público relevante, a marca seja apta a identificar o produto ou o serviço para o qual é pedido o registo como proveniente de uma empresa determinada e a distinguir esse produto ou esse serviço dos das outras empresas[566]. Por outro lado, o facto de *o registo como marca de uma cor por si só ser pedido para um número significativo de produtos ou de serviços, ou de o ser para um produto ou um serviço específico ou para um grupo específico de produtos ou de serviços, é relevante, conjuntamente com as restantes circunstâncias do caso concreto, tanto para apreciar o carácter distintivo da cor cujo registo é pedido como para apreciar se o respectivo registo é contrário ao interesse geral*[567].

Esta postura restritiva do TJ em face das marcas de cor não impediu o EUIPO de conceder até hoje mais de duas centenas e meia de registos de marcas deste tipo, desde 1999, quando concedeu o registo do roxo da CADBURY, para *leite e produtos lácteos, chocolates e doçaria*, o qual foi seguido de muitos outros registos, como por exemplo o de certa tonalidade de verde à empresa petrolífera BP, para assinalar *combustíveis e lubrificantes,* e o negro da RENOVA, para assinalar *papel higiénico, lenços de bolso, lenços faciais, guardanapos e rolos de cozinha*[568].

3.1.4. Outras marcas visíveis em si mesmas

As considerações anteriores aplicam-se, no essencial, aos demais tipos de marcas "não tradicionais" visíveis em si mesmas. Assim, o EUIPO tem procedido ao registo de marcas constituídas por **hologramas** (i.e., imagens em três dimensões, frequentemente incorporadas em cartões magnéticos como forma de autenticação), tendo o primeiro registo europeu sido concedido em 2002, à BIOCLIN, BV, para *produtos cosméticos e medicinais*, havendo duas outras marcas registadas, para *aparelhos electrónicos e serviços de telecomunicações, educacionais e culturais* (concedida à VIDEO FUTUR) e para cigarros (concedida à EVE HOLDINGS, INC.).

[566] Ac. de 6.05.2003, LIBERTEL, cit., § 69.

[567] *Idem*, § 71.

[568] Até 21.06.2019 o EUIPO concedeu 275 registos de marcas de cor. Fonte: https://oami.europa.eu/eSearch. Apesar disso, manda a verdade dizer-se que o EUIPO recusa mais registos de cor do que aqueles que concede. Até à mesma data, o EUIPO tinha recusado 395, para além de haver 185 desistências do pedido (cuja maioria seria, possivelmente, também recusada).

Assinale-se, também, o registo de diversas marcas de imagens em movimento (também chamadas **"marcas dinâmicas"**), como por exemplo duas mãos em aproximação, registado pela NOKIA (MUE 003429909), ou uma marca da VODAFONE ("the future is exciting", MUE 017894840) para assinalar nomeadamente telecomunicações. São também frequentes, hoje em dia, certas figuras ou "logos" em movimento que assinalam páginas da Internet e que – na medida em que se destinem a identificar produtos ou serviços – serão passíveis de registo como marcas.

Cumpre, ainda, fazer uma referência às denominadas "**marcas de posição**", que devem ser concedidas com cautelas e exigências semelhantes às marcas de forma, dado que estas *se aproximam das categorias de marcas figurativas e tridimensionais, uma vez que visam a aplicação de elementos figurativos ou tridimensionais à superfície de um produto*[569]. Estas marcas podem ser definidas como sinais, constituídos por elementos visíveis (geralmente figuras, formas ou cores), que se caracterizam por estarem colocados numa determinada parte de um produto e numa certa relação com o tamanho do mesmo.

Por último, refira-se a possibilidade, validada pelo TJ em sede de reenvio, de registar uma marca de serviços constituída pela *representação, através de um desenho, da* ***configuração de uma loja*** *de referência ('flagship store')*, como uma modalidade de marca tridimensional[570].

569 Ac. do TG de 15.06.2010 (X TECHNOLOGY SWISS, T-547/08, § 20), confirmando a rejeição de um pedido de registo de "marca posicional" constituída pela cor laranja da ponta de uma meia (para assinalar meias e peúgas). O TG tomou idêntica postura no citado acórdão STEIFF, relativo a uma "marca posicional" constituída por um botão em metal redondo situado no centro da orelha de um animal em peluche (para assinalar animais em peluche). Acerca das marcas de posição, cf. Fezer, *Markenrecht*, §3 rn. 587-589 e Von Kapff, *Concise...*, 14. Nas *Guidelines for Examination*, Part B, 34, o EUIPO enuncia os critérios de apreciação deste tipo de marcas, referindo que, para o efeito, toma em conta os mesmos factores que utiliza no exame das marcas tridimensionais (em particular saber se o consumidor "lê" esse sinal como uma marca). Este entendimento foi confirmado pelo TG no citado ac. de 13.06.2014 (T-85/13, K-SWISS). Até 21.06.2019, o EUPI já tinha concedido 23 registos deste tipo de marcas. Para um exemplo de marca de posição, cf. a marca holandesa registada por C. Louboutin (*um sinal que consiste numa cor aplicada na sola de um sapato de salto alto*), objecto do ac. do TJ de 12.06.2018 (P. C-163/16), unicamente para apreciar se estaria sujeita às regras aplicáveis às marcas contituído excusivamente pela forma, o que foi respondido negativamente.

570 Ac. de 10.07.2014 (C-421/13, APPLE, § 20), considerando admissível o registo, pelo Instituto de Marcas e Patentes Alemão, da representação, *através de um simples desenho sem*

3.2. Sinais não visíveis em si mesmos

3.2.1. Marcas olfactivas

O odor que um produto exala ou que seja associado à prestação de um serviço, pode servir para identificar e distinguir esse produto ou serviço. Aliás, o olfacto permite mesmo activar algumas das recordações mais nítidas do ser humano, interagindo com a memória de forma particularmente intensa[571].

A lei portuguesa – como de resto a DHM e o RMUE – não afasta a possibilidade do registo de marcas olfactivas. Mas estas marcas terão, naturalmente, que cumprir os requisitos gerais: determinabilidade e eficácia distintiva. E aqui surge a especial dificuldade de as *identificar* de uma forma clara e inequívoca[572]. Note-se que o abandono do requisito da "susceptibilidade de representação gráfica" – constante do anteriores CPI e RMUE – não significa uma "via aberta" para a concessão deste tipo de marcas, cuja concessão ficará dependente de o requerente do registo conseguir *determinar, de modo claro e preciso, o objecto da protecção* solicitada.

Além disso, o odor a usar como marca, para ser dotado de *eficácia distintiva*, não poderá consistir no cheiro normal ou típico do produto a assinalar. É essencial que os consumidores reconheçam esse odor como um *sinal* distintivo do produto ou do serviço e não propriamente como uma *característica* destes. Por exemplo, o aroma de um coco não poderá servir de marca de frutos, ou sequer de um champô, pois aí estaremos perante um sinal desprovido de arbitrariedade, constituindo um cheiro característico ou habitual em produtos desse género. Mas esse odor já seria admissível, à partida, como marca de livros ou de material de escritório.

indicação de tamanho nem de proporções, da configuração de um espaço de venda de produtos (...) como marca para serviços que consistem em prestações de serviços relativas a esses produtos mas não fazem parte integrante da colocação no mercado dos mesmos, desde que seja adequada a distinguir os produtos ou serviços de uma empresa dos de outras empresas e que nenhum dos motivos de recusa enunciados na referida diretiva se lhe oponha.

[571] Para um enunciado das questões que rodeiam o registo de marcas olfactivas, cf. o interessante parecer do Advogado-Geral Jarabo-Colomer, que precedeu o acórdão Sieckmann, referido no texto (parecer emitido em 6.11.2001, no Proc. C-273/00). Entre nós, cf. Rui Solnado da Cruz, *A Marca Olfactiva*, 2008.

[572] Embora já existam alguns meios técnicos de representação de odores, como a cromatografia de gases e a cromatografia líquida. Sobre este ponto, cf. Maria Miguel Carvalho (*"Novas" marcas...*, cit., pp. 234 e 235) e Couto Gonçalves (*Objecto ...* cit., pp. 289 a 296) .

Existem alguns precedentes conhecidos, noutros países e mesmo a nível europeu. Assim, no Reino Unido foi concedido um registo do aroma de *rosas para assinalar pneus*, e outro com o odor de *cerveja* para *palhetas para dardos*. No Benelux, foi registada uma marca para *bolas de ténis* com o *odor da relva cortada de fresco*. No EUIPO, foram recusados diversos pedidos de registo para marcas olfactivas (incluindo aromas de baunilha, de limão e de morango maduro) e foi concedido apenas um, para a dita marca de bolas de ténis com o odor da relva cortada de fresco ("THE SMELL OF FRESH CUT GRASS")[573]. E mesmo este registo só foi realizado, após uma recusa inicial, por decisão da 2ª Câmara de Recurso, de 11.02.1999[574].

Esta abordagem restritiva mereceu já o beneplácito do Tribunal de Justiça, no conhecido caso SIECKMANN[575], um recurso prejudicial gerado pela recusa do Instituto Alemão de Marcas e Patentes em registar uma marca olfactiva para serviços das classes 35ª, 41ª e 42ª (incluindo, nomeadamente, publicidade, formação, restauração, serviços médicos e até serviços jurídicos...). O odor ("balsâmico-frutado com ligeiras notas de canela") era complexo e descrito de forma bastante detalhada[576] pelo requerente, um advogado especialista em Propriedade Intelectual, que além disso tinha

[573] Marca Comunitária nº 000428870, concedida em 31.12.2001 e caducada em 11.12.2006, por não ter sido renovado o registo. Fonte: eSearch Plus, disponível in http://esearch.oami.europa.eu

[574] Processo nº R 156/1998-2. A decisão da 2ª Câmara de Recurso limitou-se a dizer que *o odor da relva cortada de fresco é um cheiro distinto que toda a gente reconhece imediatamente à luz da experiência (...)*, pelo que *a Câmara considera satisfatória a descrição fornecida para a marca registanda de bolas de ténis, que é apropriada e que cumpre o requisito da representação gráfica do artigo 4º do RMUE*. Uma decisão destas seria hoje inconcebível, à luz da jurisprudência do TJ.

[575] Ac. de 12.02.2002 (C-273/00).

[576] Mais concretamente, o requerente remeteu para uma descrição anexa ao seu pedido de registo, com o seguinte teor:

A protecção da marca é pedida para a marca olfactiva apresentada a registo no Deutsches Patent – und Markenamt para a substância química pura cinamato de metilo (éster metílico de ácido cinâmico) cuja fórmula química se reproduz seguidamente. Também se podem obter amostras desta marca olfactiva através dos laboratórios locais referenciados nas páginas amarelas da Deutsche Telekom AG ou através da empresa E. Merck, em Darmstadt.

C6H5-CH = CHCOOCH3»

No caso de a descrição mencionada no número anterior não cumprir os critérios de registo previstos no § 32, n.os 2 e 3, da Markengesetz, o requerente dá o seu consentimento para uma consulta dos processos relativos à marca olfactiva 'cinamato de metilo', nos termos do § 62, nº 1, da Markengesetz e do § 48, nº 2, do Markenverordnung [regulamento relativo às marcas].

juntado uma amostra do odor em causa. O TJ começou por declarar que *um sinal que não é, em si mesmo, susceptível de ser visualmente perceptível pode constituir uma marca, desde que possa ser objecto de representação gráfica, nomeadamente através de figuras, de linhas ou de caracteres.* Ou seja, a definição de "marca" – mesmo a constante da anterior DHM, que ainda referia a exigência de "representação gráfica" – não impedia à partida o registo de marcas olfactivas. Porém, acrescentou o TJ, é necessário que tal representação gráfica seja ***clara, precisa, completa por si própria, facilmente acessível, inteligível, duradoura e objectiva***. E então, ao analisar a descrição da marca proposta pelo requerente daquele registo, o Tribunal adoptou uma atitude de tal forma restritiva que muito dificilmente haverá uma identificação que preencha os critérios acima enunciados. No caso em apreço, foi entendido que *os requisitos da representação gráfica não são cumpridos através de uma fórmula química, de uma descrição por palavras escritas, da apresentação de uma amostra de um odor ou da conjugação destes elementos.*

Esta abordagem restritiva foi reafirmada numa decisão posterior, EDEN[577], em que o (então designado) Tribunal de Primeira Instância confirmou a recusa do registo de uma marca olfactiva, descrita como "odor de morango maduro" e acompanhada da imagem a cores de um morango. Esta forma de representação gráfica não foi julgada *unívoca nem precisa*, tendo o tribunal sublinhado que *não existe uma classificação internacional de odores geralmente aceite que permita, à semelhança dos códigos internacionais de cor ou de escrita musical, a identificação objectiva e precisa de um sinal olfactivo através da atribuição de uma denominação ou de um código precisos e próprios a cada odor.* Além disso, acrescentou, a imagem de um morango contida no pedido de registo *não constitui uma representação gráfica do sinal olfactivo*, visto que representa apenas *o fruto que exala um odor supostamente idêntico ao sinal olfactivo em causa, e não o odor reivindicado*... sendo certo que existem diversos odores de morangos, consoante a sua variedade.

Perante isto, a jurisprudência europeia merece aplauso, quando exige que o sinal seja representado de forma a que *possa ser identificado com exactidão*, de modo *acessível às autoridades e ao público, em particular aos operadores económicos.* Mas também é verdade que, se no caso SIECKMANN isso não sucedia, então será precisa grande imaginação para conseguir a proeza de registar uma marca olfactiva...

[577] Ac. de 27.10.2005, T-305/04.

Face ao exposto, não creio que a substituição do requisito da "susceptibilidade de representação gráfica" pelo da "determinabilidade" venha a diminuir significativamente a dificuldade em registar marcas olfativas, uma vez que terá sempre que se *determinar, de modo claro e preciso, o objecto da protecção* solicitada. Nem acho, tão pouco, que venha daí grande mal ao mundo...

3.2.2. Marcas sonoras

A dificuldade de identificação objectiva do sinal, que tanto limita as marcas olfactivas, está ultrapassada no caso das marcas sonoras, em que é possível recorrer a formas padronizadas de representação dos sons, mesmo não se tratando de marcas musicais[578]. Reflexo dessa facilidade é o número mais elevado de pedidos de registo que foram apresentados no EUIPO, que concedeu a grande maioria deles[579]. Exemplos disso são o hino de identificação da EUROPEAN BROADCASTING UNION, registado em 2000, para *suportes de som e imagem, publicações e serviços audiovisuais*, ou o "jingle" conhecido como "NOKIA TUNE", registado em 2000 para *aparelhos electrónicos, jogos e serviços de telecomunicações e culturais.*

Em 2005, o EUIPO decidiu aceitar que os pedidos apresentados por via electrónica viessem acompanhados de ficheiros no formato MP3[580], com vista a esclarecer e apoiar a descrição. De então para cá foram registadas, por exemplo, marcas como o rugido do leão da METRO-GOLDWIN.MAYER, o canto de uma voz feminina, como marca da DAIMLER-BENZ, uma voz masculina dizendo "Oh Yes!", registado pela seguradora CHURCHILL ou o choro de um bebé, registado pela INLEX para serviços diversos, entre os quais *consultadoria em Propriedade Intelectual...*

Por seu lado, o Tribunal de Justiça, no caso SHIELD[581], teve ocasião de se pronunciar sobre a admissibilidade de marcas sonoras, em termos idênticos

[578] Assim, para além das tradicionais pautas de música, podem usar-se, nomeadamente, oscilogramas e espectrogramas (ou sonogramas). Isto para além de ficheiros informáticos, por exemplo nos formatos MP3, WMA ou WAV.

[579] Até 21.06.2019, tinham sido pedidos 343 registos, dos quais 211 já tinham sido concedidos. Fonte: eSearch Plus, disponível in http://esearch.oami.europa.eu.

[580] Note-se que este formato MP3 é o único aceite pelo EUIPO para depósito de ficheiros áudio, podendo agora ter uma dimensão máxima de 2Mb (cf. GUIDELINES, Part. B, 9.7).

[581] Ac. de 27.11.2003 (C-283/01). Neste recurso prejudicial estavam em causa os registos de diversas marcas, constituídas pelas "nove primeiras notas do Für Elise" de Beethoven e por uma onomatopeia do cantar de um galo, em neerlandês.

aos já enunciados no acórdão SIECKMANN. Assim, nada obsta ao registo de marcas sonoras, desde que possam ser *objecto de representação gráfica, nomeadamente através de figuras, linhas ou caracteres, que seja clara, precisa, completa por si própria, facilmente acessível, inteligível, duradoura e objectiva.* Contudo, esclareceu, *estas exigências não são satisfeitas se o sinal for representado graficamente através de uma descrição que recorre à linguagem escrita, tal como a indicação de que o sinal é constituído por notas que compõem uma obra musical conhecida ou a indicação de que é o grito de um animal, ou através de uma simples onomatopeia sem outra precisão, ou através de uma sucessão de notas musicais sem outra precisão. Em contrapartida, são satisfeitas as referidas exigências quando o sinal é representado através de uma pauta dividida em compassos e na qual constem, designadamente, uma clave, notas musicais e silêncios.*

3.2.3. Outras marcas não visíveis em si mesmas

No que respeita às **marcas gustativas**, as dificuldades avolumam-se, pois aos obstáculos já enfrentados pelas marcas olfactivas (a respeito da representabilidade/identificabilidade), soma-se o problema da sua reduzida *capacidade distintiva*. É que, como sublinhou um tribunal americano, é difícil qualificar um sabor como uma marca, quando os consumidores só saboreiam os produtos depois de os comprarem... O EUIPO recusou o registo de uma marca de produtos farmacêuticos que consistia no sabor a morango, por entender que *qualquer fabricante de produtos farmacêuticos tem o direito de acrescentar o sabor de morango artificial aos seus produtos com a finalidade de disfarçar qualquer gosto desagradável que eles poderiam ter ou simplesmente com a finalidade de os tornar agradáveis ao paladar. Se ao recorrente fosse dado um direito exclusivo de utilizar esse sinal nos termos do artigo 9º do RMC, isso iria interferir indevidamente com a liberdade dos seus concorrentes*[582].

Idênticas dificuldades poderíamos referir quanto às **marcas tácteis**, havendo, contudo, a assinalar um registo alemão, concedido em 2004, que consiste na marca UNDERBERG em Braille, para *cervejas e outras bebidas alcoólicas*[583].

[582] Decisão da 2ª Câmara de Recurso do IHMI/EUIPO, de 4.08.2003, Processo nº R 120/2001-2; recurso interposto por Eli Lilly and Company.

[583] Marca nº 30259811, com o registo publicado em 16.01.2004, a favor de UNDERBERG KG, para produtos das classes 32ª e 33ª. Em rigor, esta é uma marca nominativa, que em vez de estar redigida em caracteres tradicionais, utiliza um tipo de escrita alternativo.

3.3. O "imperativo de disponibilidade"

Em face disto, é inegável que os limites do Direito de Marcas estão a ser alargados, para além do que se imaginaria há alguns anos atrás. Esta tendência, em certa medida, é compreensível. Desde logo, porque o universo das marcas tradicionais começa a estar saturado, até porque o alfabeto tem um número limitado de letras. Note-se que o número de registos de marcas no INPI já vai em cerca de 625.000, sendo que no EUIPO o número de pedidos atingiu os 2 milhões em Junho de 2019. Apesar disso, os principais interessados nas marcas não tradicionais são, normalmente, empresas que já dispõem de outros registos de marcas, mais convencionais, e pretendem alargar os limites de protecção da sua imagem comercial. Mas o aperfeiçoamento e a sofisticação crescentes das formas de comunicação e dos meios utilizados no marketing e na publicidade justificam que certas ideias e investimentos sejam rodeados de uma protecção adequada, que permita combater o aproveitamento parasitário da imagem dc marcas fortes ou prestigiadas. Por isso, faz sentido admitir marcas de outra natureza, para além das simplesmente nominativas, figurativas e mistas. Não há qualquer razão válida para privar de protecção sinais distintivos dotados de real (por vezes, intensa) capacidade distintiva e que, com registo ou sem ele, já vêm sendo largamente usados pelos operadores económicos em todo o mundo.

No entanto, como em tudo na vida, é possível "transformar uma coisa boa numa coisa má". As marcas não tradicionais podem também ser usadas para obter abusivamente direitos exclusivos sobre realidades pertencentes ao domínio público, restringindo indevidamente a margem de liberdade dos concorrentes. Um pouco por todo o lado, vem-se assistindo a pedidos de registo, *como marcas*, de sinais que correspondem a desenhos ou modelos, ou até invenções, já entrados no domínio público, tentando "privatizar" realidades que pertencem a todos. Para o evitar, os institutos de Propriedade Industrial e os próprios tribunais devem estar particularmente atentos a tentativas deste género, tendo sempre presente a função das marcas e a sua finalidade última.

Couto Gonçalves (*Objecto* ... cit., p. 282, nota 19) adianta um outro exemplo – *embora disfarçado numa veste de sinal tridimensional* – que foi objecto de um pedido de registo de marca comunitária, recusado pela Câmara de Recurso do EUIPO, e que consistia numa marca de *lentes ópticas com um determinado toque* (decisão de 21.03.2001, R-0448/1999-2, in http://oami.eu.int).

Num caso paradigmático, julgado pelo TJ em 2007[584], estava em causa o pedido de registo de diversas marcas que consistiam "num receptáculo ou câmara de recolha transparente que faz parte da superfície externa de um aspirador", como representado numa figura anexa ao pedido. A requerente (DYSON LTD, fabricante de aspiradores) declarou expressamente que não pretendia obter o registo de uma marca *para uma ou várias formas determinadas do receptáculo de recolha transparente – uma vez que as formas representadas graficamente no referido receptáculo eram apenas exemplos –, mas obter o registo de uma marca para o próprio receptáculo*. Por isso, o registo dessa marca tinha por objecto *todas as formas imagináveis de uma caixa de recolha transparente que faz parte da superfície externa de um aspirador*. Perante esta candura, o Tribunal começou por lembrar que a marca é, por definição, *um sinal*, acrescentando que o pedido de registo tinha por objecto *um conceito* ou uma *propriedade* do produto em causa (e não propriamente um sinal), que não é susceptível de constituir uma marca na acepção do art 2º da DHM (actual art. 3º). Por isso, aproveitou para sublinhar que o direito de marcas não pode ser *desvirtuado de modo a obter uma vantagem concorrencial indevida*; e que tal vantagem passaria a existir se a requerente do registo ficasse com *o direito de impedir que os seus concorrentes oferecessem aspiradores apresentando na sua superfície externa qualquer tipo de caixa de recolha transparente, independentemente da sua forma*.

Estas decisão exprime e aplica um princípio fundamental, designado na doutrina e jurisprudência como "**imperativo da disponibilidade**", aplicável a certo tipo de sinais, que não devem ser apropriados por ninguém, mas antes ser mantidos para livre utilização da generalidade dos agentes económicos. Nesta linha, o TJ já declarou[585] que *a possibilidade de registar uma marca pode ser objecto de restrições com base no interesse público*, sublinhando que a alínea c) do nº 1 do art. 3º da DHM *prossegue um fim de interesse geral que exige que os sinais ou indicações descritivas das categorias de produtos para os quais é pedido o registo possam ser livremente utilizados por todos*. Noutra ocasião, considerou que a alínea e) da mesma disposição também *prossegue um objectivo de interesse geral de que uma forma cujas características essenciais respondem a uma função técnica e foram*

[584] Ac. de 25.01.2007 (DYSON LTD, C-321/03), que, nesta parte, reafirmou o acórdão de 24.06.2004 (HEIDELBERGER BAUCHEMIE, C-49/02).

[585] Acórdãos de 4.05.1999 (WINDSURFING CHIEMSEE, C-108/97 e C-109/97, Col. p. I-2779) e de 8.04.2003 (LINDE, C-53/01 a 55/01, Col. p. I-3161).

escolhidas para preencher essa função possa ser livremente utilizada por todos[586]. Esse mesmo princípio foi reafirmado, por fim, a respeito das marcas constituídas por uma só cor, invocando *um interesse geral em não limitar indevidamente a disponibilidade das cores para os restantes operadores económicos que oferecem produtos ou serviços do tipo daqueles para os quais é pedido o registo*[587]. Em contrapartida, este princípio não deve influir no exame do grau de semelhança ou de confundibilidade entre dois sinais distintivos, nem relevar para aferir do âmbito de protecção de uma marca registada[588].

A figura do *imperativo de disponibilidade* foi desenvolvida pela doutrina e jurisprudência alemãs, na vigência da lei de marcas anterior a 1994, com o objectivo de ampliar o âmbito (demasiado limitado) dos motivos de recusa de registo de marcas previstos no direito positivo germânico[589]. Essa lei só proibia o registo de sinais compostos exclusivamente por números, letras ou palavras contendo indicações sobre a espécie, a época, o lugar de produção, as qualidades, o fim, o preço, a quantidade ou o peso dos produtos[590]. Não previa a recusa de pedidos de outro tipo de sinais (v.g., formas técnicas), cuja utilização era considerada necessária para o exercício de uma livre concorrência. Por isso, sobretudo a partir dos anos sessenta do século passado, a jurisprudência alemã consagrou a inadmissibilidade do registo como marca de sinais que estivessem sujeitos a um "imperativo de disponibilidade" ("Freihaltebedürfnis"), isto é, sinais cuja apropriação exclusiva como marca seria lesiva do interesse da liberdade de concorrência[591]. Contudo, a juris-

[586] Cf. os já citados acórdãos PHILIPS e LINDE.

[587] Cf. o citado acórdão LIBERTEL.

[588] Ac. de 10.04.2008 (ADIDAS.MARCA MODE; C-102/07), em que estava em causa a protecção da marca registada da "Adidas AG", constituída por 3 riscas verticais paralelas, alegadamente ofendida pela utilização de duas riscas paralelas em vestuário desportivo comercializado por outras empresas. O Tribunal entendeu que, embora o imperativo de disponibilidade desempenhe um *papel pertinente* no quadro dos arts. 3º e 12º da DHM, *não pode nunca constituir uma limitação autónoma dos efeitos da marca*, nem *um critério de apreciação, após registo de uma marca, para efeitos de delimitar o âmbito do direito exclusivo do titular da marca.*

[589] A "Warenzeichengesetz" de 5.05.1936, revista em 1968, que foi substituída pela lei actualmente em vigor, a "Markenrechtgesetz" de 25.10.1994, revista em 11.12.2018.

[590] § 4, nº 2 da "Warenzeichengesetz".

[591] Annette Frisch, *Das Freihaltbedürfnis im Markenrecht*, 2007, pp. 18-21, sublinha que já anteriormente (inclusive no domínio das leis de 1874 e de 1894) a jurisprudência germânica recorria a uma ideia de liberdade de concorrência como um princípio fundamental do direito dos sinais distintivos. No entanto, este princípio só se autonomizou na vigência

prudência germânica subordinava a incidência deste "Freihaltebedürfnis" à verificação de vários requisitos: exigia-se que o imperativo fosse *concreto* (isto é, se verificasse em relação aos produtos ou serviços concretos, mencionados no pedido de registo)[592] e *actual* (não se tratando de um mero risco potencial ou eventual, embora se admitisse um juízo de prognose baseado em factos certos)[593]. O ónus da prova da inexistência deste motivo absoluto de recusa incumbia, segundo a jurisprudência, ao requerente do registo (isto é, o interessado tinha que demonstrar que os seus concorrentes não necessitavam do sinal em questão para competirem livremente com ele). Entretanto, com a publicação da "Markengesetz" de 1994 – cuja secção 8 (2) passou a incluir as exclusões previstas no art. 3º/1 da DHM –, a importância do "Freihaltebedürfnis" atenuou-se, na medida em que se alterou radicalmente a situação que havia ditado o seu nascimento[594]. Apesar disso, como

da *Warenzeichengesetz*. Um marco fundamental nesta evolução foi o ac. Polyestra (*in* GRUR 1968, p. 694 ss.). No mesmo sentido, PHILIPP HOFFMANN, *Umfang und Rechtfertigung des Freihaltbedürfnis im (europäischen) Markenrecht*, 2011, pp. 1-4, que destaca ainda uma decisão anterior do BGH, no caso Polymar (*in* GRUR 1966, p. 676 ss.). Sobre o conceito de imperativo de disponibilidade ("Freihaltebedürfnis"), cf. além destas duas obras, KARL-HEINZ FEZER, *Markenrecht*, 2009, §3 rn. 637-701 e §8 rn. 300-310 e 699-747, HÖRST-PETER GÖTTING, *Gewerblicher Rechtsschutz*, 2014, pp. 364-370 e JEREMY PHILLIPS, *Trade Mark Law and the Need to Keep Free – Intellectual Property Monopolies Have Their Limits*, IIC 2005, pp. 389-401, que, referindo-se às marcas nominativas, sintetiza este imperativo do seguinte modo: *the need to keep free is a technique for preventing a trader from obtaining control of a term or indication that is needed by others* [that] *would be harmed or inconvenienced if the vocabulary by means of which they carried out their trade was appropriated by a trade mark owner for his private use* (p. 399). No entanto, este autor entende que a utilidade deste princípio é reduzida, pois é largamente redundante com outras regras do direito de marcas, como v.g. a proibição do registo das marcas descritivas e genéricas (p. 401). Em Portugal, aludem ao "Freihaltebedürfnis" NOGUEIRA SERENS, *A Vulgarização da marca...*, pp. 33 e 83 e *Aspectos do Princípio da Verdade da Marca*, Boletim da Faculdade de Direito de Coimbra, 2002, p. 588 ss., e RIBEIRO DE ALMEIDA, *A Autonomia Jurídica da Denominação de Origem*, 2010, pp. 984-985, nota (2390) referindo que, apesar de o TJ se ter recusado a aplicar os critérios específicos, desenvolvidos pela jurisprudência alemã, *não afastou o referido instituto jurídico pretoriano no respeito do interesse geral na livre disponibilidade de certas indicações.*

592 FEZER, *Markenrecht*, §8 rn. 303, 309 e 310.

593 *Idem*, §8 rn. 300-303.

594 Para uma síntese particularmente clara da figura do "Freihaltebedürfnis", cf. as observações do advogado-geral RUIZ-JARABO COLOMER, apresentadas em 16.01.2008 no processo ADIDAS.MARCA MODE (C-102/07, em especial §§ 33 a 45). Cf., ainda, as referências do

sublinha Fezer[595], aquele princípio e a jurisprudência que o desenvolveu continuam a ser úteis para a interpretação dos três motivos absolutos de recusa relacionados com as marcas de forma.

Entre nós, embora não seja conhecida qualquer corrente doutrinal ou jurisprudencial semelhante à que instituiu o "Freihaltebedürfnis" – até pela sua menor necessidade, face à previsão expressa dos motivos de recusa omissos na antiga lei alemã[596] –, os nossos tribunais não deixaram de reconhecer o imperativo de manter livres sinais julgados necessários ao livre exercício das actividades económicas. É particularmente sugestivo, a esse respeito, um acórdão da Relação de Lisboa em que se declara que a *língua é o baldio comum em que todos devem poder espraiar-se*[597]. Pode citar-se, também, um acórdão da mesma Relação, que recusou o registo da marca "SUAVE", invocando não só a falta de carácter distintivo, mas também *a necessidade de preservar o uso dessa indicação descritiva pelo restante comércio concorrente*[598]; e outra decisão, também desse tribunal, que indeferiu o registo da marca "MINI", para assinalar cerveja[599], com uma dupla fundamentação, assente, por um lado, na falta de carácter distintivo[600] e, por outro, na necessidade de manter este sinal disponível para todos:

> *(...) temos também de acautelar a liberdade do uso de expressões que podem ser utilizadas por todos os agentes do mercado e que podem compor uma determinada marca, tornando-a diferenciada de uma outra. Ou seja, o termo "MINI", acompanhado de qualquer outro*

advogado-geral Niilo Jääskinen, nas suas observações no caso SECURVITA (C-90/11 e C-91/11, §§ 29 a 31), apresentadas em 26.01.2012.

595 *Markenrechts*, §8 rn. 249.

596 Os quais já constavam dos §§ 1 e 2 do art. 79 do CPI de 1940, cuja *ratio*, nas palavras de Justino Cruz, *CPI anotado*, 169, era a de *impedir que se monopolize, através do registo da marca, uma designação que não pode ser apropriada (...)*.

597 Ac. de 2.03.2001 (rel. Américo Marcelino, in BPI 2/2001, 556).

598 Ac. de 6.11.97 (rec. nº 0018292, rel. Ferreira Girão).

599 Ac. 31.01.2012 (recurso nº 238/09.5TYLSB, rel. Dina Monteiro).

600 A este respeito, a Relação considerou que *estamos perante um prefixo e que, como tal, é insusceptível de apropriação por qualquer consumidor (...) que se assume, assim, como um prefixo genérico e usual, quer no comércio, quer na linguagem quotidiana. (...) o prefixo Mini, utilizado individualmente, não tem qualquer carácter distintivo que possa ser susceptível de apropriação e aquisição pelo uso, permitindo o seu registo como marca, antes se assumindo como um prefixo do domínio público – artigo 223º, nº 1, alínea d) do Código da Propriedade Industrial.*

vocábulo, sempre poderá ser usado por todos os comerciantes, individualizando os respectivos produtos, sem que, individualmente, possa ser apropriado por quaisquer deles, assim se garantindo uma sã manutenção das regras de concorrência.

Esta última passagem exprime, claramente, o princípio ínsito no "imperativo de disponibilidade", deduzindo da liberdade de concorrência a necessidade de impedir a apropriação exclusiva de sinais de uso comum, por alguns agentes económicos. Esta jurisprudência, ainda que respeitante a marcas verbais ou nominativas, é claramente transponível para os restantes tipos de marca, incluindo as marcas de forma. Nesse sentido, cumpre assinalar um interessante acórdão da Relação de Lisboa, rejeitando um recurso da NESTLÉ contra uma decisão do INPI que concedeu à IMPERIAL o registo de uma marca tridimensional para assinalar barras de chocolate, constituída por duas barras paralelas[601]. Segundo a recorrente, essas duas barras infringiam o direito decorrente do seu registo de marca da forma das barras duplas paralelas comercializadas sob a designação "KIT KAT"; isto apesar de existirem algumas diferenças no formato das barras em confronto e da respectiva junção. O tribunal confirmou o registo da marca da IMPERIAL, com a seguinte argumentação:

> *Temos que atender a que no campo das barras de chocolate a imaginação está necessária*[mente] *limitada pela própria noção de "barra", não sendo assim deixada aos criativos uma margem significativa de inovação e de criação.*
>
> *Daí termos que atender aos necessariamente pequenos sinais que as distinguem e que estão supra enunciados. Sinais esses que, a nosso ver, apresentam carácter suficientemente distintivo para os clientes comuns das ditas "barras", não se podendo aceitar que a recorrente obtenha o exclusivo da produção e comercialização das "duas barras unidas", como parece ser sua pretensão.*

Esta decisão, ao considerar inaceitável que a recorrente reivindique um exclusivo sobre a produção e comercialização de produtos com esta forma

[601] Ac. de 27.11.2014 (Proc. 2/13.7YHLSB, NESTLÉ.IMPERIAL, rel. Teresa Soares; BPI de 14/4/2015), confirmando uma sent. do TPI de 10.03.2014 (1º Juízo, André Teixeira dos Santos). As marcas de forma relativas às barras de chocolate "KIT KAT" deram origem a um intenso contencioso, quer ao nível das instâncias nacionais, quer das instâncias europeias, estando actualmente pendente no TJ um reenvio prejudicial (C-215/14; NESTLÉ. CADBURY) formulado pelo High Court of Justice, Chancery Division (England and Wales), relativo à interpretação do art. 3º/3 e 3º/1, alíneas e), i) e ii), da DHM de 1989.

específica ("duas barras unidas"), assenta na mesma *ratio* anti-monopolística que subjaz ao "imperativo de disponibilidade", comungando da sua preocupação de manter à disposição dos agentes económicos formas e sinais importantes para o exercício da normal concorrência.

Este imperativo – geralmente invocado como fundamento de *recusa do registo* de uma marca – pode igualmente servir para *limitar o âmbito* de protecção de um sinal distintivo, quando este consista numa forma ou outra característica que os concorrentes do titular sejam obrigados a usar para acederem ao mercado, evitando-se que o titular do primeiro registo disponha de um monopólio sobre um certo tipo de produto[602]. Mas, ainda que assim não fosse, sempre deverá entender-se que o registo de uma marca com vista a conferir ao seu titular um monopólio sobre soluções técnicas, ou relativo a características estéticas ou utilitárias de um produto, constitui um manifesto *abuso do direito*, por exceder o fim social e económico do direito de marcas.

4. As funções das marcas

Conhecer os objectivos que presidem à tutela das marcas é fundamental para compreender o seu regime. No entanto, importa distinguir entre a função *económica* e a função *jurídica* das marcas: uma coisa é apreciar as utilidades ou vantagens decorrentes do uso ou da existência destes sinais e outra é determinar quais são, de entre os diversos efeitos imputáveis às marcas, aqueles que a lei protege e salvaguarda.

De entre as utilidades de cariz económico ligadas a estes sinais destaca-se a de constituírem instrumentos de diferenciação entre produtos ou serviços semelhantes, permitindo uma associação, na mente do consumidor, entre a marca que assinala um produto ou serviço e as diversas características que aquele lhe atribui. A marca funciona assim como um centro de imputação, por parte dos consumidores, das qualidades ou defeitos que atribuem a um dado produto ou serviço, por obra de diversos factores, como

[602] Não se ignora que o TJ declarou – em sentido contrário ao referido no texto – que o imperativo de disponibilidade não deve constituir uma *limitação autónoma dos efeitos da marca*, nem um critério de apreciação, após registo de uma marca, para *delimitar o âmbito do direito exclusivo* do titular da marca (Ac. de 10.04.2008, C-102/07, ADIDAS.MARCA MODE; § 43). Mas essa posição tem que ser conciliada com o decidido no ac. de 6.05.2003 (C-104/01, LIBERTEL, § 60), que nesta parte aponta em sentido diverso. Para mais desenvolvimentos acerca da figura do imperativo de disponibilidade, cf. PEDRO SOUSA E SILVA, *A Protecção Jurídica do Design*, cit., pp. 338 a 346

sejam a experiência própria ou alheia, a publicidade ou a reputação de que goza a própria marca ou até o respectivo titular, quando conhecido. Este mecanismo de associação de ideias permite que uma empresa, mediante o recurso às marcas, promova as suas vendas através de políticas de qualidade ou campanhas publicitárias e que veja assim fixar-se uma clientela em torno da marca ou mesmo em torno da própria empresa.

Por outro lado, na perspectiva do consumidor, a marca funciona como um referencial ao qual este liga a satisfação ou insatisfação experimentada aquando de consumos anteriores, a imagem favorável ou desfavorável resultante da publicidade ou da experiência alheia. Nesta medida, a marca auxilia o público a atribuir a cada produto ou serviço uma certa imagem (de qualidade, de preço ou de estilo de vida), que permite orientá-lo nas suas aquisições futuras.

Contudo, a protecção legalmente dispensada às marcas não garante a fruição de todas a potenciais vantagens económicas decorrentes da sua utilização. O direito ao uso privativo de uma marca é concedido para que esta desempenhe, ao serviço de certos interesses, determinadas funções jurídicas, cuja definição depende, obviamente, do modelo político e económico a considerar. Nos países de economia de mercado, a marca serve principalmente os *interesses do titular*, como um instrumento de diferenciação que este utiliza no jogo da concorrência. No entanto, ao lado do interesse privado do respectivo titular, também se reconhece relevância ao interesse público da protecção dos consumidores. Do ponto de vista jurídico, têm sido apontadas às marcas diversas funções: individualização de bens ou serviços e sua diferenciação de outros da mesma espécie, indicação de procedência ou proveniência dos bens ou serviços, garantia ou indicação de qualidade, fixação de clientela, instrumento publicitário e de investimento[603].

[603] Para uma panorâmica geral sobre as funções da marca, cf. NOGUEIRA SERENS, *A Monopolização da Concorrência* cit., pp. 1178 e ss.. Sobre as funções da marca, cf. ainda COUTO GONÇALVES, *Manual ...*, cit., pp. 173 a 186 e *Função Distintiva da Marca*, 1999, COUTINHO DE ABREU, *Curso de Direito Comercial*, Vol. I, pp. 364 a 380, CARLOS OLAVO, *Propriedade Industrial*, Vol. I, pp. 73 a 76, e P. SOUSA E SILVA, *O princípio da especialidade* cit., pp. 377 e ss.. Na literatura estrangeira, cf. com especial interesse FERNÁNDEZ-NÓVOA/LASTRES/AGRA, *Manual de la Propiedad Industrial*, 2017, pp. 490 a 493, FERNÁNDEZ-NÓVOA, *Tratado sobre Derecho de Marcas*, cit., pp. 66 a 79, FEZER, *Markenrecht*, cit., pp. 79 a 89 e VANZETTI/DI CATALDO, *Manuale di Diritto Industriale*, 2018, pp. 148 a 160.

4.1. A função de indicação de proveniência

É hoje entendimento pacífico que a função jurídica *essencial* da marca é a de indicar a proveniência dos produtos ou serviços. Para desempenhar essa função, a marca tem de individualizar produtos ou serviços e permitir a sua diferenciação de outros da mesma espécie, para que o consumidor possa orientar a sua escolha, quando confrontado com uma pluralidade de opções de consumo. A marca proporciona-lhe, assim, um *referencial unívoco* para a aquisição de bens e serviços, a que atribui determinadas qualidades ou características, provenientes de uma dada organização empresarial. É nisto que reside a função distintiva e indicativa das marcas, tutelada por lei.

O conceito de proveniência tem neste contexto um significado amplo de *procedência empresarial*, considerando-se que têm uma única origem todos os produtos que hajam sido fabricados sob o *controle comum* de uma mesma entidade, ainda que no âmbito de um grupo de empresas ou ao abrigo de contratos de licença[604]. O facto de ser porventura desconhecida do consumidor a identidade da fonte empresarial dos produtos, não retira interesse à indicação veiculada pela marca. Mesmo que a fonte seja anónima, não deixa por isso de ser *constante* e, sobretudo, *única*, permitindo que a marca oriente as escolhas dos consumidores[605].

Este entendimento, que não recusa a importância, económica, das demais funções atrás referidas, sublinha que as mesmas não passam de *efeitos derivados* da função de indicação de proveniência, não beneficiando, pois, de protecção específica no âmbito do direito das marcas. Assim, a *fixação de clientela* decorrerá do facto de o consumidor associar uma ideia atractiva aos serviços ou produtos que ostentam uma certa marca e tender, por isso, a procurar de novo os serviços ou produtos assinalados pela mesma. Mas fá-lo precisamente porque a marca, desempenhando a sua função indicativa, estabelece a ligação entre o produto ou serviço que o consumidor deseja e a *fonte* de onde o mesmo provém. Isto é, se a marca permite fixar a clientela,

[604] Para mais desenvolvimentos a este respeito, cfr. P. Sousa e Silva, *Direito Comunitário e Propriedade Industrial*, cit. pp. 68 a 73. É este o entendimento perfilhado pela jurisprudência do TJ, no ac. de 22.06.94 (Proc. nº. C-9/93, IHT.IDEAL STANDARD, Rec. I, p. 2789) e decisões posteriores, como por exemplo o ac. de 20.12.2017 (SCHWEPPES.RED PARALELA, C 291/16, §§ 37-40). Sobre esta matéria, cf. *infra*, Capítulo XI.

[605] Desta forma se responde aos defensores da denominada função distintiva "in se e per se", que negam a função de indicação de proveniência, em virtude de o titular da marca ser, frequentemente, desconhecido dos consumidores (v.g. Ferrer Correia, *Lições...* cit., p. 132).

satisfeita com um produto, é porque *lhe indica a forma de encontrar de novo o mesmo artigo*. Ora, se é certo que a marca cumpre sempre esta função de indicação de proveniência, nem sempre terá o efeito de fixar a clientela, podendo mesmo servir de sinal de alerta para que o consumidor – desagradado com os produtos ou de algum modo indisposto com aquilo que associa à marca – evite adquirir de novo produtos da mesma procedência. E que esta função não goza de protecção legal específica, resulta até do facto de, não sendo o uso da marca normalmente obrigatório, nada impedir o titular de uma marca com reputação degradada de a abandonar ou de a substituir por outra.

Acrescente-se que o TJ vem, pelo menos desde 1976, declarando que a função essencial da marca é a de *garantir aos consumidores a identidade de origem do produto*[606], ou seja, *ela deve constituir a garantia de que todos os produtos ou serviços que a ostentam foram fabricados ou prestados* ***sob o controlo de uma única empresa*** *à qual possa ser atribuída a responsabilidade pela qualidade daqueles*[607]. Contudo, embora o Tribunal encare a função de indicação de proveniência como a *função essencial* da marca, não a considera a única merecedora de tutela jurídica: como declarou no caso L'ORÉAL, além da *função de indicação de origem*, a marca pode desempenhar *outras funções, como, designadamente, garantir a qualidade desse produto ou desse serviço, ou as funções de comunicação, de investimento ou de publicidade*[608].

4.2. A (suposta) função de garantia de qualidade

Resulta daí que a marca funciona, juridicamente, como garantia ou indicação de qualidade? Apesar da citada declaração do Tribunal de Justiça, parece que não. O regime jurídico das marcas individuais[609] não impõe ao titular

[606] Ac. de 22.06.76 (TERRAPIN.TERRANOVA, Proc. 119/75, Rec. p. 1309).

[607] Ac. de 17.10.90 (HAG II, C-10/89, Col. p. 3.711), reafirmado neste aspecto pelo cit. ac. de 22.06.94 (IHT.IDEAL STANDARD) e posteriormente (acs. de 18.06.2002, PHILIPS, C-299/99, Col., p. I-5475, § 30, de 12.11.2002, ARSENAL FOOTBALL CLUB, C-206/01, Col., p. I-10273, § 48, de 23.04.2009, COPAD.CHRISTIAN DIOR COUTURE, C-59/08) e de 20.12.2017 (SCHWEPPES.RED PARALELA, C-291/16).

[608] Ac. de 18.06.2009 (L'ORÉAL/LANCÔME/GARNIER.BELLURE, C-487/07).

[609] Já assim poderá não acontecer com certas marcas de uso colectivo, designadamente aquelas cuja atribuição envolva a *certificação* de determinadas características. Sobre este tema, cf. *infra*, 7.3.

qualquer obrigação de manter constante o nível de qualidade – alta ou baixa – dos produtos ou serviços que assinala.

A alusão à função de garantia de qualidade de produtos ou serviços, feita pelo TJ no acórdão L'ORÉAL e jurisprudência posterior[610], ocorreu na óptica da protecção de marcas de prestígio, que gozam de uma protecção mais reforçada do que as marcas comuns, como adiante veremos. O que estava em jogo no caso L'ORÉAL, era unicamente proteger uma imagem (de qualidade) dos produtos da titular da marca, posta em causa pela *utilização das embalagens e frascos semelhantes aos dos perfumes imitados* (...) com *a finalidade de aproveitar, para efeitos publicitários, o carácter distintivo e o prestígio das marcas sob as quais esses perfumes são comercializados.* O Tribunal condenou, justamente, a atitude de quem *procura, através do uso de um sinal semelhante a uma marca de prestígio, colocar-se na esteira desta para beneficiar do seu poder de atracção, da sua reputação e do seu prestígio, e para explorar, sem nenhuma compensação financeira e sem ter de despender esforços próprios para tanto, o esforço comercial despendido pelo titular da marca para gerar e manter a imagem dessa marca.* Mas daqui não resulta a consagração da garantia de qualidade enquanto função juridicamente tutelada das marcas individuais.

Não significa isto que as marcas não desempenhem um papel relevante no fomento da qualidade dos produtos ou serviços. Pelo contrário, ao adoptar uma marca, um empresário é incentivado a oferecer ao público produtos ou serviços de qualidade, na medida em que assume o risco de este lhe atribuir a responsabilidade, em caso de insatisfação. Por esta razão, como sublinhava Beier[611], *para os consumidores, uma mesma proveniência implica frequentemente*

[610] Nomeadamente nos acs. de 23.03.2010 (Procs. aps. C-236/08 a C-238/08 – GOOGLE FRANCE SARL e GOOGLE, INC. vs. LOUIS VUITON MALLETIER SA e. a.), de 22.09.2011 (INTERFLORA, C-323/09) e de 20.12.2017 (SCHWEPPES.RED PARALELA, C 291/16).

[611] *Territorialité du droit des marques et les Échanges Internationaux*, Clunet, 1971, p. 22. Entre nós, defendendo que a função dc garantia *não entra na essência da marca, representando um efeito e não uma qualidade intrínseca do instituto*, J.G. Pinto Coelho, *Marcas Comerciais e Industriais*, cit., p. 29, nota (1) e Carlos Olavo, *Propriedade Industrial*, cit., p. 75. Nogueira Serens parece admitir uma função de qualidade, mas apenas relacionada com o *estímulo do titular da marca (...) para, ao menos, não deteriorar o padrão de qualidade dos respectivos produtos* (*A Monopolização* cit., p. 1190). Couto Gonçalves (*Manual*, cit., p. 180 e ss.) reconhece que a marca *não desempenha directamente uma função de garantia de qualidade*, considerando que tal garantia apenas se pode entender como "derivada da função distintiva", sendo uma garantia *por referência a uma origem não enganosa*. Em contrapartida, Coutinho de Abreu (*Curso...*

uma qualidade constante dos produtos de marca. Contudo, esta expectativa do consumidor não é protegida pelo direito das marcas. Essa tarefa cabe hoje, em primeira linha, à disciplina da Defesa do Consumidor, incluindo o regime das Práticas Comerciais Desleais, Direito da Publicidade e, no limite, à repressão da Concorrência Desleal.

A reduzida ou decrescente qualidade de um produto tem como única sanção, no plano dos factos, a perda da confiança do público, pois o direito das marcas não prevê qualquer sanção específica para um decréscimo de qualidade. Nem sequer impõe que os produtos marcados pelo titular e colocados no mercado, a dado momento, tenham um grau de qualidade uniforme.

4.3. A função publicitária

À função publicitária, durante anos, foi sendo negada relevância jurídica no domínio das marcas. Como salientava, Paul Demaret, em 1972, *a utilização de uma marca constitui em si mesma uma publicidade, porquanto ela chama a atenção do público para um produto. A marca recordará o produto aos consumidores e constituirá uma recomendação para aqueles que tenham ficado satisfeitos.* No entanto, este *efeito de publicidade é uma consequência da função da indicação de proveniência*[612]. O mesmo Autor, porém, já ressalvava certas situações em que a marca desempenha uma função publicitária sem que tal se relacione com a indicação da procedência, nomeadamente quando se trate de um sinal com um poder atractivo ou sugestivo próprio ou provocado pela promoção

cit., p. 378) defende convictamente a existência de uma função de garantia de qualidade (não só das marcas de certificação, mas das próprias marcas individuais), retirando essa conclusão do disposto na alínea b) do art. 269º/2 do CPI, que determina a caducidade da marca que se torne enganosa acerca de diversos factores, incluindo a qualidade [actual art. 268º/1/b)]. No entanto, a meu ver, esta conclusão não é legítima, pois este regime significa apenas que o titular de uma marca está proibido de *usar este sinal para enganar* o público a respeito da qualidade ou características dos produtos. Mas não se foi ao ponto de reconhecer ao público um direito a exigir uma qualidade constante, ou sequer satisfatória, para os produtos de marca, pelo que não pode aceitar-se que a falta ou diminuição de qualidade dos produtos marcados constitua fundamento *autónomo* de caducidade do registo da respectiva marca. Daí que não possa retirar-se daquele preceito um argumento para defender que a marca tem uma função (jurídica) de garantia de qualidade: as consequências de uma redução qualitativa ficam limitadas ao plano comercial, correspondendo à reacção de uma clientela desapontada.

612 *Circulation des Produits et Loi Uniforme BENELUX sur les Marques*, RTDE, 1972, pp. 532 e 533. No mesmo sentido, Massa, *Funzione Attrativa e Autonomia del Marchio*, 1994, p. 138.

feita em seu redor. Quando a tutela legal da marca assuma esta extensão, não será já dirigida à função de indicação da fonte empresarial, mas sim e especificamente àquela função publicitária[613].

É justamente isso que se verifica com a protecção concedida às denominadas "marcas de prestígio", contra o seu uso por terceiros em produtos inteiramente distintos, com o objectivo de impedir a erosão ou *diluição* dessas marcas. O que há a salvaguardar, neste âmbito, não é tanto a indicação de proveniência – pois pode mesmo não existir qualquer risco de confusão entre os produtos – mas sim, e primordialmente, o *valor comercial da marca* ou o seu poder de atrair o público, mercê do prestígio que gozam os produtos em questão. De facto, se alguém passar a assinalar pastilhas elásticas com as marcas CARTIER ou MERCEDES, o consumidor não atribuirá certamente tais artigos aos titulares destas marcas. Mas tal prática será obviamente lesiva para estes, na medida em que contribui para desvalorizar ou desprestigiar símbolos de grande renome.

Portanto, quando a lei permite reagir contra um tal uso, está em causa *a salvaguarda da dita função publicitária*. Ora, como decorre do art. 235º do CPI [e do art. 9º/2/c) do RMUE], a lei protege as marcas de prestígio contra o seu uso por terceiros em produtos ou serviços diferentes daqueles a que elas se destinam. Por isso, no que respeita ao universo das marcas de prestígio, pode hoje afirmar-se que, além da função indicativa, também a função publicitária ou reclamística goza de tutela jurídica autónoma, permitindo-se que os respectivos titulares invoquem os seus direitos privativos contra as práticas

[613] Defendendo, para as marcas *em geral*, uma função reclamística (ou "publicitária", ou "atractiva") juridicamente protegida, cfr. ROUBIER, *Le Droit de la Propriété Industrielle*, Vol. II, cit., pp. 515 e 516, FERNÁNDEZ-NÓVOA, *Fundamentos de Derecho de Marcas*, cit., p. 64, bem como os autores citados por VANZETTI, in *Funzione e Natura Giuridica del Marchio*, cit., p. 23. Este último autor começou por contestar vigorosamente a existência de tutela jurídica para esta função, sustentando que, além do mais, tal tutela teria efeitos perversos quer sobre a empresa, quer sobre a concorrência, na medida em que o poder atractivo da marca, em si mesma, subalternizando a competição a nível de preço e qualidade, promoveria a *arte de enganar o próximo, atirando-lhe fumo para os olhos, perturbando a sua escolha com elementos irracionais e geralmente deseducativos* (*idem*, p. 44). Contudo, VANZETTI viria mais tarde a alterar a sua posição, quando a lei italiana consagrou a protecção reforçada das marcas de prestígio (*Manuale di Diritto Industriale,* 2009, pp. 155 e 245 a 248) pelo que actualmente reconhece a este tipo de sinais uma *tutela do valor da marca em si* (cf. ed. de 2018 da mesma obra, pp. 153 a 157).

que ponham em causa esta função, designadamente contra o uso da marca, por terceiros, em produtos ou serviços sem afinidade[614].

4.4. Outras funções?

Nos últimos anos, o Tribunal de Justiça tem vindo a apontar às marcas **outras funções**, para além da função indicativa e da função publicitária, estritamente consideradas. Nos acórdãos L'ORÉAL, GOOGLE e INTERFLORA, referiu-se também à função de **garantir a qualidade**, bem como às funções de **comunicação** e de **investimento**. Explicitando estas afirmações, o TJ veio acrescentar, no caso INTERFLORA (§ 39), que *uma marca constitui frequentemente, para além de uma indicação de proveniência dos produtos ou dos serviços, um instrumento de estratégia comercial empregue, em particular, para fins publicitários ou para adquirir uma reputação a fim de fidelizar o consumidor.*

Poder-se-ia entender que estas funções complementares estariam reservadas para as marcas de prestígio. Nesse sentido, escrevi na 1ª edição desta obra que – deixando de lado os casos excepcionais das marcas de prestígio – a nossa lei de marcas só tutela a função publicitária *reflexa e instrumentalmente*, na medida em que seja necessário proteger a função de indicação de proveniência; e que só as *funções distintiva e indicativa* beneficiam de tutela específica no âmbito do direito das marcas[615]. Contudo, a mais recente jurisprudência do Tribunal de Justiça vem pôr em causa este entendimento. O acórdão INTERFLORA (§40) é inequívoco a este respeito:

É certo que uma marca deve, em princípio, cumprir sempre a sua função de indicação de origem, ao passo que apenas assegura as suas outras funções na medida em

[614] Este entendimento é hoje pacífico entre a doutrina nacional: NOGUEIRA SERENS, *a Monopolização* cit., p. 1202 e ss., COUTINHO DE ABREU, *Curso* cit., p. 375, COUTO GONÇALVES, *Manual...* cit. p. 186 e CARLOS OLAVO, *Propriedade Industrial* cit, p. 76.

[615] *Direito Industrial,* Coimbra Editora, 2011, p. 147. COUTO GONÇALVES, numa perspectiva ligeiramente diversa, enuncia a sua posição desta forma: *A marca tem, em síntese, as seguintes funções: Uma Função Essencial: Função Distintiva. A marca distingue e garante que os produtos ou serviços se reportam a uma pessoa que assume em relação aos mesmos o ónus pelo seu uso não enganoso. Uma Função Derivada: Função de Garantia de Qualidade dos Produtos e Serviços. A Marca não garante, directamente, a qualidade dos produtos ou serviços marcados, mas garante indirectamente essa qualidade por referência dos produtos ou serviços a uma origem não enganosa. Uma Função Complementar: Função Publicitária. A marca, em complemento da função distintiva, pode cumprir, nalguns casos, a função de contribuir, por si mesma, para a promoção dos produtos ou serviços que assinala – Manual de Direito Industrial,* cit., p. 186.

que o seu titular a explore nesse sentido, nomeadamente para fins de publicidade e investimento. Todavia, esta diferença entre a função essencial da marca e as suas outras funções não pode de forma alguma justificar que, quando uma marca cumpre uma ou mais das suas outras funções, as violações destas sejam excluídas do campo de aplicação dos artigos 5º, nº 1, alínea a) da Directiva 89/104 e 9º, nº 1 alínea a), do Regulamento nº 40/94 [hoje em dia, arts. 10º/2/a da DHM e 9º/2/a) do RMUE]. *Do mesmo modo,* ***não se pode considerar que apenas as marcas que gozam de prestígio podem ter funções diferentes da indicação de origem****.*

O significado e alcance desta jurisprudência não são ainda totalmente claros, nesta altura. Mas parece evidente que indicia um reforço da tutela das marcas em geral, permitindo reagir contra ameaças distintas do tradicional risco de confusão e esbatendo a distinção entre marcas de prestígio e marcas "normais".

5. Requisitos de protecção

A tutela das marcas depende do seu registo, não sendo autonomamente protegido o mero uso, nem existindo na lei portuguesa ou europeia um regime de protecção da marca não registada, também designada por "marca livre" (arts. 210º do CPI e 6º do RMUE). As marcas sem registo são lícitas, mas apenas beneficiam de uma protecção temporária e limitada, decorrente do **direito de prioridade** conferido pelo art. 213º do CPI, durante os 6 meses seguintes ao início do respectivo uso[616]. Decorrido esse prazo, a marca "livre" pode ser registada por qualquer outra pessoa, que nesse caso adquire o direito exclusivo de a usar, podendo impedir o primeiro utilizador de o fazer[617].

O direito exclusivo sobre a marca resulta, pois, do seu registo no INPI (marca nacional) ou no EUIPO (marca da UE), tendo esta última a grande

[616] Assim, quem começa a usar uma marca sem a registar de imediato, terá o direito de impedir o seu registo por outrem, desde que nos primeiros 6 meses de uso – requeira o registo da marca prioritária e se oponha ao pedido de registo primeiramente apresentado por terceiro.

[617] Um sugestivo exemplo disso encontra-se no ac. STJ de 1.02.2000 (rel. Silva Graça – CJ-STJ I, p. 59; marca "GENERAL"). Note-se que a decisão deste caso poderia hoje ser diversa, caso viesse a demonstrar-se que o pedido de registo foi efectuado de má-fé (cf. arts. 231º/6 e 260º/1 do CPI), o que seria o caso se um requerente do registo de uma marca alheia agisse com consciência de a mesma ter sido objecto de um uso sério e prolongado por parte de um seu concorrente.

vantagem de conferir um exclusivo válido no território dos 28 Estados-membros da União Europeia[618] (art. 1º/2 do RMUE). Para que um registo de marca seja concedido, é necessário requerê-lo ao INPI (ou ao EUIPO) e preencher um conjunto de requisitos, formais e substanciais, enumerados de forma algo dispersa em várias disposições do CPI e do RMUE, que podemos sistematizar da forma seguinte:

Desde logo, é necessário satisfazer os **requisitos formais**, enunciados nos arts. 23º, 222º e 223º do CPI (e nos arts. 30º a 33º do RMUE): deve apresentar-se um requerimento nos formulários próprios da entidade de registo, pagar as taxas devidas, juntar os documentos, prestar as informações e cumprir as formalidades regulamentares.

Além disso, e sobretudo, terão de ser preenchidos os **requisitos substanciais** de protecção, que respeitam à própria marca a registar e podem classificar-se em requisitos absolutos e relativos. Os **requisitos absolutos**[619] visam garantir que o sinal registando é apto a desempenhar a sua função distintiva e indicativa (capacidade distintiva e determinabilidade) e que respeita certas exigências de interesse e ordem pública. Os **requisitos relativos**[620] têm fundamentalmente a ver com o respeito por direitos de terceiros, constituídos em momento anterior à data do pedido de registo (ou da prioridade) da marca registanda. Ou seja, enquanto os requisitos absolutos respeitam à marca *em si mesma* considerada, os relativos têm a ver com a *envolvência* da marca (nas suas relações com sinais ou direitos preexistentes).

A falta de qualquer destes requisitos constitui motivo de *recusa* do registo (arts. 231º a 235º do CPI e 7º e 8º do RMUE). Mas, ainda que o registo venha porventura a ser concedido, por erro de apreciação do examinador ou por falta de oposição do contra-interessado, essa falta constitui causa de *invalidade* do registo, que pode vir a ser declarada posteriormente, a pedido de quem por ele se sentir prejudicado[621]. Note-se que, no decurso do pro-

[618] Na data em que escrevemos estas linhas, os britânicos ainda fazem parte da UE, ignorando-se se e quando é que o Reino Unido abandonará a União e, mesmo em caso afirmativo, se continuará ligado ao sistema europeu de marcas.

[619] Enumerados nos arts. 231º do CPI e 7º do RMUE.

[620] Enunciados nos arts. 232º a 235º do CPI e 8º do RMUE.

[621] Arts. 259º e 260º do CPI e 59º e 60º do RMUE. Neste sentido, Oliveira Ascensão refere que *há uma correspondência entre os motivos de recusa e os motivos de invalidade. Os motivos de recusa, se não observados, tornam-se motivos de invalidade da marca* (*A Marca Comunitária*, in DI, Vol. II, p. 15).

cedimento de registo, nem todos os requisitos são objecto de verificação oficiosa, havendo alguns cuja falta só é atendida quando seja expressamente invocada em sede de reclamação ou oposição[622].

5.1. Requisitos absolutos de protecção

A enumeração destes requisitos resulta, essencialmente, das normas que enunciam os motivos absolutos de recusa (arts. 231º do CPI e 7º do RMUE). No entanto, releva ainda para este efeito o disposto no art. 209º do CPI, quando densifica os critérios de admissibilidade enunciados na definição de marca, constante do art. 208º. Assim, constituem requisitos absolutos de protecção a determinabilidade, a capacidade distintiva, a boa-fé e o respeito por um conjunto de princípios de interesse e ordem pública, que adiante analisaremos.

5.1.1. Determinabilidade

O art. 208º do CPI dispõe que *a marca pode ser constituída por um sinal ou conjunto de sinais suscetíveis de representação gráfica (...) ou por um sinal ou conjunto de sinais que possam ser representados de forma que permita determinar, de modo claro e preciso, o objecto da protecção conferida ao seu titular*. Esta redacção é algo redundante, sendo inútil a referência à "representação gráfica" quando o verdadeiro requisito é que a marca seja **representada de forma que permita determinar, clara e precisamente, o sinal** a proteger[623].

A redacção da alínea b) do art. 4º do RMUE é mais feliz, exigindo que os sinais sejam *representados (...) de um modo que permita que as autoridades competentes e o público identifiquem de forma clara e precisa o objeto da proteção conferida ao titular da marca.*

[622] Assim, no âmbito do CPI, só são de conhecimento *oficioso* os motivos absolutos de recusa (mencionados no art. 231º), com excepção do registo de má-fé, que só é atendido quando invocado por um interessado (art. 231º/6) e os motivos *relativos* previstos no nº 1 do art. 232º; o conhecimento dos restantes motivos relativos (previstos no nº 2 do art. 232º e nos arts. 233º a 235º) é dependente de reclamação. No domínio do RMUE são de conhecimento oficioso apenas os motivos *absolutos* de recusa (art. 7º), ficando todos os motivos *relativos* (art. 8º) dependentes de oposição do titular de direito anterior.

[623] Aliás, a al. b) do art. 3º da DHM de 2015, transposta para o art. 209º do CPI, não faz qualquer menção à "representação gráfica", que se torna supérflua quando fica claro que essa representação pode ser gráfica ou não.

Mas estas pequenas diferenças de redacção não impedem a conclusão de que a lei (europeia e nacional) exige apenas que o sinal seja representado de um modo que permita a **determinação ou identificação** da marca, em termos claros e precisos. Essencial é, pois, que os destinatários da informação sensorial veiculada pela marca consigam *determinar* com precisão que sinal é esse. Por isso, por facilidade de exposição, proponho que este novo requisito seja designado por "determinabilidade".

Este requisito veio ocupar o lugar da anterior condição da "susceptibilidade de representação gráfica". Esta alteração era previsível desde há alguns anos, face à evolução técnica que passou a permitir a identificação precisa de sinais distintivos menos "tradicionais", como por exemplo os sons[624]. De facto, a representação gráfica não é imprescindível para o funcionamento de um sistema de marcas registadas, assente na existência de uma base de dados destinada a identificar e publicitar as marcas que se encontram atribuídas. A necessidade de referenciação dos sinais registados, seja por parte das autoridades, seja por parte dos operadores económicos que consultem os registos de marcas, pode hoje fazer-se de outro modo[625], nomeadamente através de ficheiros informáticos que permitem a reprodução do sinal por meios audiovisuais.

[624] As propostas de revisão da DHM e RMUE apresentadas pela Comissão Europeia em Março de 2013 já previam a sua eliminação, com a seguinte justificação: *A condição prévia de que deve ser possível produzir uma representação gráfica do sinal pedido tornou-se obsoleta. Cria uma considerável insegurança jurídica no que diz respeito a determinadas marcas não tradicionais, como meros sons. Neste último caso, a representação por meios que não sejam gráficos (designadamente um ficheiro de som) pode até ser preferível à representação gráfica, se permitir uma identificação mais precisa da marca e servir deste modo o objetivo de reforçar a segurança jurídica. A nova definição proposta deixa a porta aberta a objetos de registo que podem ser representados por meios tecnológicos que ofereçam garantias satisfatórias. Não se trata de uma extensão sem limites das formas admissíveis de representar um sinal, mas sim de oferecer maior flexibilidade a este respeito, garantindo maior segurança jurídica.* Cf. Proposta de Regulamento do Parlamento Europeu e do Conselho, de 27.03.2013, COM (2013) 161 final, 2013/0088 e Proposta de Diretiva do Parlamento Europeu e do Conselho, de 27.03.2013, COM (2013) 162 final, 2013/0089.

[625] Maria Miguel Carvalho sublinhava, acertadamente, que o requisito da susceptibilidade de representação gráfica não derivava *propriamente do conceito de marca*, mas antes *do sistema constitutivo do registo e da circunstância de ter sido consagrado num momento em que não existiam meios tecnológicos que possibilitassem a divulgação de sinais diferentes* (*"Novas" marcas e marcas não tradicionais; objecto*, in DI IV, p. 222).

Essa representação (gráfica ou não) é necessária, desde logo, para publicitar o pedido de registo no BPI (ou no Boletim de Marcas da União Europeia), levando-o ao conhecimento do público em geral, nomeadamente para efeito de eventual oposição de contra-interessados. É indispensável, também, para constar das bases de dados das entidades de registo, após a respectiva concessão, a fim de informar o público sobre os direitos exclusivos em vigor. É útil, ainda, para fornecer às entidades judiciais, policiais e administrativas informação rápida e fiável acerca dos direitos vigentes, para efeitos de actuação e decisão. Em síntese, como declarou o TJ no acórdão SIECKMANN, essa representação deve permitir que o sinal seja representado de modo a que *possa ser identificado com exactidão*, de forma *acessível às autoridades e ao público, em particular aos operadores económicos*[626].

O significado e alcance desta nova formulação ainda não são completamente claros, dependendo seguramente da evolução tecnológica (novos meios de representação clara e precisa poderão surgir no futuro) e de desenvolvimentos jurisprudenciais. Mas, no imediato, não será de esperar um alargamento significativo do espectro dos sinais passíveis de utilização como marca. Recorde-se que, no caso SIECKMANN, o TJ foi particularmente exigente a respeito da representação das marcas, impondo que a mesma seja *clara, precisa, completa por si própria, facilmente acessível, inteligível, duradoura e objectiva*[627]. Ora, nada permite supôr que, à luz das actuais normas da DHM e do RMUE, esta exigência venha a atenuar-se.

5.1.2. Carácter distintivo

Este requisito é absolutamente essencial para que a marca desempenhe a sua função jurídica básica: o sinal tem de permitir a identificação do produto e a sua diferenciação face aos produtos do mesmo género. Isto não significa que a marca tenha de ser nova ou de constituir uma invenção do seu titular. Pode tratar-se de uma palavra ou símbolo de uso corrente, já conhecida há muitos anos. O que é necessário é que esse sinal, aplicado ao produto ou serviço a que se destina, permita individualizá-lo e distingui-lo dos produtos ou serviços concorrentes.

[626] Ac. de 12.02.2002 (SIECKMANN, C-273/00; §§ 46-49). Neste acórdão ainda se debatia o significado e limites do requisito da "representação gráfica"; mas o objectivo da representação, referido pelo TJ, permanece inalterado.

[627] *idem*, §§ 69 a 73.

Importa aqui sublinhar que – ao pedir o registo de uma marca – o requerente tem de indicar quais os produtos e serviços em que a pretende utilizar[628]. E, como adiante veremos, será para esses produtos e serviços (e afins), que o titular gozará de um direito exclusivo de uso da marca.

Assim, para que uma marca tenha capacidade distintiva, deve mostrar-se minimamente *arbitrária* ou *imaginativa*, face ao produto ou serviço que se destina a assinalar. Por exemplo, a palavra "RELÓGIO" não serve para marca de relógios, pois não permite distinguir os relógios de um empresário dos relógios dos seus concorrentes. Da mesma forma, a palavra "LÍQUIDO" não serviria para marca de água mineral, pois indica uma característica comum a todas as águas. Contudo, a palavra "RELÓGIO" já poderia servir para marca de águas e a palavra "LÍQUIDO" para marca de relógios. Neste caso, estaríamos perante marcas dotadas de capacidade distintiva, assumindo até um elevado grau de arbitrariedade relativamente aos produtos a que se destinavam. Neste sentido, pode dizer-se que o carácter distintivo de uma marca está na razão directa da sua *arbitrariedade*. Quanto mais surpreendente for o sinal, face ao produto a assinalar, mais intenso será o seu poder distintivo[629].

Tendo isto presente, não custa a entender que o CPI e o RMUE considerem insusceptíveis de registo, como marcas, sinais meramente *descritivos*, *usuais*, ou *necessários*, por serem desprovidos de distintividade. Aliás, sinais deste tipo devem manter-se disponíveis para serem livremente utilizados por todos os agentes económicos, pois são necessários para a comunicação entre empresários e consumidores e para identificação e caracterização dos produtos e serviços. Por isso, o legislador nunca poderia aceitar que estes sinais, necessários à comunicação e informação no âmbito da actividade comercial, ficassem sujeitos a apropriação exclusiva, numa espécie de "expropriação do dicionário"...

[628] Art. 222º/1/b), que dispõe que o requerimento com o pedido de registo deve indicar *os produtos ou serviços a que a marca se destina, agrupados pela ordem das classes da classificação internacional dos produtos ou serviços e designados em termos precisos, de preferência pelos termos da lista alfabética da referida classificação*. Essa classificação internacional – prevista pelo Acordo de Nice relativo à Classificação Internacional dos Produtos e Serviços, já referido – contempla 45 classes de produtos ou serviços, podendo nomeadamente ser consultado in inpi.justica.gov.pt. A classificação serve essencialmente para efeitos organizativos (nomeadamente arquivo e classificação dos pedidos) e tributários (cálculo das taxas a pagar pelo requerente).

[629] O que não quer dizer que seja necessariamente uma boa marca, do ponto de vista do *marketing*.

Note-se que não são proibidas as chamadas marcas *sugestivas* (ou expressivas), que aludem mais ou menos explicitamente ao produto assinalado (v. g., "SUCOL", para sumos, ou "B-DENT" para dentífricos). É muito frequente usarem-se onomatopeias, jogos de palavras ou transliterações, para aludir à natureza do produto ou a uma qualidade deste ("FRIZE", para água) e isso em nada afecta a capacidade distintiva da marca[630].

Por vezes, o grau de arbitrariedade é muito reduzido (, por exemplo, "LIMP 100", para produtos de limpeza ou "A TINTA QUE DURA", para tintas)[631]. Mas, ainda assim, estas marcas possuem uma capacidade distintiva *residual*, que lhes permite beneficiar do registo, mesmo que daí resulte uma protecção relativamente ténue, limitada à pequena parcela de diversidade que incorporam. A este propósito, fala-se em *marcas fracas*, como aqueles sinais que, embora apresentando um mínimo de capacidade distintiva, são constituídos *quase exclusivamente* por elementos de uso comum ou trivial, ou contêm símbolos (cabeça de boi para carnes ou folhas para produtos agrícolas) ou prefixos e sufixos ("EURO", "SUN", "TEX", "GAL") de uso muito vulgarizado. Este tipo de marcas é susceptível de registo válido e do benefício da consequente protecção, posto que se trate de um sinal minimamente dotado de eficácia distintiva (originária ou superveniente). No entanto, o carácter de marca fraca implica que seja mais estreito o seu âmbito de protecção, no confronto com marcas potencialmente confundíveis. Nestes casos, constitui entendimento generalizado que o juízo sobre a confundibilidade deverá ser menos severo, já que a comparação com outras marcas deverá limitar-se à parte que seja original. Um conceito próximo deste é o de *sinais francos*, em que também está presente a ideia da insusceptibilidade de apropriação exclusiva da banalidade[632].

[630] Aliás, é mesmo entendimento corrente, em matéria de *marketing*, que a marca ideal é aquela que consegue ser simultaneamente evocativa (da natureza ou características do produto) e distintiva.

[631] Exemplos retirados da base de dados do INPI.

[632] A designação "francos", nesta acepção, tem o significado de "livre", ou de "utilização livre". Neste tipo de sinais se incluem, como afirmou a Rel. Lisboa, *as expressões cujo uso já se vulgarizou e que não podem, portanto, ser monopolizadas; incluem-se aqui, entre outros, vocábulos como "super", "ideal", "extra", "ultra", "o melhor"* (ac. de 12.12.96, rel. Salazar Casanova; CJ V, p. 134). Cf. ainda, o ac. RL de 30.09.2008 (marca FRESQUINHO; rel. Torrres Vouga), de 26.11.2009 (marcas "TAX FREE", rel. Márcia Portela), da RP de 25.10.2007 (expressão "Xpress", rel. Carlos Portela), da RL de 31.01.2012 (marca "MINI", rel. Dina Monteiro)

5.1.2.1. As marcas genéricas

Insusceptíveis de registo e, como tal, abrangidas por "motivos absolutos de recusa", serão as chamadas **marcas genéricas**, constituídas *exclusivamente* por sinais descritivos, usuais, ou necessários:

- *marcas constituídas exclusivamente por sinais ou indicações que possam servir, no comércio, para designar a espécie, a qualidade, a quantidade, o destino, o valor, a proveniência geográfica, a época ou meio de produção do produto ou da prestação do serviço, ou outras características destes* – arts. 209º/1/c) e 231º/1/c) do CPI e 7º/1/c) do RMUE. Trata-se das chamadas marcas **descritivas**, devendo esse carácter ser aferido em função dos produtos ou serviços a que o sinal se destina[633]. Será o caso de "SUMO", para sumo de frutas, ou "MINI", para cerveja, ou "PÁSCOA", para pão-de-ló. Outros sinais serão descritivos por natureza, como por exemplo "SUAVE", "FRESQUINHO"[634].

e da RL de 17.05.2016 (marca "MAXIMIZA-TE"; rel. Rui Vouga), in www.dgsi.pt. Sobre o tema das marcas fracas e dos sinais francos, cf., nomeadamente, Justino Cruz, *CPI anotado*, p. 172, Couto Gonçalves, *Manual*... cit., p. 219, Carlos Olavo, *Propriedade Industrial*, cit., p. 83, Nogueira Serens, *a Vulgarização da Marca*... cit., p. 10 e ss. (embora em sentido crítico), Pinto Coelho, *Lições*.. cit., p. 374 (que analisa a questão pelo prisma dos *sinais francos*). Na literatura estrangeira, entre outros, Fernández/Nóvoa/Lastres/Agra, *Manual de la Propiedad Industrial*, cit., pp. 523 a 532, Chavanne e Burst, *Droit de la Propriété Industrielle* cit., p. 648, Yves Saint-Gal, *Protection et Défense de Marques de Fabrique et Concurrence Déloyale*, p. 0-12, nota (16), Ladas, *Patents, Trademarks and Related Rights*, cit., p. 1081 e Gilson, *Trademark Protection and Practice*, Vol. I, § 5.05[6], p. 102.

633 Recentemente, o TJ considerou que a expressão "adegaborba.pt" era meramente descritiva, não constituindo uma marca válida à luz da al. c) do art. 3º/1 da DHM anterior (ac. de 6.212.2018, J. PORTUGAL RAMOS/ADEGA COOPERATIVA DE BORBA, C-629/17, §§ 21 a 25). Isto porque, *quando um sinal que serve para designar um produto junta dois elementos verbais, ou seja, um termo descritivo* ["adega", significando a "instalação na qual o vinho é elaborado e armazenado"] *e um nome geográfico, como «Borba» no caso em apreço, reportando-se à proveniência geográfica desse produto, que é também descritiva do mesmo, deve considerar-se que o sinal composto por esses dois elementos verbais tem caráter descritivo e, como tal, é desprovido de caráter distintivo.*

634 Por exemplo, o EUIPO tem recusado o registo de marcas como "BABY-DRY" para fraldas de bebé, "TRUSTEDLINK" para serviços financeiros *on-line*, "COMPANYLINE" para serviços de seguros e negócios financeiros, "TDI" para veículos automóveis e serviços de reparação automóvel e "GREENWORLD" para combustíveis e serviços de distribuição dos mesmos, entre outros.

- *marcas constituídas exclusivamente por sinais ou indicações que se tenham tornado habituais na linguagem corrente ou nos hábitos leais e constantes do comércio* – arts. 209º/1/d) e 231º/1/c) do CPI e 7º/1/d) do RMUE. São os chamados sinais **usuais**, como por exemplo "OK", "ECO", "MEGA", "BIG", "MINI", "MULTI" ou "PLUS"[635]. Note-se que alguns destes sinais podem também ser abrangidos pela proibição dos sinais descritivos, quando não sejam usados como expressões de fantasia.
- *marcas exclusivamente compostas pela forma ou por outra característica imposta pela própria natureza dos produtos, pela forma ou por outra característica do produto necessária para obter um resultado técnico, pela forma ou por outra característica que confira um valor substancial ao produto* – arts. 209º/1/b) e 238º/1/c) do CPI e 7º/1/e) do RMUE. Estão em causa sinais que se resumem a formas *naturais, funcionais ou ornamentais*[636]. Todavia, como já vimos, esta proibição não impede que se proteja a forma do produto ou da sua embalagem, quando esta não seja banal e seja, além disso, apercebida pela clientela como indicativa da proveniência empresarial do produto.

Sublinhe-se que, quando uma marca integre elementos genéricos, como aqueles que ficaram referidos, tal não obsta à sua protecção, significando apenas que tais elementos *não serão considerados de uso exclusivo do requerente*[637]. Ou seja, o monopólio concedido ao titular da marca não se

[635] O EUIPO, nas suas GUIDELINES (Part B, Examination, pp. 4 ss.) fornece abundantes exemplos deste tipo, incluindo alguns dos referidos no texto e outros, como "FLEX/FLEXI", "MEDI", "PREMIUM", "SUPER", "ULTRA" e "UNIVERSAL". No ac. RL de 14.09.2017 (rel. Isoleta Almeida Costa, P 35/15.9YHLSN, dgsi.pt), dão-se como exemplos de marcas genéricas os que designam qualidades como "BELO", "FINO", "LARGO", "EXCELENTE", quantidades como "VINTE" e outros como "EX-LIBRIS".

[636] Para maiores desenvolvimentos sobre este motivo absoluto de recusa, cf. *supra*, 3.1.2.

[637] Art. 209º do CPI, que, todavia, admite (nº 3) que o INPI, a pedido do requerente ou do reclamante, indique no despacho de concessão do registo, *quais os elementos constitutivos da marca que não ficam de uso exclusivo do requerente*. Trata-se do mecanismo conhecido por *disclaimer*, que serve para delimitar explicitamente a parte da marca registada que fica protegida, separando-a daquilo que permanece do domínio público ("disclaimed"). Acrescente-se que, mesmo nos casos em que isso não seja feito, não deriva daí que todo o conteúdo de uma marca complexa seja de uso exclusivo. Por exemplo, a marca "VINHA DA

estende necessariamente a todos os componentes do sinal, especialmente quando se trate de uma marca complexa, constituída parcialmente por elementos banais ou descritivos. A arbitrariedade do sinal é a medida da sua protecção.

5.1.2.2. A regra do "secondary meaning"

No entanto, a regra (que impede a apropriação dos elementos banais) comporta uma excepção, conhecida pela designação inglesa do *secondary meaning* (ou *acquired distinctiveness*), que tem consagração positiva no CPI e no RMUE: os elementos genéricos que integrem uma marca (e, até, uma marca constituída exclusivamente por tais elementos) poderão ser protegidos *quando, na prática comercial, os sinais tiverem adquirido eficácia distintiva*[638]. Estamos perante sinais que, após um uso prolongado sem beneficiarem de qualquer registo, vieram a tornar-se de tal modo conhecidos do público que este passou a reconhecê-las como verdadeiros sinais distintivos de produtos ou serviços. Embora originariamente inadmissível, o registo dessas marcas vem a tornar-se viável devido a esse "significado secundário", que o uso prolongado lhes trouxe.

Note-se que esta regra excepcional não tem aplicação nos casos das alíneas b) do art. 209º/1 do CPI e e) do art. 7º/1 do RMUE, que preveem motivos de recusa inultrapassáveis, para as marcas *constituídas exclusivamente pela forma ou outra característica* dos produtos, as quais não beneficiam da excepção do "secondary meaning", pelo que nunca poderão ser registadas ao abrigo desse mecanismo. Isto não significa que todas as marcas de forma

PALHA", para vinhos, não permite impedir a marca "VINHA DA CERCA", para os mesmos produtos, dado que a palavra "vinha" constitui um elemento genérico, quando se refira a vinhos.

[638] Arts. 209º/2/*fine* e 231º/2 do CPI (que têm uma redacção ligeiramente diversa, mas equivalente: "na sequência do uso que dele foi feito"). O texto do art. 7º/3 do RMU é um pouco diferente, prevendo esse efeito *se, na sequência da utilização da marca, esta tiver adquirido carácter distintivo para os produtos ou serviços para os quais foi pedido o registo*; mas esta diversidade de redacção não parece ter especial significado, dado que a "utilização da marca", referida pelo RMUE, equivale à "prática comercial", mencionada pelo art. 209º do CPI. Acerca da regra do *secondary meaning*, cf., nomeadamente, EUTM GUIDELINES, Part B, Section 4, VON KAPFF, *Concise...*, 77 ss. e FERNÁNDEZ-NÓVOA, *Tratado sobre Derecho de Marcas*, 203 ss.. Entre nós, NOGUEIRA SERENS, *A Vulgarização da Marca na Directiva 89/104/CEE, de 21 de Dezembro de 1988 (id est, no nosso Direito Futuro)*, 1995, 78-88 e COUTO GONÇALVES, *Manual...* cit., 224 ss., COUTINHO DE ABREU, *Curso de Direito Comercial*, I, 372.

fiquem arredadas deste regime, mas unicamente aquelas que estejam abrangidas pelos motivos de recusa acima indicados[639].

Um exemplo muito interessante da nossa jurisprudência está na marca "CAIXA" para serviços bancários, a que foi reconhecida capacidade distintiva, em virtude de a sua titular, Caixa Geral de Depósitos, ter vindo a usar intensivamente esse sinal desde a sua fundação, em 1929, levando a que esse termo – inicialmente genérico – se convertesse na designação popular desta instituição bancária[640]. Decisiva, para este efeito, é a percepção dos

[639] Para um exemplo disso, cf. uma Sent. TComL de 12.02.2014 (2º Juízo, Proc. 297/11.0TYLSB, Rui Vultos, in BPI 2014/07/15, 7), reconhecendo carácter distintivo ao formato dos conhecidos marcadores "Stabilo BOSS" e admitindo o seu registo como marca tridimensional. Para tal, foi determinante a prova de que esse *formato de marcador foi introduzido no mercado pela recorrente nos anos 70, mantendo o mesmo até hoje, sendo esse formato reconhecido internacionalmente pelos consumidores como sendo o formato dos marcadores da recorrente e a eles associado*. Por isso, o tribunal concluiu que esse formato *se distingue de uma forma perceptível como identificando o produto da mesma, pelo que os consumidores, só pelo formato, identificam desde logo que se trata de produto produzido por aquela*. Esta decisão, acertada quanto aos seus resultados, parte de uma fundamentação errada, assente na alínea c) do nº 1 do art. 223º do CPI, relativo aos sinais genéricos, descritivos e usuais. A questão central a analisar era, evidentemente, a do *carácter distintivo* daquela forma, exigido pela alínea a) desse artigo e, quando muito, saber se seriam aplicáveis as exigências específicas das marcas de forma, enunciadas na alínea b) do mesmo preceito.

[640] Ac. do STJ de 10.09.2009 (Rel. Santos Bernardino), que estabeleceu o seguinte: *Fala-se de secondary meaning quando um sinal, originariamente privado de capacidade distintiva, se converte, por consequência do uso e de mutações semânticas ou simbólicas, num sinal distintivo de produtos ou serviços, reconhecido como tal, no tráfico económico, através do seu significado secundário*. E, apesar de entender – numa interpretação bastante optimista – que *o vocábulo "Caixa", desacompanhada de outros elementos, tem capacidade distintiva*, sempre foi acrescentando que, *pelo uso intenso e reiterado que lhe tem sido dado, desde há muitos anos, pela Caixa Geral de Depósitos, e tendo em conta que esta é a maior instituição bancária nacional, conhecida pela generalidade da população, que a expressão Caixa é utilizada, pela generalidade das pessoas adultas, referenciada à CGD, que a CGD tem feito investimentos frequentes, sérios e avultados, na publicitação e promoção da sua marca Caixa, e que, na perspectiva da livre concorrência, não existe a necessidade de manter livremente disponível, de modo isolado e com finalidade distintiva, o sinal Caixa, para que todos os concorrentes da CGD no sector bancário o possam utilizar, sempre poderia a CGD também invocar o secondary meaning, o significado secundário, para justificar o reconhecimento do seu direito exclusivo ao uso da marca "Caixa"*. Outros exemplos de marcas passíveis de beneficiar deste regime, se necessário, seriam a conhecida marca "PERIQUITA", registada para vinhos desde 1941 (por se tratar do nome de uma *casta de uvas*) e a "LOJA DAS MEIAS" (registada no INPI, não só como logótipo, desde 1984, mas também como marca de artigos de vestuário, calçado e chapelaria, desde 1987),

consumidores: o sinal genérico poderá converter-se numa marca válida sempre que o mesmo *evoque na mente dos consumidores a origem empresarial de um produto ou serviço*[641]. Quando assim aconteça, o sinal originariamente desprovido de capacidade distintiva passará a poder desempenhar a função típica das marcas, a função indicativa da proveniência, adquirindo assim uma *distintividade superveniente*[642].

5.1.3. Respeito por outros interesses de ordem pública

A par dos dois requisitos anteriores, mais centrados na natureza e distintividade do sinal a registar, o CPI e o RMUE estabelecem um conjunto de condições decorrentes de motivos de Ordem Pública, para defesa de diversos valores e interesses do Estado e da sociedade com um todo. Nesse sentido, a marca a registar deve respeitar as seguintes proibições, enunciadas nos referidos diplomas como *motivos absolutos de recusa*:

- *Sinais que sejam susceptíveis de induzir o público em erro, nomeadamente sobre a natureza, qualidades, utilidade ou proveniência geográfica do produto ou serviço a que a marca se destina*. Trata-se da proibição da **marca enganosa**, por vezes também chamada marca *deceptiva*, prevista nas alíneas d) do art. 231º/3 do CPI e g) do 7º/1 do RMUE. Ou, como já sublinhava FERRER CORREIA[643], da consagração do **princípio da verdade** da marca, o que introduz um factor de protecção dos interesses dos consumidores[644]. Por exemplo, a marca "CRISTALEX", para assinalar produtos em vidro, poderia induzir os consumidores

atenta a notoriedade que veio adquirindo desde a sua fundação, em 1905, quando ainda vendia apenas *meias e espartilhos* (o que, então, fazia da expressão "LOJA DAS MEIAS" um sinal meramente descritivo); fonte: http://www.lojadasmeias.pt, consultado em 1.05.2011.

641 FERNÁNDEZ-NÓVOA, *Tratado Sobre Derecho de Marcas*, cit., p. 203.

642 Esta expressão ("distintividad sobrevenida") é de GOMEZ SEGADE, *El secreto industrial*, 1974, p. 182.

643 *Lições de Direito Comercial*, Vol. I, cit., p. 332.

644 Sobre esta matéria, cf. MARIA MIGUEL CARVALHO, *A Marca Enganosa*, 2010 e COUTO GONÇALVES, *Manual*, cit., p. 237 ss., que fornece, na nota 572 de fls. 238 e 239, uma interessantíssima resenha de exemplos da jurisprudência portuguesa na matéria, referindo, entre outras, as marcas PORTO SOBREIRO para água, SUPREMECORQ para tampas de plástico, SINTRA para veículos automóveis alemães, ou SUISSANDE para chocolates portugueses.

em erro acerca do material utilizado. O advérbio "nomeadamente" significa que a enumeração desta norma é meramente *exemplificativa.* O sinal enganoso não tem que ser falso, bastando que seja susceptível de induzir o público em erro. A aferição do carácter enganoso do sinal deve fazer-se em função dos produtos ou serviços a que a marca se destina e tendo em conta o consumidor médio desse tipo de produtos ou serviços[645]. Em princípio, a análise deste requisito é independente da utilização concreta da marca, por parte do requerente do registo (até porque, frequentemente, o exame será anterior ao início do uso). Mas nada impede que o examinador atenda a essas circunstâncias, se foram levadas ao seu conhecimento, nomeadamente em sede de reclamação[646].

- Sinais contendo *expressões ou figuras* ***contrárias à lei, moral, ordem pública e bons costumes*** – proibidos pelas alíneas c) do art. 231º/1 do CPI e f) do art. 7º/1 do RMUE (que apenas refere a ordem pública e os bons costumes). Tal seria o caso, por exemplo, de marcas contendo expressões racistas, ou símbolos ou expressões obscenas[647]. Um interessante exemplo de invocação da ordem pública foi apreciado pelo Tribunal Geral, que validou a recusa do EUIPO em registar como marca o emblema da antiga União Soviética, tendo em conta que, em alguns Estados-membros, como a Hungria, são legalmente proibidos

[645] Neste sentido, Fernández-Nóvoa, *Tratado* cit., pp. 234 e 235.

[646] Pense-se, por exemplo, na hipótese de um produtor de queijos pedir o registo da marca "ESTRELA DA SERRA". Se a produção deste empresário ocorrer no Algarve, a marca poderá considerar-se enganosa, por sugerir que os queijos a assinalar provêm da Serra da Estrela. Em sentido contrário ao exposto no texto, Couto Gonçalves, *Manual,* cit., p. 237 afirma que *o que é decisivo é a marca em si (e não o uso que dela se faz)*; mas não justifica esta afirmação, nem tem presente que o uso que o requerente do registo venha fazendo do sinal é passível de ser invocado em sede de oposição, podendo igualmente mostrar-se revelador do carácter enganoso da marca.

[647] Com esse fundamento, o INPI recusou o registo da marca nº 598.881 ("DO CARALHO"), para bebidas alcoólicas. Já o EUIPO concedeu a marca da UE nº 5028477 ("DE PUTA MADRE"), para produtos de vestuário. Neste contexto, Couto Gonçalves, *Manual,* cit., p. 237, dá conta das recusas do INPI em registar as marcas "OPEL ASCONA-1", para automóveis e "PILINHAS" para licores. Esta orientação, contudo, parece dificilmente conciliável com a sentença do Tribunal de Lamego que declarou a admissibilidade da marca nº 301703 ("FORÇA NO PAU"), que foi registada para bebidas alcoólicas...

como «símbolos de despotismo» a foice e o martelo e a estrela vermelha de cinco pontas[648].

- *Sinais com* ***elevado valor simbólico****, nomeadamente símbolos religiosos, salvo autorização.* Esta proibição consta unicamente da alínea b) do art. 231º/3 do CPI, não tendo paralelo no RMUE. Note-se que daí não resulta uma proibição completa do uso de símbolos com alusões religiosas, sem qualquer intuito ofensivo, como sucede v.g. com as marcas de vinho do Porto "LACRIMA CHRISTI" ou "RAINHA SANTA"[649]. Apesar disso, o Tribunal de Comércio de Lisboa recusou o registo da marca "JESUS"[650].
- *Sinais que contrariem o disposto na legislação da União ou no direito nacional, ou em acordos internacionais em que a União ou o Estado-Membro em causa seja parte, que prevejam a proteção* ***das denominações de origem e das indicações geográficas, das menções tradicionais do vinho, das especialidades tradicionais garantidas ou das denominações de variedades vegetais****.* Estes motivos absolutos de recusa são uma novidade, quer no direito nacional [alíneas e), f), g), e h) do art. 231º do CPI], quer no RMUE [alíneas j), k), l) e m) do art. 7º/1], que anteriormente só qualificavam estas circunstâncias, e de modo limitado, como motivos relativos de recusa. A consagração destes novos motivos absolutos de recusa é um sinal inequívoco da importância que o legislador europeu atribui a estes sinais distintivos, que passam a ser protegidos oficiosamente

[648] Ac. TG de 20.09.2011 (COUTURE TECH.IHMI, T-232/10, § 59). No caso concreto, foi tida em conta uma norma do código penal húngaro, que proibe, como "utilização de símbolos do despotismo", o uso de qualquer sinal que inclua "uma cruz suástica, uma insígnia das SS, uma cruz com braços em flecha, uma foice e um martelo, uma estrela vermelha de cinco pontas ou um símbolo em que figure um destes sinais".

[649] Marcas nacionais nº 129849 e nº 169611, respectivamente.

[650] Sentença de 13.01.2004 (Fátima Silva, in BPI nº 2007/09/04), que pôs o acento tónico no carácter *ofensivo da moral cristã* do uso como marca da expressão "JESUS". Esta sentença merece aplauso. Desde logo, porque importa preservar o "elevado valor simbólico" deste nome, impedindo a sua banalização como marca comercial (no caso concreto, destinada a uma grande variedade de produtos, desde sabonetes e dentífricos a cartas de jogar, jóias, guarda-chuvas, chicotes e artigos de ginástica). Lembre-se que Cristo expulsou os vendilhões do Templo... Mas, independentemente do valor que assume para os crentes, trata-se de uma figura histórica e de um símbolo cultural que constituem *património comum* da nossa sociedade, que não deve ser objecto de apropriação *individual* e menos ainda para fins comerciais.

pelas entidades de registo, independentemente de oposição dos titulares[651]. Tanto mais que a imitação de uma DO ou IG protegidas constitui, simultaneamente, motivo *relativo* de recusa, previsto nos arts. 232º/1/e) do CPI e 8º/6 do RMUE.

- ***Símbolos, brasões, emblemas ou distinções do Estado****, dos municípios ou de outras entidades públicas ou particulares, nacionais ou estrangeiras, o emblema e a denominação da Cruz Vermelha, ou de outros organismos semelhantes, bem como quaisquer sinais abrangidos pelo artigo 6º-ter da Convenção da União de Paris para a Protecção da Propriedade Industrial, salvo autorização*[652]. Esta

[651] Neste sentido, Couto Gonçalves, *Manual...*, cit., p. 240. Sobre a tutela das DO e IG, protegidas em Portugal e registadas na Comissão Europeia, cf. *infra*, Capítulo VIII. Para maiores desenvolvimentos acerca destas proibições, cf. Von Kapff, *Concise...*, cit., pp. 63 a 74.

[652] Relativamente aos brasões nobiliárquicos, poderiam suscitar-se dúvidas acerca da necessidade da autorização ou sobre a legitimidade para a conceder, face à extinção dos títulos e direitos de nobreza, operada pelo Decreto de 15 de Outubro de 1910 (Diário do Governo de 18.10.1910), que apenas reconheceu, transitoriamente (art. 4º), o direito dos titulares à data da publicação desse diploma a continuarem a usar esses título para sua identificação em actos e contratos. Posteriormente, o Código do Registo Civil veio fazer uma alusão aos títulos nobiliárquicos, admitindo que os *declarantes* fossem identificados, no texto dos assentos em que interviessem, mediante a menção do seu nome, aditado de *referências honoríficas ou nobiliárquicas, antecedidas do nome civil dos intervenientes nos actos de registo, desde que estes* provassem o *direito à posse e uso de título existente antes de 5 de Outubro de 1910* (através de certidões extraídas de documentos ou registos das Secretarias de Estado, do antigo Ministério do Reino, do Arquivo Nacional, de outros arquivos ou cartórios públicos ou da portaria a que se refere o Decreto nº 10537, de 12 de Fevereiro de 1925). Contudo, não resultava daí a consagração do direito a registar alguém como titular de um título nobiliárquico, pois essa norma referia-se apenas à identificação do "declarante"; e mesmo essa referência foi eliminada, com a revogação dos nºs 2 a 4 do art. 40º do Código de Registo Civil, operada pelo DL 324/2007, de 28 de Setembro. Por isso, o direito a usar um título nobiliárquico português apenas é reconhecido àqueles que, sendo já nascidos a 15.10.1910, fossem nessa altura detentores do título (o que reduz o universo dos beneficiários dessa norma aos centenários de ascendência aristocrática que ainda sobrevivam em Portugal...). Sobre este ponto, existe uma jurisprudência interessante (ainda que não totalmente coerente) em que se incluem o ac. RL de 25.09.97 (rel. Narciso Machado; marca "MARQUÊS DE MARIALVA", CJ IV, p. 92), o ac. RP de 9.07.69 (rel. José Montenegro; marca "CONDE DE AMARANTE", in Jurisprudência das Relações, p. 781) e ac. RL de 3.05.68 (rel. Daniel Ferreira; marca "ZARCO", in Jurisprudência das Relações, p. 542). Cf. ainda o ac. RL de 12.06.97, que trata da questão paralela da marca com o nome de freguesia e de casa nobre (rel. Salazar Casanova, marca "MATEUS", Actualidade Jurídica, Ano I, nº 8, p. 24).

proibição consta das alíneas a) do art. 231º/3 do CPI e das alíneas h) e i) do 7º/1 do RMUE, tendo vários fundamentos, cumulativos: por um lado, visa evitar usurpação de símbolos pertencentes a colectividades, gerando equívocos acerca da identidade da fonte empresarial dos produtos ou serviços; por outro, pretende preservar o respeito devido a símbolos públicos; por fim, assegura a igualdade substancial dos concorrentes, impedindo que alguém se aproprie de símbolos colectivos e beneficie indevidamente da especial legitimação ou credibilidade que lhes está associada.

- Rodeada de especiais cautelas está a utilização da ***Bandeira Nacional*** *da República Portuguesa* ou *dos seus elementos*. Os nº.s 4 e 5 do art. 238º não impedem a inclusão da Bandeira Portuguesa numa marca, mas proíbem que esta seja constituída *exclusivamente* por esse símbolo nacional ou que tal uso induza em *erro* acerca da proveniência geográfica dos produtos ou serviços ou da natureza oficial da entidade que os fornece, ou que envolva *desrespeito ou desprestígio* daquele símbolo.

5.1.4. O registo de má-fé

O legislador de 2018 – fazendo uso de uma faculdade admitida pelo nº 2 do art. 4º da DHM de 2015 – acrescentou ao elenco dos motivos absolutos de recusa um novo fundamento, constante do nº 6 do art. 231º do CPI: *o reconhecimento de que o pedido de registo foi efectuado de má-fé*. Este fundamento de recusa só pode ser atendido *quando invocado por um interessado*[653].

Este conceito indeterminado não está definido no código, nem na regulamentação europeia, embora a jurisprudência do Tribunal de Justiça lhe tenha vindo a fazer diversas referências úteis. Nas palavras da advogada-geral

[653] Esta exigência legal não faz sentido, por várias razões. Desde logo, as situações em que um registo pode ser requerido de má-fé não envolvem necessariamente um interessado concreto, podendo ser lesivas de um universo indeterminado de pessoas, ou da própria sociedade como um todo. Por outro lado, a fonte inspiradora desta norma (o nº 2 do art. 4º da DHM) não faz qualquer referência à "invocação pelo interessado", sendo certo que até torna imperativa a consagração da má-fé como fundamento de declaração de nulidade (caso em que não será legítimo exigir a invocação por um interessado). Além disso, esta exigência contrasta com a solução prevista no art. 232º, quanto ao conhecimento do motivo relativo de recusa da al. h) do nº 1 (intenção ou risco de concorrência desleal), cujo conhecimento não ficou dependente de invocação pelo interessado, sendo de conhecimento oficioso do INPI.

Eleanor Sharpston no caso LINDT[654], o conceito de má-fé *não pode ser confinado a uma categoria limitada de circunstâncias específicas, como a existência de um tipo especial de direito anterior, a inexistência de intenção de utilizar a marca ou o conhecimento actual ou presumido da utilização de uma marca semelhante*, estando *relacionado com a motivação subjectiva do requerente da marca*. Nessa perspectiva, acrescentou, tratar-se-á de *uma intenção desonesta ou outro «intuito danoso»*, envolvendo *uma conduta que se afasta de princípios aceites de comportamento ético ou de usos honestos em matéria industrial ou comercial*. Nesse caso, o TJ esclareceu[655] que na apreciação da existência de má fé do requerente devem tomar-se em consideração *todos os factores relevantes específicos do caso concreto que existam no momento do depósito do pedido de registo de um sinal como marca comunitária, designadamente*:

- *o facto de o requerente saber ou dever saber que um terceiro utiliza, pelo menos num Estado-Membro, um sinal idêntico ou semelhante para um produto idêntico ou semelhante susceptível de gerar confusão com o sinal cujo registo é pedido;*
- *a intenção do requerente de impedir esse terceiro de continuar a utilizar tal sinal, bem como*
- *o grau de protecção jurídica de que gozam o sinal do terceiro e o sinal cujo registo é pedido.*

Recentemente, no caso NEYMAR[656], o Tribunal Geral teve ocasião de densificar o conceito de má-fé, como sendo *relativo a uma motivação subjectiva*

[654] Observações apresentadas em 12.03.2009, no Proc. C-529/07, § 60.

[655] Ac. de 11.06.2009 (LINDT, C-529/97, § 53). Posteriormente, o Tribunal Geral abordou esta matéria por diversas vezes: acs. de 1.02.2012 (POLLO TROPICAL CHICKEN ON THE GRILL, T-291/09), de 14.02.2012 (BIGAB, T-33/11) e de 13.12.2012 (PELIKAN, T-136/11). O TJ veio, entretanto, a declarar que o conceito de má-fé é um conceito autónomo de direito europeu, devendo ser objecto de uma interpretação uniforme (ac. de 27.06.2013, MALAYSIA DAIRY, C-320/12).

[656] Ac. de 14.05.2019 (T-795/19, CARLOS MOREIRA.EUIPO/Neymar da Silva Santos Júnior, §§ 20, 21, 23 e 24). Neste caso, estava em causa a marca NEYMAR para produtos da classe 25 (vestuário, calçado e chapéus), cujo registo tinha sido pedido em Dezembro de 2012 por um cidadão português. Na acção de anulação intentada em Fevereiro de 2016 pelo conhecido futebolista brasileiro Neymar, o titular do registo alegou que em 2012 este futebolista ainda não era conhecido na Europa, e que a escolha desse nome como marca constituía mera "coincidência". Contudo, nem o EUIPO nem o TG reconheceram a boa-fé

da pessoa que apresenta um pedido de registo de marca, a saber, ***uma intenção desonesta ou outro motivo causador de dano.*** *Implica um comportamento que se afasta dos princípios reconhecidos de comportamento ético ou dos usos honestos em matéria comercial ou industrial.* Nesse escrutínio, esclareceu, deve atender-se à *origem do sinal em litígio e ao seu uso desde a sua criação, à lógica comercial subjacente à apresentação do pedido de registo (...) e à cronologia de eventos que levaram àquele pedido.* Além disso, interessa especialmente saber qual foi *a intenção do requerente no momento em que o pedido de registo foi apresentado,* cabendo a prova dessas circunstâncias a quem invoca a existência da má-fé. Neste caso, o Tribunal subscreveu a conclusão do EUIPO de que *a lógica comercial do requerente era, na realidade,* ***explorar de forma parasitária*** *a reputação do interveniente* [Neymar] *e tirar partido dessa reputação*[657].

Além deste exemplo, poderão ainda configurar-se hipóteses de registo de marcas sem intenção de as usar, para privar concorrentes dessa disponibilidade, ou para tentar extorquir compensações aos verdadeiros utilizadores de marcas não registadas (por imprevidência). Essencial será, porém, a demonstração de que o requerente do registo actua com consciência das consequências do seu acto e com intuito desonesto[658].

5.2. Requisitos relativos de protecção

Como já foi dito, os requisitos relativos visam sobretudo salvaguardar *direitos anteriores*, que poderiam ser ofendidos pela concessão do registo da marca. Importa assim acautelar os direitos exclusivos decorrentes de registos anteriores de marcas, logótipos, firmas, denominações de origem e indicações

do requerente, o qual, na mesma data em que pedira o registo da marca NEYMAR, tinha pedido também o registo da marca IKER CASILLAS...

[657] *Idem*, § 51.

[658] No ac. RL de 25.07.2017 (rel. Ondina Carmo Alves, marcas "PÊRA GRAVE", "PÊRA VELHA" e "PÊRA NOVA"; P. 1818/11.4TBEVR, dgsi.pt), afirma-se que uma marca se considera registada de má-fé *se o seu titular, no momento do registo, tiver consciência de estar a violar de forma ilícita e prejudicial um direito de terceiro,* o que não foi reconhecido no caso concreto, mesmo apesar da notoriedade da marca anterior "PÊRA-MANCA". Esta fórmula já tinha sido empregue no ac. RL de 6.10.2016 (rel. Ondina Carmo Alves, P. 124/12.1TYLSB, EL CORTE INGLÉS.SANER, dgsi.pt). Para uma enumeração exemplificativa dos factores a considerar, cf. GUIDELINES, Part D, Section 2, 3.3.2.1., bem como Fernández Nóvoa/Lastres/Agra, *Manual de la Propiedad Industrial,* cit., pp. 641-64 e Couto Gonçalves, *Manual...* cit., pp. 247-248.

geográficas, ou direitos de outra natureza, que seriam violados caso viesse a ser admitido o registo (ou o uso) de uma marca confundível com esses sinais.

Note-se que a salvaguarda desses direitos prioritários – com base nos motivos relativos de recusa do registo – nem sempre é feita de forma automática. No âmbito da marca da UE, o conhecimento desses impedimentos pelo EUIPO depende necessariamente da *oposição do titular*, conforme dispõe o art. 8º do RMUE. No domínio do CPI, existe um regime dual: a par dos motivos de recusa que o INPI conhece *oficiosamente* (enumerados pelo nº 1 do art. 232º), existem outros cujo conhecimento depende de *reclamação* (os previstos pelo nº 2 do art. 239º e nos arts. 233º a 235º)[659].

Assim, o sinal a registar deve gozar de *novidade relativa*, face aos sinais distintivos que gozem de prioridade. Além disso, deve respeitar *outros direitos* de terceiros (v.g., direitos de autor, direitos de personalidade, direito de propriedade). Por fim, a concessão do registo não deve contribuir para facilitar a prática de actos de *concorrência desleal.*

5.2.1. Novidade relativa

A novidade relativa da marca é exigida não só por referência às *marcas* anteriores, mas também em relação a outros sinais distintivos que lhe sejam prioritários, nomeadamente *logótipos, firmas e denominações sociais, denominações de origem e indicações geográficas*. Por esse motivo, a identidade ou semelhança da marca com algum destes sinais distintivos pode constituir *motivo relativo* de recusa do respectivo registo, previsto em diversas alíneas dos arts. 232º do CPI e 8º do RMUE.

Este requisito não implica que a marca tenha de ser completamente nova, ou original: basta que seja suficientemente diferente para não se confundir com os sinais anteriormente registados para os produtos ou serviços a que a marca se destina (ou produtos ou serviços afins). Isto significa três coisas:

[659] O critério que presidiu a esta triagem parece ter sido (tendencialmente) o de só sujeitar ao conhecimento oficioso do INPI aqueles fundamentos de recusa que este organismo tem meios de conhecer por sua própria iniciativa, sem carecer da intervenção dos interessados (ou porque a informação relevante consta da base de dados do INPI, ou porque são obstáculos evidentes, face ao conteúdo do sinal). Em contrapartida, os demais motivos relativos de recusa exigem a apreciação de factos que o INPI, em princípio, desconhece, a menos que os interessados os levem ao seu conhecimento (carecendo, pois, de alegação e prova em sede de reclamação).

Por um lado, a marca a registar não tem que ser *inédita*: basta que esteja *disponível*, no momento em que se pede o seu registo; isto é, que não esteja actualmente registada ou em curso de registo. Nada impede que uma marca que já esteve registada no passado (e cujo registo entretanto cessou) seja agora utilizada e registada por outra pessoa, para os mesmos produtos e serviços. Como também nada obsta a que uma marca, que esteja sendo usada por qualquer pessoa, sem a registar, seja registada por um terceiro, ressalvados os casos de concorrência desleal ou de má-fé.

Por outro lado, o grau de *diversidade* da marca registanda face aos sinais que lhe são prioritários tem que ser suficiente para afastar o risco de confusão ou de associação, por parte dos consumidores. Pequenas diferenças de pormenor não chegam para prevenir esses riscos. Apesar disso, o art. 236º do CPI admite expressamente o registo de uma marca *susceptível de confusão com marcas ou outros direitos de propriedade industrial anteriormente registados*, se para tal houver *consentimento* dos titulares desses direitos[660].

Por fim, não se exige uma novidade *absoluta*, mas apenas que a marca seja nova *relativamente* aos produtos ou serviços que a mesma visa assinalar. Ou seja, o facto de já estar registada a marca "TRIUNFO" para bolachas não impede que se registe essa marca para chapéus.

O escrutínio da novidade relativa pressupõe a realização de um duplo exame: da *identidade ou confundibilidade* entre o novo sinal e os sinais que lhe sejam prioritários; e da *identidade ou afinidade* entre os produtos e serviços a que se destinam uns e outros. A análise a efectuar, em cada caso concreto, deve principiar por esta segunda questão, visto que, não havendo afinidade entre produtos ou serviços em causa, a semelhança dos sinais não constitui problema, atento o princípio da especialidade[661].

5.2.1.1. O princípio da especialidade das marcas

Uma trave-mestra do regime das marcas é o denominado "princípio da especialidade", que enforma várias disposições do CPI, da DHM e do RMUE[662].

[660] O que só se explica porque, no Direito de Marcas, o interesse dos empresários prevalece claramente sobre os interesses dos consumidores.

[661] Neste sentido, Couto Gonçalves (*Manual* cit, p. 252), que, justamente, ressalva a hipótese das marcas de prestígio, as quais, como veremos, escapam ao princípio da especialidade.

[662] Arts. 238º/1/b) e 232º/1/a) do CPI, 5º/1/a) e b) e 10º/1/a) e b) da DHM e 8º/1/a) e b) e 9º/1/a) e b) do RMUE. Este princípio está ainda consagrado no art. 16º/1 do TRIPS, como referem Casado Cerviño e Cerro Prada: *al configurar el contenido del derecho, el texto del*

Significa, basicamente, que o âmbito de protecção de uma marca registada se limita ao universo dos produtos e serviços idênticos ou afins daqueles que tal marca se destina a assinalar. Este princípio vigora não só no relacionamento entre marcas, mas também entre marcas e outros sinais distintivos (como os logótipos, as denominações de origem e indicações geográficas bem como, em certa medida, as firmas e denominações sociais).

É um princípio que deriva directamente da função jurídica da marca: individualizar produtos ou serviços e permitir a sua diferenciação de outros *da mesma espécie*, com vista à indicação da respectiva proveniência. Servindo as marcas para distinguir, entre si, produtos ou serviços *congéneres*, o âmbito da protecção concedido a cada marca deve limitar-se aos produtos ou serviços *idênticos ou afins* àqueles para os quais foi registada (i.e., que estejam numa certa *relação de concorrência* com os produtos ou serviços a que a marca registada se destina). Só nesta situação é que a função indicativa necessita de protecção. Se, entre dois utilizadores de marcas iguais, não puder haver competição no mercado – por serem absolutamente distintas as respectivas clientelas –, nada haverá a proibir, pois nada haverá que proteger. Por isso, como lapidarmente ensinava ROUBIER, *em matéria de marcas só uma coisa importa, é que nenhuma confusão possa resultar da sua utilização. Na verdade, a marca tem por finalidade impedir a confusão de produtos semelhantes e daí resulta que não constitui usurpação o facto de se utilizar paralelamente a mesma marca em indústrias diferentes*[663]. É esta ideia simples e intuitiva que se designa por *princípio da especialidade*, dominando claramente o nosso direito das marcas, como aliás sucede no direito comparado[664]. A este respeito escrevia-se, no Parecer da Câmara Corporativa que precedeu a publicação do CPI de 1940, que a

Acuerdo introduce de manera inequívoca la regla de la especialidad (*GATT y Propriedad Industrial*, cit., p. 95). Sobre o princípio da especialidade, seus fundamentos e suas excepções, cf. P. Sousa e Silva, *O Princípio da Especialidade das Marcas. A Regra e a Excepção: as Marcas de Grande Prestígio*, ROA, 1998, pp. 377 e ss.

[663] *Le Droit de la Propriété Industrielle*, vol. II, cit., p. 560 (tradução do autor).

[664] A título ilustrativo, para o BENELUX, cf. Jehoram/Van Nispen/Huydecoper, *European Trademark Law*, cit., p. 255, para Espanha, Fernández-Nóvoa/Lastres/Agra, *Manual de la Propiedad Industrial*, cit., p. 567, para a França, André Bertrand, *La Propriété Intellectuelle*, Livre II, p. 397; para a Alemanha, Fezer, *Markenrecht*, cit., p. 108, para Itália, Vanzetti/Di Cataldo, *Manuale di Diritto Industriale*, cit., p. 253 ; e, para o Reino Unido, Cornish/Llewelyn/Aplin, *Intellectual Property* cit., p. 748.

marca deve ser *nova, o que não quere dizer invenção do seu titular, original, mas nova no sentido de ainda não ter sido empregada como marca na mesma indústria*[665].

Para exprimir esta ideia, certos autores nacionais preferem falar no *carácter relativo do princípio da especialidade* da marca, empregando a expressão "especialidade" com um sentido equivalente a "novidade" ou "originalidade". Nessa óptica, o princípio da especialidade (ou da "novidade") da marca fica restringido *aos produtos da mesma espécie ou afins*. Por outras palavras, a tutela é limitada ("relativizada") ao círculo dos produtos ou serviços similares ou concorrentes daqueles a que o sinal protegido se destina. Nesta linha, PINTO COELHO afirmava: *uma marca não tem de ser distinta de toda e qualquer outra marca já existente, seja qual for o produto para que tiver sido adoptada e esteja sendo usada; tem de ser distinta, e portanto nova, no sentido de que não deve confundir-se com qualquer outra que tenha sido usada para produtos do mesmo género. Que importa, por exemplo, ao produtor de vinho, que um fabricante de limas ou de parafusos adopte para os respectivos produtos uma marca igual ou semelhante à que adoptou para os seus vinhos?*[666] Do ponto de vista terminológico, parece preferível dissociar as expressões "novidade" e "especialidade". Não só porque têm, objectivamente, significados diversos[667], mas sobretudo por reservar a expressão "princípio da especialidade" para significar – não que a marca deva ser absolutamente nova, inovadora ou original – mas sim que a marca deve distinguir-se das já existentes para produtos ou serviços do *mesmo género ou espécie*.

Seja, porém, qual for a terminologia empregue, o certo é que toda a doutrina e jurisprudência confluem na ideia de limitar o âmbito da exclusividade

[665] Publicação da Assembleia Nacional, 1937, pp. 216 e 217.

[666] *Lições...* cit., p. 379. No mesmo sentido, FERRER CORREIA (*Lições...*, cit., pp. 327 a 329), escrevia: *a marca há-de ser constituída por tal forma que se não confunda com outra anteriormente adoptada para o mesmo produto ou semelhante*, acrescentando: *Mas não pode haver confusão entre a marca adoptada para certo produto e a marca adoptada para outro que daquele seja completamente distinto. Por isso a lei restringe o princípio da especialidade da marca aos produtos da mesma espécie ou afins.*

[667] "Novidade" equivalerá, neste contexto, a "inovação" ou "originalidade", significando isso que a nova marca deve ser diferente e distinguível dos sinais distintivos já conhecidos. "Especialidade" é aqui empregue como sinónimo de "especificidade" (ou antónimo de "generalidade"), significando que a marca designa especificamente produtos ou serviços *de um género ou espécie* determinados. Neste sentido, cf. *Dicionário da Língua Portuguesa Contemporânea*, da Academia das Ciências de Lisboa, 2001, entradas "novidade" (Vol. II, p. 2620) e "especificidade" (Vol. I, p. 1530) e *Dicionário Enciclopédico "LELLO UNIVERSAL"*, 1988, entradas "novidade" (2º Vol., p. 364), "especialidade" e "especializar" (1º Vol., p. 891).

do uso das marcas ao círculo de produtos concorrentes ou afins daqueles para que a mesma foi registada. Tal princípio constitui, além do mais, uma regra de bom senso: se alguém adoptar como marca nominativa, para certo produto, uma palavra de uso comum, seria absurdo que tal palavra deixasse de poder ser usada para todo e qualquer outro produto. O exclusivo que protege essa marca não há-de equivaler a uma *expropriação parcial* da língua portuguesa, privando a generalidade dos interessados do uso desse vocábulo, para assinalar produtos diferentes.

5.2.1.2. A identidade ou afinidade dos produtos e serviços

Como deve então aferir-se, para este efeito, a *afinidade* dos produtos ou serviços? A nossa lei não o diz expressamente, relegando essa tarefa para a doutrina e jurisprudência. Etimologicamente, "afim" provém do latim *affinis* (ou *adfinis*), que significa "vizinho", tendo o sentido de "análogo" ou "semelhante".

Numa primeira abordagem, fazendo apelo à função indicativa da marca[668], poderíamos considerar como afins aqueles produtos ou serviços que se encontrem (pela sua natureza, características, finalidades ou outros factores) de tal forma *associados* aos produtos e serviços a que a marca registada se destina, que levem o consumidor médio a acreditar que todos têm a *mesma procedência empresarial*[669]. Mas tal seria excessivo. Deve exigir-se sempre uma *identidade funcional*, uma possibilidade de *uso substitutivo*, aos olhos do consumidor, sob pena de nos afastarmos, irremediavelmente, dos critérios definidos na lei, tomando por semelhantes coisas que o não são. Ou seja, a

[668] Não fará sentido, neste contexto, recorrer à função publicitária, não apenas pelo seu carácter excepcional, mas sobretudo porque tal função só se realiza autonomamente naquelas situações em que os bens ou serviços em causa não têm qualquer afinidade.

[669] Nesta linha, Nogueira Serens escreve que *a afinidade ou similitude entre os produtos ou serviços afirmar-se-á sempre que, pela sua significação económica, qualidade e modo de utilização, especialmente do ponto de vista dos seus lugares normais de produção e de venda, esses produtos (ou serviços) apresentem pontos de contacto tão estreitos que, aplicando-se-lhes a mesma marca, o consumidor médio os poderia razoavelmente atribuir à mesma fonte produtiva* (*A «vulgarização» da marca..*, cit., p. 9). A nosso ver, trata-se de um teste demasiado severo, que alarga em demasia o conceito de produtos *afins*, vindo a abranger produtos que, segundo critérios objectivos, nada têm de semelhantes (como, v.g, *isqueiros, gravatas e perfumes*, que frequentemente coexistem na gama de oferta de empresas de artigos de luxo). Por isso, entendemos que a afinidade deverá depender, sempre, da existência de uma *finalidade comum*, ou pelo menos semelhante, sob pena de desvirtuarmos seriamente o critério estabelecido na lei.

função da marca tem aqui um papel a desempenhar, mas não pode servir para se alargarem desmesuradamente os limites da protecção conferida por lei ao titular de cada marca.

Assim, só deverão ter-se por afins produtos ou serviços que apresentem entre si um grau de *semelhança ou proximidade* suficiente para permitir, ainda que parcialmente, uma procura conjunta, para *satisfação de idênticas necessidades dos consumidores* [670]. Os produtos ou serviços em causa terão que se situar, pois, no mesmo *mercado relevante* [671], permitindo dessa forma, ainda que tenuemente, uma relação de *concorrência* entre os agentes económicos que os ofereçam ao público. Dito de forma porventura mais sofisticada,

[670] Neste sentido se tem pronunciado a nossa jurisprudência, de que são excelentes exemplos os acs. RL de 13.01.2009 (rel. Arnaldo Silva; marcas BOUTIQUE DOS RELÓGIOS/REPÚBLICA DOS RELÓGIOS, in www.dgsi.pt), de 10.03.2005 (rel. Granja da Fonseca; marcas APTON/APTONIA, in www.dgsi.pt). Neste último, refere-se: *para haver a afinidade manifesta dos produtos marcados, é necessário que os mesmos sejam concorrentes no mercado, tendo a mesma utilidade e fins. Complementarmente, deverá atender-se ainda à natureza dos produtos e ao critério dos circuitos e hábitos de distribuição dos mesmos.* Para um entendimento abrangente, mas correcto, do conceito de "finalidade", cf. o ac. STJ de 19.05.2005 (rel. Ferreira Girão; marca CÔNSUL, in CJ-STJ, II, p. 108), referindo que, *se é certo que os aparelhos frigoríficos, assinalados com a marca da recorrida, têm uma função específica diferente dos condicionadores de ar, dos secadores de roupa e dos fogões, assinalados pela marca da recorrente, não há dúvida nenhuma que todos eles cabem na classificação global, indicada pelas instâncias, de electrodomésticos, destinados à mesma finalidade última – a eficácia e o conforto da vida habitacional/doméstica.*

[671] O *mercado relevante*, conceito largamente desenvolvido no domínio do direito da concorrência, é sempre definido por referência a uma determinada empresa, sendo integrado por todas as empresas que estão *em posição de exercer uma pressão concorrencial* relativamente àquela. Este mercado é delimitado, simultaneamente, em termos geográficos e em termos merceológicos (ou de produto). Nesta última perspectiva, considera-se que pertencem a um mesmo mercado relevante as empresas que oferecem produtos idênticos ou produtos que, aos olhos do consumidor, permitem satisfazer idênticas necessidades. Neste sentido, a Comissão Europeia, em Comunicação publicada em 2.09.91 (JO C-233/2), considerava que *o mercado de um produto abrange a totalidade dos produtos que, tendo em conta as suas características, são particularmente adequados para satisfazer necessidades constantes e são até certo ponto intersubstituíveis com outros produtos em termos de preço, uso e preferência dos consumidores. Um exame que se limite apenas às características objectivas dos produtos em causa não será suficiente: as condições de concorrência e a estrutura da oferta e da procura no mercado devem ser tomadas em consideração.* Para desenvolvimentos sobre este tema, cf. entre outros, MOURA E SILVA, *O Abuso de Posição Dominante na Nova Economia*, 2010, pp. 51 a 57 e RENÉ BARENTS, *Directory of EC Case Law on Competition*, 2007, pp. 126 a 130.

terá que existir, entre os produtos ou serviços em causa, um certo grau de *elasticidade cruzada da procura*[672].

A jurisprudência e a doutrina vêm apontando diversos factores a ter em conta nessa indagação[673]: a *natureza* dos serviços e produtos, a *composição* destes, a sua *finalidade, função, modo de uso*, as suas diversas *utilidades*, os *canais de distribuição* usados e o género de *estabelecimentos* onde são comercializados, a sua eventual *complementaridade*, o respectivo *preço*, grau de *qualidade* e, sobretudo, o tipo de *consumidores*. Importa, assim, ter em conta não só as características intrínsecas dos produtos ou serviços em confronto, mas também outros factores envolventes, destinados a apurar se existem intersecções ou *áreas de sobreposição* entre os respectivos mercados. Não as havendo, não pode afirmar-se que exista afinidade, nem se permite a invocação do exclusivo legal.

Por esta razão, o registo de marcas, em Portugal e na UE, é um *registo por produtos ou serviços*[674], já que a protecção é concedida apenas em relação aos produtos ou serviços obrigatoriamente indicados pelo requerente do registo, beneficiando da protecção ainda, mas apenas, os produtos ou serviços idênticos ou afins. Não se trata portanto de um registo *por classes*, na medida em que o exclusivo não cobre automaticamente os demais produtos ou serviços pertencentes à mesma classe dos indicados pelo requerente do registo (isto

[672] Fazendo expressa aplicação destes critérios, cf., entre outros, os acs. da RL de 2.07.2013 (rel. M. Rosário Morgado, Proc. 451.06.7TYLSB; in dgsi.pt), da RL de 20.05.2014 (Proc. 132/13.5YHLSB, BPI 2014/08/21), da RL de 25.2.2014 (rel. Rui Vouga; CJ I-2014, p. 124), da RL de 20.12.2017 (rel. José Capacete, Proc. 271/17.3YHLSB, dgsi.pt) e de 8.2.2018 (rel. António Santos, Proc. 70/17.2YHLSB, dgsi.pt).

[673] Cf. Ac. TJ de 29.09.1998 (CANON, C-39/97, § 23) e GUIDELINES, Part C, 3.4. Entre nós, cf. v.g. ac. RL de 26.09.2017 (rel. Rijo Ferreira; P 272/15.6YHLSB, dgsi.pt). A este respeito, cf. COUTO GONÇALVES, *Manual...* cit., pp. 252 a 256 e NOGUEIRA SERENS, *A Vulgarização...* cit., pp. 15 a 18. Embora no domínio do CPI de 1940, cf., com muito interesse, JUSTINO CRUZ, *Código da Propriedade Industrial anotado*, cit., pp. 206 a 219 e a abundante jurisprudência aí citada. Na literatura estrangeira, entre outros, KARLA HUGHES, *Concise...*, cit. pp. 93 95, VANZETTI/DI CATALDO, *Manuale di Diritto Industriale*, cit., pp. 253 e ss, FERNÁNDEZ-NÓVOA, *Tratado...*cit., pp. 350 a 368, ANDRÉ BERTRAND, *La Propriété Intellectuelle*, Livre II, pp. 397 a 399, CORNISH/LLEWELYN/APLIN, *Intellectual Property* cit., pp. 784 e 785, bem como LADAS, *Patents, Trademarks, and Related Rights – National and International Protection*, Vol. II, cit., pp. 1084 a 1087.

[674] Conforme resulta, especialmente, do art. 238º/2 do CPI e constitui entendimento pacífico da doutrina e jurisprudência portuguesas.

é, incluídos no mesmo grupo da classificação internacional dos produtos ou serviços), nem exclui liminarmente aqueles que estejam incluídos em classes diferentes. Só os abrangerá – estejam eles em que classe estiverem – caso se verifique entre os produtos ou serviços em confronto uma relação de afinidade. Por isso, é absolutamente irrelevante a circunstância de os mesmos se encontrarem ou não incluídos na mesma classe administrativa. Esta classificação internacional, como é unanimemente reconhecido[675], tem uma mera relevância organizativa e tributária, até porque se enumeram dentro da mesma classe produtos radicalmente diferentes, sendo também certo que, ao contrário, encontramos produtos afins colocados em classes distintas.

Por idênticas razões, ao proceder-se ao registo de um logótipo é necessário indicar o *tipo de serviços prestados ou de produtos comercializados pela entidade que se pretende distinguir* [art. 284º/1/b) do CPI], o mesmo sucedendo com as denominações de origem e indicações geográficas, cujo registo é feito por referência aos *produtos* que visam assinalar[676].

Por outro lado, a jurisprudência do TJ sublinha que o teste da afinidade deverá ser tanto mais severo quanto maior for a *notoriedade* da marca a proteger. No acórdão CANON[677], o Tribunal declarou que *o carácter distintivo da marca anterior, em especial a sua notoriedade, deve ser tomado em consideração para apreciar se a semelhança entre os produtos ou os serviços designados pelas duas marcas é suficiente para dar lugar a um risco de confusão.* Assim, dois produtos que, num confronto entre marcas "normais", não seriam considerados afins, podem vir a sê-lo, se a marca a proteger possuir uma notoriedade elevada[678].

[675] A título exemplificativo, cf. Carlos Olavo, *Propriedade Industrial*, cit., p. 97, Justino Cruz, *CPI anotado*, cit., p. 207, Chavanne e Burst, *Droit de la Propriété Industrielle*, cit., p. 538 e Ladas, *Patents, Trademarks...*, cit., p. 1084. No texto, falamos da classificação resultante do Acordo de Nice sobre a Classificação Internacional de Produtos e Serviços com Fins de Registo de Marcas, já referido (*supra*, nota 19). Vai neste sentido a jurisprudência do Tribunal Geral (ac. de 16.09.2013, GITANA, T-569/11, § 45), julgando afins produtos de vestuário da classe 25 com acessórios em couro e imitação de couro, da classe 18.

[676] Art. 301º/1/b) do CPI; de resto, o nº 2 deste preceito remete, com as necessárias adaptações, para *os termos do processo de registo nacional de marca.*

[677] Ac. de 29.09.98 (CANON.METRO, C-39/97, Col. p. I-5507, § 24).

[678] Esta perspectiva, apesar de generalizada, mistura desnecessariamente duas coisas diferentes: a afinidade dos produtos ou serviços tem a ver com a natureza, uso ou funções destes, e não com as marcas com que são assinalados. Se estas marcas possuem notoriedade, a protecção dessa notoriedade e do seu carácter distintivo deve então resultar do regime excepcional das marcas notórias e das marcas de prestígio que, como veremos, vai para além

Uma questão debatida na doutrina e jurisprudência prende-se com a (possível) existência de afinidade entre, de um lado, *produtos* e, do outro, *serviços*. Embora haja neste ponto posições contraditórias, parece-me claro que nada impede que se considere um serviço como afim de um produto: por exemplo, os serviços de restauração têm grande proximidade (afinidade) com produtos alimentares e com bebidas alcoólicas; e os serviços de vigilância têm grande afinidade com alarmes e portas de segurança[679].

A complexidade e a relevância do escrutínio em torno da afinidade recomendam a máxima prudência, por parte do julgador, que deverá assim ponderar todos os factores de apreciação disponíveis e facultar aos interessados a mais ampla latitude probatória. Isto porque se trata de um domínio de grande subjectividade de análise, constituindo sempre um arriscado exercício divinatório prever-se qual será a orientação dos tribunais em cada caso concreto em que se discuta a afinidade[680].

dos limites da afinidade, prescindindo da existência desta. Por isso, não é preciso "esticar" o conceito de afinidade para proteger marcas que já estão protegidas pelo estatuto especial que resulta da sua notoriedade. Não por acaso, o TPI sentiu necessidade de sublinhar que, *mesmo no caso de existir identidade do sinal pedido com uma marca cujo carácter distintivo seja particularmente forte, continua a ser necessário provar a semelhança entre os produtos ou os serviços designados pelas marcas em oposição* (Ac. de 1.03.2005, SERGIO ROSSI.IHMI – Marca SISSI ROSSI, T-169/03, Col., p. II-685, § 60, confirmado, em sede de recurso, pelo acórdão do TJ de 18.07. 2006, ROSSI/IHMI, C-214/05, Col., p. I-7057).

[679] Neste sentido, cf. Couto Gonçalves, *Manual*... cit, p. 253 e jurisprudência aí citada. Admitindo expressamente a afinidade entre produtos e serviços, cf. ac. STJ de 30.10.2003 (rel. Oliveira Barros – marca TARGA SERVICE, in www.dgsi.pt) o ac. RL de 23.05.2019 (rel. M. Amélia Ameixoeira, Proc. 148/17.2YHLSB, recusando o registo da marca BELCANTO para vinhos, devido à existência da marca prioritária BELCANTO, para serviços de restauração) e a sent. do 3º J. TComL de 31.01.2011 (Fátima Silva, marca ACTIVUS, in BPI/29.04.2011).

[680] De facto, um mero relance pela jurisprudência portuguesa e estrangeira relativamente à afinidade dos produtos revela-o exuberantemente. Em Portugal, já foi julgado *não existir afinidade* entre: rebuçados/chocolates; vinho do Porto/aguardente velha; vinho do Porto/vinho de mesa; fios e linhas/tecidos e artigos de vestuário; cerveja/água mineral. Mas foi também julgado *existir afinidade* entre: farinhas alimentícias/chocolates; aguardentes/vinhos; vinho do Porto/vinho de mesa; pantufas/vestuário de tecido; cerveja/refrigerantes; cerveja/água mineral. Para um elenco mais detalhado e referências jurisprudenciais, cf. Couto Gonçalves, *Manual* cit., p. 254, nota 594 e Justino Cruz, *CPI anotado*, cit., pp. 212 a 215. Para uma reflexão aprofundada e crítica sobre este tipo de exames, cf. Nogueira Serens, *A Vulgarização* cit., pp. 6 a 27. No contexto da marca da UE, cf. GUIDELINES

5.2.1.3. A não confundibilidade dos sinais

Sendo as marcas sinais *distintivos*, o mínimo que se pode exigir é que efectivamente se *distingam* umas das outras, dentro do universo dos produtos ou serviços a que respeitam. Esta exigência é formulada em diversas disposições do CPI e do RMUE, estando reflectida na definição de "imitação" constante do art. 238º/1, cuja al. c) refere as marcas que *tenham tal semelhança gráfica, figurativa, fonética ou outra que induza facilmente o consumidor em erro ou confusão, ou que compreenda um risco de associação com marca anteriormente registada, de forma que o consumidor não as possa distinguir senão depois de exame atento ou confronto.*

Para que uma marca seja registada, ela não pode ser confundível com sinais distintivos com prioridade relativamente a ela – sejam eles marcas, logótipos, DO ou IG –, sendo tal confundibilidade motivo relativo de recusa, previsto nos arts. 232º do CPI e 8º do RMUE. O nº 1 deste art. 8º decompõe este motivo de recusa em duas hipóteses, à semelhança do art. 5º/1 da DHM. Assim, o pedido de registo de marca da UE será recusado:

a) *Sempre que esta seja* ***idêntica*** *à marca anterior e sempre que os produtos ou serviços para os quais a marca é pedida sejam* ***idênticos*** *aos produtos ou serviços para os quais a marca está protegida;*
b) *Quando, devido à sua* ***identidade ou semelhança*** *com a marca anterior e devido à* ***identidade ou semelhança*** *dos produtos ou serviços designados*

em vigor desde 1.10.2017 (Part C, Section 2, Chapter 2 – *Comparison of Goods and Services*), disponível in https://euipo). Sobre a jurisprudência espanhola, cf. Fernández-Nóvoa, *Tratado*...cit., pp. 350 a 357; sobre a francesa, André Bertrand, *La Proprieté Intelectuelle, Livre II*, pp. 397 e 398; sobre a italiana, Franceschelli, *Sui marchio d'impresa*, 1988, p. 91 e ss.; sobre a britânica, Cornish/Llewelyn/Aplin, *Intellectual Property* cit., pp. 784 e 785 e, sobre a norte-americana, Jerome Gilson, *Trademark Protection and Practice*, Vol. I, § 5.05[4], p. 95 e ss. Para o carácter errático desta jurisprudência contribui a circunstância de os recursos de marcas serem decididos sem uma autónoma fase de instrução, que dê às partes a possibilidade de produzirem prova acerca do que será a (real) atitude do consumidor médio quanto à afinidade dos produtos, nomeadamente através de estudos de mercado e painéis de consumidores (embora não estejam impedidas de juntar estudos e pareceres desse tipo, em sede de recurso). É certo que o art. 43º/3 do CPI dispõe que, nos recursos das decisões do INPI, *findo o prazo para a resposta, o processo é concluso para decisão final, que é proferida no prazo de 30 dias.* Contudo, tal não obsta a que – por aplicação do princípio da adequação formal, previsto no art. 247º do CPC – o julgador determine ou admita a realização de exames periciais ou a produção de outros meios de prova.

> *pelas duas marcas, exista risco de confusão no espírito do público do território onde a marca anterior está protegida; o risco de confusão compreende o risco de associação com a marca anterior.*

A alínea a) deste preceito contempla a hipótese (extrema) da *dupla identidade*: não só entre os sinais como também entre os produtos ou serviços a assinalar; ao passo que a alínea b) abrange as situações (mais frequentes, na prática) em que há uma mera *semelhança* entre os sinais e/ou entre os produtos ou serviços (ou identidade entre uns e semelhança entre os outros). Isto significa que a lei prevê duas hipóteses distintas, em que o registo da marca deverá ser recusado: quando exista *identidade* das duas marcas **e** dos produtos ou serviços assinalados – caso em que nem terá que se averiguar da existência de um risco de confusão – e quando haja uma *mera semelhança* entre as marcas **e** entre os produtos (ou identidade entre uns e semelhança entre outros) – caso em que só haverá recusa do registo se se concluir que isso gera um risco de confusão, no espírito do público.

O legislador português, nas alíneas a) e b) do do art. 232º/1 do CPI, adoptou uma redacção algo diferente, mas que tem o mesmo significado, ao dispor que *constitui fundamento de recusa do registo da marca*:

> a) A reprodução de marca anteriormente registada por outrem para produtos ou serviços idênticos;
> b) A reprodução de marca anteriormente registada por outrem para produtos ou serviços afins ou a imitação, no todo ou em parte, de marca anteriormente registada por outrem para produtos ou serviços idênticos ou afins, que possa induzir em erro ou confusão o consumidor ou que compreenda o risco de associação com a marca registada;

É de sublinhar que as diferenças terminológicas não exprimem qualquer disparidade de regimes: quando o CPI refere "reprodução" de marca, tal significa "identidade"; quando fala em "imitação" de marca, tal corresponde a "semelhança"; quando menciona produtos "afins", isso equivale a produtos "semelhantes", na acepção da DHM e do RMUE.

Mas, como vimos, a novidade relativa das marcas a registar não se mede apenas por referência às marcas anteriormente registadas. O art. 232º do CPI exige, além disso, que a nova marca se distinga de **outros sinais distintivos** que lhe sejam prioritários:

- **logótipo** (idêntico ou semelhante) anteriormente registado por outrem para distinguir uma entidade cuja actividade seja idêntica ou afim aos produtos ou serviços a que a marca se destina, exigindo-se (salvo na hipótese de dupla identidade) que as semelhanças sejam susceptíveis de induzir o consumidor em erro ou confusão [nº 1, als. c) e d)];
- **denominação de origem ou indicação geográfica**, idêntica ou semelhante [nº 1, al. e)];
- **outros direitos de propriedade industrial** [nº 1, al. f)];
- **firma, denominação social e outros sinais distintivos**, ou apenas parte característica dos mesmos, que não pertençam ao requerente, ou que o mesmo não esteja autorizado a usar, se for susceptível de induzir o consumidor em erro ou confusão [nº 2, al. a)].

No art. 8º do RMUE encontramos motivos relativos de recusa análogos (ressalvadas as diferenças de terminologia e de sistemática), prevendo-se a recusa de registo em caso de colisão com direitos resultantes de **marca não registada ou de outro sinal utilizado na vida comercial cujo alcance não seja apenas local** (nº 4), ou direitos decorrentes de uma **denominação de origem ou indicação geográfica** que confiram o direito de proibir uma marca posterior (nº 6) – nas condições definidas nessas disposições.

Da redacção destas normas resulta claro que (com identidade ou com mera semelhança) o que a lei quer evitar é que as marcas gerem um **risco de confusão** entre os consumidores (afinal de contas, os destinatários da informação que o sinal distintivo pretende veicular). Por isso, a análise deve centrar-se na existência ou inexistência de confundibilidade entre os sinais, venha ela de onde vier: similitude visual, fonética ou outra.

O risco de confusão a evitar abrange, também, os casos em que haja um ***risco de associação*** *com a marca anteriormente registada*. Imagine-se a hipótese de uma marca ser suficientemente diferente da anterior para os consumidores se aperceberem das diferenças entre elas, mas suficientemente familiar para os levar a pensar que são ambas usadas pela mesma empresa. Nesse caso, a nova marca será de rejeitar, por haver risco de associação com a marca anterior. O TJ teve já ensejo de esclarecer que o risco de associação não tem autonomia face ao risco de confusão. No acórdão SABEL/

PUMA[681], precisando o sentido da al. do art. 4º/1 da DHM de 1989 (hoje art. 5º/1), o Tribunal lembrou que esta norma *se destina a ser aplicado apenas quando, devido à identidade ou à similitude das marcas e dos produtos ou serviços designados, «existe, no espírito do público, um risco de confusão que compreende o risco de associação com a marca anterior». Ora, decorre deste enunciado que a noção de risco de associação* ***não é uma alternativa à noção do risco de confusão, mas serve para precisar o seu conteúdo.*** *Os próprios termos desta disposição excluem pois que ela possa ser aplicada se não existir, no espírito do público, um risco de confusão.*

Embora o primeiro interessado na defesa da marca seja o titular, a potencial vítima da confusão é o consumidor. Por isso, é por referência ao **consumidor médio** que esse risco deve ser aferido. Mas o consumidor médio não é, necessariamente, o homem médio ou o *bonus pater famílias*... O padrão a considerar não é o de um consumidor qualquer, mas sim o do consumidor médio dos produtos ou serviços que a marca visa assinalar. Algo de semelhante ao conceito de "público-alvo", utilizado pela publicidade. Há, pois, que identificar e atender às características dos consumidores típicos dos produtos ou serviços em causa, ao seu grau de instrução, de atenção, aos seus hábitos de consumo, valores, expectativas e preocupações – pois todos estes factores condicionam a sua atitude no mercado e, ao fim e ao cabo, a sua exposição ao risco de confusão[682]. O consumidor médio de produtos de informática é seguramente diferente (mais atento e informado) que o consumidor médio de arroz ou de detergentes para a louça[683]. A atitude do

[681] Ac. de 11.11.97 (C-251/95, Col. p. I-6191, § 22); realce acrescentado.

[682] Perante isto, é manifesto que o consumidor médio não equivale ao "juiz médio" – a não ser que esteja em causa uma marca de becas... –, pelo que o julgador deve tentar abstrair das suas percepções e opiniões pessoais, dando às partes abertura para produzirem prova acerca do risco de confusão resultante dos sinais. Com demasiada frequência, deparamos com sentenças que consideram "óbvio" que certos sinais são (ou não são...) confundíveis, baseando-se única e exclusivamente nas convicções íntimas do autor da decisão. Ora, se é evidente que este escrutínio envolve uma (natural) dose de subjectividade, convém que esta seja reduzida ao mínimo inevitável, o que poderá passar pela realização (mesmo por iniciativa do tribunal) de exames periciais, de estudos de mercado, pelo menos nos casos em que a especial relevância ou dificuldade da matéria justifique esse encargo.

[683] Um exemplo (extremo) de aplicação do critério do consumidor médio encontra-se no ac. STJ de 30.01.1985 (BMJ 343, p. 347), relativo à marca "BRISTOL" para produtos medicinais e farmacêuticos, em que o tribunal declarou que *os consumidores desses produtos são os médicos que os receitam e não os doentes que os usam, conhecendo aqueles bem a sua origem.* A meu

consumidor-tipo é influenciada, também, pelo preço do bem a adquirir e pela frequência (ou não) com que o adquire: ao adquirir um automóvel ou ao contrair um crédito à habitação, o nível de atenção do consumidor será especialmente elevado, atenta a relevância da sua escolha[684]. Tudo isso pode ser determinante para o grau de exigência a empregar, quando se afere do risco da confusão. Um exemplo flagrante, colhido da exposição oral de Nogueira Serens, ilustra esta ideia de forma lapidar. Os fabricantes de automóveis HONDA e HYUNDAI usam ambos marcas figurativas constituídas pela letra "H" estilizada, enquadrada por uma cercadura:

Estes dois símbolos, se fossem usados como marcas de arroz ou de detergentes, seriam provavelmente julgados confundíveis. Mas já não assim quando usados para assinalar veículos automóveis: não há qualquer risco de alguém comprar um Hyundai, quando afinal queria um Honda...

Por outro lado, o consumidor médio não deve ser entendido como uma espécie de mentecapto, desprovido de atenção e de juízo crítico. Como já declarou o TPI, deve entender-se *que os consumidores médios são avisados e estão normalmente informados e razoavelmente atentos*[685]. Ou, nas palavras da Relação

ver, este critério só seria adequado se estivessem em causa, exclusivamente, medicamentos sujeitos a receita médica, pois quanto aos demais produtos farmacêuticos o universo do consumidor médio é muito mais abrangente. No sentido de que o consumidor médio dos produtos farmacêuticos não deverá, em qualquer caso, ser o consumidor especializado, Couto Gonçalves, *Manual...*, cit., p. 262 e acs. STJ de 18.02.1997 (BPI-1/98, p. 11) e de 15.05.2001 (BPI 9/01, p. 9).

684 Neste sentido, cf. ac. do TJ de 12.01.2006 (PICASSO, C-361/04, § 59). Sublinhando este aspecto, cf. os acs. RL de 10.01.2018 (rel. Ana Isabel Pessoa; marcas THE RITZ CARLTON/PESTANA CARLTON HOTEL, P. 373/16.3YHLSB, dgsi.pt) e de 26.09.2017 (rel. Rijo Ferreira; marcas TOLO/POBRE TOLO, P. 272/15.6YHLSB, dgsi.pt).

685 Ac. de 3.12.2003 (AUDI AG, T-16/02), Col. p. II-5167. Apesar disso, como referiu o STJ em ac. de 9.06.2016 (rel. Pires da Rosa, P 124/14/7YHLSB), *o padrão a considerar não pode corresponder a um examinador extremamente atento e sagaz (que até concebe a simples conjectura de que possa ocorrer uma imitação!) mas antes a um cidadão "nem excessivamente embotado nem especialmente informado e perspicaz acerca dos bens de consumo"*.

de Lisboa, *o consumidor médio português dispõe de inteligência suficiente para fazer a distinção sem grande esforço*[686].

5.2.1.4. Critérios de comparação de sinais distintivos

A comparação entre duas marcas, ou entre uma marca e outro sinal distintivo prioritário[687], constitui uma operação complexa, que não deve ficar-se por um mero "palpite" impulsivo ou irreflectido. Apesar de este exame estar necessariamente eivado de subjectividade, importa reduzir essa dose "residual" ao mínimo inevitável, fazendo uso de critérios que foram sendo desenvolvidos, ao longo dos anos, pela doutrina e jurisprudência.

Desde logo, há que desfazer uma ideia que (ainda) faz curso entre os leigos, de que basta mudar pequenos detalhes num sinal para que ele deixe de constituir imitação de outro. Como é óbvio, a lei rejeita não só os sinais "idênticos", mas também os "semelhantes", desde que haja um risco sério de confusão; pelo quc pequenas alterações ou aditamentos são inócuos para efeitos de comparação. Em contrapartida, o risco de confusão tem que ser **significativo**: para haver imitação, o art. 238º do CPI exige um risco de induzir "facilmente" o consumidor em erro ou confusão. Por isso, uma vaga possibilidade de ocorrer um equívoco não basta para se falar em imitação ou para fundamentar a recusa de um registo de marca. Não deve ver-se risco de confusão naquelas situações em que, nas palavras de CORNISH[688], *só um idiota com pressa ficaria confundido...*

A "regra de ouro" da comparação entre sinais é que esta deve fazer-se através de uma **impressão de conjunto**, sem dissecação de pormenores, como sublinha a jurisprudência europeia, ao declarar que *o consumidor médio apreende normalmente uma marca* ***como um todo*** *e não procede a uma análise das suas diferentes particularidades*[689]. Na mesma linha, o Supremo Tribunal de Justiça entende que é por *intuição sintética e não por dissecação analítica que deve proceder-se à comparação das marcas*, pois *o que importa ter em conta é a impressão*

686 Ac. de 20.03.97 (*Actualidade Jurídica*, Ano I, nº 3, p. 26).

687 Dos referidos nos arts. 232º do CPI e 8º do RMUE.

688 *Intellectual Property, Patents, Copyright, Trade Marks and Allied Rights* (1ª edição, 1981), p. 487, nota 76 (... *only a moron in a hurry would be mislead*).

689 Acs. do TJ de 11.11.1997 (SABEL.PUMA, C-251/95, Col. p. I-6191), de 22.06.1999 (LLOYD SCHUHFABRIK, C-342/97, Col. p. I-3819) e do TPI (TG), de 22.10.2003 (ASTERIX, T-311/01).

global, de conjunto, própria do público consumidor, que, desvalorizando pormenores, se concentra nos elementos fundamentais dotados de maior eficácia distintiva[690].

Na comparação, deve atender-se ao **elemento dominante** de cada marca, ao seu núcleo essencial, desvalorizando os pormenores[691]. No fundo, interessa para a comparação aquilo que o consumidor retém de cada marca quando não a tem à sua frente, ou seja, a *reminiscência* que ficou na sua memória e que lhe permite reconhecer o sinal quando o voltar a encontrar. Para isso, há que evitar outro erro frequente, que consiste em colocar os sinais lado a lado e realizar um exercício comparativo de "veja as diferenças"... A comparação deve fazer-se em condições análogas àquelas que o consumidor enfrenta, no dia a dia: visualizando apenas uma das marcas e tendo como referência a *memória* que guardou da outra[692]. De igual modo, devem ser desvalorizados, ao efectuar a comparação, os **elementos genéricos ou descritivos** dos sinais em confronto. Como vimos, esses elementos não têm carácter distintivo próprio e não são passíveis de apropriação exclusiva[693]. Se as semelhanças se resumem a elementos desse tipo, devem ser tidas por

[690] Ac. de 18.03.2003 (rel. Ponce de Leão, Proc. nº 03A545, in dgsi.pt), e também ac. de 26.04.2001 (rel. Oliveira Barros), in CJ-STJ, T. II, p. 39. No mesmo sentido, entre muitos outros, acs. RL de 8.02.2018 (rel. António Santos, P. 70/12.2YHLSB), RL de 26.01.2017 (rel. Esagüy Martins, P. 227/12.2YHLSB), RL de 11.01.2016 (rel. Rui Vouga, P. 347/15.1YHLSB) e RL de 24.04.2014 (rel. Luis Correia de Mendonça, P. 199/13.6YHLSB). Na doutrina, trata-se de um ponto pacífico: cf. Pinto Coelho, *Lições de Direito Comercial*, cit., p. 426, Ferrer Correia, *Lições de Direito Comercial*, cit., p. 331, Couto Gonçalves, *Manual...* cit., p. 258, Carlos Olavo, *Propriedade Industrial*, cit., p. 102, Chavanne e Burst, *Droit de la Propriété Industrielle*, cit., pp. 660 e 661 e André Bertrand, *La Propriété Intellectuelle, Livre II*, cit., p. 448.

[691] Como sublinham Vanzetti/Di Cataldo, é preciso identificar *qual o elemento que possa considerar-se o «coração» da marca, ou seja o seu núcleo mais característico* (*Manuale di Diritto Industriale*, cit., p. 245).

[692] Nesta perspectiva, Ferrer Correia ensinava que *o consumidor, quando compra determinado produto marcado com um sinal semelhante a outro que já conhecia, não tem à vista (em regra) as duas marcas, para fazer delas um exame comparativo. Compra o produto por se ter convencido de que a marca que o assinala é aquela que retinha na memória* (*Lições de Direito Comercial*, cit., p. 329).

[693] Neste sentido, entre outros, o ac. RL de 26.11.2009 (rel. Márcia Portela), declarando que *as componentes genéricas ou descritivas são irrelevantes no conjunto da apreciação das marcas* (estando em causa o uso da expressão TAX FREE). Na mesma linha, o ac. RL de 9.11.2004 (rel. Azadinho Loureiro) considerou que as marcas de vinhos CONDE REAL e CORTE REAL não são confundíveis, reputando o vocábulo "Real" de *usual na linguagem corrente* – acs. disponíveis in www.dgsi.pt.

irrelevantes. Estando em confronto as marcas "EURO BOY" e "EURO TOY", a comparação deve fazer-se apenas entre as palavras "BOY" e "TOY", face ao carácter genérico do prefixo "EURO".

Mas isto não pode fazer esquecer que a regra cimeira da comparação de marcas é, sempre, o critério da **impressão global**. Como sublinhou o TG no caso "LAM – LINEAS AEREAS DEL MEDITERRANEO", *embora seja verdade que, regra geral, o público não considera um elemento descritivo que faz parte de uma marca como sendo o elemento distintivo e dominante na impressão de conjunto produzida por esta, o certo é que* ***o fraco carácter distintivo de um elemento de uma marca não implica necessariamente, tendo em conta, nomeadamente, a sua dimensão ou a sua posição no sinal, que o referido elemento seja negligenciável*** *na impressão de conjunto produzida pela marca*[694]. Reforçando esta ideia, o TG acrescentou (no caso "BePost"[695]) que ***só quando todos os outros componentes da marca forem negligenciáveis*** *é que a apreciação da semelhança poderá ser feita exclusivamente com base no elemento dominante.* Por isso, como referiu o TJ no caso LIMONCHELO[696], *no quadro do exame da existência de um risco de confusão, a apreciação da semelhança entre duas marcas não se pode limitar a ter em consideração* ***apenas um componente de uma marca complexa*** *e a compará-lo com outra marca. Pelo contrário, é necessário operar tal comparação mediante o exame das marcas em causa,* ***cada uma delas considerada no seu conjunto****, o que não exclui que a impressão de conjunto produzida na memória do público pertinente por uma marca complexa possa, em determinadas circunstâncias, ser dominada por um ou vários dos seus componentes.*

Por outro lado, quanto mais **forte** (arbitrária) for a marca anterior, maior será o risco de confusão e, portanto, maior a exigência que deve colocar-se na apreciação da marca posterior. Nesse sentido, o TJ tem vindo a declarar, desde o acórdão SABEL/PUMA, que *o risco de confusão é tanto mais elevado quanto o carácter distintivo da marca anterior se reconhece como importante*[697].

[694] Ac. de 8/2/2011 (Proc. T-194/09, § 30); sublinhado acrescentado. A relevância dos elementos genéricos ou descritivos das marcas, aquando da sua comparação com outras marcas foi reafirmada noutras decisões do TG, como o ac. de 26/11/2014 (Proc. T-240/13, §§ 54-55 e 65-66, "ALDI/ALIFOODS", em que a palavra "FOODS" foi decisiva para distinguir as marcas).

[695] Ac. de 20.3.2018 (T-118/16, § 36, citando ainda os acs. de 12.6.2007, SHAKER, C-334/05, § 42, e de 20.9.2007, NESTLÉ, C-193/06).

[696] Ac. de 12/7/2007 (Proc. C-334/05, § 41); sublinhado acrescentado.

[697] Ac. de 11.11.97 (C-251/95, Col., p. I-6191).

Em contrapartida, como já vimos, as marcas *fracas* gozam de um "diâmetro" de protecção mais reduzido, atenta a escassa dose de novidade que as caracteriza[698].

Outros factores há que acentuam o risco de confusão: considera-se que a **notoriedade** da marca anterior aumenta a susceptibilidade de erro por parte do público, que mais facilmente ligará a nova marca com o sinal preexistente. Como afirmou o Tribunal de Justiça no caso ADIDAS, *pode verificar-se um risco de confusão, apesar do mínimo grau de semelhança entre os produtos ou serviços designados, quando a semelhança das marcas é grande e o carácter distintivo da marca anterior, em especial a sua notoriedade, é elevado*[699].

Seja como for, o TJ tem sublinhado repetidamente que *a apreciação da existência desse risco depende de numerosos factores e nomeadamente do conhecimento da marca no mercado, da associação que pode ser feita com o sinal utilizado ou registado,*

[698] Nesta linha de raciocínio, por vezes é invocada a denominada "**teoria da distância**", segundo a qual o titular de uma marca não pode exigir que as marcas posteriores se diferenciem da sua marca num grau superior àquele em que esta se diferencia das marcas que a precederam. Por outras palavras, a "distância" a exigir às marcas vindouras não pode ser maior que a "distância" guardada perante as marcas antecedentes. Nessa perspectiva, que subscrevo, se a curta distância entre a marca registada e a marca registanda é inaceitável, então também seria inaceitável a curta distância daquela às marcas suas antecedentes. Trata-se de um fundamento próximo do abuso do direito, na modalidade do "tu quoque", tal como o descreve Menezes Cordeiro (*Tratado de Direito Civil Português*, I, Parte Geral, Tomo IV, 2005, p. 337) que exige que *quem tenha firmado um direito, formalmente correcto, numa situação material que não corresponda à querida pela ordem jurídica não possa, em consequência disso, exercer a sua posição de modo incólume.* Esta teoria, de origem alemã (cf., entre outros, Fezer, *Markenrecht*, pp. 996 e 997, que não lhe atribui um significado amplo, *devendo ser utilizada com cautela*), tem encontrado algum eco na nossa jurisprudência, podendo citar-se, nomeadamente, o ac. RL de 12.04.2018 (rel. Pedro Martins; Marcas CORVO/CORVUS, julgadas confundíveis), o ac. RL de 26.01.2017 (rel. Esagüy Martins; marcas GATEWIT/WIT Software, julgadas não confundíveis), o ac. de 28.05.2013 (rel. Ana Resende, marcas mistas CAVALINHO/EL LUSITANO, com imagem de um cavalo, julgadas não confundíveis), o ac. do STJ de 13.11.2002 (rel. Oliveira Barros, julgando confundíveis as marcas DR. MARTENS/DR. MARTINEZ, para calçado, e esclarecendo que a teoria da distância *surge reportada essencialmente a sinais fracos,* o que não seria o caso em apreço) e a sent. do 1º Juízo do TComL, de 13.10.04 (Fátima Silva, referindo, acertadamente, que *inexiste qualquer teoria da distância para motivos absolutos de recusa* – Marca JESUS, in BPI nº 2007/09/04). Aludindo a esta teoria, cf. ainda Couto Gonçalves (*Manual*... cit., p. 258, nota 609) e Carlos Olavo, *Propriedade Industrial* cit., pp. 106 e 107 (que a considera justificada).

[699] Ac. de 22.06.2000 (MARCA MODE.ADIDAS, C-425/98, § 40).

do grau de semelhança entre a marca e o sinal e entre os produtos ou serviços designados. O risco de confusão deve, portanto, ser apreciado globalmente, atentos todos os factores relevantes do caso em apreço[700]. Esta visão integrada exprime o chamado **princípio da interdependência**, enunciado pelo Tribunal no caso CANON[701]: *a apreciação global do risco de confusão implica uma certa interdependência entre os factores tomados em conta, nomeadamente a semelhança das marcas e dos produtos ou serviços designados. Assim, um reduzido grau de semelhança entre os produtos ou serviços designados pode ser compensado por um elevado grau de semelhança entre as marcas, e inversamente.*

Enunciados os critérios gerais que condicionam a comparação, importa agora referir os **parâmetros** a apreciar, isto é, a comparar. Como é óbvio, estes dependerão do tipo de marcas em confronto. Por exemplo, se se tratar de marcas nominativas, o elemento visual será, em princípio, menos importante; se estiverem em causa marcas exclusivamente figurativas, não haverá que atender ao elemento fonético. Mas, na medida em que sejam perceptíveis e relevantes, pode e deve atender-se a todos os elementos disponíveis[702]:

- **elemento visual**: atende-se aqui à *aparência* do sinal, à impressão que causa à vista do observador, independentemente do seu significado. Nesta perspectiva, releva apenas a "mancha" resultante dos desenhos, das cores, do relevo ou do formato da marca. As próprias palavras que integrem a marca valem, *neste plano* de comparação, apenas pela impressão visual que provoquem e não pelo seu sentido semântico ou sonoridade. É frequente realizarem-se exercícios comparativos,

[700] A. de 29.09.98 (CANON.METRO, C-39/97, § 17).

[701] Cf., entre outros, os acs. de 11.11.97 (SABEL.PUMA, C-251/95, Col., p. I-6191, nº 22), de 22.06.2000 (MARCA MODE.ADIDAS, C-425/98, Col., p. I-4861, nº 40), e de 6.10. 2005 (MEDION, C-120/04, Col., p. I-8551).

[702] Na 1ª edição deste *Direito Industrial*, 2011 (pp. 179 ss.), distingui 4 parâmetros de análise: elementos *gráfico, figurativo, fonético e conceptual*, espelhando a fórmula constante da alínea c) do art. 245º/1 do CPI de 2003 (retomada no art. 238º/1 do CPI actual). No entanto, tendo em conta que o elemento gráfico (entendido no sentido de "grafia", o modo como são redigidas as palavras que compõem a marca) se repercute, ou na sonoridade da palavra, ou no seu aspecto visual, considero hoje mais adequado não autonomizar esse factor, centrando a análise apenas em três elementos: *visual, fonético e conceptual.* É esta, aliás, a abordagem seguida pelo EUIPO e na jurisprudência relativa à marca da UE (cf. GUIDELINES, Part C, 3.4, p.28 ss.).

analisando o grau de coincidência literal ou silábica, que podem evidenciar, por si sós, um elevado risco de confusão. Por exemplo, a marca "MONSARROS" foi considerada imitação da marca "MONSARAZ", o mesmo sucedendo com a marca "ALDEANEIRO", por referência à marca "ALTANEIRO" e com a marca "FORIS", relativamente à marca "FORTIS"[703].

- **elemento fonético**: releva aqui o *som* resultante da leitura da marca. Para efeitos de análise convém proceder à leitura em voz alta, para evidenciar o efeito sonoro e identificar a(s) sílaba(s) tónica(s) das marcas em confronto. Sucede, frequentemente, marcas com grafias muito diversas terem sonoridades muito parecidas. Por exemplo, a marca "PHARODYNE" foi considerada imitação da marca "FENERODINE" e a marca "FOREVER" foi julgada confundível com a marca "4 EVER"[704], a despeito da sua grafia diversa.
- **elemento conceptual**: excepto nos casos de marcas totalmente desprovidas de significado (palavras inventadas, sem qualquer sentido, ou imagens puramente abstractas), os sinais têm habitualmente um determinado conteúdo, exprimindo uma *ideia*, representando uma coisa ou uma situação. Esse significado pode ser retomado por outro sinal, em termos susceptíveis de gerar confusão ou associação indevidas, mesmo que os sinais se distingam bem, à luz dos outros parâmetros. São bem conhecidos os casos da marca "BENEDICTINE" para licores, considerada imitada pela marca "FRADITINE" e da marca de queijos "LA VACHE SÉRIEUSE", julgada imitação da conhecida marca "LA VACHE QUI RIT"[705]. Mas o elemento *conceptual* ou *semântico* pode

[703] Cf. ac. RL de 7.10.2007 (rel. Teresa Soares), Sent. 3ºJ do TComL (Fátima Silva), de 2.12.2010 (BPI nº 2011/04/06, p. 7), e decisão da Câmara de Recurso do EUIPO de 17.03.2003, R0049/2002-4), respectivamente.

[704] Cf., respectivamente, Sent. 9º JCL de 7.04.1965 (BPI nº 5/1965, p. 667) e ac. TG de 16.01.2014 (T-528/11).

[705] Para um recente exemplo deste tipo de comparação, cf. o ac. RL de 7.3.2019 (rel M. Prazeres Beleza, Rec. 150/17.4YHLSB, considerando que uma marca mista LICOR FIDALGO DAS BEIRAS era confundível com a marca LICOR BEIRÃO, devido sobretudo à semelhança conceptual, a despeito das diferenças visuais e fonéticas). A 1ª Câmara de Recurso do EUIPO considerou existir semelhança conceptual entre as marcas "PRIVATE PLEASURES" e "SECRET PLEASURES" (R 616/1999-1). Para uma análise que permanece actual, cf. JUSTINO CRUZ (*CPI anotado*, cit., pp. 225 a 227), que sugeria as hipóteses

também servir para atenuar ou afastar o risco de confusão, quando palavras iguais sejam usadas com sentido diferentes (por exemplo, a palavra "POLO" tem significados distintos nas marcas "MARCO POLO" e "POLO NORTE"). A identidade conceptual pode também existir entre uma palavra e uma figura exibindo aquilo que a palavra representa (v.g., uma marca com a imagem de um *pelicano* foi julgada confundível com marca palavra "PELIKAN"[706]).

Também neste contexto, a ponderação do risco de confusão deve atender a todos os parâmetros de comparação relevantes no caso concreto. O exame a efectuar não deve seguir critérios rígidos: pode um só destes tipos de semelhança ser tão impressivo ou revelador que torne inevitável o risco de confusão ou de associação, mesmo que os demais elementos se mostrem diferentes. Apesar disso, certa doutrina e alguma jurisprudência atribuem especial relevo ao elemento fonético, especialmente nas marcas nominativas, considerando que a sonoridade da marca é mais fácil de reter na memória do público do que os elementos visuais ou conceptuais[707]. Além disso, o TG já considerou que, *quando uma marca for composta de elementos nominativos e figurativos, os primeiros deverão, em princípio, ser considerados mais distintivos que os segundos, pois o consumidor médio fará mais facilmente referência ao produto em causa citando o nome desse produto do que descrevendo o elemento figurativo da marca*[708]. No entanto, nem sempre é assim. No caso "K2 SPORTS", o mesmo

de DIAMANTE/BRILHANTE, GOSTOSO/SABOROSO e ALVORADA/MADRUGADA, como exemplos de marcas com grafias distintas mas com grande *semelhança ideográfica*. Este Autor entendia que *o elemento ideográfico* [ainda que não seja, por si só, decisivo] *poderá constituir um critério complementar ou auxiliar para efeito de determinar, em cada caso, a existência ou não existência de imitação*. Chavanne e Burst, *Le Droit de la Propriété Industrielle*, cit., p. 668, convergem nesta abordagem cautelosa, fornecendo exemplos variados como INFERNAL e DIABLE, ou COGITO e ERGOSUM. Sobre este ponto, com muito interesse, cf. ainda Manuel Lobato, *Comentario à la Ley 17/2001, de Marcas*, 2002, pp. 299 e ss.

706 Ac. TG de 17.04.2008 (T-389/03).

707 Neste sentido, entre outros, CARLOS OLAVO, *Propriedade Industrial*, cit., p. 102. Na jurisprudência, cf. nomeadamente os acs. STJ de 9.06.2016 (rel. Pires da Rosa, P. 124/14.7YHLSB; dgsi.pt), de 26.06.2001 (CJ-STJ, II, p. 39), o ac. RL de 8.02.2018 (rel. António Santos, P 70/17.2YHLSB,; dgsi.pt) e a Sent. do 2º J. TComVNG de 9.02.2007 (Paulo Silva – marcas "K'AN e KOAN), referindo que nas marcas nominativas *o elemento fonético é decisivo, pois é este que fica na memória do público*.

708 Ac. TG de 14.07.2005 (SELENIUM-ACE, T-312/03, §§ 37-40).

tribunal considerou que, *apesar de os elementos verbais de uma marca serem, em princípio, mais distintivos que os seus elementos figurativos (...) o facto de o elemento figurativo da marca contestada dominar visualmente a impressão de conjunto reduz a semelhança visual das marcas em confronto*[709]. Aliás, foi isso mesmo que o TG decidiu, num caso em que o titular da marca verbal "GIOVANNI" se opôs ao registo de uma marca composta pelo nome "GIOVANNI GALLI" encimado pela figura de um pato, tendo em conta *a grande influência que o elemento figurativo tem na impressão de conjunto*[710].

Sendo assim, a abordagem correcta no exame da confundibilidade das marcas é aquela que – no respeito do princípio da interdependência – coloca, num dos "pratos da balança", os factores de semelhança dos sinais, ao nível fonético, visual e conceptual e, no outro "prato", os factores de diferenciação desses sinais, podendo a grande semelhança no contexto de um desses níveis ser compensada pela elevada dissemelhança no contexto dos demais[711]. Mesmo assim, manda a verdade dizer que a comparação de sinais distintivos é das matérias com resultados mais aleatórios da jurisprudência nacional e estrangeira, com desfechos relativamente imprevisíveis, ao longo das sucessivas instâncias de recurso[712].

[709] Ac. TG de 31.01.2013 (T-54/12, § 40).

[710] Ac. TG de 3.06.2015 (T-559/13, § 74).

[711] Para um bom exemplo de aplicação deste princípio, cf. o ac. TG de 18.06.2013 (ROCKET DOG; T-338/12), que considerou a marca mista "K9 PRODUCTS" não confundível com a marca mista "K9", tendo em conta que nesta o elemento dominante era a figura de um cão com um osso na boca, decidindo que (§49) *apesar de as marcas apresentarem uma forte semelhança no plano fonético, isso é compensado pela diferença no plano conceptual e pelo baixo grau de semelhança no plano visual. Esses elementos constituem motivos suficientes para afastar a existência de um risco de confusão na percepção do público-alvo.*

[712] A este propósito, André Bertrand não contém o seguinte desabafo: *la jurisprudence française traditionnelle manifeste un manque absolu de cohérence ; «l'appréciation souveraine des juges du fond» a surtout servi à justifier une insécurité juridique préjudiciable au monde des affaires et un arbitraire contraire à l'égalité des citoyens devant la loi* – in *La Propriété Intellectuelle*, Livre II, cit., p. 447. A título de exemplo, custa a perceber como é que os tribunais consideraram não confundíveis marcas como TOLO e POBRE TOLO (ac. RL de 26.09.2017, P. 272/15.6YHLSB), PORTO e SUPER PORTO (ac. RL de 20.05.2014, P. 132/13.5YHLSB) ou VERDE e VERDEAL (ac. RL de 20.12.2018, P. 493/17.7YHLSB), entre muitos outros exemplos possíveis.

5.2.2. Respeito por outros direitos de terceiros

Para além de estar disponível (no sentido acima referido), a marca a registar deve respeitar certos direitos de terceiros, sob pena de incorrer em outros motivos relativos de recusa, enumerados em várias alíneas do art. 232º e no art. 233º do CPI e, genericamente, no nº 4 do art. 8º do RMUE. Ressalvando um destes motivos de recusa (o relativo ao emprego de nomes ou retratos alheios, que é de conhecimento oficioso por parte do INPI), os demais impedimentos referidos em seguida só são atendidos se forem invocados pelos interessados, no âmbito de uma oposição deduzida contra o pedido de registo da marca.

Desde elenco foi retirado, sem qualquer explicação, o motivo de recusa que constava da alínea c) do nº 2 do art. 239º do CPI de 2003 (o *emprego de referências a determinada propriedade rústica ou urbana que não pertença ao requerente*) – modificação que não merece aplauso, por facilitar situações de aproveitamento abusivo de valores imateriais que aquela norma de algum modo protegia[713]. É certo que, em certos casos, o dono da propriedade poderá invocar o risco de concorrência desleal [previsto na al. h) do novo art. 232º], ou invocar a regulamentação aplicável ao uso de expressões como "Quinta" ou "Herdade" na designação, apresentação e rotulagem de certos produtos, como o vinho. Mas será sempre uma solução de recurso, claramente mais precária do que a prevista no código anterior.

5.2.2.1. ***O emprego de nomes, retratos ou quaisquer expressões ou figurações,*** *sem que tenha sido obtida autorização das pessoas a que respeitem e, sendo já falecidos, dos seus herdeiros ou parentes até ao 4º grau ou, ainda que obtida, se produzir o desrespeito ou desprestígio daquelas pessoas* – constitui, assim, motivo de recusa, consignado na **alínea g) do nº 1 do art. 232º do CPI**. Trata-se aqui de salvaguardar direitos de personalidade e não já interesses comerciais ou de defesa dos consumidores. Por isso, esta matéria é indissociável da disciplina dos arts. 70º e seguintes do Código Civil e do art 26º da Constituição, que tutelam, nomeadamente, a personalidade física ou moral, a identidade pessoal, o bom nome e reputação, o direito à imagem e à reserva da intimidade da vida privada e familiar. Estão em causa, entre outros, os direitos ao nome, à

[713] As actas do Grupo de Trabalho de Revisão do CPI não fazem qualquer menção a esta matéria, o mesmo sucedendo no preâmbulo do DL 110/2008, de 10 de Dezembro, que aprovou o novo CPI.

imagem, à privacidade, bem como o direito à honra, reputação ou simples decoro das pessoas visadas, incluindo as já falecidas.

Neste contexto, podem suscitar-se questões delicadas, relacionadas com a *indisponibilidade* deste tipo de direitos, inclusive por parte do seu titular. É nesse sentido que a parte final desta alínea g) mantém a proibição do registo da marca, ainda que obtida a devida autorização, se o uso do nome ou imagem *produzir o desrespeito ou desprestígio* das pessoas envolvidas. Além disso, a livre *revogabilidade* das limitações voluntárias dos direitos de personalidade, prevista no nº 2 do art. 81º do Código Civil, pode criar grandes dificuldades ao titular de uma marca envolvendo nomes ou imagens alheias, na medida em que uma autorização anteriormente concedida venha a ser retirada[714]. Por outro lado, não parece que as excepções ao direito à imagem, consagradas no nº 2 do art. 79º desse diploma, sejam transponíveis para o domínio das marcas: por exemplo, o uso da imagem de um ex-presidente do Supremo Tribunal de Justiça como marca de livros jurídicos, não seria admissível na falta de autorização deste ou dos seus herdeiros, apesar de se tratar de uma figura pública.

Em contrapartida, se o nome a utilizar na marca pertencer não só a um terceiro, mas também ao próprio titular da marca, esta proibição terá de ser conciliada com a *regra dos homónimos*, consagrada na alínea a) do art. 254º do CPI, que reconhece a qualquer pessoa o uso do seu próprio nome, na sua actividade económica, desde que tal seja feito em conformidade com as normas e usos honestos em matéria industrial e comercial. Isto significa que o segundo titular terá o ónus de *adaptar* a sua marca, de modo a diferenciá-la o suficiente para afastar o risco de confusão entre os dois sinais.

5.2.2.2. ***A infracção de direitos de autor***, que constitui motivo de recusa previsto na **alínea b) do nº 2 do art. 232º do CPI**. Tal sucederia, por exemplo, no caso de alguém usar como marca figurativa ou mista uma reprodução de uma pintura alheia, ou como marca tridimensional, uma escultura criada por

[714] Aludindo a esta hipótese, Couto Gonçalves defende a aplicabilidade do instituto do *abuso do direito* para salvaguardar os casos mais chocantes de revogação da autorização (*Manual...* cit, p. 270). Por seu lado, Maria Miguel Carvalho, *Merchandising de marcas (a comercialização do valor sugestivo das marcas)*, 2003, p. 56, sustenta que, nestes casos, haverá mesmo um *consentimento vinculante*, pelo que o titular do direito de personalidade *não goza da possibilidade de revogação unilateral prevista no art. 81º, nº 2, CC, já que ficou vinculado ao consentimento prestado*; por isso, *se decidir impedir aquela utilização, incorrerá em incumprimento do contrato.*

outrem. Os direitos de autor sobre obras literárias merecem igual protecção, neste contexto: imagine-se que alguém usa como marca o título de uma obra ou uma frase retirada da mesma. Nestes casos, podemos estar perante uma violação do direito exclusivo do autor sobre a sua obra, que inclui o direito de autorizar a sua fruição ou utilização por terceiro, total ou parcialmente (art. 9º/2 do CDADC).

5.2.2.3. ***A tentativa de apropriação de uma marca por agente ou representante*** *do titular de uma marca registada* no estrangeiro (i.e., noutro país membro da CUP ou da OMC), sem autorização do representado. Esta usurpação de uma marca registada estrangeira, por parte do distribuidor nacional dos produtos ou serviços assinalados por esse sinal distintivo, constitui motivo de recusa do registo, nos termos da **alínea c) do nº 2 do art. 232º e do art. 212º do CPI**. Por razões de economia processual, o nº 2 do art. 212º admite que, nessas situações, o legítimo titular da marca – em vez de se limitar a pedir que o registo pedido pelo usurpador seja recusado – requeira que o registo da marca em causa lhe seja atribuído directamente.

5.2.2.5. ***A imitação de embalagens ou rótulos não registados,*** prevista no **art. 233º do CPI**, é também fundamento de recusa do registo da marca. Na verdade, não está aqui em causa a imitação de um sinal distintivo, propriamente dito. Trata-se unicamente de proteger a *apresentação* de um produto que normalmente ostenta uma marca registada: a lei exige apenas que ocorra a *reprodução ou imitação de determinado aspecto exterior, nomeadamente de embalagem, ou rótulo, com as respectivas forma, cor e disposição de dizeres, medalhas, recompensas e demais elementos, comprovadamente usado por outrem nas suas marcas registadas.* Esta protecção (i.e., a recusa do registo da marca), está sujeita à condição do nº 2 do citado art. 233º, que subordina a oposição dos interessados à prévia apresentação de um pedido de registo, como marca, dos elementos que caracterizam o aspecto exterior do produto ou da sua embalagem.

Este regime tem sido justamente criticado, por introduzir na disciplina das marcas uma questão que releva, unicamente, do foro da concorrência desleal[715]. Na verdade, se a imitação incide, unicamente, sobre a *apresentação*

[715] Para uma análise mais aprofundado desta norma (correspondente ao art. 240º do CPI de 2003), cf. Pedro Sousa e Silva, *O artigo 240º do CPI e a protecção do "trade dress"*, in Estudos de Direito Intelectual em Homenagem ao Prof. Doutor José de Oliveira Ascensão,

(o chamado "trade dress", ou "get up") de um produto, a recusa do registo da marca poderia sempre basear-se no disposto na alínea h) do nº 1 do art. 232º (de que falaremos em seguida), na medida em que esta seja causadora de um risco de concorrência desleal. Ainda assim, estamos perante uma *protecção reflexa* da marca, pois os elementos de apresentação que a lei aqui tutela terão que ser usados em conjugação com uma marca registada, conforme resulta da parte final do nº 1 do art. 233º do CPI[716].

Na realidade, o papel desempenhado pelo art. 233º do CPI revela-se, afinal, bastante modesto, limitando-se a criar um mero *direito de prioridade* de registo da aparência de produtos de marca, o qual pode ser exercitado no âmbito de uma oposição a pedidos de registo de marca alheia (e também de logótipo: art. 289º/2), como motivo relativo de recusa (ou como fundamento de um pedido de anulação de registos já efectuados). Mas tal prioridade, latente, só se concretiza após a formalização de um pedido de registo do aspecto exterior do produto, forçando os interessados a registar como marca uma realidade acidental e porventura com escasso carácter distintivo, para obterem do Direito de Marcas uma protecção que mais coerentemente resultaria da proibição da Concorrência Desleal. Por isso, o Direito Industrial não sentiria a falta daquele preceito se o mesmo fosse eliminado numa futura revisão do CPI, sobretudo se uma nova alínea fosse acrescentada ao elenco do actual art. 311º, tipificando como acto desleal a imitação da aparência de produtos alheios, quando essa aparência revista originalidade e goze de reconhecimento do público, numa solução análoga à que actualmente está consagrada no direito germânico[717].

2015, pp. 1033 a 1051. COUTO GONÇALVES, ironicamente, qualifica esta situação como de imitação de *marca virtual*, criticando o "malabarismo normativo" que impõe ao titular da marca anterior a necessidade de requerer um registo de marca que não deseja, para reagir a uma conduta que já deveria ser reprimida através do instituto da concorrência desleal (*Manual*... cit., p. 274).

[716] Para dois exemplos de imitação de embalagens, relacionadas com o uso de marcas, cf. Ac. RL de 20.05.2005 (rel. Ferreira Lopes; marcas FLOCOS DE NEVE/BOLAS DE NEVE NAZARÉ, CJ IV, p. 125) e de 10.06.2005 (rel. Olindo Geraldes; imitação da garrafa de MATEUS ROSÉ, in www.dgsi.pt).

[717] A imitação da aparência dos produtos ou serviços dos concorrentes está expressamente prevista na *UWG Gesetz gegen den unlauteren Wettbewerb* [§4(9)], qualificando como desleal a oferta de venda de *bens ou serviços que constituam imitação de bens ou serviços de um concorrente,* quando essa conduta: a) *cause ao adquirente uma confusão evitável quanto à respectiva origem comercial*; b) *injustificadamente explore ou prejudique a valorização dos bens ou serviços imitados, ou*;

5.2.3. Inexistência de risco de concorrência desleal

Este motivo relativo de recusa, actualmente previsto na **alínea h) do nº 1 do art. 232º do CPI**, e que é comum a outros domínios da Propriedade Industrial[718], tem sido usado como uma autêntica *válvula de escape* do sistema, servindo para prevenir situações abusivas e riscos potenciais de erro ou confusão, quando estas escapem à previsão das demais normas proibitivas do registo das marcas. A colocação sistemática deste motivo relativo de recusa, no nº 1 daquela disposição, implica que o mesmo seja de conhecimento oficioso pelo INPI, não ficando dependente de invocação em sede de oposição, embora nada impeça que o seja.

Este preceito, já existente no CPI de 1940[719], tem uma redacção que suscita alguma perplexidade, pelo menos para quem entenda que a concorrência desleal constitui uma infracção dolosa. A citada alínea h) manda recusar o registo da marca quando se reconheça *que o requerente pretende fazer concorrência desleal ou de que esta é possível independentemente de intenção.* Alguns autores, tentando esforçadamente dar coerência e sentido a esta norma, afirmam que ela abrange duas situações: a contrariedade objectiva *intencional* e a contrariedade objectiva *não intencional* às normas da concorrência desleal[720]. No entanto, a meu ver, a segunda parte da disposição não pode ter esta leitura, pois tal conduziria ao absurdo de admitir que alguém pratique um acto de concorrência desleal por *negligência*, simplesmente porque está distraído...

c) *a informação ou a documentação necessárias para a imitação forem obtidas por meios desonestos.* No entanto, a jurisprudência germânica formula um requisito prévio, aplicável nas três hipóteses acima referidas: a exigência de *individualidade concorrencial* ("wettbewerbliche Eigenart"), que, como explica Annette Kur, é *uma espécie (mais fraca) de requisito de originalidade combinada com um toque de distintividade superveniente What to Protect, and How? Unfair Competition, Intellectual Property, or Protection Sui Generis,* 6. Sobre este regime, cf. Ansgar Ohly, *Areas of Overlap Between Trade Mark Rights, Copyright and Design Rights in German Law,* GRUR Int. 2007, 8-9, 706 e, do mesmo autor, §4(9), *in* Ohly/Sosnitza, *UWG Gesetz gegen den unlauteren Wettbewerb,* C.H. Beck, 2014, 422 e, ainda Mireille Buydens, *La protection de la quasi-création,* cit., 684-700.

718 Cf. Arts. 75º/3 (patentes), 137º/3 (MU), 192º/5 (DM) e 289º/1/h), quanto aos logótipos.

719 Art. 187º/4, em que constituía fundamento geral "de recusa de patente, depósito ou registo", tendo sido transposto, como tal, para o art. 25º/d) do CPI de 1995 e para a redacção inicial do art. 24º/1/d) do CPI de 2003, onde se manteve até à publicação do Decreto-lei nº 143/2008, de 25 de Julho.

720 Neste sentido, Couto Gonçalves, *Manual,* cit., p. 271.

A segunda parte desta norma deve antes ser interpretada no sentido de recusar marcas que possam, objectivamente, *criar condições propícias* à prática de actos de concorrência desleal. Na mesma lógica do ditado popular de que "a ocasião faz o ladrão", esta norma visa evitar que o requerente (ou futuros titulares) do registo da marca venha a ter a *oportunidade* de delinquir, passando a dispor de um instrumento que lhe facilite a prática de actos típicos da concorrência desleal (servindo, também, para dispensar a prova da intenção, sempre difícil). Esta disposição ficaria bem mais clara se tivesse uma redacção deste género: *quando se reconheça que o requerente pretende fazer concorrência desleal,* ***ou quando a concessão do registo favoreça a respectiva prática***. Aliás, o texto actual da alínea g) do art. 302º do CPI, relativo às denominações de origem e indicações geográficas, vai justamente neste sentido, mandando recusar o registo quando este *possa favorecer actos de concorrência desleal.*

Assim, a par dos casos em que seja evidente – aquando do exame do pedido – que o requerente tenciona usar a marca para praticar actos concorrência desleal, este preceito aplica-se também quando se conclua que a eventual concessão do registo viria a criar condições que facilitariam, objectivamente, a prática desses actos (independentemente da intenção *actual* do requerente). Uma certeira aplicação desta norma foi realizada pelo Tribunal de Comércio de Vila Nova de Gaia, quando recusou o registo da marca "OTROP" para vinhos, por reconhecer o risco de, em certas circunstâncias, esta marca gerar confusão com a denominação de origem "PORTO" ("OTROP" às avessas...)[721]. Outros exemplos de aplicação deste preceito, mas por existência de intenção enganosa, estarão nos casos de "imitação compósita", em que uma marca imita, não uma, mas duas outras marcas, não sendo por isso especialmente confundível com nenhuma delas em particular, mas conseguindo um "ar de família" que gera associação de ideias (v.g. uma marca de relógios "ROL-MEGA", sem imitar directamente a marca "ROLEX" ou a marca "OMEGA", denunciaria uma clara intenção de beneficiar deslealmente da sua reputação)[722].

[721] Sent. de 24.01.2001, do 1º J. TComVNG (Isabel Faustino), Proc. nº 6/2001, confirmada por ac. RP de 25.09.2001 (rec. nº 774/2001, da 2ª Secção). Por curiosidade, refira-se também a recente decisão do INPI (de 24.05.2019, marca nº 613563), recusando o registo da marca "ORUOD" para vinho (por se tratar de "DOURO" ao contrário).

[722] Um interessante exemplo deste género surgiu no Ac. STJ de 29.03.93 (rel. Sampaio da Silva, in www.dgsi.pt), em que o Tribunal avisadamente considerou que a marca HERVIZ é susceptível de criar confusão com os serviços das marcas HERTZ e AVIS, tendo recusado o

A previsão desta norma pode ainda abranger casos de registo, por terceiros, de marcas já usadas por outrem como marcas não registadas, quando tal constitua – ou possa vir a facilitar – a prática de um acto "contrário às normas e usos honestos de qualquer ramo da actividade económica"[723]; nesse casos, o primeiro utilizador da marca terá ainda a possibilidade de impedir o registo, caso consiga demonstrar a existência de um risco (actual ou futuro) de concorrência desleal.

6. Âmbito de Protecção

O âmbito dos direitos exclusivos do titular da marca ficou consideravelmente mais claro, na redacção do novo CPI (em transposição das normas da DHM de 2015), num articulado que é, substancialmente, idêntico ao dos arts. 9º e 10º do RMUE. Estas disposições explicitam, com razoável detalhe, o "direito de proibir" resultante do registo deste sinal distintivo[724].

respectivo registo. Sobre o significado desta alínea (no CPI de 2003), cf. ainda, com muito interesse, o ac. RL de 12.05.2011 (rel. Vaz Gomes; marcas ROCHA VELHA / BARCA VELHA; dgsi.pt).

[723] E, à data do pedido, já tenha decorrido o prazo de prioridade (de 6 meses), previsto no art. 213º do CPI (dentro do qual o primeiro utilizador teria fundamento para se opor ao pedido). A invocação da al. h) do nº 1 do art. 239º neste tipo de situações deve ser reservado para casos especialmente graves, em que seja manifesta a intenção do requerente prejudicar o primeiro utilizador ou obter um benefício ilegítimo (pressupondo evidentemente que se demonstre o conhecimento do uso anterior, e que este uso já esteja suficientemente consolidado para merecer tutela jurídica). Isto porque o nosso Direito de Marcas assenta no registo, e não no uso, não podendo aquela disposição servir para desvirtuar o princípio geral e a natureza constitutiva do registo. Nesta perspectiva, Couto Gonçaves, adverte que esta norma deve apenas servir para *atenuar o sistema*, e não para o *perverter* (*Manual*... cit, p. 272). Subscrevendo estas posições, cf. o interessante ac. STJ de 5.06.2018 (rel. M. Rosário Morgado; p. 143/16.9YHLSB, dgsi.pt), recusando a anulação de um registo de marca com fundamento em uso há mais de seis meses, por considerar que, *sob pena de perverter o sistema de registo constitutivo, a possibilidade de anulação da marca deve ser reservada para casos de especial gravidade, designadamente de confusão do público, de imitação servil ou de concorrência parasitária.*

[724] A par desta explicitação, o legislador poderia ter afastado a ambiguidade em torno dos conceitos de "imitação" e "usurpação", referidos na epígrafe do art. 238º do CPI e noutras disposições do código, para além da noção de "contrafacção", os quais não estão definidos no CPI, sendo por vezes usados como sinónimos, pelo próprio legislador. Esta imprecisão terminológica existe também na doutrina e legislação estrangeiras, avolumada pela utilização crescente da expressão "pirataria", cujos contornos estão longe de ser unívocos, abrangendo desde a falsificação de produtos de marca à reprodução ilícita de programas

Porém, este direito não pode ser exercido indiscriminadamente, mas apenas para impedir actos que, pelo seu contexto, finalidade ou consequências, possam lesar as funções juridicamente tuteladas das marcas. Como sublinhou o TJ no acórdão ARSENAL, este direito exclusivo *foi concedido para permitir ao titular da marca proteger os seus interesses específicos como titular da marca, ou seja, assegurar que a marca possa cumprir as suas funções próprias. O exercício deste direito deve, por conseguinte, ser reservado aos casos em que o uso do sinal por um terceiro afecta ou é* ***susceptível de afectar as funções da marca****, nomeadamente*

informáticos, ou à mera imitação de produtos inovadores ou prestigiados sem qualquer usurpação dos seus sinais distintivos. No contexto específico dos direitos de autor, um ac. da RE de 18.02.97 (CJ I, p. 308) distingiu *usurpação* e *contrafacção* nos seguintes termos: *A usurpação distingue-se da contrafacção, essencialmente, porque enquanto que a primeira consiste na mera utilização, não autorizada, de obra ou prestação alheia, ou com excesso dos limites da autorização concedida, a segunda consiste em o agente apresentar, como própria, obra ou prestação alheia.* No art. 238º do CPI, *imitação* e *usurpação* surgem como sinónimos, com o significado de reprodução, total ou parcial, de uma marca registada, para assinalar produtos ou serviços idênticos ou de afinidade manifesta. Não existe, ao invés, qualquer definição específica de *contrafacção.* Apesar disso, uma passagem de um ac. da RL de 31.1.95 (Rec. Nº 8922, inédito), fornece uma sugestiva definição de contrafacção, que consistirá *em fazer passar por autênticos produtos que o não são.* Na previsão dos ilícitos criminais do Título III do CPI não se retoma a expressão *usurpação*, referindo-se apenas, no art. 320º, a *imitação* e a *contrafacção* – a par de um outro conceito, o *uso ilegal* da marca, que abrange diversas condutas, incluindo a de usar nos seus produtos, serviços, estabelecimento ou empresa, embalagens, dísticos ou quaisquer outros suportes com marcas registadas legitimamente apostas [al. i) do art. 320º]. Também relativamente ao crime p.p. pelo art. 23º do DL 28/84, de 20 de Janeiro, relativo às infracções anti-económicas, não se esclarece o conceito de *mercadorias contrafeitas*, sendo aliás difícil articular este preceito com as normas penais do CPI, quando estejam em causa violações de DPI. No Acordo TRIPS é utilizada a expressão *contrafacção*, referida a marcas, e *pirataria*, em relação ao direito de autor (art. 61º), mas não é dada qualquer definição destes termos. Em face disso, resta recorrer à doutrina para precisar estes conceitos, apesar de, na maioria dos casos, estas distinções serem irrelevantes, em termos de consequências. No ensinamento de Pinto Coelho (*Lições*, cit., pp. 369 e 370), que continua a fazer sentido, a *usurpação* consiste no uso indevido de uma marca por parte de uma pessoa diversa do respectivo titular, enquanto a *imitação* se traduz na criação de uma marca nova, objectivamente diversa da pertencente ao titular, mas que dela constitui reprodução mais ou menos fiel; a figura da *contrafacção*, por seu turno, é empregue com o duplo sentido de uso de marca alheia integralmente reproduzida (no que se confunde com o conceito de usurpação) e de confecção material da marca de outrem, independentemente do seu uso ou aposição nos produtos do usurpador.

a sua função essencial, que é a de garantir aos consumidores a proveniência do produto[725].

6.1. Os direitos conferidos pelo registo da marca

As circunstâncias em que o titular do registo pode *impedir* (na terminologia do art. 249º do CPI) ou *proibir* (na redacção dos arts. 9º do RMUE e 10º da DHM) o uso da marca estão elencadas nos arts. 249º a 252º CPI[726]. Mais concretamente, pode impedir terceiros, sem o seu consentimento, de usar, no exercício de atividades económicas, qualquer sinal se:

a) Esse sinal for *idêntico* à marca e for usado em relação a produtos ou serviços *idênticos* aos produtos ou serviços abrangidos pelo registo [**dupla identidade**];
b) Esse sinal for *idêntico* à marca e for usado em relação a produtos ou serviços afins aos produtos ou serviços abrangidos pelo registo ou se esse sinal for *semelhante* à marca e for usado em relação a produtos ou serviços *idênticos ou afins* aos produtos ou serviços abrangidos pelo registo, caso exista um **risco de confusão ou associação** no espírito do consumidor;
c) Esse sinal for idêntico ou semelhante à marca e for usado em relação a *produtos ou serviços abrangidos ou não* pelo registo, caso a marca goze de **prestígio** em Portugal ou na União Europeia, se for uma marca da União Europeia, e o uso do sinal tire partido indevido do caráter distintivo ou do prestígio da marca ou possa prejudicá-los.

Estão, assim, cobertas as situações de *dupla identidade* (dos produtos/serviços e dos sinais), alvo de uma proibição absoluta; de semelhança e/ou identidade (dos produtos/serviços e dos sinais), cuja proibição dependerá da existência de *risco de confusão*; e da semelhança e/ou identidade dos sinais, quando a marca prioritário goze de *prestígio*, caso em que se prescinde da afinidade dos produtos/serviços e do risco de confusão.

Necessário, porém – para que o titular possa invocar o seu "direito de proibir" –, é que o sinal em questão seja usado **"no exercício de actividades**

[725] Ac. de 12.11.2002 (ARSENAL FOOTBALL CLUB/MATTHEW REED, C-206/01, § 51).

[726] Por comodidade expositiva, sigo no texto a sistemática do CPI, sem prejuízo de realçar, quando justificadas, diferenças existentes no texto do RMUE ou da DHM.

económicas", como refere o art. 249º do CPI; ou, como refere o art. 9º do RMUE, que seja usado "**no decurso de operações comerciais"**. Importa clarificar o significado destas expressões, que neste contexto surgem como sinónimas (sendo que o art. 10º da DHM fala em uso "na vida comercial"). O TJ teve oportunidade de o fazer, no acórdão GOOGLE, em que estava em causa um mecanismo automatizado para permitir a selecção de palavras-chave e a criação de anúncios na Internet, que permitia a utilização de palavras-chave correspondentes a marcas de outrem sem a respectiva autorização; isso levou a que a introdução, no motor de busca da Google, dos termos constitutivos das marcas "VUITON", "LOUIS VUITON" e "LV", fizesse surgir no ecrã *links* publicitários para sítios da Internet que propunham imitações de produtos daquelas marcas. Segundo declarou o Tribunal, *o uso de um sinal idêntico ocorre na vida comercial quando se situe* ***no contexto de uma actividade comercial que tenha em vista um proveito económico****, e não no domínio privado.* Tal seria o caso do *anunciante que compra o serviço de referenciamento e que escolhe como palavra-chave um sinal idêntico a uma marca de outrem,* pelo que *é incontestável que o anunciante faz um uso desse sinal no contexto das suas actividades comerciais*[727]. Já assim não entendeu o Tribunal quanto ao prestador do serviço de referenciamento (a própria Google), pois este *apenas permite aos seus clientes fazerem uso de sinais idênticos ou semelhantes a marcas, sem que ele próprio faça uso dos referidos sinais.* Na mesma linha, no caso L'ORÉAL/eBay, o TJ considerou que um **operador que explora um *site* de vendas online**, limitando-se a prestar *um serviço que consiste em permitir que os seus clientes façam aparecer, no quadro das suas actividades comerciais, como as suas propostas de venda, sinais que correspondem a marcas no seu sítio (...)* ***não faz, ele próprio, no referido sítio, uma utilização destes sinais***[728].

No caso DAIMLER, em que estavam em causa anúncios na Internet realizados sem a participação do alegado infractor, o TJ esclareceu que o

[727] Ac. de 23.03.2010 (Procs. aps. C-236/08 a C-238/08 – GOOGLE FRANCE SARL e GOOGLE, INC. vs. LOUIS VUITON MALLETIER SA e. a.). Sobre este ponto, cf. também o ac. TJ de 22.09.2011 (INTERFLORA, C-323/09) considerando admissível o uso de palavras--chave com marcas de prestígio, em publicidade feita por concorrentes, com vista a propor uma alternativa aos produtos ou aos serviços do titular desta, sem oferecer uma simples imitação dos produtos ou dos serviços do titular dessa marca, sem causar uma diluição ou uma degradação e sem violar as funções da referida marca que goza de prestígio.

[728] Ac. de 12.07.2011 (C- 324/09, L'ORÉAL e LANCÔME v. EBAY INTERNATIONAL, e.a.; § 102).

conceito de "uso" *implica um* ***comportamento ativo*** *e um domínio, direto ou indireto, do ato que constitui o uso,* precisando que *não é esse o caso se o ato é realizado por um operador independente sem o consentimento do anunciante, ou mesmo contra a vontade expressa deste último* [729].

Por outro lado, o direito do titular só é infringido se o sinal em causa estiver a ser usado por um terceiro **como marca**, e não com finalidade diversa. Assim, deverá servir para identificar ou referenciar "produtos ou serviços" – e não para outra função qualquer, designadamente como simples motivo decorativo[730]. É que, como referem os arts. 249º do CPI, 10º da DHM e 9º do RMUE, o uso desse sinal deve ser feito "em relação a produtos ou serviços".

No limite, o titular poderá ainda impedir o uso de *outros sinais distintivos* iguais ou confundíveis, mas apenas se esta utilização puser em causa as funções da marca, nomeadamente a indicativa (ao relacionar indevidamente produtos ou serviços alheios com o titular da marca) ou a função publicitária (afectando ou abusando da capacidade distintiva ou do prestígio da marca que o tenha). No citado acórdão GOOGLE, o Tribunal de Justiça precisou

[729] A. de 3.03.2016 (C-179/15, § 39).

[730] Um exemplo do que vem referido no texto surgiu num processo, julgado no Tribunal Judicial de Fafe, em que era imputada aos arguidos a prática de um crime de contrafacção da marca "SIMPSON" (constituída por um círculo que integrava a reprodução das personagens do conhecido programa televisivo "Os Simpson"). Contudo, essas figuras haviam sido apostas em camisolas de algodão, no peito, como motivos decorativos, *e não como marca,* já que todos esses artigos de vestuário vinham assinalados com a marca própria da armazenista ("MPB"). Essa circunstância (pouco usual, pois não é hábito do contrafactor "assinar" a sua obra), aliada ao facto de o Ministério Público se ter abstido de deduzir acusação por violação do Direito de Autor, conduziu à absolvição total dos réus (Sent. de 10.07.96, do 2º Juízo, Proc. nº 213/93, inédita). Esta condição (de que o sinal seja usado "no exercício de actividades económicas") delimita consideravelmente o âmbito da proibição, pois a reprodução ou imitação do sinal em causa deverá *ter por objectivo a respectiva aposição sobre um produto, para efeitos de posterior comercialização.* Ilustrando a questão com um exemplo, não será punível como contrafacção escrever numa folha de papel uma palavra que constitua uma marca registada (ou incluir o sinal numa obra de arte, como sucedia com o famoso quadro de Andy Warhol, representando a lata da *Campbell's Tomato Soup*). Para se verificar o crime previsto no art. 320º do CPI, o sinal terá que ser usado como sinal distintivo. Por isso, só quando se demonstre que a reprodução obedeceu a esse intento é que poderá configurar-se o delito de imitação, usurpação ou contrafacção. A este respeito, Justino Cruz afirmava: *não é assim preciso que a marca tenha sido efectivamente usada embora seja necessário que a reprodução ou imitação haja sido feita com o fim de ser utilizada como marca* (*CPI Anotado,* cit., p. 339). No mesmo sentido, Oliveira Ascensão, *Direito Industrial e Direito Penal,* in DI VII, pp. 47 a 49.

que os actos de terceiros passíveis de proibição são não só os comportamentos enumerados na Directiva e no Regulamento – aposição do sinal nos produtos ou na respectiva embalagem, a oferta para venda desses produtos, a importação ou a exportação com esse sinal e a utilização do sinal nos documentos comerciais e na publicidade –, mas também quaisquer outros actos (como v.g. o referenciamento pela Internet) que permitam *estabelecer uma ligação entre o sinal e os produtos ou serviços* fornecidos pelo terceiro[731].

Em contrapartida, como tem vindo repetidamente a sublinhar o TJ, o exercício do direito exclusivo sobre a marca *deve ser reservado aos casos em que o uso do sinal por um terceiro prejudica ou é* ***susceptível de prejudicar as funções da marca***, o que implica que *o titular da marca não se pode opor ao uso de um sinal idêntico à marca, se esse uso não for susceptível de prejudicar nenhuma das funções daquela*[732]. Por outras palavras, o titular pode agir contra práticas que possam lesar *não apenas a função essencial da marca, que consiste em garantir a proveniência do produto ou serviço* [função indicativa], *mas igualmente as suas outras funções como, designadamente, garantir a qualidade desse produto ou desse serviço, ou as funções de comunicação, de investimento ou de publicidade*[733].

As condições acima enunciadas são, obviamente, cumulativas. Se o uso do sinal não ocorrer *no contexto de uma actividade comercial que tenha em vista um proveito económico*, se não permitir *estabelecer uma ligação com os produtos ou serviços* de terceiro, ou se não for *susceptível de prejudicar as funções da marca*, não deve reconhecer-se ao titular do registo o direito de proibir a outrem o uso desse sinal distintivo.

Mas quais são, *em concreto*, os actos que constituem "**uso**" da marca? O CPI de 2003 não continha qualquer enumeração desse tipo. Mas o art. 249º/2 do novo código (transpondo o art. 10º/3 da DHM) passou a conter

[731] Para um interessante exemplo de protecção da marca face ao uso por terceiros a outro título (nomeadamente como firma), cf. o ac. RL de 6.05.2003, anulando a denominação social "NAILS R US" de uma sociedade que explorava um instituto de beleza e saúde, e proibindo o uso dessa expressão na sua actividade comercial, nomeadamente a título de logótipo, insígnia ou marca; isto para protecção da marca "TOYS R US", julgada marca notória (embora não "marca de grande prestígio", para usar a expressão do CPI de 1995) – (rel. Proença Fouto; CJ III, p. 70).

[732] Ac. de 12.11.2002 (ARSENAL FOOTBALL CLUB, C-206/01, Col. p. I-10273) e também o cit. ac. GOOGLE, entre outros.

[733] Ac. GOOGLE, cit., § 77.

um elenco razoavelmente completo dessas utilizações, também referidas no art. 9º/3 do RMUE[734]:

a) *A* ***aposição*** *do sinal nos produtos, na sua embalagem ou num outro meio através do qual sejam apresentados;*
b) *A* ***oferta*** *de produtos para venda que ostentem o sinal, bem como a respetiva* ***colocação no mercado ou armazenamento*** *para esse fim, ou a oferta ou a prestação dos serviços que ostentem o sinal;*
c) *A* ***importação ou a exportação*** *de produtos em que surja aposto o sinal;*
d) *A utilização do sinal, no todo ou em parte, como* ***firma ou denominação social*** *ou como parte característica dessa firma ou denominação;*
e) *A utilização do sinal em* ***documentos comerciais*** *e na* ***publicidade****;*
f) *A utilização do sinal em* ***publicidade comparativa*** *quando esta contrarie a legislação vigente em matéria de publicidade.*

Esta enumeração é complementada com a proibição (arts. 250º do CPI e 10º do RMUE) de **actos preparatórios** relativos à utilização de embalagens ou outros suportes (por exemplo, rótulos, etiquetas, elementos ou dispositivos de segurança ou de autenticidade), *se existir o risco de que estes possam vir a ser usados em produtos ou serviços e que essa utilização constitua uma violação dos direitos do titular da marca.*

Relativamente às **mercadorias em trânsito** pelo território da União, em proveniência de países terceiros, o art. 251º do CPI (e o art. 9º/4 do RMUE) permite ao titular do registo da marca *impedir terceiros de introduzir, no decurso de operações comerciais, produtos no Estado-Membro em que a marca se encontra registada, produtos esses que não se encontrem aí em livre prática, se esses produtos, incluindo a sua embalagem, provierem de países terceiros e ostentarem, sem autorização, uma marca idêntica à marca registada respeitante a esses produtos ou que não puder ser distinguida nos seus aspetos essenciais dessa marca.* Este regime,

[734] Esta enumeração é meramente exemplificativa, como resulta do advérbio "nomeadamente". Neste sentido, Alexander Tsoutsanis, *Concise*...cit., p. 135. O nº 3 do art. 249º do CPI (na esteira do art. 12º da DHM e do art. 12º do RMUE) reconhece, ainda, ao titular do registo de o direito de *exigir ao editor de um dicionário, enciclopédia ou outra obra de consulta semelhante, impressa ou em formato eletrónico, que a reprodução da sua marca nessa obra seja, no imediato, acompanhada da menção de que se trata de uma marca registada, sempre que o modo como esta se encontra reproduzida der a impressão de que constitui o nome genérico dos produtos ou serviços mencionados ou divulgados na obra.*

mais favorável aos interesses do titular do que aquele que resultava do CPI anterior, será retomado mais adiante, no capítulo relativo ao Direito da União Europeia.

Por outro lado, o registo da marca dá ainda o direito de obstar, sob certas condições, ao **registo de outros sinais distintivos** com ela confundíveis: o pedido de registo de *logótipo* deve ser recusado se reproduzir ou imitar marca anteriormente registada por outrem para produtos ou serviços idênticos ou afins aos abrangidos no âmbito da actividade exercida pela entidade que se pretende distinguir [art. 289º/1/C9 e d) do CPI]. De igual forma, o direito de marca constitui fundamento de recusa ou de anulação de *denominações sociais ou firmas* que com ela sejam confundíveis (art. 4º/4 do CPI). O mesmo sucedendo relativamente a *denominações de origem ou indicações geográficas*, cujo registo poderá ser recusado com fundamento na existência de marca anterior, mas aqui apenas quando, *atendendo à reputação, notoriedade ou prestígio dessa marca, possa induzir o consumidor em erro quanto à verdadeira identidade dos produtos* (art. 302º/2 do CPI).

Por último, importa lembrar que o titular do registo da marca só pode, em princípio, proibir o uso desse sinal relativamente a produtos ou serviços **"idênticos ou afins"** àqueles para os quais se encontra registada. Isto por força do já referido princípio da especialidade, o qual, como vimos, sofre uma importante limitação no caso das chamadas "marcas de prestígio".

6.2. O regime específico das marcas de prestígio

O princípio da especialidade mostra-se inadequado para lidar com situações em que estejam em causa marcas de prestígio, razão pela qual desde há muito a doutrina e jurisprudência lhes reconhecem um âmbito de protecção mais vasto do que o atribuído às marcas *comuns*[735]. É que aqueles sinais – ditos

[735] Sobre este tema, em geral, cf. NOGUEIRA SERENS, *A Monopolização da Concorrência...* cit., pp. 964 a 1032 (nota 1983) e *A Vulgarização da Marca...* cit., em especial pp. 120 a 192 , COUTO GONÇALVES, *Manual...* cit, pp. 280 a 288, P. SOUSA E SILVA, *O Princípio da Especialidade das Marcas...* cit., pp. 377 a 440, PINTO COELHO, *A protecção da marca notória e da marca de reputação excepcional,* RLJ Ano 92º, p. 3 e ss., LUIS DOMINGUES, *Marcas notórias, marcas de prestígio e acordo ADPIC/TRIPS,* in DI VII, pp. 153 a 237, OLIVEIRA ASCENSÃO, *O registo da marca "Pedras" para cerveja,* in DI VI, pp. 103 a 130, RIBEIRO DE ALMEIDA, *Marca de prestígio, marca notória e acordo ADPIC/TRIPS,* in DI VI, pp. 65 a 82 e A. CORTE-REAL CRUZ, *O conteúdo e extensão do direito à marca: a marca de grande prestígio,* in Direito Industrial – Vol. I, pp. 79 a 117. Na literatura estrangeira, entre muitos outros, cf. FEZER, *Markenrecht* cit.,

marcas famosas, de renome excepcional, de prestígio ou com reputação –, devido à sua elevada notoriedade, acabam por ser conhecidos mesmo para além do universo dos consumidores dos produtos a que se destinam. O poder apelativo resultante do prestígio dessas marcas faz-se sentir mesmo no exterior do *círculo de protecção* definido pela regra da especialidade. Ora, esse *selling power* pode ser consideravelmente enfraquecido (ou *diluído*) se terceiros usarem *a* marca (ou marcas confundíveis), ainda que em produtos ou serviços completamente diferentes. O recurso a esse expediente é tentador: para obter, *parasitariamente*, uma promoção grátis dos seus produtos, um terceiro adopta uma marca de renome e passa automaticamente a beneficiar da especial acreditação desta junto do público, valendo-se do investimento publicitário alheio ou da elevada qualidade dos produtos de outrem. Daí que, desde há décadas, tenha surgido a necessidade de relativizar ou mesmo afastar a incidência do princípio da especialidade, nos casos de marcas de grande reputação ou de prestígio excepcional, cuja adopção por um recém-chegado ao mercado representa normalmente um *atalho para a promoção* dos seus produtos, *apanhando a boleia* da reputação granjeada pela marca renomada [736]. É esta usurpação de notoriedade que tem sido considerada ilegítima. Como dizia o famoso juiz norte-americano LEARNED HAND [737], num caso em que a marca de chaves e fechaduras YALE vinha sendo usada por um terceiro para produtos eléctricos:

> *A sua* [do titular] *marca é o seu autêntico selo; através dela ele responsabiliza-se pelos produtos que a ostentam; ela leva o seu nome para o bem e para o mal. Se outrem a usa, está a aproveitar-se da reputação do seu dono, sem que a qualidade esteja mais sob o*

p. 1145 ss., ALEXANDER TSOUTSANIS, *Concise...* cit., p. 128 ss., JEHORAM/VAN NISPEN/HUYDECOPER, *European Trademark Law,* cit., pp. 299 a 302, VANZETTI/DI CATALDO, *Manuale di Diritto Industriale,* cit., p. 257 a 260, FERNÁNDEZ-NÓVOA, *Tratado sobre Derecho de Marcas,* cit., pp. 389 a 432, J. THOMAS MCCARTHY, *Dilution of a trade mark: European and United States law compared,* in *Intelletual Property in the New Millenium. Essays in honour of William R. Cornish,* 2004, pp. 159 a 174. GUGLIELMETTI, *Il Marchio Celebre o «De Haute renommée»,* 1977 e LADAS, *Patents, Trademarks, and Related Rights – National and International Protection,* Vol. II, cit., pp. 1087 a 1100 e 1258 a 1263.

736 Estas expressões eram usadas por LADAS, *Patents, Trademarks, and Related Rights...* Vol. II, cit., pp. 1088 e 1092.

737 YALE ELECTRIC CO. / ROBERTSON, sent. de 1928, in *The Art and Craft of Judging. The decisions of Judge Lernead Hand,* editado por HERSHEL SHANKS, 1968, p. 231.

controlo deste. Isto é uma lesão, ainda que o aproveitador não esteja a denegrir a marca ou a desviar vendas através do seu uso; é que uma reputação, como um rosto, é o símbolo do seu possuidor e criador, que outrem só pode usar como uma máscara.

Os fundamentos teóricos deste alargamento da protecção radicam em construções variadas, até porque as situações a apreciar suscitam problemas diversificados:

a) Em certos casos, a marca "parasitária" assinala produtos que, pela sua natureza, podem ser atribuídos ao titular da marca renomada, gerando *confusão quanto à proveniência*: imaginemos que, estando a célebre marca OMEGA registada apenas para relógios, alguém passa a comercializar, sob essa marca, canetas de tinta permanente. Ou que, estando a marca APPLE registada apenas para computadores e software, alguém começa a vender colunas de som com essa mesma marca. Nestes casos, o consumidor pode ser enganado, comprando as canetas OMEGA na convicção de que provêm da empresa mundialmente conhecida como fabricante de relógios; ou comprando colunas de som APPLE pensando que se trata de mais um produto desta reputada empresa informática. Poderá assim gerar-se confusão, no espírito do público, a respeito da origem dos produtos, levando-o a acreditar que ambos têm a *mesma proveniência*.
b) Noutros casos a questão é ainda mais grave, já que os produtos em que a marca é usada provocam o *desprestígio* do sinal afamado (através do seu *denegrimento ou degradação*): admitamos que a conhecida marca VALIUM, de medicamentos tranquilizantes, era adoptada por um terceiro para assinalar... urnas funerárias. Ou que a renomada marca FERRARI começava a ser usada em artigos pornográficos. Nestas hipóteses não parece provável a confusão do público acerca da origem dos produtos: dificilmente o consumidor médio virá a supor que a conhecida fabricante de automóveis diversificou os seus negócios a ponto de abranger a pornografia, ou que a fabricante do VALIUM entrou no ramo dos armadores funerários. Mas nem por isso estas empresas deixarão de ser lesadas, e seriamente, por iniciativas deste tipo: no mínimo, porque a utilização das suas marcas em produtos com conotações desprimorosas (no caso da pornografia) ou associados a factos penosos (como a morte, especialmente tratando-se de

medicamentos), contribui para desprestigiar esses sinais, danificando ou denegrindo a imagem favorável que os mesmos tenham junto dos consumidores.

c) Noutras situações, porém, nada disso acontece, a não ser criar-se o risco de banalização ou vulgarização da marca célebre, mediante a *diluição* e consequente redução do seu poder apelativo: suponhamos que, estando a renomada marca VISTA ALEGRE registada em Portugal apenas para porcelanas, alguém passava a usá-la para artigos de vestuário. Ou que um terceiro, independente do titular da marca de perfumes DIOR, adopta esta marca para assinalar computadores. O que dizer destas hipóteses? Não haverá seguramente suspeitas de *proveniência* comum entre as porcelanas e o vestuário VISTA ALEGRE, nem entre os perfumes e os computadores DIOR. Tão-pouco parece que o uso dessas marcas nos produtos em causa, pela sua natureza ou destino, seja susceptível de *denegrir a sua imagem*, havendo aliás marcas de grande renome nos domínios da informática e do vestuário. Não obstante, compreende-se bem o desagrado dos titulares daquelas marcas se viessem a ser confrontados com situações deste tipo. O símbolo DIOR teria o mesmo poder apelativo se houvesse dezenas de marcas DIOR para os mais variados produtos, desde as ferramentas às rações para animais, dos tecidos aos materiais de construção, das tintas aos artigos de perfumaria – com níveis qualitativos diversos, pertencendo a titulares diferentes? Certamente que não: seria seguramente menor o prestígio dessa marca, e menor também, o seu *selling power*. Perder-se-ia, pelo menos, a individualidade ou peculiaridade desse sinal distintivo. O uso da mesma marca em sectores muito diversos, com titulares distintos, teria por efeito *banalizá-la, vulgarizá-la ou diluí-la*.

Estamos perante três tipos de situações distintas, com problemas diferentes, mas com algo de comum: em todas elas, a aplicação do princípio da especialidade das marcas privaria de tutela os interesses dos respectivos titulares. É certo que, numa primeira fase, a jurisprudência e a doutrina estrangeiras se basearam na própria função indicativa das marcas para proibir o uso da marca célebre, quando os produtos em causa – a despeito da sua diversidade relativamente aos do titular originário – pudessem ser considerados, pelo consumidor médio, como provenientes da mesma origem dos assinalados com a marca prestigiada[738]. Mas noutros casos (em que estava já em causa, unicamente, um risco de denegrimento ou de banalização) o fundamento teria que ser outro. E foi assim que, na Alemanha e nos Estados Unidos, se foi evoluindo da tese da *confusão quanto à proveniência* para a tese da *diluição*, registando-se decisões de aplicação desta última a partir de 1925 (caso da marca de dentífrico *ODOL*, que levou um tribunal alemão a proibir a mesma marca, para artigos de aço e cutelaria[739]).

Entre os fundamentos já invocados até hoje para conceder protecção alargada às marcas célebres contam-se, para além dos acima indicados, a proibição do enriquecimento sem causa[740], a proibição da concorrência desleal[741]

[738] Nesse sentido, Guglielmetti afirmava, em 1977, que o titular de uma marca célebre poderia gozar de um «limitado» alargamento de tutela, em virtude do *maior perigo de confusão* que o público corre ao referir a essa origem produtos diversos daqueles em relação aos quais a marca obteve a celebridade (*Il Marchio Celebre*, cit. p. 233).

[739] Sobre este aspecto, cf. Ladas, *Patents, Trademarks and Related Rights*, cit., p. 1090 e ss., com indicações jurisprudenciais de mais de vinte países. A título meramente ilustrativo, refiram-se, ainda para a Alemanha, os casos OSRAM (lâmpadas e canetas de tinta permanente), 4711 (perfumes e meias); para os Estados Unidos, os casos TIFFANY (joalharia e filmes), PHILCO (aparelhos de TV e rádio e lâminas de barbear) YALE (chaves e fechaduras e aparelhos eléctricos); no Reino Unido, as marcas KODAK (máquinas fotográficas e bicicletas), DUNLOP (pneus e lubrificantes); na Noruega, a marca FORD (automóveis e cigarros); na Holanda, a marca CHEVROLET (automóveis e relógios); na Áustria, a marca COCA-COLA (refrigerantes e confecções); em Itália, as marcas LUCKY STRICKE (cigarros e perfumaria), MARTINI (vermute e doçaria); no Japão, as marcas ESSO (produtos petrolíferos e artigos têxteis), OMEGA (relógios e isqueiros). Com muito interesse, igualmente, as referências da jurisprudência francesa: cf., em especial, Chavanne e Burst, *Le Droit de la Propriété Industrielle*, pp. 547 e 548 (v.g., marcas MICHELIN para pneus e pastelaria, CHANEL para perfumes e bebidas alcoólicas, LAROUSSE para dicionários e vinhos). A construção dogmática da tese da diluição é geralmente atribuída ao autor norte-americano Frank Schechter (na célebre obra de 1927, *The Rational Basis of Trademark Protection*, cit. por Ladas, op. cit., p. 1091), embora haja sido acolhida por muitos outros autores europeus. Descrevendo em pormenor esta evolução, Nogueira Serens, *A vulgarização da Marca...* cit., nota (89), p. 120 e ss..

[740] Ladas, *Patents, Trademarks and Related Rights*, cit., p. 1090 e ss., Guglielmetti, *Il Marchio Celebre*, cit., p. 297 e ss. e Chavanne e Burst, *Le Droit de la Propriété Industrielle*, cit., p. 548.

[741] Nomeadamente pela jurisprudência alemã, que afastava a objecção da ausência de concorrência, admitindo a hipótese de, potencialmente, o titular vir a conceder licenças a terceiros para usufruírem da reputação da sua marca em produtos diferentes, pelo que a *usurpação* dessa marca constituiria um acto de concorrência nesse tipo de *mercado*, o mercado

e do abuso do direito[742], a responsabilidade civil extra-contratual e mesmo a tutela do direito ao nome[743]. No entanto, estas teses nunca obtiveram uma aceitação comparável à das que anteriormente enunciamos. Na verdade, após um primeiro recurso à função indicativa da marca, foi-se assistindo à progressiva afirmação da tese da *diluição*, que constitui hoje o principal fundamento da protecção alargada das marcas de prestígio.

No nosso ordenamento jurídico, durante muitos anos, não existia um remédio específico para estas situações, dando lugar a decisões imaginosas dos tribunais, que deparavam com casos de usurpação de notoriedade sem terem instrumentos adequados para lhes porem cobro [744]. Mas este quadro alterou-se com o CPI de 1995 e com a aprovação do RMUE, que vieram

das... licenças de marca (!); sobre este ponto, cfr. NOGUEIRA SERENS, *A Vulgarização* cit., pp. 164 e 165, GUGLIELMETTI, *Il Marchio Celebre,* cit., p. 245 e ss., e LADAS, op. cit., p. 1091. Esta orientação, porém, foi rapidamente abandonada, já que se baseava num desvirtuamento manifesto do conceito de concorrência.

742 Cfr. CHAVANNE e BURST, *Le Droit de la Propriété Industrielle* cit., p. 548 e GUGLIELMETTI, *Il Marchio Celebre,* cit., p. 301.

743 Cfr. GUGLIELMETTI, *Il Marchio Celebre,* cit., pp. 277 e 291 e ss., bem como os autores e obras cit. por NOGUEIRA SERENS, *A Vulgarização* cit., p. 172.

744 Antes da entrada em vigor do CPI de 1995 era difícil reagir, à luz do direito das marcas, contra o uso de uma marca de prestígio ou de renome para assinalar produtos que não fossem semelhantes ou, no mínimo, concorrentes, dada a prevalência absoluta do princípio da especialidade. Ainda assim, admitia-se a aplicabilidade do § 11º do art. 93º do CPI de 1940, que reprimia as *falsas indicações de proveniência, quer do país, região ou localidade, quer da fábrica, propriedade, oficina ou estabelecimento,* na medida em que existisse o risco de o consumidor se convencer da *identidade de origem* dos produtos em questão (neste sentido, JUSTINO CRUZ, *CPI Anotado,* cit. p. 261). Mas as poucas decisões judiciais proferidas ao abrigo do CPI de 1940, concedendo tutela a marcas de renome em produtos distintos dos do titular, basearam-se antes na concorrência desleal: uma sentença do 16º Juízo Cível de Lisboa de 5.03.81, que recusou protecção à marca MARLBORO – SCOTCH WHISKY, por entender que poderia existir concorrência desleal em prejuízo do titular da famosa marca MARLBORO para cigarros, até por aquela reproduzir esta no aspecto figurativo; e, na mesma linha, o ac. RL de 3.07.90, (*in* C.J. 1990, IV, p. 119), que recusou o registo da marca COKE (conhecido diminutivo e designação alternativa da marca Coca-Cola) para *produtos para limpeza, higiénicos e perfumaria,* por considerar que *o facto de duas marcas se destinarem a assinalar produtos diferentes e sem afinidade, não esgota todas as facetas possíveis da concorrência desleal, em especial quando a que primeiramente obteve protecção é de excepcional renome.* Esta via, porém, não era adequada para tutelar a marca de renome: como salientava PINTO COELHO, não existindo entre os produtos em causa uma relação de concorrência, requisito essencial deste instituto, poderia aí haver *comércio desleal, mas não concorrência desleal* (RLJ 92º, p. 178).

conceder uma protecção alargada às marcas de prestígio, para além dos limites do princípio da especialidade. Actualmente, o CPI de 2018 protege sem ambiguidades as marcas de prestígio, determinando (art. 235º) a recusa do registo de marca que, *ainda que destinada a* ***produtos ou serviços sem afinidade****, constituir tradução, ou for igual ou semelhante, a uma marca anterior que goze de prestígio em Portugal ou na União Europeia, se for marca da União Europeia, e sempre que o uso da marca posterior procure tirar partido indevido do carácter distintivo ou do prestígio da marca, ou possa prejudicá-los.* Além disso, o art. 249º/1/c) reconhece ao titular da marca prestigiada o direito de proibir o uso de qualquer sinal idêntico ou semelhante à sua marca, mesmo que seja usado em relação a produtos ou serviços ***não abrangidos pelo registo***, sempre que o uso desse sinal *tire partido indevido do carácter distintivo ou do prestígio da marca, ou possa prejudicá-los*[745].

6.2.1. O conceito de marca de prestígio

Todavia, nem o legislador nacional, nem o europeu, definiram o conceito de marca de prestígio, pelo que importa agora defini-lo, com o apoio da doutrina e da jurisprudência, sem esconder as incongruências que a jurisprudência do TJ veio introduzir nestes critérios. Numa síntese do essencial, os requisitos necessários à qualificação de um sinal como "marca de prestígio" são os seguintes:

a) Deverá tratar-se de uma marca gozando de um **elevado grau de notoriedade** junto do público. VITO MANGINI usa mesmo a expressão *supernotória*[746]. Essa especial notoriedade poderá resultar dos mais

Por isso, a reacção contra tentativas de aproveitamento ilegítimo da reputação de marcas alheias carecia de um adequado fundamento legal, que só surgiu com o CPI de 1995.

[745] Paralelamente, no art. 8º/5 do RMUE, prevê-se a recusa do registo de marcas da UE que sejam confundíveis com marcas anteriores, europeias ou nacionais, que gozem de prestígio, respectivamente, na União ou no Estado-membro em questão, sempre que a utilização injustificada e indevida da marca para a qual foi pedido o registo beneficie do carácter distintivo ou do prestígio da marca anterior ou possa prejudicá-los. No art. 9º/1/c) prevê-se que o titular de uma MUE, que goze de prestígio na União, possa impedir o seu uso a terceiros, mesmo em produtos não similares, quando o uso do sinal sem justo motivo tire partido indevido do carácter distintivo ou do prestígio da marca da UE ou possa prejudicá-los.

[746] Para a distinguir das denominadas "marcas notórias", cuja tutela – nos termos do art. 6º *bis* da CUP e do art. 234º do CPI – se restringe ao âmbito dos produtos ou serviços idênticos

variados factores, como sejam publicidade intensiva (voluntária ou até fortuita), uso prolongado ou tradição, qualidade excepcional, carácter especialmente imaginativo ou "arbitrário" do sinal ou qualquer outro. A jurisprudência europeia e a nacional não fixaram até hoje um limiar quantitativo para essa notoriedade, mas há casos em

ou semelhantes, estando em princípio sujeita ao princípio da especialidade (*Il marchio e gli altri segni distintivi*, Vol. V do *Tratatto di Diritto Commerciale e di Diritto Pubblico del' Economia*, 1982, p. 268). Os pressupostos e a extensão da tutela das denominadas "marcas notórias" distinguiram-se claramente – durante largos anos – dos relativos às marcas ditas "de prestígio". Como acentuava NOGUEIRA SERENS (*A Vulgarização da Marca*... cit., p. 133), *por um lado, o grau de notoriedade* [destas últimas] *tem que ser mais elevado*, e, por outro, *esta hiper-notoriedade tem de se afirmar com referência ao conjunto da população*, enquanto que, para as primeiras, bastará *a notoriedade nos círculos interessados no tráfico (maxime junto dos adquirentes dos respectivos produtos)*. Para uma caracterização detalhada do conceito e regime das marcas notórias cf., entre nós, COUTO GONÇALVES, *Manual*... cit., pp. 275 a 280, NOGUEIRA SERENS, *A Vulgarização da Marca*... cit., pp. 60 e ss., COUTINHO DE ABREU, *Curso*... cit., pp. 402 e 403, PINTO COELHO, *A protecção da marca "notoriamente conhecida"*, RLJ Ano 84º, p. 129 e *Lições*.., cit., p. 396 e ss., bem como JUSTINO CRUZ, *CPI Anotado*, cit., p. 253 e ss.; na doutrina estrangeira, entre muitos outros, PIRES DE CARVALHO, *The TRIPS regime of Trademarks and Designs*, 2005, pp. 271 e ss., FERNÁNDEZ-NÓVOA, *Tratado Sobre Derecho de Marcas*, cit. pp. 422 e ss., GUGLIELMETTI, *Il Marchio Celebre o «de haute renommée»*, cit., p. 9 e ss., DASSAS, *L'élargissement de la protection des marques*.. cit., p. 123, LADAS, *Patents, Trademarks and Related Rights*.. cit., p. 1258 e ss., CHAVANNE e BURST, *Le Droit de la Propriété Industrielle*, cit., p. 543 e ss., e MANGINI, *IL marchio*... cit., p. 212 e ss. Contudo, a entrada em vigor do Acordo TRIPS implicou uma primeira atenuação daquela diferença de regimes, porquanto o nº 3 do art. 16º estende a protecção das marcas notórias para além do círculo restrito dos produtos e serviços afins ou semelhantes, *desde que a utilização dessa marca para esses produtos ou serviços indique a existência de uma relação entre esses produtos ou serviços e o titular de uma marca registada, e na condição de essa utilização ser susceptível de prejudicar os interesses do titular da marca registada*. Isto significa, como acentuam CASADO CERVIÑO e CERRO PRADA (*GATT y Propriedad Industrial*, cit., p. 96), a consagração da figura do denominado "risco de associação", no âmbito das marcas notórias. No entanto, além de se exigir aqui que haja um risco de confusão quanto à proveniência, requer-se ainda que ocorra um risco de lesão dos interesses do titular da marca. Ora, a tutela das marcas supernotórias não está subordinada a estes dois requisitos, sendo concedida independentemente de qualquer risco de confusão ou da susceptibilidade de produção de prejuízos concretos. Uma segunda atenuação das diferenças entre as marcas notórias e as marcas de prestígio resultou da jurisprudência do TJ (em particular do acórdão "GENERAL MOTORS", adiante referido, no texto), que veio eliminar a diferença de "público relevante" para efeitos de determinação da notoriedade das marcas em causa, gerando uma perplexidade que até hoje não conseguiu dissipar.

que a mesma é evidente[747]. Nesta perspectiva, mostram-se especialmente úteis estudos de mercado, destinados a medir a notoriedade da marca em apreço, nas suas várias modalidades[748].

b) A marca deverá possuir uma **individualidade acentuada** – por não ser um sinal frequentemente adoptado por terceiros noutros ramos de actividade económica – a par de um elevado cunho de *originalidade ou peculiaridade*, não podendo consistir naquilo que é designado por *marca fraca* (intrinsecamente dotada de reduzida eficácia distintiva). Não estamos perante um requisito absoluto, pois admite-se a existência de marcas de prestígio que coexistam com outras marcas idênticas para domínios diferentes. Mas a identidade de uma marca e o seu carácter distintivo *são tanto mais fortes quanto essa marca é única*, pelo que deve verificar-se se a marca a apreciar *é única ou essencialmente única*[749].

[747] Couto Gonçalves (*Manual* cit., p. 283, nota 671) considera apropriada uma percentagem *não inferior a uma maioria qualificada de 75%, ou, pelo menos, de dois terços dos consumidores do mercado em referência* – embora não esclareça os motivos desta(s) opção(ões), nem refira em que casos se deverão exigir 75% e quais as situações em que bastarão os dois terços (66,7%). Nogueira Serens (*A Vulgarização da Marca*... cit., p. 134), dá conta de jurisprudência alemã que fixa, como limiar mínimo aceitável para uma marca de prestígio, um grau de conhecimento a rondar os 80% do conjunto da população. Não obstante, em certos casos a celebridade da marca constitui um facto tão notório (v.g., COCA-COLA, MERCEDES) que não se mostrará necessário recorrer a juízos periciais ou à consulta de câmaras de comércio (neste sentido, também, Ladas, *Patents*, cit., p. 1091).

[748] Os especialistas em marketing decompõem o conceito de "notoriedade" em "top-of-mind" (marca que é referida em *primeiro lugar* pelos entrevistados), "notoriedade espontânea" (marca que é referida pelo entrevistado, por sua iniciativa e sem incentivo) e "notoriedade assistida" ou "induzida" (marca que é reconhecida pelo entrevistado quando confrontado com uma lista de marcas). Segundo alguns autores, como Jehoram/Van Nispen/Huydecoper (*European Trademark Law*, cit., p. 302), *a notoriedade assistida é especialmente relevante nestes casos, uma vez que, na hipótese de o uso tirar partido indevido ou ser prejudicial do carácter distintivo ou do prestígio da marca, o público também é confrontado com o sinal, sendo por isso, neste sentido, assistido.*

[749] Como acentuou o TJ no ac. de 27.11.2008 (Proc. C-252/07, INTEL CORPORATION, § 56). A este propósito, é paradigmático o exemplo da conhecida marca "TRIUMPH", para roupa interior feminina, a quem os tribunais alemães negaram a qualidade de marca *supernotória*, devido ao facto de tal marca já vir sendo licitamente usada por terceiros em diversos outros produtos. Neste sentido, GILSON (*Trademark Protection and Practice*, Vol. I, § 5.05[6], p. 102) refere que, nos Estados Unidos, se encontravam registadas 207 marcas

c) Deverá ainda, obviamente, beneficiar de **considerável prestígio** junto do público. Isto é, tratar-se de uma marca particularmente apreciada, que goze de especial *estima*, pela elevada qualidade geralmente reconhecida aos produtos que assinala, ou pela imagem especialmente atractiva ou fascinante que lhe está associada[750].

Uma questão delicada, actualmente, é a de saber qual o **universo do público a considerar**, para aferir da notoriedade da marca: o que interessa é a generalidade dos consumidores de um país (ou da União, no caso de marcas da UE), ou apenas o universo dos consumidores dos produtos ou serviços a que a marca se destina? Durante anos, a doutrina e jurisprudência quase unânimes consideravam que a marca de prestígio deveria ter notoriedade junto da grande massa do *público em geral* (e não só junto do consumidor interessado nos produtos ou serviços a que a marca respeita). E nisso se distinguia das marcas notórias, que apenas tinham de ser conhecidas dentro do universo dos consumidores desse tipo de produtos ou serviços. Por outras palavras, dizia-se que a marca de prestígio era mais conhecida que a marca notória: era supernotória[751].

Contudo, este panorama coerente foi subvertido por uma decisão inesperada (e desastrada) do Tribunal de Justiça: no acórdão GENERAL MOTORS, este tribunal declarou que *o público perante o qual a marca anterior deve gozar de prestígio é o interessado nessa marca, quer dizer, determinado em função do produto ou do serviço comercializado, nuns casos o grande público, noutros um público mais*

Triumph (incluindo variações), para produtos diferentes, o que levou à concessão de registos de marca distintos para produtos tão próximos como "lingerie" feminina e meias de senhora. Tratar-se-á, assim, de uma marca de renome, mas que não poderá gozar do estatuto de *supernotória*, em virtude da sua menor capacidade distintiva, resultante da reduzida individualidade e originalidade do símbolo utilizado.

750 A este respeito, Fernández-Nóvoa refere que *a marca de prestígio se caracteriza precisamente por ser portadora de um elevado goodwill que se apoia no alto nível de qualidade dos produtos ou serviços, assim como na eficaz política publicitária do titular e, às vezes, na própria força atractiva ou selling power do sinal constitutivo da marca elevado* (*Tratado Sobre Derecho de Marcas*, cit. p. 405). Couto Gonçalves, explicitando este requisito qualitativo, refere que a marca deve ter *ou uma excepcional capacidade evocativa e-ou uma excepcional aceitação no mercado* (*Manual*... cit., p. 284). Para uma boa explicitação deste requisito, cf. acs. RP de 23.02.2006 (rel. Pinto de Almeida) e do STJ de 13.07.2010 (rel. Fonseca Ramos), ambos in dgsi.pt.

751 Para referências doutrinais nesse sentido, cf. Pedro Sousa e Silva, *O princípio da especialidade das marcas*, cit., p. 416.

especializado, por exemplo, determinado meio profissional[752]. Ou seja, o universo de consumidores que o TJ considerou relevante para aferir da notoriedade da marca de *prestígio* é aquele que tradicionalmente se usava para medir a notoriedade da marca *notória*. E, com esta decisão atabalhoada, "baralhou tudo". Deixando de distinguir, a este nível, entre "marcas notórias" e "marcas de prestígio", o Tribunal de Justiça terá alargado àquelas a protecção reforçada e excepcional que antes era reservada a estas? Ao considerar *atingido o grau de conhecimento exigido quando a marca anterior é conhecida de parte significativa do público interessado pelos produtos ou serviços abrangidos por essa marca,* o TJ acaba por fixar um limiar de notoriedade igual para as duas categorias. Admito, porém, que essa equiparação não seja feita quanto aos outros requisitos, especialmente quanto ao requisito do "prestígio". E, se assim for, poderá haver marcas com *notoriedade* elevada, mas sem *prestígio* suficiente para gozar da tutela reforçada[753]. Ou, eventualmente, marcas sem *individualidade* (ou peculiaridade) suficiente para se destacarem das marcas idênticas existentes noutros ramos de actividade, ficando como tal privadas do estatuto reservado às marcas de prestígio. Mas a verdade é que esta jurisprudência, que gerou um merecido coro de críticas, veio "lançar a confusão" sobre um regime que FERNÁNDEZ-NÓVOA qualificava, *sem*

[752] Ac. de 14.09.1999 (Proc. C-375/97, GENERAL MOTORS.YPLON; marca "CHEVY", Col., p. I-5421, § 24). Esta jurisprudência foi reiterada pelo Ac. de 12.02.2004 (Proc. C-363/99, KONINKLIJKE, Col. p. I-1619, § 34), em que este mesmo critério de definição do "público relevante" foi usado para determinação do carácter distintivo. O TJ reafirmou expressamente esta jurisprudência, no Ac. de 27.11.2008 (Proc. C-252/07, INTEL CORPORATION, § 34).

[753] Nesta linha, FERNÁNDEZ-NÓVOA (censurando este entendimento do TJ como "francamente negativo") conclui que a marca notoriamente conhecida constitui uma categoria *na qual se enquadra também – como species qualificada – a marca de prestígio* ["marca renombrada"]. *Com efeito, a marca de prestígio é um subtipo individualizado da marca notoriamente conhecida. É aquela marca que além de ser conhecida pelos círculos interessados correspondentes, suscita nos mesmos fundadas e razoáveis expectativas acerca da boa qualidade dos produtos ou serviços assinalados pela marca.* E acrescenta: *a fim de delimitar adequadamente a figura da marca de prestígio, é preciso conjugar dois critérios. A saber: um critério quantitativo consistente em estabelecer se o sinal é notoriamente conhecido pelo público interessado, e um critério qualitativo consistente em determinar se o sinal goza de prestígio ou boa fama entre o público interessado* (*Tratado Sobre Derecho de Marcas*, cit., p. 405). Para uma análise crítica desta jurisprudência, cf. J. THOMAS MCCARTHY, *Dilution of a trade mark...* cit, pp. 166 e ss.

exagero, como modelar e tecnicamente muito depurado[754]. De qualquer modo, face à jurisprudência do TJ, a "marca de prestígio" será uma marca notória que, além da notoriedade, também goza de prestígio (e, em certa medida, de uma forte identidade/individualidade).

6.2.2. A tutela reconhecida às marcas de prestígio

Em Portugal, este regime deu origem a um acervo de decisões significativo, quer no domínio do CPI de 1995 quer no de 2003. Os nossos tribunais já reconheceram o estatuto de "marca de prestígio" pelo menos às seguintes marcas: ROLEX (impedindo um registo para *artigos de vestuário*)[755], MICHELIN[756], VISTA ALEGRE[757], BECEL (*produtos dietéticos*)[758], PUMA[759], JAGUAR (*agên-*

[754] *Tratado sobre Derecho de Marcas*, cit., p. 397.

[755] Sent. 5º Juízo Cível de Lisboa, de 13.02.98, in BPI 5/98, p. 1704.

[756] Ac. RL de 2.03.2001 (rel. Américo Marcelino), in BPI 2/2001, p. 556. Este acórdão, apesar de reconhecer à marca de pneumáticos MICHELIN o estatuto de marca de prestígio, concedeu o registo da marca MICHELINA'S para *refeições congeladas, em conserva e molhos*, por considerar não havia risco de confusão do consumidor e que não estava indiciado que a marca posterior procurasse *tirar proveito... do prestígio da Michelin.* O risco de diluição ou banalização não foi sequer equacionado pela Relação de Lisboa, que achou oportuno sublinhar que a *frequente similitude dos diversos vocábulos que fazem as marcas não pode postular a "apropriação" exclusivista de uns em detrimento de outros. Ou seja: cada vocábulo-marca não pode pretender criar à sua volta um círculo protector tão alargado que açambarque um excessivo espaço linguístico com exclusão de todos quantos mais ou menos se lhe assemelham. A língua é o baldio comum em que todos devem poder espraiar-se. Sem embargo das exigências comerciais da protecção das marcas.*

[757] Ac. RL de 24.09.98 (rel. Nunes Ricardo), CJ III, p.108. Este acórdão, apesar de reconhecer à marca "VISTA ALEGRE" o estatuto de marca de prestígio, recusou-lhe na altura a protecção reforçada inerente a estas marcas (e admitiu por isso o registo de uma marca de *vinhos*), por ainda não ser aplicável (na data do pedido de registo) o regime inovador do CPI de 1995. Esta decisão não foi feliz, ao negar protecção a uma das mais prestigiadas marcas portuguesas, quando a jurisprudência anterior (com o mesmo enquadramento legislativo) já havia protegido marcas estrangeiras, como a MARLBORO e a COKE (cf. *supra*, nota 744).

[758] Sent. 9º JCL de 29.07.1999 (Taborda Lopes), in BPI 2/2000, p. 560, recusando o registo da marca BIOCEL.

[759] Sent. 1ª Vara Cível de Lisboa, sem data, in BPI 5/2001, p. 2134. Esta decisão confirmou a recusa do registo da marca SPORTSUMA, para *artigos de vestuário e calçado*, por confundibilidade com a marca PUMA (registada para *artigos de vestuário, incluindo botas, sapatos e pantufas*). Aqui, o reconhecimento do prestígio da marca PUMA não serviu para afastar a incidência do princípio da especialidade (atenta a manifesta afinidade dos produtos em confronto), mas sim para justificar um maior rigor na comparação dos sinais e na avaliação do risco de

cias de importação e exportação e negócios)[760], GIÓ DE GIORGIO ARMANI[761], WEST (*chocolates, bombons e pastilhas elásticas*)[762], VOGUE DECORATION (*chapéus de chuva*)[763], SCOOBY-DOO (*serviços de telecomunicações, informática e aparelhos e equipamentos diversos*)[764], KODAK (*vestuário, isqueiros e serviços de discotecas*)[765], BOSS/HUGO BOSS (*tabaco, cigarros, cigarrilhas, conjuntos para fumadores, fósforos*)[766], NIKE (*produtos de limpeza e cosmética*)[767], PEDRAS/PEDRAS SALGADAS (*cervejas*)[768], SALSA (*serviços de reparações e transporte de mercadorias*)[769], PRADA (*mobiliário, artigos de decoração, vestuário e calçado*)[770], MATEUS ROSÉ (*serviços de desenhadores*)[771], MIMOSA (*batatas fritas*)[772], VISA (*serviços de consultoria jurídica*)[773] e BELCANTO (*serviços de restauração e vinhos*)[774]. No que respeita à marca DOLCE VITA (*serviços de construção e venda*

confundibilidade (tendo o tribunal considerado que a marca PUMA é uma marca *forte*, o que exige das demais marcas *um grau de dissemelhança maior*).

[760] Sent. 10ª Vara Cível de Lisboa de 21.0.2001, in BPI 11/2001, p. 3786.

[761] Sent. TComL de 13.07.2001, in BPI 5/2002, p. 1765. Neste caso, o Tribunal recusou um pedido de anulação da marca de prestígio, formulado pelo titular de uma marca DI GIÓ.

[762] Ac. RL de 15.03.2001 (rel. Martins Lopes), in BPI 4/2004, p. 1227.

[763] Sent. TComL de 19.07.2002, in BPI 10/2003, p. 3508.

[764] Sent. TComL de 22.10.2004, in BPI 4/2007, p. 30.

[765] Ac. STJ de 25.03.2003 (rel. Afonso Correia), in www.dgsi.pt.

[766] Ac. STJ de 3.04.2003 (rel. Oliveira Barros), in www.dgsi.pt.

[767] Ac. STJ de 13.05.2003 (rel. Lopes Pinto), in CJ-STJ, II, p. 52.

[768] Ac. RL de 19.12.2007 (rel. Ana Paula Lobo), publicado in Direito Industrial, Vol. VI, pp. 103 a 114, com anotação de OLIVEIRA ASCENSÃO.

[769] Ac. RL de 22.01.2009 (rel. Granja da Fonseca), in www.dgsi.pt. Relativamemte a esta marca, cf. também ac. RL de 15.03.2011 (rel. António Santos, P. 463/07, recusando o registo de uma marca para cigarros e cigarrilhas; dgsi.pt).

[770] Sent. TComL de 7.01.2013 (Elisabete Assunção), in BPI de 4.11.2013, p. 13.

[771] Sent. TComL de 7.04.2014, in BPI de 29.07.2014, p. 18. Esta decisão, alco incongruente, apesar de ter reconhecido o estatuto de marca de prestígio à marca "MATEUS ROSÉ", não o considerou impeditivo da concessão do registo da marca "MATEUS GRANADO", para serviços de desenhadores, por ter entendido que o prestígio não se estendia à marca "MATEUS" desacompanhada da palavra "ROSÉ.

[772] Sent. TPI de 7.01.2015 (Elisabete Reis), in BPI de 11.05.2015, p. 41.

[773] Sent. TPI de 19.06.2015 (M. João Calado), in BPI de 26.10.2015, p. 27.

[774] Ac. RL de 23.05.2019 (rel. M. Amélia Ameixoeira, P. 148/17.2YHLSB, dgsi.pt). Esta decisão considerou que, independentemente disso, existia certa afinidade entre vinhos e serviços de restauração (o que até tornaria desnecessário recorrer ao estatuto de marca de prestígio).

de edifícios), inicialmente reconhecida como marca de prestígio pela Relação do Porto, o STJ veio a considerar tratar-se apenas de uma marca notória[775].

Os **pressupostos** da protecção destas marcas encontram-se enumerados no art. 235º do CPI e 8º/5, do RMUE: desde logo, deverá tratar-se de uma marca *de prestígio*, nos termos que acima ficaram enunciados, isto é, dotada de uma acentuada individualidade e originalidade, e gozando, em elevado grau, de notoriedade e de apreço junto do público relevante. Neste escrutínio, como referiu o TJ no caso GENERAL MOTORS, *deve considerar-se atingido o grau de conhecimento exigido quando a marca anterior é conhecida de parte significativa do público interessado pelos produtos ou serviços abrangidos por essa marca*[776]; e acrescenta: *ao examinar esta condição, o órgão jurisdicional nacional deve tomar em consideração todos os elementos pertinentes do processo, a saber, designadamente, a parte de mercado detida pela marca, a intensidade, o alcance geográfico e a duração da sua utilização, bem como a importância dos investimentos efectuados pela empresa para a promover.*

Além disso, o uso dessa marca por outrem deverá ter pelo menos **uma de três consequências** potenciais: *o benefício parasitário* ("tirar partido *indevido* do carácter distintivo ou do prestígio dessa marca"); ou *o prejuízo* daí resultante *para o prestígio* do sinal; ou o *prejuízo* causado ao *carácter distintivo* da marca. Como sublinhou o TJ[777], basta que *exista uma dessas violações para que a referida disposição deva ser aplicada.*

Sendo assim, as marcas de prestígio – além de estarem protegidas contra o risco de confusão (como as marcas normais) – têm uma protecção mais reforçada, abrangendo ainda os riscos de diluição, de degradação e de parasitismo, conforme esclareceu o TJ no caso INTERFLORA[778]:

[775] Acs. RP de 23.02.2006 (rel. Pinto de Almeida) e do STJ de 13.07.2010 (rel. Fonseca Ramos, numa decisão muito interessante e bem fundamentada, que põe em realce a exigência de a marca ser prestigiada, para além de gozar de notoriedade); dgsi.pt.

[776] Isto porque, segundo o Tribunal, *nem a letra nem o espírito do artigo 5º, nº 2, da directiva autorizam que se exija que a marca seja conhecida de determinada percentagem do público assim definido* (ac. de 14.09.1999, cit., § 25).

[777] Acs. de 27.11.2008 (Proc. C-252/07, INTEL CORPORATION, §§ 27 a 29) e de 8.06.2009 (L'ORÉAL.BELLURE, C-487/07, §§ 38 e 42).

[778] Ac. de 22.09.2011 (Proc. C-323/09, INTERFLORA / MARKS & SPENCER, §§ 73 e 74), em que o TJ considerou aceitável a prática da Marks & Spencer reservou como palavras-chave ("Adwords") na Google a palavra «Interflora» e variantes dela, levando a que, quando um internauta introduzia a palavra «Interflora» ou uma das referidas variantes ou expressões

- A **diluição** é o *enfraquecimento da capacidade distintiva* da marca. *No final de um processo de diluição, a marca já não consegue suscitar, no espírito dos consumidores, uma associação imediata com uma origem comercial.*
- A **degradação** é a diminuição da *força de atracção* da marca, afectando o modo como os produtos ou serviços assinalados são olhados pelo público.
- O **parasitismo** é *o benefício* que o terceiro retira da utilização do sinal idêntico ou semelhante (mesmo quando não cause um prejuízo à marca). Este fenómeno abrange *os casos em que, graças à transferência da imagem da marca ou das características projectadas por esta para produtos designados pelo sinal idêntico ou semelhante, há uma exploração manifesta na esteira da marca que goza de prestígio.*

Ou seja – e ainda que tais situações sejam de difícil conjectura –, ainda que o uso por outrem de uma dada marca com reputação não vise tirar partido indevido do carácter distintivo ou do prestígio desta, e mesmo que não haja risco de os lesar, havendo benefício parasitário do utilizador, será legítima a reacção do respectivo titular. Contudo, a diluição será quase sempre inevitável, pois o uso da marca prestigiada em produtos diferentes contribuirá normalmente para diminuir a individualidade ou peculiaridade de que a marca goza, banalizando o símbolo que a constitui. Até porque, como acrescentou o Tribunal no referido acórdão INTEL, no que se *refere mais especificamente ao prejuízo causado ao carácter distintivo da marca anterior, igualmente designado pelos termos «diluição», «diminuição» ou «ofuscamento», considera-se que esse prejuízo existe quando a aptidão dessa marca em identificar os produtos e os serviços para os quais foi registada e utilizada como sendo proveniente do titular da referida marca esteja enfraquecida, implicando o uso da marca posterior uma dispersão da identidade da marca anterior e da sua influência no espírito do público. É o que acontece quando a marca anterior, que suscitava uma associação imediata com os produtos ou os serviços para os quais foi registada, já não esteja em situação de o fazer.* Essa "dispersão de identidade" da marca prestigiada existe sempre, mesmo que esta não seja "única", no sentido anteriormente aludido; contudo, como sublinha este acórdão (§ 74), *quanto mais a marca anterior apresente um carácter*

como termo de pesquisa no motor de busca da Google, era exibido um anúncio da M & S sob a rubrica «hiperligações patrocinadas».

único, mais o uso de uma marca posterior idêntica ou semelhante poderá prejudicar o seu carácter distintivo.

Nesse mesmo acórdão (§ 71), o TJ acrescentou que o titular da marca de prestígio *não tem de demonstrar a existência de uma violação efectiva e actual da sua marca*, mas *deve demonstrar a existência de elementos que permitam concluir pelo risco sério de que essa violação venha a concretizar-se no futuro.*

Surpreendentemente, no dito acórdão INTEL, o TJ veio considerar relevante a circunstância de algumas marcas terem *adquirido um tal prestígio que o mesmo* ***vai além do público em causa para os produtos ou serviços para os quais essas marcas foram registadas***, acrescentando que, *nessa hipótese, é possível que o público em causa para os produtos ou serviços para os quais a marca posterior foi registada faça uma aproximação entre as marcas em conflito, apesar de ser totalmente diferente do público em causa para os produtos ou serviços para os quais a marca anterior foi registada. Assim, para apreciar a existência de uma ligação entre as marcas em conflito, pode ser necessário ter em consideração a* ***intensidade do prestígio*** *da marca anterior para determinar se esse prestígio vai além do público visado por essa marca*[779]. É que, *quanto mais significativas forem a natureza distintiva e o prestígio dessa marca, mais facilmente será de admitir a existência de violação.* Isto parece envolver uma atenuação – quiçá uma correcção? – do entendimento consagrado na jurisprudência "GENERAL MOTORS", pois o TJ veio reconhecer relevância à "intensidade do prestígio", admitindo implicitamente que a notoriedade (aqui indissoluvelmente ligada ao prestígio[780]) que ultrapasse a esfera "do público visado pela marca" pode conferir à marca um grau de protecção superior, na medida em que gere *uma ligação ente as marcas em conflito.* Será que o Tribunal admite criar uma *terceira categoria* de marcas com notoriedade (para além das "notórias" e das "de prestígio")? Serão as marcas "de prestígio *intenso*"?

Uma pista para melhor entender esta jurisprudência poderá retirar-se do acórdão EL CORTE INGLÉS[781], em que o EUIPO tinha rejeitado a oposição do titular desta marca contra um pedido de MUE "The English

[779] Ac. INTEL, cit., §§ 51 a 53 – realce acrescentado.

[780] Pois o círculo de pessoas que reconhecem prestígio a uma marca terá de incluir, pelo menos, todas aquelas que a conhecem...

[781] Ac. de 10.12.2015 (C-603/14); cf. também ac. de 20.11.2014 (GOLDEN BALLS, C-581/13 e C-582/13). Esta jurisprudência foi reafirmada pelo TG, no ac. de 9.06.2016 (T-159/15, PUMA.EUIPO, § 42).

Cut", por considerar que o grau de semelhança era "mínimo", limitado ao plano conceptual, não gerando um risco de confusão. O Tribunal de Justiça considerou que – ao contrário do que sucede com as marcas "normais", que só estão protegidas em caso de risco de confusão – no caso das marcas de prestígio *não é exigida a existência de um risco dessa natureza como condição* de protecção[782]. Isto porque, explicou, ***os graus de semelhança*** *entre os sinais em conflito exigidos* pelo nº 1 e pelo nº 5 do art. 8º do RMUE *são diferentes*[783]. Concretizando, uma vez que o nº 5 do art. 8º do RMUE *se limita a exigir que a semelhança existente possa conduzir o público relevante,* ***não a confundir os sinais em conflito, mas a fazer uma associação entre eles, isto é, a estabelecer uma relação entre eles****, deve concluir-se que a proteção prevista por esta disposição a favor das marcas de prestígio é aplicável mesmo quando os sinais em conflito apresentam um grau de semelhança mínimo*[784]. Sendo assim, estando em causa uma marca de prestígio, uma vez detectado *uma certa semelhança entre os sinais em conflito*, importará *examinar se, em razão da presença de outros fatores pertinentes, como a* ***notoriedade ou o prestígio*** *da marca anterior, o público relevante consegue estabelecer uma relação entre esses sinais* (§ 43).

Este acórdão EL CORTE INGLÉS pode fazer luz sobre a jurisprudência INTEL e sobre a relevância da "intensidade do prestígio" da marca anterior: quanto mais intenso for esse prestígio, maior será o risco de o público estabelecer uma relação entre essa marca e uma marca posterior (associação), mesmo que a semelhança entre elas seja pequena e nem sequer haja risco de confusão. Isto significa, pois, que o exclusivo que rodeia as marcas de prestígio não só abrange um leque mais amplo de *produtos e serviços* (como já se sabia), mas, também, que cobre um espectro mais vasto de *sinais semelhantes* (abrangendo não só os confundíveis, mas também os associáveis ou relacionáveis). Para aferir de uma eventual violação desse exclusivo, o examinador deverá atender ao grau de intensidade da notoriedade e do prestígio da marca anterior, visto que, quanto maiores forem, maior será o risco de um sinal posterior ser associável a esta e menor será o grau de semelhança exigido. Assim, conjugando os acórdãos INTEL e EL CORTE INGLÉS, conclui-se que para o Tribunal de Justiça as marcas de prestígio não são todas iguais, nem têm todas o mesmo âmbito de protecção, o qual

[782] *Idem*, § 41.
[783] *Idem*, § 42.
[784] *Idem*, § 42.

varia na razão directa da intensidade da notoriedade e do prestígio da marca em questão.

A tutela das marcas de prestígio comporta algumas **excepções** – explicitadas nas alíneas h) do art. 320º do CPI e c) do nº 2 do art. 9º do RMUE – que admitem a existência de "**justo motivo**" para a utilização por terceiro de um sinal idêntico ou semelhante ao da marca de prestígio. Que situações estarão cobertas por esta ressalva? Seguramente, a daquele que de boa-fé tiver adoptado e registado a mesma marca em *momento anterior* àquele em que a marca renomada adquiriu prestígio[785]. Nesses casos, aliás, nem poderá dizer-se que a escolha da marca obedeceu a intuitos parasitários, pois nada havia que parasitar aquando da respectiva adopção. Além disso, a individualidade e peculiaridade da marca de prestígio já estariam parcialmente afectadas, logo à nascença, devido à existência da marca anterior. Por outro lado, seria uma injustiça inaceitável – ou um manifesto abuso do direito – impedir o uso do sinal ao primeiro titular de uma marca registada, que poderia até ter inspirado a escolha da marca posterior, pelo simples facto de esta vir a gozar de maior sucesso comercial. Outra hipótese plausível será a de ter havido um *registo posterior* ao registo da marca célebre, mas numa fase em que esta *não havia ainda adquirido um grau de notoriedade suficiente* para beneficiar do regime das marcas de prestígio. Nestes casos, não deverá admitir-se que da ulterior aquisição do estatuto de prestígio resulte o direito de proibir o uso de marcas preexistentes a tal obtenção. Isso consistiria em atribuir eficácia retroactiva ao reconhecimento das marcas de renome, pondo em causa direitos de terceiro, entretanto adquiridos de forma legítima. Na verdade, admitir outra solução seria relativizar demasiado os direitos decorrentes do registo de marcas: havendo a dado momento várias marcas idênticas para produtos diferentes, o facto de uma vir entretanto a ganhar notoriedade muito superior à das outras[786] não torna *parasitárias* as demais marcas, a

[785] Neste sentido, NOGUEIRA SERENS, *A Vulgarização da Marca* cit., p. 178. A respeito desta excepção, cf. COUTO GONÇALVES, *Manual...* cit., p. 286 e ALEXANDER TSOUTSANIS, *Concise...*, cit., p. 135, que alude à possibilidade de a liberdade de expressão constituir um "justo motivo", no sentido do art. 9º/5 do RMUE. Para um exemplo interessante de recusa de registo de marca de prestígio posterior ao registo de uma outra marca, cf. ac. RL de 22.09.2015 (rel. Rijo Ferreira, marcas NIKE nom./ NIKE (mista), para perfumes e produtos de higiene, P. 685/09.2TYLSB).

[786] Nesta hipótese poderá mesmo discutir-se se a falta de individualidade (unicidade) da marca renomada não deverá privá-la da tutela reservada às marcas de prestígio. De qualquer

menos que alguma destas não tivesse sido, durante um significativo período, objecto de uso sério e entretanto viesse a ser "reactivada" com o propósito de usufruir da notoriedade daquela.

O Tribunal de Justiça teve ocasião de se pronunciar acerca de uma questão deste tipo no caso "THE BULLDOG", mais concretamente sobre a relevância da *utilização anterior* de uma marca eventualmente confundível com uma marca de prestígio[787], tendo considerado que essa circunstância poderá constituir "justo motivo" para obrigar o titular de uma marca de prestígio *a tolerar a utilização, por um terceiro, de um sinal semelhante a essa marca para um produto idêntico àquele para o qual a referida marca foi registada, desde que se verifique que esse sinal foi utilizado antes do depósito da mesma marca e que a utilização feita relativamente ao produto idêntico foi feita de boa-fé.* A ponderação a efectuar, para esse efeito, deve atender: *à implantação e à reputação do referido sinal junto do público em causa; ao grau de proximidade entre os produtos e os serviços para os quais o mesmo sinal foi originariamente utilizado e o produto para o qual a marca de prestígio foi registada; e à relevância económica e comercial da utilização para esse produto do sinal semelhante a essa marca.*

Por fim, constituirá também *motivo legítimo* o uso de um *nome patronímico coincidente* com a marca célebre? Ou seja, poderá aplicar-se neste contexto a regra da alínea a) do art. 254º do CPI [e 14º/1/a) do RMUE][788], que nega ao titular da marca registada o direito de impedir a terceiros o uso de sinal idêntico, quando se trate do próprio nome destes, pessoas singulares? Em abstracto, parece que nada obsta, desde que – como se dispõe no corpo desse artigo – tal uso seja *feito em conformidade com as normas e usos honestos em matéria comercial e industrial.* No entanto, na prática deverá usar-se da maior prudência de apreciação, pois esta possibilidade abre um caminho

modo, a existência de marcas idênticas ou semelhantes sempre reduzirá a originalidade da marca de renome, e como tal o âmbito da protecção a reconhecer-lhe.

787 Ac. de 6.02.2014 (RED BULL, C-65/12, § 60).

788 É a aplicação da denominada *regra dos homónimos*, que reconhece às pessoas singulares o direito ao uso, na sua actividade económica, do seu nome patronímico (a este respeito, cf. *infra*, nº 6.3). De referir, contudo, que não será frequente a verificação destas hipóteses no caso de marcas de prestígio, atento o requisito da individualidade, que parece dificilmente compaginável com o uso de sinais constituídos exclusivamente por nomes patronímicos (embora haja exemplos disso, designadamente no mundo da moda, em que a marca consiste habitualmente no nome de um costureiro ou estilista, ou de certas marcas de automóveis, como a FORD ou a FERRARI).

fácil a tentativas de usurpação da notoriedade das marcas de prestígio, que colidem, justamente, com as referidas normas e usos honestos.

E que **tipo de protecção** está reservada à marca de prestígio? O CPI de 2018 superou certas ambiguidades resultantes do articulado do CPI de 2003[789] , sendo hoje claro que a tutela destes sinais é fundamento de:

- *recusa do registo* das marcas (e outros sinais) posteriores idênticas ou confundíveis com a marca anterior que goze de prestígio em Portugal ou na União Europeia (se for MUE); pelo que esta circunstância poderá ser invocada como fundamento de reclamação (contra um pedido de registo) ou de recurso judicial (contra a decisão do INPI que conceda o registo) – art. 235º do CPI;
- *pedido de anulação* do registo de marcas (e outros sinais) posteriores idênticas ou confundíveis com a marca anterior que goze de prestígio do CPI (art. 260º/1 e 2 do CPI);
- *acção de condenação* com base na violação do direito sobre uma marca de prestígio [art. 249º/1/c) do CPI];
- *procedimento criminal* por uso indevido da marca de prestígio [art. 320º/h) do CPI];

Estas várias dimensões da tutela da marca de prestígio existem, também, relativamente às marcas da UE, que devem ser *recusadas* (art. 8º/5 do RMUE) ou *anuladas* [art. 60º/1/a) do RMUE] quando forem idênticas ou semelhantes a marca anterior que goze de prestígio. Por outro lado, o titular de uma MUE que goze de prestígio na União tem o direito de *proibir o uso* de sinais idênticos ou semelhantes [art. 9º/2/c) do RMUE], quer a nível *civil* [por força do art. 249º/1/c) do CPI], quer a nível *penal* [nos termos do art. 320º/h) do CPI].

A clarificação operada pelo legislador de 2018 não foi ao ponto de esclarecer integralmente em que casos é que a invocação da uma marca de prestígio fica dependente do prévio registo dessa marca. No caso do pedido de *anulação*, o nº 2 do art. 260º do CPI exige expressamente que o interessado requeira *o registo da marca que dá origem ao pedido de anulação para os produtos ou*

[789] Para uma análise deste tema no domínio do CPI anterior, cf. a 1ª edição deste *Direito Industrial*, 2011, pp. 209 a 211, Couto Gonçalves, *Manual*... cit., 7ª ed., 2017, pp. 280 a 283 e Carlos Olavo, *Propriedade Industrial*, cit., p. 136.

serviços que lhe deram notoriedade ou prestígio, respetivamente (parecendo bastar que o *pedido* de registo dê entrada no INPI antes do pedido de anulação). Em contrapartida, a *recusa* do registo parece depender da existência de uma "marca anterior registada" (ou seja, de um *registo* válido, ainda que não necessariamente para os mesmos produtos ou serviços). A tutela *criminal* depende claramente desse pedido, pois o art. 320º/h) do CPI refere-se a "marcas anteriores cujo registo tenha sido requerido" (razão pela qual o tipo penal só estará preenchido se, à data da prática da infracção, o registo já tiver sido pedido). No que respeita à tutela *civil*, a redacção da alínea c) do nº 1 do art. 249º do CPI não é particularmente clara, mas parece pressupor a existência de um registo, ao referir "produtos ou serviços abrangidos ou não pelo registo". Já as normas no RMUE não deixam margem para dúvidas, referindo-se expressamente à marca anterior "registada" [arts. 8º/5 e 9º/2/c)].

6.3. Limites à protecção das marcas

Já vimos que o direito exclusivo sobre a marca não permite impedir, indiscriminadamente, todo e qualquer uso desse sinal. Como foi sublinhado no acórdão ARSENAL[790], o exercício desse direito está *reservado aos casos em que o uso do sinal por um terceiro prejudica ou é susceptível de prejudicar as funções da marca*, em particular a sua *função essencial, que consiste em garantir a proveniência do produto ou serviço*. Nesse sentido, o legislador entendeu ressalvar expressamente certas utilizações da marca, subtraindo-as à exclusividade do titular, a fim de salvaguardar interesses legítimos dos demais agentes económicos, evitando embaraçar injustificadamente o exercício da actividade económica.

Desde logo, são considerados lícitos os comportamentos abrangidos pela regra do **esgotamento do direito**, consagrada pelos arts. 253º do CPI e 15º do RMUE, que não permite ao titular da marca proibir o seu uso em produtos que hajam sido comercializados, por si ou com o seu consentimento, no Espaço Económico Europeu. Este tema é objecto de desenvolvimento específico no Capítulo XI.

Em segundo lugar, refiram-se os actos previstos nos arts. 254º do CPI e 14º do RMUE, que vêm sendo qualificados como **uso descritivo ou indicativo da marca**. Assim, a lei dispõe que *os direitos conferidos pelo registo da marca não permitem ao seu titular impedir terceiros de usar, na sua actividade económica,*

[790] Ac. do TJ de 12.11.2002 (ARSENAL, C-206/01, Col. p. I-10273).

desde que tal seja feito em conformidade com as normas e os usos honestos em matéria industrial e comercial:

a) *O seu próprio nome e endereço, caso o terceiro seja uma pessoa singular;*
b) *Sinais ou indicações não distintivos ou que se referem à espécie, à qualidade, à quantidade, ao destino, ao valor, à proveniência geográfica, à época e meio de produção do produto ou da prestação do serviço ou a outras características dos produtos ou serviços;*
c) *A marca para efeitos de identificação ou referência a produtos ou serviços como sendo os do titular dessa marca, em especial sempre que tal seja necessário para indicar o destino de um produto ou serviço, nomeadamente sob a forma de acessórios ou peças sobressalentes.*

A primeira destas excepções contempla a chamada **regra dos homónimos**[791], que visa conciliar o exclusivo da marca com o legítimo exercício de um direito de personalidade, como é o direito ao nome, mas temperado com uma exigência ética: a referência às "normas e usos honestos". Se alguém tivesse a insensatez de dar a uma filha o nome NÓQUIA[792], nem assim esta poderia usá-lo para assinalar... aparelhos de telecomunicação. A actual redacção desta norma exclui a sua aplicação a pessoas colectivas, ao contrário do que sucedia no CPI de 2003 e na redacção anterior do RMUE.

A segunda excepção visa, em primeira linha, o **uso descritivo** de uma palavra que (além do mais) constitui uma marca alheia. Estão normalmente em causa palavras que têm um significado próprio (não se tratando assim de marcas de fantasia, "cunhadas" de raiz para servirem de sinal distintivo), ou outros sinais com conteúdo significativo. Por isso mesmo, devem estar à disposição dos agentes económicos que deles necessitem, para indicar a *espécie, qualidade, quantidade, o destino, o valor, a proveniência geográfica, a época e meio de produção* do produto ou da prestação do serviço ou outras características destes[793]. Imagine-se que alguém consegue registar como marca

[791] Sobre esta regra dos homónimos, cf. ROUBIER, *Droit de la Propriété Industrielle,* Vol. II, cit., p. 680 e ss. e CHAVANNE e BURST, *Droit de la Propriété Industrielle,* cit., p. 476.

[792] O que até parece admissível, à luz do actual Código do Registo Civil, cujo art. 103º/2/a) permite nomes *adaptados, gráfica e foneticamente, à língua portuguesa...*

[793] Esta regra, aliás, está em linha com o disposto no nº 2 do art. 209º do CPI, que dispõe que *os elementos genéricos nas alíneas a), c) e d) do número anterior que entrem na composição de uma marca não serão considerados de uso exclusivo do requerente (...).* Por isso, o titular da marca – na

a palavra "PÁSCOA", para produtos de confeitaria e pastelaria. Tal não permitirá impedir que as confeitarias deste país anunciem ovos de Páscoa, ou pão-de-ló da Páscoa. Mas o Tribunal de Justiça foi mesmo mais longe, no caso HÖLTERHOFF[794], considerando admissível que um lapidador de pedras preciosas usasse no decurso das negociações comerciais, para descrever as qualidades e o tipo de lapidação das suas pedras preciosas, as designações «Spirit Sun» e «Context Cut» (marcas registadas de uma terceira empresa), visto que *essas designações não tinham como objectivo sugerir que as pedras em questão provinham da empresa*. Segundo o TJ, neste caso *o empresário revela que o produto provém do seu próprio fabrico e só utiliza a marca em causa com o fim de descrever as propriedades específicas do produto que propõe, de tal modo que fica excluído que a marca utilizada seja interpretada como uma referência à empresa de proveniência do produto*. No entanto, veio a esclarecer mais tarde[795] que esse uso de marca alheia só pode prosseguir *fins puramente descritivos*, mas já não um *objectivo publicitário* (ou seja, não deve servir como invocação ou referência destinada a beneficiar da reputação ou crédito de uma marca alheia). Esta última actuação, além do mais, também seria contrária às "normas e usos honestos", a que alude o art. 254º do CPI e às "práticas honestas em matéria industrial ou comercial", referidas no art. 14º/2 do RMUE . No acórdão OPEL[796] – em que se discutiu se o uso do símbolo (e marca figurativa) desta empresa, em automóveis miniatura fabricados por um terceiro, constituía uma indicação de espécie ou qualidade dos produtos –, o TJ respondeu negativamente, considerando que a aposição desse símbolo nas miniaturas *não visa fornecer uma indicação relativa a uma característica das referidas miniaturas, sendo apenas um elemento da reprodução fiel dos veículos originais*. Por isso, aquela utilização da marca não estava coberta pela excepção da alínea b) do art. 14º/1 do RMUE (anterior art. 12º).

A terceira excepção consiste no **uso da marca alheia com finalidade indicativa**. Aqui, ao contrário das duas situações anteriores, é a uma verdadeira marca pertencente a terceiro e aos produtos deste, que se está a

medida em que escolheu uma marca que inclui elementos genéricos – não poderá queixar-se da utilização por terceiros desses mesmos elementos, desde que estes actuem com lisura comercial (evitando aproveitamentos abusivos ou parasitários).

794 Ac. de 14.05.2002 (C-2/00; Col. p. I-4187).

795 Ac. de 18.06.2009 (L'OREAL/LANCÔME/GARNIER, C-487/07).

796 Ac. de 25.01.2007 (ADAM OPEL, C-48/05, Col., p. I-1017, § 44).

aludir. Só que essa alusão não visa confundir o consumidor, nem fazer "passar gato por lebre", mas sim indicar qual o *destino* de um produto fornecido ou de um serviço prestado por uma terceira pessoa. Exemplo típico desta menção lícita de marca alheia – referida, aliás, como exemplo nas alíneas c) das supracitadas disposições – é o dos *acessórios ou peças sobressalentes*: se alguém fabrica um saco de aspirador para usar num aspirador SIEMENS, há-de poder informar que aquele saco se destina a esta marca de aspiradores. Claro que não deve referir (ou sequer sugerir) que o saco é fabricado pela SIEMENS, mas tem a faculdade de indicar, na embalagem ou na publicidade, que o mesmo se destina a aspiradores daquela marca. A jurisprudência do TJ é bastante liberal a este respeito: no caso BMW[797], o tribunal considerou lícito que o dono de uma oficina independente de venda e reparação de automóveis se anunciasse como *especializado ou especialista na venda ou na reparação e na manutenção* de veículos da marca BMW, exigindo apenas que não criasse a falsa impressão *de que existe uma relação comercial* com o titular da marca, ou de que *pertence à rede de distribuição do titular da marca ou de que existe uma relação especial entre as duas empresas.* No caso GILLETTE[798], o TJ aproveitou para enunciar detalhadamente os parâmetros de admissibilidade do "uso indicativo" da marca alheia. Estavam em causa aparelhos de barbear compostos por um cabo e uma lâmina substituível e lâminas separadas idênticas às comercializadas pela conhecida empresa Gillette Company. Estas lâminas eram vendidas por um terceiro sob uma marca própria ("Parason Flexor"), em embalagens onde estava aposta uma etiqueta vermelha com a inscrição «todos os cabos Parason Flexor e Gillette Sensor são compatíveis com esta lâmina». Nesse acórdão, o Tribunal esclareceu que o *uso da marca por um terceiro que não é o seu titular é necessário para indicar o destino de um produto comercializado por esse terceiro, quando este uso constitui, na prática,* ***o único meio para fornecer ao público uma informação compreensível e completa quanto a esse destino*** *a fim de preservar o sistema de concorrência não falseado no mercado desse produto*; acrescentou que a condição de «práticas honestas» exprime *uma obrigação de lealdade face aos interesses legítimos do titular da marca*; e precisou que o uso da marca não respeita essa obrigação, designadamente, quando:

[797] Ac. de 23.02.1999 (BMW.DEENIK, C-63/97, Col., p. I-905, § 62).

[798] Ac. de 17.03.2005 (GILLETTE COMPANY, C-228/03, §§ 39 e 49).

- *é feito de forma que leve a que se pense que existe uma relação comercial entre o terceiro e o titular da marca;*
- *afecte o valor da marca, beneficiando indevidamente do seu carácter distintivo ou da sua reputação;*
- *desacredite ou deprecie a referida marca;*
- *o terceiro apresente o seu produto como uma imitação ou reprodução do produto de cuja marca não é titular*[799].

7. Titularidade

Em Portugal, o direito à marca adquire-se através do *registo* no INPI (marca nacional) ou no EUIPO (marca da UE). Ao contrário do que sucede noutros países[800] o simples *uso* da marca não gera um direito exclusivo sobre a mesma. O nosso CPI estabelece, portanto, um sistema de **registo constitutivo** ou atributivo[801] do direito de marca: este só nasce em resultado de um acto administrativo de concessão do registo, no termo de um procedimento destinado a averiguar do preenchimento dos requisitos, absolutos e relativos, de protecção. Nesse sentido, o art. 210º do CPI dispõe que *o registo confere ao seu titular o direito de propriedade e do exclusivo da marca para os produtos e serviços a que esta se destina.*

[799] A este propósito, o acórdão GILLETTE ainda referiu que *o facto de um terceiro usar a marca de que não é titular, a fim de indicar o destino do produto que comercializa, não significa necessariamente que o apresenta como sendo de qualidade igual ou como tendo características equivalentes às do produto dessa marca* (§ 47). *(...) A eventualidade de uma apresentação do produto comercializado pelo terceiro como sendo de qualidade igual ou como tendo características equivalentes às do produto da marca usada constitui um elemento que o órgão jurisdicional de reenvio deve ter em consideração quando verifica se esse uso é feito em conformidade com as práticas honestas em matéria industrial ou comercial* (§ 48).

[800] Por exempo, nos E.U.A., no Reino Unido e na Dinamarca. Para uma panorâmica de direito comparado europeu, cf. André Sousa Marques, *Da Aquisição Originária do Direito sobre a Marca (uso vs. registo)*, 2014, Fernández-Nóvoa, *Tratado Sobre Derecho de Marcas,* cit., pp. 83 a 94; cf. ainda, entre outros, Cornish/Llewelyn/Aplin, *Intellectual Property...* cit., p. 661 ss e Bently/Sherman, *Intellectual Property Law,* cit., p. 695 e ss..

[801] É este o entendimento maioritário da nossa doutrina: Coutinho de Abreu, *Curso de Direito Comercial,* cit., p. 385, Couto Gonçalves, *Manual...* cit., p. 187 e Carlos Olavo, *Propriedade Industrial* cit, p. 120. Em sentido parcialmente diverso, Oliveira Ascensão entende que *no sistema português o direito à marca resulta fundamentalmente do uso. Mas se o titular não consolidar a sua situação através do registo, sujeita-se a ver a sua situação resolvida por terceiros de boa fé que procedam ao registo, nos termos gerais do registo constitutivo – Direito Comercial. Direito Industrial,* cit., p. 180.

7.1. A(s) prioridade(s) do registo

Apesar disso, se alguém usar uma marca em Portugal sem a registar, esse uso não é juridicamente irrelevante. Por várias razões. Por um lado, porque o art. 213º do CPI lhe reconhece – durante seis meses a contar do início dessa utilização – um ***direito de prioridade*** *para efectuar o registo, podendo reclamar contra o que for requerido por outrem*. Nesse caso, desde que peça o registo durante o semestre inicial de uso da marca livre, o utilizador poderá opor-se ao pedido de registo que um terceiro haja apresentado nesse período, adquirindo preferência sobre este segundo pedido[802]. Por outro lado, o titular de marca livre ou não registada, que a venha usando de modo efectivo, poderá invocar esse facto para demonstrar a existência de *intenção ou de risco de concorrência desleal*, no âmbito de uma reclamação contra um pedido de registo ao abrigo do disposto na alínea h) do nº 1 do art. 232º[803]. Além disso, esse uso poderá ser invocado para fundamentar um pedido de anulação, num procedimento de invalidação regulado pelo art. 262º do CPI, caso se demonstre a *má-fé* do requerente do registo. Note-se que a existência de um mero *risco* de concorrência desleal deixou, no CPI de 2018, de constituir fundamento de anulação do registo de marca, tendo sido substituído pelo fundamento, mais restritivo, da má-fé do requerente[804]. É certo que muitas situações reais poderão caber simultaneamente na previsão das duas hipóteses legais. Mas nos casos de mero risco de concorrência desleal, não intencional, não estará prenchido o requisito da má-fé, conceito que consiste, precisamente, numa intenção desonesta, como vimos[805].

Esta disparidade de exigências – para a recusa e para a anulação dos registos – constitui uma opção sensata, justificando-se uma exigência maior quando esteja em causa invalidar situações jurídicas já constituídas, pondo em causa interesses de titulares de registos obtidos de boa-fé. Uma coisa é recusar um registo e outra (mais drástica) é anulá-lo, privando alguém do uso (porventura já consolidado) de uma marca. A anulação deve, assim,

[802] Como é óbvio, o utilizador da marca livre pode registá-la depois de findo aquele prazo de seis meses. Só que, nessa altura, já não gozará de qualquer prioridade, correndo o risco de alguém se lhe ter antecipado e, dessa forma, adquirir a marca em seu lugar.

[803] Neste sentido, COUTO GONÇALVES, *Manual*...cit., p. 271.

[804] Como resulta da remissão do art. 260º/1 para o art. 231º, cujo nº 6 refere a má-fé do requerente como motivo absoluto de recusa. Esta alteração era há muito preconizada por COUTO GONÇALVES, *Manual* cit., 7ª ed. pp. 266 a 269.

[805] Cf. *supra*, 5.1.4.

ficar reservada para casos de especial gravidade, nomeadamente quando se demonstre que o requerente do registo conhecia o uso da marca anterior e tenha actuado com a intenção de prejudicar o usuário ou desviar a sua clientela. Esta é a solução que melhor quadra com a natureza constitutiva do nosso registo de marcas, evitando-se o risco de *subverter* este regime, anulando registos sem demonstrar a má-fé do titular.

Importa mencionar, também, o **direito de prioridade** (de seis meses) para registo de uma marca em Portugal, estabelecido pelos arts. 4º da CUP, 34º do RMUE e 13º do CPI, para *quem tiver apresentado regularmente* pedido de registo de marca *em qualquer dos países da União de Paris,* ou (como acrescenta o novo CPI) *da OMC ou em qualquer organismo intergovernamental com competência para conceder direitos que produzam efeitos em Portugal.* Além disso, os arts. 234º e 235º do CPI reconhecem um direito de prioridade (sem limitação de prazo) aos titulares de marcas notoriamente conhecidas em Portugal e de marcas que gozem de prestígio (em Portugal ou na União Europeia, se for MUE), permitindo-lhes que se oponham a pedidos de registo de marcas, apresentados por terceiros, desde que então requeiram o registo da sua própria marca.

7.2. Marcas individuais

O regime geral das marcas disciplinadas pelo CPI e pelo RMUE está concebido para marcas *individuais*, registadas e usadas por uma única empresa. Mas isso não impede que uma marca seja registada, em *contitularidade*, por duas ou mais pessoas[806]. Nem impede que esse sinal seja usado, em simultâneo, por outras pessoas para além do titular, desde que este o autorize, através da concessão de *licenças* de exploração, previstas nos arts. 31º do CPI e 25º do RMUE, de que falaremos no Capítulo XII. Mas este tipo de marcas, individuais, só excepcionalmente é objecto de utilização por mais do que uma empresa, havendo em regra uma correspondência unívoca entre um sinal registado e a empresa titular do seu registo.

7.3. Marcas colectivas e marcas de certificação ou de garantia

O nosso Direito Industrial admite, porém, a figura das marcas *colectivas* e a das marcas de certificação ou de garantia, que se destinam, por natureza, a

[806] Embora o CPI não refira expressamente esta possibilidade, ela resulta, pelo menos, da aplicação subsidiária das normas do Código Civil, por força do art. 1303º deste diploma.

ser usadas por uma pluralidade de pessoas, para assinalarem produtos ou serviços, embora o seu registo esteja titulado em nome de uma única entidade. O regime actual deste tipo de marcas consta dos arts. 214º a 221º do CPI, que distingue entre marcas colectivas (art. 214º) e marcas *de certificação ou de garantia* (art. 215º). Um traço característico e comum destes sinais é que se destinam a ser usados em produtos fornecidos ou serviços prestados, não pelo titular do registo, mas sim pelos *membros* da associação ou pelas pessoas que os sujeitam a controlo ou certificação[807]. O RMUE também prevê as "Marcas colectivas da UE" (arts. 74º a 82º) e as "Marcas de certificação da UE" (arts. 83º a 93º), disciplinadas em termos análogos aos previstos no CPI (estes inspirados pela DHM de 2015).

Compreensivelmente, as funções juridicamente tuteladas deste tipo de marcas não são coincidentes com as já apontadas para as marcas individuais. Aqui, a função de *indicação de proveniência* fica "colectivizada" (no caso da marca colectiva), ou mesmo subalternizada (no caso da marca de certificação ou de garantia), pois estas marcas não se reportam especificamente à empresa que introduz no mercado os produtos ou serviços. Por outro lado, no caso da marca de certificação ou de garantia, a marca desempenha uma efectiva *função de garantia*, se não de qualidade, pelo menos de *genuinidade* dos produtos ou serviços assinalados, assegurando ao consumidor que aqueles foram sujeitos a um controle por parte da entidade certificadora, *no que respeita ao material, modo de fabrico dos produtos ou de prestação dos serviços, qualidade, precisão ou outras características*, com excepção da respectiva origem geográfica (indicação que fica reservada para as marcas colectivas ou para as DO e IG)[808].

[807] Neste sentido, Fernández-Nóvoa fala de uma *dissociação permanente entre titularidade e uso da marca colectiva* – *Tratado Sobre Derecho de Marcas*, cit., p. 695. Coutinho de Abreu também sublinha esta *nota caracterizadora essencial destas marcas: são usadas para bens produzidos, por norma, por diversos e autónomos sujeitos* – *Curso de Direito Comercial*, cit., p. 358. Este Autor (discordando de Carlos Olavo e Pupo Correia), considera as marcas colectivas verdadeiras marcas, *pois individualizam certos produtos, distinguindo-os dos que são lançados no mercado por sujeitos não-membros das associações respectivas e / ou dos que não possuem determinadas qualidades; e as diferenças de regime existentes não são incompatíveis com a qualificação destes sinais como marcas*.

[808] Art. 215º/1 do CPI. A respeito do regime das marcas colectivas, cf. nomeadamente Ribeiro de Almeida, *A Autonomia Jurídica da Denominação de Origem*, 2010, pp. 242 e ss. (nota 761) e *Denominação de Origem e Marca*, cit., pp. 354 a 383, Maria Miguel Carvalho, *Marca Colectiva – Breves Considerações*, in DI V, pp. 215 a 249. Cf. ainda Vanzetti/Di

Estas duas modalidades de marca distinguem-se, essencialmente, quanto a três aspectos:

- Ao nível da *titularidade*: enquanto a marca colectiva só pode ser registada por uma associação de pessoas singulares ou colectivas [art. 214º e 216º/1/b) do CPI], a marca de certificação pode ser registada por uma pessoa, singular ou colectiva, de qualquer natureza, desde que tenha legitimidade para controlar o uso desse sinal [arts. 215º/1 e 216º/1/a) do CPI][809];
- Quanto à *legitimidade* de utilização: a marca colectiva só pode ser usada pelos membros da associação titular do registo (art. 214º do CPI); já a marca de certificação ou de garantia pode ser usada por todos quantos cumpram os requisitos de certificação e submetam a esta os seus produtos ou serviços [arts. 215º/1 e 216º/1/a) do CPI];
- Relativamente à sua *finalidade*: a marca colectiva visa atestar que os produtos ou serviços que a ostentam são provenientes de um membro da associação e que respeitam a disciplina definida por esta, podendo certificar proveniência geográfica; e a marca de certificação ou de garantia tem por fim assegurar que o produto ou serviço por ela assinalado foi objecto de controlo da entidade certificadora[810].

Cataldo, *Manuale di Diritto Industriale*, cit., pp. 281 a 284, e Fernández-Nóvoa/Lastres/Agra, *Manual de la Propiedad Industrial*, cit., pp. 657 a 667 e Emmanuel Larère, *Concise...*, cit., pp. 311 a 325.

809 Nos termos do art. 216º/1 do CPI, o direito a registar estas marcas compete, respetivamente, às pessoas ou entidades, públicas ou privadas, a que seja legalmente atribuída ou reconhecida uma marca de certificação ou de garantia (que, nos termos do nº 2 dessa disposição, não podem exercer uma atividade empresarial que implique o fornecimento de produtos ou a prestação de serviços do tipo certificado); e às pessoas coletivas que tutelam, controlam ou certificam atividades económicas, para assinalar os produtos dessas atividades, ou que sejam provenientes de certas regiões, conforme os seus fins e nos termos dos respetivos estatutos ou diplomas orgânicos.

810 Art. 216º/1 a) e b) do CPI. No domínio do CPI anterior, Maria Miguel Carvalho (*Marca Colectiva...* cit., pp. 221 e 222) explicava que *a marca de associação visa distinguir um produto ou serviço de outros do mesmo género por referência à sua proveniência empresarial específica: o produto ou serviço com esta marca indica que a empresa de que provém é membro de uma determinada colectividade (...) As marcas de certificação (...) atestam, («certificam») que o produto ou serviço marcado foi objecto de controle por parte do titular da marca ou respeita as normas impostas por este. Estas marcas (...) visam certificar a qualidade, a composição, a origem geográfica (do produto ou serviço;*

Deixando de lado estas diferenças, a disciplina das duas modalidades de marca colectiva é praticamente coincidente. Como traços comuns, ressalta desde logo a obrigatoriedade de os titulares do registo disciplinarem o uso da marca, fazendo constar do regulamento de utilização da marca as condições de uso da mesma[811]. O regime jurídico destas marcas – na parte não especialmente prevista nos arts. 214º a 220º do CPI e 74º a 93º do RMUE – corresponde ao estabelecido para as marcas individuais, *com as devidas adaptações*, por força da remissão dos arts. 221º do CPI e 74º/3 e 83º/3 do RMUE.

Este tipo de marcas pode, sob certas condições, representar uma alternativa interessante à tutela das denominações de origem e indicações geográficas, sobretudo em situações em que não seja possível ou conveniente o registo destas. As marcas colectivas e as marcas de certificação e de garantia são instrumentos de grande utilidade para a defesa e promoção de produtos regionais ou de técnicas e saberes tradicionais, cuja regulamentação permite não só incrementar a qualidade dos produtos e serviços beneficiários da marca, como também transmitir aos consumidores uma imagem de qualidade e de genuinidade. Um bom exemplo disso é a ROTA DO VINHO DO PORTO, que constituiu uma das primeiras marcas de certificação a ser registadas em Portugal[812], destinada a assinalar locais de interesse turístico,

da matéria prima), o processo ou método de fabrico, ou qualquer outra característica dos produtos ou serviços em questão. Por seu turno, Ribeiro de Almeida (*Denominação de Origem e Marca*, 1999, pp. 365 e 366), referindo-se às marcas de certificação, sublinha que *a função certificadora e indicadora de qualidade é a função principal destas marcas. Função exercida em nome do interesse geral e não no interesse de uma empresa (...) A marca de certificação não é um sinal distintivo dos produtos ou serviços, tal como este é concebido tradicionalmente. É um sinal certificador, indicador de certa qualidade.* Já as marcas de associação *continuam a ter uma função distintiva e tendencialmente indicadora de uma determinada proveniência. A marca de associação distingue os produtos ou serviços dos seus membros dos de outra pessoa que não pertence a tal associação.* E conclui: *A marca individual e a marca de associação dizem (tendencialmente) algo sobre o utilizador da marca, a marca de certificação diz algo acerca dos produtos ou serviços.*

811 Art. 217º do CPI. Na mesma linha, os requerentes de marcas das marcas colectivas da UE e das marcas de certificação da UE estão obrigados a adoptar e apresentar no EUIPO um *regulamento de utilização da marca*, nos termos dos arts. 75º e 84º do RMUE.

812 Marca nº 316439, registada a favor do IVDP – Instituto dos Vinhos do Douro e do Porto, I.P. desde 9.04.1996, para assinalar *livros e publicações, organização de viagens e excursões turísticas, serviços de organização de actividades de divertimento e culturais e serviço de hotelaria e similares.*

quintas e estabelecimentos de hotelaria merecedores de inclusão nesse itinerário turístico-cultural e que respeitem as condições regulamentares estabelecidas pelo titular do registo.

8. Regimes de protecção

O direito exclusivo sobre a marca resulta do seu registo e este é atribuído no final de um procedimento administrativo mais ou menos complexo, cujos passos essenciais já ficaram descritos no Capítulo I. Apesar disso, importa agora referir alguns aspectos específicos da tramitação nacional, perante o INPI (8.1) e os traços mais relevantes do regime da marca da UE, concedida pelo EUIPO (8.2), sem esquecer o regime previsto para a marca de registo internacional (8.3). A finalizar este ponto, apresenta-se um diagrama (Fig. nº 2) resumindo estes três tipos de procedimento de registo de marcas.

8.1. Registo nacional

O pedido de registo da marca nacional, regulado nos arts. 222º a 238º do CPI, deve ser apresentado no INPI (presencialmente, por correio ou por via electrónica), através de um requerimento que, além de identificar o requerente, indique os produtos ou serviços a que a marca se destina e junte uma representação do sinal a registar. Nos casos previstos no nº 3 do art. 223º, o requerente deve juntar ainda documentos comprovativos das autorizações que se mostrem devidas para o uso do sinal.

Apresentado o pedido no INPI, segue-se a *publicação* no BPI de um aviso contendo os elementos essenciais do pedido, incluindo obviamente uma reprodução da marca. Inicia-se então um prazo de 2 meses para eventuais *reclamações* (nos termos do art. 17º do CPI), após o que ocorrerá o *exame da marca registanda e sua comparação com outras marcas e sinais distintivos do comércio* (art. 229º). Se houver reclamação, seguir-se-á o contraditório entre as partes (envolvendo contestação do requerente, em 2 meses, e eventuais exposições complementares), seguida de decisão final. Caso sejam apresentadas observações de terceiros, o requerente terá o prazo de 2 meses para lhes responder.

Uma novidade do CPI de 2018 consistiu em permitir que o requerente do registo da marca, quando confrontado com a invocação de uma marca anterior (seja por parte de um reclamante, seja oficiosamente pelo INPI), e desde que esta marca esteja registada há mais de 5 anos, solicite que o respectivo titular apresente provas de que a mesma foi objecto do *uso sério* previsto no art. 267º do CPI, durante o período de 5 anos consecutivos anteriores, ou de que existiu um justo motivo para a falta desse uso (arts. 227º e 230º do CPI). Caso essa prova não seja feita, a marca obstativa não será tida em conta, tudo se passando como se ela não existisse.

Mesmo que não haja reclamação ou que esta seja julgada improcedente, o INPI deve recusar o pedido se julgar existirem motivos de recusa (absolutos ou relativos de conhecimento oficioso)[813]. Neste último caso, a recusa definitiva será precedida de um despacho de recusa *provisória*, que é notificado ao requerente, o qual tem um mês para responder e/ou para requerer alteração do seu pedido, por forma a sanar as objecções levantadas (art. 229º/5 a 8), após o que haverá *despacho definitivo*. A decisão final é notificada ao requerente (e eventuais reclamantes) e seguidamente publicada no BPI (arts. 229º/9 e 16º/1), contando-se a partir daí o prazo de 2 meses de recurso da decisão para o TPI (a interpor pelo requerente ou por qualquer interessado, reclamante ou não).

Os motivos de *recusa* do pedido de registo são elencados nos art. 231º a 235º do CPI – a que acrescem os *fundamentos gerais de recusa* enunciados pelo art. 23º do mesmo diploma – e consistem na falta dos requisitos (absolutos e relativos) de protecção, que já ficaram referidos. Saliente-se ainda que poderá haver recusas *parciais*, quando *existam motivos para recusa do registo da marca apenas no que respeita a alguns dos produtos ou serviços para que este foi pedido* (art. 237º).

A par deste procedimento, normal, o legislador criou em 2007 um mecanismo "SIMPLEX" de aquisição de registos de marca – no âmbito dos *Regimes Especiais de Aquisição Imediata e Online de Marca Registada e de Constituição Imediata e On-Line de Sociedades*[814] –, que permite aos interessados adquirirem uma marca (associada ou não a uma firma) composta por expressões de fantasia e fazendo parte de uma *bolsa de firmas reservadas e de marcas registadas a favor do Estado*, criada pelo RNPC e pelo INPI. Sublinhe-se que estas marcas correspondem a sinais previamente concebidos e reservados pelo Estado, com esta finalidade, limitando-se o requerente a escolher a marca

[813] Isto é, os motivos enumerados no art. 231º/1 a 5 e 232º/1 do CPI.

[814] Instituídos, respectivamente, pelos DL 318/2007, de 26 de Setembro, DL 111/2005, de 8 de Julho, e DL 125/2006, de 29 de Junho.

(ou o par "firma/marca") que mais lhe agradar, de entre o elenco dos sinais disponíveis nessa bolsa[815].

8.2. Marca da UE

A Marca da União Europeia, também designada "Marca da UE", actualmente disciplinada pelo Regulamento (UE) 2017/1001 do Parlamento Europeu e do Conselho, de 14 de Junho de 2017 e por um conjunto de regulamentos complementares, é concedida pelo Instituto da Propriedade Intelectual da União Europeia ("EUIPO", na sigla inglesa), uma agência da UE sedeada em Alicante. Os pedidos de marca devem ser depositados no EUIPO (art. 30º do RMUE), tendo deixado de ser admitida a sua apresentação através dos institutos nacionais, como o INPI.

Desde cedo, a inicialmente designada "marca comunitária" foi encarada como um instrumento necessário ao aprofundamento da integração europeia, a fim de superar as dificuldades decorrentes da natureza restritiva e territorial do direito de marcas e acomodar os imperativos da liberdade de circulação de mercadorias. Mas as vicissitudes do seu (longo) processo de gestação imprimiram-lhe certas características específicas que carecem de uma adequada explicação. É que a MUE coexiste com as marcas nacionais e não as substituiu. Mais: como sublinha Oliveira Ascensão[816], usando a designação anterior, *a marca comunitária não só não exclui as marcas nacionais como não as contraria. Só poderá ocupar o espaço deixado livre por estas – isto como princípio orientador. E tão-pouco pode violar outros direitos preexistentes a nível nacional. Assim, as prioridades atribuídas a nível nacional são impedimentos à obtenção da marca comunitária. A incompatibilidade, mesmo que provinda de um só dos Estados-membros, é suficiente para que a marca comunitária não possa ser concedida.*

[815] Trata-se, assim, de uma espécie de "pré-congelados", que estão de reserva para posterior afectação, por via informática, a favor do interessado, no decurso do procedimento presencial ou *on-line*. A título de curiosidade, em 21.04.2011, estavam ainda livres marcas como ADELMAÇO, ALGATINA, ALODUCE, CONTURBALMI, GACHUMBO, MAPIRUNGA, OS BAJUDINHAS, PATRUÇA, PERIGÉSIMO, ROCHAMBANA, SULITAMPA, TORTUBILHA e URUÇUCA, sinais tão apetecíveis que já não se encontravam disponíveis em 25.06.2019, tendo uma consulta nesta data revelado exemplos igualmente inspirados, como AZURMANGEX, BROTIZAMBO, CLIXEPORVIS, FÚCHSINTENSO e ORNOLGIBEIRA.

[816] *A Marca Comunitária*, cit., pp. 7 e 8.

Os traços essenciais do regime da MUE podem sintetizar-se da forma seguinte[817]:

A MUE tem **carácter unitário**. Como dispõe o art. 1º/2 do RMUE, esta marca *produz os mesmos efeitos em toda a União: só pode ser registada, transferida, ser objecto de renúncia, de decisão de extinção de direitos do titular ou de anulação, e o seu uso só pode ser proibido, para toda a União*. Isto significa que uma MUE é válida nos actuais 28 Estados-membros da União Europeia. Este princípio da unidade deve ser articulado com outros princípios enunciados pelo RMUE, nomeadamente o da *coexistência* com direitos nacionais anteriores.

A MUE só se adquire por **registo**, nos termos do art. 6º do RMUE. Embora alguns Estados-membros da União Europeia reconheçam direitos de marca derivados do uso, essa solução não foi adoptada para a MUE.

A disciplina jurídica da MUE é **autónoma** das leis nacionais no que respeita aos *efeitos* desta marca (art. 17º/1 do RMUE). Contudo, em matéria de *infracções* a marcas da UE, regem as normas de direito nacional, sendo nesta parte competentes os tribunais nacionais (arts. 123º e ss. do RMUE). Por isso, pode afirmar-se que a MUE se rege preferencialmente pelas normas europeias e subsidiariamente pelas normas nacionais dos Estados-membros[818].

A MUE **coexiste com as marcas nacionais**, que, como sabemos, continuam a existir. Assim, o registo no EUIPO só deve ser concedido quando não haja fundada oposição por parte dos titulares de direitos nacionais anteriores, sejam estes marcas, denominações de origem ou indicações

[817] Uma excelente síntese deste regime encontra-se em Fernández-Nóvoa, *Tratado sobre Derecho de Marcas*, cit., pp. 56 a 59, que nesta parte seguimos de perto. Para mais desenvolvimentos sobre a MUE em geral, cf. AAVV, *Concise European Trade Mark and Design Law*, 2017, e as GUIDELINES do EUIPO, que constituem hoje um instrumento de trabalho fundamental. Na literatura estrangeira, cf. ainda Fernández-Nóvoa/Lastres/Agra, *Manual de la Propiedad Industrial*, cit., pp. 669 a 711, Vanzetti/Di Cataldo, *Manuale di Diritto Industriale*, cit., pp. 303 a 311 e Jehoram, Van Nispen & Huydecoper, *European Trademark Law*, cit., pp. 467 a 519. Entre nós, cf. Couto Gonçalves, *Manual...* cit., pp. 351 a 357, Oliveira Ascensão, *A Marca Comunitária*, cit., pp. 5 a 38 e *Marca Comunitária e Marca Nacional*, in Direito Industrial, II, pp. 39 a 79, Dário Moura Vicente, *a Tutela Internacional da Propriedade Intelectual*, cit., pp. 155 a 159, Silva Carvalho, *Marca Comunitária. Os motivos absolutos e relativos de recusa*, 1999.

[818] Fernández-Nóvoa, *Tratado Sobre Derecho de Marcas*, cit., p. 58.

geográficas ou outros sinais utilizados na vida comercial cujo alcance não seja apenas local. Assim, constitui *motivo relativo de recusa* a existência desses direitos nacionais anteriores (art. 8º do RMUE), cujos titulares podem deduzir *oposição* ao pedido de registo (art. 45º do RMUE) e pedir a declaração de *nulidade* da MUE (art. 59º do RMUE), caso o registo venha a ser concedido em violação dos seus direitos prioritários. Isto significa, concretamente, que a oposição baseada numa marca registada apenas em Portugal impede a concessão da marca da UE na íntegra e não apenas para o nosso país, atenta a unidade da MUE[819]. A coexistência dos sistemas nacionais e europeu é facilitada pela existência de dois mecanismos legais: a ineficácia da oposição com base em marca anterior que não haja sido objecto de *utilização séria* nos cinco anos anteriores (art. 47º/2 e 3 do RMUE) e a *prescrição por tolerância*, que impede o titular de uma marca anterior *que tenha tolerado a utilização de uma marca da UE posterior na União* [ou no Estado-membro, se a marca prioritária for nacional] *durante cinco anos consecutivos, com conhecimento desse uso*, de pedir a anulação e de se *opor à utilização da marca posterior, com base nessa marca anterior, em relação aos produtos ou serviços para que foi utilizada a marca posterior, a não ser que o depósito da marca da UE posterior tenha sido efectuado de má-fé*[820].

Essa coexistência permite, em acréscimo, uma dada **permeabilidade** entre a MUE e as marcas nacionais, estabelecendo alguns "vasos comunicantes" entre os dois sistemas. Assim, o titular de uma marca nacional anterior, que peça o registo dessa marca como MUE (para produtos ou serviços idênticos àqueles para os quais aquela marca estava registada, ou parte deles), pode *reivindicar a antiguidade* daquela marca anterior. O que lhe permite, em caso de renúncia ou de caducidade da marca anterior, *continuar a beneficiar dos mesmos direitos que teria se a marca anterior continuasse registada* (art. 39º/1 e 2 do RMUE). Além disso, um pedido de MUE (ou uma MUE já registada) pode ser *transformada num pedido de marca nacional*, o que poderá ser

819 O que o requerente da MUE poderá fazer, nesse caso, será pedir a *transformação* do pedido de MUE em pedido(s) de marca(s) nacional(ais), ao abrigo do art. 139º do RMUE, direccionando-o para países em que não haja direitos nacionais anteriores incompatíveis com o seu pedido.

820 Art. 61º do RMUE. Esta figura também está prevista no art. 261º do CPI, sob a designação de "preclusão por tolerância" (usada no art. 9º da DHM).

útil quando surjam obstáculos ao registo europeu, que apenas se verifiquem relativamente a algum ou alguns dos Estados-membros[821].

A tramitação dos pedidos de MUE está regulada nos arts. 30º a 51º do RMUE e regulamentação complementar, iniciando-se, com o pedido, um procedimento de registo, que inclui desde logo o exame (formal) das condições de depósito (art. 41º do RMUE), seguido do exame dos motivos *absolutos* de recusa previstos no art. 7º do RMUE (art. 42º do RMUE). A pedido do requerente, o EUIPO elaborará um relatório de investigação mencionando as marcas da UE ou os pedidos de marca da UE anteriores susceptíveis de ser invocados contra o pedido de registo[822]. Se o pedido preencher os requisitos formais e não tiver sido recusado por motivos absolutos, o EUIPO procede à sua publicação no Boletim de Marcas da União Europeia, dando início ao prazo de três meses durante o qual podem ser apresentadas *oposições* pelos titulares de direitos anteriores que representem motivos relativos de recusa[823]. Na sequência da oposição, as partes têm oportunidade de apresentarem as suas observações, antes da decisão a proferir pela Divisão de Oposição competente, que poderá recusar o registo da marca para a totalidade ou parte dos produtos ou serviços para que foi requerida a MEU, ou rejeitar a oposição.

Sublinhe-se que, no sistema europeu de marcas, os motivos *relativos* de recusa só são atendidos quando invocados em sede de oposição (art. 8º do RMUE). Pelo contrário, os motivos *absolutos* de recusa são de conhecimento oficioso, podendo, também, ser invocados, por qualquer interessado, através da apresentação de observações escritas (art. 45º do RMUE).

[821] Nomeadamente a existência de marcas nacionais anteriores que só estejam protegidas numa parte da União Europeia (arts. 139º e 140º do RMUE).

[822] Art. 43º do RMUE. Essa investigação poderá, a pedido do requerente, ser extensível às marcas nacionais anteriores ou aos pedidos de marca nacional anteriores ou às marcas registadas ao abrigo de acordos internacionais, cuja existência tenha sido verificada e que sejam susceptíveis de ser invocadas, nos termos do artigo 8º, contra o registo da marca da UE – sendo esta investigação realizada pelos serviços nacionais de Propriedade Industrial, mediante pagamento de uma taxa adicional.

[823] Nos termos do art. 46º do RMUE. A apresentação da oposição e a tramitação subsequente obedecem à disciplina detalhadamente enunciada nos arts. 2º a 10º do Regulamento Delegado (UE) 2018/625 da Comissão de 5 de março de 2018, que complementa o Regulamento (UE) 2017/1001 do Parlamento Europeu e do Conselho sobre a marca da União Europeia.

Decorrido o prazo de oposição sem que a mesma seja formulada – e não havendo motivos absolutos de recusa –, o pedido é deferido. As decisões dos examinadores são impugnáveis perante as Câmaras de Recurso, devendo o recurso ser interposto no EUIPO, por escrito, no prazo de dois meses a contar da notificação da decisão recorrida[824]. Por seu turno, as decisões da Câmara de Recurso do EUIPO são passíveis de recurso para o Tribunal Geral, a interpor no prazo de dois meses a contar da respectiva notificação[825]. O processo de registo é concluído com a publicação no Boletim de Marcas da União Europeia e a emissão do certificado de registo.

Por fim, importa fazer uma menção ao regime linguístico da MUE, definido pelo art. 146º do RMUE, e que tem grandes implicações práticas. É que o EUIPO tem apenas 5 línguas oficiais (alemão, espanhol, francês, inglês e italiano), o que obriga a constantes e dispendiosas traduções e retroversões de documentos e peças processuais, de acordo com regras detalhadas e algo labirínticas, que devem ser cuidadosamente consultadas pelos intervenientes em qualquer processo perante o Instituto[826].

[824] Arts. 66º e 68º do RMUE, sendo as alegações, com os fundamentos do recurso, apresentadas num prazo de 4 meses, também a contar da notificação da decisão. A interposição do recurso tem efeito suspensivo (art. 66º/1 do RMUE). Nos termos do art. 67º do RMUE, apenas as partes no processo que tenha conduzido à decisão (e cujas pretensões não tenham tido procedência) têm legitimidade para recorrer (ao contrário do que sucede no Direito de Marcas português, em que o recurso da decisão do INPI é aberto a *quem seja directa e efectivamente prejudicado pela decisão,* mesmo que não tenha deduzido reclamação – art. 40º/1 do CPI).

[825] Art. 72º do RMUE.

[826] Além das 11 alíneas do art. 146º do RMUE, importa atender ao art. 3º do Regulamento Delegado 2018/625 e aos arts. 24º a 26º do Regulamento de Execução 2018/626 da Comissão, de 5 de março de 2018, que atenuou as exigências de tradução dos documentos de apoio a utilizar nos processos escritos perante o Instituto, admitindo que sejam *apresentados em qualquer língua oficial da União. Se esses documentos não estiverem redigidos na língua do processo, determinada de acordo com o artigo 146.o do Regulamento (UE) 2017/1001, o Instituto pode exigir, por sua própria iniciativa ou mediante pedido fundamentado apresentado pela outra parte, que seja fornecida uma tradução nessa língua, num prazo por ele fixado.* Sobre esta matéria, cf. as GUIDELINES, Part A, Section 4. Refira-se que os pedidos de marca da UE podem ser depositados em qualquer uma das línguas oficiais da União (mesmo que não seja uma das 5 línguas oficiais). Mas, em caso de oposição ou de pedido de extinção ou de anulação, deverá empregar-se um destes cinco idiomas, a menos que as partes acordem na utilização de outra língua oficial da União (art. 146º/8 do RMUE).

8.3. Registo internacional

O Acordo de Madrid relativo ao Registo Internacional de Marcas, de 14 de Abril de 1891, completado pelo Protocolo de 17 de Junho de 1989[827], não criou uma "marca internacional", protegida num âmbito geográfico supranacional, como sucede com a MUE. Veio simplesmente instituir um sistema centralizado que permite, a partir de um registo (ou de um pedido de registo) de marca nacional, solicitar registos de marcas noutros países, de uma forma mais cómoda e menos dispendiosa. Mas não passa disso.

O CPI disciplina esse mecanismo, nos arts. 240º a 246º, nos dois sentidos em que ele pode ser accionado: quer quando o requerente ou titular do registo de uma marca portuguesa pretende obter registos noutros países contratantes do Acordo de Madrid, quer quando os titulares de registos (ou de pedidos de registo) de marcas estrangeiras solicitam por essa via registos de marca em Portugal.

Assim, quando o requerente ou titular de um registo de marca nacional pretenda efectuar registos no estrangeiro, deve apresentar o pedido no INPI, indicando os países em que deseja obter protecção. Seguidamente, o INPI transmite o pedido à Secretaria Internacional da OMPI em Genebra, na Suíça, que o encaminhará para as repartições de Propriedade Industrial dos países designados pelo solicitante, que procederão ao respectivo exame, podendo cada um deles, independentemente, conceder ou recusar o registo no seu país[828], depois de examinarem o pedido à luz das normas aplicáveis às marcas registadas no seu território. Assim, o destino dos pedidos de registo internacional poderá ser distinto, de país para país. Nos países que concedam o registo, as marcas ficam sujeitas ao mesmo regime das respectivas marcas nacionais.

Simetricamente, os pedidos de registo oriundos do estrangeiro são transmitidos pela Secretaria Internacional ao INPI, que promove a sua publicação no BPI, *para efeito de reclamação de quem se considerar prejudicado pela eventual concessão do registo*, seguindo-se as formalidades processuais previstas para as marcas nacionais, no art. 229º do CPI. A apreciação do pedido procedente da via internacional e a sua eventual recusa obedecem às mesmas regras que se aplicam aos pedidos de registo nacionais (art. 246º do CPI).

[827] Ratificado pelo Decreto nº 31/96, de 25 de Outubro.

[828] Nos termos dos arts. 5º do Acordo de Madrid e do Protocolo.

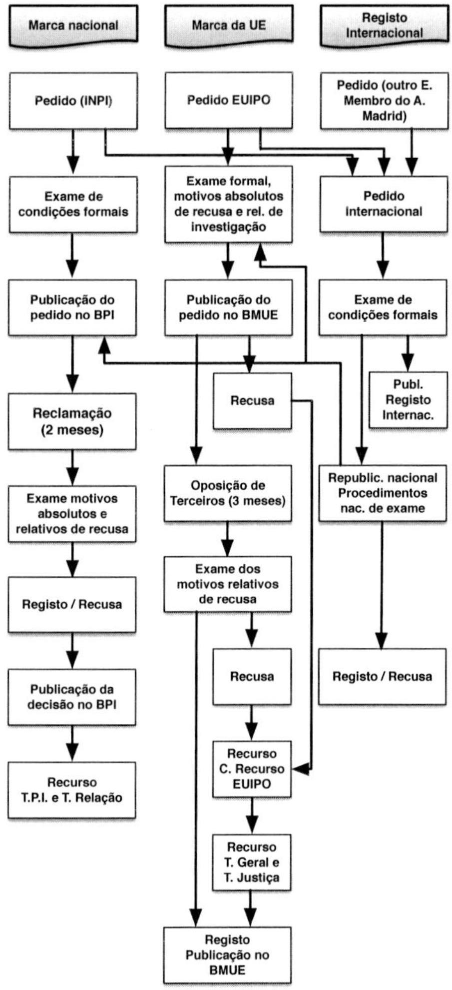

Fig. nº 2 – **Procedimentos de registo de marcas**

9. Extinção do registo de marca

O registo da marca nacional pode extinguir-se por vários motivos, enunciados nos arts. 32º a 37º da Parte Geral do CPI: declaração de **nulidade** ou **anulação**, **caducidade** e **renúncia**. Deixando de lado esta última, que não reveste aqui qualquer especificidade, importa analisar separadamente o regime específico das restantes formas de extinção, no âmbito das marcas, disciplinado pelos arts. 259º a 269º do CPI.

No que respeita às Marcas da UE, há que atender ao disposto nos arts. 57º a 65º do RMUE, que utiliza uma nomenclatura diferente da usada pelo legislador português. Assim, a par da **renúncia** (art. 57º do RMUE), este regulamento prevê a declaração de "**extinção**" (art. 58º do RMUE, com fundamentos semelhantes aos motivos de *caducidade* previstos no CPI), a **nulidade absoluta** (abrangendo essencialmente os casos de *nulidade* do CPI – art. 59º do RMUE) e a **nulidade relativa** (por motivos semelhantes aos da *anulabilidade* do nosso registo – art. 60º do RMUE).

9.1. Casos de Invalidade

O registo de marca pode, pois, ser declarado inválido, quando ocorra algum dos motivos de nulidade ou de anulabilidade[829] previstos para os DPI em geral, nos arts. 32º e 33º do CPI, já analisados no Capítulo I.

Além disso, existem fundamentos específicos de **nulidade** do registo das marcas, enunciados pelo art. 259º do CPI, que se prendem essencialmente com a falta de requisitos *absolutos* de protecção (indeterminabilidade, falta de carácter distintivo, infracção de outros interesses de Ordem Pública, ofensa de DO e IG, registo de má-fé), que constituem motivos absolutos de recusa, enunciados pelo art. 231º do CPI. Paralelamente, o art. 59º do RMUE qualifica como causas de **nulidade absoluta** não só a existência dos motivos absolutos de recusa previstos no art. 7º mas também a demonstração de que o *titular da marca não tenha agido de boa-fé no acto de depósito do pedido de marca*. A invocação da nulidade, quer de marcas nacionais, quer das MUE, não está dependente de *prazo*, podendo ser arguida a todo o tempo.

Os fundamentos específicos de **anulabilidade**, referidos no art. 260º do CPI, consistem na falta de requisitos *relativos* de protecção (falta de novidade relativa, ofensa a direitos de terceiros), que integram o elenco dos motivos relativos de recusa constantes dos arts. 232º a 235º do CPI. Relativamente às Marcas da UE, o regime é análogo: o art. 60º do RMUE estabelece como causas de **nulidade relativa** a ocorrência de algum dos factos que constituem motivos relativos de recusa, mencionados no art. 8º (existência de marcas e outros direitos anteriores, incompatíveis com o pedido, incluindo DO e IG,

[829] Como já referi, a distinção entre os *regimes* da nulidade e da anulabilidade, à luz do CPI, constitui um desafio, pois estas duas modalidades não se diferenciam ao nível da legitimidade de invocação (qualquer interessado ou o Ministério Público), nem quanto aos seus efeitos (retroactivos, com algumas ressalvas).

e outros direitos utilizados na vida comercial cujo alcance não seja apenas local). Contudo, enquanto para as MUE não é estabelecido qualquer *prazo* para o exercício do direito de pedir a anulação, quanto às marcas nacionais há que atender ao prazo de 5 anos, fixado no art. 34º/7 do CPI para os DPI em geral.

No entanto, existe uma limitação temporal – comum ao Direito de Marcas nacional e europeu – decorrente do mecanismo da **preclusão por tolerância** (ou "prescrição por tolerância", como refere o art. 61º do RMUE). Assim, nos termos do nº 1 do art. 261º do CPI, *o titular de uma marca registada que, tendo conhecimento do facto, tiver tolerado, durante um período de* ***cinco anos consecutivos****, o uso de uma marca registada posterior deixa de ter direito, com base na sua marca anterior, a requerer a anulação do registo da marca posterior, ou a opor-se ao seu uso, em relação aos produtos ou serviços nos quais a marca posterior tenha sido usada, salvo se o registo da marca posterior tiver sido efectuado de má fé.* Como esclarece o nº 2 dessa disposição, o *prazo de cinco anos, previsto no número anterior, conta-se a partir do momento em que o titular teve conhecimento do facto*[830]. Esta figura jurídica, com uma justificação axiológica próxima do abuso do direito, na modalidade da *supressio*[831], visa conferir segurança jurídica aos titulares de direitos sobre marcas, importando assim a caducidade do direito de requerer a anulação do registo posterior inválido, em resultado da inércia prolongada e consciente do respectivo beneficiário.

A declaração de invalidade do registo da marca tem *efeitos retroactivos,* nos termos do art. 35º do CPI (e 62º do RMUE), embora fiquem ressalvados os efeitos produzidos em cumprimento de obrigação e de sentença transitada em julgado. Também a este nível, não é possível distinguir entre

[830] Como é óbvio, e sempre resultaria do disposto no art. 342º/2 do Código Civil, o ónus da prova do conhecimento recai sobre o titular da marca posterior, na medida em que esse conhecimento constitui facto extintivo do direito invocado pelo titular da marca anterior, competindo tal prova àquele contra quem a invocação é feita (o réu na acção de anulação). Acerca da preclusão por tolerância, cf. FERNÁNDEZ-NÓVOA/LASTRES/AGRA, *Manual de la Propiedad Industrial,* cit., pp. 645 a 647.

[831] Para um interessante exemplo da aplicação deste princípio, cf. ac. STJ de 11.02.2011 (dgsi.pt). Acerca das diversas modalidades que pode revestir o instituto do abuso do direito, cf. MENEZES CORDEIRO, *Tratado de Direito Civil Português,* I, Parte Geral, Tomo IV, cit., pp. 333 e *Teoria geral do Direito Civil,* 1990, pp. 369 a 385 e CUNHA DE SÁ, *O Abuso do Direito,* 1973. Cf. ainda SILVA CARVALHO, *Abuso de Direito e Boa Fé em Propriedade Industrial,* in DI V, p. 155 e seguintes, em que este autor defende a tese de que o abuso de direito é inaplicável aos DPI.

os regimes da nulidade e da anulabilidade, seja no direito nacional, seja no âmbito europeu.

Sublinhe-se, a terminar, que a declaração de nulidade e a anulação das marcas nacionais deixaram de competir, em primeira instância, aos tribunais (como sucedia na vigência do CPI de 2003), por força do disposto nos arts. 262º a 266º do novo CPI, que atribui essa missão ao INPI, sem prejuízo de os tribunais permanecerem competentes para conhecer dessa matéria, mas apenas em via de reconvenção (art. 266º do CPI) ou em sede de recurso. Este tema será retomado e desenvolvido mais adiante, no Capítulo XIV.

9.2. Casos de Caducidade

O direito sobre a marca pode cessar, ainda, por caducidade (ou, na terminologia do RMUE, por "extinção"). Os fundamentos mais vulgares consistem na falta de pagamento de **taxas** ou no decurso do **prazo de duração** do registo sem que seja pedida a renovação[832].

Estes dois fundamentos de caducidade operam automaticamente, sem necessidade de invocação, como determina o nº 1 do art. 36º do CPI. Em contrapartida, os demais fundamentos de caducidade têm que ser invocados, por qualquer interessado, conforme dispõe o nº 2 daquele preceito, à semelhança do previsto pelo art. 63º do RMUE. A apreciação dos pedidos de declaração de caducidade/extinção compete às entidades responsáveis pelo registo da marca (INPI ou EUIPO), cujas decisões são passíveis de recurso.

No domínio das marcas, a lei prevê **três fundamentos específicos** de caducidade, intrinsecamente ligados à natureza, à função e ao regime próprio destes sinais. Visto que as marcas constituem sinais distintivos de produtos ou serviços, é imprescindível que não percam a sua *capacidade distintiva*, nem se tornem *enganosas ou deceptivas*, sob pena de deixarem de cumprir a sua função essencial. Além disso, tendo o direito sobre a marca vocação de perenidade, por ser indefinidamente renovável, só se justifica a sua subsistência na medida em que o sinal seja efectivamente *utilizado*, relativamente aos produtos ou serviços para que foi registado, sob pena de se tornar um estorvo escusado da actividade económica.

[832] Lembre-se que o registo da marca é concedido por 10 anos, podendo ser indefinidamente renovado por iguais períodos (arts. 247º do CPI e 52º do RMUE).

9.2.1. Falta de uso sério

Assim, nos termos do art. 268º do CPI – e, paralelamente, do art. 58º do RMUE – a caducidade do registo da marca será declarada se a marca não tiver sido objecto de **uso** sério durante *cinco anos consecutivos*, salvo justo motivo. Isto significa, implicitamente, que o titular do registo tem um dever de usar a marca, sob pena de perder o direito sobre a mesma. O conceito de "uso sério" é densificado pelo art. 267º do CPI: o uso da marca *tal como está registada ou que dela não difira senão em elementos que não alterem o seu carácter distintivo*, de harmonia com o disposto no art. 255º[833], sendo também relevante o uso realizado por um *licenciado* ou *por um terceiro sob controlo do titular*. Exige-se, além disso, que a marca seja objecto de um uso *efectivo e real*, como sublinha MANUEL LOBATO[834], acrescentando que o exemplo típico é *o uso da marca acreditado mediante facturas relativas à contratação do produto ou do serviço, provas de venda, de comercialização, de distribuição, etc.*

A este respeito, a doutrina assume, essencialmente, duas abordagens distintas que, com BENTLY/SHERMAN[835], podemos sintetizar da forma seguinte: há uma orientação *subjectiva*, relacionada com a *intenção* do utilizador da marca; e outra, *objectiva*, relativa à *intensidade* do uso da marca. Assim, para a concepção subjectiva, "uso sério" é todo aquele que *não é artificial, fictício ou meramente para conservar a marca*; para a concepção objectiva, é de exigir *um uso substancial no mercado, de molde a chamar a atenção dos consumidores para a marca*. No entanto, mesmo para a concepção objectiva, não é necessário que a exploração da marca seja *importante* ou notória; basta que seja *real*[836].

Constituindo o nº 1 do art. 268º do CPI uma transposição do art. 19/1 da DHM, a sua interpretação e aplicação devem conformar-se com as

[833] Norma que estabelece o princípio da *inalterabilidade da marca*, exigindo que qualquer mudança substancial dê lugar a novo registo (ou seja, uma nova marca exige um novo registo). Ficam apenas ressalvadas *as simples modificações que não prejudiquem a identidade da marca ou só afectem as suas proporções, o material em que tiver sido cunhada, gravada ou reproduzida e a tinta ou a cor, se esta não tiver sido expressamente reivindicada como uma das características da marca.*

[834] *Comentario a la Ley 17/2001 de Marcas*, cit., p. 621.

[835] *Intellectual Property Law*, cit., p. 889.

[836] Cf. ANDRÉ BERTRAND, *La Propriété Intellectuelle*, Livre II, cit., p. 426. Sobre esta matéria, cf. ainda COUTO GONÇALVES, *Manual...* cit., pp. 332 a 340, FEZER, *Markenrecht*, cit., p. 1715 ss., DAVID T. KEELING, *Concise...*, cit., pp. 254 a 259, FERNÁNDEZ-NÓVOA/LASTRES/AGRA, *Manual de la Propiedad Industrial*, cit., pp. 623 a 635 e VANZETTI/DI CATALDO, *Manuale...* cit., pp. 278 a 283.

orientações decorrentes da jurisprudência europeia, onde pontifica o acórdão ANSUL[837], que explicitou o conceito de uso sério nos termos seguintes: *(...) uma marca é objecto de «uso sério» quando é utilizada, em conformidade com a sua função essencial que é garantir a identidade de origem dos produtos e serviços para os quais foi registada, a fim de criar ou conservar um mercado para estes produtos ou serviços, com exclusão de* ***usos de carácter simbólico*** *que tenham como único* ***objectivo*** *a manutenção dos direitos conferidos pela marca. A apreciação do carácter sério do uso da marca deve assentar na totalidade dos factos e das circunstâncias adequados para provar a existência da exploração comercial da mesma.* O Tribunal esclareceu posteriormente[838] que, embora não seja *possível determinar, a priori, de forma abstracta, qual o limite quantitativo que deve ser considerado para determinar se a utilização tem ou não carácter sério,* deve entender-se que, *quando corresponde a uma justificação comercial objectiva, essa utilização,* ***mesmo mínima****, pode ser suficiente para comprovar a existência de um carácter sério.* No acórdão MERKEN[839], o TJ referiu, ainda, que, *embora seja razoável esperar que uma marca comunitária seja utilizada num território mais importante do que as marcas nacionais, não é necessário que essa utilização seja geograficamente alargada, para ser qualificada de séria.* O que é determinante, acrescentou, é que a marca seja *utilizada em conformidade com a sua função essencial e com vista a criar ou conservar quotas de mercado para os produtos ou os serviços protegidos. Esta apreciação deve assentar em todos os factos e circunstâncias relevantes no processo principal, como, nomeadamente, as características do mercado em causa, a natureza dos produtos ou dos serviços protegidos pela marca, o âmbito territorial e quantitativo da utilização, bem como a frequência e a regularidade desta última.*

Esta abordagem do Tribunal de Justiça parece inscrever-se na **linha subjectiva**, exigindo apenas que não se trate de uso meramente *simbólico ou artificial.* Ou seja, para obstar à caducidade bastará que a utilização da marca seja genuína, isto é, que não tenha *por finalidade* manter imerecidamente em vigor o registo de uma marca que, na realidade, não está a desempenhar a sua função de indicar a proveniência empresarial dos produtos ou serviços. Em contrapartida, quando o objectivo seja o de assinalar produtos ou

[837] Ac. de 11.03.2003 (Proc. nº C-40/01, § 43), reafirmado, nomeadamente, pelos acs. de 17.03.2016 (NAAZNEEN INVESTMENTS, C-252/15, § 56) e de 31.01.2019 (PANDALIS, C-194/17, § 83).

[838] Ac. de 11.05.2006 (SUNRIDER, C-416/04, § 72; realce acrescentado).

[839] Ac. de 19.12.2012 (C-149/11, §§ 54 e 56).

serviços *para criar ou conservar um mercado para estes produtos ou serviços*, como refere o TJ, o uso da marca é sério, ainda que porventura pouco intenso. Evidentemente, deverá tratar-se de um uso do sinal a título *de marca* e não com outro objectivo qualquer, nomeadamente como nome de estabelecimento ou denominação social[840].

Uma questão que poderia suscitar-se, neste contexto, é saber ser uma utilização *intermitente, irregular*, ou mesmo *esporádica* do sinal deve ser considerada como "uso sério"[841]. Mas a verdade é que a previsão do nº 1 do art. 268º do CPI não considera irrelevante, para efeitos de caducidade, nem o uso intermitente nem sequer o esporádico: o que esta norma exige – para poder aplicar-se – é que a *falta* de uso sério seja *contínua* ("durante cinco anos consecutivos"). Não exige que tenha havido um *uso contínuo*[842]. Aliás, em rigor, um uso esporádico torna *descontínua* a falta de uso...

Sublinhe-se que a lei permite que a caducidade por falta de uso seja sanada. Como dispõe o nº 4 do art. 268º do CPI, *o registo não caduca se, antes de requerida a declaração de caducidade, já tiver sido iniciado ou reatado o uso sério da marca*[843].

[840] Alertando para este aspecto, André Bertrand, *Propriété Intellectuelle*, Livre II, cit., p. 425. Ou seja, o sinal deve ser utilizado com a finalidade de assinalar produtos ou serviços entre si, com vista a indicar a respectiva proveniência – cumprindo assim a função jurídica das marcas.

[841] Manuel Lobato considera necessária a realização *de transacções comerciais em número relevante (não esporádico ou aparente), mediante actos externos de venda*, para se *evitar que o titular da marca a utilize de maneira simbólica ou aparente* (*Comentário*, cit., p. 620). Vito Mangini basta-se com um uso que não seja *meramente «simbólico» ou «aparente», enquanto realizado com o único escopo de manter artificiosamente em vida um sinal não utilizado* (*Il Marchio e gli altri Segni Distintivi*, Vol. V do *Tratatto di Diritto Commerciale e di Diritto Pubblico del' Economia*, 1982, p. 340).

[842] Neste aspecto, não subscrevo a afirmação da RL (ac. de 24.02.2015, rel. M. Rosário Morgado, 639/11.9YHLSB), quando refere que para concluir pelo "uso sério" da marca registada exige-se *que esses atos tenham regularidade/continuidade (...). O que é essencial é saber se a utilização é efetiva, contínua, estável, suficiente para manter ou criar uma quota de mercado para os produtos e serviços abrangidos pela marca e se essa utilização contribui para a presença comercialmente relevante dos produtos e serviços nesse mercado.* A regularidade, continuidade ou estabilidade não são requisitos do uso sério; a efectividade, sim.

[843] Porém, esse uso da marca não pode visar apenas "neutralizar" o pedido de declaração de caducidade. Nesse sentido, o art. 267º/4 do CPI dispõe que o *início ou o reatamento do uso sério nos três meses imediatamente anteriores à apresentação de um pedido de declaração de caducidade, contados a partir do fim do período ininterrupto de cinco anos de não uso, não é, contudo, tomado em*

A lei não explicita as circunstâncias que podem constituir *justo motivo* para a falta de uso da marca, mas tem em vista *os obstáculos que tenham uma relação directa com essa marca, que tornem impossível ou pouco razoável o seu uso, e que sejam independentes da vontade do titular da referida marca,* como referiu o TJ no caso HÄUPL[844]. No entender de COUTINHO DE ABREU, tal sucederá, nomeadamente, em *casos de força maior (guerras, catástrofes naturais) e medidas de autoridades públicas proibindo a produção ou a comercialização dos respectivos produtos*[845].

9.2.2. Transformação em designação usual

Se a marca se tiver transformado na designação usual no comércio do produto ou serviço para que foi registada, em consequência da actividade, ou inactividade, do titular, haverá, também, fundamento de caducidade. É o chamado *genericídio*, que ocorre quando a marca se torna um verdadeiro "sinónimo" do produto, deixando assim de o identificar e diferenciar dos demais produtos congéneres. São famosos os exemplos das marcas "THERMOS" e "CELOPHANE", que perderam a sua capacidade distintiva e caíram no domínio público, tornando-se por isso inválidas[846]. Em contrapartida, outras marcas estiveram próximas disso, mas não ao ponto de se tornarem inválidas (v.g., "ASPIRINA" e "GILLETTE").

Este fenómeno tem sido objecto de vivo debate na doutrina e jurisprudência, sobretudo em torno da relevância da atitude do titular da marca para a produção desse resultado. Para a posição *subjectivista*, a caducidade

consideração se as diligências para o início ou reatamento do uso só ocorrerem depois de o titular tomar conhecimento de que pode vir a ser efectuado esse pedido de declaração de caducidade. O art. 58º/1/a) do RMUE prevê um regime análogo.

844 Ac. de 14.06.2007 (C-246/05, § 54).

845 *Curso de Direito Comercial*, cit., pp. 409 e 410.

846 Não por acaso, o art. 12º do RMUE (e agora, também, o art. 249º/3 do CPI) dispõe o seguinte: *quando a reprodução da marca comunitária em dicionários, enciclopédias ou obras de consulta semelhantes dê a impressão de que ela constitui o nome genérico dos produtos ou serviços para os quais foi registada, o editor da obra deve, a pedido do titular da marca comunitária, assegurar que a reprodução da marca seja, o mais tardar na próxima edição, acompanhada de uma referência indicando que se trata de uma marca registada.* Para uma análise aprofundada da questão da conversão da marca em nome genérico, cf. NOGUEIRA SERENS, *A Vulgarização da Marca...* cit., pp. 95 e ss. Cf. ainda COUTO GONÇALVES, *Manual...* cit., pp. 340 a 342 a 386, VANZETTI/DI CATALDO, *Manuale di Diritto Industriale,* cit., p. 283 a 285 e FERNÁNDEZ-NÓVOA, *Tratado sobre Derecho de Marcas*, cit., pp. 659 a 663.

dependeria do facto de o titular ter contribuído, por acção ou omissão, para a perda do carácter distintivo. Para a tese *objectivista*, bastaria que a marca se tornasse a designação usual do produto, independentemente da conduta do titular. A opção da nossa lei, na esteira da DHM, é claramente subjectivista: a alínea a) do nº 2 do art. 268º do CPI exige que a vulgarização da marca seja *consequência da actividade, ou inactividade, do titular*.

Uma segunda questão tem a ver com o sentido a dar à expressão "no comércio", para efeito de determinar qual o *universo* das pessoas junto das quais o fenómeno deve verificar-se. A resposta foi, entretanto, dada pelo TJ, no acórdão BJÖRNEKULLA, apontando não só para os consumidores, mas também para os meios profissionais interessados na comercialização[847].

9.2.3. Deceptividade superveniente

Por fim, haverá ainda fundamento de caducidade se a marca se tornar susceptível de induzir o público em erro, nomeadamente acerca da natureza, qualidade e origem geográfica desses produtos ou serviços, no seguimento do uso feito pelo titular da marca ou por terceiro com o seu consentimento, para os produtos ou serviços para que foi registada [arts. 268º/2/b) do CPI e 58º/1/c) do RMUE].

Esta consequência decorre do *princípio da verdade* – que também ressalta da alínea d) do nº 3 do art. 231º do CPI – segundo o qual as marcas não podem ser constituídas por sinais susceptíveis de induzir o público em erro sobre as características do produto ou serviço[848]. Se o carácter enganoso da marca é *originário*, deve logo rejeitar-se o pedido de registo, por haver motivo absoluto de recusa; se é *superveniente*, deve esse registo caducar,

[847] Ac. de 29.04.2004 (BJÖRNEKULLA.PROCORDIA, C-371/02, § 26), em que o Tribunal interpretou o art. 12º/2/a) da DHM *no sentido de que, quando intervêm intermediários na distribuição ao consumidor ou ao utilizador final de um produto identificado por uma marca registada, os meios interessados, cujo ponto de vista deve ser tido em conta para apreciar se a referida marca se transformou, no comércio, na designação habitual do produto em causa, são constituídos pelo conjunto dos consumidores ou dos utilizadores finais e, em função das características do mercado do produto em causa, pelo conjunto dos profissionais que intervêm na comercialização desse produto*. Sobre esta matéria, cf. David T. Keeling, *Concise...* cit., pp. 256 a 258.

[848] Para uma análise aprofundada deste regime, cf. Nogueira Serens, *Aspectos do Princípio da Verdade da Marca*, cit., pp. 12 e ss. Maria Miguel Carvalho, *A Marca Enganosa*, cit., e Couto Gonçalves, *Manual...* cit., pp. 342 a 345.

por aplicação do art. 268º do CPI[849]. A marca não pode ser usada como *um instrumento fraudulento*. Mas quando o engano resulte de outros factores, que não *a marca na relação com o seu objecto*, não poderá imputar-se ao sinal distintivo a responsabilidade pelo prejuízo sofrido pelo consumidor, nem haverá motivo para declarar a caducidade do registo.

O carácter enganoso pode incidir sobre a *natureza, qualidade ou origem geográfica* dos produtos ou serviços, ou outras circunstâncias, como a *autoria* dos produtos, sendo a enumeração dos arts. 268º/2/b) do CPI e 58º/1/c) do RMUE meramente exemplificativa ("nomeadamente"). Apesar disso, este fundamento de caducidade deve usar-se com prudência, sendo necessário demonstrar-se que ocorreu uma utilização enganosa, posterior ao registo, como referiu o TG no caso ELIO FIORUCCI[850], esclarecendo que *o titular de uma marca que corresponde ao nome e apelido do criador e primeiro fabricante dos produtos que ostentam essa marca não pode, devido unicamente a esta particularidade, ser privado dos seus direitos com o fundamento de que a referida marca induz o público em erro, quando esse titular adquiriu legalmente, no âmbito de uma cessão, uma marca que consiste apenas no apelido do criador e todo o património criativo da empresa que fabrica os produtos que a ostentam.*

[849] Como já referi a propósito das funções da marca, este regime não significa que se tenha reconhecido ao consumidor um direito a exigir uma qualidade constante, ou sequer satisfatória, para os produtos de marca: a falta ou diminuição de qualidade dos produtos marcados não constitui fundamento *autónomo* de caducidade do registo da respectiva marca. Por isso, o art. 268º/2/b) do CPI só pode ser invocado, em matéria de qualidade, quando o próprio sinal distintivo que constitui a marca contiver qualquer referência (ou sugestão) qualitativa que tenha deixado de ser verdadeira ou que, pelo menos, passe a permitir a indução do público em erro e tal suceda por motivo imputável ao respectivo titular. Tal seria o caso, v.g., de uma marca de sobretudos "REI DA CACHEMIRA", sugerindo que na composição deste produto entraria a caxemira; se tal matéria-prima deixasse de ser empregue nos produtos assinalados haveria então fundamento para declarar a caducidade da marca, com base na citada alínea b). Em contrapartida, uma marca que não contenha qualquer indicação qualitativa (expressa ou implícita), não está sujeita a este fundamento de caducidade, mesmo nos casos em que venha a registar-se um decréscimo notório da qualidade dos produtos ou serviços que assinala.

[850] Ac. de 14.05.2009 (T-165/06, § 34).

Capítulo VI
Logótipos

1. Introdução

A figura do logótipo, palavra esdrúxula sem tradição no nosso Direito Industrial, surgiu pela primeira vez no CPI de 1995, como um sinal distintivo complementar do nome e da insígnia de estabelecimento, destinado a *referenciar qualquer entidade que preste serviços ou ofereça produtos*. E logo gerou dúvidas acerca do seu regime e da sua real utilidade. Na verdade, percebia-se mal a necessidade de mais uma categoria de sinais distintivos, ainda por cima com uma disciplina pouco clara e coerente, composta de três singelos artigos, que remetiam para o regime da insígnia[851].

A resposta do legislador chegaria em 2008, com uma remodelação do CPI no âmbito do "SIMPLEX", feita pelo DL 143/2008, de 25 de Julho: a "simplificação" foi tal que este diploma operou a *fusão de três modalidades de direitos da propriedade industrial (nomes, insígnias de estabelecimento e logótipos) numa só (logótipo)*. Só que as dúvidas não desapareceram e até se avolumaram.

[851] Para uma análise desenvolvida sobre o primitivo regime do logótipo, anterior à publicação do DL 143/2008, de 25 de Julho, cf. Nuno Aureliano, *O Logótipo – Um Novo Sinal Distintivo do Comércio*, Parte I e Parte II, respectivamente in Direito Industrial IV, pp. 357 a 445 e Direito Industrial, Vol. V, pp. 89 a 154; cf. ainda Carlos Olavo, *Propriedade Industrial*, cit., p. 190 a 192. Acerca do regime posterior a 2008, cf. Nuno Aureliano, *Contratos relativos a Logótipos, in* AAVV, p. 511 a 626, Coutinho de Abreu, *Curso de Direito Comercial*, cit., pp. 353 a 364, Couto Gonçalves, *Manual de Direito Industrial*, cit., pp. 370 a 374 e A. Campinos/C. Gonçalves (coord), *CPI Anotado*, cit., pp. 519 a 534 .

Isto apesar de o legislador ter proclamado que *esta agregação permite distinguir com mais clareza as diversas modalidades de protecção da propriedade industrial, evitando o recurso a diversos registos e a diversos pagamentos para um mesmo fim* – como referia o preâmbulo do citado diploma, que, todavia, não levou o esforço clarificador ao ponto de esclarecer que "fim" redundante seria esse. Curiosa solução esta, de amalgamar três categorias para melhor as distinguir...

O CPI de 2018 não alterou este estado de coisas, perdendo-se uma oportunidade para corrigir as reconhecidas deficiências da disciplina dos logótipos, tendo-se limitado a actualizar o seu regime (num paralelo com as alterações das marcas), a renumerar o articulado e a clarificar a aplicabilidade do princípio da especialidade.

Estas considerações devem preparar o leitor para a pouca clareza das páginas seguintes: o actual logótipo foi concebido como uma espécie de "dois em um", para *alegadamente* assinalar objectos situados em planos diversos ("entidades" e "estabelecimentos"), com uma disciplina que, em certos aspectos, já foi qualificada como uma "piada carnavalesca"[852]. Aliás, como veremos, o legislador nem sequer logrou concretizar a proclamada intenção de assinalar simultaneamente essas duas realidades, no texto do articulado respeitante aos logótipos.

Como sinais distintivos que são, os logótipos têm uma disciplina próxima da das marcas, pelo que a exposição que se segue remete em larga medida para o capítulo anterior, em particular quanto aos requisitos de protecção e, especialmente, à comparação entre sinais.

2. Conceito e função

Para estabelecermos o conceito de logótipo, vejamos em primeiro lugar qual a sua composição, isto é, que tipos de sinais podem ser utilizados, para seguidamente identificarmos o seu objecto, ou seja, a realidade que este sinal visa identificar e distinguir.

O logótipo é constituído por *um sinal ou conjunto de sinais susceptíveis de representação gráfica, nomeadamente por elementos nominativos, figurativos ou uma combinação de ambos* – como refere o nº 1 do art. 281º, que agora acrescenta: *ou por um sinal ou conjunto de sinais que possam ser representados de forma que permita determinar, de modo claro e preciso, o objecto da protecção conferida ao seu titular.*

[852] Coutinho de Abreu, *Curso* cit., p. 355.

Este aditamento, idêntico ao introduzido na definição da marca, no art. 208º[853], vem tornar claro que o logótipo pode ser constituído, também, por elementos distintivos de outra natureza, nomeadamente sons, cores (combinadas ou isoladas), formas ou odores. Ou seja, e tal como já entendia no domínio do código anterior[854], todos os sinais susceptíveis de constituir validamente uma marca podem ser também usados como logótipos. As diferenças que existem entre os objectos a referenciar pelos dois tipos de sinal não justificam qualquer diferença de regime, a este nível. A natureza imaterial das "entidades" a assinalar (que pode dificultar, em certos casos, a aposição do sinal) não constitui um verdadeiro óbice a esta equiparação, até porque essa "imaterialidade" também existe nas marcas de serviços.

Onde surgem maiores dificuldades interpretativas é na definição do **objecto** a assinalar. É que a assumida intenção de criar uma figura híbrida, resultante da "fusão" de três modalidades de sinais – destinados a assinalar entidades e estabelecimentos –, não chegou a ter uma concretização positiva no articulado legal. Na verdade, o nº 2 do art. 282º do CPI determina que *o logótipo deve ser adequado a distinguir uma* ***entidade que preste serviços ou comercialize produtos****, podendo ser utilizado, nomeadamente, em estabelecimentos, anúncios, impressos ou correspondência.* Por seu lado, o nº 2 do art. 283º dispõe que *a mesma entidade pode ser individualizada através de diferentes registos de logótipo.* Contudo, em preceito algum se refere que o logótipo se destina a distinguir ou individualizar *estabelecimentos.* Apenas se admite que o logótipo seja *utilizado* em estabelecimentos, como refere o citado art. 281º. Mas não resulta daí que tal utilização se destina a individualizar o estabelecimento, em si mesmo considerado, e não antes a *entidade* titular desse estabelecimento. O facto de se poder apor o logótipo em *estabelecimentos, impressos ou correspondência* não significa que tal aposição se destine a individualizá-los. O logótipo também pode ser aposto nas viaturas de uma empresa, e nem por isso passaremos a dizer que o logótipo se destina a assinalar meios de transporte...

[853] Por força do art. 3º/b) da DHM (cf. capítulo anterior, 5.1.1).

[854] *Direito Industrial*, 1ª ed., 2011, p. 245. No sentido da admissibilidade de logótipos sonoros, multicolores e tridimensionais, no domínio do CPI anterior, cf. Coutinho de Abreu, *Curso* cit., p. 356, que apenas ressalvava *as formas de produtos, que podem constituir marcas* e Nuno Aureliano, *O Logótipo* cit., p. 410 (este A. ainda ao abrigo do regime anterior a 2008).

Acresce que as restantes referências que o Capítulo VI do Título II do CPI faz ao "estabelecimento" não permitem concluir que o logótipo tenha, no actual direito positivo, a função específica de o identificar e distinguir. Com efeito, o art. 295º – ao impor a transmissão do logótipo conjuntamente com o estabelecimento em que aquele seja usado – é equivalente a uma regra já consagrada para as firmas, no nº 4 do art. 44º do Regime do RNPC, aprovado pelo DL 129/98, de 13 de Maio ("RRNPC"). E isso não impede que hoje, maioritariamente, se entenda que a firma identifica o comerciante e não o estabelecimento, como veremos no capítulo seguinte. Por seu lado, o nº 3 daquele art. 295º, ao prever a transmissão *presumida* do logótipo conjuntamente com o estabelecimento, admite o afastamento dessa consequência, se o titular do logótipo o reservar para outro estabelecimento, presente ou futuro... Por fim, a circunstância de o registo caducar *por motivo de encerramento e liquidação do estabelecimento*, conforme dispõe a alínea a) do art. 298º, não demonstra, por si só, que o logótipo identifica o estabelecimento; apenas traduz a preocupação do legislador em evitar o engano do consumidor, que pode ser levado a supor que o novo titular do estabelecimento é a mesma *entidade* que anteriormente o explorava.

Há mesmo indicações ponderosas de que é a entidade, e só a entidade (i.e., o sujeito), que o logótipo visa identificar. Desde logo, a alínea b) do nº 1 do art. 284º do CPI dispõe que o pedido de registo de logótipo deve indicar *o tipo de serviços prestados ou de produtos comercializados pela entidade que se pretende distinguir,* não fazendo qualquer menção ao "estabelecimento". Além disso, as alíneas a) e b) do nº 1 do art. 289º do CPI – ao preverem motivos relativos de recusa – referem-se apenas à *actividade exercida pela entidade que se pretende distinguir,* omitindo de novo qualquer referência a "estabelecimentos".

Pelo exposto, não subscrevo a leitura de Coutinho de Abreu, quando refere que *o logótipo é normalmente sinal distintivo bifuncional: distingue sujeitos e estabelecimentos*[855]. E menos ainda as palavras de Couto Gonçalves[856], que defende a existência de dois tipos de logótipo: um *em sentido estrito* (que distingue a *entidade* através de um único sinal) e outro *em sentido amplo* (*através da ligação aos estabelecimentos através dos quais essa entidade presta actividade económica*). É que essas perspectivas – ainda que justificadas pelo Preâmbulo

[855] *Curso* cit., p. 355.
[856] *Manual* cit., p. 371.

do DL 143/2008 – não têm real correspondência no texto da lei, que não concretizou os intentos proclamados pelo legislador.

Assim, a meu ver, quando o logótipo é usado num estabelecimento, está apenas a individualizar a *entidade* titular dessa universalidade e não o dito estabelecimento, em sim mesmo considerado. O logótipo só identifica entidades. Para o fazer, pode ser aposto em qualquer suporte: fachadas de estabelecimentos, papel de carta, viaturas, embalagens, guarda-sóis ou porta-chaves. Mas esta aposição do logótipo – seja onde for que ocorra – destina-se sempre a identificar um sujeito: a entidade titular do registo. Assim, o logótipo pode definir-se como *um sinal, adequado a distinguir uma entidade que preste serviços ou comercialize produtos*[857].

Note-se que a identificação das pessoas colectivas já se faz, obrigatoriamente, através da respectiva firma ou denominação (por força do RRNPC e do CSC). Como a identificação das pessoas singulares se faz, necessariamente, com o respectivo nome civil. Portanto, esta identificação através de logótipo, revestindo natureza *facultativa*, terá de ser encarada numa perspectiva semelhante ao da alcunha ou do pseudónimo das pessoas singulares, que também pode merecer a tutela do direito[858]. E, relativamente às pessoas colectivas, o logótipo acaba por ter uma função distintiva análoga à da firma ou denominação social, mas com a vantagem de permitir mais liberdade ao empresário, na escolha da composição do sinal (pois não ficará "espartilhado" pelas normas restritivas do RRNPC).

É certo que, como dispõe o nº 2 do art. 283º, *a mesma entidade pode ser individualizada através de diferentes registos de logótipo*. E pode fazê-lo de modo a usar sinais diferentes em estabelecimentos diferentes. Mas esses vários registos podem destinar-se, igualmente, a assinalar diferentes *actividades* ou *ramos de negócio* de uma mesma empresa: por exemplo, uma instituição financeira poderia registar diversos logótipos, tais como "BANCO X Leasing", "BANCO X Factoring" e "BANCO X Habitação"[859]. Neste sentido, os diversos registos de logótipo funcionam como uma espécie de "heterónimos do empresário". Assim, se um empresário quiser usar um nome diferente em

[857] Subscrevendo este entendimento, cf. o ac. RL de 24.4.2014 (rel. Correia de Mendonça, P. 199/13.6YHLSB).

[858] Art. 74º do Código Civil e, no contexto artístico, art. 29º do CDADC.

[859] Dando um exemplo semelhante, a propósito do *nombre comercial* em Espanha, Manuel Lobato, *Comentario* cit., p. 1030.

cada um dos seus estabelecimentos, poderá fazê-lo[860]. Mas cada um desses nomes será um seu "heterónimo" e não o nome do estabelecimento – figura que deixou de existir na nossa lei, desde 2008.

Concluindo, a proclamada *fusão* das três modalidades de sinais afinal não ocorreu, tendo o legislador acabado por realizar – certamente por inépcia – uma autêntica *supressão* de duas das modalidades anteriores: o nome e a insígnia de estabelecimento, que deixaram de existir, sem verdadeiro substituto.

3. Requisitos de protecção

À semelhança do que sucede com as marcas, a tutela dos logótipos pressupõe o seu registo, como dispõe o art. 293º do CPI, não se protegendo autonomamente o mero uso desse sinal[861]. O direito exclusivo sobre o logótipo deriva, assim, do seu registo no INPI.

O pedido e o procedimento de registo estão regulados nos arts. 284º a 287º do CPI, que remetem expressamente para a *tramitação* estabelecida para o registo das marcas, devendo satisfazer um conjunto de requisitos muito semelhantes àqueles que já estudámos no capítulo anterior.

Desde logo, é necessário preencher os **requisitos formais**, enunciados nos arts. 23º, 284º e 285º do CPI: deve apresentar-se um requerimento nos formulários próprios do INPI, pagar as taxas devidas, juntar os documentos, prestar as informações e cumprir as formalidades regulamentares. Um aspecto muito importante é a indicação, logo no requerimento inicial, *do tipo de serviços prestados ou de produtos comercializados pela entidade que se pretende distinguir*. É que, como veremos, o âmbito de protecção do logótipo é determinado em função dessa indicação.

Para além dos pressupostos formais, terão que ser respeitados os **requisitos substanciais** de protecção, que respeitam ao próprio sinal a registar, podendo classificar-se em requisitos absolutos e relativos. Os **requisitos absolutos** visam garantir que o sinal registando é apto a desempenhar a sua função distintiva e indicativa e que respeita certas exigências de interesse e

[860] Sublinhe-se, porém, que estes diversos logótipos não podem ser usados a título de firma, para identificar a pessoa do comerciante, nomeadamente em actos e contratos, atento o princípio da *unidade da firma* (que será analisado no capítulo seguinte).

[861] Sem prejuízo da eventual aplicação da disciplina da Concorrência Desleal, quando seja caso disso, ou da eventual protecção de sinais distintivos estrangeiros (que sejam equivalentes a logótipos) ao abrigo do art. 8º da CUP. Sobre este último aspecto, cf. o capítulo seguinte, nº 4.3.

ordem pública. Os **requisitos relativos** têm fundamentalmente a ver com o respeito por direitos de terceiros, constituídos em momento anterior à data do pedido de registo (ou da prioridade) do logótipo registando. Por outras palavras, enquanto os requisitos absolutos respeitam ao sinal *em si mesmo* considerado, os relativos têm a ver com o *enquadramento* do sinal (nas suas relações com sinais ou direitos preexistentes).

O conjunto dos requisitos de protecção dos logótipos corresponde no essencial à enumeração feita a propósito das marcas, no capítulo anterior, para onde se remete[862]. O elenco desses requisitos deduz-se, por contraposição, das listas de *fundamentos de recusa* do registo dos logótipos, constantes dos arts. 288º (motivos absolutos) e 289º (motivos relativos). Entre os **requisitos absolutos**, contam-se a *capacidade distintiva* do sinal[863], a *determinabilidade* e o respeito de certas *exigências de interesse e ordem pública,* entre as quais se passou a contar, no CPI de 2018, a não confundibilidade com DO ou IG protegidas, menções tradicionais para vinho, especialidades tradicionais garantias e denominações de variedades vegetais protegidas. Os **requisitos relativos** correspondem à *novidade relativa*, ao *respeito de direitos de terceiros* e à ausência de *risco de concorrência desleal* – num elenco que espelha o estabelecido relativamente às marcas.

A falta de qualquer destes requisitos constitui, pois, motivo de *recusa* do registo (arts. 288º e 289º do CPI). E, caso o registo venha, todavia, a realizar-se, causa de *invalidade* do mesmo, a qual pode ser declarada posteriormente, a pedido de que quem por ele se sentir prejudicado (arts. 296º e 297º do CPI). No decurso do procedimento de registo apenas uma parte dos requisitos de protecção é objecto de verificação oficiosa, havendo alguns cuja falta só é considerada quando seja expressamente invocada em sede de reclamação[864].

[862] Para um enunciado específico dos princípios essenciais da constituição dos logótipos, cf. COUTINHO DE ABREU (*Curso*, cit., pp. 355 a 360), que refere os princípios da capacidade distintiva, da verdade, da novidade e da licitude (residual).

[863] Sublinhe-se que, no âmbito dos logótipos, também vigora a regra do *secondary meaning*, admitindo-se que a originária insuficiência de capacidade distintiva seja sanada mediante a superveniente aquisição de carácter distintivo (arts. 288º/2 e 296º/2).

[864] Assim, no âmbito do CPI, só são de conhecimento *oficioso* os motivos absolutos de recusa (mencionados no art. 288º) e os motivos relativos previstos no nº 1 do art. 289º; o conhecimento dos restantes motivos relativos (previstos no nº 2 e 3 do art. 289º) depende de reclamação.

4. Titularidade

O art. 282º reconhece legitimidade para requerer o registo a *qualquer entidade individual ou colectiva, de carácter público ou privado, que nele tenha interesse legítimo*[865]. Na linha do nº 2 do art. 304º-A, deve tratar-se de uma entidade que *preste serviços ou comercialize produtos*. Mas não tem de revestir natureza comercial, podendo tratar-se de uma associação sem finalidade lucrativa, ou mesmo de um organismo do Estado, nomeadamente um ministério, de que já existem variados exemplos.

A lei tão-pouco exige que o requerente do registo tenha personalidade jurídica, parecendo admitir que um logótipo seja registado em nome, v. g., de uma comissão de festas ou de uma sociedade irregular[866].

O conceito de "interesse legítimo" deve ser aqui entendido em termos amplos[867], abrangendo quer um interesse actual quer meramente futuro ou potencial, podendo ser registado um logótipo por quem ainda não iniciou qualquer actividade efectiva[868]. Basicamente, só deve negar-se legitimidade a quem pretenda, através do registo, causar um prejuízo a outrem ou obter para si um benefício ilegítimo, por exemplo realizando registos com finalidade especulativa, para posterior transacção. Aí, haverá "interesse"; mas não será "legítimo".

O CPI é omisso acerca da admissibilidade de o titular do registo de um logótipo conceder *licenças* de exploração desse sinal a terceiros. Como assinala Couto Gonçalves[869], nem na parte geral do CPI (art. 31º) nem na

[865] Como sublinha Coutinho de Abreu, em termos que subscrevo, *o sujeito titular de logótipo não tem de ser empresário* (...) e *as actividades pertinentes não podem ser restringidas ao comércio (em sentido económico ou em sentido jurídico-mercantil)* – *Curso* cit., pp. 354 e 355.

[866] Entidades reguladas, respectivamente, pelos arts. 195º e ss. do CC e arts. 36º e 40º do CSC.

[867] Neste sentido, perante uma redacção idêntica do art. 302º do CPI anterior à revisão de 2008, Nuno Aureliano, *Logótipo... (Parte II)*, cit., p. 97.

[868] Contra, cf. Couto Gonçalves, *Manual* cit., p. 373, considerando que *não deve aceitar-se a possibilidade de formulação de um pedido de logótipo destinado a ser usado no futuro.* Só que, para além de esta exigência não ter qualquer correspondência no texto da lei, parece-me claro que haverá interesse legítimo em requerer um registo *antes* de iniciar a actividade económica, por exemplo para poder planeá-la adequadamente, preparar previamente campanhas publicitárias, assegurando oportunamente a disponibilidade de um sinal distintivo e a viabilidade do seu registo. No sentido da admissibilidade do registo de logótipo para usar futuramente, Nuno Aureliano, *Logótipo... (Parte II)* cit., p. 96.

[869] *Manual...* cit, p. 374.

parte especial relativa ao logótipo é referida essa possibilidade. Contudo, não creio que tal implique a inadmissibilidade dessa licença, nem creio que tal colocasse *dificuldades insuperáveis de salvaguarda do princípio da verdade,* ao contrário do que sustenta este autor. Desde logo, porque a licença não é mais do que uma autorização (isto é, um compromisso de não exercer o "direito de proibir" relativamente ao uso do sinal, por um terceiro). Ora, essa renúncia a proibir não é impedida pelo legislador, situando-se na esfera da liberdade contratual do titular do registo do logótipo. Além disso, não se vê em que medida é que tal poderá, por si só, colidir com o princípio da verdade. Pelo contrário, o uso da mesma designação comercial é frequente no domínio do *franchising* e outras formas de distribuição, nada impedindo que, no conteúdo destes contratos, se inclua uma licença (ou mesmo obrigação) de usar sinais distintivos (incluindo logótipos) pertencentes à entidade representada[870].

5. Âmbito de protecção

Os registos de logótipo são válidos durante 10 anos, a contar da respectiva concessão, podendo ser indefinidamente renovados por iguais períodos (art. 291º do CPI).

Enquanto vigorar o registo, o titular goza do *direito de impedir terceiros de usar, sem o seu consentimento, qualquer sinal idêntico ou confundível, que seja destinado a individualizar uma actividade idêntica ou afim e possa causar um risco de confusão, ou associação, no espírito do consumidor* – conforme dispõe o art. 293º do CPI. Isto significa, concretamente, que o direito exclusivo do titular do logótipo permite obstar ao uso desse sinal, por parte de terceiros, desde que essa utilização seja feita *a título de sinal distintivo.* Ou seja, aquilo que terceiros ficam proibidos de fazer é usar o logótipo registado a título de logótipo, de marca ou mesmo de firma. Como resulta do art. 323º do CPI – que tipifica o crime de violação do exclusivo do logótipo – fica vedado a terceiros *usar no seu estabelecimento ou na sua entidade, em anúncios, correspondência, produtos ou serviços ou por qualquer outra forma, sinal que constitua reprodução ou que seja*

[870] Por esse motivo, não me choca a hipótese – aventada por Couto Gonçalves, ob. e loc. cit. – de uma empresa de hotelaria conceder uma licença de logótipo a outra empresa de hotelaria (o que até admito seja frequente em cadeias de hotéis, em que é frequente o recurso ao *franchising*). De resto, esse resultado (licenciamento de um sinal distintivo) sempre poderia obter-se através da alternativa (inquestionavelmente admitida) da licença de uma marca de serviços. Por isso, não vejo em que é que a licença de logótipo poderá lesar (mais do que a licença de marca) o interesse dos consumidores, como refere este autor.

imitação de logótipo já registado por outrem[871]. O conceito de imitação e a aferição do risco de confusão entre logótipos, ou entre estes e os restantes sinais distintivos, obedece a critérios idênticos aos referidos para as marcas, no capítulo anterior, para que se remete.

5.1. Extensão e limites substanciais

Uma questão não totalmente esclarecida é a de saber se o exclusivo reconhecido ao titular do registo abrange apenas utilizações do sinal, por terceiros, no âmbito de uma *actividade económica*[872]. É que a disciplina dos logótipos não contém uma indicação explícita nesse sentido, ao contrário do que sucede com as marcas[873]. Apesar disso, não podemos esquecer que o logótipo se destina a identificar uma entidade que *preste serviços ou comercialize produtos*. E que este domínio da Propriedade Industrial existe para ordenar a concorrência *no mercado*, como vimos no Capítulo I. Sendo assim, também aqui parece impor-se aquela delimitação do exclusivo do titular do registo: a utilização por um terceiro de um sinal igual ou confundível com o logótipo registado só será ilícita se for feita no exercício de uma actividade de *prestação de serviços ou de comercialização de produtos*. Em contrapartida, não será de exigir que essa actividade tenha finalidade lucrativa, pois a imitação do sinal – por quem oferece os bens ou serviços – poderá sempre lesar o titular do logótipo, mesmo que não traga benefício económico ao imitador[874].

Uma questão entretanto resolvida, pelo CPI de 2018, é saber se a tutela dos logótipos está sujeita ao **princípio da especialidade**, que já estudámos no âmbito das marcas. Trata-se de saber, por exemplo, se um logótipo

[871] Note-se que esta infracção passou a constituir crime, no CPI de 2018, em lugar de uma simples contra-ordenação, como (inexplicavelmente) era qualificada no CPI anterior.

[872] Neste sentido se pronuncia Coutinho de Abreu, *Curso*, cit., p. 360. Já Nuno Aureliano, à luz do normativo anterior a 2008, afirmava que, *admitindo-se que o logótipo abrange utilizações fora do âmbito mercantil, será mesmo inevitável a conclusão da não aplicação àquele da doutrina* que limita o âmbito do exclusivo à esfera das actividades económicas.

[873] Na verdade, o art. 249º do CPI só reconhece ao titular do registo de marca o direito de impedir terceiros de usar um sinal igual ou semelhante ao seu, quando tal ocorra *no exercício de actividades económicas*. Mas o art. 293º não contém idêntica restrição.

[874] Pense-se na hipótese de, num infantário de uma junta de freguesia, gratuito para os utentes, se adoptar um logótipo igual ao já registado por uma sociedade comercial para assinalar outro infantário, explorado com intuito lucrativo. Esta confundibilidade de sinais é prejudicial à titular do registo, que pode perder clientela para aquela entidade não lucrativa, pelo que deve poder impedir a utilização do segundo logótipo.

registado para assinalar serviços de cabeleireiro pode ser licitamente adoptado por um terceiro que explore uma serralharia. A resposta afirmativa resulta hoje inequívoca da redacção do art. 293º, que restringe o *jus excludendi* do titular aos casos em que o uso de sinais idêntico ou confundíveis *seja destinado a individualizar* ***uma actividade idêntica ou afim***[875]. Além disso, como já constava do CPI anterior, o pedido de registo deve ser acompanhado da indicação *do tipo de serviços prestados ou de produtos comercializados pela entidade que se pretende distinguir* [art. 284º/1/d)], sendo que – ao enunciar os motivos relativos de recusa do registo do logótipo relacionados com a existência de marcas ou logótipos anteriormente registados –, o art. 289º apenas considera obstativos os sinais registados para *produtos ou serviços idênticos ou afins* aos indicados pelo requerente, ou para distinguir *entidade cuja actividade seja idêntica ou afim* à da entidade a assinalar com o logótipo registando. Isto demonstra, pois, que o âmbito de protecção de um logótipo é circunscrito ao universo das *entidades que desenvolvem actividades idênticas ou afins* à exercida pela titular do registo, ou que *oferecem bens ou serviços idênticos ou afins* aos oferecidos por esta – pois só essas entidades podem fazer concorrência à titular do registo. Por outras palavras, a tutela do logótipo registado está sujeita ao princípio da especialidade[876].

Será que, também aqui, se poderá invocar a excepção derivada do *prestígio* do logótipo registado? A remissão constante do nº 2 do art. 289º do CPI – que manda aplicar ao registo de logótipo, *com as necessárias adaptações, os fundamentos de recusa previstos nos arts. 233º a 235º* – é bastante ambígua, para não dizer obscura. Mas parece significar, unicamente, que o registo de um logótipo deve ser recusado quando haja *marcas* notórias ou de prestígio que a tal obstem. Não creio que se possa interpretar esta remissão como indo ao ponto de consagrar uma tutela reforçada para os logótipos de prestígio. Isto porque o 289º do CPI (que contém tal remissão) não visa definir o âmbito de protecção do logótipo registado. Serve apenas para elencar os motivos

[875] Desastradamente, o legislador ter-se-á esquecido de espelhar idêntica limitação no texto do art. 323º do CPI, que enuncia o tipo criminal da violação do exclusivo do logótipo. Mas, por maioria de razão, deverá entender-se que o tipo criminal também está subordinado a este requisito da especialidade, sem o qual nem sequer haverá violação do exclusivo decorrente do registo do logótipo.

[876] Admitindo expressamente, ainda na vigência do CPI anterior, a aplicação do princípio da especialidade neste domínio, Pedro Sousa e Silva, *Direito Industrial,* 1ª ed., p. 252 e A. Campinos/C. Gonçalves, *CPI anotado,* cit., p. 522.

relativos de recusa do registo do próprio *logótipo* (e não de outros sinais que imitem logótipos existentes, porventura prestigiados). Por isso, a remissão do nº. 2 deste preceito nunca poderia ter por efeito alargar essa tutela[877]. Seja como for, esta questão terá escassa relevância prática, pois serão muito raros os casos de logótipos de prestígio que não sejam simultaneamente marcas de prestígio, já beneficiando por isso da protecção reforçada de que estas gozam.

6. Extinção

O registo de logótipo pode extinguir-se por caducidade, renúncia e mediante declaração de invalidade. Aos fundamentos de extinção referidos genericamente no Título I do CPI, acrescem alguns fundamentos específicos dos arts. 296º e 297º, aos quais cumpre fazer uma referência mais detalhada.

Assim, os motivos de **nulidade** do registo do logótipo – para além dos previstos no art. 32º do CPI, já analisados no Capítulo I – são os referidos no art. 296º e reconduzem-se à falta de requisitos *absolutos* de protecção (falta de carácter distintivo, infracção de outros interesses de ordem pública), constituindo também, como sabemos, motivos absolutos de recusa, enunciados pelo art. 288º. O nº 2 deste preceito, que prevê a excepção do *secondary meaning*, é também aplicável em matéria de nulidade, permitindo sanar esta invalidade quando o sinal, desprovido originariamente de capacidade distintiva, a venha, entretanto, a adquirir.

Os fundamentos específicos de **anulabilidade**, referidos no art. 297º do CPI, consistem na falta de requisitos *relativos* de protecção (novidade relativa, respeito de direitos de terceiros e risco de concorrência desleal), resultantes do elenco dos motivos relativos de recusa do art. 289º. Ao contrário do que sucede com as hipóteses de nulidade – que pode ser invocada a todo o tempo –, as acções de anulação devem ser instauradas no prazo de 5 anos a contar do despacho de concessão do registo, tal como hoje dispõe o nº 7 do art. 34º, para a generalidade dos DPI.

[877] COUTINHO DE ABREU (*Curso* cit., p. 360) parece admitir o afastamento do princípio da especialidade *na hipótese de o logótipo ser de prestígio*, o que até constituiria uma opção coerente do legislador, que já tutela as marcas de prestígio. Mas a verdade é que a redacção, porventura infeliz, do nº 2 do art. 289º não parece consentir essa interpretação. Por este motivo, não partilho do entendimento de COUTO GONÇALVES de que o art. 289º, nº 2 manifesta *abertura para a existência de logótipos notórios e de prestígio* (*Manual* cit., p. 373).

Por fim, o registo do logótipo pode extinguir-se por **caducidade**, após decurso do prazo de duração ou por falta de pagamento das taxas devidas (como dispõe genericamente o art. 36º do CPI), ou ainda nos casos previstos no art. 298º. Assim, à semelhança do que sucede com as marcas, *a falta de uso do logótipo durante cinco anos consecutivos, salvo justo motivo*, constitui fundamento de caducidade, desde que invocada por qualquer interessado perante o INPI (art. 36º/2 do CPI). Embora a lei não o diga, justifica-se que esta exigência de uso seja interpretada em termos análogos à noção de "uso sério", tal como definido pelo nº 1 do art. 267º do CPI: um uso efectivo e não meramente simbólico do sinal, tal como está registado (ou com diferenças que não alterem o seu carácter distintivo), realizado pelo titular ou com o seu consentimento.

A alínea a) do art. 298º prevê ainda a caducidade do registo em caso de *extinção da entidade* ou de *encerramento e liquidação do estabelecimento*. O primeiro destes motivos parece-me justificado: se o logótipo assinala uma entidade que deixa de existir, não faria sentido manter em vigor o respectivo registo[878]. Mas não se diga o mesmo quanto ao segundo, que introduz uma regra despropositada. Desde logo, porque – visando o logótipo identificar uma entidade – essa entidade continuará a existir mesmo quando encerre um estabelecimento em que utilize o logótipo. Aliás, a titular do registo pode usar o mesmo logótipo em vários estabelecimentos, em simultâneo, sendo absurdo privá-la desse sinal apenas porque encerrou um deles. De resto, pode querer usar o logótipo noutras circunstâncias (v.g. na publicidade, na Internet, nos seus meios de transporte) ou mesmo voltar a utilizá-lo futuramente, noutro estabelecimento.

Criticando esta norma, que considera "muito estranha", COUTINHO DE ABREU[879] preconiza mesmo a sua interpretação revogatória, *por antinomia lógica e normativa desse preceito com o sistema disciplinador dos logótipos*. A explicação mais provável desta incongruência normativa reside na atribulada história do actual logótipo e na desnecessária "fusão" dos três sinais

[878] Note-se que, sendo admissível a transmissão do registo de logótipo (nos termos do art. 295º) será normalmente possível ceder esse registo em fase de liquidação de uma sociedade comercial – mesmo após a sua declaração de insolvência ou dissolução extra-judicial –, dado que a respectiva personalidade jurídica só se extingue com o registo comercial do encerramento da liquidação (art. 160º/2 do CSC).

[879] *Curso*, cit., pp. 363 e 364.

distintivos que o antecederam, com a ideia (frustrada, como vimos) de usar um único sinal para assinalar coisas diversas (entidades e estabelecimentos). Há coisas que nasceram para ser diferentes e que não adianta tentar fundir: podemos chamar "cão" a um gato, que nem assim ele há-de ladrar...

Capítulo VII
Firmas

1. Introdução

A firma é um dos sinais distintivos mais utilizados, até porque o seu uso é imperativo para os comerciantes: o art. 18º do Código Comercial dispõe que os comerciantes *são especialmente obrigados a adoptar uma firma*. Este dever impõe-se não só aos comerciantes em nome individual mas também às sociedades comerciais – que são comerciantes por natureza –, constituindo a firma um dos elementos obrigatórios do contrato de sociedade[880].

Os traços fundamentais da disciplina da firma constam do Regime do Registo Nacional de Pessoas Colectivas[881], que é complementado por diversas normas do Código das Sociedades Comerciais[882], que estabelecem regras específicas sobre a composição da firma dos diferentes tipos de sociedade.

Contudo, apesar da sua relevância, a firma não dispõe de um regime jurídico claro e tecnicamente preciso, o que tem dado origem a dúvidas

[880] Arts. 13º/2 do Código Comercial e 9º/1/c) do CSC.

[881] Constante do DL nº 129/98, de 13 de Maio, com a redacção resultante da Lei nº 29/2009, de 29 de Junho. Doravante "RRNPC". Note-se que, como sublinhou Oliveira Ascensão (*Firma*, in CJ 1998, IV, p. 29), constitui um *saboroso trocadilho* a circunstância de o RRNPC abranger também pessoas singulares. Sobre a evolução da regulamentação da firma em Portugal, cf. Remédio Marques, in *Anotação ao art. 10º*, in AAVV, *Código das Sociedades Comerciais em Comentário*, 2010, Vol. I, pp. 175 ss., Menezes Cordeiro, *Manual de Direito Comercial*, 2007, p. 321 e ss.

[882] Arts. 10º, 177º, 200º, 270º-B, 275º e 467º.

e ambiguidades que seriam superáveis com uma intervenção legislativa de qualidade. Por isso, até melhores dias, os intérpretes e aplicadores do direito terão que se orientar com a luz que vai brotando da escassa doutrina e jurisprudência que têm tratado este tema nas últimas décadas.

2. Conceito

A firma é o nome do comerciante. Mais exactamente, é o nome que determinada pessoa usa no exercício do seu comércio, que pode não ser exactamente igual àquele que consta do registo civil e que é usado para o comerciante se identificar nas restantes dimensões da sua vida. A firma consiste, assim, no nome comercial do comerciante.

Aos nomes das pessoas colectivas que não sejam comerciantes, como as associações e fundações e as sociedades civis sob forma civil, o RRNPC chama "denominação". No entanto, como sublinha Coutinho de Abreu, esta distinção, contrapondo "firma" para comerciantes e "denominação" para não comerciantes, deixou de ter um valor absoluto, sendo hoje meramente tendencial[883]. Isto porque a lei também emprega a expressão "firma" relativamente a não comerciantes[884]. Por conveniência de exposição, neste capítulo usar-se-á um conceito amplo de firma, abrangendo não só a firma propriamente dita (de um comerciante) mas também a denominação (de um não comerciante).

Quanto à sua composição, é habitual distinguir-se entre "firma-nome", constituída por nome(s) e/ou firma(s) de sócio(s) (v.g. "João Costa, Miguel Silva, Lda."), "firma-denominação", composta por denominação particular, isto é, um conjunto de vocábulos com alguma arbitrariedade (v.g. "Bela Vista, Lda."), e "firma-mista", constituída pela conjugação de elementos das duas variantes anteriores (v.g. "João Costa, Oculista, Lda.").

2.1. Natureza

A inclusão da firma na categoria dos direitos de Propriedade Industrial não é pacífica, embora seja indiscutível tratar-se de um sinal distintivo do comércio[885].

883 *Curso de Direito Comercial*, vol. I, cit., pp. 154 e 155.

884 Art. 39º RRNPC.

885 Defendendo convictamente essa inclusão, Remédio Marques, *Código das Sociedades Comerciais em Comentário*, cit. p. 181.

Tratando-se de um sinal que designa alguém (no fundo, de um nome) há quem defenda estarmos perante um direito de personalidade, semelhante ao direito ao nome[886] ou que o integra, como entendia PINTO COELHO[887]. Já OLIVEIRA ASCENSÃO argumenta que o próprio direito ao nome não é um direito de personalidade (sendo-o outrossim o direito à identidade pessoal), mas antes um direito que *supõe a atribuição de uma coisa incorpórea, um nome*; e a firma, como todo o direito ao nome, *é um direito sobre coisa incorpórea* revelando-se uma *realidade patrimonial*[888]. Por isso, este autor inclui a firma no Direito Industrial, na categoria dos sinais distintivos do comércio[889]. Por seu lado, FERRER CORREIA, frisando que *o problema é de somenos importância prática*, defendia uma teoria mista, segundo a qual o direito subjectivo à firma tutela interesses de uma dupla natureza: *a personalidade do comerciante* e interesses *da organização comercial, da empresa*[890].

A meu ver, esta última tese é aquela que melhor exprime o carácter híbrido desta figura, tal como a disciplina o legislador português. Por um lado – e de forma mais flagrante nas pessoas colectivas –, a firma constitui um elemento definidor e fundador da personalidade do comerciante. Por outro, em certos aspectos a firma desliga-se da pessoa do comerciante, surgindo mais como um elemento patrimonial da empresa.

[886] Art. 72º Código Civil.

[887] *Lições de Direito Comercial*, 1º vol., 1957, p. 240 e ss. Face ao actual quadro normativo português, MENEZES CORDEIRO (*Manual de Direito Comercial*, cit., p. 352) entende que *a firma está (ainda) muito aderente ao direito ao nome (...) assumindo pois a natureza de direito de personalidade*, competindo a sua disciplina ao Direito Comercial em sentido estrito, ao invés da marca, que pertence ao Direito Industrial (p. 317).

[888] *Direito Comercial – Direito Industrial*, vol. II, cit., p. 115 e 117.

[889] *Idem*, p. 119. Assim também CARLOS OLAVO, *Direito Industrial*, cit., p. 236 parecendo ser essa também a posição de COUTINHO DE ABREU (*Lições de Direito Comercial*, cit., p. 181) ao ver a firma como um bem imaterial, passível de ser objecto de direitos reais.

[890] *Lições de Direito Comercial*, vol. I, Coimbra, 1973, p. 295. REMÉDIO MARQUES (*Código das Sociedades Comerciais em Comentário*, cit., p. 181), não deixando de integrar a firma no subsistema da propriedade intelectual, fala numa natureza *bifronte* ou *dualista*.

3. Requisitos de protecção

3.1. Registo

O direito ao uso exclusivo da firma é concedido pelo respectivo registo (art. 3º do RRNPC). Apesar disso, a subsistência desse direito fica condicionada ao uso da firma, sob pena de extinção[891].

O procedimento para obtenção do direito sobre a firma inicia-se com um pedido de *certificado de admissibilidade* de firma e denominação (feito presencialmente, através da Internet ou por correio), o qual pode ser rejeitado liminarmente por motivos de ordem formal (arts. 46º e 46º-A do RRNPC). Passada esta triagem, o pedido é objecto de instrução (podendo para o efeito o RNPC solicitar os documentos que entenda necessários) e será deferido se a firma ou denominação for julgada admissível[892]. Uma vez emitido o certificado, este será disponibilizado electronicamente, sendo válido por três meses e conferindo uma mera presunção de exclusividade (arts. 51º, 53º e 35º do RRNPC). Isto porque só com a inscrição definitiva no registo é que nascerá o direito ao uso exclusivo da firma ou denominação (arts. 35º, nº 1, e 56º do RRNPC).

Paralelamente a este modo de aquisição da firma, importa referir os regimes criados no âmbito do "SIMPLEX", *de Constituição Imediata e On-Line de Sociedades*[893], que permitem aos interessados adquirirem uma firma composta por expressões de fantasia e fazendo parte de uma *bolsa de firmas reservadas* a favor do Estado, criada pelo RNPC. Estas firmas correspondem a sinais previamente concebidos pelos serviços do Estado, com este propósito, podendo o requerente escolher a firma que mais lhe agradar, de entre o elenco dos sinais disponíveis nessa bolsa.

[891] O art. 61º nº 1 RRNPC prevê que se declare, oficiosamente ou a requerimento de qualquer terceiro, a perda do direito de uso de firma ou denominação, caso a inscrição no Ficheiro Central de Pessoas Colectivas ("FCPC") ultrapasse em um ano o prazo fixado para a sua realização, ou caso o titular deste direito não exerça actividade durante dois anos consecutivos.

[892] A fim de evitar o indeferimento, os interessados podem fazer uso da faculdade (prevista no art. 47º do RRNPC) de solicitar informações sobre a admissibilidade do sinal que pretendem adoptar. Está actualmente disponível em https://www.portaldaempresa.pt um motor de busca que permite fazer uma primeira prospecção. As decisões elencadas no art. 63º são passíveis de recurso hierárquico e de impugnação judicial.

[893] Instituídos, respectivamente, pelos DL nº 111/2005, de 8 de Julho e nº 125/2006, de 29 de Junho.

3.1.1. Princípio da unidade

Em Portugal, vigora o chamado princípio da unidade, pelo que cada comerciante (pessoa singular ou sociedade) só poderá ter uma firma[894]. Esta solução suscita reacções diferenciadas, da parte da doutrina. CARLOS OLAVO considerava-a natural, dado tratar-se de um nome, pelo que outra solução tornaria a firma num *elemento de confusão do mercado*[895]. Já MENEZES CORDEIRO entende que estamos perante *regras desfasadas* e um *conceptualismo sem peias*, que ignora a possibilidade de um mesmo comerciante poder ter mais que um estabelecimento[896].

Sublinhe-se que o princípio de unidade impede um mesmo sujeito de aparecer no comércio sob várias designações, mesmo que estas o designem exclusivamente a ele. Por exemplo, o Miguel Antunes Carvalho, que tenha adoptado a firma "Miguel Carvalho, Electrodomésticos" já não poderá – segundo este princípio –, adoptar em simultâneo a firma "Miguel Antunes, Talhos" (isto apesar de ambas as firmas designarem um, e um só, indivíduo). Este resultado, imposto pelo regime legal vigente, parece-me excessivo e desfasado das necessidades actuais do comércio.

3.2. Regras gerais

As regras relativas à composição da firma variam consoante o tipo de pessoa a identificar, mas existem alguns princípios gerais a que todas estão sujeitas.

[894] Arts. 38º/1 do RRNPC e 9º/1/c) do CSC. Ressalva-se a hipótese de um comerciante individual ser também titular de um E.I.R.L., que constitui apenas um património autónomo. Nesta situação uma pessoa pode ter duas firmas.

[895] *Propriedade Industrial*, cit., p. 217.

[896] *Manual de Direito Comercial*, cit., pp. 348 e 349. O art. 44º do RRNPC admite a transmissão do direito à firma desde que haja consentimento expresso do titular originário e, caso se trate de firma de sociedade, igualmente o consentimento do sócio cujo nome conste da firma (nº 2), exigindo ainda que a transmissão da firma seja acompanhada do estabelecimento. Assim, a firma pode mudar de titular (caso em que se fala de firma derivada), como parte do estabelecimento transferido. Esta transmissão tanto pode ocorrer *inter vivos* como *mortis causa*. A diferença de regime prende-se com o aditamento a fazer: na transmissão *inter vivos* esta é obrigatória (art. 44º/1 RRNPC) e na transmissão *mortis causa* é facultativa (44º/3). FERRER CORREIA (*Lições de Direito Comercial*, cit., p. 266) considerava possível que um comerciante individual comerciasse sob várias firmas, fundamentando a sua posição no regime de transmissão da firma (art. 24º do Código Comercial, entretanto revogado). Este tema será retomado no Capítulo XII.

Uma vez que se trata de um nome, não pode ser adoptado como firma um sinal *figurativo* (ao contrário do que sucede com as marcas e os logótipos). Além disso, a firma deve ser constituída por caracteres que tenham expressão fonética para a generalidade das pessoas. Assim, em Portugal, restringe-se a firma a caracteres latinos[897].

Anteriormente, a lei exigia que a firma fosse redigida em língua portuguesa. Mas, com a revogação do Decreto-Lei nº 42/89, de 3 de Fevereiro, esta exigência foi abandonada[898]. A lei não exige que a firma, como sinal de identificação do comerciante, tenha um significado perceptível a todos, pois até admite palavras de fantasia, inventadas (sem qualquer significado, seja em que idioma for). Assim, se a lei admite palavras que não existem em língua alguma, por maioria de razão admitirá palavras estrangeiras que, nada significando em português, signifiquem alguma coisa noutra parte do mundo, mais ou menos remota. Até porque uma palavra inventada, desde que pronunciável, pode revelar-se um sinal especialmente eficaz, dada a sua originalidade. Não creio que o melhor caminho para defender a língua portuguesa seja o de criar dificuldades e limitações à constituição de empresas. Além do mais, as naturais limitações do léxico lusitano tornam cada vez mais difícil a obtenção de certificados de admissibilidade, face à saturação que a base de dados do RNPC vem registando.

[897] O que não quer dizer, necessariamente, o alfabeto oficial da língua portuguesa. Este, anteriormente ao novo acordo ortográfico, restringia-se a 23 caracteres, encontrando-se excluídas as letras K, W e Y, sem que, por isso, fossem recusadas firmas com esses caracteres, como por exemplo a firma "Kwy Consulting, Lda." (NIPC 506338088) com actividade desde 2002 (dados obtidos em https://www.portaldaempresa.pt).

[898] Por isso, não acompanho MENEZES CORDEIRO quando defende que, apesar da referida norma ter desaparecido *disparatadamente*, valerá *uma regra geral de uso da língua portuguesa que funcionará também perante o RNPC* – *Manual de Direito Comercial*, cit., p. 337. Não creio que a razão subjacente às normas invocadas por este Autor para fundamentar essa conclusão (relativas, v.g, à formalização de actos ou contratos, actos judiciais ou de protecção do consumidor) subsista no caso da firma. Nesses casos, a língua portuguesa é essencial para transmitir informação de forma perceptível. A firma desempenha uma função diversa, de simples individualização. No âmbito de legislação anterior, entendia NOGUEIRA SERENS ([*Firma e língua portuguesa (parecer)*, Revista do Notariado, 1994, p. 113 e ss.] que estas exigências se deviam apenas ao princípio da verdade e *já não* [à] *defesa da língua de Camões*. Segundo o Autor tratava-se de prevenir o risco de ludibriar os consumidores, fazendo-os comprar um produto português na suposição de ser estrangeiro (p. 114).

3.2.1. Princípio da verdade

O princípio da verdade da firma, consagrado no art. 32º do RRNPC, impede que esta contenha elementos passíveis de causar engano ou confusão[899]. Este princípio não se limita a proibir que seja sugerida uma natureza, identificação ou actividade distintas da efectiva. Exige que todos os componentes da firma sejam verdadeiros (o que não impede as designações de fantasia) e que nenhum deles possa induzir em erro quanto aos referidos aspectos[900] ou quanto à caracterização jurídica da pessoa colectiva (nomeadamente a respeito da sua finalidade lucrativa).

Outras proibições absolutas prendem-se com a inclusão de elementos contrários à lei, aos bons costumes ou ofensivos da moral ou incompatíveis com o respeito pela liberdade de opção política, religiosa ou ideológica, e de expressões que desrespeitem ou se apropriem de símbolos que devam ser mantidos no domínio público (art. 32º, nº 4, do RRNPC)[901].

Relacionada com o princípio da verdade está, ainda, a obrigatoriedade de alterar a firma ou denominação de pessoa colectiva que inclua o nome de pessoa singular, quando esta deixe de ser sócia ou associada daquela, salvo autorização do próprio ou dos herdeiros (art. 32º/5, do RRNPC).

3.2.2. Novidade

À semelhança do que acontece com outros sinais distintivos, também à firma se exige novidade, isto é, que o sinal a registar não seja susceptível de confusão ou erro com firmas registadas ou licenciadas no mesmo âmbito de exclusividade[902]. A aferição da novidade não se limita ao confronto com

[899] Na formulação de Ferrer Correia (*Lições de Direito Comercial*, cit., p. 263), *a firma deverá corresponder à situação real a que respeita, não podendo conter elementos susceptíveis de falsear ou de provocar confusão* (...).

[900] Aquilo a que Carlos Olavo chamava a vertente positiva e negativa do princípio (*Propriedade Industrial*, cit., p. 200). Neste contexto, Coutinho de Abreu (*Lições de Direito Comercial*, cit., p.171) fala em *princípio da licitude (residual).*

[901] Disposições que exprimem aquilo que Remédio Marques (*Código das Sociedades Comerciais em Comentário*, cit., p. 189), designa por "princípio da licitude".

[902] Art. 33º/1 do RRNPC, onde o vocábulo "distintas" se refere à comparação com outros sinais e não à capacidade de se distinguir. Trata-se por isso de uma novidade relativa. Assim, por exemplo, o ac. RP de 25.05.2009 (rel. Anabela Luna de Carvalho; in www.dgsi.pt) e o ac. RL de 5.10.2013 (rel. Pimentel Marcos). Àquilo que o RRNPC designa por princípio da novidade, Coutinho De Abreu (*Lições de Direito Comercial*, cit., p. 162) chama princípio da novidade ou exclusividade e Carlos Olavo (*Propriedade Industrial*, cit. p. 201) e Ribeiro

firmas anteriores, devendo a comparação abranger ainda as marcas e os logótipos registados no INPI que tenham sido objecto de inscrição no RNPC (art. 32º, nºs 5 e 6, do RRNPC). No entanto, mesmo depois de feito o registo da firma, ele pode ser invalidado por incompatibilidade com firmas ou outros sinais distintivos anteriormente registados. Por isso, o nº 4 do art. 4º do CPI dispõe que constitui fundamento de *recusa* ou de *anulação* de uma firma a existência de registos de marcas, logótipos, de denominações de origem e indicações geográficas que, sendo anteriores, com ela sejam confundíveis[903].

Na comparação de firmas com outros sinais distintivos prioritários, deverão usar-se os critérios que determinam o âmbito de exclusivo do sinal invocado (tais como os já enunciados relativamente às marcas, no Capítulo V, tendo sempre presente a natureza nominativa daquele sinal, o que torna irrelevantes quaisquer considerações acerca da apresentação visual das firmas. Deve ainda ter-se presente que, no âmbito das firmas, o padrão de apreciação não deve ser aferido pelos olhos do *consumidor* médio, mas antes do *agente económico* médio, pois o universo dos destinatários da mensagem identificativa que este sinal encerra não se resume aos clientes, abrangendo ainda os demais interveniente no tráfico comercial, incluindo fornecedores, instituições de crédito e até concorrentes[904].

Este requisito da novidade não é entendido de uma forma absoluta pelo RNPC, que admite existência de firmas quase idênticas quando respeitem

de Almeida (*O princípio da especialidade da firma – anotação ao Acórdão de 25.03.2009 do Supremo Tribunal de Justiça* in *Lusíada Direito*, Nº 1 e 2, p. 507) chamam novidade ou exclusivismo. Entendo, porém, que estes dois conceitos são distintos, pois a novidade é um requisito para aceder à exclusividade (no fundo, à tutela deste sinal distintivo).

[903] No caso de pessoas colectivas, a acção de anulação deverá ser proposta no prazo de dez anos a contar da publicação da sua constituição ou da alteração, salvo se for proposta pelo Ministério Público (art. 4º/5 do CPI).

[904] Subscrevendo este entendimento, os acs. RL de 24.04.2014 (rel. Luís Correia de Mendonça; P. 199/13.6YHLSB; dgsi.pt) e de 19.11.2015 (rel. Jorge Leal, P. 308/14.8YHLSB; dgsi.pt). Em sentido ligeiramente diferente, veja-se Ac. STJ 02.06.2016 (rel. Salazar Casanova), em que se afirma: *Os destinatários que podem ser induzidos em erro são todos aqueles que se podem relacionar com a sociedade identificada pela firma, muito diversos e variáveis ao longo dos tempos, e se, entre eles, estão, sem dúvida, os fornecedores, as instituições de crédito, as companhias de seguro, etc. ou as próprias entidades estaduais lato sensu, entidades que se relacionam de uma forma particularmente atenta e diligente em comparação com o consumidor que adquire produtos comercializados pela sociedade, a verdade é que também perante os próprios consumidores clientes, designadamente quando das transações, a sociedade se identifica pela firma.*

a sociedades pertencentes ao mesmo grupo empresarial, ou com sócios comuns, desde que a titular do direito prioritário preste o seu consentimento à concessão da nova firma e esta contenha algo que a torne minimamente distinta e individualizadora[905].

Como veremos, a exigência de novidade sofre uma especial atenuação quando estejam em causa pessoas singulares, pois estas são obrigadas a utilizar o seu próprio nome, completo ou abreviado, o que reduz a margem de liberdade de que gozam para escolher a sua própria firma.

3.2.3. Capacidade distintiva

O art. 33º, nº 3 do RRNPC não permite que as firmas sejam constituídas *exclusivamente por vocábulos de uso corrente que permitam identificar ou se relacionem com actividade, técnica ou produto, bem como topónimos e qualquer indicação de proveniência geográfica*, dado que isso privaria aquele sinal de toda a capacidade distintiva. Apesar de existir uma diferença na redacção do nº 1 (que refere "firmas e denominações") e do nº 3 (que só menciona "denominações"), isso não terá especial significado, pois não faria sentido que se fosse mais exigente na composição de um sinal distintivo *do comércio* com não comerciantes. Assim, atento o texto da lei e a função distintiva deste sinal, não parecem admissíveis firmas de qualquer espécie constituídas unicamente por sinais genéricos. O que não exclui, porém, a firma constituída por sinais fracos ou sinais que à partida seriam genéricos, mas que tenham adquirido um *secondary meaning*[906].

3.3. Regras especiais

Analisemos agora sucintamente as regras relativas à composição da firma de cada tipo de pessoa.

[905] Assim, é frequente a coexistência de firmas como ABC SGPS, ABC Indústria, ABC-Distribuição, ou então, simplesmente, ABC I, ABC II, ABC III.

[906] Neste sentido Remédio Marques, *Anotação ao art. 10º*, cit., p. 192 e 193. Em sentido divergente Carlos Olavo entendia que, *no caso de firma da qual faça parte denominação particular, esta pode consistir em palavras de uso comum, sem que contenha qualquer elemento característico*, acrescentando que essa seria uma *situação correntíssima em Portugal* (*Propriedade Industrial*, cit., p. 198). Para uma análise aprofundada da regra do *secondary meaning*, cf. Luigi Sordelli (*Marchio e «secondary meaning»*, 1979), que conclui que, para a *ditta* [figura análoga à firma], *a teoria do «secondary meaning» se põe nos mesmos termos que para as marcas* (p. 295).

Quanto às **associações e fundações**, existe uma relativa liberdade, podendo a firma conter siglas, expressões de fantasia ou composições. Deverá dar a conhecer a sua natureza, não sendo, porém, exigida uma referência explícita, pelo que bastará que não induza em erro (art. 36º, nºs 1 e 2 do RRNPC).

A firma das **sociedades civis sob forma civil**, quando seja firma-nome (constituída pelo nome completo ou abreviado de pelo menos um sócio) deverá ser acompanhada pela expressão "e Associados" (v.g. "Miguel Antunes, João Costa e Associados"). Quando seja composta (só ou também) por siglas, iniciais ou expressões de fantasia deverá conter a expressão "Sociedade" (v.g., "Sociedade Pedra Branca") – art. 42º RRNPC.

Para os **comerciantes em nome individual** as regras são mais estritas, devendo a firma ser constituída pelo seu nome (ainda que não completo, exigindo-se apenas o necessário para a identificação da pessoa), eventualmente seguido de alcunha ou expressão alusiva à actividade exercida (art. 38º, nº 1, do RRNPC). O nome pode ser antecedido somente por títulos académicos, profissionais ou nobiliárquicos a que o comerciante tenha direito[907]. A abreviação que advenha da inclusão de um título não pode cingir-se a um vocábulo, salvo se resultar numa firma completamente individualizadora (art. 38º, nº 3, do RRNPC). Enfatiza-se assim o requisito da *capacidade distintiva*. O nº 2 do art. 38º do RRNPC permite que o comerciante individual adite à sua firma a indicação "Sucessor de" ou "Herdeiro de" e a firma do estabelecimento que tenha adquirido (v.g. "Miguel Antunes, sucessor de

[907] Como já ficou referido no Capítulo V, os títulos nobiliárquicos, distinções honoríficas e direitos de nobreza foram abolidos pelo art. 1º do decreto de 15 de Outubro de 1910 (Diário do Governo de 18 de Outubro de 1910), tendo apenas subsistido transitoriamente (art. 4º) o direito dos titulares *à data da publicação* desse diploma de continuarem a usá-los para sua identificação em actos e contratos [direito que perdurou no art. 40º do Código de Registo Civil (DL nº 131/95, de 06 de Junho) até à sua revogação pelo DL 324/2007, de 28 de Setembro]. Assim, é hoje em dia indubitável que a República Portuguesa não reconhece nem atribui títulos nobiliárquicos, pelo que o art. 38º/2 do RRNPC só poderá referir-se a títulos nobiliárquicos *estrangeiros* atribuídos a cidadãos nacionais ou estrangeiros (por exemplo, um título de marquês atribuído pela coroa espanhola a um cidadão português). Num sentido diferente, defendendo ainda a utilização destes títulos quando reconhecidos pelo Instituto da Nobreza Portuguesa, cf. Menezes Cordeiro, *Manual de Direito Comercial*, cit., p. 339. Contudo, sendo esse instituto uma mera associação de direito privado, sem competências delegadas pelo Estado, tais reconhecimentos carecem de qualquer relevância jurídica.

João Costa"). As regras aqui enunciadas para os comerciantes individuais são aplicáveis, com as necessárias adaptações, aos outros empresários individuais, por via da remissão expressa do art. 39º, nº 2, do RRNPC.

As regras relativas aos comerciantes individuais são também aplicáveis à firma do Estabelecimento Individual de Responsabilidade Limitada[908], devendo a firma conter a expressão final "Estabelecimento Individual de Responsabilidade Limitada" ou a abreviatura "E.I.R.L." (art. 40º, nº 1, do RRNPC). Existem outras entidades colectivas com direito a firma ou denominação, como os Agrupamentos Complementares de Empresa, as cooperativas, os Agrupamentos Europeus de Interesse Económico, cujo regime consta de diploma específico[909].

3.3.1. As sociedades comerciais

No que concerne às sociedades comerciais (e às sociedades civis sob forma comercial), o art. 37º do RRNPC remete para a disciplina do CSC, que estabelece um regime distinto em função do tipo de sociedade. A firma de cada sociedade deve conter um aditamento que permita identificar imediatamente o regime sobre a qual esta se constituiu e opera[910].

O art. 10º do CSC estabelece uma disciplina comum para as firmas das sociedades comerciais[911], que começa por enunciar o princípio da verdade, em termos semelhantes aos do art. 32º do RRNPC. O mesmo sucede com a exigência de capacidade distintiva, constante do seu nº 4. As proibições absolutas referidas pelo nº 5 do art. 10º ("expressões proibidas por lei ou ofensivas da moral ou dos bons costumes") são mais limitadas que as constantes do art. 32º, nº 4 do RRNPC. O que não significa que estas últimas não sejam aqui aplicáveis, atenta a remissão do art. 37º do RRNPC, que manda aplicar o seu regime às sociedades comerciais, naquilo que não se mostre incompatível com a sua específica regulamentação. Por fim, os nºs 2 e 3 do

[908] Não só aquelas para que remete o art. 40º/2 e que o texto do nº 1 reproduz, mas também a disposição acerca da transmissão da firma.

[909] Art. 43º RRNPC. Sobre o regime destas firmas *vide* COUTINHO DE ABREU, *Lições de Direito Comercial*, cit., pp. 159 e 160 e, mais detalhadamente, J. SEABRA LOPES, *Direito dos Registos e Notariado*, 2009, pp. 331 a 339.

[910] Para uma panorâmica sobre os diferentes tipos de sociedade comercial, cf. PEDRO MAIA in AAVV, *Estudos de Direito das Sociedades*, 2008, p. 7 e ss.

[911] Para uma análise desta disposição, cf. REMÉDIO MARQUES, *Anotação ao art. 10º*, cit., p. 175 e ss.

art. 10º do CSC consagram a exigência de novidade relativa, em termos a desenvolver no ponto seguinte.

Em concreto, a firma das sociedades **em nome colectivo** deve conter pelo menos o nome de um sócio e, caso não contenha o de todos, deve ter aditada, de forma abreviada ou extensa, a expressão "e companhia" (art. 177º, nº 1, do CSC). A firma das sociedades **por quotas** tanto pode ser firma-nome, firma-denominação ou firma mista, não podendo, porém, conter *expressões indicativas de um objecto social que não esteja especificamente previsto na respectiva cláusula do contrato de sociedade.* Em caso de alteração do objecto, a firma poderá também ser modificada. Esta firma tem obrigatoriamente que findar com a expressão "Limitada" ou abreviatura "Lda." (art. 200º do CSC). A firma das sociedades **unipessoais por quotas** deve ser formada pela expressão "sociedade unipessoal" ou pela palavra "unipessoal" antes da palavra "Limitada" ou da abreviatura "Lda." (art. 270º-B do CSC). O regime da firma das sociedades **anónimas** é igual ao das sociedades por quotas, excepto quanto à expressão final obrigatória que será "sociedade anónima" ou a abreviatura "S.A." (art. 275º do CSC)[912]. A sociedade **em comandita** tem que conter na sua firma o nome de pelo menos um sócio comanditado e, consoante seja sociedade em comandita simples ou em comandita por acções, a expressão ou abreviatura a final "em comandita" ou "& comandita" ou "em comandita por acções" ou "& comandita por acções" (art. 467º, nº 1, do CSC).

4. Âmbito da protecção

Uma vez concedido um determinado certificado de admissibilidade de firma ou denominação e efectuado o respectivo registo nos termos do Código de Registo Comercial, o seu titular adquire um direito exclusivo. Ao contrário do registo de marcas ou de logótipos, não é aqui necessário renovar periodicamente o registo da firma, que se manterá por tempo indefinido, enquanto o titular da firma existir e permanecer em actividade.

4.1. Âmbito territorial

Este direito ao uso exclusivo, como resulta das remissões do art. 35º, nº 1 do RRNPC, terá um âmbito territorial diferenciado, consoante o tipo de pessoa em causa.

[912] Art. 275º CSC.

As associações, fundações, sociedades civis sob forma comercial (art. 42º, nº 2 do RRNPC) e outras pessoas colectivas (art. 42º, nº 2 do RRNPC), têm a sua denominação protegida em todo o território nacional, salvo se o seu objecto estatutário indiciar a prática de actividades de cariz essencialmente local ou regional (art. 36º, nº 3 do RRNPC). Desta forma a denominação "ATACA – Associação de Tutores e Amigos da Criança Africana", estará protegida em todo o território nacional, mas já não a denominação "Associação Cultural Amigos de Gaia", cujo objecto estatutário é a promoção da cultura no concelho de Vila Nova de Gaia.

Os comerciantes individuais, desde que não usem apenas o seu nome completo e abreviado[913], terão direito a um exclusivo limitado ao âmbito do concelho onde se encontre o seu estabelecimento principal (art. 48º, nº 4 do RRNPC), o mesmo se dizendo quanto aos outros empresários individuais que não sejam profissionais liberais (art. 39º, nº 2 do RRNPC) e quanto aos titulares de um EIRL (art. 40º, nº 3 do RRNPC).

As sociedades comerciais e as sociedades civis sob forma comercial têm direito ao uso exclusivo da sua firma em todo o território nacional, nos termos que veremos em seguida (art. 37º, nº 2 do RRNPC).

4.2. Princípio da especialidade

Uma questão muito debatida e determinante do alcance da tutela da firma prende-se com a sua eventual sujeição a um princípio da especialidade; isto é, saber se a protecção da firma como sinal distintivo do comércio abrange apenas as áreas de actividade que o seu titular exerce (ou se propõe exercer, por constarem do seu objecto social). Discute-se, por exemplo, se a firma concedida para uma sociedade cujo objecto é o comércio de chocolates, constitui impedimento à concessão de firma idêntica para uma sociedade dedicada à extracção de minério. Ou se, pelo contrário, o exclusivo que rodeia a firma estará limitado ao domínio a que respeita e às actividades afins. O RRNPC não é claro neste ponto, constando do seu art. 33º, nº 2, que *os juízo sobre a distinção e a não susceptibilidade de confusão ou erro devem ter em conta o tipo de pessoa, o seu domicílio ou sede, a afinidade ou proximidade*

[913] Circunstância em que se sobrepõe a regulamentação do nome civil (art. 72º CC), como direito de personalidade, relativamente ao qual não existe um efectivo direito exclusivo.

das suas actividades e o âmbito territorial destas[914]. A expressão "ter em conta" reveste certa ambiguidade, gerando incertezas não apenas sobre o âmbito da exclusividade, como também, reflexamente, quanto ao critério de aferição da novidade da firma.

Alguma doutrina e jurisprudência tem vindo a distinguir, para este efeito, entre o regime da firma-nome, da firma-denominação e da firma-mista, defendendo a existência de um princípio da especialidade apenas quanto a estas últimas[915].

Relativamente à firma-nome do comerciante individual, parece lógico que, aí, se rejeite o princípio da especialidade. Com efeito, atento o princípio da unidade e não estando sujeito a registo o seu ramo de actividade ou a sua alteração, um comerciante, sob a firma "Miguel Antunes", pode começar por comerciar sabonetes e estender posteriormente a sua actividade comercial às hortaliças. Estes ramos de comércio não são afins, mas terão que lhe estar acessíveis. Uma vez que este só pode comerciar sob a firma "Miguel Antunes", não poderá vigorar aqui o princípio da especialidade. A existência de um princípio de especialidade conjugado com o princípio da unidade poderia ter como efeito vedar o exercício de actividades comerciais[916].

[914] Para uma análise destes critérios, cf. Ribeiro de Almeida, *O princípio da especialidade da firma*, cit., pp. 509 e ss.

[915] Na jurisprudência, cf. o ac. RL de 13.07.2010 (Proc. 219/10.6YRLSB-8, rel. Ílidio Martins), admitindo duas firmas contendo a palavra "Interface", com ramos de actividade distintos, ou o ac. STJ de 20.10. 2009 (Proc. 247/09.4YFLSB, rel. Sousa Leite), que decidiu que *não se vislumbra que a firma-denominação GALP ENERGIA, SGPS S.A. ofenda o princípio da novidade relativamente à firma-denominação GALP–GABINETE DE URBANISMO, ARQUICTETURA E ENGENHARIA, Ldª*. Na doutrina, cf. nomeadamente Ribeiro de Almeida, *O princípio da especialidade da firma*, cit., pp. 511 e 512, Nogueira Serens, *Firma e língua portuguesa...*, cit., pp. 511 e 512 e Remédio Marques, *Anotação ao art. 10º...*, cit, p. 197. Note-se que, entretanto, o art. 10º/3 (antigo 10º/5) do CSC foi alterado, havendo sido suprimida a parte final onde se lia "e, deve dar a conhecer quanto possível o objecto da sociedade". Perde-se assim (pelo menos em parte) um dos argumentos de Ribeiro de Almeida (op. cit., p. 513), pois já não é obrigatório indicar na firma a actividade exercida pelo titular. No entanto o mesmo Autor, em obra mais recente (*A Autonomia Jurídica...* cit., pp. 1031 e ss.), desvaloriza a alteração, que sublinha ter sido feita pelo decreto que introduziu a "empresa na hora", salientando ainda existirem diferenças de redacção entre o nº 2 e o nº 3 (sendo o primeiro mais exigente que o segundo).

[916] No sentido exposto, Cassiano dos Santos, *Direito Comercial Português*, vol. I, 2007, p. 197. Refira-se que essa dificuldade sempre seria contornável com a criação de uma

Perante as diferenças de redacção entre o nº 2 e o nº 3 do art. 10º do CSC, alguns autores sustentam que existe uma diferença de regime para as firmas-denominação ou firmas-mistas, só ficando estas últimas sujeitas ao princípio da especialidade. Nesse sentido, RIBEIRO DE ALMEIDA refere que em virtude da *despersonalização da firma* ocorre uma *transformação funcional* que leva à aproximação da firma aos outros sinais disciplinados no CPI, pelo que o *âmbito de tutela deverá ser semelhante*; ou seja, *a firma, como regra, também está sujeita ao princípio da especialidade*, constituindo *importante excepção* a firma-nome[917].

Não perfilho este entendimento. A meu ver, não existe no domínio das firmas um princípio da especialidade com o significado que conhecemos no direito de marcas. No âmbito das marcas, a especialidade é essencial, pois o registo faz-se por referência a *produtos ou serviços* específicos. Enquanto que, nas firmas, o registo respeita a *pessoas*, que podem dedicar-se às actividades mais diversificadas. Por isso, não se justifica "compartimentar" a protecção das firmas em função de ramos de actividade (como sucede com as marcas). Isto não implica que seja irrelevante a referência ao ramo de actividade a desenvolver, até porque essa referência, quando incluída na própria firma, pode contribuir para a sua individualização. Decisivo, neste escrutínio, é o respeito pelo princípio da novidade, a fim de evitar a confusão no mercado[918]. Nas palavras de CARLOS OLAVO, *o critério da distinção entre firmas radica-se (...) na possibilidade de indução em confusão ou erro* (a respeito da identidade do

sociedade unipessoal, cujo capital mínimo agora se basta com € 1; mas seria excessivo impor esse ónus aos comerciantes em nome individual.

[917] *O princípio da especialidade da firma*, cit., pp. 520 e 521.

[918] Assim, por exemplo, o ac. RL de 23.06.2009 (rel. Graça Amaral; in www.dgsi.pt) e o ac. RP de 23.09.2008 (rel. Maria Eiró; in www.dgsi.pt) que refere: *o princípio da novidade, em relação à firma, aplica-se a comerciantes que exerçam actividades diferentes, sendo os critérios estabelecidos no art. 32º nº 2 do RNPC, relativos à afinidade ou proximidade das actividades, bem como o tipo de pessoa, o seu domicílio ou sede, meros critérios acessórios, auxiliares e coadjuvantes.* Em sentido oposto, o ac. STJ de 26.09.96 (rel. Miranda Gusmão; in www.dgsi.pt), considerou que *o princípio da novidade (inconfundibilidade) da firma ou denominação (...) não tem aplicação aos comerciantes (pessoas colectivas) que exerçam actividades ou ramos de comércio diferentes,* tendo com esse fundamento admitido a coexistência da firma "MELIÁ PORTUGUESA – VIAGENS E TURISMO, LDA.", com "PREDIAL MELIÁ – SOCIEDADE DE MEDIAÇÃO IMOBILIÁRIA, LDA.".

titular), sendo que *a afinidade ou proximidade das actividades surge como simples critério secundário*[919].

A referência à actividade em causa pode interessar, ainda, para aferir da capacidade distintiva de um sinal. Assim, a palavra "água" no ramo da pesca há-de ser mais comum que no ramo da aviação. E, entre um elemento genérico e um vocábulo forte, existe uma margem que importa ter em consideração, pois um sinal mais forte merecerá maior protecção[920].

4.3. Nome Comercial Estrangeiro (CUP)

O art. 8º da Convenção da União de Paris (CUP) consagra a obrigatoriedade de protecção do nome comercial estrangeiro sem a fazer depender de registo ou depósito. A interpretação desta norma da Convenção, de que Portugal é um dos 11 signatários originais, gerou entre nós (e não só) uma viva polémica. O conceito de nome comercial é ambíguo, cabendo a cada país determinar a que figura(s) corresponde e em que moldes assegura essa protecção – sempre no respeito do princípio do tratamento nacional, constante do art. 2º da CUP[921].

Uma primeira questão prendia-se com saber se, no âmbito do direito português, o nome comercial se restringia ao nome de estabelecimento (posição de PINTO COELHO[922]) ou se abrangia também a firma (posição de FERRER CORREIA[923]). Esta discussão está hoje algo ultrapassada,

[919] *Direito Industrial*, cit., pp. 203 e 205. No mesmo sentido parece pronunciar-se OLIVEIRA ASCENSÃO (*Firma*...cit., p. 37). Sendo certo que, como frisa NOGUEIRA SERENS (*Firma e língua portuguesa*, cit., p. 139), quando se trate de firmas de sociedades comerciais a consideração do âmbito territorial deixará de ser critério, uma vez que este compreende, como vimos, a totalidade do território nacional.

[920] No mesmo sentido, CASSIANO DOS SANTOS, *Direito Comercial Português*, vol. I, cit., p. 196.

[921] Como sublinha a própria OMPI, *the definition of a trade name for the purposes of protection, and the manner in which such protection is to be afforded, are both matters left to the national legislation of the countries concerned. Therefore, protection may result from special legislation on trade names or from more general legislation on unfair competition or the rights of personality* – cf. *WIPO Intellectual Property Handbook: Policy, Law and Use*, p. 257, disponível in www.wipo.int/about-ip/en/iprm/.

[922] *O "nome comercial" na Convenção da União de Paris (1883) e no Código da Propriedade Industrial*, in RLJ, ano 95º, p. 81 e ss. Esta posição decorria da concepção da firma como direito de personalidade, logo, fora do âmbito da propriedade industrial.

[923] *O "nome comercial" abrange neste preceito não apenas o nome de estabelecimento (...) mas ainda a firma quer na acepção objectiva, quer na subjectiva* (*Lições de Direito Comercial*, cit., p. 290). No mesmo sentido, e fazendo uma alargada exposição do tema, cf. OEHEN MENDES, *Da*

havendo jurisprudência estabilizada no sentido de aplicar o art. 8º da CUP quer à firma quer ao nome do estabelecimento[924]. Com mais acuidade, pode questionar-se agora se o conceito de nome comercial estrangeiro será reconduzível à figura do logótipo, nos seus contornos actuais. A meu ver, a resposta é afirmativa, nada havendo que o impeça (nomeadamente a natureza deste sinal e o objecto a assinalar). Não deixa aliás de ser curioso que, em Espanha, uma figura com contornos muito semelhantes aos do logótipo se designe *nombre comercial*[925].

Discute-se, também, se no conceito de *nome* comercial cabem apenas sinais nominativos, ou se também há espaço para sinais figurativos. Mesmo tendo presente que o actual logótipo resulta da agregação de diversos sinais diferentes, parece-me lógico que apenas os sinais nominativos[926] sejam subsumíveis à figura do nome comercial.

Isto posto, importa determinar os requisitos de que depende a protecção do nome comercial. O art. 8º da CUP só cxplicita aquilo que *não* pode constituir pressuposto de protecção (do nome estrangeiro): "não pode ser exigido registo ou depósito". Existe uma concepção "liberal" que entende não serem necessários quaisquer outros requisitos, para além da protecção no próprio país (no fundo, a existência). Nesse sentido, Ferrer Correia

protecção do nome comercial estrangeiro em Portugal, 1982 (em especial pp. 40 a 50). Admitindo ambos, mas frisando que *a finalidade do preceito é muito mais compatível com o entendimento do "nome comercial" como equivalente a firma* e referindo que, *em rigor, o nome comercial é apenas a firma*, cf. Oliveira Ascensão, *A aplicação do Art. 8º da Convenção da União de Paris nos países que sujeitam a registo o nome comercial*, in ROA, Ano 56, II, Agosto 1996, p. 447.

[924] Neste sentido, Couto Gonçalves (*Manual...*, cit., p. 288), e as referências aí constantes; cf. igualmente, os acs. STJ de 06.07.1989 (rel. Ricardo da Velha; in www.dgsi.pt) e de 29.10.1987 (rel. Fernandes Fugas) e o ac. RL de 2.07.2013 (rel. M. Rosário Morgado).

[925] Remédio Marques (*Anotação ao art. 10º*, cit., p. 201) pronuncia-se também no sentido de o logótipo estar abrangido pelo conceito de nome comercial da CUP. Sobre o *nombre comercial* espanhol, cf. Fernández-Nóvoa/Lastres/Agra, *Manual dc la Propriedadc Industrial*, cit., pp. 773 a 792.

[926] Ou, pelo menos, sinais com conteúdo nominativo, restringindo-se a protecção a essa parte. No sentido de que o art. 8º da CUP permite a protecção da insígnia (sinal figurativo entretanto incluído no logótipo), pronuncia-se Menezes Leitão, *por identidade de razão* (*Nome e insígnia de estabelecimento*, in AAVV, Direito Industrial, vol. I, p. 168). Contudo, como frisa Oliveira Ascensão (citando LADAS), a protecção do nome comercial é *delimitada pelo âmbito preciso do que é nome*, pelo que ir mais longe seria *inadmissível* (*A aplicação do Art. 8º da Convenção...*, cit., p. 442).

escrevia que *todo o nome comercial legalmente existente num dos países da União desfrutará de inteiro reconhecimento em Portugal*[927]. Contudo, esta concepção levaria a que uma firma (ou figura equivalente) existente em qualquer um dos 173 países signatários da CUP, beneficiasse de plena tutela em Portugal, podendo obstar ao registo de marcas, de logótipos ou de firmas. O que parece excessivo, gerando um elevado risco de precariedade dos sinais distintivos adoptados em Portugal, pois ficariam sujeitos à "aparição" inesperada de nomes comerciais estrangeiros com que, razoavelmente, não poderiam contar. Na prática, estaríamos perante uma substancial redução da territorialidade do Direito Industrial[928].

A esta objecção escapa uma concepção mais "restritiva", que faz depender a protecção de certos requisitos. Assim, ORLANDO DE CARVALHO defendia ser exigível, para aceder à protecção, o uso do nome de estabelecimento através da sua projecção no mercado (a *reunião de condições suficientes para existir uma clientela*[929]). OEHEN MENDES adopta uma posição menos exigente, que me parece razoável, bastando-se com a notoriedade do nome em Portugal e considerando que a tutela deve ser medida pelo *risco de confusão*[930].

A protecção conferida pelo art. 8º da CUP não equivale necessariamente à tutela resultante da concessão de um direito de exclusivo pleno. Este apenas se obtém através do registo (de logótipo ou de firma). Desta forma, a protecção conferida pela CUP não se reconduz a um regime específico de qualquer DPI (seja o do logótipo, seja o da firma)[931]. Por outro lado, essa

[927] *Lições de Direito Comercial*, cit., p. 304. Na mesma linha se pronunciou PINTO COELHO (*A protecção do «nome de estabelecimento estrangeiro»*, in RLJ, ano 97º, p. 131) subscrevendo o decidido pelo STJ no ac. de 11.07.1961, que concedeu protecção ao o nome da sociedade inglesa "Sylvania Products Inc." podendo assim obstar à firma portuguesa "Silvana Eléctrica Portuguesa, Lda.", apesar de não ter qualquer "ligação" (notoriedade, sede ou actividade) ao mercado português.

[928] Posição a que ORLANDO DE CARVALHO (*Anotação ao Acórdão de 11 de Dezembro de* 1979 in RLJ, ano 113º, p. 287) chamava, por isso, "unionista" e que, nas suas palavras, *contraria a função de identificação de dado estabelecimento que a nossa lei atribui ao nome e à insígnia de estabelecimento*, transformando-se na *defesa de uma sigla como se tratasse de uma invenção ou de uma criação intelectual* tendo um efeito *emulativo* (p. 291).

[929] *Anotação ao Acórdão de 11 de Dezembro de* 1979 cit., p. 287.

[930] *Da protecção do nome comercial...*, cit., p. 38.

[931] CARLOS OLAVO, *Propriedade Industrial*, cit., pp.. 242 e 243, entendia que esta correspondência dependerá do uso relevante do sinal a proteger, mas acrescentava ser possível que a tutela não envolva a atribuição do direito ao seu uso exclusivo.

protecção deve ir além da mera *tolerância*, ou seja, da admissão da coexistência com sinais distintivos nacionais[932]. Assim, a titularidade de um nome comercial estrangeiro – além de permitir o seu uso em Portugal – confere o direito de obstar ao registo (e à constituição) de um DPI, seja de marca, de logótipo ou de firma, desde que o acesso à protecção em Portugal (mediante aquisição de notoriedade) seja cronologicamente anterior.

5. Conteúdo da protecção

O direito ao uso da firma (cujo âmbito de exclusivo, como vimos, pode variar em função do território e da natureza do titular, mas não necessariamente da actividade exercida) compreende uma tutela inibitória e indemnizatória (art. 62º do RRNPC). O direito ao uso da firma serve assim como fundamento de recusa de firma[933], de registo de marca [art. 232º/2/a) do CPI] ou de logótipo [art. 289º/3/a) do CPI] que sejam iguais ou semelhantes e passíveis de induzir o consumidor em erro ou confusão. Essa confundibilidade e esse risco de confusão constituem, ainda, fundamento de anulação de registo que já tenha sido efectuado[934].

Em caso de **homonímia**, valerá o regime do art. 72º do Código Civil que, embora reconhecendo a todos *o direito a usar o seu nome, completo ou abreviado*, exige que o titular do nome, *especialmente no exercício de uma actividade profissional*, não o utilize *de modo a prejudicar os interesses de quem tiver nome total ou parcialmente idêntico*. Nestes casos, acrescenta, *o tribunal decretará as providências que, segundo juízos de equidade, melhor conciliem os interesses em conflito*. Deste modo, o tribunal deverá impor aditamentos, modos de utilização, ou modificações que permitam distinguir os nomes, adaptando dessa forma a tutela inibitória às particularidades do caso concreto.

No exercício do seu direito exclusivo, pode qualquer interessado requerer ao RNPC que declare a perda do direito ao uso da firma, por parte do respectivo titular, bem como recorrer à via judicial para obter uma sentença que

[932] Esta é a posição adoptada por Oliveira Ascensão (*A aplicação do Art. 8º da Convenção...*, cit., p. 467 e ss.), que propõe que esta coexistência seja regulada em termos semelhantes à homonímia.

[933] Por decorrência do princípio da novidade, analisado no ponto 3.2.2.

[934] Arts. 260º/1 (marca) e 297º (logótipo). Quanto à firma, não existindo disposição que expressamente o consagre, tratar-se-á de uma anulabilidade, uma vez que são postos em causa interesses particulares. Tratando de anulação de firma, cf. os acs. RL de 18.11.2015 (rel. Jorge Leal) e STJ de 22.10.1992 (rel. Miranda Gusmão; in www.dgsi.pt).

declare a invalidade desta e a consequente perda do direito ao respectivo uso (arts. 60º e 35º, nºs 3 e 4, do RRNPC)[935]. O art. 62º do RRNPC reconhece ainda a quem for lesado pelo uso ilegal de uma firma, *o direito de exigir a sua proibição* e de reclamar *indemnização pelos danos daí emergentes*, sem prejuízo da correspondente acção criminal, se a ela houver lugar.

6. Extinção

O art. 35º, nº 4, do RRNPC faz alusão a quatro formas de extinção do direito ao uso da firma: revogação, declaração de nulidade, anulação ou declaração da sua perda. Não parece que o legislador tenha sido aqui especialmente rigoroso. Ainda assim, tentando detectar alguma coerência nesta parte do RRNPC, dir-se-á que a lei parece usar a expressão "perda do direito ao uso de firma ou denominação" para designar as decisões proferidas pelo RNPC, nos casos dos arts. 60º e 61º. A "declaração de nulidade" e a "anulação ou revogação" terão sido reservadas para as decisões judiciais. Aparentemente, as expressões "anulação" e "revogação" são aqui usadas como sinónimos, tendo em conta o advérbio "ou" e a circunstância de não se vislumbrar outro significado congruente para a palavra "revogação", neste contexto. Apesar de o RRNPC não concretizar os casos de nulidade ou a anulabilidade deste direito[936], será aconselhável recorrer-se aos critérios de distinção usados no domínio dos restantes sinais distintivos. Assim, quando faltem requisitos absolutos (respeitantes à firma, em si mesma considerada) esta será **nula** e, quando faltem requisitos relativos (respeitantes à firma no confronto com outros sinais ou direitos prioritários), então a firma será **anulável**[937]. Por exemplo, será nula a firma desprovida de capacidade distintiva

[935] Arts. 60º e 35º/3 e 4 do RRNPC.

[936] O art. 55º do RRNPC parece referir-se à nulidade do acto constitutivo de pessoa colectiva e não do direito ao uso exclusivo da firma.

[937] Nesta linha, por exemplo, o ac. RC de 24.05.2005 (rel. Jaime Ferreira) decretou a anulação da denominação da ré por violação do direito de marcas das autoras; o ac. STJ de 17.04.2007 (rel. Urbano Dias) decidiu que a firma é campo para a aplicação do regime das invalidades previsto no Código Civil (e admissível via art. 295º CC), sendo que, no caso da anulabilidade, vigorará o prazo de um ano (287º do CC) e não os prazos do regime de invalidade das marcas (não considerando haver razões para tal analogia). Contudo, esta última decisão parece dificilmente compaginável com o art. 4º/4 do CPI, que fixa um prazo de 10 anos para as acções de anulação de firmas ou denominações sociais confundíveis com sinais distintivos prioritários.

ou que viole o princípio da verdade e será anulável a firma a que falte novidade.

O **procedimento** a adoptar com vista à declaração de nulidade ou anulação da firma ou denominação suscita diversas questões, para cuja resposta a lei não fornece indicações claras. Assim, à luz do disposto no art. 60º do RRNPC, a competência para declarar *a perda do direito ao uso de firmas ou denominações* por violação dos princípios consagrados nos artigos 32º e 33º desse diploma (verdade e novidade) pertence ao RNPC. Sendo assim, qualquer interessado em obter a invalidação de uma firma ou denominação em vigor, deve requerê-la junto do RNPC, de cujas decisões cabe recurso hierárquico para o presidente do Instituto dos Registos e Notariado ou impugnação judicial (art. 63º/1, *idem*).

Esta disposição refere, como tribunal competente, "o tribunal do domicílio ou sede do requerente". Contudo, face ao disposto na LOSJ[938], parece que, actualmente, essa competência caberá antes ao TPI, com jurisdição em todo o território nacional.

Paralelamente, o art. 4º/5 do CPI alude às "acções de anulação" decorrentes do disposto no nº 4 da mesma disposição, que prevê a recusa ou anulação de firmas que sejam confundíveis com marcas, logótipos e DO ou IG cujos pedidos de registo sejam anteriores aos pedidos de concessão daquelas. Em face disso, cumpre indagar se estas acções de anulação coexistem com as impugnações judiciais referidas no art. 63º/1 do RRNPC. Ou seja, se é possível ao titular de um registo de marca instaurar directamente no TPI uma acção de anulação de uma firma com ela confundível, sem previamente o requerer ao RNPC, nos termos do art. 60º deste diploma.

Uma resposta afirmativa parece resultar do facto de a própria LOSJ (art. 111º) distinguir entre, por um lado, "*acções* em que a causa de pedir verse sobre firmas ou denominações sociais" e, por outro, "*recursos* das decisões do Instituto dos Registos e do Notariado, I. P. (IRN, I. P.) relativas à admissibilidade de firmas e denominações no âmbito do regime jurídico do RNPC". Este entendimento é reforçado pela circunstância de apenas se

[938] Art. 111º, als. h) e i), que atribuem ao TPI competência exclusiva para conhecer das questões relativas a acções em que a causa de pedir verse sobre firmas ou denominações sociais e recursos das decisões do Instituto dos Registos e do Notariado, I. P. (IRN, I. P.) relativas à admissibilidade de firmas e denominações no âmbito do regime jurídico do Registo Nacional de Pessoas Coletivas.

prever um prazo de caducidade (de 10 anos) para as acções referidas no art. 4º do CPI (o que não acontece relativamente às impugnações previstas no art. 63º do RRNPC). Além disso, uma acção tendo como causa de pedir os sinais distintivos referidos no art. 4º/4 do CPI sempre estaria abrangida pela alínea b) do nº 1 do referido art. 111º. Assim, quando o fundamento para o pedido de anulação de uma firma seja a confundibilidade desta com *marcas, logótipos, DO ou IG* prioritárias, parece que os interessados poderão optar entre instaurar directamente a acção de anulação no TPI ou, em alternativa, requerer primeiro ao RNPC que declare a perda do direito ao uso da firma em causa e depois, sendo caso disso, recorrer da decisão proferida para o TPI (eventualmente após recurso hierárquico facultativo para o presidente do IRN). Em contrapartida, quando o fundamento do pedido seja outro (não previsto no art. 4º/4 do CPI) – v.g., a existência de uma *firma* anterior com a qual a nova firma seja confundível, ou a violação do princípio da verdade –, a única via processual será a prevista nos arts. 60º e 63º do RRNPC: requerimento ao RNPC seguido de recurso/impugnação judicial.

Sublinhe-se, porém, que este entendimento não foi ainda devidamente testado nos tribunais portugueses, pelo que nada garante que venha a merecer acolhimento jurisprudencial[939]. Apesar disso, parece ser aquele que melhor se ajusta às disposições legais aplicáveis.

A declaração de **caducidade** ("declaração da perda do direito ao uso de firma ou denominação", na terminologia do art. 61º) pode resultar da *falta de inscrição da entidade no FCPC decorrido um ano desde o prazo em que a mesma deveria ter sido realizada*; ou do *não exercício de actividade pelo titular da firma ou denominação durante um período de dois anos consecutivos.*

[939] No domínio da Lei de Organização e Funcionamento dos Tribunais Judiciais, o STJ perfilhou um entendimento semelhante àquele que cima ficou enunciado, tendo decidido que, à luz da alínea f) do nº. 1 do artigo 89º daquela lei, os tribunais de comércio eram *materialmente competentes para julgar as acções cujos pedidos sejam de anulação da denominação particular de uma sociedade comercial e do seu registo de pessoa colectiva e do seu registo comercial, e a condenação na abstenção do seu uso da respectiva expressão, baseados em causa de pedir integrada por factos relativos à prioridade de titularidade de direitos de marca com a mesma expressão designativas*, tendo rejeitado o entendimento de que a via processual obrigatória seria o recurso contencioso das decisões do RNPC (perfilhado pelas instâncias) – ac. STJ de 18.03.2004 (rel. Salvador da Costa). Na mesma linha, veja-se ainda o ac. RC de 24.05.2005 (rel. Jaime Ferreira), que julgou procedente uma acção declarativa de anulação de uma denominação social, devido a confundibilidade marcas ("MÉDIS) previamente registadas.

A estas formas de extinção importa acrescentar, naturalmente, a **renúncia** por parte do titular, seja através de declaração expressa, seja implicitamente, quando requeira e adopte uma nova firma, em substituição da anterior.

Capítulo VIII
Denominações de origem e indicações geográficas

1. Introdução

Se alguém entrar num hipermercado e for à secção dos vinhos, descobrirá facilmente a relevância das denominações de origem ("DO") e das indicações geográficas ("IG)": enquanto os vinhos correntes (ou seja, sem direito a DO ou IG) têm preços por litro que variam entre um mínimo de € 0,96 e um máximo de € 3,06, os preços dos vinhos com DO ou IG oscilam entre os € 2,25 e os € 128,00. E, se a denominação de origem for "Vinho do Porto", os preços por litro variam entre os € 5,32 (para um "Porto" de base de gama com marca branca) e os € 249,33 (para um "40 anos" de uma boa marca)[940]. Note-se que os preços máximos referidos para vinhos com DO são facilmente ultrapassados se a pesquisa for feita numa garrafeira especializada ou numa loja *gourmet*, relativamente a vinhos não disponíveis na grande distribuição, chegando a atingir valores da ordem dos milhares de euros[941].

Mas as figuras da DO e IG não se restringem ao domínio dos vinhos (embora tenham sido cunhadas neste sector de actividade). Encontramos

[940] Fonte: Continente Online, www.continente.pt, consultado em 2.03.2019. Todos os vinhos considerados são de produção nacional.

[941] A título de curiosidade, numa consulta efectuada em 2.03.2019, o "Barca Velha" de 1954 estava disponível para venda *online* por € 2.950,00, o "Pêra-Manca" tinto de 1990 podia ser adquirido por € 575,00, e um Porto *Vintage* de 1963 da Quinta do Noval, era oferecido a € 5.950,00 (fonte: www.garrafeira nacional.com).

muitos outros exemplos em produtos alimentares: nos queijos ("Serra da Estrela", "Roquefort", "Parmigiano Reggiano"), nas carnes ("Barrosã", "Prosciuto di Parma"), em frutas (maçã "Bravo de Esmolfe", "Ameixa d'Elvas"), nos doces ("Turrón de Alicante") ou em azeites ("Azeite de Trás-os-Montes"). Mesmo produtos não alimentares, como os "Bordados da Madeira" e os charutos "Habanos", beneficiam hoje da certificação das DO e IG.

Ao consumidor não é indiferente a origem dos produtos que adquire. A proveniência geográfica dos bens, especialmente alimentares, constitui uma mais-valia considerável, quando tenha associada uma imagem de qualidade, de prestígio ou de tradição. Essa mais-valia foi normalmente gerada ao longo de décadas (ou, frequentemente, de séculos), pelo esforço de gerações sucessivas de produtores da região de origem, no aperfeiçoamento das técnicas de produção e no apuramento da qualidade, embora o papel dos comerciantes também seja crucial na promoção dos produtos junto dos consumidores. Desde tempos imemoriais que alguns produtos agrícolas e géneros alimentícios vêm sendo designados especificamente pelo nome das respectivas regiões de produção: vinhos, queijos, azeites e frutos eram muitas vezes encomendados, comercializados e valorizados em função da sua proveniência geográfica, naquilo que terão sido as primeiras manifestações de reconhecimento e diferenciação comercial de produtos, com a consequente repercussão económica. A origem geográfica acabou assim por constituir uma espécie de *pedigree* do produto, dando-lhe uma valorização suplementar, que resulta num acréscimo de procura e, naturalmente, de preço.

Por vezes, essa valorização assume mesmo dimensões inesperadas, como sucedeu durante a crise das "vacas loucas", em que a procura de carnes com DO e IG disparou, devido à garantia de sanidade resultante da certificação das raças autóctones, como a dos bovinos "Alentejano" e "Barrosão", atestada pelas respectivas denominações. E isto conduz-nos às verdadeiras funções das DO e IG: a par de uma função indicativa da proveniência geográfica, existe uma outra função, de garantia de qualidade (ou, melhor dizendo, de *genuinidade*), ambas servindo para justificar e explicar a tutela que legalmente lhes é dispensada, nacional e internacionalmente.

2. Conceitos de DO e IG

As noções de DO e IG constam actualmente do art. 299º do CPI, correspondendo no essencial às definições constantes da regulamentação europeia.

A **Denominação de Origem** é um sinal distintivo de produtos, constituído por um nome geográfico (v. g. "Alentejo") ou tradicional (e. g. "Vinho Verde"), usado para identificar um produto originário de uma região demarcada, que disponha de qualidades ou características *resultantes* do meio geográfico, incluindo factores naturais e humanos, abrangendo qualquer área (incluindo um país) e que assegura:

a) *a proveniência* dessa região;
b) a garantia de que a produção, a elaboração <u>e</u> a transformação ocorreram no *interior* da região demarcada;

A Indicação Geográfica é igualmente um sinal distintivo de produtos, constituído por um nome geográfico, usado para identificar um produto originário de uma região demarcada, que disponha de qualidades ou características *atribuíveis* ao meio geográfico, incluindo factores naturais e humanos, abrangendo qualquer área (incluindo um país) e que assegura:

a) *a proveniência* dessa região;
b) a garantia de que a produção *e/ou* a elaboração *e/ou* a transformação ocorreram no *interior* dessa zona geográfica.

Isto significa, portanto, que na IG a *garantia das características* típicas é menos intensa que na DO; até porque, para haver IG, basta que as qualidades "possam" ser atribuídas à região. Por esse motivo, RIBEIRO DE ALMEIDA sublinha que, *na indicação geográfica, o elo que une o produto à região é mais débil que na denominação de origem,* acrescentando: *a denominação de origem exige um vínculo acentuado do produto com a região demarcada, ao contrário da indicação geográfica que se basta com uma leve aparência com a região (é suficiente que a reputação possa ser atribuível à região determinada)*[942].

[942] *A Autonomia Jurídica da Denominação de Origem. Uma perspectiva transnacional. Uma garantia de qualidade,* 2010, p. 279. Além desta obra, que é a referência nacional neste domínio, cf. ainda, sobre este tema, do mesmo autor, *Denominação de Origem e Marca,* Coimbra, 1999, OLIVEIRA ASCENSÃO, *Questões problemáticas em sede de indicações geográficas e denominações de origem,* Direito Industrial, cit., p. 69 e COUTO GONÇALVES, *Manual...* cit., pp. 375 a 380. Na doutrina estrangeira, cf., entre outros, BOTANA AGRA, in *Manual de la Propiedad Industrial,* 2017, pp. 745 ss., AZÉMA/GALLOUX, *Droit de la Propriété Industrielle,* 2012, pp. 973 ss., ANDRÉ BERTRAND, *La Propriété Intellectuelle,* Vol. II, 1995, pp. 478 ss., DEV GANGJEE,

Relativamente a alguns produtos, os conceitos de DO e IG incluem certos requisitos específicos, como sucede v.g. no Regulamento (UE) nº 1308/2013, que disciplina as DO e IG do sector vitivinícola[943].

A garantia das *características* típicas (resultantes ou atribuídas ao meio geográfico) pressupõe que tais características estejam *definidas* por regulamento ou por "usos leais e constantes", descritas num caderno de especificações, devendo ser *certificadas* ou controladas por uma entidade certificadora.

Um factor essencial para o reconhecimento de uma DO ou IG é a existência de uma **região demarcada** dentro da qual ocorre a produção, a transformação e a elaboração do objecto a certificar. Ou seja, é imprescindível

Relocationg the Law of Geographical Indications, 2012, Vanzetti /Di Cataldo, *Manuale di Diritto Industriale,* 2018, pp. 351-363, Michael Blakeney, *The Protection of Geographical Indications. Law and Practice,* 2014, Friedrich-Karl Beier e Roland Knaak, *The protection of Direct and Indirect geographical Indications of Source in Germany and in the European Community,* in International Review of Industrial Property and Copyright Law, nº1, 1994, p. 1 e ss., Chavanne e Burst, *Droit de la Propriété Industrielle,* cit. p, 791 e ss., Stephen P. Ladas, *Trademarks and Related Rights,* Vol. III, 1975, pp. 1573 e ss., e Paul Roubier, *Le Droit de la Propriété Industrielle,* Vol. II, cit.,pp.753 e ss.

[943] Este Regulamento do Parlamento Europeu e do Conselho de 17 de Dezembro de 2013, que regula a organização comum do mercado dos produtos agrícolas, enuncia as seguintes definições (art. 93º) no que se refere aos vinhos e produtos vitivinícolas,:
– "Denominação de origem", o nome de uma região, de um local determinado ou, em casos excecionais e devidamente justificáveis, de um país, utilizado para designar um produto a que se refere o artigo 92º, nº 1, que cumpra os seguintes requisitos:
i) a qualidade e as características do produto são essencial ou exclusivamente devidas a um meio geográfico específico, com os fatores naturais e humanos inerentes ao mesmo,
ii) as uvas a partir das quais o produto é produzido provêm exclusivamente dessa zona geográfica,
iii) a produção ocorre nessa zona geográfica, e
iv) o produto é obtido a partir de castas pertencentes à espécie Vitis vinifera;
– "Indicação geográfica", uma indicação relativa a uma região, um local determinado ou, em casos excecionais e devidamente justificáveis, um país, utilizado para designar um produto a que se refere o artigo 92º, nº 1, que cumpra os seguintes requisitos:
i) possui determinada qualidade, reputação ou outras características que podem ser atribuídas a essa origem geográfica,
ii) pelo menos 85% das uvas utilizadas para a sua produção provêm exclusivamente dessa zona geográfica,
iii) a sua produção ocorre nessa zona geográfica, e
iv) é obtido a partir de castas pertencentes à espécie Vitis vinifera ou provenientes de um cruzamento entre a espécie Vitis vinifera e outra espécie do género Vitis.

traçar a linha de fronteira da região de origem dos produtos, dentro da qual pode utilizar-se a denominação ou indicação e além da qual essa utilização se torna ilegítima. O que, por vezes, gera situações de injustiça relativa (com explorações geograficamente muito próximas sujeitas a regimes distintos), que todavia são inevitáveis, devido a imperativos de segurança jurídica, que tornam necessário colocar a linha divisória num local fixo.

Essa demarcação é, em certos casos, feita pelo próprio legislador, como sucedeu com a Região do Douro, demarcada em 1756 pelo Marquês de Pombal[944]. Quando assim não suceda, a demarcação compete aos *organismos oficialmente reconhecidos que superintendam, no respectivo local, o ramo de produção*, os quais deverão *ter em conta os usos leais e constantes, conjugados com os superiores interesses da economia nacional ou regional*, conforme dispõe o art. 300º do CPI.

Os critérios a utilizar para efeitos de delimitação não são inequívocos, embora seja pacífica a relevância do meio natural (o denominado *terroir*, abrangendo as características edafo-climáticas) e do elemento humano (caracterizado pelo recurso a certas técnicas e tradições ancestrais). À demarcação regional deve presidir, pois, a ideia de uma certa *tipicidade* (ou homogeneidade) dos produtos a certificar, que devem possuir certas qualidades ou particularidades comuns, próprias dos produtos provenientes dessa região e distintas das que caracterizam produtos congéneres de outras regiões geográficas.

Outro factor essencial para o reconhecimento de uma DO ou IG é, como vimos, a existência de uma **entidade certificadora**, que controle o uso e a atribuição destes sinais distintivos, bem como o respeito das regras de origem e dos parâmetros de qualidade e genuinidade estabelecidos para os produtos a assinalar[945]. Em certos casos, é a própria lei que atribui tal competência a entidades determinadas, nomeadamente a institutos públicos, como o Instituto dos Vinhos do Douro e do Porto ou o Instituto do Vinho, do Bordado e do Artesanato da Madeira. Noutros casos, o legislador estabelece

[944] Sobre este tema, cf. Martins Pereira, *O Douro e o Vinho do Porto de Pombal a João Franco*, 1991 e Conceição A. Martins, *Memória do Vinho do Porto*, 1990.

[945] Note-se que, com o pedido de registo da DO ou IG no INPI é necessário indicar *as condições tradicionais, ou regulamentadas, do uso da denominação de origem ou da indicação geográfica, e os limites da respectiva localidade, região ou território* [art. 301º/1/c) do CPI]. O mesmo sucede quando a protecção é pedida ao nível da União Europeia, mediante registo na Comissão Europeia, havendo que instruir o pedido com um caderno de especificações identificando as condições de produção e as características a que os produtos devem observar.

um sistema de reconhecimento de entidades certificadoras, a quem exige que satisfaçam os requisitos definidos em caderno de encargos, como sucedeu no domínio vitivinícola, com o Decreto-Lei nº 212/2004, de 23 de Agosto.

Estes sinais são, por natureza, destinados a **utilização colectiva**. Ou seja, o direito de usar a denominação ou indicação assiste a todos quantos, no interior da região demarcada, produzem os bens a que se refere a DO ou a IG – desde que, como veremos, o façam segundo as regras estabelecidas para a utilização dessa designação.

Uma questão debatida, actualmente, é saber se o conceito de DO ou IG pode aplicar-se a *serviços* (e não apenas a produtos). A resposta da nossa lei actual parece clara: o art. 299º refere unicamente produtos. Além disso, estes sinais servem para indicar a origem geográfica de algo que normalmente é transaccionado e consumido *no exterior* da região de origem, o que sucede, sobretudo, com produtos e não com serviços. Ainda assim, não repugna a ideia de certos serviços, v.g. terapêuticos, virem a beneficiar dessas designações, desde que estejam inequivocamente ligados à região geográfica invocada. Há mesmo algumas legislações estrangeiras que já admitem a utilização destes sinais relativamente a serviços[946].

2.1. Figuras próximas

A **indicação de proveniência**, hoje em dia, não constitui um direito de propriedade industrial, sujeito a registo, que confira qualquer tipo de exclusivo. Trata-se apenas de uma referência ao local onde um produto foi produzido ou elaborado, com conteúdo meramente informativo (v.g. se é um produto nacional, se foi produzido na região autónoma dos Açores, se é um produto regional algarvio, etc.). Por isso, essa indicação está sujeita às regras gerais da actividade económica, não devendo ser enganosa ou passível de induzir em erro quanto à origem do produto, sob pena de incorrer na proibição da concorrência desleal ou de ficar sujeita ao regime das práticas comerciais desleais, aprovado pelo Decreto-Lei nº 57/2008, de 26 de Março[947], ou às disposições do Código da Publicidade.

[946] Sobre este ponto concreto, cf. Ribeiro de Almeida, *Denominações Geográficas*, in Direito Industrial, vol. III, p. 278.

[947] Que transpôs para o direito interno a Directiva nº 2005/29/CE, do Parlamento Europeu e do Conselho, de 11 de Maia, relativa às práticas comerciais desleais das empresas nas relações com os consumidores no mercado interno

A **marca geográfica** é uma marca composta por um nome geográfico[948]. Este tema, sujeito a alguma controvérsia, que não iremos analisar aqui[949], pode ser sumariado do modo seguinte: a marca geográfica não tem como função certificar ou sequer informar acerca da proveniência do produto ou serviço, servindo apenas o propósito de o identificar no mercado, na mesma medida que tal ocorre com marcas não geográficas. Se o nome geográfico for empregue como simples **denominação de fantasia**, não suscita quaisquer objecções (uma marca de perfume "LUAR DO MONDEGO", feito em Lisboa, não seria enganosa). O mesmo se diga quando estivermos perante uma **denominação genérica** ("ÁGUA DE COLÓNIA"). Por isso, o nome da região ou localidade funcionará, nestes casos, como uma designação neutra, do ponto de vista geográfico (não tendo, em si mesma, o efeito de *valorizar* ou *qualificar* o produto). Mas, quando essa neutralidade não existir e houver o risco de a marca induzir em erro o público acerca da proveniência geográfica do produto ou serviço, o seu registo deve ser recusado, por aplicação do disposto na alínea d) do nº 3 do art. 231º do CPI. Não havendo esse risco, nada obsta a que uma marca geográfica seja registada, desde que não ofenda direitos prioritários. Em contrapartida, se a marca for constituída, exclusivamente, por indicações que possam servir para designar essa proveniência geográfica, estaremos perante uma marca inválida por falta de capacidade distintiva, cujo registo deve ser recusado ou anulado[950].

[948] Embora esse nome deva ser acrescido de outra referência que empreste à marca alguma capacidade distintiva, sob pena de recusa de registo, ou de nulidade, face ao disposto nos arts. 231º/1/b) e 259º/1 do CPI. Assim, são conhecidos entre nós os casos de recusa das marcas "ENCOSTAS DA BEIRA", "CASTAS ALENTEJANAS" e "ADEGA ALENTEJANA", entre outros. A este respeito, cf. o acórdão do TJ de 6.12.2018, considerando que *que deve ser recusado o registo de uma marca constituída por um sinal nominativo como o que está em causa no processo principal* ["adegadeborba.pt"], *que designa produtos vinícolas e que inclui um nome geográfico, quando esse sinal contenha, nomeadamente, um termo que, por um lado, é correntemente utilizado para designar as instalações ou os locais nos quais ocorre o processo de elaboração desses produtos e, por outro, é também um dos elementos verbais que compõem a denominação social da pessoa coletiva que pretende obter o registo dessa marca.* (Proc. C-629/17, J. PORTUGAL RAMOS VINHOS, SA v. ADEGA DE BORBA, CRL).

[949] Sobre este tema, cf. Ribeiro de Almeida, *Denominação de Origem e Marca,* cit. pp. 342 e ss., Carlos Olavo, *Marcas e Indicações Geográficas,* Anotação ao ac. RL de 29.07.2004, in ROA, Ano 65, pp. 527 e ss. e Couto Gonçalves, *Direito de Marcas,* 2000, p. 72.

[950] Arts. 209º/1/c), 231º/1/c) e 259º/1 do CPI.

De referir ainda, neste contexto, o regime das **marcas colectivas e marcas de certificação ou de garantia** (previsto nos arts. 214º a 221º do CPI e 74º a 93º do RMUE), que poderá, sob certas condições, funcionar como uma alternativa à protecção das DO e IG, embora com funções e disciplina diversas, nomeadamente quanto à titularidade e direito de utilização[951].

3. Função

As finalidades das DO e IG são idênticas: destinam-se a reservar aos produtos de certa região o poder apelativo resultante da sua proveniência geográfica e da imagem de qualidade e prestígio que lhe esteja associada, acreditando-os assim perante o consumidor. Por isso, a utilização desses sinais distintivos cabe em exclusivo dos produtores da região demarcada, que cumpram os demais requisitos estabelecidos, sendo vedado usá-la para produtos originários do exterior dessa zona.

Como fundamento para este exclusivo é vulgar invocar-se o carácter único e *irrepetível* dos produtos protegidos: as características especiais do meio envolvente (do "terroir") e os factores naturais e humanos da região de origem tornariam esse produto inimitável, pelo que qualquer produto congénere, proveniente de outra região, nunca poderia igualá-lo. Porém, face à evolução técnica das últimas décadas, este modo de ver as coisas releva mais de um bem-intencionado "wishful thinking" do que da realidade dos factos. Há hoje imitações perfeitas de vinhos com DO, capazes de enganar os melhores provadores em regime de prova cega. As modernas técnicas de produção e elaboração de produtos alimentares, e os avanços registados nos domínios da química, da biologia e da compreensão dos mecanismos sensoriais humanos, como o paladar e o olfacto, permitem controlar e monitorizar cada vez melhor as características analíticas e organolépticas dos produtos, conseguindo imprimir-lhes artificialmente os traços típicos de produtos característicos de uma outra região. Por isso, fundamentar a protecção das

[951] O CPI de 2018 exclui expressamente, no nº 1 do art. 215º, que a marca de certificação ou de garantia sirva para controlar a origem geográfica (exclusão que não se aplica às marcas colectivas). Para uma distinção entre as marcas colectivas e a DO e IG, Ribeiro de Almeida, *A Autonomia Jurídica*, cit., pp. 682 e ss.. Este Autor, no contexto do CPI de 2003, adverte que *a marca de certificação ou de garantia está muito mais próxima da denominação de origem do que a marca colectiva ou de associação, não só pela sua noção e função, mas também por um conjunto de outros elementos*..

DO ou IG naquele suposto carácter irrepetível dos produtos acaba por ser um caminho ilusório, desnecessário e perigoso.

Na verdade, não é preciso invocar essa irrepetibilidade para justificar a tutela exclusiva destes sinais distintivos. O valor intrínseco de uma DO provém do trabalho do Homem, dos produtores da região de origem, que criaram aquela mais-valia de reputação. E é por isso que deve ser-lhes reconhecida e reservada a utilização do nome geográfico que tornaram conhecido no mercado. Ou seja, há que dar o "seu a seu dono". No fundo, tudo se reconduz a uma questão de regulação da concorrência. Do mesmo modo que os titulares da marca "COCA-COLA" têm o direito de reservar para si o benefício económico decorrente do uso dessa marca célebre (pois foram eles que a celebrizaram), também os viticultores da região do CHAMPAGNE devem ter o direito de usufruir em exclusivo dos benefícios derivados da reputação do seu vinho, gerada pelo seu esforço ao longo de gerações. Por isso, ainda que alguém conseguisse produzir, na Austrália, um vinho em tudo igual a este, seria de todo ilegítimo e parasitário usar aquela denominação para o assinalar.

Do ponto de vista jurídico, **as funções** das DO e IG são múltiplas. Desde logo, têm uma função *distintiva e indicativa*, informando os comerciantes e consumidores sobre a origem geográfica dos produtos e distinguindo-os, assim, daqueles que têm uma diversa proveniência. Têm, em segundo lugar, uma função de garantia de *genuinidade*, ou seja, de assegurar que os produtos assinalados possuem as qualidades ou características típicas dos produtos com direito a usar essa denominação ou indicação[952]. Na síntese do TJ, no

[952] Alguns autores, como Carlos Olavo (*Marcas e Indicações Geográficas*, cit., p. 530) e Ribeiro de Almeida (*A Autonomia Jurídica*... cit., pp. 751 e ss.), referem especificamente a função de *garantia de qualidade*. E parece óbvio que, numa perspectiva global, a tutela das DO e IG contribui genericamente para o acréscimo de qualidade dos produtos. Mas não resulta daí que as DO e IG tenham uma função específica de garantia de qualidade. Por outras palavras, estes sinais não garantem propriamente qualidade, mas antes *qualidades*. Isto porque, se um produto originário de uma região demarcada tiver as características típicas e legalmente fixadas, terá direito à certificação, ainda que seja um produto de baixa qualidade: não são apenas os produtos de "topo de gama" que têm direito ao uso das DO e IG. Quando muito, a certificação permitirá eliminar os produtos defeituosos, ou que não tenham um mínimo de qualidade para serem comercializados. Mas, em si mesma considerada, a DO ou IG não garante que o produto seja um produto de qualidade, mas apenas que o produto é genuíno (isto é, típico), tenha ele mais ou menos qualidade. Por outras palavras, como aliás esclarece Ribeiro de Almeida, na denominação de origem

caso DELHAIZE[953] *a denominação de origem tem como função específica garantir que o produto que a ostenta provém duma zona geográfica determinada e apresenta certas características particulares.* O que significa que nem todos os produtos originários da região poderão usar a DO ou IG (estando esta reservada para aqueles que tenham as características típicas, pré-fixadas por lei ou regulamento). Em terceiro lugar, e apenas em certos casos, as DO e IG podem ter ainda uma função *publicitária* ou reclamística, quando se trate de uma denominação ou indicação que goze de prestígio, havendo então que preservar o poder apelativo excepcional que resulta dessa reputação[954].

4. Natureza e titularidade

São diversas as concepções acerca da natureza das DO e IG, destacando-se sobretudo os defensores da tese do direito de propriedade (em especial aqueles que qualificam este sinal como uma propriedade de "mão comum"[955]) e aqueles que vêm nestes sinais distintivos meros direitos de monopólio, à semelhança do que sucede com os demais direitos de Propriedade Industrial.

A nossa lei parece inclinar-se para a primeira concepção, ao referir (art. 299º/4) que *as denominações de origem e as indicações geográficas, quando registadas, constituem propriedade comum dos residentes ou estabelecidos na localidade, região ou território, de modo efectivo e sério e podem ser usadas indistintamente por aqueles que, na respectiva área, exploram qualquer ramo de produção característica, quando autorizados pelo titular do registo.*

Daqui decorre, também, que o legislador distingue entre os "proprietários" da DO ou IG e o "titular" do registo. Com efeito, embora o CPI seja omisso a tal respeito, o registo das denominações de origem e indicações geográficas é normalmente feito pelas entidades certificadoras dos produtos protegidos ou por organismos de coordenação económica do sector, apesar

o que importa é a correspondência a um padrão, a um conjunto de características pré-definidas (*Indicações de proveniência, denominações de origem e indicações geográficas,* in Direito Industrial V, p. 16).

953 Ac. de 9.06.92 (Proc. C-47/90, § 17; Col. p. I-3669), reafirmado desde então, nomeadamente, no ac. de 16.05.2000 (Proc. C-388/95, BÉLGICA/ESPANHA, C-388/95; Col. p. I-3123).

954 Sobre este aspecto, cf. *infra*, 7.2.

955 Sobre este tema, cf. em especial Ribeiro de Almeida, *A Autonomia Jurídica,* cit. pp. 1302 e ss.

de ser usado pelos agentes económicos da região demarcada. Aqui, ao contrário do que sucede com os demais sinais distintivos (com excepção das marcas colectivas), o titular do registo não é o utilizador do sinal registado, existindo uma permanente distinção entre estas entidades. Relativamente à titularidade do registo, existem diversos regimes especiais, nomeadamente no sector vitivinícola, cumprindo destacar o disposto no art. 4º do Decreto-Lei nº 212/2004, de 23 de Agosto, que atribui a titularidade dos registos de DO e IG de vinhos e produtos vínicos à respectiva entidade certificadora, embora esclarecendo que estes sinais *constituem património colectivo, cuja defesa compete às entidades certificadores e, supletivamente, ao organismo competente do Ministério da Agricultura, Desenvolvimento Rural e Pescas.* A regulamentação europeia prevê que o registo seja feito por agrupamentos de produtores, embora admita, em casos excepcionais e devidamente justificados, que o registo seja promovido por um produtor individual[956].

Independentemente da propriedade e da titularidade das DO e IG, parece claro que os **interesses protegidos** com a tutela destes sinais distintivos são não só os dos produtores e dos titulares do registo, mas também o dos consumidores, que entendem estas denominações e indicações como referenciais de genuinidade e de qualidade. Efectivamente, na óptica do consumidor, os produtos certificados por DO ou IG oferecem maiores garantias de autenticidade e qualidade, visto que a utilização do nome geográfico está sujeita ao controlo de uma entidade certificadora, cuja idoneidade contribui decisivamente para essa segurança.

5. Requisitos de protecção

A protecção de que goza a maioria das DO e IG existentes em Portugal nasceu por obra de instrumentos legislativos ou regulamentares, não tendo ficado a dever o seu início a um acto administrativo de concessão do registo – ao contrário do que sucede com os demais sinais distintivos. Apesar disso, o nosso CPI prevê o registo destes sinais e define certos aspectos do seu regime, nos arts. 301º a 303º. Os requisitos substanciais de protecção podem inferir-se, indirectamente, do art. 302º, quando enuncia os *fundamentos de recusa* do registo. Assim, para que o registo seja concedido, é necessário que:

a) Seja requerido por pessoa com qualidade para o adquirir;

[956] Cf., v.g., art. 95º/1 do Regulamento (UE) 1308/2013.

b) Constitua uma verdadeira DO ou IG, tal como definidas pelo art. 299º;
c) Não constitua reprodução ou imitação de DO ou IG anteriormente registadas;
d) Não seja susceptível de induzir o público em erro, nomeadamente sobre a natureza, a qualidade e a proveniência geográfica do respectivo produto;
e) Não infrinja direitos de propriedade industrial ou direitos de autor;
f) Não seja ofensiva da lei, da ordem pública ou dos bons costumes;
g) Não possa favorecer actos de concorrência desleal.

Os requisitos formais do pedido de registo constam do nº 1 do art. 301º do CPI, sendo o respectivo procedimento regulado pelas normas do processo de registo nacional de marca, por remissão do nº 2 – matéria que já ficou tratada no Capítulo V.

Paralelamente ao registo nacional, existe – para certas categorias de produtos – um registo centralizado na Comissão Europeia, com eficácia territorial à escala da União Europeia, de que nos ocuparemos mais detalhadamente na secção seguinte.

Com o CPI de 2003, a terminologia utilizada para as indicações de registo ("DO" e "IG") simplificou-se, abandonando-se as siglas anteriores ("DOR", "DOP", "IGR" e "IGP"), nomenclatura que o CPI de 2018 manteve[957].

6. Regimes de protecção

6.1. Multiplicidade de regimes

Existe actualmente uma multiplicidade de regimes de protecção das DO e IG, quer ao nível nacional, quer europeu, quer mesmo internacional.

[957] No domínio vitivinícola, registou-se uma alteração semelhante, tendo o citado DL 212/2004 estipulado o uso das siglas "DO" e "IG", mas admitindo ainda (art. 8º) o uso das menções "Denominação de Origem Controlada", ou "DOC" e "Vinho regional" ou "Vinho da Região de ...". Ainda no sector dos vinhos, a terminologia comunitária anterior – a sigla "vqprd" ("vinho de qualidade produzido em região determinada"), que se opunha aos chamados "vinhos de mesa" (vinhos correntes, sem especial qualificação) – foi abandonada em 2009, pelo que a actual disciplina europeia, subsequente ao Regulamento (CE) nº 491/2009, designa o anterior "vinho de mesa" simplesmente por "vinho", para o distinguir dos vinhos com indicação geográfica e com denominação de origem.

A **nível interno**, o Código da Propriedade Industrial prevê desde há muito uma protecção, decorrente do registo no INPI. Uma vez realizado o registo, este tem duração ilimitada, nos termos do art. 304º do CPI. Além da disciplina do CPI, existem internamente vários **regimes específicos**, nomeadamente no domínio vitivinícola, de aplicação cumulativa com as normas gerais. Assim, para além da Lei de Organização Institucional do Sector Vitivinícola (aprovada pelo Decreto-lei nº 212/2004), cujos arts. 2º a 5º estabelecem uma disciplina própria e em certos aspectos mais completa que a prevista pelo CPI, encontramos diplomas legais com regimes privativos para certas denominações de origem mais importantes, como "PORTO", "DOURO", "ALENTEJO" e "VINHO VERDE", entre outras[958]. Estas denominações, apesar de estarem também registadas no INPI, sempre estariam protegidas, independentemente disso, por força destes diplomas legais.

A nível da **União Europeia**, foi há muito reconhecido, pela jurisprudência do Tribunal de Justiça, que a protecção das denominações de origem se inscreve no âmbito da "propriedade industrial e comercial" referida no art. 36º do TFUE, como excepção à regra da liberdade de circulação de mercadorias. Essa excepção permite a adopção de medidas restritivas que se mostrem necessárias para preservação da função específica destes direitos privativos, como por exemplo a obrigatoriedade do engarrafamento na região de produção, em casos devidamente justificados[959]. Actualmente, o próprio direito derivado já contém regulamentação de protecção das indicações geográficas e denominações de origem, nomeadamente o Regulamento (UE) 1151/2012 do Parlamento Europeu e do Conselho de 21 de novembro de 2012[960], aplicável a *produtos agrícolas e géneros alimentícios*. Para o sector *vitivinícola*, vigora o já referido Regulamento (UE) nº 1308/2013, que estabelece um regime

[958] Para as DO "PORTO" e "DOURO" cf. o *Estatuto das denominações de origem e indicações geográficas da Região Demarcada do Douro*, aprovado pelo DL 173/2009, de 3 de Agosto; para a DO "ALENTEJO", cf. a Portaria nº 296/2010, de 1 de Junho; e para a DO "VINHO VERDE", a Portaria nº 668/2010, de 11 de Agosto.

[959] Ac. de 10.11.92 (EXPORTUR, C-3/91, Col., p. I-5529); cf., ainda, acs. de 9.06.92 (DELHAIZE, C-47/90), Col. p. I-3669 e de 16.05.2000 (BÉLGICA/ESPANHA, C-388/95), Col. p. I-3123.

[960] J.O. nº L343/1, de 14.12.2012. Este regulamento prevê um registo de DO e IG, organizado pela Comissão Europeia (art. 11º), denominado "DOOR", disponível in http://ec.europa.eu/agriculture/quality/door/.

comum aplicável às DO e IG de vinhos e produtos vínicos[961] e que igualmente prevê um registo das denominações e indicações protegidas, actualmente denominado "eAmbrosia". De referir ainda, para as *bebidas espirituosas*, o Regulamento (CE) nº 110/2008 do Parlamento Europeu e do Conselho de 15 de Janeiro de 2008[962] que confere protecção às respectivas indicações geográficas, prevendo também um registo centralizado ("E-Spirit-Drinks").

A nível **internacional**, existem hoje diversas convenções, bilaterais e multilaterais, que asseguram certa protecção às DO e IG. Assim, Portugal é signatário de diversos acordos bilaterais, nomeadamente com a Espanha[963], com a Suíça[964] e com a Hungria[965], prevendo a defesa mútua das respectivas DO e IG. Por outro lado, a própria **Convenção da União de Paris** de 1883, prevê a repressão das falsas indicações relativas à proveniência dos produtos (art. 10º). Com um propósito mais específico, existe o **Acordo de Madrid** de 1891, contra as falsas indicações de proveniência nas mercadorias e, mais específico ainda, o **Acordo de Lisboa** de 1958, para protecção das denominações de origem e seu registo internacional. Na sequência desta última convenção, foi instituído na OMPI, em Genebra, um registo centralizado de DO, cuja tramitação nacional é regulada pelo art. 303º do nosso CPI. Todavia, e a despeito da evidente utilidade deste mecanismo de protecção, o Acordo de Lisboa não adquiriu ainda grande relevância internacional, face ao reduzido número de ratificações que registou até à data[966].

Uma menção especial é devida ao **Acordo TRIPS**, aprovado como anexo ao Tratado que instituiu a Organização Mundial do Comércio, em vigor desde 1 de Janeiro de 1996. Este acordo – cujas normas podem gozar

[961] Este regulamento veio substituir (e incorporar) a disciplina do regulamento 479/2008 (OCM Vitivinícola).

[962] J.O. nº L 39/16, de 13.02.2008. A vigência deste regulamento cessa em 25.05.2021, data em que será substituído pelo Regulamento (UE) 2019/787 do Parlamento Europeu e do Conselho de 17 de Abril de 2019, conforme dispõe o seu art. 49º.

[963] Celebrado em 16.12.1970 e aprovado para ratificação pelo Decreto-Lei nº 63/71, de 3 de Março.

[964] Celebrado em 16.09.1979 e aprovado para ratificação pelo Decreto-Lei nº 102/79, de 19 de Setembro.

[965] Celebrado em 22.05.1981 e aprovado para ratificação pelo Decreto-Lei nº 3/86, de 17 de Abril.

[966] Em 8 de Fevereiro de 2019, o número de países aderentes elevava-se apenas a 29, segundo dados da OMPI (in http://www.wipo.int/treaties/en/documents/pdf/lisbon.pdf, consultado em 2.03.2019).

de aplicabilidade directa, segundo os tribunais portugueses[967] – adquiriu uma importância fundamental devido ao elevadíssimo número de estados aderentes, podendo mesmo considerar-se o novo *standard* mínimo de protecção internacional da Propriedade Industrial. Não obstante, trata-se de um instrumento legal pouco ambicioso, uma vez que ignora o conceito de DO, prevendo apenas a protecção das IG, definidas como *as indicações que identifiquem um produto como sendo originário do território de um Membro, ou de uma região ou localidade desse território, caso determinada qualidade, reputação ou outra característica do produto seja essencialmente atribuível à sua origem geográfica*[968].

6.2. Precedência de regimes

Havendo, para diversas categorias de produtos, uma multiplicidade de regimes de tutela das DO e IG (internos e europeus), poder-se-ia supor que os mesmos seriam de aplicação cumulativa, à semelhança do que sucede com as marcas e os desenhos ou modelos. Mas não foi esse o entendimento perfilhado pelo Tribunal de Justiça, em relação às DO e IG sujeitas a regulamentação europeia, a qual assume **carácter exclusivo**, afastando a aplicabilidade dos regimes nacionais de tutela desses sinais distintivos.

Esse carácter exclusivo começou por ser afirmado no acórdão BUD[969], em que o TJ proclamou que a tutela das denominações de origem consagrada pelo Regulamento nº 510/2006, para produtos *agrícolas e géneros alimentícios*[970], constituía um regime único e exclusivo. No entender do Tribunal, a finalidade desse regulamento *não foi estabelecer, a par de regras nacionais que podem continuar a existir, um regime complementar de protecção das indicações geográficas qualificadas, à semelhança por exemplo do instaurado* [para as marcas], *mas prever um regime de protecção uniforme e exaustivo para tais indicações.* Mais recentemente, no caso PORT CHARLOTTE[971], o TJ reafirmou este

[967] Cf., nomeadamente, ac. STJ de 14.12.2004 (Proc. nº 4416/2004-7, in www.dgsi.pt/jstj), ac. RL de 22.10.98 (CJ 98, III, p. 120) e ac. RL de 14.12.2004 (CJ 2004, V, p. 114).

[968] Art. 22º/1. No art. 23º, prevê-se uma protecção reforçada para as IG de vinhos e bebidas alcoólicas.

[969] Ac. de 8.09.2009 (Proc. C-478/07, Budějovický Budvar).

[970] Que antecedeu o actual Reg. (UE) N.o 1151/2012 do Parlamento Europeu e do Conselho de 21 de novembro de 2012, relativo aos regimes de qualidade dos produtos agrícolas e dos géneros alimentícios.

[971] Ac. de 14.09.2017 (Proc. C-56/16 P, EUIPO v. Instituto dos Vinhos do Douro e do Porto). Para um comentário crítico desta jurisprudência, cf. Pedro Sousa e Silva, *Anotação ao*

entendimento relativamente às DO e IG de vinhos e produtos vitivinícolas, afirmando que *o regime de proteção previsto pelo Regulamento nº 1234/2007*[972] *assume caráter exaustivo, pelo que este regulamento se opõe à aplicação de um regime de proteção nacional de indicações geográficas protegidas ao abrigo do referido regulamento*. Por isso, tal proteção europeia não é *suscetível de ser completada pelo direito nacional pertinente que conceda uma proteção adicional*.

Tendo em conta que já existe regulamentação europeia não só para as DO e IG dos *produtos agrícolas, géneros alimentícios, vinhos e outros produtos vitivinícolas*, mas também das *bebidas espirituosas* – isto é, para quase todos os produtos que tradicionalmente beneficiam destes sinais disitintivos –, os regimes nacionais de tutela destas designações passaram a ter hoje um campo de aplicação meramente *residual*, limitado aos domínios (ainda) não sujeitos a regulamentação comum, como por exemplo os "Bordados da Madeira".

Isto não significa, porém, que a disciplina nacional das DO e IG deixe de se aplicar completamente, mesmo quando estejam em causa produtos regulamentados pela União Europeia. É que há certos aspectos do regime das DO e IG que não estão cobertos por essa regulamentação.

Desde logo, a definição do caderno de *especificações* (ou seja, dos requisitos e condições de que depende a certificação) continua a caber às autoridades nacionais. Além disso, as *consequências* das infracções à regulamentação aplicável permanecem matéria de competência dos Estados-membros, não tendo sido objecto de regulamentação ao nível europeu. Isso sucede não apenas quanto à tutela penal e contra-ordenacional (nos países que, como Portugal, a prevêm), mas também quanto à tutela civil, matéria cuja disciplina também continua a relevar dos ordenamentos jurídicos nacionais, com as condicionantes decorrentes da directiva do *enforcement*[973]. Por isso, mostram-se plenamente aplicáveis a todas as DO e IG as disposições dos

acórdão do TJUE no caso "Port Charlotte". "Hard cases make bad law", RDI 02-2017, pp. 265 a 279 e Ribeiro de Almeida, *As denominações geográficas na recente jurisprudência do Tribunal de Justiça da União Europeia*, RDI 1/2019, pp. 221 a 260.; cf. ainda, numa perspectiva diversa, Maria Miguel Carvalho, RDI 02-2017, pp. 247 a 263.

[972] Actualmente substituído pelo Reg. (UE) 1308/2013, cit..

[973] Directiva nº 2004/48/CE do P.E. e do Conselho de 29 de Abril de 2004, relativa ao respeito dos direitos de propriedade intelectual. Sobre esta matéria, cf. *infra*, Capítulo XIV.

artigos 324º, 327º a 329º, 333º, 336º do CPI, bem como as normas processuais e substantivas dos artigos 337º a 350º do mesmo código[974].

7. Âmbito de protecção

Uma vez concedida, a tutela das DO e IG permite impedir que terceiros utilizem, na designação ou apresentação de um produto, a denominação ou indicação protegidas, ou designações com estas confundíveis[975]; ou que empreguem qualquer meio que indique ou sugira uma *origem geográfica* diversa da real, de modo a induzir o público em erro quanto a essa proveniência (art. 306º do CPI).

Mas não é só contra produtos vindos do exterior da região que este direito pode ser invocado: é também proibido o uso da denominação ou indicação protegida em *desvio das regras* fixadas para a sua utilização, mesmo que os produtos sejam originários da região demarcada. O incumprimento dos requisitos fixados para o controle da genuinidade e certificação de um produto faz cessar o direito ao uso da DO ou IG nesse produto, como se este fosse proveniente do exterior da região. A genuinidade do produto só existe quando estejam reunidas *todas* as condições, legais e regulamentares, de que depende a certificação. Um vinho elaborado com uvas colhidas na região do Douro, mas de castas diferentes das que são típicas desta zona, ou que não tenha sido certificado pelo IVDP, não poderá usar a DO "DOURO", por melhor que seja a sua qualidade.

O âmbito da protecção das DO e IG regulamentadas a nível europeu (vinhos, bebidas espirituosas, produtos agrícolas e géneros alimentícios) é definido em normas que tipificam as situações abrangidas pelo *jus prohibendi* decorrente destes direitos exclusivos. Tomando como exemplo o

[974] No que diz respeito, especificamente, às DO e IG de vinhos e produtos vitivinícolas, a situação é um pouco mais complexa. Se é certo que as normas que definem os "direitos conferidos pelo registo" (art. 306º do CPI) deixam de se aplicar a estes produtos – o mesmo sucedendo com os artigos 5º do Decreto-Lei nº 212/2004, de 23 de Agosto (organização institucional do sector vitivinícola) e 2º do Decreto-Lei nº 173/2009, de 3 de Agosto (Estatuto das DO e IG da Região Demarcada do Douro, incluindo "Porto" e "Douro") – permanece inteiramente em vigor o Regime das Infracções Vitivinícolas, aprovado pelo Decreto-Lei nº 213/2004, de 23 de Agosto, que define os crimes e contra-ordenações aplicáveis às infracções às normas que regem o sector do vinho e da vinha, o qual se aplica cumulativamente com as normas do CPI.

[975] Por exemplo, "VINHO DO DOM" seria uma clara violação da DO "DÃO".

art. 103º/2 do Regulamento (UE) 1308/2013[976], as referidas denominações ou indicações são protegidas contra:

a) *Qualquer utilização comercial direta ou indireta do nome protegido:*

i) *por produtos comparáveis não conformes com o caderno de especificações do nome protegido;*
ii) *na medida em que tal utilização explore a reputação de uma denominação de origem ou de uma indicação geográfica;*

b) *Qualquer utilização abusiva, imitação ou evocação, mesmo que a verdadeira origem do produto ou serviço seja indicada ou que o nome protegido seja traduzido, transcrito ou transliterado ou acompanhado de termos tais como "género", "tipo", "método", "estilo", "imitação", "sabor", "modo" ou similares;*
c) *Qualquer outra indicação falsa ou falaciosa quanto à proveniência, origem, natureza ou qualidades essenciais do produto, no acondicionamento ou na embalagem, na publicidade ou nos documentos relativos ao produto vitivinícola em causa, bem como contra o acondicionamento em recipientes suscetíveis de dar uma impressão errada quanto à origem do produto;*
d) *Qualquer outra prática suscetível de induzir o consumidor em erro quanto à verdadeira origem do produto.*

Uma leitura atenta destas diversas hipóteses revela que a protecção europeia das DO e IG cobre a generalidade dos riscos a que estão expostos os sinais distintivos: quer o risco de *confusão*, quer o de *aproveitamento da reputação* (matéria a que regressaremos no ponto seguinte).

Um mecanismo fundamental para a defesa das DO e IG reside na **recusa de registo** de sinais distintivos iguais ou confundíveis com o nome protegido. Com efeito, a imitação ou a semelhança de uma marca com DO ou IG protegidas constitui fundamento de recusa do respectivo registo, nos termos dos arts. 231º/3/e) e 232º/1/e) do CPI[977]. O mesmo se diga

[976] Para vinhos e produtos vitivinícolas, cuja redacção é semelhante à do art. 16º do Reg 110/2008 (relativo à DO e IG de bebidas espirituosas) e do art. 13º/1 do Reg. 1151/2012 (respeitante às DO e IG de produtos agrícolas e géneros alimentícios).

[977] Por este motivo, custa a entender o decidido pelo STJ em 18.06.2009 (Proc. 2573/07.8TBTVD), que concedeu o registo da marca "CAVES DOIS PORTOS" para "Vinho

relativamente a pedidos de registo de logótipos, iguais ou confundíveis com DO ou IG protegidas, que devem ser recusados ao abrigo dos arts. 288º/3/e e 289º/1/e) do CPI. Este fundamento de recusa também é oponível contra o registo de marcas da UE, constituindo não só um motivo absoluto [art. 7º/1/j) do RMUE] como também um motivo relativo de recusa [art. 8º/6 do RMUE][978]. De resto, os regulamentos europeus de tutela das DO e IG determinam a recusa (ou a invalidação) do registo de qualquer marca que *contenha ou consista numa denominação de origem protegida ou numa indicação geográfica protegida que não respeite o caderno de especificações,* ou que colida com a protecção reconhecida a esses sinais distintivos, quando a protecção destes goze de prioridade[979].

Isto não impede, obviamente, que nos produtos com direito a DO ou IG se utilizem marcas incluindo as palavras constitutivas da designação protegida[980]. Mas, ainda assim, tais marcas deverão conter algum acrescento que

Regional da Estremadura", por não a considerar ofensiva da DO "PORTO", tendo em conta: que a palavra "Porto" *aparece diluída no contexto geral dos demais elementos*; que "Vinho Regional da Estremadura" não é um produto *idêntico* a "vinho licoroso de qualidade"; e que a marca reproduzia o nome da *localidade* da sede da requerente do registo (freguesia de "Dois Portos", do concelho de Torres Vedras). Em matéria de denominações de origem, era difícil cometer mais erros. Este acórdão esquece que vinho regional e vinho licoroso são produtos *afins* (ainda que não idênticos); ignora que a DO protegida é totalmente reproduzida pela marca (não fazendo sentido falar aqui em "diluição"); e, sobretudo, desconhece a tutela legal das DO de prestígio (que nem sequer exige afinidade de produtos); além de abrir um precedente perigoso (o das toponímias homónimas), que já tem sido invocado contra os interesses portugueses por imitadores estrangeiros (v.g. a designação "Port Stephens", na Austrália, que pretendeu legitimar o uso de "Port" em vinhos). Demonstrando melhor entendimento do regime das DO, cf. a Sent. do TPI de 2.12.2016 (Proc. 237/16.0YHLSB, do 2º Juízo, Eleonora Viegas), confirmada por ac. RL de 25.05.2017 (rel. M. Alexandrina Branquinho), que anulou o despacho do INPI de concessão do registo da marca "PORTO COVO", para bebidas alcoólicas e diversos produtos alimentares.

978 A este respeito, cf. PHILIPP VON KAPFF, em anotação ao art. 7º do RMUE e KARLA HUGUES, em anotação ao art. 8º, in *Concise ...*, cit., pp. 63 e 102, respectivamente.

979 Art. 102/1 do Reg. 1308/2013. No mesmo sentido, cf. art. 23º do Reg. 110/2008 para as DO e IG de bebidas espirituosas e o art. 14º do Reg. 1151/2012 para as DO e IG de produtos agrícolas e géneros alimentícios.

980 Essa é uma circunstância muito frequente no sector dos vinhos, produtos que estão sujeitos ao uso *obrigatório* de marca registada (Decreto-lei nº 376/97, de 24 de Dezembro). Assim, é legítimo adoptar, para um vinho com direito à DO "ALENTEJO", uma marca "DIAMANTE DO ALENTEJO".

lhes traga originalidade, sendo claro que esses registos não dão direito à apropriação exclusiva do nome geográfico (art. 209º/2 do CPI).

Por fim, sublinhe-se a importância prática que, neste contexto, desempenha o disposto na alínea h) do nº 1 do art. 232º do CPI, que impõe a recusa o registo de marcas que, mesmo não sendo directamente confundíveis com sinais protegidos, gerem um risco "objectivo" de concorrência desleal[981].

Atenta a relevância que o legislador português atribui às DO e IG, os meios de defesa destas incluem, além dos meios civis e penais decorrentes da tutela prevista no CPI, uma protecção reforçada em matéria penal, privativa das DO e IG vitivinícolas, prevista no denominado Regime das Infracções Vitivinícolas[982].

Assim, em sede de **tutela civil** (compreendendo as acções de condenação e eventuais procedimentos cautelares), a legitimidade processual para agir em juízo não está reservada apenas aos organismos certificadores das DO ou IG, na medida em que o art. 338º do CPI a reconhece a *todas as pessoas com interesse directo no seu decretamento*. Aliás, se os produtores da região são os "proprietários" das DO e IG, parece claro que terão interesse directo no decretamento dessas medidas. Ainda que assim não fosse, sempre restaria o recurso ao disposto no art. 31º do CPC e na Lei da Acção Popular[983], que conferem legitimidade activa a qualquer cidadão para tutela de interesses difusos.

Esta protecção é complementada pela **tutela penal e contra-ordenacional**, estando prevista, no art. 324º do CPI, pena de prisão até 3 anos ou multa até 360 dias, e perda dos objectos apreendidos (art. 329º), pelo crime de *violação e uso ilegal* de DO ou de IG. No domínio vitivinícola, o Regime das Infracções Vitivinícolas prevê penas de prisão de 6 meses a 4 anos para os crimes de *usurpação* de DO ou IG (art. 8º) e de *tráfico* de produtos vitivinícolas (art. 9º); punindo-se como contra-ordenação, com coimas até € 50.000, as situações menos graves, qualificadas como *uso indevido* de DO ou IG pelo art. 11º.

981 Como já referimos no Capítulo V, foi com esse fundamento que o 1º Juízo do TComVNG (Isabel Faustino; Proc. nº 6/2001), por sent. de 24.01.2001, anulou o registo de marca "OTROP" para vinhos (que o INPI havia concedido por não a achar confundível com a DO "PORTO").

982 Aprovado pelo DL nº 313/2004, de 23 de Agosto.

983 Lei nº 83/95, de 31 de Agosto.

Acrescente-se que – nos casos em que a tutela específica das DO e IG não se aplique – estas designações podem ainda ser protegidas pelas normas que proíbem a **concorrência desleal**, quando estejam em causa comportamentos censuráveis de concorrentes, passíveis de desviar clientela dos produtos assinalados por aqueles sinais para os produtos oferecidos pelo infractor. Tal poderá ser o caso, nomeadamente, de actos de *confusão* (v.g., um queijo com o formato típico do "Queijo da Serra", com um rótulo ostentando um cão da raça "Serra da Estrela" sobre uma paisagem montanhosa), de actos de *apropriação* (v.g., substituição da DO ou IG mais prestigiada por outra menos apreciada); ou de actos de *agressão* (incluindo o denegrimento: afirmar falsamente que "os queijos da região X têm produtos químicos" ou que "a carne com a denominação Y é de animais com brucelose").

Por fim, é de referir ainda o regime das **práticas comerciais desleais**, que pode assumir relevância no domínio das DO e IG, na medida em que reprime as denominadas *acções enganosas*, entre as quais se incluem as práticas susceptíveis de induzir o consumidor em erro, nomeadamente quanto à origem geográfica dos produtos[984].

7.1. O princípio da especialidade das DO e IG

Em princípio, o exclusivo decorrente das DO e IG está sujeito ao princípio da especialidade. Por isso, o registo de uma DO ou IG, que é feito para determinado tipo de produtos, não permite impedir o uso desse nome geográfico em produtos completamente diferentes, sem qualquer afinidade com os primeiros.

Assim, uma DO destinada a assinalar queijos não permite impedir o *uso* dessa denominação em carnes, ou em vinhos. Em contrapartida, atento o princípio da especialidade, nada obsta ao *registo* outras DO ou IG – ou de marcas – que incluam os nomes protegidos, quando estejam em causa produtos distintos daqueles a que se destina a denominação ou indicação registada (salvo se estiverem causa DO ou IG de renome). Por

[984] Art. 7º/1/b) do DL 57/2008, de 26 de Março. Note-se que este regime tem um âmbito de aplicação distinto da disciplina da concorrência desleal, dado que versa sobre práticas das empresas *nas suas relações com os consumidores* (art. 1º) e não nas relações dos concorrentes entre si, embora possa haver áreas de intersecção.

exemplo, o facto de existir uma DO "Cereja da Cova da Beira" não impede que haja também duas IGs "Maçã da Cova da Beira" e "Pêssego da Cova da Beira"[985].

A tutela da DO ou IG não fica, porém, confinada ao domínio dos *produtos*, podendo também servir para combater o uso ou registo de sinais confundíveis relativamente a *serviços* que revistam afinidade com aqueles, caso daí possa recusar um risco de confusão ou associação indevidas, como tem sido entendido, por exemplo, nas várias decisões judiciais que proibiram o uso da designação "CHAMPANHERIA"[986], por a considerarem passível de induzir o público em erro.

7.2. As DO e IG de prestígio

O princípio da especialidade pode, porém, ser afastado quando estejam em causa DO ou IG que gozem de prestígio ou reputação, as quais beneficiam de um regime semelhante ao das marcas prestigiadas, já analisado no capítulo V. Como escreve Ribeiro de Almeida, *as denominações de origem e as indicações geográficas não devem apenas beneficiar de protecção quando está em causa a necessidade de tutela das suas funções jurídicas essenciais. Devem, igualmente, ser protegidas contra o aproveitamento indevido da sua reputação, incluindo os actos que possam provocar a sua diluição ou prejuízo para a sua força distintiva*[987].

[985] Por outras palavras, o registo de uma DO ou IG para determinados produtos não constitui motivo relativo de recusa do registo de marcas destinadas a produtos *sem* identidade ou afinidade com aqueles. Neste sentido, Ribeiro de Almeida, *O afastamento do princípio da especialidade nas denominações de origem?*, in ROA, Ano. 61, I, p. 366.

[986] Cf., entre outros, o ac. STJ de 8.10.2015 (rel. Távora Victor, CHAMPANHERIA DA BAIXA, P 393/12.7.YHLSB) e o ac. RL de 15.07.2016 (P 1/13.9YHLSB, CHAMPANHERIA-TAPAS-BAR).

[987] *A Autonomia Jurídica* cit., pp. 1363 e 1364. Na mesma linha, Carlos Olavo afirmava: *a utilização da denominação de origem de renome* [mesmo] *em produtos de natureza completamente diferente daqueles para os quais se encontra registada pode implicar perigo de a sua eficácia distintiva ser prejudicada, diluída, ou destruída. De facto, a utilização indiscriminada da expressão que constitui uma denominação de origem é susceptível de banalizar esse nome e de enfraquecer a sua eficácia distintiva. Para tanto, é, porém, indispensável que tal expressão tenha um elevado valor simbólico-evocativo. É o caso da denominação de origem "Champagne", que tem associada a ideia da melhor e mais prestigiada das bebidas* (*Marcas e Designações Geográficas*, cit., p. 533)

Esta matéria tem gerado alguma controvérsia doutrinal[988] e jurisprudencial, estando na origem de inúmeras decisões dos nossos tribunais e, inclusivamente, do Tribunal de Justiça.

A consagração positiva desta protecção reforçada deu-se no CPI de 2003[989], que proíbiu *o uso de denominação de origem ou de indicação geográfica com prestígio em Portugal, ou na Comunidade Europeia, para produtos sem identidade ou afinidade sempre que o uso das mesmas procure, sem justo motivo, tirar partido indevido do carácter distintivo ou do prestígio da denominação de origem ou da indicação geográfica anteriormente registada, ou possa prejudicá-las.* Esta regra foi retomada pelo nº 4 do art. 306º do CPI de 2018, que manteve inalterada a redacção original (claramente inspirada no direito de marcas)[990].

[988] Sobre este tema, além da obra de referência de Ribeiro de Almeida, *A Autonomia Jurídica* cit., pp. 1363 e 1364 e *O* afastamento *do princípio da especialidade nas denominações de origem?,* cf. Carlos Olavo, *Marcas e Designações Geográficas*, cit., p. 533, A. Campinos (cord.), *CPI Anotado*, 2ª ed., pp. 494 e 495, Couto Gonçalves, *Manual...*, cit., p. 379, nota 880 e Pedro Sousa e Silva, *A Tutela Reforçada das Denominações de Origem de Prestígio. Comentário ao Acórdão da Relação de Lisboa de 13 de Janeiro de 2015*, RDI 02-2015, pp. 247 a 269. No estrangeiro, cf. Azéma/Galloux, *Droit de la Propriété Industrielle*, cit., pp. 977 e 978.

[989] Embora anteriormente já fossem conhecidas decisões jurisprudenciais no sentido de proteger as denominações de origem prestigiadas, como v.g. a Sent. da 11ª Vara Cível de Lisboa, de 3.12.99 (Fernando Duque; BPI 4/2000, pp. 1761 e 1762), que rejeitou o registo da marca "Miller – High Life – The Champagne of Beers" para cervejas (ainda que invocando apenas o risco de concorrência desleal e não a tutela própria das denominações de origem) e a Sent. do 3º Juízo do TComL de 20.01.2000 (BPI 3/2000, p. 1206), recusando o registo do nome de estabelecimento "Perfumaria Bordeaux". O próprio INPI recusou, em 2001, o registo da marca "VINHO DO PORTO.PT" para *serviços de gestão, administração e publicidade*, por ter considerado a denominação "Porto" uma DO de renome, *a que não se aplica o princípio da especialidade*, pois o requerente *pode aproveitar-se do prestígio e categoria daquela*, havendo por isso *o perigo de a sua eficácia distintiva ser prejudicada, destruída ou diluída* (marca nº 344.454; Parecer da Técnica Carla Guerreiro), bem como a marca "UNICER COLLECTION OPORTO BEER", para cervejas, por ter considerado que a utilização da denominação de origem *num produto de natureza diferente, banaliza o nome, deturpa e enfraquece a sua distintividade* (marca nº 330.437; Parecer da Técnica Margarida Matias).

[990] Idênticas disposições constam também do art. 5º/4 do citado DL 212/2004 ("Organização Institucional do Sector Vitivinícola") e do art. 2º/5 do DL 173/2009, de 3 de Agosto (que disciplina as denominações de origem "PORTO" e DOURO"). Apesar disso, a disposição pioneira nesta matéria foi o art. 1º/5 do Estatuto da Denominação de Origem Controlada "Douro", aprovado pelo Decreto-Lei nº 190/2001, que proibiu o uso dessa DO de prestígio *em produtos não vínicos quando a sua utilização procure, sem justo motivo, tirar partido indevido do carácter distintivo ou do prestígio de que goze uma DO ou IG ou possa prejudicá-las.* Contudo, face

Entretanto, por força da referida jurisprudência do TJ nos casos "BUD" e "PORT CHARLOTTE", esta matéria deve hoje ser apreciada, exclusivamente, à luz da regulamentação europeia, sempre que estejam em causa DO e IG de *produtos agrícolas, géneros alimentícios, bebidas espirituosas, vinhos e outros produtos vitivinícolas*. Ora, como as mais prestigiadas denominações de origem portuguesas cabem nestas categorias de produtos, a tutela reforçada das DO e IG de prestígio, na prática, não se pautará pelas normas do CPI, mas sim pelas normas europeias – como o art. 103º/2/a) do Regulamento (UE) 1308/2013 –, que proíbem *qualquer utilização comercial directa ou indirecta de um nome protegido:*

i) por produtos comparáveis não conformes com o caderno de especificações do nome protegido;
ii) na medida em que tal utilização explore a reputação de uma denominação de origem ou de uma indicação geográfica;

Importa esclarecer que esta subalínea ii) é *alternativa* (não cumulativa) face à subalínea i), pelo que a proibição da exploração da reputação não se limita ao universo dos "produtos comparáveis" ao produto protegido[991]. Ou seja, basta que a utilização comercial do sinal protegido explore a reputação desse sinal para que a protecção do regulamento deva aplicar-se. Por outras palavras, se houver risco de exploração da reputação, a utilização comercial do sinal deve ser proibida mesmo que ela não se reporte a "produtos comparáveis"[992].

à jurisprudência "PORT CHARLOTTE", estas normas devem hoje ter-se por substituídas pelo disposto nos arts. 102º e 103º do Reg. 1308/2013.

[991] Neste sentido, cf. Ribeiro de Almeida, *A Autonomia Jurídica da Denominação de Origem*, cit., p. 1361. Este carácter alternativo é indiscutível, em face das demais versões linguísticas da alínea a) do nº 1 do art. 103º do Regulamento (UE) 1308/2013, que interpõem a conjunção "ou" entre as duas subalíneas. A título de exemplo, cf. a versão francesa:
a) toute utilisation commerciale directe ou indirecte de cette dénomination protégée:
i) pour des produits comparables ne respectant pas le cahier des charges lié à la dénomination protégée; ***ou***
ii) dans la mesure où ladite utilisation exploite la réputation d'une appellation d'origine ou indication géographique.
Na versão em língua portuguesa a palavra "ou" está, inexplicavelmente, omissa.

[992] Em contrapartida, tratando-se de "produtos comparáveis", a utilização comercial do nome protegido é sempre proibida, mesmo que não haja exploração da sua reputação (ou mesmo que não se prove a existência dessa reputação). Note-se que o registo das DO e IG

Por outro lado, esta regulamentação europeia também proíbe [v.g, no art. 103º/2/b)] *qualquer utilização abusiva, imitação ou evocação, mesmo que a verdadeira origem do produto ou serviço seja indicada ou que o nome protegido seja traduzido, transcrito ou transliterado ou acompanhado de termos tais como "género", "tipo", "método", "estilo", "imitação", "sabor", "modo" ou similares.* Note-se que, como sublinhou o TJ no recente acórdão QUESO MANCHEGO[993], a proibição da **evocação** destina-se a evitar que seja criada no espírito do público uma *associação de ideias quanto à origem do produto*, ou que um produtor se *aproveite indevidamente da reputação da indicação geográfica protegida*, o que pode resultar não apenas de semelhança fonética e gráfica mas, inclusivamente, de *proximidade conceptual.* Neste caso, em que se discute a admissibilidade de sinais susceptíveis de evocar a própria *região* a que está associada a denominação de origem, o Tribunal começou por afirmar que *o critério determinante para estabelecer se um elemento evoca a denominação registada (...) é o de saber se este elemento é suscetível de trazer diretamente à lembrança do consumidor, como imagem de referência, o produto que beneficia dessa denominação. Por conseguinte, não se pode, em princípio, excluir a possibilidade de os sinais* ***figurativos*** *serem aptos a trazer diretamente ao espírito do consumidor, como imagem de referência, os produtos que beneficiam de uma denominação registada devido à sua proximidade conceptual com essa denominação.* Em face disso, admitiu (§ 41) que o uso de *figuras* parecidas com o D. Quixote ou do seu cavalo, poderá, sob certas condições *criar uma proximidade conceptual com a DOP «queso manchego», de modo que o consumidor tenha diretamente em mente, como imagem de referência, o produto que beneficia dessa DOP.*

não está dependente da prova da reputação do nome a proteger. No limite, poderá não ter reputação. Contudo, uma vez registado, esse nome ficará protegido contra a sua utilização comercial em produtos comparáveis não conformes, ao abrigo da alínea i), independentemente de ter reputação, ou de se demonstrar que essa utilização a explora.

[993] Ac. de 2.05.2019 (C-614/17; QUESO MANCHEGO), apreciando normas do Reg. 510/2006, para produtos agrícolas e géneros alimentícios, sendo esta jurisprudência trans ponível para os demais produtos com DO e IG, incluindo vinhos e bebidas espirituosas. Para uma explicitação do conceito de "evocação" e seus limites, cf. acs. TJ de 4.03.1999 (C-87/97, CAMBOZOLA/GORGONZOLA), 26.02.2008 (C-132/05, Comissão.Alemanha; PARMIGIANO REGGIANO), 14.07.2011 (C-4/10 e 27/10, COGNAC), 21.01.2016 (C-75/15, VINIIVERLA; VERLADOS/CALVADOS), 7.06.2018 (C-44/17, SCOTCH WHISKY ASSOCIATION; GLEN). Para um enunciado actualizado desta jurisprudência, cf. as Conclusões do Advogado-Geral GIOVANNI PITRUZZELLA, no Proc. C-614/17, apresentadas em 10.01.2019.

Em face disso, faz sentido a declaração do Advogado-Geral SÁNCHEZ-BORDONA – nas conclusões que apresentou no caso "PORT CHARLOTTE"[994] – quando afirmou que *a proteção conferida pelo direito da União às DOP de vinhos é, pelo menos, tão forte como a que é conferida pela legislação portuguesa (...). Concretamente, uma das causas que obstam ao registo das marcas da União Europeia é, precisamente, que explorem indevidamente o prestígio de uma DOP para vinhos.*

Com efeito, deve entender-se que a protecção europeia das DO e IG cobre a generalidade dos riscos a que estão expostos os sinais distintivos de prestígio (para além do risco de confusão): os riscos de *diluição, degradação e de aproveitamento parasitário*[995] da reputação da denominação ou indicação, prevenidos na subalínea ii) da alínea a), bem como na alínea b) do nº 2 do citado art. 103º (e disposições paralelas).

Assim sendo, não parece que a inaplicabilidade das normas nacionais de protecção das DO e IG de prestígio – proclamada pelo Tribunal de Justiça – conduza necessariamente a um enfraquecimento da tutela que lhes vinha sendo proporcionada pela lei portuguesa e reconhecida pelos nossos tribunais[996]. Essa tutela continua a impor-se, sempre que estejam reunidas as seguintes condições:

[994] Conclusões apresentadas em 18 de maio de 2017 (§ 51), em que se pronunciou pela natureza exclusiva da regulamentação europeia.

[995] Conforme resulta da jurisprudência do TJ, no caso INTERFLORA (ac. de 22.09.2011, Proc. C-323/09), relativo à tutela das marcas com reputação, estes riscos consistem no seguinte:
– A diluição é o *enfraquecimento da capacidade distintiva* da marca. *No final de um processo de diluição, a marca já não consegue suscitar, no espírito dos consumidores, uma associação imediata com uma origem comercial.*
– A degradação é a diminuição da *força de atracção* da marca, afectando o modo como os produtos ou serviços assinalados são olhados pelo público.
– O parasitismo é *o benefício* que o terceiro retira da utilização do sinal idêntico ou semelhante (mesmo quando não cause um prejuízo à marca). Este fenómeno abrange *os casos em que, graças à transferência da imagem da marca ou das características projectadas por esta para produtos designados pelo sinal idêntico ou semelhante, há uma exploração manifesta na esteira da marca que goza de prestígio.*

[996] Aliás, na sequência do ac. "Port Charlotte" o EUIPO já recusou, com fundamento na exploração da reputação da DO Porto/Port (art. 103º/2 Reg. 1308/2013 e art. 8º/6 RMUE) diversas marcas destinadas a produtos e serviços distintos de vinho do Porto: Marcas PORTO VINTAGE.PT, para serviços das classes 35 e 39 (serviços de distribuição de vinho), por decisões de 14.02.2019 e de 15.04.2019 e PORTO SANTO, para produtos da classe 32 (água, cerveja, bebidas não alcoólicas), por decisão de 28.06.2019.

- se demonstre que a denominação ou indicação protegida goza de *reputação*;
- ocorra uma utilização comercial, directa ou indirecta, que *explore* essa reputação (isto é, que dela possa aproveitar-se, nomeadamente através da "transferência da imagem" dessa DO ou IG para produtos, serviços ou entidades sem direito a usá-la).

Consequentemente, quando a reputação da denominação ou indicação prestigiada seja explorada, mediante a utilização comercial desse sinal mesmo em produtos ou serviços *sem qualquer afinidade* com os produtos protegidos, a protecção legal pode ser convocada, para preservação dessa reputação, preenchidos que sejam os dois referidos requisitos.

A relativa novidade desta tutela reforçada e certa incompreensão do seu regime têm dado origem a uma prática decisória algo errática e incoerente, quer no âmbito do INPI, quer dos tribunais portugueses, apesar de se ter vindo a consolidar uma jurisprudência – ao nível do TPI e da Relação de Lisboa – que reconhece e aplica correctamente esta disciplina. São exemplos disso, ao nível da segunda instância, os acórdãos da Relação de Lisboa que recusaram o registo de marcas como "ROSA CHAMPANHE", para vestuário, calçado e chapelaria, "PORTO FUNERÁRIO" para serviços funerários, "AZDOURO" para azeite, chá, café, ervas aromáticas, vinagre, mel[997]. Mas existem também decisões de sinal contrário, como, v.g., os acórdãos que admitiram registos das marcas "PORTO LUSO", para serviços de publicidade e gestão de negócios comerciais, e "AMOR DO DOURO", para serviços turísticos e de agência de viagem[998].

As dificuldades que se deparam ao julgador destas matérias prendem-se, em parte, com a *polissemia* de algumas denominações (como "Porto" ou "Verdes") e, sobretudo, com o facto de a maioria das DO e IG constituírem *nomes geográficos*, designando localidades ou regiões, servindo para assinalar a origem dos produtos e a localização dos serviços aí prestados. Por isso, apesar de a tutela reforçada das DO e IG com reputação ser análoga à tutela das marcas de prestígio, existe um factor de diferenciação: enquanto que as

[997] Cf., respetivamente, acs. de 9.07.2015 (Proc. 867/09.7TYLSB), 30.06.2016 (Proc. 1027/09.2TYLSB) e de 9.02.2017 (Proc. 3/16.3YHLSB, rel. M. Teresa Albuquerque).

[998] Cf., respectivamente, acs. de 30.12.2011 (Proc. 435/08.0YHLSB, rel. Isabel Canadas) e de 25.10.2018 (Proc. 47/17.8YHLSB, rel. M. Teresa Pardal).

marcas podem ser (e são frequentemente) compostas por sinais arbitrários, as DO e IG constituem (com raras excepções), nomes geográficos, de cidades ou regiões. Por isso, a exclusividade "transversal" de que gozam certas marcas famosas só muito dificilmente poderá ser replicada no que respeita às DO ou IG de prestígio, sob pena de se privarem os agentes económicos da região demarcada do direito a usar esse nome na composição dos respectivo sinais distintivos[999]. Como é óbvio, o nome de uma cidade ou região não pode ser apropriado seja por quem for[1000]. Consequentemente, tais nomes devem poder entrar na composição de sinais distintivos de produtos ou serviços sem afinidade com os produtos a que respeita a denominação ou indicação protegidas, na condição de isso não envolver exploração da reputação destes sinais[1001].

[999] Ainda assim, estas diferenças entre marcas e DO não podem levar a uma disparidade de tratamento injustificada (nem devem legitimar tentativas de "colagem" abusiva aos nomes prestigiados). Note-se que o facto de algumas marcas de prestígio corresponderem a nomes de pessoas (PHILIPS, FERRARI), de animais (JAGUAR), de frutos (APPLE) ou de localidades (MONTBLANC, SANTANDER) não as priva da protecção reforçada que o seu estatuto lhes confere. Pelo que a polissemia das DO e IG prestigiadas não pode servir de justificação para deixar de as defender contra a exploração da sua reputação.

[1000] Salientando este aspecto, afirma-se no *Código da Propriedade Industrial Anotado* (António Campinos e Couto Gonçalves, coord.), cit., pp. 545 e 546: *os sinais que compõem as denominações de origem e as indicações geográficas consistem normalmente em nomes de localidade, de regiões e até de países, referências que em muitos casos são empregues na actividade económica, nos mais diversos sectores, sem que tal implique qualquer lesão para o prestígio daqueles (...) A título de exemplo, parece indiscutível que a denominação de origem "Vinho do Porto" alcançou prestígio, sendo, porém, em função do acima exposto, duvidoso que possa automaticamente obstar a todo e qualquer registo de sinais distintivos do comércio que incluam a expressão "Porto", cidade em que muitas pessoas físicas e colectivas disponibilizam os seus produtos e serviços.* Esta perspectiva – basicamente correcta – não deve servir para coonestar tentativas de aproveitamento parasitário da reputação daquele sinal, nem fazer esquecer que a mera vulgarização ou generalização do uso da palavra protegida constitui, *em si mesma*, uma lesão do carácter distintivo da denominação, fazendo diminuir a sua individualidade. Assim, só quando haja uma razão ponderosa para o uso do sinal protegido (como aquelas que ficam referidas no texto) é que o risco (inevitável) de diluição deve ser aceite pelo INPI ou pelo EUIPO, para efeito de conceder o registo.

[1001] Sublinhe-se que está em causa, não o uso informal da palavra protegida, mas sim a sua inclusão em sinais distintivos a registar. Uma coisa é impedir o *registo* de sinais com a DO ou IG protegida, outra seria proibir o simples *uso* desses sinais, para indicar a localização de serviços ou a proveniência geográfica de produtos – utilização que, sendo verdadeira, não é questionável, até por motivos de liberdade de expressão.

Sendo assim, é necessário encontrar um ponto de equilíbrio, sensato, sem perder de vista que os riscos de *diluição*, *degradação* e de *aproveitamento parasitário* das denominações prestigiadas devem ser evitados. Esse equilíbrio, como tem sido entendido pela nossa jurisprudência, passa pela ponderação, no caso concreto, quanto à existência de um "justo motivo" para a inclusão do nome protegido na marca ou logótipo a registar[1002].

Por exemplo, a denominação "PORTO" pode legitimamente entrar na composição – não só de marcas destinadas a assinalar vinho do Porto – mas também de sinais distintivos pertencentes a entidades com manifesta legitimidade para usar este topónimo, como é o caso da Câmara do Porto, da Universidade do Porto ou do Futebol Clube do Porto (no pressuposto de que não induzam em erro e respeitem a produtos ou serviços relacionados com a respectiva esfera de actuação). Serão igualmente legítimas marcas ou logótipos que utilizem a palavra "Porto" como uma *simples referência geográfica* (por exemplo, "COMÉRCIO DO PORTO", "HOSPITAL PRIVADO DO PORTO" ou "PORTO SHERATON HOTEL"). Em contrapartida, quando os sinais a registar usem a palavra "PORTO" como uma mera *palavra de fantasia* (isto é, sem constituir uma referência geográfica ou identitária) deixa de haver uma justificação objectiva para a escolha e deve então prevalecer a tutela da DO prestigiada. Nestes casos, o facto de essa palavra constituir o nome de uma cidade não justifica a sua inclusão na marca, devendo o interesse do requerente ceder perante o *interesse público* da preservação da eficácia distintiva da DO de prestígio "PORTO".

Do mesmo modo, a *polissemia* da palavra "PORTO" justifica que seja admissível uma marca "PORTO DE AVEIRO", para serviços portuários. Mas esse duplo significado não pode servir de pretexto para banalizar uma denominação valiosa, diluindo a sua capacidade distintiva e explorando a sua reputação. Na mesma perspectiva, a *homonímia* não deve servir de alibi para se adoptarem sinais distintivos idênticos a DO ou IG reputadas, como bem entendeu o TPI, quando recusou o registo de uma marca "PORTO

[1002] Ac. RL de 9.07. 2015 (Proc. nº 867/09.7TYLSB; marca "ROSA CHAMPANHE"): *ponderando o disposto nos artigos 342º, nº 2 do Código Civil e 414º do Código de Processo Civil, quem se utiliza da denominação de origem de prestígio deve justificar o respectivo uso para composição da marca.*

COVO" para assinalar não só bebidas alcoólicas, como também produtos como conservas, temperos e vinagres[1003].

Um erro que ainda vai sendo cometido, por julgadores menos versados nestas matérias, é o de recusar a tutela das DO de prestígio nos casos em que não haja um risco de *confusão*. Esta leitura é completamente descabida, visto que esta protecção reforçada não se destina a evitar o perigo de confusão quanto à origem dos produtos ou serviços. Para isso, basta a tutela básica das DO e IG. Os riscos a evitar aqui são, como vimos, a *diluição*, *degradação* e o *aproveitamento parasitário* da reputação grangeada, ao longo de décadas ou séculos, pelos produtos assinalados pelo nome geográfico prestigiado. Nesta óptica, a sentença proferida no caso "DOURO SUPERIOR" evidencia um exemplar entendimento dos interesses em presença[1004]: *a utilização do nome "Douro" permite a diluição clara da mencionada denominação de origem. Permitir-se que produtores dos produtos mais diversos, ainda que com origem na região geográfica do Douro, assinalem os mesmos com a palavra "Douro" é permitir que os mesmos "aproveitem" as "vantagens" da denominação de origem controlada "Douro" e que "sem grande esforço", surjam desde logo perante o consumidor como titulares de produtos "genuínos" de "qualidade" apenas porque mencionam os mesmos como sendo do "DOURO", diluindo o "selo" de qualidade e genuinidade.* Por outras palavras: o uso de uma marca que reproduza uma DO de prestígio afecta negativamente a eficácia distintiva deste sinal – mesmo na ausência de risco de confusão –, pois contribui para a respectiva *banalização e diluição*, diminuindo a sua individualidade ou peculiaridade e sua consequente "força atractiva". É evidente que um sinal, quanto mais for usado em produtos diversos, menos distintividade terá, pois a sua individualidade, resultante da diferenciação, vai-se dissolvendo. O nome de uma pessoa só a individualiza porque não é igual ao nome das outras...

A defesa das mais valiosas DO e IG portuguesas – património imaterial dos nossos agentes económicos e instrumento essencial de afirmação nos mercados – é uma causa que merece mais atenção e respeito nos nossos tribunais e no INPI, aplicando criteriosamente o regime que acaba de ficar descrito.

1003 Sent. do TPI de 2.12.2016 (Proc. 237/16.0YHLSB, do 2º Juízo, Eleonora Viegas), confirmada por ac. RL de 25.05.2017 (rel. M. Alexandrina Branquinho), que anulou o despacho do INPI de concessão do registo da marca mista "PORTO COVO" nº 533816.

1004 Sent. TComLx de 16.05.2008 (Proc. 1.011/06.8/TYLSB, Elisabete Assunção).

Por fim, importa aludir à questão, assaz controversa, relacionada com a utilização como **ingredientes** de produtos com direito ao uso de DO ou IG com prestígio. Em particular, tem-se debatido se a referência a essa designação é admissível e, em caso afirmativo, em que condições. Recentemente, o TJ teve o ensejo de clarificar essa matéria, num caso em que uma cadeia de supermercados alemã vinha comercializando um sorvete contendo champagne, distribuído sob o nome "CHAMPAGNER SORBET". Tendo-se suscitado a questão de saber se, nessa hipótese, haveria lugar a exploração da reputação do famoso vinho espumante francês com essa DO, em violação do art. 103º/2/a/ii), do Regulamento 1308/2013, o Tribunal de Justiça considerou que tal exploração indevida só existirá se *esse género alimentício não tiver, como característica essencial, um gosto gerado principalmente pela presença desse ingrediente na sua composição*[1005]. Por outras palavras, se um produto beneficiando de uma DO ou IG de prestígio for usado como ingrediente de outro produto alimentar, essa designação pode ser usada para identificar ou assinalar este produto, na medida em que *o gosto gerado por esse ingrediente* constitua *a característica essencial do referido género alimentício*[1006].

8. Extinção

O registo das DO ou IG tem uma duração ilimitada, não estando, pois, sujeito a **caducidade** pelo decurso do tempo (art. 304º). No entanto, o registo pode caducar por outros motivos, enunciados pelo nº 1 do art. 309º, quando a DO ou a IG *se transformar, segundo os usos leais, antigos e constantes da actividade económica, em simples designação genérica de um sistema de fabrico ou de um tipo determinado de produtos*[1007]. No que respeita às DO e IG de produtos sujeitos a regulamentação europeia, também está prevista o cancelamento do respetivo registo, em caso de não uso das mesmas ou de desconformidade desse uso com o respectivo caderno de especificções[1008].

O registo pode ser objecto de declaração de **nulidade**, nos casos previstos no art. 307º do CPI, que têm a ver com a inidoneidade do sinal para

[1005] Ac. de 20.12.2017 (Proc. nº C-393/16, CIVC.ALDI, § 53).

[1006] *Idem*, § 52.

[1007] Sublinhe-se, porém, que este risco de *genericídio* é afastado, pelo nº 2 do art. 309º, para os produtos vitivinícolas, águas mineromedicinais e outros produtos que sejam objecto de legislação especial de protecção e fiscalização no respectivo país.

[1008] Cf. arts. 54º do Reg. 1151/2012, 106º do Reg. 1308/2013 e 18º do Reg. 110/2008.

constituir uma DO ou IG, com o seu carácter enganoso originário, ou com a sua incompatibilidade com a lei, ordem pública ou bons costumes – para além dos motivos gerais de nulidade, constantes do art. 32º. As hipóteses de **anulabilidade**, enunciadas no art. 308º do CPI, estão relacionadas com a falta de legitimidade do requerente do registo, com a infracção de direitos anteriores, ou com o risco de favorecerem actos de concorrência desleal[1009]. Os pedidos de declaração de nulidade ou de anulação devem ser deduzidos, em primeira instância, perante o INPI (cf. arts. 307º/2 e 308º/2), ficando ressalvada a possibilidade de invocação dessa invalidade directamente em juízo, por via reconvencional (art. 266º).

[1009] A invocação da anulabilidade (ao contrário do que sucede com a nulidade) está sujeita a um prazo de 5 anos, a contar da concessão do registo (arts. 32º/2 e 34º/7).

Capítulo IX
Outros sinais distintivos

1. Introdução

O elenco dos sinais distintivos do comércio não se esgota nas marcas, logótipos, firmas, denominações de origem e indicações geográficas. Além destes sinais, há outros, com maior ou menor relevância, a que deve fazer-se uma breve referência. Por um lado, cumpre referir as recompensas, cujo registo é regulado nos arts. 270º a 280º do CPI. Por outro, temos os nomes de domínio, utilizados na Internet e que vêm assumindo uma importância crescente no âmbito das actividades económicas.

Atenta a natureza e os objectivos deste manual, estas matérias não serão aqui substancialmente desenvolvidas, ficando apenas enunciados alguns tópicos essenciais e feitas indicações de leitura mais aprofundadas.

2. Recompensas

A figura da recompensa reveste um interesse assaz reduzido, no domínio do Direito Industrial, apesar do seu registo estar legalmente previsto, em Portugal, desde 1896. Segundo o Parecer da Câmara Corporativa que precedeu a aprovação do CPI de 1940[1010], *a origem da protecção legal contra a usurpação das recompensas industriais encontra-se na época em que as grandes exposições internacionais conferiram recompensas honoríficas aos seus expositores.*

[1010] Publicação da Assembleia Nacional, 1937, p. 311 e ss..

Nos últimos anos, a atribuição de prémios, pontuações e galardões – às empresas e seus produtos – tem atingido uma expressão de grande relevo público, com repercussões económicas apreciáveis. Por exemplo, no domínio vitivinícola, há prémios e classificações cuja obtenção estimula de modo exponencial as vendas dos produtos galardoados, que chegam a atingir preços verdadeiramente especulativos.

O CPI, no seu art. 270º, define recompensas como: *a) as condecorações de mérito conferidas pelo Estado Português ou por Estados estrangeiros; b) As medalhas, diplomas e prémios pecuniários ou de qualquer outra natureza obtidos em exposições, feiras e concursos, oficiais ou oficialmente reconhecidos, realizados em Portugal ou em países estrangeiros; c) os diplomas e atestados de análise, ou louvor, passados por laboratórios ou serviços do Estado ou de organismos para tal fim qualificados; d) os títulos de fornecedor do Chefe do Estado, Governo e outras entidades ou estabelecimentos oficiais, nacionais ou estrangeiros; e) quaisquer outros prémios ou demonstrações de preferência de carácter oficial.*

Estamos assim perante distinções, atribuídas por entidades oficiais ou oficialmente reconhecidas, que podem ser objecto de registo no INPI, de acordo com o procedimento dos arts. 273º a 276º do CPI[1011].

A utilidade e a relevância deste registo estão longe de ser evidentes. É que, como dispõe o art. 277º do CPI, *o uso de recompensas legitimamente obtidas é permitido, independentemente de registo.* O que significa que o registo não tem natureza constitutiva, pois o direito ao uso daqueles sinais resulta unicamente da atribuição da recompensa. Por outras palavras, quem obtiver uma recompensa não necessita de a registar para a poder utilizar e invocar.

Mas será que o registo serve para conferir ao titular da recompensa um direito *exclusivo* sobre o uso da mesma? A resposta é negativa. Como é óbvio, uma recompensa só pode ser usada pela entidade a quem foi concedida[1012], esteja ou não esteja registada no INPI. A invocação de uma recompensa

[1011] Não devem confundir-se com as recompensas as chamadas "marcas de certificação" ou "marcas de qualidade", que desempenham uma função importante, mas diversa daquelas. Na recompensa existe um objectivo de premiar o mérito, que está ausente das marcas de certificação ou de qualidade. Estas visam apenas atestar a presença de determinadas qualidades ou características, ou o cumprimento de certos parâmetros ou procedimentos, de uma forma objectiva – o que, em princípio, está ao alcance de todos aqueles que satisfizerem os requisitos fixados para efeitos de certificação.

[1012] Ressalvados os casos em que é admitida a sua transmissão.

alheia sempre será proibida, por constituir um acto de concorrência desleal, podendo além disso constituir uma prática comercial desleal, na modalidade de acção enganosa[1013]. Aliás, a contra-ordenação relativa à invocação ou uso ilegal de recompensa, prevista pelo art. 332º do CPI, não pune apenas o uso abusivo de recompensa *registada* [al. a)], mas também o uso indevido e a imitação de quaisquer recompensas, mesmo que não registadas [als. b) e c)].

Sendo assim, parece que a única vantagem do registo duma recompensa consiste em poder dizer-se que... está registada[1014]. O que servirá, quando muito, para facilitar a prova da titularidade da recompensa e emprestar alguma credibilidade à sua invocação. Mas estas vantagens não parecem motivo bastante para justificar a consagração de um regime específico, com onze artigos, no texto do CPI. Pelo que bem se poderia ter aproveitado a recente revisão do CPI para o eliminar.

A restante disciplina das recompensas, constante do CPI, oscila entre a redundância e a incongruência. Desde logo, proclama que as recompensas *conferidas aos industriais, comerciantes, agricultores e demais empresários constituem propriedade sua*, acrescentando que as mesmas *não podem ser aplicadas a produtos ou serviços diferentes daqueles para que foram conferidas* (arts. 271º e 272º do CPI). O que é óbvio e sempre resultaria, como vimos, de outras disposições legais.

Por outro, lado, dispõe que *a caducidade do registo determina a extinção do uso da recompensa* (art. 280º, nº 2, do CPI). Esta norma, que já existia no CPI de 1940, foi justamente criticada por Oliveira Acensão, que a considerava *um absurdo, pois isso seria assim se o registo fosse constitutivo do direito à recompensa*[1015]. Hoje o absurdo é menor, pois o único fundamento explícito de caducidade, previsto pelo nº 1 do art. 280º, é a revogação ou cancelamento da recompensa. Só que, nestes casos, a extinção do direito ao uso resultará destes factos e não, propriamente, da caducidade do registo (que é consequência e não causa da perda do direito).

Por fim, refira-se que o art. 278º admite a *transmissão da propriedade das recompensas*, fazendo-a depender das *formalidades legais exigidas para a*

[1013] Arts. 311º/1/c) do CPI e 7º/1/f) do DL 57/2008, de 26 de Março.

[1014] É o que resulta da segunda parte do art. 277º: *só* quando o registo das recompensas *tiver sido efectuado é que a referência, ou cópia, das mesmas se poderá fazer acompanhar da designação «Recompensa registada» ou das abreviaturas «'R. R.'», «'RR'» ou «RR».*

[1015] *Direito Comercial*, Vol. II, *Direito Industrial*, cit., pp. 205 e 206.

transmissão dos bens de que são acessório. Assim, quando a recompensa respeitar a um estabelecimento em concreto, ou aos seus produtos, parece admissível proceder à sua transmissão conjunta, embora o CPI actual não contenha norma expressa sobre esta matéria, limitando-se a estabelecer como motivo de recusa do registo a circunstância de ter *havido transmissão da sua propriedade sem a do estabelecimento, ou da parte deste que interessar* [art. 275º/c), do CPI].

Face ao exposto, não creio que este regime revista especial interesse para as empresas, pois acrescenta muito pouco à protecção de que as recompensas não registadas já beneficiam. Não está em causa a importância, por vezes enorme, destas distinções. Apenas se questiona a oportunidade de se conservar, no articulado do CPI, um regime incoerente e obsoleto, que pouca evolução registou desde 1896.

3. Nomes de domínio

A generalização do uso da Internet fez desta rede informática mundial uma plataforma imprescindível para a actuação dos agentes económicos, servindo não só para a divulgação dos seus bens e serviços, mas também como meio de comunicação para a realização de transacções e de veículo para o fornecimento de produtos de natureza digital ou digitalizável.

3.1. Conceito

Esta circulação de informação assenta, como é sabido, num sistema de identificação e localização dos computadores que integram aquela rede. Todos os computadores que estão ligados à Internet têm um endereço que, tecnicamente, se designa por endereço IP (*Internet Protocol*) e que serve para indicar a sua localização na rede. Esses endereços são, consoante o protocolo utilizado, constituídos por séries de números separados por pontos ou por um conjunto de algarismos e letras. Atenta a dificuldade de memorizar estas séries de números dos endereços IP, foi criado um sistema técnico que faz corresponder a cada um destes endereços um nome mais intuitivo (composto por letras, números, siglas, palavras, etc.) escolhido pelo titular da página em questão e que frequentemente corresponde à sua própria denominação. Este sistema, designado "Domain Name System" (e abreviadamente conhecido por "DNS"), assegura a conversão automática do *nome de domínio* indicado pelo computador (por exemplo: www.ua.pt) num endereço IP, que identifica a localização dos computadores na Internet, desempenhando uma função semelhante a um endereço postal ou um número telefónico[1016].

No contexto do DNS, os nomes de domínio são formados por uma sequência de caracteres separados por pontos, representando cada um destes grupos de caracteres um nível diferente de domínio. Assim, o primeiro nível (*Top Level Domain – TLD*) é o grupo que surge no final do nome de domínio, à direita do último ponto, enquadrando-se em duas categorias: os TLD genéricos (*gTLD*, como por exemplo *.com* ou *.org*) e os TLD territoriais (*country code TLD* ou *ccTLD*, como por exemplo *.pt* ou *.es*). O segundo nível dos nomes de domínio é a expressão escolhida pelo titular para identificar a sua página. Por fim, há ainda os nomes de domínio de nível inferior, também chamados subdomínios. Sintetizando o exposto com um exemplo: no endereço www.adv.oa.pt as letras "pt" constituem o ccTLD, "oa" o segundo nível e "adv" o subdomínio.

3.2. Regime

Uma regra central deste sistema é que, dentro de cada nível de topo, não podem existir nomes de domínio de segundo nível repetidos, sendo a *unicidade* uma condição de funcionamento do sistema (por exigências óbvias de identificação e distinção de cada um dos domínios). Ou seja, não pode haver dois nomes de domínio "abc.com". Contudo, este sistema não impede que os nomes de domínio de segundo nível se repitam, quando inseridos em níveis de topo *distintos*. Podem assim coexistir os nomes "abc.com" e "abc.pt" na titularidade de entidades diferentes.

A gestão do sistema de nomes de domínio é assegurada, a nível internacional (isto é, ao nível dos gTLD) pelo ICANN – Internet Corporation for Assigned Names and Numbers, uma instituição norte-americana sem fins lucrativos. A gestão do serviço de registo dos nomes de domínio .pt foi assegurada, inicialmente, pela FCCN – Fundação para a Computação

[1016] Sobre o tema dos nomes de domínio, cf., nomeadamente, BOTANA AGRA, *Manual de la Propiedad Industrial*, 2017, pp. 771-777, DEV GANGJEE, *Trade Marks and Allied Rights*, in "The Oxford Handbok of Intellectual Property Law", 2018, pp. 566-571, CORNISH/LLEWELYN/APPLIN, *Intellectual Property. Patents, Copyright, Trade Marks and Allied Rights*, cit., pp. 907 a 915, MIGUEL ALMEIDA FERNANDES, *Nomes de Domínio na Internet*, Ed. CENTROATLANTICO.PT, 2004, DÁRIO MOURA VICENTE, *Problemática Internacional dos Nomes de Domínio*, in Direito da Sociedade da Informação, Vol. IV, 2003, pp. 213 e ss. e PAULA RAINHA/SÓNIA VAZ, *Guia Jurídico da Internet em Portugal*, CENTROATLANTICO.PT, 2001.

Científica Nacional, uma instituição privada sem fins lucrativos em quem essa tarefa foi delegada pela IANA – Internet Assigned Numbers Authority, confirmada e reconhecida pelo ICANN. Entretanto, por força do Decreto-Lei 55/2013, de 17 de Abril, as atribuições da FCCN foram transferidas para a Associação DNS.PT.

A actividade destas entidades (denominadas "registries") está submetida a diversa regulamentação interna, disciplinando não só a atribuição dos nomes de domínio que lhes compete atribuir, mas também a resolução de litígios que, inevitavelmente, vão surgindo. Dessa regulamentação cumpre destacar, ao nível do ICANN, a "Uniform Domain Name Dispute Resolution Policy" ("UDRP"), em vigor desde 1999[1017]. O Registo de Nomes de Domínio sob .PT obedece às normas jurídicas, técnicas e administrativas constantes das "Regras de Registo de Nomes de Domínio de .pt"[1018].

Os nomes de domínio de segundo nível desempenham hoje – para além da sua originária função técnica, de referenciação do computador – uma função identificativa do titular da página e dos seus produtos e serviços, que os converteu em verdadeiros sinais distintivos do comércio, aproximando-os nesse aspecto das marcas e dos logótipos. A tal ponto que se tornaram rapidamente activos importantíssimos das empresas que utilizam a Internet para efeitos publicitários ou para o exercício do comércio electrónico. O valor económico de sites como *amazon.com* ou *ebay.com* ultrapassará seguramente o de muitas marcas de grande prestígio.

Por outro lado, os titulares de sinais distintivos tradicionais – como marcas, firmas e logótipos – trataram de os "replicar" como nomes de domínio, aproveitando a sua notoriedade para criar um novo meio de promoção e, frequentemente, comercialização dos seus produtos e serviços (v.g., *apple.com* ou *continente.pt*).

Por isso, os nomes de domínio não são hoje meros "códigos de digitação" de teclas de computador, assumindo um significado e uma utilidade mais relevantes, a ponto de já constituírem verdadeiros *sinais distintivos atípicos*, para usar a expressão de Dário Moura Vicente[1019]. Actualmente, os nomes de domínio servem não só para identificar sites na Internet, mas

[1017] Disponível in http://www.icann.org.

[1018] A versão mais recente dessa regras está em vigor desde 25.05.2018 e pode ser consultada in https://www.dns.pt/pt/dominio/regras-de-dominios.

[1019] *Problemática Internacional dos Nomes de Domínio*, cit., p. 214.

cada vez mais para assinalar e distinguir *entidades* que exercem actividades económicas. A ponto de muitos deles representarem verdadeiros "estabelecimentos virtuais", passíveis de identificação através de logótipos (estes susceptíveis de registo no INPI). Paralelamente, tais nomes de domínio podem desempenhar as funções de verdadeiras marcas de produtos e de serviços, sendo como tal passíveis de registo e tutela ao abrigo do CPI.

Apesar disso, a atribuição do direito de usar um nome de domínio resulta unicamente da celebração de um contrato com as entidades que procedem ao respectivo registo, em cada um dos diversos níveis acima referidos. Assim, o registo dos TLD's ".com", ".org" ou ".net" assenta num contrato celebrado entre o titular do nome e o ICANN, sujeito à regulamentação definida por este, a qual é necessariamente aceite pelos registantes, constituindo por isso a *disciplina básica* destes sinais distintivos. O mesmo se passa com o registo dos domínios finalizados pela terminação ".pt", que poderá ser efectuado por intermédio de um dos agentes de registo ("registrars") acreditados pela Associação DNS.PT ou directamente na página www.dns.pt, estando sujeito às citadas "Regras de Registo de Nomes de Domínio de .pt".

Uma dessas regras, comum aos diversos níveis de registo, é a da atribuição do nome de domínio ao primeiro requerente (o denominado princípio *first-come, first-served*), que alguns autores têm parafraseado como *first come, only served*, para exprimir a ideia da irrepetibilidade dos nomes, dentro da mesma categoria e nível de classificação[1020].

Como é óbvio, esta regra presta-se a aproveitamentos ilegítimos, como a prática de registar abusivamente nomes de celebridades ou correspondentes a marcas de prestígio (o chamado *cybersquating*), que têm sido contrariadas mediante estratégias diversificadas, por parte das entidades responsáveis pela gestão dos TLD. O ICANN não controla previamente a legitimidade do uso dos nomes a registar, o mesmo sucedendo com o DNS.PT, que se limita a uma *monitorização* nos termos do art. 23º das citadas "Regras". Mesmo depois de concedido um nome de domínio, este poderá ser *removido* – por iniciativa da entidade registadora ou em cumprimento de decisão judicial –, caso se verifique que o titular não tinha direito a ele, ou que ocorreu uma violação de preceitos legais imperativos ou de normas de fonte internacional relativas à formação de nomes de domínio[1021].

[1020] Neste sentido, MIGUEL ALMEIDA FERNANDES, *Nomes de Domínio na Internet*, cit., p. 23.

[1021] Art. 34º das "Regras".

Entre as condições acima referidas, a regulamentação do DNS.PT enuncia diversas proibições (art. 10º), não admitindo nomes de domínio que correspondam a palavras ou expressões contrárias à lei, à ordem pública ou bons costumes; ou a qualquer domínio de topo da Internet; ou incluindo nomes que induzam em erro ou confusão sobre a sua titularidade, nomeadamente por coincidirem com marcas notórias ou de prestígio pertencentes a outrem; ou ainda quando correspondam a um nome de âmbito geográfico, salvo para os registos na hierarquia .com.pt, na qual não se aplica esta proibição.

Importa referir que as decisões da entidade competente para o registo de nomes de domínio de.PT (de registo, recusa ou de remoção de um nome de domínio de .PT) estão sujeitas a recurso para o TPI, ao abrigo da alínea g) do nº 1 do art. 111º da LOSJ.

Como já referi, este é um campo fértil para tentativas de aproveitamento abusivo do esforço alheio. Além das referidas tácticas de antecipação do registo de nomes de domínio com o objectivo de posteriormente os vender ao legítimo titular, é frequente o uso de nomes de domínio semelhantes a sinais distintivos já conhecidos com o objectivo de sugerir indevidamente uma ligação ao titular desses sinais. Ou a inclusão, nos descritores de conteúdo de uma página, de palavras correspondentes a sinais alheios, por forma a atrair involuntariamente visitantes a essa página.

A reacção a essas práticas pode fazer-se por diversas vias. Desde logo, através do recurso às entidades gestoras dos nomes de domínio, com o objectivo de suspender ou cancelar os registos abusivos. Além disso, recorrendo aos tribunais, seja invocando o direito ao uso exclusivo dos DPI imitados, seja através do instituto da concorrência desleal[1022]. A jurisprudência portuguesa regista já alguns exemplos desta categoria: o caso VALE DO LOBO, em que uma empresa britânica de mediação imobiliária, sem qualquer ligação ao conhecido empreendimento turístico português, adoptou o nome de domínio www.valedolobo.co.uk, com o objectivo de aproveitar a notoriedade daquele empreendimento; tendo o tribunal declarado que *constitui concorrência desleal a utilização por uma sociedade imobiliária de um site na Internet que, pelo nome utilizado no seu endereço, confunde o utilizador normal, que pensará estar a navegar na área de um outro grupo de sociedades, assim desviando para si a clientela*

[1022] Isto para além dos mecanismos próprios do Direito do Consumidor e do Regime das Práticas Comerciais Desleais, de que não tratamos aqui.

desse grupo[1023]. Na mesma linha, o Supremo Tribunal de Justiça ordenou o cancelamento do registo e endereço casadaspeles.pa-net.pt, considerando que *pratica concorrência desleal quem identifica o seu estabelecimento comercial com uma expressão que revela manifesta confusão com a denominação já existente de uma outra concorrente*[1024]. É também conhecido um outro caso deste género, envolvendo o registo do nome de domínio LUSOMUNDO por uma entidade espanhola, que depois o terá tentado negociar[1025].

Face ao exposto, podemos concluir que os nomes de domínio constituem já verdadeiros sinais distintivos do comércio, apesar de não beneficiarem ainda de um estatuto legal compatível com a importância económica que indiscutivelmente assumem nos dias de hoje. Por isso, e até que o legislador tome a iniciativa de lhes estender a tutela do Direito Industrial, instituindo um regime específico, mostra-se altamente aconselhável promover o registo desses nomes, a título de marca ou de logótipo, por forma a proteger adequadamente estes activos empresariais.

[1023] Ac. RE de 29.01.2004 (rel. Fernando das Neves; "VALEDOLOBO.CO.UK", in CJ I, p. 248). Cf. ainda o ac. RC de 3.06.2008 (rel. Barateiro Martins – "VINIPORTUGAL.COM"; in CJ III, p. 22).

[1024] Ac. STJ de 26.10.2006 (rel. Fernandes Magalhães; "CASADASPELES.PA-NET.PT"; in www.dgsi.pt).

[1025] Este caso foi decidido, favoravelmente à Lusomundo, SGPS, SA e Lusomundo Audiovisuais, SA, pelo Centro de Arbitragem e Mediação da OMPI, em 2.08.2000 (Proc. nº D2000-0523; texto disponível in www.wipo.int/amc/en/domains/decisions).

TERCEIRA PARTE

ASPECTOS COMUNS

Capítulo X
Concorrência desleal e segredos comerciais

1. Introdução

De um conceito centenário como a concorrência desleal poderia esperar-se uma noção relativamente estabilizada. Mas não é isso que se encontra, ao estudar o direito comparado e as obras de referência nesta matéria[1026]. Aliás, as divergências surgem logo em torno da noção de concorrência, que alguns definem de forma tão ampla que a conseguem vislumbrar, por exemplo, entre um restaurante e uma barbearia, partindo da ideia de que o preço de uma refeição já não será gasto para cortar o cabelo. Nessa óptica maximalista,

[1026] Entre nós, assumem especial destaque as obras de Oliveira Ascensão, *Concorrência desleal*, 2002 e de Patrício Paúl, *Concorrência desleal*, 1965. Com muito interesse, cf. ainda Couto Gonçalves, *Manual de Direito Industrial*, cit., pp. 383 a 411, Carlos Olavo, *Propriedade Industrial*, cit., pp. 245 a 310, Patrício Paúl, *Concorrência desleal e direito do* consumidor, ROA, Ano 65, Junho 2005, pp. 89 a 108, Adelaide Menezes Leitão, *Estudo de Direito Privado Sobre a Cláusula Geral de Concorrência desleal*, 2000 e AAVV, *Concorrência Desleal*, 1997. Na literatura estrangeira, cf. nomeadamente Alberto Bercovitz Rodríguez-Cano (dir.), *Comentarios a la Ley de Competencia Desleal*, 2014, Ubertazzi (dir.), *Commentario breve alle leggi su Proprietà Intelletuale e Concorrenza*, 2016, Vanzetti/Di Cataldo, *Manuale di Diritto Industriale*, cit. pp. 3 a 141, Ladas, *Patents, Trademaks and Related Rights...* Vol. III, cit., pp. 1675 a 1742 e Paul Roubier, *Le Droit de la Propriété Industrielle*, Vol. I, 1952, pp. 477 a 605. Para referências de direito comparado, cf. Dário Moura Vicente, *A Tutela Internacional da Propriedade Intelectual*, 2008, pp. 90 a 98, Couto Gonçalves (ob. cit., pp. 383 a 390) e Adelaide Menezes Leitão (ob. cit., pp. 103 a 119).

até um mendigo é concorrente de um banco, pois quem dá uma esmola já não depositará esse valor numa instituição financeira...

O objectivo do legislador português, ao proibir a concorrência desleal, foi o de proteger o interesse dos concorrentes, bem como o interesse geral no regular funcionamento do mercado, impondo aos agentes económicos um dever de agir leal e honestamente, quando competem entre si[1027]. Por isso, só quando esta competição exista, ou possa existir, é que aquela disciplina se aplicará.

Por outro lado, importa frisar desde já que a concorrência desleal não visa impedir que os concorrentes se lesem uns aos outros, na luta concorrencial. Essa lesão é inevitável e típica da economia de mercado: se os concorrentes disputam a mesma clientela, o sucesso de um envolve o prejuízo de outro. A angariação de clientela à custa dos concorrentes, em si mesma considerada, nada tem de censurável. Proibido é usar métodos desleais nessa angariação. Em rigor, desleal não será a concorrência, mas antes os *meios* usados nessa concorrência.

Por isso, a proibição da concorrência desleal tem que ser aplicada com muito discernimento, como se fosse um tempero. Ela existe, só existe, para *travar os excessos* da luta concorrencial. Num ordenamento jurídico governado pelo princípio constitucional da liberdade de iniciativa e de concorrência, não pode servir para subverter a regra e transformá-la em excepção. Não vá acontecer que, ao reprimir a concorrência desleal, se acabe com a concorrência. Seria o mesmo que matar o doente, por excesso de tratamento...

A tutela dos segredos comerciais, que no domínio do CPI de 2003 se continha na disciplina do art. 318º, no âmbito da Concorrência Desleal, foi consideravelmente reforçada no novo CPI, em resultado da transposição da Directiva (UE) 2016/943[1028]. Em consequência disso, o regime dos segredos comerciais foi autonomizado daquela disciplina, deixando de pressupor a

[1027] Exprimindo esse entendimento, o ac. RL de 24.4.2014 (rel. Correia de Mendonça, P. 199/13.6YHLSB) sublinha que a concorrência desleal *é uma peça da maior importância no sistema do tráfico jurídico económico*, acrescentando: *Numa ordem económica baseada no mercado, o legislador sentiu a necessidade de adoptar mecanismos para impedir que todas as formas de iniciativa e de actividade económica possam estar inquinadas por práticas desleais, susceptíveis de perturbar o funcionamento concorrencial do mercado.*

[1028] Do *Parlamento* Europeu e do Conselho, de 8 de Junho de 2016, relativa à proteção de know-how e de informações comerciais confidenciais (segredos comerciais) contra a sua aquisição, utilização e divulgação ilegais.

existência de uma relação concorrencial e passando a dispor de uma regulamentação própria, constante dos arts. 313º a 315º, 331º e 351º a 357º do CPI de 2018.

2. Concorrência desleal

2.1. Conceito e natureza jurídica

Portugal foi pioneiro na tipificação do ilícito de concorrência desleal[1029], que até 2003 constituiu um crime punível com pena de prisão até 3 anos, embora esta severidade legislativa raramente tenha levado a condenações penais efectivas. No CPI de 2003 foi desgraduada para mera contra-ordenação, punível com coima, como ainda se mantém.

A nível internacional, a Convenção da União de Paris, na sua revisão de 1900, acolheu um art. 10º-*bis*, impondo aos países da União que assegurassem aos nacionais desta uma *protecção efectiva contra a concorrência desleal*. E em 1925, na revisão de Haia, ficou cunhada a definição que, no essencial, perdura até hoje: *constitui acto de concorrência desleal qualquer acto de concorrência contrário aos usos honestos em matéria industrial ou comercial.*

O actual art. 311º do CPI retoma essa definição, com algumas variantes: *constitui acto de concorrência desleal qualquer acto de concorrência contrário às* ***normas*** *e usos honestos* ***de qualquer ramo de actividade económica.*** Este conceito geral, enunciado no corpo do nº 1 desta norma, é complementado por uma enumeração *exemplificativa* de actos de concorrência desleal, nas alíneas a) a f) desse nº 1. É pacífico, face ao advérbio "nomeadamente", que essa enunciação não esgota as hipóteses de concorrência desleal. Como veremos, para além das condutas expressamente tipificadas nesta disposição, existem outras que devem igualmente ser qualificadas como actos de concorrência desleal, à luz da cláusula geral do proémio do art. 311º.

Relativamente à natureza da concorrência desleal, prevalece entre nós uma concepção objectivista, que subscrevo, considerando que esta disciplina não atribui aos empresários um verdadeiro direito subjectivo, pessoal ou patrimonial, constituindo antes um **dever geral de conduta**[1030]. Também

[1029] Oliveira Ascensão dá mesmo nota de que Portugal foi *o primeiro país do mundo a adoptar uma disciplina global da concorrência desleal*, através do Decreto nº 6 de 15 de Dezembro de 1895 (*Concorrência Desleal*, cit., p. 8).

[1030] Neste sentido, Couto Gonçalves, *Manual*... cit., p. 405, Carlos Olavo, *Propriedade Industrial*, cit., p. 258 e Oliveira Ascensão, *Concorrência desleal*, cit., p. 238. Perfilhando

por isso, é maioritário o entendimento de que a concorrência desleal não integra o âmbito do Direito Industrial: enquanto este ramo do direito atribui direitos exclusivos, a disciplina da concorrência desleal não o faz, limitando-se a ordenar a conduta dos concorrentes[1031].

2.2. Figuras próximas

O instituto da concorrência desleal tem potencialidade para abranger um vastíssimo universo de comportamentos, no âmbito da actividade económica. O que contribui para a relativa imprecisão dos seus contornos. Aliás, já em 1910 Lobo D'Ávila advertia que *ninguém procure limites precisos na matéria da concorrência desleal,* por se tratar de *assunto de âmbito impreciso e rude açambarcamento*[1032].

uma concepção subjectivista, que reconhece *a cada empresário um direito à leal concorrência,* de conteúdo patrimonial, Patrício Paúl, *Concorrência desleal,* cit., pp. 149 a 153.

[1031] Terá sido este o motivo que levou o legislador a restringir a jurisdição do TPI em matéria de concorrência desleal, numa opção "envergonhada" e pouco congruente. Com a entrada em vigor da Lei 46/2011, de 24 de Junho, passou a competir ao TPI o julgamento das *acções em que a causa de pedir verse sobre a prática de actos de concorrência desleal em matéria de propriedade industrial* [art. 89º-A/1/j) da Lei 33/99 e art. 122º/1/l) da Lei 52/2008, de 28 de Agosto]. Esta solução manteve-se na actual Lei da Organização do Sistema Judiciário (Lei 62/2013, de 26 de Agosto, com a redacção da Lei 27/2019, de 28 de Março), cujo art. 111º/1/j) atribui ao TPI competência para *ações em que a causa de pedir verse sobre a prática de atos de concorrência desleal ou de infração de segredos comerciais em matéria de propriedade industrial.* Ora, esta redacção não atribui ao TPI competência para julgar as acções versando sobre concorrência desleal (ou sobre segredos comerciais) em geral, mas apenas aquelas em que estejam em causa actos de concorrência desleal "em matéria de propriedade industrial". Pois bem, face à complementaridade (ou até subsidiariedade) da disciplina da concorrência desleal face ao Direito Industrial, quando esteja em causa a violação de um DPI, não será necessário invocar aquela disciplina, bastando convocar a tutela da Propriedade Industrial. E, quando se trate das restantes modalidades da concorrência desleal, não envolvendo DPI, o TPI já não será competente. Portanto, esta norma é praticamente inútil, consagrando uma solução infeliz, dado que a concorrência desleal e a tutela dos segredos comerciais são matérias muito específicas, "aparentadas" da Propriedade industrial e exigindo do julgador um grau de especialização equivalente. Propondo uma "interpretação correctiva" destas normas, no sentido de se ignorar a expressão "em matéria de propriedade industrial", de modo a considerar o TPI competente para qualquer lide em que a causa de pedir seja concorrência desleal e para acções relativas a segredos de negócio, cf. Nuno Sousa e Silva, *A Nova Disciplina dos Segredos de Negócio: Análise e Sugestões,* RDI 1/2019, p. 76.

[1032] *Apud* Bigotte Chorão, *Notas sobre o Âmbito da Concorrência Desleal,* ROA, Ano 55, Dezembro de 1995, p. 713.

Entretanto, nas últimas décadas, algumas matérias foram dela autonomizadas, através da instituição de regimes específicos, disciplinando certas realidades de modo mais detalhado. É o que sucede, v.g., com a disciplina da Publicidade e com o regime das Práticas Comerciais Desleais. Por outro lado, há ramos do direito que disciplinam matérias tão próximas da concorrência desleal que facilmente dão origem a áreas de intersecção, como sucede com o Direito Industrial. Além disso, a própria concorrência é regulada por outro complexo normativo, com funções distintas da concorrência desleal, habitualmente designado por "Lei da Concorrência". Importa, por isso, situar devidamente a concorrência desleal perante cada um desses regimes, demarcando, na medida do possível, os seus âmbitos de aplicação.

A proibição da concorrência desleal não visa defender a própria concorrência. Para isso, existe uma disciplina autónoma, o **Regime Jurídico da Concorrência**[1033], que a nível da União Europeia resulta do disposto nos arts. 101º a 109º do TFUE e que visa preservar uma dose de concorrência considerada suficiente para que o mercado possa funcionar adequadamente, a chamada concorrência "praticável". Com esse objectivo, proíbem-se os *acordos e concertações entre empresas* e as decisões de associações de empresas, que sejam restritivos da concorrência, bem como a *exploração abusiva de posições dominantes*, para além dos *auxílios estatais* às empresas que sejam passíveis de distorcer a concorrência. A disciplina da Concorrência não se confunde, pois, com a proibição da concorrência desleal: enquanto aquela visa combater as restrições à concorrência e os abusos resultantes do *défice* de concorrência, esta visa contrariar o *uso excessivo* da liberdade de concorrência[1034]. De forma simplista, mas sugestiva, dir-se-á que a primeira combate a "concorrência a menos" e a segunda a "concorrência a mais".

Mas se, entre esses dois complexos normativos, existe uma clara linha de demarcação, o mesmo não acontece relativamente aos regimes da Publicidade e das Práticas Comerciais Desleais, que disciplinam comportamentos que podem, em alguma medida, configurar também actos de concorrência desleal. Assim, o **Código da Publicidade**[1035] disciplina os

[1033] Lei 19/2012, de 8 de Maio, com as alterações da Lei 23/2018, de 5 de Junho.

[1034] A expressão é de ROUBIER, *Le Droit de la Propriété Industrielle*, cit., p. 483.

[1035] Aprovado pelo DL 330/90, de 23 de Outubro, com sucessivas alterações, a última das quais resultante do DL 66/2015, de 29 de Abril.

actos que integram a *actividade publicitária*[1036], qualificando como publicidade *qualquer forma de comunicação (...) feita no âmbito de uma actividade comercial, industrial, artesanal ou liberal, com o objectivo directo ou indirecto de promover, com vista à sua comercialização ou alienação, quaisquer bens ou serviços*, ou de *promover ideias, princípios, iniciativas ou instituições*. Por seu lado, o **Regime das Práticas Comerciais Desleais**[1037] disciplina a actuação *das empresas nas relações com os consumidores*, visando protegê-los de acções ou omissões desconformes à diligência profissional, susceptíveis de distorcer substancialmente o seu comportamento económico ou de o afectar relativamente a certo bem ou serviço[1038]. O mesmo se diga, por fim, quanto à vasta legislação específica de **Defesa do Consumidor**[1039], que é susceptível de abranger condutas passíveis de integrar a previsão do ilícito de concorrência desleal.

A articulação destes regimes com a disciplina da concorrência desleal está longe de ser clara, pois existe grande *interpenetração* entre eles, dificultando a sua destrinça. Como refere Adelaide Menezes Leitão, *a disciplina das práticas comerciais desleais representa um ponto de intersecção entre as disciplinas da concorrência desleal e da defesa do consumidor, embora a concorrência desleal não seja completamente abrangida pelas práticas comerciais desleais, como também não o é a*

[1036] Definida, no art. 4º/1 do Código da Publicidade, como *o conjunto de operações relacionadas com a difusão de uma mensagem publicitária junto dos seus destinatários, bem como as relações jurídicas e técnicas daí emergentes*. Acerca das relações entre o Direito da Publicidade e a Concorrência desleal, cf. Adelaide Menezes Leitão, *Publicidade Comparativa e Concorrência desleal* e também *Direito da Publicidade e Concorrência Desleal* (ambos *in* DI IV, pp. 237 a 284).

[1037] Aprovado pelo DL 57/2008, de 26 de Março, em transposição da Directiva 2005/29/CE, do Parlamento Europeu e do Conselho, de 11 de Maio, com as alterações do DL 205/2015, de 23 de Setembro.

[1038] Art. 5º/1 do DL 57/2008. O art. 3º/h) define "diligência profissional" fazendo apelo a critérios também presentes no domínio da concorrência desleal: *o padrão de competência especializada e de cuidado que se pode esperar de um profissional nas suas relações com os consumidores, avaliado de acordo com a prática honesta de mercado e com o princípio geral de boa fé no âmbito da actividade profissional.*

[1039] Que inclui, entre muitos outros diplomas de carácter mais específico, a Lei 24/96, de 31 de Julho (Lei de Defesa do Consumidor, com a redacção da Lei 47/2014, de 28 de Julho), o DL 67/2003, de 8 de Abril, alterado pelo DL 84/2008, de 21 de Maio de 2008 (venda de bens de consumo e garantias), o DL 7/2004, de 7 de Janeiro de 2004, alterado pela Lei 46/2012, de 29 de Agosto (comércio electrónico), e o DL 446/85 de 25 de Outubro, alterado pelo DL 323/2001, de 17 de Dezembro (cláusulas contratuais gerais).

disciplina do Direito do Consumidor[1040]. É certo que os interesses prosseguidos pela concorrência desleal (a defesa dos concorrentes e do regular funcionamento do mercado) não se confundem com os interesses tutelados pelo Direito do Consumidor e pelo Regime das Práticas Comerciais Desleais (a defesa dos consumidores); o que permitirá, em princípio, escolher a tutela a invocar em função da qualidade do lesado (consoante se trate de um consumidor ou de um concorrente do infractor)[1041]. Apesar disso, subsistem diversas dúvidas e incongruências, que o legislador não logrou evitar aquando da transposição das directivas europeias que estão na base daqueles regimes[1042].

Por sua vez, a articulação da concorrência desleal com o **Direito Industrial** propriamente dito é hoje relativamente simples. Enquanto a proibição da concorrência desleal depende da existência duma relação concorrencial entre os sujeitos activo e passivo, a tutela dos DPI não pressupõe tal relação. O que torna esta tutela mais fácil de alcançar, pois depende de requisitos menos exigentes. Além disso, está hoje sedimentando o entendimento de que a concorrência desleal reveste *carácter complementar* face à tutela pelos direitos privativos. Neste sentido, exerceu uma influência decisiva um parecer da Procuradoria Geral da República, que exclui a aplicabilidade da

[1040] *Práticas comerciais desleais como impedimento à outorga de direitos industriais?* in DI VII, p. 283. Mesmo assim, esta A. faz notar (p. 275) que a disciplina das práticas comerciais desleais visa *as condutas relevantes no perímetro contratual, pré-contratual ou pós-contratual, perímetro no qual se encontram as decisões do consumidor sujeitas à análise da sua distorção material ou afectação. Por esta razão, a sua previsão não prescinde do conceito de transacção comercial. Diferentemente, a concorrência desleal configura-se como uma disciplina mais próxima do campo delitual, prescindindo da área do contrato.*

[1041] Neste sentido, Patrício Paúl, *Concorrência Desleal e Direito do Consumidor*, ROA, Ano 65, Vol. I Junho de 2005, pp. 105 a 108, referindo que *na proibição dos actos de concorrência desleal de indução do público em erro não é o engano do consumidor que constitui o interesse jurídico protegido, mas sim a defesa dos concorrentes, impedindo que o agente que pratica tais actos possa obter, através desse engano, vantagens na concorrência*; por isso, entende que *embora os interesses dos consumidores estejam presentes, indirectamente, em algumas proibições da concorrência desleal e às regras do direito do consumidor não sejam de todo indiferentes os interesses dos concorrentes, não podem, nem necessitam os consumidores de reclamar tutela através da concorrência desleal nem os concorrentes de obter protecção pela via do direito do consumidor.*

[1042] Para mais desenvolvimentos sobre este aspecto, cf. Adelaide Menezes Leitão, *Práticas comerciais desleais como impedimento...* cit., p. 272 e ss.

concorrência desleal quando ocorra violação de DPI[1043]. A jurisprudência conhecida subscreveu parcialmente este entendimento[1044]. E a doutrina reconhece que *na prática a concorrência desleal desempenha efectivamente esta função de garantir uma segunda linha de defesa*, servindo para *colmatar a malha ainda larga da tutela dos direitos privativos*, como refere Oliveira Ascensão, que acrescenta: *porque historicamente a concorrência desleal representou uma maneira de tutelar situações que não tinham a solidez suficiente para serem cobertas por direitos privativos, pode falar-se de um carácter complementar da concorrência desleal*[1045]. Na mesma linha, Bercovitz[1046] refere que a protecção dos DPI e a protecção contra a concorrência desleal *formam dois círculos concêntricos. O círculo interior, o mais pequeno, é o que protege os direitos absolutos. E o mais amplo representa a protecção contra a concorrência desleal.*

1043 Parecer de 30.05.1957, in BMJ 69, pp. 451 e 452.

1044 Cf. em especial o ac. STJ de 10.12.96 (rel. Torrres Paulo; BMJ 462, p. 453), que declara que a tutela dos DPI, *através de direitos absolutos de exclusividade, preenche todo o campo de aplicação da tutela valorativa de condutas em que se traduz a concorrência desleal. Estamos em plena relação de subsidiariedade.* Sublinhando esta ideia, cf. ac. STJ de 6.06.2018 (rel. M. Rosário Morgado, P. 143/16.9YHLSB, dgsi.pt) e o ac. RL de 27.02.2014 (rel. Tomé Ramião, CJ 2014-I, p.131). Note-se que, como têm sublinhado outras decisões, apesar de *os direitos da propriedade industrial e a concorrência desleal* [serem] *institutos distintos, (...) a sua autonomia não impede que, na prática, um acto possa infringir simultaneamente um direito privativo e a proibição de concorrência desleal* (ac. RC de 16.03.2010, rel. Carlos Querido, SEUR/SEUL; dgsi.pt). Nesta linha, cf. ainda o ac. RP de 12.06.2008 (rel. Mário Fernandes, dgsi.pt). No entanto, o ac. STJ de 26.11.2009 (Rel. M. Prazeres Beleza; dgsi.pt) sublinhou que *não há sobreposição entre violação de direitos privativos da propriedade industrial e concorrência desleal*; por isso, *mantendo-se o registo* [de uma firma] *a sociedade titular dos direitos não pode ser impedida de os utilizar, com fundamento em confusão gerada com a actividade de uma outra sociedade (...) ainda que a sua actividade, globalmente considerada, possa hipoteticamente ser qualificada como contrária às normas e usos honestes, nos termos previstos para a concorrência desleal.*

1045 *Concorrência Desleal*, cit., pp. 76 a 78. Indo mesmo mais longe (pp. 348), este A. afirma que *o direito privativo esgota realmente, e destina-se a esgotar, a tutela que pudesse ser outorgada pela concorrência desleal. Representa um estádio reforçado de protecção, em que basta a violação (formal neste sentido) de um exclusivo para que logo a tutela ocorra*. E acaba por concluir (p. 352) que estamos perante uma relação de subsidiariedade: *entre direitos privativos e concorrência desleal medeia um concurso aparente, a resolver em termos de subsidiariedade. As normas valorativas da concorrência desleal cederão, na ausência de fundamento em contrário, perante as regras mais precisas de tutela dos direitos privativos.*

1046 Alberto Bercovitz Rodríguez-Cano, *Comentarios a la Ley de Competencia Desleal*, p. 46.

Em consequência, sendo a tutela dos DPI igual (ou superior) à da concorrência desleal e os seus pressupostos menos exigentes, na prática forense só se convoca a tutela desta quando não haja direitos privativos para invocar; ou quando, por cautela de patrocínio, interesse invocá-la subsidiariamente. Mas isso não impede que um acto possa infringir simultaneamente um direito privativo e a proibição de concorrência desleal.

Outra questão pertinente prende-se com a admissibilidade de invocação da concorrência desleal para obstar à exploração de criações ou sinais não registados, ou de realidades outrora sujeitas a DPI, cujo objecto tenha, entretanto, caducado. Nestas hipóteses, importa saber se aquela disciplina permite impedir o uso de **realidades pertencentes ao domínio público**. A pergunta parece absurda, pois o domínio público, por definição, é insusceptível de apropriação exclusiva, devendo permanecer à disposição de todos os membros da sociedade. Contudo, são conhecidas tentativas – por vezes bem sucedidas... – de inventar "exclusivos" inexistentes, sobre invenções com patentes já caducadas, sinais distintivos não registados e desenhos ou modelos carecidos de protecção. ANDRÉ BERTRAND[1047] afirma mesmo que certa jurisprudência francesa tem registado *uma deriva* proibicionista que já levou à perversão de proteger em 2000 uma miniatura de Torre Eiffel, quando o modelo original está no domínio público há várias décadas... Em Portugal não são conhecidos tais exageros, mas a Relação do Porto já decidiu que o titular duma patente *não perde a faculdade de exigir, findo o prazo da exclusividade, o respeito pela individualidade desse produto, sendo sempre violadora de normal concorrência a colocação no mercado de produto idêntico*[1048].

A abordagem destas matérias deve partir da ponderação das funções específicas dos DPI e da concorrência desleal. Por exemplo: as patentes servem para incentivar a inovação, concedendo exclusivos temporários em contrapartida da divulgação pública do invento; por isso, decorridos os 20 anos de duração da patente, o invento fica na total disponibilidade do público, que o pode explorar livremente. É para isso mesmo que existem

[1047] *Droit exclusifs, concurrence déloyale et défense de la concurrence*, in DI III, p. 29.

[1048] Ac. RP de 24.09.96 (rel. Pelayo Gonçalves; BMJ 459, p. 602). Este acórdão está apenas sumariado, não sendo claro se havia neste caso imitação servil do produto (o que, a meu ver, justificaria a invocação da concorrência desleal) ou se o produto era "idêntico" apenas por usar a mesma *solução técnica* que era protegida pela patente caducada. Nesta última hipótese, não haveria fundamento para proibir o uso da invenção, por já ter entrado no domínio público. Mas a redacção daquela síntese não pode subscrever-se.

patentes, que são justificadas pelo seu "contributo social". O mesmo se diga, aliás, de um MU, de um DM ou de uma topografia de semicondutor, após o decurso dos respectivos prazos de vigência. Pois bem, a concorrência desleal não pode servir para privar o *domínio público* daquilo que lhe pertence ou para conceder uma protecção alternativa de *duração eterna*. Por essa via tortuosa, uma criação não registada alcançaria mesmo uma protecção mais prolongada que a resultante dos DPI. Chegaríamos ao absurdo de conceder um exclusivo temporalmente limitado a uma verdadeira invenção e um exclusivo perpétuo a uma criação de menor importância, sem direito a patente.

Por outro lado, as criações ou sinais não registados não podem aspirar a uma protecção de carácter exclusivo, quando a tutela dos DPI assenta num sistema de registo constitutivo. Se o utilizador não os protege, ficará em princípio sujeito às consequências da sua inércia[1049].

Regressando a ANDRÉ BERTRAND, *o facto de reproduzir ou imitar um produto ou serviço dum concorrente não é em princípio desleal desde que esses produtos ou serviços não estejam protegidos por direitos privativos. Censurável será apenas o facto de criar uma confusão no espírito do público acerca da proveniência, e mesmo aí deverão ponderar-se as circunstâncias do caso concreto*[1050]. Por isso, nos casos de DPI caducados e de criações ou sinais não registados, a repressão da concorrência desleal deve ser usada com a máxima prudência, ficando reservada para casos, especialmente graves, de confusão do público, de imitação servil ou de concorrência parasitária, de que adiante falaremos[1051].

2.3. Requisitos da concorrência desleal

Estabelecidos que foram os contornos "externos" da concorrência desleal, vejamos agora quais são os elementos definidores deste conceito, tal como o configura o corpo do nº 1 art. 311º do CPI. Este tipo de infracção pressupõe:

- Que seja praticado um acto de concorrência;
- que esse acto seja contrário às normas e usos honestos;
- de qualquer ramo de actividade económica.

[1049] Neste sentido, cf. ac. STJ de 5.06.2018 (rel. M. Rosário Morgado, marca 'VET FOZ', P. 143/16.9YHLSB, dgsi.pt), referindo que *os sinais não registados não beneficiam de uma proteção de caráter exclusivo, pelo que, se o utilizador não proceder ao seu registo, fica, em princípio, sujeito às consequências da sua inércia*.

[1050] *Droit exclusifs...*, cit., p. 30.

[1051] Subscrevendo este entendimento, cf. o supracitado ac. STJ de 5.06.2018.

Embora o texto legal não lhe faça referência, deve acrescentar-se um quarto elemento, o dolo, visto que a concorrência desleal não é punível a título de negligência, enquanto contra-ordenação[1052].

2.3.1. Acto de concorrência

O acto de concorrência pode ser definido, genericamente, como um acto susceptível de conferir *posições vantajosas no mercado*, face à clientela. A obtenção de clientela é sempre a sua finalidade, imediata ou mediata. O acto pode não visar *directamente* a conquista de clientela e, mesmo assim, constituir um acto de concorrência. Como sublinha PATRÍCIO PAÚL[1053] – dando como exemplo *a disputa de fornecedores, distribuidores, vendedores, ou dos próprios trabalhadores* – tais actos podem visar a conquista *indirecta* de clientela, *porque através deles o que se procura é o melhor apetrechamento da empresa para a conquista de posições vantajosas no mercado.*

Tanto são actos de concorrência comportamentos *lícitos* (v.g., campanhas publicitárias) como actuações *ilícitas* (v.g., denegrimento de concorrentes). O que importa, para a qualificação de uma conduta como acto de concorrência, é que dela resulte, ou possa resultar, um *reforço da posição* do agente no mercado, que possibilite um desvio de clientela a seu favor.

Existem as mais diversas **concepções de concorrência**: desde conceitos mais estritos, exigindo uma quase identidade das actividades do lesante e do lesado, a noções mais abrangentes, considerando concorrentes todos aqueles que exercem actividades económicas, na medida em que disputam o (limitado) poder de compra dos clientes. Deixando de lado teses extremas, constatamos que a concepção dominante entre nós é a que considera concorrentes as empresas que *em concreto disputam a mesma clientela*[1054]. A meu ver, tal apenas sucederá quando exista alguma *afinidade* de produtos ou de

[1052] O artº 8º/1 do DL 433/82, de 27 de Outubro (Regime Geral do Ilícito de Mera Ordenação Social) só admite a punibilidade da negligência *nos casos especialmente previstos na lei* – o que não acontece com a concorrência desleal. Como é óbvio, daqui não resulta que o dolo seja, também, pressuposto do ilícito *civil* de concorrência desleal (cf. *infra*, 2.4.2).

[1053] *Concorrência Desleal e Segredos de Negócio*, cit., p. 141.

[1054] Neste sentido, OLIVEIRA ASCENSÃO, *Concorrência desleal*, cit., p. 119, esclarecendo que haverá um acto de concorrência *se o acto tiver a idoneidade de atribuir uma posição relativa vantajosa, em termos de clientela*. Na mesma linha, PATRÍCIO PAÚL, *Concorrência desleal e Segredos de Negócio*, cit., p. 141.

actividades[1055]. Tem de existir, no mínimo, alguma possibilidade de *uso substitutivo* dos produtos ou de semelhança entre as actividades, sob pena de não existir competição económica, por não haver clientela comum a disputar[1056].

Como sublinhava PINTO COELHO[1057], importa não confundir *comércio* desleal com *concorrência desleal*. Nem todas as práticas censuráveis ou abusivas dos empresários são actos de concorrência. Se um empreiteiro difundir notícias falsas sobre outro empreiteiro, referindo que este está prestes a falir, pratica um acto de concorrência desleal. Mas se a vítima da difamação for um comerciante de tintas, já não haverá concorrência desleal, sem prejuízo da eventual responsabilidade civil.

Concorrer é competir, disputar um objectivo comum. No desporto, compete-se para saltar mais alto ou chegar mais cedo à meta. Na vida económica, o objectivo disputado é a clientela. Por isso, concorrência é *competição pela clientela*. Não uma clientela difusa, indistinta, correspondente ao público em geral, mas uma clientela específica, definida por referência aos produtos ou serviços concretos que são oferecidos pelos intervenientes. Deste modo, toda a indagação terá de que ser feita torno daquela âncora, a *clientela*.

Assim, o infractor e a vítima da concorrência desleal – mesmo que exerçam actividades parcialmente diversas – devem ter alguma clientela comum,

[1055] Perfilhando um conceito mais alargado de concorrência, COUTO GONÇALVES (*Manual*, cit., p. 393) e CARLOS OLAVO (*Propriedade Industrial*, cit., p. 262), admitem-na *quando as necessidades, apesar de diferentes, se possam inserir no mesmo sector do mercado, dirigindo-se ao mesmo tipo de clientela (...) mesmo não havendo qualquer identidade ou afinidade de produtos ou serviços ou identidade de sector de mercado*. Para o demonstrar, CARLOS OLAVO invocava o exemplo dado por OLIVEIRA ASCENSÃO (*Concorrência desleal*, cit. p. 118), que considera existir concorrência *entre um organizador de espectáculos desportivos e uma publicação periódica*, para efeitos de *disputa da publicidade*. Concordo que neste exemplo há concorrência. Só que aí também há afinidade de actividades, ao contrário do que referia CARLOS OLAVO, pois ambas as empresas se dedicam à *actividade publicitária*. O organizador de espectáculos exerce uma actividade complexa, que envolve a montagem dos espectáculos e também a exploração de suportes publicitários; do mesmo modo que o editor de uma publicação, além da actividade editorial, também se dedica à exploração de suportes publicitários. Ora, *nesta parte* das suas actividades, existe concorrência, pois as actividades são idênticas ou afins.

[1056] Nesta linha, PATRÍCIO PAÚL escreve: *para poder falar-se em concorrência é, porém, essencial que sejam idênticas ou afins as actividades económicas prosseguidas pelos dois ou mais empresários. Já Carnelutti afirmava, no seu jeito habitual, que concorrer vem do étimo latino* ***cumcurrere****, que significa correr em conjunto para a conquista dum bem: o cliente ou o mercado* (*Concorrência Desleal*, cit., p. 35).

[1057] RLJ nº 92, p. 178.

ainda que potencial, que possa adquirir-lhes produtos ou serviços idênticos ou afins. Por outras palavras, ambos terão que se encontrar no mesmo *mercado relevante*, definido em termos geográficos e merceológicos. Desde logo, os empresários em causa terão de estar situados a uma *distância* que permita, tendo em conta os custos de distribuição, que um ofereça produtos ou serviços aos clientes do outro (um padeiro de Faro não parece poder disputar a clientela de um padeiro de Valença). Por outro, terão que oferecer ao público produtos ou serviços que satisfaçam, aos olhos do consumidor, *idênticas necessidades* (o que impede, por exemplo, que o empreiteiro esteja no mesmo mercado relevante do comerciante de tintas).

Tem assim que haver, num grau maior ou menor, *possibilidade de desvio de clientela*, da vítima para o agressor, devido à afinidade dos produtos ou serviços transaccionados por cada um deles. Se não existir essa afinidade, pode haver responsabilidade civil pela lesão, mas não haverá concorrência desleal[1058].

2.3.2. Deslealdade do acto

Como "os fins não justificam os meios", uma finalidade lícita (angariação de clientela) não pode justificar a utilização de métodos ilícitos (actos desleais). O acto de concorrência é considerado desleal quando colide com "as normas e usos honestos". Esta cláusula geral tem as vantagens e inconvenientes dos conceitos relativamente vagos. Por um lado, ganha-se em abrangência e capacidade de disciplinar condutas imprevistas; por outro, perde-se em previsibilidade e segurança jurídica.

A fórmula utilizada pelo legislador português não se limitou aos *usos* (ao contrário do art. 10º-*bis* da CUP), referindo também as *normas*. A doutrina tem entendido esta última referência como respeitando, não a normas legais, mas sim a regras incluídas em códigos de conduta, crescentemente utilizados pelos mais variados sectores de actividade e geralmente adoptados pelos membros de associações empresariais [1059]. No que respeita aos usos, estão em causa padrões de comportamento considerados correctos no ramo de

[1058] A jurisprudência portuguesa subscreve este entendimento, sendo exemplos disso o ac. STJ de 5.06.2018 (rel. M. Rosário Morgado, P. 143/16.9YHLSB, dgsi.pt) e o ac. RP de 9.2.2006 (rel. Fernando Baptista,dgsi.pt).

[1059] Neste sentido, Oliveira Ascensão, *Concorrência desleal*, cit., p. 154 e Patrício Paúl, *Concorrência desleal e Segredos de Negócio*, cit., p. 142.

actividade em questão. Padrões esses que obedecem a critérios éticos, que delimitam aquilo que é considerado honesto, servindo para o julgador traçar a linha divisória daquilo que é leal e desleal[1060].

As normas e usos a considerar devem ser os respeitantes ao específico ramo de actividade em que se inserem os concorrentes, o que pode implicar algumas diferenças de apreciação. É certo que existe uma incontornável subjectividade acerca do que é, ou não é, "profissionalmente correcto". Mas há comportamentos que não suscitam dúvidas a uma consciência bem formada, como sucede com os actos descritos nas diversas alíneas do art. 311º do CPI. Ninguém duvida que denegrir um concorrente com falsas afirmações, no fito de atrair os clientes deste, constitui um actuação contrária "às normas e usos honestos de qualquer ramo de actividade económica"; e que o mesmo se dirá sobre a prática de enganar os consumidores acerca das qualidades ou características de um produto (em bom português, vender "gato por lebre"). Mas devemos estar prevenidos para a tentação natural dos empresários, de considerarem desleal aquilo que não passa de concorrência *incómoda*[1061].

Com vista a atenuar a incerteza que rodeia a aplicação daqueles critérios, a doutrina foi desenvolvendo o denominado **princípio da prestação**[1062],

[1060] Sobre este ponto, cf. VANZETTI/DI CATALDO, *Manuale di Diritto Industriale*, cit., p. 25 ss. e OLIVEIRA ASCENSÃO, *Concorrência desleal*, cit., p. 155 ss..

[1061] A este respeito, é lapidar a reflexão de FERRER CORREIA e NOGUEIRA SERENS (in *Protecção do Título de Jornal*, Vol. 5 de Temas de Direito de Autor, 1989, p. 29; sublinhados no original): *Qualquer empresário, perante a actuação de um concorrente incómodo, não terá dificuldade em descortinar alguma deslealdade no procedimento deste. (...) Que os empresários – embora todos eles digam "amar a concorrência" – tendam a fazer da disciplina da concorrência desleal um ramo da moral teleológica, é coisa que nos não poderá espantar. Já dizia SOMBART que "o ideal jurídico de qualquer produtor, que se vê obrigado a vender (bens ou serviços) (...) é o monopólio; isto significa a liberdade para si, a obrigação para os outros". Sendo diversa, oposta mesmo, a ideia fulcral do sistema constitucionalmente consagrado – uma ideia de liberdade de concorrência – diversa há-de ser a postura daqueles a quem cumpre velar pela sua preservação – no caso, os tribunais. São, pois, de repelir as pretensões dos concorrentes que lhes trariam, sim, proveito (potenciando o seu ideal de monopólio), mas que prejudicariam o sistema económico-social (postergando aquele ideal de liberdade). O carácter de complementaridade, que se assinala à protecção contra os actos de concorrência desleal, não significa obviamente que esta possa funcionar como "via larga" de subversão do sistema, fazendo do monopólio a regra e da liberdade a excepção.*

[1062] Cuja divulgação e aplicação à disciplina portuguesa da concorrência desleal se devem especialmente a OLIVEIRA ASCENSÃO (*Concorrência Desleal*, cit, pp. 96 a 107 e *O princípio da prestação: um novo fundamento para a concorrência desleal?*, in *Concorrência desleal*, 1997, ob. col. editada pela FDUL, pp. 7 a 40).

que assenta na ideia de que a competição entre os agentes económicos deve fazer-se em função do *mérito objectivo* das respectivas prestações. Pelo que, quando alguém tenta vencer a luta concorrencial com "armas" distintas das características da sua própria prestação, esse princípio é violado. Isto é, se nessa disputa são usados métodos passíveis de afectar ou neutralizar o mérito objectivo das prestações em confronto (nomeadamente a relação qualidade/preço), haverá concorrência desleal. É o que sucede, por exemplo, quando um empresário faz passar os seus produtos pelos produtos de um concorrente bem sucedido: não tenta afirmar-se pelo mérito da sua prestação, mas sim pelo merecimento da prestação alheia. A inobservância do princípio da prestação, embora não seja um elemento do conceito de concorrência desleal, constitui uma espécie de "sinal exterior" da prática dessa infracção, revelando-se, por isso, um valioso auxiliar interpretativo.

2.3.3. Âmbito de aplicação

A expressão "qualquer ramo de actividade económica" tem suscitado alguma controvérsia, a propósito da sujeição das profissões liberais à disciplina da concorrência desleal. Certos autores aceitam-na, mas com algumas limitações, deixando de fora as profissões exercidas não empresarialmente e que estejam sujeitas a um controle público de exercício (v.g. de ordens profissionais, como os médicos, arquitectos ou advogados) [1063]. Outros, porém, consideram que a existência de tutela profissional e disciplinar não deve conduzir à imunidade perante a disciplina da concorrência desleal[1064].

[1063] Assim, Couto Gonçalves (*Manual* cit., p. 396), que considera que *em relação às profissões liberais protegidas, exercidas não empresarialmente, a especificidade destas actividades e a deontologia, muito exigente e rigorosa, a que estão sujeitos os seus profissionais justifica a não aplicação do instituto repressivo da concorrência desleal.* Carlos Olavo optou por uma posição menos peremptória, mas semelhante, admitindo *a aplicação das normas referentes à concorrência desleal no domínio das profissões liberais, nas suas vertentes económica e concorrencial, sobretudo as que sejam exercidas através de estruturas empresariais* (*Propriedade Industrial,* cit., p. 270).

[1064] É o caso de Oliveira Ascensão (*Concorrência desleal,* cit., pp. 167 a 176), que acrescenta que essa exclusão *constituiria um duplo privilégio dos profissionais liberais,* pois além de serem julgados apenas pelos seus pares, beneficiariam de imunidade quanto às sanções da concorrência desleal. Sublinhe-se que esta obra, embora publicada na vigência do CPI de 1995 (que apenas referia "qualquer ramo de actividade", omitindo o qualificativo "económica") mantém plena actualidade relativamente a este ponto, pois analisa comparativamente essa redacção e a do CPI de 1940, nesta parte igual à do CPI de 2003 e de 2018. Nesse sentido, igualmente, Patrício Paúl, *Concorrência Desleal e Direito do Consumidor,* cit. p. 93.

Em minha opinião, não há qualquer razão válida para isentar os profissionais liberais da disciplina da concorrência desleal, estejam ou não organizados empresarialmente e integrem ou não organismos de tutela corporativa, como as ordens profissionais. Desde logo, os profissionais liberais exercem inequivocamente uma "actividade económica". Além disso, com maiores ou menores limitações em matéria de publicidade e de angariação de clientela, esses profissionais competem efectivamente entre si. Por outro lado, como acentua OLIVEIRA ASCENSÃO, esta sujeição não põe em causa *a particular dignidade intelectual e deontológica dos serviços prestados nas profissões liberais*, sendo certo que os profissionais liberais *têm, não menores, mas pelo contrário maiores responsabilidades que os restantes.* Sendo assim, a dita imunidade constituiria um privilégio sem sentido, que em nada dignificaria estas classes profissionais, podendo gerar injustiças flagrantes, quando estivessem em causa profissões tuteladas por organismos deontológicos complacentes e corporativistas. Face ao exposto, quando o acto desleal constitua simultaneamente ilícito disciplinar, estaremos perante duas infracções distintas, dando cada uma delas lugar à aplicação da respectiva sanção.

Em contrapartida, a exigência de que se trate de actividades "económicas" impedirá a sujeição às normas da concorrência desleal de actividades *puramente* culturais, políticas ou religiosas. O que não obsta a que instituições com este objecto incorram em concorrência desleal, na medida em que exerçam acessoriamente actividades económicas (por exemplo, uma congregação religiosa que explore um colégio).

Esclarecido que ficou o âmbito sectorial de aplicação desta disciplina, cumpre fazer uma referência ao seu âmbito subjectivo. Por outras palavras, importa referir quem são os **sujeitos**, activo e passivo, dos actos de concorrência desleal.

Neste contexto, debate-se a necessidade de o lesante e o lesado serem empresários, isto é, titulares de empresas[1065]. Face ao que já disse, não creio

[1065] No sentido de exigir essa qualidade, CARLOS OLAVO, *Propriedade Industrial*, cit., p. 268. Não a considerando indispensável, OLIVEIRA ASCENSÃO, *Concorrência desleal*, cit., p. 61, PATRÍCIO PAÚL, *Concorrência desleal e direito do consumidor*, cit., p. 94 e *Concorrência desleal e Segredos de Negócio*, cit., p. 144 e COUTO GONÇALVES, *Manual* cit., p. 395, quando considera suficiente *tratar-se de um agente económico suscetível de influenciar o mercado, independentemente, quer da sua natureza jurídica, quer da dimensão ou da natureza empresarial da sua unidade económica.*

que tal pressuposto se justifique. Sujeitos de concorrência desleal podem ser quaisquer pessoas, singulares ou colectivas, que exerçam uma actividade económica e que possam disputar clientela no mercado; sejam ou não titulares de uma empresa.

Imprescindível, porém, é que o sujeito activo e o sujeito passivo da infracção sejam *concorrentes* entre si. O que não impede que os *comparticipantes* da infracção que não revistam a qualidade de concorrentes sejam também puníveis a título de concorrência desleal[1066]: por exemplo, o trabalhador de uma empresa que, instigado por outra empresa concorrente, fabrique com defeito produtos a comercializar pela sua entidade patronal ficará sujeito às sanções decorrentes da violação do art. 311º do CPI.

Do lado do sujeito *passivo*, deparamos com situações muito díspares, consoante a modalidade concreta de concorrência desleal. Em certos tipos de infracção, os lesados podem ser concorrentes certos e determinados (por exemplo, em actos de confusão ou de descrédito). Noutros casos, a lesão atinge uma classe profissional no seu todo (falsas afirmações sobre produtos de substituição, denegrimento de uma categoria profissional concorrente, ou falsas indicações de crédito ou reputação próprios). A determinação da(s) vítima(s) da concorrência desleal é essencial para aferir da legitimidade processual para agir contra o autor do acto. Contudo, quando o universo dos lesados corresponda à totalidade dos membros de uma classe profissional, poderá recorrer-se às acções para a tutela de interesses difusos, previstas no art. 31º do Código de Processo Civil, dado o carácter exemplificativo do seu enunciado.

[1066] Conforme resulta do disposto no art. 16º do DL 433/83. Neste sentido PATRÍCIO PAÚL, *Concorrência desleal e direito do consumidor*, cit., p. 94. Para um exemplo sugestivo de comparticipação, num caso de responsabilidade civil por concorrência desleal, cf. o ac. RP de 30.11.2004 (in CJ V, p. 184), em que se considerou que *constitui prática de concorrência desleal a actuação de sócio e gerente de uma sociedade que, aproveitando-se das informações e relações estabelecidas ao serviço desta, constitui uma sociedade concorrente para quem transfere a clientela, os fornecedores, as representações e até o pessoal da primeira, causando-lhe uma forte diminuição de actividade. Incorrem também na prática de concorrência desleal os sócios da segunda sociedade, que intervieram na respectiva constituição apenas para permitir que o citado gerente não aparecesse de início como detentor do capital social e dirigente efectivo da mesma, colaborando assim no "esvaziamento" de uma em proveito da outra.*

2.3.4. Censurabilidade da conduta

Até 2003, o então crime de concorrência desleal pressupunha inequivocamente o dolo do agente. O art. 260º do CPI de 1995 exigia mesmo um dolo específico alternativo, estabelecendo como elemento subjectivo da ilicitude *a intenção de causar prejuízo a outrem ou de alcançar para si ou para terceiro um benefício ilegítimo*. O legislador de 2003 abandonou essa exigência, tendo qualificado este ilícito como mera contra-ordenação, o que também sucede no CPI actual.

Mas tal não significa que seja punível uma conduta meramente negligente. Assim, no silêncio do CPI, aplicam-se os princípios gerais do Direito de Mera Ordenação Social, que determinam que a negligência só é punível *nos casos expressamente previstos na lei*[1067] – o que não sucede com a concorrência desleal. Em consequência, deve concluir-se que a aplicação do art. 330º depende de dolo, na modalidade de *dolo genérico*. Ou seja, para usar a fórmula tradicionalmente empregue nos tribunais, é necessário demonstrar que o agente *agiu livre, consciente e voluntariamente, sabendo que a sua conduta era proibida por lei*. Isto é assim, pelo menos, no que respeita à responsabilidade contra-ordenacional. Em contrapartida, nos casos em que esteja em causa um mero ilícito civil, existe alguma controvérsia acerca da exigibilidade do dolo, como adiante veremos.

2.4. Actos concretamente proibidos

Já vimos que a enumeração do art. 311º do CPI não é exaustiva; as diversas alíneas do seu nº 1 constituem *exemplos* de concorrência desleal, mas não esgotam o elenco dos actos que podem subsumir-se na previsão daquele tipo de ilícito.

Por facilidade expositiva, as várias modalidades de concorrência desleal podem agrupar-se num reduzido número de categorias principais, que não constituem, porém, classes estanques, pois certos actos relevam simultaneamente de mais do que uma delas. Esta tipologia não tem valor dogmático, mas apenas interesse pedagógico. Assim, na esteira de OLIVEIRA ASCENSÃO[1068], podemos considerar três grandes categorias:

[1067] Art. 8º/1 do DL 433/82, de 27 de Outubro.

[1068] *Concorrência Desleal*, cit., p. 402. Embora essa sistematização tenha sido elaborada na vigência do CPI de 1995, mantém inteira pertinência no âmbito do CPI actual, tendo sido adoptada também, no domínio do CPI anterior, por PATRÍCIO PAÚL, *Concorrência desleal e direito do consumidor*, cit., p. 97.

- actos de indução em erro;
- actos de aproveitamento;
- actos de agressão.

2.4.1. Actos de indução em erro

A categoria dos actos de indução em erro é seguramente a mais vasta de todas. Nela podem incluir-se os *actos susceptíveis de criar* ***confusão*** *com a empresa, o estabelecimento, os produtos ou os serviços dos concorrentes, qualquer que seja o meio empregue* [al. a) do nº 1 do art. 311º]; *as* ***falsas indicações de crédito ou reputação*** *próprios, respeitantes ao capital ou situação financeira da empresa ou estabelecimento, à natureza ou âmbito das suas actividades e negócios e à qualidade ou quantidade da clientela* [al. d)]; *as* ***falsas descrições ou indicações*** *sobre a natureza, qualidade ou utilidade dos produtos ou serviços, bem como as falsas indicações de proveniência, de localidade, região ou território, de fábrica, oficina, propriedade ou estabelecimento, seja qual for o modo adoptado* [al. e)]; bem como *a* ***supressão, ocultação ou alteração****, por parte do vendedor ou de qualquer intermediário, da denominação de origem ou indicação geográfica dos produtos ou da marca registada do produtor ou fabricante em produtos destinados à venda e que não tenham sofrido modificação no seu acondicionamento* [al. f)].

São relativamente frequentes os casos de *imitação de embalagens ou da aparência de produtos*, que os tribunais têm sancionado quando envolvam risco de confusão dos consumidores[1069], de uso indevido de *nomes de domínio* da Internet[1070], ou do uso de *designações comerciais* semelhantes[1071].

[1069] Cf., nomeadamente, ac. STJ de 14.03.2019 (rel. Oliveira Abreu – imitação de sistemas de iluminação, dgsi.pt), ac. STJ de 17.06.2010 (rel. Fonseca Ramos – imitação de cadeiras de estádio, em plástico; dgsi.pt), ac. STJ de 12.02.2008 (rel. Fonseca Ramos – imitação do "trade dress" de latas de tinta; "SOTINCO"; dgsi.pt), ac. RL de 6.10.2005 (rel. Olindo Geraldes – imitação de garrafa de vinho; "MATEUS ROSÉ", CJ IV, p. 118), ac. RP de 12.01.98 (rel. Gonçalves Ferreira – imitação de embalagem de meias de senhora; dgsi.pt).

[1070] Cf. ac. STJ de 26.02.2015 (rel. Fernanda Isabel Pereira, "NICEDAY.PT", P.1288/05.6TYLSB, dgsi.pt), ac. RC de 3.06.2008 (rel. Barateiro Martins – "VINIPORTUGAL.COM"; in CJ III, p. 22), ac. STJ de 26.10.2006 (rel. Fernandes Magalhães; "CASADASPELES.PA-NET.PT"; dgsi.pt) e ac. RE de 29.01.2004 (rel. Fernando das Neves; "VALEDOLOBO.CO.UK", in CJ I, p. 248). Sobre o regime aplicável aos nomes do domínio, cf. *supra*, Capítulo IX, 3.

[1071] Para dois exemplos deste tipo, em que o tribunal entendeu não haver concorrência desleal, cf. ac. RL de 7.06.2006 (rel. Conceição Gomes – concurso "A NOIVA DO ANO", dgsi.pt) e ac. RL de de 22.04.2006 (rel. Manuel Gonçalves – Revista "MARIANA", dgsi.pt).

2.4.2. Actos de aproveitamento

Esta categoria abrange *as **invocações ou referências não autorizadas** feitas com o fim de beneficiar do crédito ou da reputação de um nome, estabelecimento ou marca alheios* [al. c)], para além dos já referidos actos susceptíveis de criar confusão e da substituição de sinais distintivos alheios por sinais próprios, que normalmente aproveitam ao infractor. Com frequência, o aproveitamento ilegítimo assenta num engano dos destinatários, provocado com mais ou menos subtileza, com o objecto de se "enfeitar com penas alheias". Mas poderá não existir qualquer equívoco.

Entre os actos de aproveitamento pode também incluir-se a ***imitação servil*** de um produto ou da sua embalagem ou vasilha, embora certos autores prefiram qualificá-la como acto de confusão[1072]. A meu ver, este tipo de imitação não é censurável apenas quando haja risco de confusão dos consumidores relativamente à origem dos produtos. Ela constitui sempre uma *apropriação* abusiva do esforço alheio, pois o imitador servil aproveita, parasitariamente, todo o esforço de concepção, desenvolvimento e promoção realizado pelo concorrente lesado[1073]. Não está em causa a liberdade de imitar realidades

Decisão de sinal contrário teve o ac. RE de 18.01.2000 (Rel. Orlando Afonso – empreendimento "MAGNÓLIA MAR"; in CJ I, p. 290), bem como o ac. RC de 25.09.97 (rel. Oliveira Mendes – uso de imagem empresarial alheia; "MICROCAMP"; in CJ IV, p. 52). Cf. ainda o ac. RP de 29.09.99 (rel. Milheiro da Silva – uso da marca "MERCEDES BENZ" na fachada de estabelecimento e papel timbrado de um ex-concessionário da marca; CJ VI, p. 243). Este último caso, contudo, parece relevar exclusivamente do direito de marcas, não se vendo motivo para aplicar aqui a disciplina da concorrência desleal. Para um caso de registo de marcas alheias, qualificado como concorrência desleal por confusão (al. a), pelo STJ, cf. ac. de 7.05.2015 (rel. Silva Gonçalves, ALGAMIX, P. 2443/09.5TBCLD, dgsi.pt).

[1072] Assim, Couto Gonçalves, *Manual*... cit., p. 399, Patrício Paúl, *Concorrência desleal*, cit., p. 162. Oliveira Ascensão enquadra-a nos actos de aproveitamento (*Concorrência desleal*, cit., p. 442). Para mais desenvolvimentos acerca do conceito de imitação servil, e referências de direito comparado, cf. Pedro Sousa e Silva, *A Protecção Jurídica do Design*, cit., pp. 382 a 400. Com muito interesse, descrevendo o regime da lei espanhola e a figura da imitação que comporta um aproveitamento indevido do esforço alheio, Eva Dominguez Pérez, in Bercovitz Rodríguez-Cano (dir.), *Comentarios a la Ley de Competencia Desleal*, pp. 306 a 309.

[1073] Neste sentido, Chavane e Burst afirmam que *a concorrência desleal pode existir mesmo na ausência de qualquer risco de confusão, desde que a cópia tenha permitido ao seu autor realizar economias de custos de lançamento e desenvolvimento do seu produto* (*Droit de la Propriété Industrielle*, cit., p. 387). Por seu lado, Stephen P. Ladas qualifica como concorrência desleal *o acto de aproveitamento do trabalho alheio*, considerando ilícito que *algo que foi obtido com investimento de*

pertencentes ao domínio público. A imitação servil vai para além da mera utilização de ideias alheias. Reproduz todas as características relevantes dos produtos ou serviços alheios. Por exemplo, um empresário copia um equipamento fabricado por um concorrente, evitando assim desenvolver um produto próprio, com os inerentes custos de projecto, de construção de protótipos, de testes e ensaios, bem como os gastos realizados com produtos menos bem sucedidos (que todos os empresários inovadores suportam e os imitadores conseguem evitar). O imitador servil poupa sempre aquilo que pode designar-se pelo "encargo do insucesso", que corresponde ao dispêndio realizado pelo empresário inovador com iniciativas sem retorno, até encontrar uma que tenha êxito: por cada produto bem sucedido, haverá provavelmente outros dez que não terão sucesso algum... Por isso, é justo que a lei proteja o empresário empreendedor destes actos de concorrência oportunista, que viola claramente o princípio da prestação, pois neste caso o agente apresenta-se no mercado com uma prestação decorrente do esforço alheio. Por isso, entendo que a imitação servil constitui concorrência desleal mesmo quando não possa haver risco de confusão do consumidor[1074]/[1075].

tempo, trabalho e despesa seja apropriado com pouco ou nenhum dispêndio (*Patents, Trademarks, and Related Rights,* Vol. III, cit., p. 1701). Em qualquer caso, como adverte COUTO GONÇALVES, neste tipo de situações, *a concorrência desleal só deve operar se o bem atingido revestir um mínimo de originalidade* (*Manual,* cit., p. 400). No mesmo sentido, PATRÍCIO PAÚL, *Concorrência Desleal,* cit., p. 165.

[1074] Em sentido contrário, CARLOS OLAVO, *Propriedade Industrial,* cit., p. 289, PATRÍCIO PAÚL, *Concorrência Desleal,* cit., p. 163 e, aparentemente, OLIVEIRA ASCENSÃO, *Concorrência desleal,* cit., p. 444. Existe um considerável acervo de casos de imitação servil, que os tribunais qualificaram como actos de concorrência por *confusão*: ac. RL de 10.04.2018 (rel. M. Amélia Ribeiro – imitação de sistemas de iluminação, P. 225/13.9YHLSB, envolvendo também direitos de autor), ac. STJ de 11.02.2003 (rel. Azevedo Ramos – imitação de sacos térmicos; CJ-STJ I, p. 93), ac. RC de 30.10.2002 (rel. M. Regina Rosa – imitação de floreiras; CJ IV, p. 32), ac. STJ de 18.11.97 (rel. Aragão Seia – imitação de cortador de azulejos; dgsi.pt) e ac. RP de 6.09.91 (rel. Cardoso Lopes, sumariado in dgsi.pt).

[1075] No ac. STJ de 12.07.2018 (rel. António Piçarra; L'ORÉAL e.a./EKYVAL; P. 364/15.3YHLSB; dgsi.pt), confirmando o ac. RL de 2.01.2018 (rel. António Valente, L'ORÉAL e.a./EKYVAL, P. 364/15.3YHLSB; dgsi.pt), aprecia-se a interessante questão jurídica da licitude dos perfumes "low-cost" ou "equivalentes", que reproduzem o aroma de perfumes de marcas prestigiadas, de preços elevados. O facto de, nessa comercialização, haver comparação ou pelo menos referência às referidas marcas, tem levado os tribunais portugueses a reprimir esse tipo de práticas (nomeadamente com base no direito de marcas). Neste caso, quer a RL quer o STJ enquadraram esta conduta na Concorrência Desleal,

Não ignoro a delicadeza desta matéria, que está nos limites da liberdade de iniciativa económica. Por isso, como já escrevi nouto local[1076], considero que esta conclusão deve ficar subordinada a *três condições*: uma condição negativa (não se tratar de um bem imaterial que já tenha gozado de protecção exclusiva) e duas condições positivas (a imitação terá que ser extrema e o objecto imitado deve revestir originalidade):

- Em primeiro lugar, a imitação servil de criações caídas no domínio público após um período de exclusividade, por caducidade das respectivas patentes ou registos, não deve constituir concorrência desleal (salvo havendo risco de confusão). Nestes casos, não pode qualificar-se como desleal a fruição de algo que pertence à sociedade como um todo, e que esta "pagou" para ter. Relativamente a tais prestações, o criador já teve a sua recompensa e a sociedade já lhe deu a contrapartida devida. Aqui, a prestação imitada como que já não "pertence" ao criador, podendo ser livremente fruída por qualquer interessado.
- Em segundo lugar, deve tratar-se de uma imitação particularmente intensa. A imitação *servil* é um caso *extremo* de cópia, em que são

com base nas seguintes considerações (ac. STJ): *Viola o disposto no art. 317º, als. a) e c), do CPI a empresa que vende os perfumes por si produzidos, comparando-os com os de marcas prestigiadas, utilizando estas como real chamariz, estabelecendo listagens de comparação entre cada perfume seu e um perfume de uma marca de prestígio reconhecido no mercado, invocando as similitudes, e vendendo os seus perfumes a um custo muitíssimo inferior, num modelo de negócio apelidado de low cost.* Por seu lado, a RL [referindo-se apenas à al. c) daquele artigo] já havia afirmado: *A principal razão para que se verifique essa ilicitude, reside no facto de que enquanto a empresa que lança um perfume original tem de gastar milhares de euros não só na produção mas em todo o trabalho de promoção para impôr o produto no mercado – como filmes publicitários, anúncios em jornais e revistas, placards em locais públicos etc. – a empresa que pratica o low cost aproveita o prestígio alcançado por esse novo perfume no mercado, fabricando um perfume seu com algumas características semelhantes e apresentando-o nas suas lojas como uma réplica, um "genérico", um produto "com menor concentração" a um preço que pode chegar a um 1/10 do perfume original.* Ora, sem querer debater aqui a legitimidade deste tipo de práticas (cuja análise jurídica fará sentido, verdadeiramente, no direito de marcas), constata-se que – mais do que um risco de *confusão* (aludido, mas claramente inexistente) e que um aproveitamento do *crédito ou reputação* alheios (não evidente, pois o prestígio não se transfere para os produtos *low-cost*) – o que estes acórdãos visaram condenar foi a *imitação servil* de um produto alheio, com o inerente aproveitamento do esforço de concepção, desenvolvimento e promoção, como resulta claro da passagem do citado ac. da RL, que o designa, mesmo, como "a principal razão para que se verifique essa ilicitude".

[1076] *A Protecção Jurídica do Design*, cit., pp. 399 e 400.

reproduzidas todas as características relevantes do modelo original. Nestes casos, o imitador não produz o seu próprio produto: limita-se a copiar acriticamente uma prestação alheia. Não se trata de usar uma boa ideia de um concorrente, fazendo algo de parecido; mas sim de reproduzir a realização de outrem, de modo integral (v.g., por sobremoldagem), ou quase total (diferindo apenas em detalhes insignificantes).

- Em terceiro lugar, é necessário que o objecto imitado revista uma certa dose de *originalidade*, não constituindo uma realização banal ou cujas características sejam tecnicamente necessárias. Este requisito corresponde, de certo modo, à exigência de "individualidade concorrencial" formulada pela jurisprudência alemã[1077]. Também neste domínio

[1077] "Wettbewerbliche Eigenart". No domínio da lei de concorrência desleal anterior a 2016, a jurisprudência germânica qualificava a imitação de um produto como concorrência desleal apenas quando o objecto imitado fosse dotado dessa individualidade concorrencial, isto é, tivesse um carácter singular e alguma dose (ainda que modesta) de reconhecimento no mercado, como explica ANNETTE KUR (*What to Protect, and How? Unfair Competition, Intellectual Property, or Protection Sui Generis*, Max Planck Institute for Intellectual Property & Competition Law Research Paper No. 13-12, 2014, p. 6), que afirma que esta exigência é uma espécie (mais fraca) de requisito de originalidade combinada com um toque de distintividade superveniente. Segundo ANSGAR OHLY (*Areas of Overlap Between Trade Mark Rights, Copyright and Design Rights in German Law*, GRUR Int. 2007, 8-9, p. 706), isto significa que as características do produto devem ser susceptíveis de indicar a origem empresarial do mesmo, ou de evidenciarem qualidades específicas do produto. A avaliação concreta destes requisitos obedece à chamada "teoria da interdependência", segundo a qual o grau de individualidade competitiva e a intensidade dos requisitos adicionais se influenciam reciprocamente. Assim, quanto mais intensa for a individualidade concorrencial de um produto, menor terá que ser o risco de confusão resultante da imitação (ou o prejuízo por ela causado, ou o grau de desonestidade dos meios empregues) para que exista CD. A inversa também é verdadeira: se algum dos requisitos adicionais de deslealdade se verificar de modo particularmente intenso, menor grau de individualidade concorrencial terá de apresentar o produto imitado para ser protegido pela disciplina da concorrência desleal. A actual lei germânica de Concorrência Desleal (*Gesetz gegen den unlauteren Wettbewerb*, UWG, modificada em 17.02.2016) continua a qualificar como desleal *a oferta de bens ou serviços que sejam imitação dos bens ou serviços de um concorrente*, na medida em que preencha uma das alíneas do §4(3), ou seja, cause engano do consumidor, exlore ou prejudique a afirmação dos bens ou serviços imitados, ou tenha desonstamente obtido o conhecimento ou documentos necessários para a imitação. Assim, pode afirmar-se que, à luz do direito germânico, a imitação servil constitui um acto de concorrência desleal, ainda que subsistam dúvidas relativamente aos casos em que os requisitos adicionais acima enunciados não estejam

da concorrência desleal, a originalidade deve constituir condição e medida da protecção da ordem jurídica.

Nestas condições, entendo que a imitação servil constitui concorrência desleal, não só quando seja passível de gerar induzir em erro – hipótese abrangida pelas alíneas a), c) e e) do art. 311º do CPI –, mas também quando, independentemente de confusão, estejam reunidos os três pressupostos acima enunciados, caso em que ficará coberta pela cláusula geral dessa mesma disposição.

Idêntica qualificação merece, também, a chamada ***concorrência parasitária***, que consiste na imitação *sistemática* da conduta de um concorrente e da sua actuação no mercado [1078]. É uma espécie de "mimetização" do comportamento alheio, copiando a generalidade das iniciativas de um concorrente, desde as técnicas de comercialização às campanhas promocionais, passando pelo tipo de produtos ou de serviços. Esse alinhamento servil pela conduta alheia, feito de modo sistemático e prolongado, constitui um aproveitamento ilegítimo da iniciativa de um concorrente, mesmo que não haja risco de confusão[1079], constituindo assim um acto (atípico) de concorrência desleal. Note-se que esta modalidade pressupõe o alinhamento de condutas a um

preenchidos. Ou seja, não é claro se essa imitação terá que se enquadrar numa das alíneas do §4(3), ou se poderá (também) ser reprimida só com base na cláusula geral do §3 UWG. Importa referir que alguns dos autores portugueses que rejeitam a punibilidade da imitação servil *de per se*, entendem que, mesmo quando haja risco de confusão, a imitação só é relevante *se o bem atingido revestir um mínimo de originalidade* (Couto Gonçalves, *Manual de Direito Industrial,* 373). No mesmo sentido, Pupo Correia, *Direito Comercial. Direito da Empresa,* 373 e Patrício Paúl, *Concorrência Desleal,* 165, que afirma a *impossibilidade de haver imitação servil ilícita em relação àquelas formas tornadas gerais pelo uso comum, ou que respeitam à própria natureza do produto quanto à sua composição intrínseca ou função característica; é, deste modo, necessário para haver imitação servil que se possam introduzir variantes no produto sem afectar a sua substância ou a sua função utilitária.*

[1078] Sobre esta modalidade de concorrência desleal, cf. Patrício Paúl, *Concorrência Desleal* cit., pp. 189 a 203, Oliveira Ascensão, *Concorrência Desleal,* cit., pp. 444 a 448, Couto Gonçalves, *Manual,* cit., pp. 404 e Carlos Olavo, *Propriedade Industrial,* cit., pp. 283 a 294. Cf., ainda, Eva Dominguez Pérez, in Bercovitz Rodríguez-Cano (dir.), *Comentarios a la Ley de Competencia Desleal,* pp. 309 a 316 e Ubertazzi, *Comentario breve...,* cit., pp. 2598-2599.

[1079] Neste sentido, Oliveira Ascensão, *Concorrência Desleal,* cit., p. 447, Couto Gonçalves, *Manual,* cit., p. 404, e Carlos Olavo, *Propriedade Industrial,* cit., p. 289.

nível extremo, para além daquilo que é normal na atitude das empresas, que tendem naturalmente para o chamado "paralelismo consciente de comportamentos". Este paralelismo tem nada de ilícito, constituindo uma atitude inteligente e uma tendência inevitável. Só o que vai para além disso, pois, é que poderá ser qualificado de aproveitamento parasitário e ingressar no conceito de concorrência desleal.

2.4.3. Actos de agressão

Surgem aqui os chamados actos de *desorganização* da estrutura empresarial dos competidores e os actos de *descrédito* de concorrentes, entre outros. Neste domínio, o CPI menciona expressamente as *falsas afirmações feitas no exercício de uma actividade económica, com o fim de* ***desacreditar os concorrentes*** [al. b) do nº 1 do art. 311º][1080].

Um outro acto de agressão consiste do ***desvio de colaboradores*** de um concorrente, com o objectivo de o privar de elementos-chave da sua estrutura empresarial e, com isso, fragilizá-lo ou desorganizá-lo. Como é óbvio, isto não impede que uma empresa convide ou recrute trabalhadores de empresas concorrentes, como é normal e natural, pois o mercado de trabalho é livre. Proibido é fazê-lo de um modo tão sistemático ou intenso que daí resulte a desorganização do concorrente lesado, inviabilizando assim o regular funcionamento da empresa deste[1081].

Deve ainda qualificar-se como acto de agressão o denominado ***boicote***, quando uma empresa utilize a sua influência sobre outras empresas (v.g., fornecedoras de certa matéria-prima) para as forçar a adoptar uma atitude

[1080] Para um exemplo deste tipo, cf. ac. RP de 8.7.2002 (rel. Caimoto Jácome; CJ IV, p. 171).

[1081] Cf. o cit. ac. RP de 30.11.2004 (rel. Alziro Cardoso; in CJ V, p. 184), que julgou que *constitui prática de concorrência desleal a actuação de sócio e gerente de uma sociedade que, aproveitando-se das informações e relações estabelecidas ao serviço desta, constitui uma sociedade concorrente para quem transfere a clientela, os fornecedores, as representações e até o pessoal da primeira, causando-lhe uma forte diminuição de actividade.* Na análise destas situações haverá, naturalmente, que atender a uma multiplicidade de factores e circunstâncias, nomeadamente a intenção revelada pelo concorrente, o número, percentagem e funções dos colaboradores desviados, a sua importância relativa e as consequências resultantes do seu afastamento. Sobre a interacção da concorrência desleal com o direito laboral, cf. Nuno Sousa e Silva, *Trabalho e segredos de negócio – Pode um (ex-)trabalhador ser proibido de trabalhar?* in Questões Laborais nº 47 (2015), pp. 217-271 e *A Concorrência Desleal como limite à mobilidade de trabalhadores*, in AAVV, Los actuales câmbios sociales y laborales: nuevos retos para el mudo del trabajo, vol. IV (Peter Lang 2017) pp. 263-294.

hostil relativamente a um concorrente (por exemplo recusando-lhe fornecimentos ou impondo-lhe condições muito desfavoráveis), de modo a causar-lhe dificuldades e, no limite, forçá-la a sair do mercado [1082].

Dificilmente classificáveis eram os casos – que em tempos chegaram a ser enquadrados na concorrência desleal[1083] – do *trespassante* de um estabelecimento que, após o trespasse, retomava o exercício da actividade anterior na mesma zona territorial. No entanto, essa errada concepção parece ter vindo a ser abandonada, sendo hoje claro que um eventual impedimento à liberdade de actuação do trespassante só pode ter origem no contrato, e não num pretenso dever geral de não concorrência, resultante do instituto de concorrência desleal. Na verdade, a fonte dessa obrigação é contratual, constituindo a contrapartida do valor pago pela clientela ligada ao estabelecimento. Os tribunais portugueses têm vindo a considerar que do contrato de trespasse resulta uma obrigação implícita de não concorrência[1084], pelo que a sua violação gera responsabilidade contratual. Mas abandonaram a tese de que estaria em causa um acto de concorrência desleal, que nessas situações não existia[1085].

2.5. Consequências

A repressão do ilícito da concorrência desleal manifesta-se em diversos planos. Desde logo, ao nível sancionatório, prevendo a respectiva punição como contra-ordenação. Além disso, pela tutela conferida pelo direito civil,

[1082] Uma conduta deste tipo, se imputável a uma empresa em posição dominante, constituiria simultaneamente uma infracção ao R.J. da Concorrência (cf. art. 11º da Lei 19/2012, de 8 de Maio, com a redacção da Lei 23/2018, de 5 de Junho). Sobre esta modalidade, cf. Oliveira Ascensão, *Concorrência Desleal,* cit., p. 578.

[1083] Assim, Barbosa de Magalhães, *Do Estabelecimento Comercial,* 1951, pp. 280 a 294 e ac. STJ de 17.02.97 (rel. Torres Paulo – trespasse de uma agência funerária; in BMJ 474, p. 502 e ss.).

[1084] Nesta inflexão foi determinante a posição assumida por Oliveira Ascensão, *Concorrência desleal,* cit., p. 597 e 598, que demonstrou que *o exercício na mesma zona de actividade concorrente é exercício normal da concorrência, e não concorrência desleal. Se há ou não uma obrigação de não concorrência, é irrelevante para a concorrência desleal. A violação da obrigação caracteriza a concorrência ilícita, e não a concorrência desleal.*

[1085] Neste sentido, cf. nomeadamente os acs. STJ de 26.09.2013 (rel. Oliveira Vasconcelos; dgsi.pt) e de de 13.03.2007 (rel. Nuno Cameira – trespasse de uma pastelaria; dgsi.pt), RC de 23.09.2003 (rel. M. Alexandrina Ferreira; CJ IV, p. 10), da RP de 15.10.2004 (rel. João Bernardo; CJ I, p. 190) e da RP de 14.03.1996 (rel. Custódio Montes; dgsi.pt).

que permite ao sujeito passivo do acto desleal prevenir ou reagir contra a respectiva prática. Por fim, através do Direito Industrial propriamente dito, que determina a recusa de pedidos de registo ou de patente quando se reconheça *que o requerente pretende fazer concorrência desleal* ou que *esta é possível independentemente da sua intenção*[1086]. Deixando de lado este último aspecto, já abordado nos capítulos respeitante aos diversos DPI, importa agora descrever os traços essenciais das duas outras formas de reacção a actos de concorrência desleal.

2.5.1. Ilícito contra-ordenacional

A prática dos actos definidos no art. 311º do CPI constitui contra-ordenação prevista e punida pelo art. 330º com coima até € 30.000, quando praticada por pessoa singular, e até € 100.000, quando se trate de pessoa colectiva. Como já ficou dito, um pressuposto incontornável de punibilidade a título de contra-ordenação é a existência de dolo, tendo em conta que esta infracção não é punível por negligência, face ao disposto no nº 1 do art. 8º do Regime Geral do Direito de Mera Ordenação Social.

No domínio do CPI de 1995 (que qualificava a concorrência desleal como crime), havia o entendimento generalizado de que só os casos expressamente tipificados pelo código podiam ser penalmente punidos, pelo que os actos atípicos de concorrência desleal eram considerados mero ilícito civil[1087]. Isto por força do princípio da tipicidade da lei penal decorrente do art. 29º da Constituição. À luz do CPI actual, abandonada que foi a qualificação criminal deste tipo de ilícito, a questão volta a colocar-se, mas agora sem um referencial constitucional explícito, pois a Lei Fundamental não contém uma formulação expressa do princípio da tipicidade em matéria contra-ordenacional. O que tem levado a doutrina mais recente a entender – na vigência do CPI de 2003 – que, *face à descriminalização e à, pacífica, menor exigência legal, doutrinária e judicial do conceito de tipicidade contra-ordenacional, por*

[1086] Cf. arts. 75º/3 (patentes), 137º/3 (MU), 161º/3 (topografias de semicondutores), 192º/5 (DM), 232º/1/h) (marcas), 289º/1/h) (logótipos) e 302º/1/g) (DO e IG).

[1087] Assim, entre outros, OLIVEIRA ASCENSÃO, *Concorrência Desleal*, cit., p. 215, ADELAIDE MENEZES LEITÃO, *Estudo de Direito Privado...* cit., p. 93, ORLANDO DE CARVALHO, *Critério e Estrutura do Estabelecimento Comercial*, cit., p. 86 e ss. (nota 48). Em sentido contrário, PATRÍCIO PAÚL, *Concorrência desleal*, cit., p. 25 e ss. e CARLOS OLAVO, *Propriedade Industrial*, cit., p. 271.

contraposição ao conceito de tipicidade penal, é mais defensável que um acto apenas subsumível ao corpo do art. seja considerado uma contra-ordenação[1088].

A instrução dos processos de contra-ordenação por concorrência desleal cabe à ASAE, competindo ao conselho directivo do INPI a decisão de aplicação das coimas e eventuais sanções acessórias (arts. 363º e 364º do CPI). Naturalmente, esta decisão é passível de recurso judicial, nos termos gerais do Direito de Mera Ordenação Social.

O procedimento contra-ordenacional será normalmente desencadeado em resultado de denúncia apresentada por qualquer interessado[1089]. Contudo, este tipo de processo não depende de queixa, podendo mesmo ser instaurado oficiosamente – solução que contrasta, injustificadamente, com o regime estabelecido para os crimes previstos no Código[1090].

2.5.2. Ilícito civil

Um acto de concorrência desleal constitui, igualmente, um ilícito de natureza civil, passível de fundar acções judiciais revestindo esta natureza[1091]. Pode tratar-se de simples acções *inibitórias*, pedindo a condenação do réu a abster-se de uma determinada conduta, eventualmente sob cominação de sanções pecuniárias compulsórias. Ou ir-se mais longe e pedir, também, a apreensão e destruição de mercadorias ou outros bens que constituam o resultado do acto desleal, a fim de *reconstituir* a situação preexistente[1092]. Além disso, o lesado poderá exigir a *reparação* dos danos que sofreu em consequência do acto desconforme.

[1088] Cf. Campinos/Gonçalves, *CPI Anotado*, cit., p. 553. No mesmo sentido, Carlos Olavo, *Propriedade Industrial*, cit., p. 272 e Patrício Paúl, *Breve análise do regime da concorrência desleal no novo Código da Propriedade Industrial*, ROA Ano 63, Abril 2003, p. 332. Também G. Canotilho e V. Moreira consideram que o princípio constitucional da tipicidade, inscrito no art. 29º da CRP, não é aplicável por analogia ao ilícito de mera ordenação social (*Constituição da República Anotada*, Vol. I, 2007, p. 498).

[1089] Art. 54º do DL 433/82, de 27 de Outubro.

[1090] 328º do CPI. Criticando esta solução, Patrício Paúl, *Breve análise do regime da concorrência desleal*... cit., p. 342.

[1091] Relativamente a esta matéria, cf. Oliveira Ascensão, *Concorrência desleal*, cit., pp. 243 a 273, Adelaide Menezes Leitão, *Estudo de Direito Privado sobre a Cláusula Geral de Concorrência Desleal*, cit., pp. 139 a 193 e o excelente estudo de Paula Costa e Silva, *Meios de Reacção Civil à Concorrência Desleal*, *in* AAVV *Concorrência Desleal*, cit., pp. 99 a 136.

[1092] Cf. Paula Costa e Silva, *Meios de reacção*... cit., pp. 109 a 11 e Patrício Paúl, *Concorrência desleal e direito do consumidor*, cit., p. 104.

É hoje pacífico que os actos de concorrência desleal podem gerar *responsabilidade civil* para o seu autor, na medida em que estejam reunidos os pressupostos deste tipo de responsabilidade, enunciados pelo art. 483º do Código Civil: o facto, a ilicitude, a culpa, o dano e o nexo de causalidade entre o facto e o dano. Embora o ilícito contra-ordenacional exija o dolo, a doutrina tem entendido que a responsabilidade civil decorrente de um acto desleal não exige esse grau de culpa, visto que aquela disposição se basta com uma conduta meramente negligente: *aquele que, com dolo ou mera culpa, violar ilicitamente o direito de outrem ou qualquer disposição legal destinada a proteger interesses alheios fica obrigado a indemnizar o lesado pelos danos resultantes da violação*[1093]. Embora reconheça a lógica deste entendimento, parece-me difícil conceber um acto de concorrência desleal cometido por desleixo ou por mera distracção[1094].

Por seu lado, o requisito da ilicitude também apresenta especificidades no domínio da responsabilidade civil, por estar em causa a chamada "segunda modalidade da ilicitude", respeitante à violação de uma norma que tutela interesses alheios[1095]. Estes actos são contrários à lei, não porque violem um direito subjectivo de alguém, mas porque infringem uma norma que

[1093] Neste sentido, mesmo no âmbito do CPI de 1995, Patrício Paúl, *Concorrência desleal e Segredos de Negócio,* DI II, p. 143. Em sentido contrário, também na vigência do CPI de 95, Oliveira Ascensão, *Concorrência desleal,* cit., pp. 182 e 268; este A. defendia então que, no plano civil, bastava o dolo genérico, embora no plano penal se exigisse o dolo específico. Os nossos tribunais têm-se inclinado no sentido de não exigir o dolo para efeitos de responsabilidade civil (acs. STJ de 13.07.2010, rel. Nuno Cameira; de 24.05.2005, rel. Pinto Monteiro; e de 24.04.1996, rel. Mário Cancela; todos in dgsi.pt). Apesar disso, há a registar o ac. RP de 4.11.2002 (rel. João Bernardo, dgsi.pt), declarando que *os actos de concorrência desleal apenas são relevantes, para efeito de obrigação de indemnização, no caso de dolo.*

[1094] Oliveira Ascensão admite que *há uma certa contradição na admissão de uma concorrência desleal negligente. Se é desleal, supõe uma intenção qualificada: não se basta com a mera negligência.* Por isso, considera que, nos casos de mera negligência, pode agir-se judicialmente para fazer cessar uma conduta ilícita, *mas não há lugar para a responsabilidade civil* (*Concorrência Desleal,* cit. pp. 217 e 218). Paula Costa e Silva (à luz do CPI de 95, *in Meios de reacção..* cit., pp.122 a 124) parece inclinar-se no mesmo sentido, quando considera *ser de afastar a imposição de uma obrigação de indemnizar com fundamento na negligência: a conduta do agente não foi desleal, mas descuidada.*

[1095] Sobre este aspecto, cf. Antunes Varela, *Direito das Obrigações,* Vol. I, 2008, p. 536 e ss. e Almeida Costa, *Direito das Obrigações,* 2008, p. 562 e ss.

protege interesses (aqui, os dos concorrentes)[1096]. Nestes casos, como ensinava ANTUNES VARELA, para que o lesado tenha direito a indemnização será necessário que a lesão dos interesses corresponda à violação de uma norma legal (o art. 311º do CPI), que a tutela dos interesses particulares figure entre os fins da norma violada (por isso, só os concorrentes podem ser indemnizados, já que estas normas tutelam a concorrência) e que o dano se tenha registado no círculo de interesses que a lei visa tutelar[1097].

A **legitimidade processual** para agir civilmente cabe, em primeira linha, aos concorrentes lesados, mas é extensível às associações profissionais e empresariais do sector de actividade económica em que se manifeste a deslealdade, pelo menos quando a lesão afecte interesses difusos dos seus representados[1098].

Uma questão pertinente, que o CPI não esclarece, é a de saber se as disposições processuais do Capítulo III do Título III do código se aplicam aos processos em que a causa de pedir releve apenas da concorrência desleal[1099]. É que, na previsão da maioria dessas normas, referem-se unicamente os "direitos de propriedade industrial e segredos comerciais", sem qualquer menção à concorrência desleal, que a maioria da doutrina e jurisprudência exclui do âmbito da Propriedade Industrial. O que poderia levar à conclusão de que tais normas ficam reservadas para a defesa dos DPI, com exclusão da concorrência desleal. Nesta hipótese, a tutela civil da concorrência desleal efectivar-se-ia apenas mediante o recurso às normas gerais do CPC.

No entanto, os mecanismos processuais regulados nos arts. 337º a 344º do CPI – embora não estivessem *expressamente* previstos na lei processual anterior à transposição da Directiva do "enforcement" – já se continham, no essencial, na disciplina do Código de Processo Civil[1100]. No que respeita às providência cautelares previstas no art. 345º do CPI, há mesmo norma

1096 Como vimos no ponto 2.1.1, a concorrência desleal assume, a meu ver, um carácter objectivo, não atribuindo qualquer direito subjectivo aos concorrentes.

1097 ANTUNES VARELA, *Direito das Obrigações*, cit., pp. 539 a 544.

1098 Art. 31º do CPC e Lei nº 85/95, de 31 de Agosto.

1099 Trata-se das denominadas "Medidas e procedimentos que visam garantir o respeito pelos direitos de propriedade industrial", introduzidas no CPI de 2003 pela Lei n. 16/2008, de 1 de Abril, em transposição da Directiva nº 2004/48/CE do Parlamento Europeu e do Conselho, de 29 de Abril, relativa ao respeito dos direitos de propriedade intelectual. Esta matéria será desenvolvida no Capítulo XIV.

1100 Cf. PAULA COSTA E SILVA, *Meios de reacção*... cit., pp.102 e ss.

expressa (art. 311º/do CPI) determinando a sua aplicabilidade em matéria de concorrência desleal. Contudo, o mesmo não sucede já com o *arresto preventivo* de bens (móveis e imóveis) e contas bancárias do alegado infractor, previsto no nº 1 do art. 346º, nem com o *arresto repressivo* previsto no nº 2 dessa disposição – o que parece significar que o legislador entendeu reservar estas medidas cautelares específicas para os DPI propriamente ditos (sem prejuízo da aplicação das regras processuais gerais).

No que respeita às *indemnizações* por perdas e danos (reguladas no art. 347º do CPI) e às denominadas *sanções acessórias* (enunciadas pelo art. 348º), não vejo qualquer obstáculo à sua aplicação em matéria de concorrência desleal – no respeito do princípio do dispositivo –, constituindo meras explicitações ou concretizações do regime geral da tutela civil, que sempre bastaria para fundar a respectiva concessão. Já o mesmo não se diga quanto às *medidas inibitórias* previstas nos números 2 e 3 do art. 349º do CPI, que revestem um carácter inovador e excepcional, no domínio do nosso direito processual civil – o que impede, a meu ver, a sua aplicação analógica em casos de concorrência desleal. Em contrapartida, nada obstará à fixação de sanções pecuniárias compulsórias e à publicitação das decisões judiciais, previstas no nº 4 do citado art. 349º e no art. 350º do CPI.

3. Os segredos comerciais

Uma importante novidade do CPI de 2018 – em transposição da Directiva (UE) 2016/943 [1101] – foi a consagração de uma disciplina autónoma para protecção do *know-how* e das informações comerciais confidenciais contra a sua aquisição, utilização e divulgação ilegais, sob a epígrafe, algo redutora, de "segredos comerciais"[1102].

[1101] Do *Parlamento* Europeu e do Conselho, de 8 de Junho de 2016, relativa à proteção de know-how e de informações comerciais confidenciais (segredos comerciais) contra a sua aquisição, utilização e divulgação ilegais.

[1102] Na verdade, o âmbito de protecção desta disciplina é mais lato, como ressalta desde logo do Considerando 14 da Directiva 2016/943, que refere que a definição de "segredos comerciais" deverá ser *formulada de forma a abranger o know-how, as informações empresariais e as informações tecnológicas*. Sobre esta matéria, cf. Nuno Sousa e Silva, *A nova disciplina dos segredos de negócio: análise e sugestões*, RDI 1/2019, pp. 49 a 81 e *O Segredo de Negócio como Escudo e como Espada*, in Maria Fernanda Palma / Augusto Silva Dias / Paulo de Sousa Mendes (eds.), Estudos sobre Law Enforcement, Compliance e Direito Penal, 2018, pp. 209 a 263, Dário Moura Vicente, *Proteção do Know-how, Segredo de Negócios e Direito Intelectual*, in

O legislador europeu pretendeu reforçar a protecção *do acesso e da exploração de conhecimentos valiosos para a entidade que não sejam do conhecimento geral*, e que funcionam *quer como complemento, quer como alternativa aos direitos de propriedade intelectual*, permitindo *aos criadores e inovadores retirar lucros das suas criações ou inovações*. Isto porque, como refere o preâmbulo da Directiva, *as empresas inovadoras estão cada vez mais expostas a práticas desonestas que visam a apropriação indevida de segredos comerciais, como o roubo, a cópia não autorizada, a espionagem económica ou a violação de requisitos de confidencialidade, quer dentro, quer fora da União*.

Assim, o legislador português aproveitou o ensejo para aprofundar e alargar a disciplina do art. 318º do CPI de 2003, procedendo à tipificação de um ilícito mais abrangente que o anterior (arts. 313º a 315º do CPI), punível como contra-ordenação (art. 331º) e protegendo estes segredos não só através das medidas e procedimentos aplicáveis à generalidade dos DPI (art. 338º), mas também mediante normas processuais especialmente adaptadas à natureza destes bens imateriais (arts. 351º a 357º).

A retirada desta matéria do âmbito da concorrência desleal tem, nomeadamente, como efeito deixar a tutela dos segredos comerciais de depender da existência de uma relação concorrencial, entre o agente e a vítima da infracção, passando a constituir uma disciplina autónoma, com pressupostos distintos e um regime diferente daquele que estudamos no ponto anterior.

3.1. Conceito

A definição de "segredo comercial" consta do art. 313º do CPI, que refere tratar-se de "informações" que reúnam cumulativamente 3 requisitos:

a) *Sejam secretas, no sentido de não serem geralmente conhecidas ou facilmente acessíveis, na sua globalidade ou na configuração e ligação exatas dos seus elementos constitutivos, para pessoas dos círculos que lidam normalmente com o tipo de informações em questão;*
b) *Tenham valor comercial pelo facto de serem secretas;*
c) *Tenham sido objeto de diligências razoáveis, atendendo às circunstâncias, por parte da pessoa que detém legalmente o controlo das informações, no sentido de as manter secretas.*

Propriedade Intelectual – Estudos Vários, 2018, pp. 281 a 309 e, também, RDI 2/2018, pp. 91 a 124 e Couto Gonçalves, *Manual*... cit., pp. 406 a 411. Cf., na literatura estrangeira, Cornish/Llewelyn/Aplin, *Intellectual Property*... cit., pp. 319 a 359.

Esta formulação, muito abrangente, não se restringe, obviamente, ao domínio do Comércio, na sua acepção tradicional, conforme resulta claro do preâmbulo da Directiva, que refere explicitamente o *know-how, as informações empresariais e as informações tecnológicas.* No fundo, está em causa qualquer tipo de informação valiosa, seja comercial, industrial ou de outra natureza, que uma empresa tenha mantido sob segredo.

A protecção destes bens imateriais levou o legislador a considera-la *extensiva aos* ***produtos*** *cuja conceção, características, funcionamento, processo de produção ou comercialização beneficia significativamente de segredos comerciais obtidos, utilizados ou divulgados ilicitamente* (art. 313º/2 do CPI)[1103]. Em consequência disso, um segredo ilicitamente obtido, utilizado ou divulgado não pode à partida ser explorado pelo infractor ou por terceiro que tenha conhecimento dessa origem irregular. Por isso, o nº 4 do art. 314º qualifica como acto ilícito *a produção, oferta ou colocação no mercado de mercadorias em infração, ou a importação, exportação ou armazenamento de mercadorias em infração para aqueles fins, sempre que a pessoa que realize estas atividades tivesse ou devesse ter tido conhecimento, nas circunstâncias específicas em que se encontrava, que o segredo comercial tinha sido utilizado nas condições previstas no nº* 2 (ou seja, que tinha sido obtido ilegalmente, ou violando um acordo de confidencialidade ou um dever de não divulgar ou de limitar a utilização do segredo).

O art. 314º proíbe não só a obtenção indevida de segredos comerciais (nº 1), mas também a sua utilização ou divulgação ilícitas (nº 2), nos termos seguintes:

- a **obtenção**, sem o consentimento do respetivo titular[1104], é ilícita sempre que esse ato resulte *do acesso, da apropriação ou da cópia não autorizada de documentos, objetos, materiais, substâncias ou ficheiros eletrónicos, que estejam legalmente sob o controlo do titular do segredo comercial e que contenham este segredo ou a partir dos quais o mesmo seja dedutível,* ou

[1103] Criticando esta redacção, que considera particularmente infeliz, Nuno Sousa e Silva, *A Nova Disciplina dos Segredos de Negócio...*, cit., pp. 62 e 63, explica que *não são os produtos que são protegidos (da mesma forma que não são as mercadorias em contrafacção que são protegidas pelo direito de marca ou a patente). O que está previsto é que o regime dos segredos de negócio permite reagir contra a sua utilização ilícita em certas mercadorias.*

[1104] "Titular do segredo comercial" é a pessoa singular ou colectiva que exerce legalmente o controlo de um segredo comercial (art. 313º/3 do CPI).

mesmo de *outra conduta que, nas circunstâncias específicas em que ocorre, seja considerada contrária às práticas comerciais honestas.*

- a **utilização ou divulgação**, sem o consentimento do respectivo titular, serão ilícitas quando realizadas por pessoa que *tenha obtido o segredo comercial ilegalmente, viole um acordo de confidencialidade ou qualquer outro dever de não divulgar o segredo comercial, ou viole um dever contratual ou qualquer outro dever de limitar a utilização do segredo comercial.*

Esta ilicitude é "contagiosa", na medida em que a ilicitude se "transmite" a um terceiro que – sem ter sido o infractor inicial – obtenha, utilize ou divulgue o segredo comercial sabendo ou devendo ter conhecimento, *nas circunstâncias específicas em que se encontrava*, que o mesmo teve origem ilícita (art. 314º/3).

As proibições que rodeiam a obtenção dos segredos comerciais têm certos **limites ou excepções**, enunciados no art. 315º:

a) *Descoberta ou criação independente;*
b) *Observação, estudo, desmontagem ou teste de um produto ou objeto que tenha sido disponibilizado ao público ou que esteja legalmente na posse do adquirente da*
c) *informação, não estando este sujeito a qualquer dever legalmente válido de limitar a obtenção do segredo comercial;*
d) *Exercício do direito dos trabalhadores, ou dos seus representantes, a informações e consultas em conformidade com as práticas nacionais ou com a lei;*
e) *Imposição ou permissão que resulte da lei;*
f) *Outra prática que, nas circunstâncias específicas em que ocorre, esteja em conformidade com as práticas comerciais honestas.*

3.2. Regime

Em caso de violação de segredo comercial protegido, o infractor expõe-se às coimas previstas no art. 331º do CPI, que tipifica as diversas condutas puníveis, quando praticadas sem o consentimento do titular do direito. São, assim, punidas as condutas proibidas no já referido art. 314º, descritas nas 5 alíneas daquela disposição: obtenção indevida [al. a)]; utilização ou divulgação ilícitas, com ou sem violação de deveres contratuais [als. b) e c)]; obtenção, utilização ou divulgação por terceiro, usufruindo de ilegalidade praticada anteriormente, que o agente conhece ou deve conhecer [al. d)];

e fabrico, comercialização ou armazenagem de produtos resultantes dessas práticas ilícitas, com conhecimento ou dever de as conhecer [al. e)]. Além disso, mostram-se aqui aplicáveis as sanções acessórias previstas no art. 317º do CPI.

Além da responsabilidade contra-ordenacional, o infractor tem, naturalmente, responsabilidade civil, ficando exposto às reacções e consequências previstas nos arts. 337º a 350º do CPI, que serão analisadas no Capítulo XIV, incluindo acções inibitórias e pedidos indemnizatórios[1105].

Atenta a especial delicadeza e "volatilidade" dos segredos – os quais, uma vez destruídos, não são passíveis de "reparação" – o legislador adotou um conjunto de normas destinadas a preservar essa informação no âmbito de processos judiciais, nos artigos 352º a 357º do CPI, embora com as ressalvas do art. 351º, relacionadas com o exercício da liberdade de expressão, *whistleblowing*, comunicação com representantes sindicais e protecção de interesses legítimos legalmente reconhecidos, desde que essas excepções sejam usadas de modo proporcionado e de modo a evitar abusos ou a criação de obstáculos ao comércio legítimo.

[1105] Para maiores desenvolvimentos a este respeito, NUNO SOUSA E SILVA, *A nova disciplina dos segredos de negócio*... cit., p. 71 ss..

Capítulo XI
Direito da União Europeia e Propriedade Industrial

1. Introdução

A integração europeia teve profundas repercussões na ordem jurídica dos Estados-membros, em particular nos ramos de direito mais relacionados com os instrumentos essenciais da União, como o mercado comum e as políticas comuns. Como é sabido, a realização do Mercado Único Europeu implicou, por um lado, a consagração da liberdade de circulação de mercadorias, de pessoas (físicas e colectivas), de capitais e de prestação de serviços, no interior de uma zona de comércio livre com uma pauta aduaneira comum, em condições tendencialmente análogas às existentes no mercado interno de cada Estado-membro. Por outro lado, levou à criação de várias políticas comuns, como a política agrícola ou a política comercial, para além da disciplina da concorrência, as quais, a par da moeda única, conduziram à instituição de uma União Económica e Monetária.

Desde os primórdios da construção europeia se percebeu que o pendor liberalizante e integrador das normas da CEE colidia com a natureza restritiva e territorial dos direitos de Propriedade Industrial: a liberdade do comércio e da concorrência dá-se mal com monopólios e exclusivos, sobretudo se confinados à escala nacional, como era o caso dos DPI. O exercício destes direitos permite levantar obstáculos jurídicos à circulação das mercadorias, nomeadamente quando o seu titular se oponha à *importação* de produtos contrafeitos ou que, de outro modo, ofendam o seu exclusivo. Dessa forma, os DPI poderiam servir para *compartimentar os mercados*, no interior da União Europeia. Por isso, as legislações nacionais relativas à Propriedade Industrial foram desde cedo consideradas susceptíveis de *criar obstáculos à livre circulação dos produtos no interior do mercado comum*[1106], podendo ser qualificadas como *medidas de efeito equivalente a restrições quantitativas*[1107] proibidas pelo art. 34º do TFUE. No entanto, este mesmo Tratado admite excepções a essa regra, no seu art. 36º, quando as proibições ou restrições à importação, exportação ou ao trânsito das mercadorias sejam justificadas, nomeadamente, por razões de *protecção da propriedade industrial e comercial*,

[1106] Cfr. Ac. de 29.02.1968 (PARKE, DAVIS.PROBEL, Procº. nº. 24/67), Rec. p. 109. Sobre o tema das relações entre a Propriedade Industrial e o Direito da União Europeia, cf., em geral PEDRO SOUSA E SILVA, *Direito Comunitário e Propriedade Industrial. O princípio do esgotamento dos direitos*, cit., bem como *"E depois do adeus". O "esgotamento" do Direito Industrial e os direitos subsistentes após a colocação no mercado*, in DI, III, pp. 201 a 228 e *O "Esgotamento" do Direito Industrial e as "Importações Paralelas" – Desenvolvimentos recentes da jurisprudência comunitária e nacional*, in DI, II, pp. 233 a 256. Entre nós, cf. ainda MANUEL NOGUEIRA SERENS, *O Âmbito Geográfico do Esgotamento do Direito à Marca na Primeira Directiva 89/104/CEE*, ROA Jan/Jun 2018, p. 289 ss., REMÉDIO MARQUES, *Biotecnologia(s)* cit., Vol. I, pp. 1087 a 1137, DÁRIO MOURA VICENTE, *A Tutela Internacional da Propriedade Intelectual*, cit., pp. 148 a 168, COUTO GONÇALVES, *Manual* cit., pp. 115 a 117 e 293 a 310 e CARLOS OLAVO, *Importações paralelas e Esgotamento de Direitos de Propriedade Industrial: Questões e perspectivas*, ROA, Dezembro 2001, p. 1269 e ss. Na literatura estrangeira, cf., entre muitos outros, CORNISH/LLEWELYN/APLIN, *Intellectual Property...* cit., pp. 801 a 824, JEHORAM, VAN NISPEN & HUYDECOPER, *European Trademark Law*, cit., pp. 561 a 581, DAVID BAINBRIGDGE, *Intellectual Property*, cit., pp. 863 a 889, FERNÁNDEZ-NÓVOA, LASTRES e AGRA, *Manual de la Propiedad Industrial*, cit., pp. 81 a 87 e 592 a 596, BENTLY e SHERMAN, *Intellectual Property Law*, cit., pp. 10 a 24, GEORGES BONET, *Propriétés Intelectuelles*, in RTDE (Crónicas de jurisprudência nos anos de 1981 a 2005), FERNÁNDEZ-NÓVOA, *Tratado sobre Derecho de Marcas*, cit., 657 e ss., FRIEDRICH-KARL BEIER, *The Principle of «Exhaustion» in National Patent and Copyright Law of Some European Countries*, Separata da Revista da Faculdade de Direito de Lisboa, 1991, pp. 71 e ss e PAUL DEMARET, *La Protection de la Propriété Intellectuelle. Aspects Juridiques Européens et Internationaux*, 1989 e *Industrial Property Rights, Compulsory Licences and the Free Movement of Goods under Community Law*, IIC, Vol. 18, nº 2/1987, pp. 161 a 191.

[1107] Definidas pelo Tribunal de Justiça como *qualquer regulamentação comercial dos Estados-membros susceptível de entravar, directa ou indirectamente, actual ou potencialmente o comércio intracomunitário* – ac. de 1.07.1974 (DASSONVILLE, Procº. nº. 8/74, Rec. p. 837). Sobre o conceito e o regime das medidas de efeito equivalente, cf., entre outros, CATHERINE BARNARD, *The Substantive Law of the EU. The Four Freedoms*, 2010, pp. 70 a 192 e CRAIG/DE BÚRCA, *EU Law, Text, Cases and Materials*, 2011, pp. 33 a 200 WYATT & DASHWOOD, *European Union Law*, 2011, pp. 432 a 445.

na condição de essas medidas não constituírem *restrições dissimuladas* ou *discriminações arbitrárias* ao comércio entre os Estados-membros.

Acresce que os DPI podem ser objecto ou instrumento de acordos anticoncorrenciais entre empresas, constituindo, além disso, um meio eficaz de viabilizar e potenciar os abusos do poder económico. Nessa medida, a exploração desses direitos pode colidir com a disciplina da Concorrência, prevista nos arts. 101º e 102º do TFUE, que proíbem os *acordos e práticas concertadas* entre empresas que sejam restritivos da concorrência, bem como o *abusivo de posição dominante.*

2. A conciliação dos DPI com o Direito da União Europeia

A articulação dos DPI com aquelas regras da União Europeia foi sendo feita, ao longo de décadas, de diversas formas complementares. Desde logo, através da **jurisprudência** do Tribunal de Justiça. Além disso, mediante a **harmonização** progressiva das legislações nacionais de Propriedade Industrial, eliminando disparidades entre estas, nomeadamente em matéria de marcas, desenhos ou modelos, invenções biotecnológicas e topografias de produtos semicondutores. Outro contributo importante veio de diplomas de direito derivado, como os regulamentos de **isenção por categoria** em matéria de Concorrência. Por fim, através de instrumentos mais eficazes e ambiciosos, ainda que mais difíceis de instituir: **regimes unitários** de protecção, válidos à escala da União Europeia, como já sucede com a Marca da UE, Desenhos ou Modelos Comunitários, com Denominações de Origem e Indicações Geográficas de um grande leque de produtos e com as Variedades Vegetais; para além da Patente de Efeito Unitário, cuja implementação se continua a aguardar.

O mote para a conciliação dos direitos nacionais com o direito da União Europeia, em matéria de Propriedade Industrial, foi dado pelo Tribunal de Justiça: partindo de um princípio geral, extraído do citado art. 36º do Tratado, o TJ reconhece a *existência* dos DPI nacionais, mas reivindica o poder de controlar o seu *exercício,* na medida em que este possa afectar o funcionamento do Mercado Interno. Tal será o caso quando esse exercício colidir com a disciplina da concorrência ou com a liberdade de circulação de mercadorias.

Para articular os efeitos restritivos da Propriedade Industrial com a liberdade de comércio e de concorrência exigidas pela integração europeia, o Tribunal desenvolveu progressivamente a noção de *objecto específico* de cada DPI, recorrendo em especial à teoria do esgotamento dos direitos (que adiante desenvolveremos). Para o TJ, o "objecto específico" de um DPI consiste no conjunto de prerrogativas reservadas ao seu titular e julgadas indispensáveis para que esse direito realize as suas funções jurídicas (nomeadamente a função indicativa das marcas e a função remuneratória das patentes). Assim, as restrições à concorrência ou à liberdade de circulação apenas são admitidas na medida em que resultem do exercício daquelas prerrogativas essenciais. Em contrapartida, uma vez ultrapassados os limites do objecto específico, as normas europeias prevalecem, impondo a liberdade de circulação ou de concorrência e a inerente compressão do conteúdo – porventura mais amplo – dos direitos nacionais de Propriedade Industrial. Por outras palavras, em cada caso concreto, o DPI prevalece até ao ponto em que seja imprescindível proteger o seu núcleo essencial; daí para a frente, prevalece o Direito da União Europeia, comprimindo-se nessa medida a esfera de poderes do titular do direito. Nesta óptica, a teoria do esgotamento dos direitos revelou-se um instrumento de grande utilidade, tendo servido para modelar o dito "objecto específico", definindo os limites do exclusivo do titular do direito, à luz da função juridicamente tutelada de cada DPI.

Esta jurisprudência do Tribunal de Justiça teve profundas repercussões, nomeadamente ao nível legislativo. Assim, a regra do esgotamento dos DPI acabou por ser transposta para as legislações nacionais, por força de directivas de harmonização; e, mesmo em domínios não harmonizados, como o das patentes e modelos de utilidade, os Estados-membros acolheram este princípio, na medida em que o TJ o deduziu, de modo imperativo, das citadas normas do Tratado.

Nas páginas seguintes, iremos analisar, em primeiro lugar, o significado da regra do esgotamento dos direitos (3.), para seguidamente descrevermos as suas principais consequências, quer ao nível das chamadas "importações paralelas" (3.1), quer dos direitos residuais subsistentes após a introdução do produto no mercado (3.2), fazendo também uma referência à jurisprudência portuguesa nesta matéria (3.3) e deixando para o final uma breve nota sobre a conciliação dos DPI com a disciplina da Concorrência (4.).

3. O esgotamento dos DPI

A doutrina do esgotamento dos direitos de Propriedade Industrial nasceu, fundamentalmente, para lidar com as restrições territoriais à circulação de produtos sujeitos a esses direitos, quando tais restrições ocorram após a colocação dos produtos no mercado. Em síntese, esta regra vem dizer que o titular do DPI, ao introduzir no comércio um produto sujeito a esse exclusivo, esgota aí o seu direito em relação a tal produto, deixando de poder controlar a circulação ou utilização ulteriores dessa mercadoria. Por exemplo, se a NIKE vender um lote de 1000 sapatilhas dessa marca no mercado espanhol, deixa a partir desse momento de poder invocar o seu direito de marca para impedir que outra pessoa importe e revenda, no todo ou em parte, esse lote de sapatilhas no mercado da Grécia.

3.1. Conceito

No entanto, a expressão "esgotamento" não exprime com rigor o fenómeno que visa designar, podendo dar a falsa impressão de que o direito se extingue integralmente; quando, afinal, a colocação no mercado não tem esse efeito radical.

Por um lado, porque, uma vez ocorrido o "esgotamento" de um DPI, este direito não deixa de existir, não *desaparece*, deixando simplesmente de abranger os produtos que já foram colocados no mercado (ou seja, as "unidades", os "exemplares" vendidos). O direito de marca, ou de patente, só se esgota relativamente a cada lote concreto de mercadorias que é comercializado, continuando o respectivo titular a dispor do seu direito privativo e a ser o único a decidir em que condições serão comercializadas, no futuro, outras mercadorias sujeitas ao seu exclusivo.

Por outro lado, e mesmo em relação às mercadorias em circulação (as que já foram colocadas no mercado), existem certos direitos *residuais* que subsistem, continuando o titular do direito a dispor de algumas prerrogativas que pode fazer valer, em casos e circunstâncias especiais. Assim, retomando o exemplo anterior, a NIKE poderia opor-se à revenda daquelas 1000 sapatilhas com essa marca, se o estado desses produtos tivesse sido gravemente adulterado após a sua introdução no mercado.

Na sua concepção original, o princípio do esgotamento dos direitos de Propriedade Industrial serve essencialmente para explicar e designar aquilo que é uma simples *regra de bom senso*, que decorre da função de cada um desses direitos: se os DPI servem para conceder um monopólio de comercialização de certos produtos (marcados, patenteados ou com modelos ou desenhos registados), então, uma vez cumprida essa função, através da colocação do produto no mercado, deixa de se justificar que o titular continue a utilizar o seu direito, para controlar a circulação ou uso dos produtos que já introduziu no comércio.

Esta doutrina pode ser enunciada do seguinte modo: quando um produto protegido por um DPI é colocado no mercado, pelo titular do direito ou por alguém com o seu consentimento, o titular deixa a partir desse momento de poder controlar a circulação dessa mercadoria concreta, não podendo opor-se a que esse produto seja revendido. Uma vez exercido, pelo titular ou por alguém por si autorizado, o direito exclusivo à primeira colocação de um produto no mercado, cessa com tal colocação a prerrogativa legal de resolver onde, quando ou por que preço é que aquele produto poderá ser (re)vendido. De cada vez que é utilizado, o direito esgota-se, em relação ao produto concreto que foi posto em circulação.

O esgotamento dos DPI tem hoje consagração generalizada nos Estados-membros da União Europeia. Desde logo, porque a tal obrigou a transposição das directivas de harmonização em matéria de marcas[1108] e de desenhos ou modelos[1109]. Além disso, porque o TJ desde há muito a considerou imperativa, mesmo noutros domínios (como as patentes e até os direitos de autor), deduzindo-a do princípio comunitário da liberdade de circulação de mercadorias.

Actualmente, o nosso CPI acolhe expressamente o princípio do esgotamento, nos arts. 104º (patentes), 146º (MU), 166º (topografias de produtos semicondutores), 199º (DM) e 253º (marcas), podendo encontrar-se afloramentos ou consequências dessa regra noutras disposições deste diploma (v.g. nos arts. 318º a 320º, quando subordinam à falta de "consentimento do titular" os casos de violação dos DPI, ou os arts. 102º/2 e 249º, quando enunciam as prerrogativas conferidas pela patente ou pelo registo de marca). O esgotamento dos DPI está igualmente previsto para a Marca da UE, pelo art. 15º do RMUE e, para os Desenhos ou Modelos Comunitários, pelo art. 21º do RDM.

[1108] Directiva nº 89/104/CEE, do Conselho de 21 de Dezembro de 1988, entretanto substituída pela Directiva (UE) 2015/2436 do Parlamento Europeu e do Conselho de 16.12.2015 – art. 15º.

[1109] Directiva nº 98/71/CE, do Parlamento Europeu e do Conselho de 13 de Dezembro de 1998 – art. 13º.

3.2. Pressupostos

Os pressupostos específicos da regra do esgotamento deduzem-se facilmente a partir das citadas disposições: os DPI não permitem ao seu titular proibir os actos relativos aos produtos protegidos, após a sua *colocação no mercado* (I), pelo próprio ou com o seu *consentimento* (II), no *espaço económico europeu* (III).

I – Assim, para que ocorra o esgotamento de um DPI relativo a determinado produto, este deverá ter sido licitamente **colocado no mercado** (ou em circulação), pelo titular do direito ou por alguém com o seu consentimento. Na generalidade dos casos, pode dizer-se que um produto é *colocado no mercado* quando é transaccionado pelo titular do direito; ou seja, quando este vende ou doutra forma aliena o produto em questão[1110].

No que respeita às marcas, o Tribunal de Justiça[1111] já esclareceu que o conceito de colocação no mercado, na acepção da DHM, pressupõe uma *transferência para terceiros do direito de dispor dos produtos*, em termos tais que permitam *ao titular realizar o valor económico da sua marca*. Acrescentando

[1110] Neste sentido, o parecer emitido pela Advogada-geral CHRISTINE STIX-HACKL, em 5.04.2001, perante o TJ, no âmbito dos Procs. aps. C-414 a 416/99 (casos DAVIDOFF e LEVI STRAUSS), que refere existir *introdução no comércio*, em matéria de marcas, quando ocorra *a transferência do poder de disposição directa sobre os produtos em causa* (nº 104). Importa ainda, a este propósito, ter em conta a diversidade de funções das marcas, de um lado, e das patentes, modelos e desenhos, por outro, pois essa diversidade poderá determinar diferentes soluções, em certos casos limite. Assim, no que respeita às *patentes*, desenhos e modelos (destinados a assegurar ao inventor a possibilidade de obter do mercado a remuneração do seu esforço), o acto de colocação deverá permitir que o titular tenha a *possibilidade* de obter a remuneração típica do monopólio conferido pela patente ou pelo registo. Decisivo é que o titular, relativamente ao produto em causa, tenha tido a *possibilidade objectiva de se fazer remunerar em condições típicas de monopólio* (ainda que, por *sua opção*, tal não tenha sucedido). Já no que respeita às *marcas*, a colocação no mercado pressupõe, necessariamente, um acto que *transmita a propriedade* do produto para um terceiro independente do titular. Determinante, no domínio das marcas, é que se trate de produtos *genuínos*, ou seja, que provenham da esfera de responsabilidade do titular do direito (não tendo aqui especial relevância o critério da possibilidade de ganho, decisivo para as patentes). Produtos genuínos, ou autênticos, são aqueles que ostentam uma marca aposta por quem esteja *legitimado* para o fazer e cuja introdução no comércio tenha estado submetida ao *controle*, ainda que potencial, do titular do direito no país onde a comercialização ocorre.

[1111] Ac. de 30.11.2004 (PEAK HOLDING, C-16/03, Col., p. I-11313).

que tal sucede quando o titular *vende* a terceiros produtos que ostentam a sua marca; e que uma mera *importação ou oferta para venda* de produtos, pelo titular, sem os conseguir vender, não pode ser equiparada à colocação dos mesmos no mercado.

No que respeita às **mercadorias em trânsito** pelo território da União, em proveniência de países terceiros, o nº 4 do art. 10º da DHM de 2015 veio alterar – em matéria de marcas – o regime decorrente da jurisprudência do TJ, que considerava que tal circulação não envolvia, em si mesma, qualquer colocação no mercado[1112]. Assim, reforçando os poderes do titular do direito de marca, essa disposição (transposta para o art. 251º do CPI), confere-lhe agora o poder de *impedir terceiros de introduzir, no decurso de operações comerciais, produtos no Estado-Membro em que a marca se encontra registada, produtos esses que não se encontrem aí em livre prática, se esses produtos, incluindo a sua embalagem, provierem de países terceiros e ostentarem, sem autorização, uma marca idêntica à marca registada respeitante a esses produtos ou que não puder ser distinguida nos seus aspetos essenciais dessa marca.* Por outras palavras (constantes do preâmbulo da DHM), o titular poderá impedir *a entrada de produtos em infração e a sua colocação em qualquer situação aduaneira, nomeadamente o trânsito, o transbordo, o depósito, zonas francas, a armazenagem temporária, o aperfeiçoamento ativo ou a importação temporária, inclusive quando esses produtos não se destinem a ser colocados no mercado do Estado-Membro em causa.* Ao visado por estas medidas (declarante ou detentor dos produtos) é apenas reconhecida a possibilidade de *provar que o titular da marca registada não pode proibir a colocação dos produtos no mercado do país de destino final* – faculdade que só pode exercer *a posteriori*, no

[1112] Foi esse o entendimento do TJ no ac. de 26.09.2000 (COMISSÃO.FRANÇA, C-23/99; Col., p. I-7653), em que referiu que o *trânsito* não se insere *no objecto específico do direito sobre os desenhos ou modelos.* A esta decisão seguiram-se outras no mesmo sentido, no domínio das marcas, precisando que *antes da introdução das mercadorias em livre prática, é como se as mesmas nunca tivessem acedido ao território comunitário* (v.g., acs. de 19.11.2006, MONTEX HOLDINGS.DIESEL, C-281/05; de 6.04.2000, POLO/LAUREN, C-383/98; de 23.10.2003, RIOGLASS E TRANSREMAR, C-115/02; e de 18.10.2005, CLASS INTERNATIONAL, C-405/03). Contudo, mesmo nesses casos, o TJ reconhecia ao titular do registo o poder de invocar os seus direitos exclusivos quando *essas mercadorias foram objecto de uma venda ou de uma oferta de venda que implique necessariamente a sua comercialização no EEE,* ou quando o importador *se prepara para comercializar no EEE os produtos em causa,* ou *oferece ou vende esses produtos a outro operador que, necessariamente, os comercializará no EEE* – ac. de 18.10.2005 (CLASS INTERNATIONAL, cit., §§ 58 e 60) e Despacho do TJ de 28.10.2010 (CANON. IPN Bulgaria, §§ 19 e 20).

decurso do procedimento judicial instaurado na sequência da apreensão (art. 251º/2 do CPI) –, caso em que caducarão as medidas adoptadas para tutela do direito do titular.

Este regime (idêntico ao previsto no art. 9º/4 do RMUE), mostra-se algo desequilibrado, permitindo que o titular "dispare primeiro e discuta depois", apesar de ficar *responsável pelos danos causados ao detentor das mercadorias ou declarante*[1113], caso venha a apurar-se que as medidas eram injustificadas, nomeadamente quando se comprove que o titular da marca registada *não pode proibir a colocação das mercadorias no mercado do país de destino final* (v.g., por aí não dispor de um registo sobre a marca em causa).

II – Para que esta colocação em circulação seja lícita, ela terá que ser *imputável ao titular*. Ou seja, terá de ser realizada por este ou por alguém que tenha agido com o seu **consentimento**. Como sublinhou o TJ no caso COPAD[1114], *o consentimento, que equivale a uma renúncia do titular ao seu direito exclusivo, constitui o elemento determinante do esgotamento desse direito e deve, portanto, ser expresso de uma forma que traduza inequivocamente a vontade do titular de renunciar a esse direito*. Mas, apesar de esse consentimento assumir normalmente *uma formulação expressa*, também pode *resultar implicitamente de elementos e de circunstâncias anteriores, contemporâneas ou posteriores à comercialização, que, apreciadas pelo juiz nacional, traduzam igualmente, de forma inequívoca, uma renúncia do titular ao seu direito*[1115]. Tal será o caso em que *a comercialização dos produtos é efectuada por um sujeito economicamente ligado ao titular da marca,*

[1113] Nos termos do art. 28º do Regulamento (UE) 608/2013, do Parlamento Europeu e do Conselho de 12 de Junho de 2013 (que regula a intervenção aduaneira). Sobre este diploma, cf. *infra*, Cap. XIV/6. Esta responsabilidade é referida expressamente no considerando 24 da DHM.

[1114] Ac. de 23.04. 2009 (C-59/08, Col., p. I-3421, nº 42).

[1115] Ac. de 20.11.2001 (ZINO DAVIDOFF e LEVI STRAUSS, C-414/99 a C-416/99, Col. p. I-2789, § 46). O TJ já esclareceu que esse consentimento implícito deve ser apreciado da mesma maneira quer os produtos tenham sido comercializados no interior ou no exterior do Espaço Económico Europeu: *a circunstância de natureza puramente factual, segundo a qual os produtos que ostentam a marca em causa foram comercializados pela primeira vez no EEE ou fora dele, não tem, enquanto tal, pertinência alguma para efeitos da aplicação da regra do esgotamento* (ac. de 15.10.2009, MAKRO.DIESEL, C-324/08, §§ 27 e 28). Determinante é que a primeira colocação no mercado, já no interior do EEE, seja feita pelo titular ou com o seu consentimento.

como, por exemplo, um licenciado[1116], ou por uma *empresa do mesmo grupo económico* ou um *concessionário exclusivo* do titular[1117].

Recentemente, no caso SCHWEPPES, o TJ considerou que também existem *ligações económicas* passíveis de gerar o esgotamento do direito quando, *após o fracionamento de marcas paralelas nacionais devido a uma cessão territorialmente limitada, os titulares das marcas coordenam as suas políticas comerciais ou acordam no controlo conjunto da utilização das referidas marcas, pelo que têm a possibilidade de determinar, directa ou indirectamente, os produtos em que a marca é aposta e de controlar a sua qualidade* [1118]; ou quando, após esse fracionamento, *o titular, por si só ou coordenando a sua estratégia de marca com esse terceiro* [cessionário], *continuou a favorecer de forma activa e deliberada a aparência ou a imagem de uma marca única e global, criando ou reforçando assim uma confusão aos olhos do público em causa quanto à origem comercial dos produtos que ostentam essa marca*[1119].

[1116] Ac. de 23.04.2009 (COPAD, cit., nº 43). Neste sentido, entre outros, os acs. de 22.06.1994 (IHT, "IDEAL STANDARD", C-9/93, Col., p. I-2789, nº 34) e de 15.10.2009 (MAKRO. DIESEL, cit., nº 24). Sublinhe-se que este consentimento só existe no caso de licenças contratuais, concedidas voluntariamente. Pelo contrário, quando se trate de *licenças obrigatórias*, já não se justifica impor o esgotamento do direito. É que, apesar de se prever uma compensação ao titular da patente, este não procede livremente à determinação das condições sob as quais coloca os produtos no mercado, além de que essa contrapartida não corresponderá, necessariamente, à remuneração do seu esforço inventivo. Por esta razão, será de afastar nesses casos a incidência do princípio do esgotamento. Neste sentido, cf. ac. de 9.07.85 (PHARMON.HOECHST, Proc. 19/84, Rec. p. 2298). Para um comentário a esta decisão, cf. PEDRO SOUSA E SILVA, *Direito Comunitário e Propriedade Industrial*, cit., pp. 189 a 198.

[1117] Ac. de 22.06.1994 (IHT, "IDEAL STANDARD", C-9/93, Col., p. I-2789, nº 34).

[1118] Ac. de 20.12.2017 (SCHWEPPES.RED PARALELA, C-291/16, § 46). Neste caso, estavam em causa registos "paralelos" da marca "SCHWEPPES", que até 1999 pertenciam exclusivamente à Cadbury Schweppes. Nesse ano, cedeu à Coca-Cola/Atlantic Industries uma parte dessas marcas paralelas, nomeadamente as registadas no Reino Unido. A Cadbury Schweppes continuou a ser titular da outra parte das marcas paralelas, nomeadamente das registadas em Espanha. Em 2014, uma empresa independente (Red Paralela) importou e distribuiu em Espanha garrafas de água tónica com a marca Schweppes, provenientes do Reino Unido. A Schweppes intentou uma acção por contrafacção contra a Red Paralela, que se defendeu invocando o esgotamento do direito de marca, resultante de um consentimento tácito, resultante das estreitas relações jurídicas e económicas entre a Coca-Cola e a Schweppes International na exploração comum do sinal «Schweppes» como marca universal, fomentando uma imagem única e global dessa marca e coordenando as suas políticas comerciais e mesmo um controlo conjunto da utilização da marca.

[1119] *Idem*, §40. Nestas situações, explicou o TJ, o comportamento do titular *tem por efeito a marca do titular já não preencher a sua função essencial de forma independente no seu próprio âmbito*

Em qualquer destas situações, a colocação dos produtos no mercado deverá provocar o esgotamento do direito do titular.

Indo mesmo mais longe, o Tribunal já admitiu o esgotamento em hipóteses em que a primeira comercialização dos produtos foi efectuada por *um sujeito sem nenhuma ligação económica ao titular da marca*, quando a vontade de renunciar ao direito exclusivo resulte *de um consentimento implícito do referido titular*, a deduzir dos referidos *elementos e circunstâncias anteriores, contemporâneas ou posteriores à comercialização*[1120]. A ambiguidade desta fórmula suscitou dúvidas em torno do conceito de "consentimento implícito"; mas o TJ já esclareceu que tal consentimento implícito *deve basear-se em elementos susceptíveis de demonstrar positivamente a renúncia do referido titular da marca a opor o seu direito exclusivo e, em especial, não pode ser deduzido de um simples silêncio desse titular*[1121].

Por outro lado, tem-se debatido se tal consentimento existe em caso de violação, pelo licenciado, de cláusulas do contrato de licença. Nesses casos, pergunta-se, os produtos indevidamente colocados em circulação estão ou não cobertos pelo esgotamento do direito? A resposta do TJ – assente no art. 8º/2 da DHM [actual art. 25º/2] – é negativa, quando a cláusula contratual violada diga respeito ao *prazo de validade* do contrato, *à forma abrangida pelo registo sob que a marca pode ser usada, à natureza dos produtos ou serviços para os quais foi concedida a licença, ao território no qual a marca pode ser aposta ou à qualidade dos produtos fabricados ou dos serviços fornecidos pelo licenciado*. Por outras palavras, *a comercialização pelo licenciado de produtos que ostentam a marca, em desrespeito de uma cláusula do contrato de licença, é considerada feita sem o consentimento do titular da marca quando se demonstre que esta cláusula corresponde a uma das previstas no art. 8º, nº 2, da directiva*[1122].

territorial. Neste caso, *o próprio titular prejudicou essa função, ou até a desvirtuou. Por conseguinte, não pode invocar a necessidade de salvaguarda dessa função para se opor à importação de produtos idênticos que ostentam a mesma marca, provenientes de outro Estado-Membro onde essa marca é doravante detida pelo referido terceiro.*

1120 Acs. 15.10.2009 (MAKRO.DIESEL, cit., nº 25), de 23.04.2009 (COPAD, cit., nº 43) e de 20.11.2001 (ZINO DAVIDOFF e LEVI STRAUSS, cit., nº 46).

1121 Ac. de 20.11.2001 (ZINO DAVIDOFF e LEVI STRAUSS, cit., nº 53 a 58) e de 15.10.2009 (MAKRO.DIESEL, cit., nº 19).

1122 Ac. de 23.04.2009 (COPAD, cit., § 51). Neste acórdão, o Tribunal de Justiça – depois de reconhecer que a lista de cláusulas deste art. 8º/2 tem carácter exaustivo – fez uma interpretação extensiva do disposto nesse número, afirmando que *a qualidade de produtos*

III – Por último, a colocação no mercado, para provocar o esgotamento dos direitos do titular, deve ocorrer **no interior do Espaço Económico Europeu**, por força de uma jurisprudência que iremos analisar em seguida.

3.2.1. Esgotamento à escala da UE

O esgotamento dos direitos industriais não acontece apenas quando a colocação dos produtos ocorre no interior do mesmo Estado em que os direitos são invocados (embora essa consequência também seja relevante internamente). Pode igualmente verificar-se quando a colocação de um produto no mercado seja feita no estrangeiro. Aliás, foi nestas situações que a noção de esgotamento adquiriu maior repercussão, pois é no domínio do comércio internacional – em que os mercados se encontram divididos pelas fronteiras estaduais – que mais interessa aos operadores económicos controlar a circulação dos seus produtos, em ordem à maximização dos lucros, nomeadamente através de discriminações de preços e condições de transacção. Os DPI (na ausência da regra do esgotamento) forneceriam os meios de fazer respeitar os canais de distribuição, as zonas de exclusivo e as proibições de exportação que os titulares dos direitos definissem para proteger a sua estratégia comercial, compartimentando artificialmente os

de prestígio, não resulta unicamente das suas características materiais mas também do seu estilo e da sua imagem de prestígio, que lhes conferem uma aura de luxo – pois *a aura de luxo que deles emana é um elemento essencial para que sejam distinguidos de outros produtos semelhantes pelos consumidores* –, pelo que *a danificação da referida aura de luxo é susceptível de afectar a própria qualidade desses produtos* (§§ 24 a 26). Assim, admitiu que a regra do esgotamento não funcione *quando um licenciado vende a um negociante de saldos produtos violando uma cláusula do contrato de licença*. Esta consequência justificar-se-á, acrescentou, na medida em que *a venda de produtos de prestígio pelo licenciado a terceiros que não fazem parte da rede de distribuição selectiva afecte a própria qualidade desses produtos, pelo que, se esse for o caso, uma cláusula contratual que proíba a referida venda deve ser considerada abrangida pelo art. 8º, nº 2, da directiva*. Por isso, *compete ao órgão jurisdicional nacional competente verificar se, tendo em conta as circunstâncias particulares do litígio que lhe foi submetido, a violação pelo licenciado de uma cláusula como a controvertida no processo principal lesa a aura de luxo dos produtos de prestígio, afectando assim a sua qualidade*. Esta decisão parece ir longe de mais, confundindo conceitos manifestamente diferentes. Uma coisa é saber se existe (ou não) consentimento do titular e outra é saber se a venda não autorizada lesa (ou não) *a aura de luxo dos produtos de prestígio*. Além disso, é claramente forçado considerar que a *qualidade* dos produtos de luxo é afectada pela sua venda fora dos circuitos oficiais de distribuição selectiva. Isso poderá afectar a imagem de marca dos produtos, mas não a sua qualidade. Por isso, as consequências da violação de um contrato de licença (quanto a este aspecto) não deveriam ultrapassar o âmbito da responsabilidade contratual.

mercados. Ora, a regra do esgotamento internacional dos direitos impede o titular de uma marca registada num certo Estado de se opor à importação de produtos dessa marca, quando tenha sido ele (ou alguém por si autorizado) a colocá-los em circulação no território de outro Estado, em qualquer parte do mundo.

No entanto, a jurisprudência do TJ não acolheu plenamente a doutrina do esgotamento dos DPI, tendo-a consagrado apenas à escala da União Europeia e tendo-a rejeitado no plano internacional. Para o Tribunal de Justiça, esta limitação dos direitos do titular só é imperativa quando esteja em causa o funcionamento do mercado interno. Pelo contrário, quando os produtos a importar sejam provenientes do exterior da União (ou melhor, do Espaço Económico Europeu[1123]) o Tribunal admite o exercício dos direitos de marca nacionais para impedir as "importações paralelas".

Assim, numa decisão em matéria de **marcas** proferida no caso dos óculos SILHOUETTE[1124] o TJ considerou que o art. 7º/1 da DHM [hoje, art. 15º/1], na redacção resultante do Acordo EEE[1125], *opõe-se a disposições nacionais que prevêem o esgotamento do direito conferido por uma marca para produtos*

[1123] Instituído pelo denominado *Acordo do Porto*, celebrado em 2 de Maio de 1992 entre os Estados-membros da então denominada Comunidade Europeia e os membros da E.F.T.A. (na altura a Áustria, Finlândia e Suécia, que entretanto aderiram à União Europeia, e também a Noruega, a Islândia, o Liechtenstein e a Suiça, a qual todavia acabou por não o ratificar – pelo que o EEE abrange, actualmente, além do território da UE alargada, o da Noruega, da Islândia e o do Liechtenstein). Este Acordo prevê, entre outros aspectos, a liberdade de circulação de mercadorias, pessoas, serviços e capitais, bem como a extensão da disciplina comunitária da concorrência. De sublinhar, contudo, que não poderá falar-se aqui de um *mercado comum* alargado, pois não foi adoptada uma pauta aduaneira comum, nem uma política comercial unitária, como sucede com a UE. Do mesmo modo, apesar de se prever a adopção, no domínio destas regras, do denominado *acquis communautaire*, ficou claro que as disposições do Acordo não constituem uma *nova ordem jurídica, autónoma e superior à ordem jurídica das partes contratantes*, como salientam GOLDMAN, LYON-CAEN e VOGEL, *Droit Commercial Européen*, 1994, p. 5.

[1124] Ac. de 16.07.98 (SILHOUETTE INTERNACIONAL.HARTLAUER, Col. p. 4799), em que estava em causa uma exportação de óculos da Áustria para a Bulgária (então ainda não membro da UE), de uma marca de "topo de gama" (mas vendidos a preço de saldo, por se tratar de restos de colecção), que vieram a ser reexportados para a Áustria, onde uma cadeia de lojas de óculos baratos os tentou comercializar.

[1125] Cujo art. 65º/e 3 Anexo XVII, nº 4, determinam que, *para efeitos do acordo*, o nº 1 do art. 7º da Directiva seja adaptado de forma a ler-se, em lugar de *comercializados na Comunidade*, *comercializados no território de uma parte contratante* (Cfr. J.O.C.E. nº. L 1/483, de 3.1.94).

comercializados fora do Espaço Económico Europeu sob essa marca pelo titular ou com o seu consentimento. Isto porque, no entender do Tribunal, *cabe interpretar os artigos 5º a 7º da directiva como comportando uma harmonização completa das disposições relativas aos direitos conferidos pela marca*, pelo que esta não deixa *aos Estados-membros a possibilidade de prever na sua legislação nacional o esgotamento dos direitos conferidos pela marca para produtos comercializados em países terceiros.* Assim, se as 1000 sapatilhas NIKE (do nosso exemplo anterior) fossem postas em circulação em Marrocos (que não pertence ao EEE), o titular dessa marca poderia impedir que as mesmas fossem importadas e comercializadas em qualquer Estado-membro da União Europeia.

A rejeição do esgotamento internacional do direito de marca tem vindo a ser reiterada por acórdãos posteriores[1126], não dando mostras de inflexão. Isto apesar dessa solução não ter qualquer justificação à luz das funções da marca (em especial da função indicativa), pois são tão genuínas as sapatilhas NIKE comercializadas na Bélgica como as vendidas no Brasil ou nos Estados Unidos[1127]. Esta solução visa unicamente proteger os interesses da economia da União Europeia, tal como o interpretam os grupos de pressão que convenceram a Comissão Europeia a propor, para a DHM e o RMUE,

[1126] Acs. de 1.07.99 (SEBAGO.MAISON DUBOIS, C-173/98, Col., p. I-4103), de 20.11.2001 (ZINO DAVIDOFF e LEVI STRAUSS, cit.), de 8.04 2003 (VAN DOREN, C-244/00, Col. p. I-3051), de 30.11.2004 (PEAK HOLDING, C-16/03, Col. p. I-11313), de 23.04.2009 (COPAD, cit.) e de 15.10.2009 (MAKRO.DIESEL, cit.), despacho do TJ de 28.20.2010 (CANON.IPN BULGARIA, C-449/09, in www.curia.europa.pt) e ac. TJ de 25.07.2018 (MITSUBISHI, C-129/17, § 31).

[1127] Neste sentido, Eric Gippini-Fournier (Comentário ao Ac. SILHOUETTE, in CMLR, 1999, p.830). Na mesma linha, Friedrich-Karl Beir (*The Principle of Exhaustion...* cit., p. 75), refere que o esgotamento *não é mais do que expressão figurada do princípio jurídico simples de que, quando são comercializados produtos genuínos, a sua distribuição subsequente não deve ser impedida por direitos de propriedade intelectual.* Impedir essa distribuição *seria incompatível com os verdadeiros objectivos da protecção da propriedade intelectual e um embaraço para a liberdade de comércio.* Aliás, num acórdão proferido pelo pouco tempo antes do ac. SILHOUETTE, o Tribunal da EFTA tinha interpretado aquele mesmo preceito da DHM (o art. 7º/1) em sentido diametralmente oposto, tendo decidido que *os Estados-membros da EFTA podem decidir livremente se implantam ou mantêm o princípio do esgotamento internacional dos direitos conferidos por uma marca* (ac. de 3.12.1997, MAG.INSTRUMENT.CALIFORNIA TRADING COMPANY NORWAY, Proc. E2/97, disponível in http://www.eftacourt.int). Para uma descrição deste debate, cf. CORNISH /LLEWELYN/APLIN, *INTELLECTUAL PROPERTY...*, cit., pp. 821 ss. e PEDRO SOUSA E SILVA, *"E depois do adeus". O "esgotamento" do Direito Industrial e os direitos subsistentes após a colocação no mercado,* cit., pp. 201 a 216.

uma regra de esgotamento limitado à escala da União[1128]. A meu ver, o esgotamento internacional do direito de marca seria a solução preferível para os interesses de Portugal, visto que a larga maioria dos produtos de marca consumidos entre nós provém do estrangeiro e as importações paralelas induzem à moderação dos preços praticados pelos próprios distribuidores oficiais, em benefício dos consumidores. No entanto, face à lei actual, não restam dúvidas que o titular do registo de marca tem, em Portugal, o direito de se opor à importação de produtos dessa marca que hajam sido introduzidos no mercado no exterior do EEE[1129].

À partida, esta jurisprudência não seria necessariamente transponível para o domínio das patentes, que ainda não foi objecto de harmonização (não tendo os Estados-membros sido privados da *liberdade* de consagrar, querendo, o esgotamento internacional do direito de patente)[1130]. No entanto, a partir do momento em que entrar em vigor a **patente europeia com efeito unitário**, esta ficará sujeita ao art. 6º do Regulamento (UE) 1257/2012, que dispõe que os direitos conferidos por esta patente *não são extensivos aos atos respeitantes ao produto coberto por essa patente praticados nos Estados-Membros participantes em que a patente em causa tenha efeito unitário após a colocação desse*

[1128] Nesse sentido, cf. o Parecer do Comité Económico e Social de 24.01.2001, recomendando a manutenção desta regra, por entender que *os únicos beneficiários de uma eventual passagem do regime do esgotamento comunitário para um regime de esgotamento internacional seriam os importadores paralelos e o sector dos transportes* (Parecer 2001/C 123/05), J.O. C 123/28 de 25.04.2001. Em sentido contrário, refira-se um relatório elaborado pelo deputado Hans-Peter Mayer, defendendo a consagração nas legislações nacionais do esgotamento internacional do direito de marca (cf. doc. PE 298.407, de 15 de Fevereiro de 2001). Com muito interesse, cf. ainda um documento de trabalho da Comissão Europeia (dc. 13709/99), *Épuisement des Droits Conférés par la Marque.*

[1129] Por isso, não é exacto o entendimento que me é atribuído por COUTO GONÇALVES (*Manual* cit., p. 298, nota 711), quando refere que defendo o esgotamento internacional *de jure constituto.* É que a obra que cita (*Direito Comunitário e Propriedade Industrial*) foi publicada em 1996, dois anos antes da decisão do caso SILHOUETTE, de 16.07.98; ou seja, numa altura em que ainda se podia esperar que o TJUE fosse coerente com a sua jurisprudência anterior, orientada pelo respeito da função indicativa da marca.

[1130] Isto porque a justificação invocada pelo Tribunal de Justiça no caso SILHOUETTE – a existência de uma harmonização do direito nacional de marcas – não procede no âmbito das patentes, em que tal harmonização por enquanto não ocorreu. Já não assim no domínio dos modelos e desenhos industriais, abrangido pela directiva de harmonização nº 98/71/CE, já referida (o que faz prever que o Tribunal venha a aplicar neste domínio uma solução análoga à do caso SILHOUETTE). Neste sentido, DAVID MUSKER, *Concise...*, cit., p. 669.

produto no mercado da União pelo titular da patente ou com o seu consentimento, a menos que existam motivos legítimos para que o titular da patente se oponha a que o produto continue a ser comercializado.

De qualquer modo, o legislador português parece ter optado por essa solução, quer no CPI de 2003 (art. 103º/1, com uma redacção idêntica ao art. 259º/1, relativo às marcas), quer no CPI de 2018, cujo art. 104º adopta uma redacção semelhante à supracitada norma do Regulamento 1257/2012 – com a (correcta) diferença de mencionar o EEE em lugar da UE, pelas razões já expostas. Por outras palavras, a nossa lei consagra apenas o esgotamento do direito de patente à escala europeia (excluindo assim o esgotamento internacional), solução que me parece ser a mais ajustada à natureza e à função do direito de patente.

Face ao exposto, o panorama actual em matéria de **marcas** pode sintetizar-se da forma seguinte: esgotamento *nacional* do direito de marca; esgotamento também no plano *da União* e ainda à escala do EEE; o que não pode existir é esgotamento no plano *internacional*, ou seja, de países terceiros ao EEE. No domínio das **patentes,** podemos traçar, com alguma margem de segurança, o seguinte quadro: esgotamento *nacional* do direito de patente; esgotamento também no plano *da União* e ainda à escala do EEE; o que poderá haver ou não, consoante a opção do legislador de cada Estado-membro, é esgotamento no plano *internacional*, ou seja, de países terceiros ao EEE (parecendo claro que o legislador português já optou por recusá-lo).

Definidos que ficam os planos em que se aplica, ou não, a regra do esgotamento, importa agora acrescentar que a aplicação prática deste princípio não deverá fazer-se exactamente nos mesmos termos para as patentes (e desenhos ou modelos) e para as marcas, atenta a diversidade de funções desempenhadas por estes tipos de DPI. Esta diversidade de funções explica que os **critérios** utilizados para aferir do esgotamento, em cada caso concreto, não sejam os mesmos para as marcas e para as patentes. Para esse efeito, o TJ considera decisivo o critério do *consentimento*, no âmbito das marcas, enquanto que, no domínio das patentes, parece atribuir (também) relevância ao critério da *remuneração*. Por isso, cumpre analisar separadamente o regime respeitante a cada um destes domínios da Propriedade Industrial.

3.2.2. O esgotamento do direito de marca

A nível interno da União, a coexistência dos direitos nacionais com o direito europeu, em matéria de marcas, é arbitrada pelo conceito de objecto específico, que consiste no conjunto de prerrogativas reservadas ao titular e tidas por indispensáveis para que a marca realize as suas funções (a função indicativa e, quando seja caso disso, outras funções, como a publicitária). Por isso, as restrições à concorrência ou à liberdade de circulação apenas são admitidas na medida em que decorram do exercício daquele elenco de poderes.

No **objecto específico** do direito de marca, cabem as seguintes prerrogativas do titular: o direito exclusivo de usar a marca, para a primeira colocação em circulação de um produto (incluindo o de escolher a marca a usar e os produtos que merecem ser com ela assinalados), o de reagir contra os concorrentes que vendam produtos indevidamente assinalados com essa marca, bem como o de impedir que terceiros, sem o seu consentimento, usem marcas idênticas ou confundíveis. Recorrendo a esta noção e ao critério que a estruturou (o *esgotamento* dos DPI), a jurisprudência do Tribunal de Justiça já tornou claro que o titular de uma marca, num dado Estado membro, não poderá invocar o seu direito para impedir a importação de um produto com essa marca:

a) Quando o produto em causa tiver sido colocado no mercado de outro Estado-membro pelo titular ou com o seu consentimento[1131];
b) quando, tratando-se de um produto *genuíno* – i.e., fabricado sob o controle, ainda que apenas potencial, do titular da marca – tenha havido reacondicionamento do mesmo, ainda que tal operação envolva nova

[1131] O TJ considera que esse consentimento foi prestado quando exista uma licença de marca, quando se trate de um concessionário exclusivo, e quando os intervenientes sejam empresas do mesmo grupo ou submetidas a um controlo comum ou sejam empresas que, após uma cessão de marcas paralelas, permaneçam economicamente ligadas ou mantendo uma imagem de marca única e global (ac. de 20.12.2017, SCHWEPPES, C-291/16, § 46). Em contrapartida, tal consentimento *não se considera prestado* no caso de marcas pertencentes a titulares independentes, do ponto de vista económico, ainda que um dia as marcas em causa hajam pertencido a uma mesma entidade e a unicidade de titularidade tenha sido desfeita por um contrato de cessão ou um acto de autoridade pública (acs. de 17.10.90, HAG II, Col. p. I-3711, e de 2.06.94, IHT.IDEAL STANDARD, Col. p. I-2789).

aposição, por um terceiro, da marca inicialmente aposta pelo titular ou mesmo a substituição desta[1132];

c) quando, genericamente, o Tribunal entenda que o exercício, pelo titular, das próprias prerrogativas contidas no *objecto específico* do direito, dá lugar a uma *discriminação arbitrária* ou *restrição dissimulada* ao comércio intracomunitário. Tal poderá suceder, designadamente, quando o titular recorra a marcas distintas para diversos Estados, para assinalar um mesmo produto[1133];

d) quando o exercício do direito de marca, pelo titular, constitua o *objecto, o meio ou a consequência de um acordo* restritivo da concorrência[1134] e incompatível com o art. 101º do TFUE, ou quando tal direito seja utilizado *como instrumento da exploração abusiva de uma posição dominante.*

3.2.3. O esgotamento do direito de patente

No estado actual da jurisprudência europeia, a conciliação entre os direitos nacionais de patente (ou de desenhos ou modelos[1135]) e as normas da União rege-se pelos seguintes princípios: à semelhança do que sucede para as marcas e de acordo com o entendimento que faz do art. 36º do TFUE,

[1132] Desde que sejam respeitados os parâmetros estabelecidos pelo TJ. Sobre este aspecto, cf. *infra*, 3.4.1.2.

[1133] Desde que tal sistema se destine a compartimentar artificialmente os mercados, conforme resulta do ac. de 10.10.78 (CENTRAFARM.AMERICAN HOME PRODUCTS, Rec. p. 1823) embora esta condição deva ser actualizada à luz dos acs. de 11.07.96 (BRISTOL-MYERS, Col. p. I-3457) e de 12.10.99 (UPJOHN, Col. p. I-6927).

[1134] Ac. de 22.06.94 (IHT.IDEAL STANDARD, cit.). Tal não será porém o caso quando as empresas intervenientes *pertencerem ao mesmo grupo, como sociedade dominante e subsidiária, se tais empresas formarem uma unidade económica no interior da qual a subsidiária não goza de uma real autonomia na determinação da sua linha de acção no mercado, e os acordos ou práticas tiverem por objectivo estabelecer uma repartição interna de atribuições entre as empresas* (ac. de 31.10.1974, CENTRAFARM.WINTHROP, Rec. p. 1198).

[1135] A jurisprudência do TJ relativa ao esgotamento em matéria de DM é análoga à das patentes (cf. ac. de 14.09.1982, KEURKOOP.NANCY KEEN GIFTS, Rec. p. 2853). Por isso, as soluções consagradas para ao esgotamento do direito de patente parecem transponíveis para o domínio dos desenhos ou modelos (bem como, por maioria de razão, para os modelos de utilidade). A semelhança de soluções jurisprudenciais, entre as patentes e os DMs explica-se pela similitude de funções jurídicas (proporcionar ao inventor/criador uma remuneração do seu esforço criativo). Sobre este aspecto, cf. GREFFE/GREFFE, *Traité des Dessins & des Modèles*, cit., pp. 691 a 705.

o Tribunal declara respeitar a *existência* dos direitos nacionais de patente, sem prejuízo de controlar o seu *exercício*, quando este possa interferir com o funcionamento do mercado único, designadamente afectando a concorrência ou a liberdade de circulação de mercadorias. Sendo assim, o *exercício* desses direitos só estará ao abrigo da incidência das normas europeias, quando o mesmo releve do *objecto específico* da patente, i.e., do conjunto de prerrogativas do titular reconhecidas como indispensáveis para a realização da função do exclusivo, tal como o TJ a concebe: a de permitir ao inventor a **remuneração** do seu esforço. À luz desta função, no caso PHARMON. HOECHST[1136], o TJ considerou que a colocação de produtos no mercado, feita por um terceiro ao abrigo de uma licença obrigatória, não esgota o direito do titular da patente. Por duas razões. Por um lado, porque *o conteúdo do direito de patente reside essencialmente na atribuição ao inventor de um direito exclusivo à primeira colocação no mercado, com vista a permitir-lhe obter a recompensa do seu esforço criativo. Permitir ao titular da patente que se oponha à importação e comercialização dos produtos fabricados sob uma licença obrigatória é, pois, necessário para lhe assegurar a* ***substância dos direitos exclusivos que derivam da patente.*** Por outro lado, porque nesses casos falta o consentimento do titular: *é de salientar que, quando as autoridades de um Estado-membro (...) conferem a um terceiro uma licença obrigatória que lhe permite praticar actos de fabricação e comercialização que o titular poderia normalmente proibir,* ***não poderá considerar-se que este deu o seu consentimento*** *a tais actos de terceiros. Esta medida priva o titular da patente do seu direito de determinar livremente as condições sob as quais comercializa os seus produtos.*

1136 Ac. de 9.07.85, cit., §§ 25 e 26, Rec. p. 2298 (sublinhados nossos). Tratou-se de um caso relativo a licenças obrigatórias de patente, suscitado na Grã-Bretanha, em que se previa a concessão deste tipo de licenças para produtos alimentares e farmacêuticos, mediante uma remuneração a favor do titular, fixada por uma entidade administrativa, dotada da competência para as conceder a qualquer terceiro que lho solicitasse. Tal licença era atribuída, como é óbvio, *independentemente da vontade do titular* da patente. Tendo beneficiado duma licença deste tipo, relativa a um medicamento, uma empresa britânica vendeu um lote desse produto a uma entidade holandesa, que pretendia comercializá-lo na Holanda, aproveitando a tradicional diferença de preços entre os dois mercados. O titular da patente nos Países Baixos, que era igualmente o detentor da patente britânica para o referido medicamento, requereu e obteve, junto de um tribunal holandês, uma providência cautelar impedindo tal comercialização. O Tribunal de Justiça considerou admissível esta oposição, pelos motivos expostos no texto.

Neste caso, o Tribunal de Justiça fundamentou a sua decisão não só no critério do "consentimento" – que é o critério tradicional, consagrado também para as marcas – mas também o critério da "remuneração", que apenas faz sentido no contexto da tutela da inovação (nomeadamente das patentes, desenhos ou modelos, ou dos direitos de autor): só haveria esgotamento quando a primeira colocação no mercado desse ao titular a hipótese de auferir *a recompensa do seu esforço criativo*. No entanto, este segundo critério nem sempre tem sido empregue pelo TJ, que na maioria dos casos tem usado apenas o critério do consentimento, como sucedeu no acórdão MERCK[1137]: *cabe efectivamente ao titular da patente decidir, com conhecimento de causa, das condições em que comercializa o seu produto, inclusivamente da possibilidade de o colocar no mercado num Estado-membro em que a protecção da patente não está legalmente prevista para o produto em questão. Se decidir fazê-lo, deverá então* ***aceitar as consequências da sua escolha*** *no que respeita à livre circulação do produto no interior do mercado comum, princípio fundamental que faz parte dos dados jurídicos e económicos que o detentor da patente deve ter em conta para determinar as modalidades de aplicação do seu direito de exclusivo.*

No núcleo essencial de poderes, que designa por **objecto específico** da patente, o TJ inclui o direito exclusivo de utilizar uma invenção com vista ao fabrico e primeira colocação em circulação de produtos industriais, bem como o direito de se opor a toda a contrafacção. Face ao exposto, e invocando

[1137] Ac. de 14.07.1981 (Proc. 187/80, Rec. p. 2082, nº 11). Tratava-se de uma situação típica de importações paralelas, na Holanda, de medicamentos colocados no mercado, em Itália, pelo titular da patente holandesa para esse produto. Como a lei italiana não concedia patentes (quer de processo, quer de produto) para medicamentos, o titular holandês sustentava que não havia podido obter a sua remuneração típica, quanto aos produtos que vendera em Itália. Não se deixando impressionar por esta argumentação, o Tribunal de Justiça declarou que não seria de admitir a oposição à importação dos produtos em causa. Este entendimento veio a ser confirmado no caso THETFORD.FIAMMA (ac. de 30.06.88, Proc. 35/87, Rec. p. 3585), em que o TJ considerou legítima a oposição à importação, por parte do titular de uma patente inglesa, de produtos fabricados, por um terceiro sem qualquer autorização ou ligação com este, em Itália, onde não existia patente sobre os ditos produtos. De sentido idêntico é a decisão em matéria de direitos de autor, proferida no caso EMI ELECTROLA, em que se impediu a importação na R.F.A. de suportes de som provenientes da Dinamarca, onde haviam sido comercializados por um terceiro, licitamente, porquanto neste país – ao contrário do que sucedia nessa altura na R.F.A. – o direito de autor sobre a obra já havia expirado (ac. de 24.01.89, Proc. 381/87, Rec. p. 55). Para um comentário a estas decisões, GEORGES BONET, RTDE, 1991, p. 715

a teoria do esgotamento dos direitos, o Tribunal recusa ao titular da patente nacional o poder de impedir a importação de produtos:

a) Quando esses produtos hajam sido colocados no mercado de outro Estado-membro, por si ou com o seu consentimento, designadamente nos casos em que tal colocação seja obra de um licenciado ou de uma empresa do mesmo grupo[1138].
b) Nos casos em que o produto a importar provenha de um Estado em que o mesmo não é patenteável, desde que aí tenha sido comercializado pelo titular da patente no país de importação ou com o seu consentimento[1139].
c) Além disso, mesmo quando fabricado por um terceiro, no exterior, ao abrigo de uma patente pertencente a este, o produto poderá ser livremente importado no território coberto pela patente nacional, quando as duas patentes hajam pertencido originariamente a uma única entidade, ou a entidades ligadas entre si, por laços de dependência jurídica ou económica. Por isso, não poderá o cedente opor-se à importação de produtos do cessionário, ou vice-versa[1140].

Em contrapartida, o TJ reconhece ao titular da patente o direito de se opor à importação de produtos que:

d) tenham sido fabricados por um terceiro, num Estado em que os mesmos não sejam patenteáveis ou não hajam sido, efectivamente, patenteados[1141];

[1138] Ac. de 31.10.1974 (CENTRAFARM.STERLING DRUG, Proc. 15/74, Rec. p. 1162).

[1139] Acs. de 14.07.1981 (MERCK.STEPHAR, cit.) e de 30.06.88 (THETFORD.FIAMMA, cit.).

[1140] Ac. de 31.10.1974 (CENTRAFARM.STERLING DRUG, cit.), embora esta conclusão não seja totalmente inequívoca, dependendo do critério a adoptar ser o do "consentimento" (inicialmente acolhido) ou antes o da "remuneração" (que o TJ utilizou no ac. PHARMON. HOECHST). Esta ambiguidade mantém-se também para os casos de importação de produtos, colocados no mercado pelo titular ou por terceiro com o seu consentimento, procedentes de Estados-membros em que o produto era *patenteável mas não foi patenteado*. Sobre estes casos cf. quadro-síntese no final deste capítulo (Fig. nº 3).

[1141] Ac. de 31.10.1974 (CENTRAFARM.STERLING DRUG, cit.).

e) tenham sido fabricados por um terceiro, ao abrigo de uma patente estrangeira, originariamente concedida a entidade independente do titular primitivo da patente nacional[1142]; ou
f) sejam fabricados no exterior, por um terceiro, ao abrigo de uma licença obrigatória[1143].

Mesmo nas hipóteses, acima referidas, em que o TJ admite a oposição do titular às importações, o reconhecimento dessa prerrogativa dependerá sempre de não se mostrarem violadas as disposições europeias em matéria de concorrência[1144].

As limitações impostas, ao direito de patente, pela liberdade de circulação de mercadorias e pelas normas da concorrência, não serão aplicáveis senão quando possa ser afectado o funcionamento do mercado comum. Em princípio, tal não ocorrerá nos casos de importações provenientes do exterior da União, pelo que não são afectados, quanto a estas, os regimes nacionais em matéria de patentes[1145]. Sendo assim, os Estados-membros *poderão* estipular a proibição das "importações paralelas" dos produtos patenteados, relativamente a produtos provenientes de países terceiros – como parece decorrer da lei portuguesa.

3.2. As "importações paralelas" e o esgotamento dos DPI

O princípio do esgotamento dos DPI é frequentemente associado à questão das denominadas "importações paralelas", servindo para apreciar a admissibilidade das restrições territoriais à venda e circulação de produtos protegidos por direitos exclusivos (de marca, patente, desenhos ou modelos). Mas, se a noção de esgotamento já se encontra explicitada em normas de direito positivo, o mesmo não pode dizer-se do conceito de importação

[1142] Ac. de 31.10.1974 (CENTRAFARM.STERLING DRUG, cit.).

[1143] Ac. de 9.07.85 (PHARMON.HOECHST, cit.).

[1144] Acs. de 29.02.1968 (PARKE, DAVIS.PROBEL, Rec. p. 112) e 31.10.1974 (CENTRAFARM. STERLING DRUG, cit., Rec. p. 1167).

[1145] Esta solução decorre de várias decisões do Tribunal, embora nenhuma delas diga especificamente respeito às patentes. Ainda assim, é hoje um entendimento pacífico. No que respeita às situações que venham a colocar-se no contexto das relações comerciais entre países abrangidos pelo Acordo do Porto, admite-se que esta jurisprudência venha também a aplicar-se (dada a aplicação a todo o EEE das normas europeias da circulação de mercadorias e da concorrência, que constituem a base da jurisprudência do TJ em matéria da Propriedade Intelectual).

paralela, que teve origens menos académicas, no mundo dos negócios. Por isso, será útil caracterizar com algum rigor esse conceito, que vem sendo crescentemente utilizado nos tribunais, embora nem sempre de forma acertada[1146].

"Importação paralela" é a importação realizada à margem do circuito oficial de distribuição de um produto; ou seja, efectuada por um terceiro independente do fabricante dos produtos e dos seus distribuidores. O importador paralelo é um "espontâneo", que compra os produtos num mercado onde os produtos são mais baratos e os introduz noutro mercado para os revender mais caros; ou que compra os produtos num mercado em que eles estão disponíveis e os vai revender (mais caros) num mercado onde a oferta não satisfaz a procura. Normalmente, só há importadores paralelos quando há diferenças de preços significativas entre dois mercados, que possibilitem a obtenção de uma margem de lucro razoável para o importador.

Hoje em dia, no âmbito da União Europeia, poderia pensar-se que já não faz sentido falar-se em "importação paralela", quando estejam em causa trocas comerciais no interior do mercado comum: tecnicamente, as vendas intracomunitárias não constituem importações, mas antes transacções realizadas no interior do Mercado Interno. Mas acontece que os mercados dos Estados-membros da UE estão longe de ser totalmente homogéneos, permanecendo autónomos e díspares em diversos aspectos, nomeadamente quanto à fiscalidade indirecta e em matéria de Propriedade Industrial (apesar da sua parcial harmonização). A Comissão Europeia e o Tribunal de Justiça mostram grande apreço pelas importações paralelas, que promovem a integração dos mercados nacionais, constituindo um mecanismo de ajustamento e de uniformização dos preços. É que as importações paralelas funcionam como "vasos comunicantes" entre os mercados nacionais: à imagem do fenómeno descrito pela Física, em que os vasos comunicantes nivelam os líquidos de duas vasilhas interligadas, as importações paralelas nivelam os preços de mercados que estejam ligados pela liberdade de circulação de mercadorias.

A caracterização jurídica da importação paralela não é especialmente difícil. É a importação de um produto, efectuada por um terceiro independente do respectivo fabricante e dos seus distribuidores, para revenda num

[1146] Para um mau e um bom exemplo de aplicação do princípio do esgotamento do direito de marca a importações paralelas cf., respectivamente, os acs. RL de 30.09 1998 (POLICE) e de 24.02.2011 (EASTPAK), analisados *infra*, 3.4.

território diferente daquele em que o produto foi inicialmente introduzido no comércio, pelo fabricante ou por alguém com o seu consentimento. Ou seja:

a) O importador paralelo é **independente**. Não é uma empresa do mesmo grupo empresarial do fabricante dos produtos, nem é seu representante comercial, directo ou indirecto;
b) revende num **território diferente** daquele em que comprou a mercadoria (ou seja, num território submetido à soberania de outro Estado);
c) essa mercadoria é **proveniente** da mesma empresa que mandou fabricar a mercadoria que é comercializada, pelos distribuidores "oficiais", no país de importação.

Esta última característica é essencial: o importador paralelo não é um contrafactor. Não é um "pirata". Ele compra produtos legítimos, autênticos e vai revendê-los noutro território, fazendo concorrência àqueles que, nesse novo território, vendem os mesmos produtos autênticos e legítimos. Isto é, todos esses bens têm a mesma origem empresarial. "Oficiais" ou "paralelos", ambos são produtos genuínos, provenientes da mesma fonte empresarial, não havendo nestes casos qualquer contrafacção.

Então por que motivo se chama "paralelo" a este importador? Simplesmente porque se trata de um independente, de um alternativo, de alguém que funciona à margem, "paralelamente" ao circuito comercial preestabelecido para a distribuição dos produtos em causa. E preestabelecido por quem? Em princípio, pelo fabricante. Ou, mais rigorosamente, por quem tem o direito de decidir colocar os produtos no mercado: normalmente, o titular da marca ou, se for caso disso, o titular da patente ou do registo do DM referentes ao produto.

As importações paralelas, em princípio, são lícitas. Mesmo quando estão em causa produtos de marcas registadas, ou abrangidos por patentes ou registos de DM, a importação e revenda, noutro território, de produtos legalmente produzidos e comercializados no país de origem, não pode considerar-se ilegal, quando o titular dos DPI nos dois territórios seja a mesma entidade, ou quando se trate de empresas do mesmo grupo ou ligadas por contratos de licença. Ou seja, quando o titular do direito no país de exportação e de importação sejam a mesma pessoa ou pessoas ligadas jurídica ou economicamente. Isto é assim, pelo menos, no interior da União Europeia, em que vigora, como vimos, a citada regra do denominado "esgotamento dos direitos".

Mas a licitude das importações paralelas em Estados-membros do EEE depende de um pressuposto e de uma condição: o *pressuposto*, na sequência do acórdão "SILHOUETTE", é que os produtos importados provenham do interior da União Europeia ou do Espaço Económico Europeu. Sendo provenientes do exterior, a regra do esgotamento não se aplica, quando esteja em causa um direito de marca (e, provavelmente, quando se trate de direitos sobre DM), cabendo para já a cada Estado-membro determinar, quanto às patentes, qual o regime aplicável em matéria de esgotamento internacional. Por isso, as importações paralelas de produtos sujeitos a DPI serão lícitas, para aquela jurisprudência, apenas quando ocorram no interior do EEE. A *condição* é que se trate de verdadeiras importações paralelas. Isto é, que um terceiro, independente do titular do direito (v.g. de marca, ou de patente) no país de importação, esteja a vender ou oferecer para venda produtos adquiridos noutro território, que sejam provenientes da mesma empresa que mandou fabricar a mercadoria que é comercializada, pelos distribuidores "autorizados", no país de importação. O importador paralelo vende produtos genuínos. Mas esta genuinidade só existe quando e na medida em que os produtos importados tenham a *mesma origem empresarial* da mercadoria distribuída pelo circuito "oficial". Dito de outra forma, a regra do esgotamento dos direitos só funciona quando a introdução no comércio, no país de exportação, seja imputável ao titular do direito *no país da importação*. Ou seja, a importação só não viola o exclusivo do titular do direito nacional se a colocação do produto no mercado estrangeiro foi efectuada por si próprio, ou por alguém que tenha agido com o seu consentimento. É isto, aliás, que resulta dos arts. 104º, 199º e 253º do CPI: o esgotamento abrange unicamente os produtos comercializados pelo titular ou com o seu consentimento. E o "titular" de que a lei fala é, obviamente, o titular do registo da marca, da patente ou do DM em Portugal; não de um estranho que tenha um registo "paralelo" noutro território.

3.4. Os direitos subsistentes após a colocação no mercado

Como já ficou dito, a introdução no comércio (e consequente esgotamento) não provoca uma extinção total dos direitos do titular do DPI, relativamente aos produtos colocados em circulação. Certas faculdades perduram e continuam a poder ser exercidas mesmo depois desse momento.

A lógica que subjaz a esses direitos ou prerrogativas "residuais" é a sua indispensabilidade para a *defesa das funções* legalmente assinaladas ao DPI em questão. Ou seja, na medida em que este continue a desempenhar a(s) sua(s) função(ões) após o momento do esgotamento (i.e, após a primeira colocação no mercado), o titular do direito continua a beneficiar desses poderes e a poder exercê-los caso tal seja necessário para a(s) defender.

Quando é que isso sucede? Desde logo, enquanto o produto continuar em circulação no circuito comercial, em situação de revenda, no estado de novo, de usado ou em caso de reimportação. A questão também se coloca quando o produto é alterado ou transformado, seja no estado de novo (v.g. no sector automóvel, com os "preparadores" ou os "transformadores"), seja a título de restauro ou reconversão ("recondicionamento", recauchutagem, etc.), seja ainda quando ocorra uma reembalagem ou reacondicionamento dos produtos. Nestes casos, o produto continua no mercado e pode suceder que as funções da marca sejam postas em causa, por exemplo, através da substituição da marca originária por uma outra (afectando a função indicativa), ou o produto seja adulterado, colocando em risco o prestígio de que a mrca beneficie (pondo em risco a função publicitária, quando esta seja tutelada, ou mesmo a própria indicação de procedência empresarial).

Em contrapartida, depois de o produto sair do circuito comercial, após a sua aquisição pelo consumidor final, aquelas prerrogativas deixam em princípio de fazer sentido, tornando-se inúteis ao nível do uso privado. Aqui já não se justifica reconhecer ao titular do DPI o direito de impedir que um consumidor transforme ou adultere a seu bel-prazer um produto, ou lhe retire ou substitua a marca, como melhor lhe aprouver. Se o produto em causa já não se destina a ser transaccionado, nada haverá então que proteger[1147].

Em síntese: se numa dada situação a função do DPI puder ser afectada, o titular ainda poderá intervir, invocando o seu direito privativo. Se essa

[1147] Apesar disso, há situações em que um produto de marca já saído do circuito comercial é usado num contexto não puramente privado (por exemplo, como adereço num filme), podendo envolver lesão de funções juridicamente protegidas (v.g. mediante denegrimento ou afectação do prestígio da marca), caso em que ao titular do direito poderá ser reconhecido o poder de se opor a tais utilizações do sinal protegido. Para um insólito exemplo deste tipo, cf. a decisão citada por Nogueira Seréns (*A Vulgarização*... cit., p. 44), de um tribunal holandês (de 18.12.1975, no caso "Alicia"), julgando ilícita a utilização de uma garrafa de Coca-Cola num filme pornográfico.

função não estiver ameaçada, não deve admitir-se tal intervenção, pois não haverá "motivos legítimos" que a justifiquem.

Esta excepção à regra do esgotamento dos direitos está prevista no nosso direito de *marcas* desde 2003 (art. 259º/2), em transposição da DHM de 1989. O novo CPI, além de ter mantido essa ressalva (no art. 253º/2), estendeu-a ao domínio das *patentes* (art. 104º), dos MU (art. 146º) e das *topografias* (art. 166º), com uma redacção claramente inspirada pelo art. 6º do Regulamento 1257/2012, relativo à patente de efeito unitário.

O significado desta excepção no contexto das patentes (MU e topografias) não é particularmente claro, embora haja autores que aludem a *razões sanitárias, de defesa nacional ou de interesse público* [que] *exijam que a comercialização ulterior do produto se realize em condições cujo cumprimento só poderá ser assegurado pelo próprio titular da patente ou um terceiro devidamente autorizado por este*[1148]. Outros aludem a casos de *manipulações do produto ou da sua embalagem e outras situações susceptíveis de causar dano reputacional ou de prejudicar a comercialização*[1149]. O facto de o novo CPI não ter incluído uma ressalva deste tipo no domínio dos DM não será particularmente significativo, devendo-se provavelmente à vontade do legislador de manter o alinhamento com o art. 15º da DHDM, cujo texto é reproduzido no art. 199º.

Ainda assim, não é fácil vislumbrar uma justificação para reconhecer ao titular de uma patente (ou de um DM) o direito de impedir a circulação ulterior de um produto que haja sido comercializado por si ou com o seu consentimento. Essa intervenção parece justificar-se unicamente em situações em que a revenda do produto, pelas *condições em que decorre*, possa pôr em causa a função remuneratória destes DPI – nomeadamente criando no público uma errada convicção de perigosidade do produto em si mesmo (v.g. a revenda de um medicamento seguro associado a outra substância que possa vir a causar perigo para a saúde), ou de inocuidade ou ineficácia (através de uma publicidade enganosa ou difamatória). De qualquer modo, creio que a maioria das situações deste tipo sempre encontraria tutela bastante no regime da concorrência desleal.

[1148] Botana Agra, in Fernandez-Nóvoa/Lastres/Agra, *Manual de la Propiedad Industrial*, cit., p. 175.

[1149] Cf. Clemens Plassman/Winfried Tilmann (ed.), *Unified Patente Protection in Europe. A Commentary*, p. 147. Estes autores sugerem que a jurisprudência de marcas poderá servir de referência nesta matéria.

Por fim, e embora se trate de uma questão colateral, cumpre fazer uma referência ao direito *moral* do criador, de reivindicar a paternidade da sua criação – direito que é reconhecido tanto ao inventor, como ao criador de MU e de DM[1150] – na medida em que esse direito não é afectado pela regra do esgotamento, ficando sempre aberta ao titular a possibilidade de se opor a que outrem usurpe a autoria da sua criação, arrogando-se indevidamente a qualidade de criador dos produtos protegidos pelo DPI em questão. Mesmo assim, não se justificará reconhecer ao titular, nestes casos, o direito de impedir a comercialização desses produtos, mas unicamente o de impedir a usurpação da autoria.

3.4.1. Os direitos "residuais" em matéria de marcas

No domínio das marcas, existe uma grande variedade de situações em que poderão invocar-se os ditos direitos *residuais*, que subsistem mesmo após a colocação de um produto no mercado[1151]. Boa parte delas está hoje coberta pela previsão do nº 2 do art. 253º do CPI e do nº 2 do art. 15º do RMUE, que afastam a regra do esgotamento do direito de marca *sempre que existam* ***motivos legítimos*** *que justifiquem que o titular se oponha à comercialização posterior dos produtos, nomeadamente sempre que o estado desses produtos seja modificado ou alterado após a sua colocação no mercado.*

Esta excepção, plenamente justificada pela defesa das funções da marca[1152], permite reagir, por um lado, contra certas ofensas à *integridade* ou genuinidade intrínsecas do produto (3.4.1.1), incluindo certos casos de

1150 Cf. arts. 60º, 125º e 182º do CPI.

1151 Sobre o tema, cf. PEDRO SOUSA E SILVA, *"E depois do adeus". O "esgotamento" do Direito Industrial e os direitos subsistentes após a colocação no mercado*, cit., pp. 217 a 228, FERNÁNDEZ-NÓVOA/LASTRES/AGRA, *Manual de la Propiedad Industrial*, cit., pp. 594 ss, COUTO GONÇALVES, *Manual* cit., pp. 298 a 314, CORNISH/LLEWELYN/APLIN, *Intellectual Property...*, cit., pp. 811 a 813, BENTLY E SHERMAN, *Intellectual Property Law*, cit., pp. 931 a 940, JEHORAM, VAN NISPEN & HUYDECOPER, *European Trademark Law*, cit., pp. 370 a 379, FRANCESCHELLI, *Vendita sotto e vechi segni altrui di cose rifatte, rinovate, transformate, sofisticate*, in *Studi Riuniti di Diritto Industriale*, 1972, pp. 387 e ss., AUTERI, *Territorialitá del diritto di marchio e circolazione de prodotti «originali»*, 1973, pp. 55 e ss. e 71-72, DEMARET, *Circulation des Produits et Loi Uniforme BENELUX sur les Marques*, RTDE, 1972, p. 538 e LADAS, *Patents, Trademarks, and Related Rights*, vol. II, cit., pp. 1109 a 1115.

1152 No já citado parecer da Advogada-geral nos casos DAVIDOFF e LEVI STRAUSS, esta afirma que a oposição do titular da marca ao uso da sua marca só é admissível quando *a comercialização ulterior afecte tão profundamente a função principal da marca que não se poderia*

reembalagem (3.4.1.2); por outro, contra confusões a respeito da sua *proveniência* (3.4.1.3); e, por outro ainda, contra ataques ao renome e *prestígio* de que a marca goze (3.4.1.4).

3.4.1.1. Ofensas à integridade do produto

Nas hipóteses do primeiro tipo, está em causa o *direito exclusivo para a caracterização do produto*, de que falava Beier[1153], que consiste na poder de determinar a composição, a forma, o aspecto exterior e demais características do produto que o titular assinala e coloca no mercado sob determinada marca. Tal prerrogativa poderá ser usurpada quando um produto – já introduzido no mercado mas ainda não saído da circulação – venha a ser objecto de modificações, deteriorações ou adulterações que modifiquem características importantes do mesmo.

Nessas hipóteses, admite-se a possibilidade de reconhecer ao titular a faculdade de reagir judicialmente contra os autores das modificações e mesmo de exigir que a marca seja retirada dos produtos modificados – o que até se justifica pela tutela dos interesses dos consumidores. Com efeito, se um produto for sujeito a alterações ou adulterações significativas poder-se-á entender, fundadamente, que deixou de ser um produto genuíno, na medida em que se diferencie consideravelmente do seu estado original. Pode mesmo afirmar-se que a proveniência de um produto alterado é diversa da do produto original. Admitir que a mesma marca assinalasse, indiferentemente, produtos alterados e produtos "originais", iria comprometer a indicação de proveniência, pois que não haveria só uma fonte, mas sim várias, para produtos com a mesma marca.

Mas nem todas as intervenções de terceiros sobre os produtos marcados conduzirão ao efeito acima apontado: reparações, pequenas modificações ou simples manutenção dos produtos não têm, obviamente, incidência sobre a sua caracterização. Além disso, como salientam certos autores[1154], existe um sector industrial que se dedica, precisamente, à transformação

razoavelmente esperar que o seu titular a aceite. Para uma análise das funções juridicamente tuteladas das marcas, cf. *supra*, Capítulo V, nº 4.

[1153] Friedrich-Karl Beier, *Evolução e Características Básicas do Direito Europeu das Marcas*, in Revista *Assuntos Europeus*, cit., p. 27.

[1154] V.g., Franceschelli, *Vendita sotto e vechi segni altrui...* cit., p. 390 e Mangini, *Il marchio e gli altri segni distintivi*, cit., p. 273.

de determinados produtos, como é o caso dos automóveis, e cuja importância económica e tecnológica merecem a atenção do legislador. Estas transformações devem, porém, ser claramente assinaladas aos consumidores, por forma a evitar qualquer confusão quanto à sua autoria, sem escamotear a fonte originária do produto.

Neste domínio, a delicadeza das questões e a variedade de hipóteses práticas aconselham que se adoptem conceitos indeterminados, permitindo flexibilidade de análise e ponderação das circunstâncias concretas. Por isso, a doutrina limita-se, normalmente, a considerar que só haverá uma violação do direito da marca quando as alterações ou reparações provoquem uma *modificação mais ou menos radical das características essenciais* do produto[1155], de tal forma que este fique *desnaturado* face ao seu estado original[1156].

Caso assim aconteça, é unanimemente reconhecido ao titular o direito de reagir judicialmente contra tais práticas. A unanimidade quebra-se, porém, quanto à escolha das medidas repressivas a admitir nestes casos. Num extremo, há quem sustente que bastará que seja imposta ao vendedor a obrigação de informar os adquirentes das transformações infligidas ao produto, mediante inscrições a apor junto da marca ou outros meios equivalentes, por forma a evitar-se o engano do público[1157]. No pólo oposto, há quem reconheça ao titular o direito de, nesses casos, se opor à revenda dos produtos enquanto estes ostentem a sua marca; nesta perspectiva, tais produtos apenas poderão ser revendidos desde que a marca seja removida[1158].

Esta última solução parece-nos excessiva e, além do mais, pouco exequível: excessiva, porque uma eficaz informação dos adquirentes permite evitar qualquer engano quanto à proveniência dos produtos, tudo dependendo dos moldes em que essa indicação se realizar; pouco exequível, na medida em

[1155] MANGINI, *Il marchio e gli altri segni distintivi*, cit., p. 274.

[1156] A expressão é de MARCHETTI, *L'épuisement du droit du breveté et règles italiennes*, cit., p. 62; DEMARET, (*Circulation des Produits*... cit., p. 543) usa a fórmula *afectado nas suas características próprias*; ao passo que a jurisprudência italiana, referida por AUTERI (*Territorialità del diritto di marchio*... cit., p. 71), admite a reacção do titular quando haja modificação de *elementos essenciais à utilidade do objecto*.

[1157] Neste sentido, LADAS, *Patents, Trademarks, and Related Rights*, vol. II, cit., p. 1110, que informava ser essa a tendência da jurisprudência norte-americana.

[1158] Esta parece ser a solução da lei BENELUX, segundo DEMARET (*Circulation des Produits*... cit., p. 544), admitindo, contudo, que em certos casos baste a indicação expressa do carácter remodelado ou deteriorado dos produtos.

que a remoção da marca não será possível, em muitos casos, sem prejuízo do próprio produto[1159].

Seja como for, o nº 2 do art. 253º do CPI (e o art. 15º do RMUE) dispõe que é legítimo que o titular do direito *se oponha à comercialização posterior dos produtos*, pelo que será esta a solução a adoptar quando haja uma ofensa efectiva à integridade e genuinidade dos produtos, devendo nas restantes situações bastar uma indicação informativa do consumidor.

3.4.1.2. O caso particular do reacondicionamento

Uma abundante fonte de litígios, neste domínio, é a prática do reacondicionamento ou reembalagem de produtos, em especial no contexto de "importações paralelas" de produtos farmacêuticos. Nestes casos as alterações – subsequentes à introdução no comércio – não dizem respeito ao produto em si, mas antes à sua embalagem ou à sua apresentação.

Esta problemática assume complexidade e requer uma certa cautela. Por um lado, é sabido que a apresentação dos produtos e a publicidade se revelam decisivos para o sucesso das vendas. Além disso, a manipulação do acondicionamento de certos artigos pode afectar o seu estado de conservação, como sucede, v.g., com os medicamentos e os produtos alimentares. Importa, assim, averiguar em que medida poderá um terceiro proceder à reembalagem de produtos de marca, sem o consentimento do respectivo titular ou mesmo contra a vontade deste.

O TJ tem sido repetidamente chamado a pronunciar-se sobre esta matéria, dando origem a uma jurisprudência muito detalhada, que Fernández-Nóvoa já apelidou de "Manual de Instruções para o Perfeito Importador"[1160]. O reacondicionamento é claramente admitido, desde que

[1159] Este ponto de vista é o defendido por Mangini (*Il marchio e gli altri segni distintivi*, cit., p. 275). Acrescente-se, ainda, que a remoção da marca poderia mesmo, em certos casos, lesar mais os interesses do titular do que a solução da inscrição adicional: basta pensar-se nos casos em que a alteração não modificasse o aspecto exterior de um produto bem conhecido dos consumidores, que passava então a circular – em condições porventura deficientes – sem qualquer indicação que elucidasse o público, que continuaria, a despeito da remoção da marca, a atribuir ao titular a autoria por um produto, com qualidade inferior, de que este não seria responsável.

[1160] *Fundamentos de Derecho de Marcas*, Madrid, 1984, p. 544. Sublinhe-se, a propósito, que não incumbe ao Tribunal de Justiça, no âmbito do recurso prejudicial de interpretação, resolver o litígio que pende no tribunal nacional, embora se reserve o direito de extrair do

respeite diversas condições, taxativamente enunciadas e que têm vindo a ser reformuladas e precisadas desde o acórdão HOFFMANN-LA ROCHE[1161], à cabeça das quais está a de *não afectar o estado originário* do produto. O reacondicionamento poderá inclusivamente envolver a substituição de uma marca por outra que também seja usada pelo titular noutro país para os mesmos produtos (ao contrário do inicialmente decidido, no caso CENTRAFARM. AMERICAN HOME PRODUCTS[1162]), desde que tal substituição seja *objectivamente necessária* para possibilitar a comercialização do produto em causa no Estado-membro de importação, o que sucederá, nomeadamente, quando existam *regulamentações ou práticas no Estado-membro de importação* que impeçam a comercialização do produto no mercado desse país sob a marca que lhe foi aposta no Estado-membro de exportação. Além disso, deverá sempre indicar-se a identidade do *responsável pelo reacondicionamento*, na nova embalagem, bem como o nome do seu fabricante; a apresentação do produto reembalado não poderá ser de molde a *lesar a reputação* da marca nem a do respectivo titular, nomeadamente com embalagem defeituosa, de má qualidade ou com aspecto desleixado, e o importador deverá avisar, previamente à comercialização, o titular da marca e fornecer-lhe, a pedido deste, um exemplar do produto reacondicionado. Uma outra condição, é que se demonstre que a utilização do direito de marca pelo titular para se opor à comercialização dos produtos reembalados sob esta marca contribuiria para *compartimentar artificialmente* o mercado intracomunitário, devido por exemplo à existência de embalagens diversas consoante os países.

caso concreto os elementos de facto que considere relevantes para apreciar a questão, numa perspectiva abstracta (cf. Ac. de 6.04.1962, BOSH I, Rec. p. 102).

[1161] Ac. de 23.5.78 (Ac. HOFFMANN-LA ROCHE, Rec. p. 1139), em que o Tribunal de Justiça admitiu uma importação paralela de tranquilizantes da marca "Valium" do Reino Unido para a RFA, envolvendo substituição das embalagens originais por embalagens maiores. Sobre a matéria da reembalagem, cf. entre outros, os acs. de 3.12.81 (PFIZER, Rec. p. 2913) de 11.07.1996 (BRISTOL-MYERS SQUIBB.PARANOVA, C-427/93, C-429/93 e C-436/93, Col., p. I-3457), de 12.10.1999 (PHARMACIA&UPJOHN.PARANOVA, C-379/97, Col., p. I-6927), de 23.04.2002 (MERCK.PARANOVA, C-443/99, Col. p. I-3703), 23.04. 2002 (BOEHRINGER INGELHEIM e. a., C-143/00, Col., p. I-3759), de 26.04.2007 (BOEHRINGER INGELHEIM.SWINGWARD e. a., C-348/04, Col. p. I-3391), de 22.12.2008 (THE WELLCOME FOUNDATION.PARANOVA, C-276/05, col. p. I-10479), de 28.07.2011 (ORIFARM.MERCK, C-400/09 e C-07/10) e de 17.05.2018 (JUNEK. LOHMANN, C-642/16).

[1162] Ac. de 10.10.78 (Proc. 3/78, Col., p. 621).

O "estado da arte" desta jurisprudência, muito complexa e algo confusa, foi sintetizado no acórdão BOEHRINGER INGELHEIM.SWINGWARD[1163],

[1163] Ac. de 26.04.2007 (C-348/04, Col., p. I-3391). Nesse caso – em que estavam em causa medicamentos comercializados na Comunidade pela BOEHRINGER INGELHEIM e importados no Reino Unido por diversos importadores paralelos, que para isso alteraram o acondicionamento dos produtos e os folhetos informativos que os acompanhavam – o TJ enunciou os parâmetros de admissibilidade destas práticas nos termos seguintes:
1) O artigo 7º, nº 2, da Primeira Directiva 89/104/CEE (...) deve ser interpretado no sentido de que o titular da marca se pode legitimamente opor à comercialização posterior de um produto farmacêutico importado de outro Estado-Membro na sua embalagem original, interior e exterior, na qual o importador aplicou um rótulo exterior adicional, salvo quando:
– se demonstrar que o uso do direito de marca pelo respectivo titular, para se opor à comercialização do produto objecto de nova rotulagem com essa marca, contribuiria para compartimentar artificialmente os mercados entre Estados-Membros;
– se demonstrar que a nova rotulagem não pode afectar o estado originário do produto contido na embalagem;
– se indicar claramente na nova embalagem o autor da nova rotulagem do produto e o nome do respectivo fabricante;
– a apresentação do produto objecto desta nova rotulagem não for susceptível de prejudicar a reputação da marca e a do seu titular; assim, o rótulo não deve ser defeituoso, de má qualidade ou pouco cuidado; e
– antes da colocação à venda do produto objecto desta nova rotulagem, o importador avisar o titular da marca e lhe fornecer, a seu pedido, uma amostra deste produto.
2) A condição segundo a qual o reacondicionamento do produto farmacêutico, através de uma nova embalagem do produto, na qual a marca é de novo aposta, ou através da aplicação de um rótulo na embalagem que contém este produto, é necessário para a sua comercialização posterior no Estado-Membro de importação (...), aplica-se unicamente ao reacondicionamento propriamente dito, e não à forma ou ao estilo de realização deste.
3) A condição que impõe que a apresentação do produto reacondicionado não seja susceptível de prejudicar a reputação da marca e a do seu titular (...), não se limita aos casos de acondicionamento defeituoso, de má qualidade ou pouco cuidado.
4) A questão de saber se o facto de o importador paralelo:
– não apor a marca na nova embalagem exterior do produto («de-branding») ou
– aplicar nesta embalagem o seu próprio logótipo ou estilo ou ainda uma «apresentação 'própria da empresa'» ou uma apresentação utilizada para vários produtos diferentes («co-branding»), ou
– apor um rótulo adicional na referida embalagem, de forma a esconder total ou parcialmente a marca do titular, ou
– não especificar no rótulo adicional que a marca em questão é propriedade do titular ou, ainda,
– imprimir o nome do importador paralelo em letras maiúsculas

que permanece actual, tendo sido recentemente reafirmada no caso JUNEK[1164], em que o TJ esclareceu que não constitui reacondicionamento (logo, não pode ser impedida pelo titular da marca), a simples *aposição de um rótulo de pequena dimensão que não esconde a marca e que designa o importador paralelo como responsável pela colocação no mercado com a indicação dos seus contactos, um código de barras e um número farmacológico.*

é de natureza a prejudicar a reputação da marca é uma questão de facto que cabe ao juiz nacional apreciar face às circunstâncias específicas de cada caso concreto.
5) Em situações como as dos litígios nos processos principais, incumbe aos importadores paralelos demonstrar a verificação das condições segundo as quais:
– o uso do direito de marca pelo próprio titular, para se opor à comercialização dos produtos reacondicionados com essa marca, contribuiria para compartimentar artificialmente os mercados entre Estados-Membros;
– o reacondicionamento não pode afectar o estado originário do produto contido na embalagem;
– o autor do reacondicionamento do produto e o nome do seu fabricante estão indicados claramente na nova embalagem;
– a apresentação do produto reacondicionado não deve ser susceptível de prejudicar a reputação da marca e a do seu titular; assim, o reacondicionamento não deve ser defeituoso, de má qualidade ou pouco cuidado;
– antes da colocação à venda do produto reacondicionado, o importador deve avisar o titular da marca e fornecer-lhe, a seu pedido, uma amostra do produto reacondicionado;
que, se forem satisfeitas, impedem que o titular da marca se oponha legitimamente à comercialização posterior de um produto farmacêutico reacondicionado.
No que respeita à condição que impõe que se demonstre que o reacondicionamento não pode afectar o estado originário do produto contido na embalagem, basta, porém, que o importador paralelo apresente elementos de prova susceptíveis de fazer razoavelmente presumir que esta condição está preenchida. O mesmo vale, a fortiori, no que respeita à condição segundo a qual a apresentação do produto reacondicionado não deve ser susceptível de prejudicar a reputação da marca e a do seu titular. Desde que o importador produza tal início de prova quanto a esta última condição, incumbirá, eventualmente, ao titular da marca, que é quem melhor pode apreciar se o reacondicionamento é susceptível de prejudicar a sua reputação e a da marca, provar que estas foram prejudicadas.
No ac. ORIFARM, cit. (§36), o TJ esclareceu que o titular não poderá opor-se à comercialização de um produto farmaceutico reacondicionado, *apenas pelo facto de a nova embalagem indicar como reacondicionador, não a empresa que, por encomenda, reacondicionou efectivamente o referido produto e que dispõe de uma autorização para esse efeito, mas a empresa que é titular da autorização de introdução no mercado do referido produto, sob cujas instruções o reacondicionamento foi feito e que assume a responsabilidade pelo mesmo.*

[1164] Ac. de 17.05.2018 (JUNEK.LOHMAN&RAUSCHER, C-642/16, §35).

3.4.1.3. A confusão quanto à proveniência

Outro direito *residual* do titular da marca é o de exigir que **a marca acompanhe o produto** até à sua aquisição pelo consumidor. Esta prerrogativa, que só tem sentido relativamente a produtos já colocados no mercado, destina-se igualmente a assegurar que a marca desempenha a sua função enquanto tal for necessário, isto é, enquanto os produtos se mantiverem no circuito comercial. O Tribunal de Justiça declarou que existe um "motivo legítimo" – impeditivo do esgotamento do direito –, *quando, sem o consentimento do titular da marca que utilizou na publicidade às suas actividades de revenda, o revendedor tenha retirado a menção dessa marca nos produtos comercializados pelo referido titular e substituído essa menção por uma etiqueta com o seu nome, dissimulando assim a referida marca*[1165].

Entre nós, este direito é tutelado em sede de concorrência desleal, dispondo a alínea f) do art. 311º/1 do CPI que são proibidas a *supressão, ocultação ou alteração, por parte do vendedor ou de qualquer intermediário, (...) da marca registada do produtor ou fabricante em produtos destinados à venda e que não tenham sofrido modificação no seu acondicionamento.* Reconhecendo embora a censurabilidade de tais práticas, não creio que o instituto da concorrência desleal seja o mais indicado para o reprimir. Por um lado porque, inscrevendo-se aquele direito do titular no núcleo essencial que deriva da função indicativa da marca, seria mais apropriado que a tutela legal decorresse das disposições especificamente consagradas à defesa deste sinal distintivo. Por outro lado, porque a protecção desse direito à luz da concorrência desleal ficará restringida aos casos em que a lesão provenha de um acto de um concorrente do titular, deixando de fora hipóteses, verosímeis, em que tal lesão seja obra de terceiros não-concorrentes[1166].

Esta prerrogativa do titular da marca, "pós-esgotamento", reveste um interesse prático considerável, permitindo impedir que alguns revendedores ou instaladores caiam na tentação de assinalar produtos alheios com a sua própria marca, obliterando a marca originária e lesando dessa forma os

[1165] Ac. de 8.07.2010 (PORTAKABIN.PRIMAKABIN, C-558/08, in http://curia.europa.eu).

[1166] Visto que a figura da *concorrência desleal* supõe a existência de uma relação concorrencial entre o agente e o lesado, que poderá não existir num caso concreto, deixando à partida sem protecção o titular da marca.

legítimos interesses do titular[1167]. O TJ analisou recentemente uma situação deste género, no caso MITSUBISHI, em que um importador paralelo procedia à retirada das marcas originais (*debranding*) e à aposição das suas marcas (*rebranding*), após realizar certas alterações[1168]. O Tribunal condenou essas práticas, reconhecendo ao titular o direito de se lhes opor, tendo em conta três argumentos[1169]: Por um lado, *a remoção dos sinais idênticos à marca impede que os produtos para os quais essa marca está registada a tenham aposta na primeira vez que são comercializados no EEE e, portanto, priva o titular da mesma do benefício do direito essencial (...) de controlar a primeira comercialização no EEE dos produtos que ostentam a marca*. Em segundo lugar, *a remoção dos sinais idênticos à marca e a aposição de novos sinais nos produtos para a sua primeira comercialização no EEE prejudicam as funções da marca:* além de afectarem a função essencial (de *identificação da origem*), *dificultam a possibilidade de o titular da marca fidelizar a clientela pela qualidade dos seus produtos e afetam as funções de investimento e de publicidade da marca quando, como no caso em apreço, o produto em questão ainda não é comercializado com a marca do titular nesse mercado por este ou com o seu consentimento*. Em terceiro lugar, declara o TJ, essas práticas *são contrárias ao objectivo de assegurar uma concorrência leal*.

3.4.1.4. A tutela da reputação e do prestígio das marcas

Admite-se, ainda, que o titular possa reagir contra certos actos que, sem porem em causa a integridade do produto ou a sua proveniência, são passíveis de lesar o prestígio ou renome de que a marca goza, ou de afectar a

[1167] Coisa diversa – e perfeitamente lícita face ao Direito Industrial –, são as denominadas "BOB" (*buyer's own brand*), ou as "marcas brancas" dos hipermercados, em que a marca originariamente aposta nos produtos é já a do comprador (distribuidor ou retalhista), sendo essa marcação efectuada normalmente pelo próprio fabricante, sem que tal envolva qualquer obliteração ou substituição de marcas.

[1168] Ac. de 25.07.2018 (C-129/17), em que duas empresas belgas, independentes da Mitsubishi, adquiriam, fora do EEE, a uma empresa do grupo Mitsubishi, empilhadores que depois introduziam no território do EEE onde os colocavam em regime de entreposto aduaneiro. Uma vez nesse regime, removiam desses empilhadores todos os sinais idênticos às marcas Mitsubishi, efetuavam as alterações necessárias para os tornar conformes às normas em vigor na União, substituiam as placas de identificação e os números de série e apunham-lhes as suas próprias marcas. Em seguida, importavam-nos e comercializavam-nos tanto fora como dentro do EEE. A Mitsubishi intentou acções judiciais destinadas a impedir essas práticas.

[1169] *Idem*, §§ 42-47.

sua capacidade de atracção de clientela. Efectivamente, algumas práticas comerciais ou publicitárias – desprimorosas ou desprestigiantes – podem afectar aqueles valores e constituir "motivos legítimos" de intervenção do titular da marca.

O TJ teve já o ensejo de esclarecer esta questão, no caso CHRISTIAN DIOR[1170], a respeito da utilização da marca por terceiros, para anunciarem ao público a comercialização posterior à primeira colocação dos produtos no mercado, tendo reconhecido ao titular o poder de intervir nos casos extremos em que, *tendo em conta as circunstâncias específicas do caso, a utilização da marca para aquele efeito cause um prejuízo grave à sua reputação.* Assim sucederá, nomeadamente, quando a publicidade efectuada *afectar o valor da marca, prejudicando a aparência e a imagem de prestígio dos produtos em causa bem como a sensação de luxo que deles emana*, designadamente quando seja feita em conjunto com outros produtos cuja vizinhança seja susceptível de debilitar gravemente a imagem que o titular conseguiu criar em torno da sua marca. Em contrapartida, o titular não pode opor-se à utilização da marca *com os meios habituais no ramo de actividade do vendedor*, para anunciar ao público a comercialização posterior dos seus produtos com esse sinal, quando não se prove que essa utilização *afecta seriamente a reputação da marca.*

Na mesma linha, no acórdão BMW[1171], o Tribunal de Justiça considerou legítimo que um terceiro (sem qualquer relação contratual com o titular da marca) utilize a marca *para anunciar ao público que efectua a reparação e a manutenção de produtos desta marca, comercializados sob a marca pelo titular ou com o seu consentimento, ou que é especializado ou especialista na venda ou na reparação e na manutenção de tais produtos.* Nestes casos, o titular só poderá proibir o uso da sua marca quando esta *seja utilizada de um modo tal que possa dar a impressão de que existe uma relação comercial entre a empresa terceira e o titular da marca, e nomeadamente que a empresa do revendedor pertence à rede de distribuição do titular da marca ou de que existe uma relação especial entre as duas empresas.*

Sublinhe-se que o TJ reconhece o direito de intervir nestas situações não só aos titulares das marcas ditas "de prestígio" (no sentido da DHM), mas também aos titulares de marcas que gozem de *reputação*, tendo mencionado claramente as duas situações, quer no acórdão CHRISTIAN DIOR, quer posteriormente no acórdão BMW, quer mais recentemente no caso

[1170] Ac. de 4.11.1997 (CHRISTIAN DIOR.EVORA, C-337/95, Col. p. I-6013).
[1171] Ac. de 23.02.1999 (C-63/97, CJCE p. I-905).

MITSUBISHI. O que não surpreende, dado que este Tribunal considera[1172] que o objecto específico do direito de marca *é, nomeadamente, proteger o titular dos concorrentes que queiram abusar da posição e da reputação da marca.* Sendo assim, sempre que – em relação a produtos já introduzidos no mercado – se registem comportamentos que constituam um "abuso" desse tipo, o titular da marca poderá reagir, invocando o seu direito exclusivo, para se opor à utilização do sinal nesses termos.

Esta jurisprudência atingiu um patamar porventura excessivo no acórdão COPAD[1173], em que o TJ admitiu como "motivo legítimo", impeditivo do esgotamento, a violação de cláusulas de contratos de licença que proíbam *a venda a negociantes de saldos,* quando *se demonstre que esta violação lesa o estilo e a imagem de prestígio que conferem aos referidos produtos uma aura de luxo.* Na verdade, a violação de uma cláusula contratual desse género deveria dar origem, apenas, a responsabilidade contratual, parecendo exagerado reconhecer ao titular o direito de ir mais longe do que isso, lesando interesses de terceiros de boa-fé.

3.5. O esgotamento dos direitos na jurisprudência portuguesa

Até ao CPI de 1995, a questão do esgotamento não era explicitamente disciplinada pelo nosso Direito Industrial. Na vigência do Código de 1940, eram praticamente inexistentes a doutrina e jurisprudência aflorando o tema. Apesar disso, é conhecido um acórdão do STJ [1174] que julgou um caso em que se configurava uma situação típica de *importações paralelas,* tendo consagrado uma solução inteiramente concordante, *nos seus resultados,* com a tese do esgotamento internacional do direito da marca.

Tratava-se de uma importação, em Portugal, de ciclomotores da marca **ALPINO**, provenientes de Itália, onde haviam sido fabricados pelo titular da marca local. Este fabricante italiano tinha celebrado com uma sociedade portuguesa um contrato de agência ou representação para Portugal, com exclusivo de venda desses ciclomotores, tendo esta procedido ao registo, no nosso país, da marca comercial ALPINO-PORTUGAL. Como aquela

[1172] Ac. de 17.10.90, HAG II, cit..

[1173] Ac. de 23.03.2009, COPAD.CHRISTIAN DIOR COUTURE, C-59/08, Col., p. I-3421, nº 56). Para uma visão crítica acerca deste acórdão, Paula de Carvalho, *A Violação da Licença e o Esgotamento do Direito de Marca,* 2011, pp. 147 ss..

[1174] Ac. de 29 de Maio de 1962, B.M.J. nº 117, p. 629 e ss.

importação fora promovida por uma terceira empresa, o importador oficial, invocando o direito decorrente deste registo, requereu o arresto dos referidos ciclomotores, que haviam sido adquiridos pelo *importador paralelo* a um revendedor italiano. A acção que se seguiu foi julgada improcedente, sucessivamente, pelas instâncias e pelo STJ, que baseou a sua decisão, essencialmente, na diversidade de natureza das marcas em questão, negando ao distribuidor oficial o direito de se opor àquela importação. Para tal, entre outros fundamentos, o Tribunal declarou: *no caso dos autos, a recorrida* [o "importador paralelo"] *não assinalou com qualquer marca os produtos italianos que pretendia vender, não contrafez a marca da recorrente nem vendeu ou pôs à venda produtos com marca contrafeita, imitada ou fraudulentamente usada. Limitou-se a importar de Itália ciclomotores já assinalados pela casa fabricante com a sua marca, devidamente registada (...) marca a que a recorrida é alheia, que nenhum preceito legal manda retirar dos artigos importados ou vender sem essa marcação de origem. Procedendo assim, a recorrida agiu segundo as normas e os usos do comércio (...).* Por outro lado, acrescentou-se nesse acórdão, a empresa fabricante, *ao marcar os seus produtos, usa a sua marca, devidamente registada, não usurpa, falsifica ou imita a marca da recorrente.*

Estas considerações dirigiam-se ao núcleo central da questão: tratava-se, de facto, de *produtos genuínos*, fabricados pelo legítimo titular da marca ALPINO. E, se era certo que essa marca, em Portugal, pertencia a uma entidade diversa, não deixava por isso de assinalar, no nosso país, produtos com a *mesma proveniência* (a fábrica italiana de ciclomotores). Não existia, pois, qualquer risco de confusão quanto à origem dos produtos, já que esta era comum. Dito de outra forma, não era minimamente posta em causa a *função indicativa* da marca do agente português. Por outro lado, havia que considerar as ligações existentes entre os titulares italiano e português da marca *"Alpino"*, já que este era um agente daquele e, possivelmente, só teria registado esta marca em Portugal com a anuência do seu representado. Em resumo, não só era idêntica a *proveniência* dos produtos assinalados pelas duas marcas, como também, entre os respectivos titulares, existiam laços de *dependência jurídica e económica*. Sendo assim, sempre haveria que concluir – também na óptica da doutrina do esgotamento – pela inadmissibilidade da oposição à importação, por parte do titular da marca portuguesa. No respeitante aos produtos colocados em circulação pelo fabricante italiano, estariam esgotadas as prerrogativas exclusivas do agente português.

O mesmo acerto na decisão não pode reconhecer-se, já no domínio do CPI de 1995, a um acórdão da Relação de Lisboa[1175], que conseguiu decidir de modo *diametralmente* oposto ao que impunham os princípios e as normas, nacionais e comunitárias, que já vigoravam na altura. Uma empresa italiana, "De Rigo spa", era titular do registo internacional da marca **POLICE** para óculos de sol, que se encontrava registada em seu nome na generalidade dos países europeus, incluindo Itália e Portugal, onde vinham sendo comercializados os referidos produtos, sob esse sinal distintivo. No entanto, em Espanha, essa mesma marca estava registada em nome de uma outra empresa, "Indústria Mecanotécnica Ópticas de Gestão, SA", totalmente independente da citada empresa italiana, quer do ponto de vista jurídico, quer económico. Em 1995, foram exportados para Portugal óculos de sol fabricados em Espanha pela referida empresa espanhola e posteriormente comercializados no nosso país pela empresa "Multiópticas de Gestão, SA" e outras. A titular da marca em Portugal (o fabricante italiano) denunciou criminalmente as empresas que comercializavam em Portugal, com a marca POLICE, os óculos fabricados em Espanha, imputando-lhes a prática de um crime de contrafacção. Mas o Ministério Público ordenou o arquivamento dos autos e o juiz de instrução confirmou-o, no que foi secundado pela Relação, que entendeu que não havia qualquer ilícito, pelo menos criminal, na medida em que o uso da marca nos óculos comercializados pela denunciada em Portugal foi legal, já que a empresa fabricante tinha registado tal marca e autorizado a Multiópticas a comercializá-la. Ou seja, como a fabricante espanhola tinha registado em seu nome, em Espanha, a marca POLICE, então o *fabrico* no território espanhol tinha sido lícito. Pelo que também seria lícita a *comercialização* desses produtos, não apenas no território espanhol, mas também em Portugal e, possivelmente, em qualquer outro país da Comunidade Europeia... A isso obrigaria, no entender da Relação, a regra comunitária da liberdade de circulação das mercadorias[1176].

[1175] Ac. de 30.09.1998 (Recurso nº 4.236, da 3ª Secção, publicado na Revista do Conselho Distrital do Porto da Ordem dos Advogados, Ano 2000, Nº 17, p. 49).

[1176] A esse respeito, o acórdão acrescenta que é errado pensar que *a titularidade de uma marca assegura ao seu titular o monopólio da respectiva comercialização.* Por isso, afirma que, estando *perante um caso de importação paralela, inexiste qualquer contrafacção ou imitação.* A tal obstaria, nomeadamente, o nº 1 do art. 208º do CPI de 1995 (regra do esgotamento dos direitos), na medida em que *os óculos com a marca "Police"comercializados pela denunciada, em Portugal, são*

Este acórdão incorreu em vários equívocos, contrariando frontalmente jurisprudência do Tribunal de Justiça, conhecida pelo menos desde 1976, no célebre caso TERRAPIN.TERRANOVA[1177]. Neste acórdão, já se declarava que o titular de uma marca num dado país *se pode opor à importação* de produtos com essa marca ou marca confundível (mesmo se registadas também no país de origem), desde que as marcas em questão (a dos produtos importados e a dos produtos nacionais) hajam sido criadas, *por titulares distintos e independentes, ao abrigo de legislações nacionais diferentes.* Entender o contrário agride a essência do próprio Direito de Marcas. Se a marca tem por *função* distinguir produtos em ordem à indicação da sua proveniência, não pode admitir-se que coexistam, num mesmo mercado, produtos congéneres, com origens diferentes e marcas iguais. Isso põe em causa todos os interesses em presença: quer o interesse do titular da marca (que pretende ter um referencial unívoco para atrair clientes para os seus produtos), quer o dos consumidores (que precisam desse sinal para escolherem, sem equívocos, os produtos que pretendem adquirir). É absurdo sublinhar, como fez a Relação, que os óculos espanhóis tinham sido legalmente fabricados, ao abrigo de uma marca registada e posteriormente comercializados com autorização do titular da marca espanhola. Dizer isso, é ignorar o *princípio da territorialidade* dos direitos de propriedade industrial e esquecer o carácter territorial destes. As marcas de registo nacional, aqui em causa (ao contrário do que sucede com as marcas europeias), só conferem protecção dentro dos limites do território do Estado que as concede. Por esta razão, a marca portuguesa e a espanhola não são uma mesma e só marca, mas sim duas marcas independentes, pertencentes a empresas diversas, sem qualquer ligação entre si. E o facto de os dois sinais serem iguais ou parecidos não torna igual a proveniência dos produtos, nem torna estes produtos iguais, com a mesma qualidade e características. Por isso, à luz da lei portuguesa, estes óculos espanhóis não podiam beneficiar de qualquer legitimação, pois não haviam sido fabricados ao abrigo da marca registada em Portugal, nem comercializados com autorização do titular da marca portuguesa. Face à lei portuguesa, eram produtos contrafeitos, cuja importação e comercialização podia ser proibida pelo titular do registo português.

genuínos, sendo certo que tal marca foi devidamente registada (pelo fabricante) e autorizado o seu uso (pelo titular de tal registo).

[1177] Ac. de 22.06.1976 (Proc. nº 119/75, Col., p. 419).

Outro equívoco dessa decisão foi aplicar neste caso a regra do esgotamento dos direitos. Como vimos, a colocação de um produto no mercado tem por efeito esgotar o direito do titular relativamente a esse produto. Mas isso acontece apenas quando essa introdução no comércio seja *imputável ao titular* da marca no país em que a questão da licitude se coloca, i.e., ao titular da marca *no país da importação*. Ou seja, só haverá esgotamento do direito do titular da marca portuguesa se a colocação do produto no mercado estrangeiro foi *efectuada por si próprio*, ou por alguém que tenha agido com o seu *consentimento*. Ora, o "titular" de que a lei fala é, obviamente, o titular do registo da marca *em Portugal*. Por isso, no caso em apreço, não havia qualquer "importação paralela", mas sim uma importação ilícita, que o tribunal podia e devia ter sancionado.

De então para cá, a Relação de Lisboa tem demonstrado um correcto entendimento do regime do esgotamento do direito de marcas, em sintonia com a jurisprudência do TJ. Num primeiro caso, de importações paralelas de mochilas da marca comunitária **EASTPAK**[1178], estas estavam a ser comercializadas numa cadeia de hipermercados, a preços mais baixos que o "preço oficial de revenda". De acordo com a factualidade assente nos autos, tratava-se de mochilas genuínas, "iguais às mochilas produzidas e comercializadas" pela titular da marca. Mas teriam sido comercializadas *sem autorização da titular da marca e seus distribuidores na União Europeia*, que *evitam que esses produtos sejam vendidos em hipermercados e supermercados*. Apesar desse ponto não ter ficado completamente esclarecido, a Relação – invocando os acórdãos DAVIDOFF e LEVI STRAUSS –, considerou que o ónus da prova

[1178] Ac. 24.02.2011 (rel. Ezagüy Martins, in www.dgsi.pt). Refira-se que o texto disponível na Internet – na página www.dgsi.pt – omite propositadamente a identificação da marca que estava em causa e o respectivo número de registo no EUIPO, tendo sido necessário um pequeno esforço de investigação para apurar que se trata da conhecida marca EASTPAK. Esta prática do "anonimato", seguida na base de dados do ITIJ (e na própria Colectânea de Jurisprudência), omitindo os elementos identificativos das partes nos acórdãos publicados (possivelmente para salvaguardar a reserva e intimidade dos intervenientes), está a ser levada longe de mais, sobretudo no domínio da Propriedade Industrial. É que a supressão da identificação das marcas empobrece consideravelmente a informação, tornando praticamente inútil publicar casos que envolvam comparação destes sinais. Este "pudor" excessivo (contrário ao princípio da publicidade, constante do art. 163º do CPC) contrasta aliás com a prática seguida pelo site do Tribunal de Justiça da União Europeia, que publica o texto integral dos acórdãos, sem qualquer descaracterização.

do eventual consentimento do titular da marca recaía sobre o demandado, tendo concluído que tal consentimento não existia. Em face disso, dando como assente que as mercadorias provinham do exterior do EEE, a Relação não teve dúvidas em afirmar que o *esgotamento do direito de propriedade industrial, decorrente de registo de marca comunitária, não opera relativamente a produtos comercializados fora do Espaço Económico Europeu e importados "paralelamente" para este.* Esta decisão fez uma correcta aplicação do disposto nos arts. 13º do RMUE e 259º do CPI (hoje arts. 15º do RMUE e 253º do CPI) – que limitam o esgotamento aos produtos comercializados no interior do EEE pelo titular da marca ou com o seu consentimento – interpretando de forma irrepreensível a jurisprudência inaugurada no caso SILHOUETTE e reiterada pelo acórdão SEBAGO, que é aliás citado pela Relação.

O mesmo acerto se observa num acórdão de 2014, envolvendo a marca "**PANDORA**"[1179], em que o distribuidor autorizado desta marca, em Portugal, tentava impedir a revenda no nosso país de produtos de joalharia provenientes de Itália, onde haviam sido colocados no mercado com o consentimento da titular da marca. Como fundamento desta acção era invocada a excepção dos "motivos legítimos" (art. 259º/2), alegando o autor que o facto de a comercialização dos produtos "paralelos" não obedecer aos padrões definidos pelo titular da marca (quer ao nível da apresentação, vitrinismo, embalagem, promoção, publicidade, formação dos vendedores, etc.), punha em causa o prestígio e a imagem da marca, devendo como tal ser proibida. A Relação de Lisboa, invocando criteriosamente a jurisprudência do TJ (incluindo o acórdão COPAD), esclareceu que, apesar de a recorrente ter definido *um projeto de retalho específico quanto à exposição e venda dos produtos, tal não implica que esse projeto constitua o ambiente de comercialização necessário e indispensável, sem o qual a marca sofre prejuízo justificativo de exceção ao esgotamento.* E acrescentou: *a lei pretende apenas salvaguardar uma comercialização dentro dos padrões e categoria dos produtos, de acordo com as regras da arte dos comerciantes envolvidos, e, ainda, com a natureza e características destes. Uma*

[1179] Ac. de 11.09.2014 (rel. Ana de Azeredo Coelho), disponível in dgsi.pt (publicado também com a despropositada "descaracterização" do sinal distintivo). Na mesma linha de correcta aplicação do princípio do esgotamento do direito de marca, pode ainda assinalar-se uma Sent. do Juízo de Grande Instância Cível de Aveiro, de 20.06.2011 (Aristides Almeida), condenando um importador paralelo de tinteiros LEXMARK em proveniência dos EUA, por não terem sido colocados no mercado no EEE pelo titular da marca ou com o seu consentimento.

interpretação mais ampla, protetora do projeto de retalho não registado como marca de serviços, não respeita o assinalado fim da regulamentação da União: a compatibilização entre o direito do titular da marca e a livre circulação de mercadorias. Em face disso, concluiu, certeiramente, que *o esgotamento possibilita o uso da marca e da publicidade inerente, de acordo com as possibilidades e meios publicitários habituais do comerciante e não de acordo com as recomendações do titular, não bastando demonstrar uma comercialização afastada das guidelines definidas pela marca, antes se impondo provar as consequências prejudiciais da concreta comercialização efetuada.* O que, no caso concreto, não se apurou.

Estas decisões constituem bons exemplos de aplicação da regra do esgotamento em matéria de marcas, parecendo estar superadas as dificuldades de aplicação iniciais.

4. A interacção com a disciplina da Concorrência

É fácil identificar zonas de atrito entre o regime dos DPI e a disciplina da Concorrência: tais direitos exclusivos, reforçando a posição do seu titular no mercado de certo produto, podem contribuir para a aquisição ou o incremento de um poder económico susceptível de vir a ser abusivamente explorado (violando assim o art. 102º do TFUE); além disso, e principalmente, os DPI podem ser objecto de acordos ou práticas concertadas entre empresas (v.g., licenças) cujo objectivo ou efeito seja a restrição da concorrência no mercado interno (infringindo o art. 101º daquele Tratado).

Ora, se o TJ recusou liminarmente equiparar a titularidade de um DPI à detenção de uma posição dominante[1180], já no que toca aos acordos entre empresas, o problema se reveste de maior delicadeza, impondo uma análise mais detalhada, como veremos. De resto, logo em 1971 o Tribunal de Justiça declarou, no caso SIRENA, que o princípio que inspira o art. 36º é *susceptível de aplicação em matéria de concorrência no sentido em que, se os direitos reconheci-*

[1180] Ac. Parke Davis.Probel, cit., no que respeita às patentes. Para as marcas, cf. ac. de 18.02.1971 (SIRENA.EDA, Procº. nº. 40/70), Rec. p. 84. Sobre a aplicação da disciplina da Concorrência da União Europeia ao domínio dos DPI, cf. nomeadamente Cornish, Llewelyn e Aplin, *Intellectual Property...* cit., pp. 311 a 316 e 835 a 839, Jehoram, Van Nispen & Huydecoper, *European Trademark Law* cit., 570 a 581, David Bainbrigdge, *Intellectual Property,* cit., pp. 875 a 889, René Barents, *Directory of EC Case Law on Competition,* 2007, pp. 241 a 252 e Waelbroeck E Frignani, *COMMENTAIRE J. MEGRET,* Vol. 4, *Concurrence,* 1997, pp. 737 a 841 e Jones/Suffrin, *EU Competition Law: Text, Cases, and Materials,* 2016, p. 527 ss..

dos pela legislação de um Estado-membro em matéria de propriedade industrial e comercial não são afectados na sua ***existência*** *pelos artigos 85º e 86º do Tratado* [hoje 101º e 102º], *o seu* ***exercício*** *pode contudo relevar das proibições editadas por estas disposições*[1181]. Apesar disso, as regras da concorrência e da livre circulação têm obviamente pressupostos distintos, parâmetros de análise próprios e consequências diferentes, o que não exclui, em certas hipóteses, a sua aplicação cumulativa[1182]. Convém esclarecer que a disciplina europeia da Concorrência só se aplica àquelas restrições que sejam susceptíveis de afectar a concorrência no mercado interno, o que afasta da incidência destas normas em situações de menor impacto económico, envolvendo empresas com uma reduzida dimensão ou com uma pequena quota de mercado[1183].

Vejamos então de que forma tem vindo a ser conciliado o Direito Industrial com a disciplina europeia da Concorrência, tratando separadamente, por facilidade de exposição, as questões suscitadas no âmbito das marcas e, seguidamente, das patentes.

4.1. O exercício do direito de marca

O Tribunal de Justiça desde cedo esclareceu que *o direito de marca, enquanto estatuto legal, escapa aos elementos contratuais ou de concertação previstos pelo artigo 85º* [hoje 101º do TFUE] *(...) contudo, o seu exercício poderá cair sob a alçada das proibições do tratado de cada vez que aparecer como sendo* ***o objecto, o meio ou a consequência de um acordo***[1184]. Paralelamente, *o titular de uma marca não goza de uma posição dominante no sentido do artigo 86º do tratado* [hoje 102º] *pelo simples facto de poder impedir um terceiro de colocar no mercado, no território de um Estado-membro, produtos dessa marca. É necessário, além disso, que ele tenha o poder*

[1181] Ac. de 18.02.1971 (Proc. 40/70, Rec. p. 81).

[1182] Conforme admitiu o Tribunal de Justiça, nos acs. de 23.05.1978 (HOFFMANN-LA ROCHE, "Valium", Proc. 102/77, Rec. p. 1168, § 16) e de 8.06.1982 (NUNGESSER.EISELE – "Semences de maïs", Proc. 258/78, Rec. p. 2070, § 65). A este respeito, cf. WYATT & DASHWOOD, *The Substantive Law of the EEC*, cit., p. 512.

[1183] Nesse sentido, a Comissão Europeia tem vindo ao longo dos anos a publicar comunicações relativas a acordos de pequena importância que não restringem sensivelmente a concorrência nos termos do nº 1 do art. 101º do TFUE (Comunicações "de minimis"), prevendo que esta disposição só seja aplicável quando o impacto do acordo sobre o comércio entre os Estados-membros ou sobre a concorrência for sensível. Para mais detalhes, cf. a comunicação 2014/C 291/01, de 30.8.2014.

[1184] Ac. de 18.02.1971, (SIRENA), cit., Rec. p. 82 (sublinhados acrescentados).

de impedir ***a manutenção de uma concorrência efectiva*** *numa parte importante do mercado a considerar*[1185].

Havendo um acordo ou concertação entre empresas, a proibição do art. 101º/1 do Tratado aplicar-se-á, desde logo, se o direito de marca for usado para *impedir as importações provenientes de outros Estados-membros,* afectando de forma sensível *o comércio entre Estados* e alterando *a concorrência no interior do mercado comum*[1186]. De entre os acordos susceptíveis de cair sob aquela proibição destacam-se, nomeadamente, os contratos de cessão e de licença, bem como certos acordos de "coexistência" de marcas idênticas ou confundíveis, que poderão, se não beneficiarem da isenção prevista no nº 3 do art. 101º, ser feridos de nulidade, como determina o nº 2 da mesma norma[1187]. No que respeita à **cessão de marcas**, o Tribunal considera actualmente que a simples celebração de um contrato de cessão, entre empresas independentes e cujos efeitos não excedam a mera transferência da titularidade do direito, escapa à proibição do nº 1 do art. 101º do TFUE. Por outras palavras, a cessão de uma marca, como aliás de outro DPI, só relevará dessa proibição se constituir *o objecto, o meio ou a consequência* de um acordo, em si próprio restritivo da concorrência. Este modo de ver as coisas foi igualmente adoptado pela Comissão, na decisão ADVOCAAT ZWARTE KIP[1188] ao condenar um acordo entre duas empresas, que envolvia a cessão de uma marca. Tal condenação, frisou a Comissão, *não visa o acordo enquanto ele comporta a cessão da marca de uma empresa para outra, mas antes o acordo aí incluído de compartimentar os mercados.*

Já no domínio das **licenças de marca**, o TJ admitiu claramente que podem surgir entraves à concorrência, eventualmente incompatíveis com as regras do Tratado[1189]. Porém, não são os contratos de licença, em si mesmos, que restringem a concorrência, se se limitarem a delegar poderes do titular no

[1185] *Idem*, Rec. p. 84. (sublinhados acrescentados).

[1186] *Ibidem*, Rec. p. 83.

[1187] Refira-se, porém, que *a nulidade automática cominada no art. 85º (2) do Tratado* [101º] *apenas abrange as cláusulas contratuais que sejam incompatíveis com o art. 85º(1)* [101º]. *As consequências de tal nulidade para o resto do acordo (...) e as obrigações pecuniárias daí derivadas não relevam do Direito Comunitário. Tais consequências devem ser determinadas pelo tribunal nacional de acordo com a lei aplicável,* conforme declarou o Tribunal de Justiça no ac. de 14.12.1983 (SOCIETÉ DE VENTE DE CIMENTS ET BÉTONS DE L'EST, Proc. 319/82, Rec. p. 4185).

[1188] Proferida em 24.07.1974, J.O. nº. L 237, de 23.08.1974, p. 12.

[1189] Ac. de 13.07.1966 (GRUNDIG.CONSTEN, Proc. 56/64 e 58/64, Rec. p. 498) e ac. de 20.06.1978 (TEPEA.COMMISSION, Proc. 28/77, Rec. p. 1415).

licenciado, para o exercício dos direitos do primeiro. Por isso, uma cláusula incluída numa licença deste tipo só suscitará objecções na medida em que não se mostrar necessária para a salvaguarda das prerrogativas incluídas no *objecto específico* do direito de marca[1190].

Relacionadas com esta matéria, estão as restrições contratuais contidas em acordos de **distribuição selectiva**, cuja validade foi recentemente apreciada no acórdão COTY GERMANY[1191], em que o TJ considerou que o art. 101º/1 do TFUE *deve ser interpretado no sentido de que um sistema de distribuição seletiva de produtos de luxo que visa, a título principal, preservar a imagem de luxo desses produtos é conforme com esta disposição, desde que a escolha dos revendedores seja efetuada em função de critérios objetivos de caráter qualitativo, fixados uniformemente para todos os potenciais revendedores e aplicados de modo não discriminatório, e que os critérios definidos não excedam o que é necessário.* Além disso, considerou admissível uma cláusula contratual *que proíbe os distribuidores autorizados de um sistema de distribuição seletiva de produtos de luxo que visa, a título principal, preservar a imagem de luxo desses produtos de recorrerem de maneira visível a plataformas terceiras para a venda na Internet dos produtos contratuais, quando essa cláusula vise preservar a imagem de luxo dos referidos produtos, seja fixada de modo uniforme e aplicada de forma não discriminatória e seja proporcional à luz do objetivo prosseguido, o que cabe ao órgão jurisdicional de reenvio verificar.*

Os acordos de "**coexistência**" de marcas, por seu lado, poderão ou não colidir com as regras da concorrência. Trata-se, fundamentalmente, de acordos entre titulares de marcas idênticas ou semelhantes, destinados a evitar que o público seja confundido pela similitude ou mesmo identidade

[1190] Neste campo, como aliás no das licenças de patente, tem predominado uma abordagem casuística das questões, pelo que o seu estudo passará pela análise das diversas cláusulas que tipicamente constam dos contratos desse género, o que extravasa do propósito desta obra. Importa mesmo assim sublinhar que nunca são admitidas cláusulas de que resulte uma *protecção territorial absoluta* dos mercados nacionais, que permitam pôr o titular ou o licenciado ao abrigo de toda e qualquer importação dos produtos colocados no mercado pela contraparte no respectivo território. Para uma análise aprofundada, cf., nomeadamente, Cornish/Llewelyn/Aplin, *Intellectual Property*... cit., pp. 297 a 315 e 818 a 820, Jehoram, Van Nispen & Huydecoper, *European Trademark Law* cit., 570 a 581, David Bainbrigdge, *Intellectual Property*, cit., pp. 875 a 889, Joliet, *La licence de marque et le droit européen de concurrence*, RTDE, 1984, p. 1 e ss; cfr. igualmente, Goldman, Lyon-Caen e Vogel, *Droit Commercial Européen*, 1994, p. 541 e ss..

[1191] Ac. de 6.12.2017 (C-230/16).

desses sinais. No entanto, sob a capa dessa legítima finalidade, pode suceder que duas ou mais empresas procedam de facto a uma *repartição de mercados* entre si, compartimentando o mercado comum, através da conclusão de acordos de delimitação de áreas geográficas ou de segmentos da procura. Para tal, as partes farão respeitar as áreas que lhes estão reservadas, recorrendo aos seus direitos de marca, mediante acções judiciais interpostas contra todos aqueles que importem, para a sua zona, produtos com a marca da contraparte. Este tipo de contratos foi já condenado pela Comissão[1192] e pelo próprio Tribunal[1193], como incompatíveis com o nº 1 do art. 101º do TFUE, que os qualificou como uma *utilização abusiva* do direito em questão. Apesar disso, a Comissão já aceitou acordos destinados a resolver problemas de semelhança de marcas. E fê-lo, porque a solução adoptada pelas partes não passava pela demarcação e repartição de zonas estanques, mas sim pela *adaptação* das marcas com vista à sua coexistência. Assim sucedeu, designadamente, nos casos PERSIL[1194], OSRAM/AIRAM[1195] e BAYER/TANABE[1196].

[1192] Decisões proferidas em 5.03.1975, (SIRDAR.PHILDAR), J.O. nº. L 125, de 16.05.75 e em 15.12.1982, (TOLTECS.DORCET), J.O. nº. L 379, de 31.12.1982.

[1193] Ac. de 30.01.1985 (BAT.COMMISSION, marcas TOLTECS/DORCET, Proc. 35/83, Rec. p. 493).

[1194] *Seventh Report on Competition Policy*, publicado pela Comissão em 1977, nº 138 e ss., em que se refere uma decisão informal relativa a um acordo entre as empresas *Unilever* e *Henkel*, referente ao uso da mesma marca PERSIL para detergentes, pelo qual admitiram a coexistência de ambas as marcas, com modificações de cor e grafia, bem como a introdução de referências adicionais.

[1195] *Eleventh Report on Competition Policy*, 1981, nº 97, que relata uma decisão informal da Comissão a propósito de um acordo de coexistência de marcas, mediante a modificação da marca mais recente, que foi aditada das iniciais da empresa titular.

[1196] *Eigth Report on Competition Policy*, 1978, nº 125 e ss., que descreve uma decisão informal aprovando uma transacção judicial entre a empresa alemã *Bayer* e a empresa japonesa *Tanabe Seiyaku Co.*, que utilizava uma marca semelhante à da famosa farmacêutica alemã, com uma cruz dentro de um círculo; deste acordo resultou a modificação da marca japonesa, através do aditamento da denominação social. Refira-se ainda um caso em que a Comissão admitiu que o conflito fosse sanado mediante a cessão de marcas de uma parte para outra, concentrando todos os direitos numa só entidade. Trata-se da decisão PENNEYS, em que há a salientar o fraco valor económico que a cedente atribuía à marca litigiosa, pois utilizava já uma outra marca para os mesmos produtos (Decisão de 23.12.1977, concedendo um certificado negativo, in *Sixth Report on Competition Policy*, 1976, nº. 165).

Do conjunto destas decisões, parece emergir o seguinte entendimento: a Comissão admite a celebração de acordos que minorem ou eliminem o risco de confusão, quando daí não resulte a abstenção de uma ou ambas as partes em colocar os seus produtos numa certa área. Pelo contrário, condenará qualquer acordo que implique essa abstenção, vendo nisso uma ilegítima repartição de mercados, especialmente se, como sucedia no caso SIRDAR. PHILDAR, as áreas reservadas a cada parte abrangerem só alguns mercados, admitindo a coexistência noutros (o que indiciará que o risco de confusão é mais aparente que real). Este ponto de vista não escapa à objecção de que a compartimentação dos mercados – na hipótese de titulares independentes de marcas iguais – não resulta dos acordos eventualmente celebrados, mas sim da própria *existência* de direitos nacionais independentes, como reconheceu o TJ no caso TERRAPIN[1197]. Sendo assim, um acordo celebrado nessas condições não extravasará do *objecto específico* do direito da marca. A meu ver, a questão só se coloca verdadeiramente nos casos de marcas *pretensa ou intencionalmente* confundíveis, em que as partes no acordo se prevaleçam da eventual semelhança existente entre os sinais como *pretexto* para repartir mercados. Nestas hipóteses, de facto, é do acordo que derivam os entraves ao comércio e não do próprio direito de marca[1198].

Até à data, o direito de marcas não tem suscitado grandes questões face à disciplina dos **abusos de posição dominante**. O exercício do direito de marca só colide com o art. 102º do TFUE se esse direito for *utilizado como*

[1197] Neste sentido, Fernández-Nóvoa, *Fundamentos de Derecho de Marcas*, cit., p. 552, Korah, *An Introductory Guide to EC Competition Law and Pratice*, 1994, p. 226, que afirma que no caso SIRDAR.PHILDAR a Comissão não defendeu a livre circulação de mercadorias mas sim a "livre circulação de marcas" e Van Bael & Bellis, *Competition Law of the EEC*, 1987, p. 181, que admitem que a Comissão haja *subestimado as dificuldades encaradas pelas empresas devido à coexistência de marcas idênticas ou confundíveis no mesmo território*, considerando que a introdução de modificações estéticas poderá não ser aconselhável nem suficiente.

[1198] É que, se as marcas forem efectivamente confundíveis (e ressalvando casos em que a confundibilidade haja sido artificial e intencionalmente criada, com objectivos contrários ao art. 101º do TFUE), o titular da marca registada em primeiro lugar poderá sempre, na falta de acordo com o titular da outra marca, impedir o uso desta no território do Estado em que disponha do exclusivo. Nestas situações, portanto, a inexistência de acordo entre os titulares das marcas terá consequência mais limitativas para a liberdade de circulação de mercadorias, na medida em que os produtos assinalados por uma das marcas não poderão circular nos territórios em que a outra se encontre registada. Ou seja, nestes casos é a mera "existência" dos direitos de marca que origina a compartimentação do mercado comum.

instrumento da exploração abusiva *daquela posição*[1199]. Não são conhecidos, na jurisprudência europeia, exemplos concretos dessa natureza, no que respeita às marcas. O TJ, até à data, limitou-se a precisar melhor certos tipos abstractos de abuso, sem todavia os detectar. Assim, declarou que *se o nível do preço de um produto não é necessariamente suficiente para revelar um abuso de posição dominante (...) pode, no entanto, pela sua importância, na ausência de justificações objectivas, constituir um indício determinante*[1200]. Por seu lado, a Comissão sustentou que uma empresa em *posição dominante numa parte substancial do mercado comum que regista uma marca, sabendo ou devendo saber que tal marca já é usada por um concorrente noutros Estados-membros, poderá infringir o artigo 86º* [hoje 102º], porquanto *esse registo restringe as oportunidades de esse concorrente penetrar no mercado dominado pela empresa em questão*[1201]. Portanto, desde que o titular da marca se limite a exercer as prerrogativas incluídas no objecto específico do seu direito, ainda que detenha uma posição dominante no mercado, esse exercício não será considerado como exploração abusiva do seu poder. Ultrapassados tais limites, a sua conduta poderá ingressar na previsão do art. 102º do TFUE, quando for susceptível de afectar o comércio entre os Estados-membros.

4.2. O exercício do direito de patente

À semelhança do que sucede com as marcas, também aqui o Tribunal de Justiça entendeu que *os direitos conferidos por um Estado-membro ao titular de uma patente não são afectados na sua existência pelas proibições dos artigos 85º [101º] parágrafo primeiro e 86º [102º] do Tratado*[1202].

[1199] Ac. de 23.05.1978, (Hoffmann-La Roche, cit., Rec. p. 1168 – sublinhado acrescentado). A noção de "exploração abusiva" não é definida pelo Tratado, que se limita a enunciar alguns exemplos. Não obstante, o TJ adiantou que considera como *tais os comportamentos de uma empresa em posição dominante que sejam de molde a influir sobre a estrutura de um mercado em que, precisamente pela presença da empresa em questão, o grau de concorrência já se encontra enfraquecido, e que tenham por efeito, pelo recurso a meios diversos daqueles que regem uma normal concorrência de produtos ou serviços (...), obstar à manutenção do grau de concorrência ainda existente no mercado ou ao desenvolvimento desta concorrência* – ac. de 13.02.1979 (HOFFMANN-LA ROCHE. COMMISSION –"Vitamines", Proc. 85/76, Rec., p. 461).

[1200] Ac. de 18.02.1971 (SIRENA, cit., Rec. p. 84).

[1201] A propósito do caso OSRAM/AIRAM, cit., *Eleventh Report on Competition Policy*, nº. 97.

[1202] Ac. de 29.02.1968 (PARKE.DAVIS, cit., Rec. p. 81).

Assim, a aplicabilidade do art. 101º no domínio das patentes, depende de o direito exclusivo constituir *o objecto, o meio ou a consequência de um acordo* restritivo da concorrência[1203]. Isto significa que a proibição contida no nº 1 e a nulidade prescrita no nº 2 desse preceito podem ser invocadas para obstar ao exercício do direito de patente. Tudo dependerá de saber se as cláusulas do acordo em apreço são necessárias à salvaguarda do seu objecto específico, ou se, pelo contrário, vão para além desse objectivo, caso em que podem ser consideradas nulas e dar lugar à aplicação de sanções.

São especialmente visados, neste domínio, os acordos de licença de patente (e, em geral, os acordos de transferência de tecnologia), que deram já origem a um acervo considerável de decisões, enquadrado por sucessivos *regulamentos de isenção por categoria*[1204]. A especificidade e a complexidade desta temática impedem o seu aprofundamento neste contexto[1205]. Ainda assim, importa sublinhar que o Tribunal de Justiça, embora admita a celebração de licenças exclusivas, não permite que se estabeleçam regimes contratuais que conduzam à denominada *protecção territorial absoluta*, ou seja, que inviabilizem as importações paralelas entre os territórios respectivos dos contraentes. Aliás, o TJ chegou a declarar, num caso deste tipo, envolvendo direitos de obtenção vegetal, que *uma licença que não afecte a posição de terceiros, designadamente importadores paralelos e licenciados para outros territórios, não é em si mesma incompatível com o artigo 85º (1) do Tratado* [hoje 101º][1206]. Por outro lado, só serão de considerar como incompatíveis com esta disposição as cláusulas que excedam aquilo que é indispensável para a salvaguarda do objecto específico do direito do titular da patente. Por exemplo, em acordos

[1203] Acs. de 31.10.1974 (CENTRAFARM.STERLING DRUG, Proc. 15/74, Rec. p. 1167) e de 25.02.1985 (WINDSURFING INTERNATIONAL, Proc. 193/83, Rec. p. 611).

[1204] Actualmente, importa especialmente atender ao Regulamento da Comissão (UE) nº 316/2014 de 21 de Março de 2014 (JO L 93 de 28.3.2014, p. 17–23; acordos de transferência de tecnologia) e ao Regulamento (UE) nº 330/2010 da Comissão de 20 de Abril de 2010 (JO L 102 de 23.04.2010), relativo à aplicação do nº 3 do art. 101º do TFUE a determinadas categorias de acordos verticais e práticas concertadas.

[1205] Sobre este tema, cf. designadamente, Cornish/Llewelyn/Aplin, *Intellectual Property...* cit., pp. 300 a 309, Jehoram, Jones/Suffrin, *EU Competition Law: Text, Cases, and Materials,* 2016, p. 530, Van Nispen & Huydecoper, *European Trademark Law* cit., 570 a 581, David Bainbrigdge, *Intellectual Property,* cit., pp. 878 a 882 e Walbroeck E Frignani, *Commentaire J. Megret,* Vol. 4, cit., pp. 745 a 789.

[1206] Ac. de 8.06.1982 (NUNGESSER, EISELE.COMISSÃO – "Semences de maïs", Proc. 258/78, Rec. p. 2069, nº 58).

de transferência de tecnologia celebrados entre empresas concorrentes, são proibidas cláusulas que restrinjam a liberdade de fixação de preços na venda a terceiros ou a repartição de mercados ou de clientes (salvo limitadas excepções); mas já são admitidas cláusulas restringindo, num acordo não recíproco, as vendas ativas pelo licenciado no território exclusivo ou ao grupo de clientes exclusivo atribuído pelo licenciante a outro licenciado, desde que este último não fosse uma empresa concorrente do licenciante no momento da conclusão da sua própria licença[1207].

No que respeita à incidência do art. 102º do TFUE sobre o direito de patente, já vimos que o seu exercício não constitui em si mesmo um abuso de posição dominante; e que a mera titularidade de um exclusivo desse tipo não confere, necessariamente, uma tal posição. Mas é evidente que as patentes são factores que contribuem para adquirir ou reforçar o poder económico típico dessa posição de domínio[1208]. Por isso, como admitiu o Tribunal de Justiça, o exercício do direito de patente pode *degenerar numa exploração abusiva* da protecção que cada Estado confere ao respectivo titular[1209]. Até à data, porém, não é conhecido qualquer exemplo concreto deste tipo, na jurisprudência europeia. As hipóteses aventadas, pelo próprio TJ, prendem-se com a prática de preços não equitativos[1210], ou com a recusa de venda dos produtos protegidos, sem justificação objectiva[1211]. Em contrapartida, a

[1207] Art. 4º/1 do Regulamento da Comissão (UE) nº 316/2014.

[1208] Assim se entendeu, designadamente, no ac. de 13.02.79 (HOFFMAN-LA ROCHE. COMISSÃO, cit., Rec. p. 643), em que o Tribunal considerou o avanço tecnológico desta empresa, consubstanciado nas patentes de que dispunha, um elemento importante para a caracterização da sua posição no mercado.

[1209] Ac. de 29.02.1968 (PARKE, DAVIS, cit., Rec. p. 81, § 97).

[1210] Embora pareça, no mínimo, estranha, a possibilidade de qualificarem como abusivos os preços de produtos patenteados. É que, se a patente se destina justamente a conferir um exclusivo ao titular, este irá usá-lo, naturalmente, para vender os seus produtos ao preço mais elevado que o mercado lhe consentir, sem que tenha que temer a concorrência directa de produtos idênticos, compreendidos no seu exclusivo. Por isso, a prática de preços elevados é a consequência lógica da atribuição das patentes e a sua principal utilidade, na óptica do inventor. Acresce que, a meu ver, seria impraticável determinar o limiar do que é abusivo ou equitativo, neste domínio, sendo duvidoso que assista ao poder judicial a competência para proceder a essa fixação.

[1211] Cf. acs. de 5.10.88, (MAXICAR.RENAULT e VOLVO.VENG UK, cit., Rec. p. 6067 e 6235), em que se discutia a admissibilidade da protecção, em sede de propriedade industrial, dos modelos de peças "originais" dos veículos automóveis, que vêm sendo registados

recusa de conceder licenças, por parte do titular, é vista como legítima: num caso referente a modelos industriais, o Tribunal confirmou que a faculdade de recusar a concessão de licenças faz parte do objecto específico do direito exclusivo e, como tal, não pode constituir um abuso[1212]. Contudo, o TJ admitiu que, em circunstâncias excepcionais, o facto de uma empresa que detém uma posição dominante recusar conceder a um terceiro uma licença para a utilização de um produto abrangido por um direito de propriedade intelectual, poderá constituir um abuso, a não ser que seja objectivamente justificada[1213].

pelos principais fabricantes com vista a reforçar a sua posição no sector das peças de substituição. Aí se analisam, também, as hipóteses de fixação de preços abusivos e de cessação prematura do fabrico de peças sobressalentes. Para um comentário a esta jurisprudência, vd. Georges Friden, *Recent developments in EEC intellectual property law: The distinction between existence and exercise revisited*, Common Market Law Review, 1989, p. 193 e ss. e BONET, RTDE, 1990, 715 e ss.

1212 Ac. de 5.10.88 (VOLVO.VENG UK, cit., Rec. p. 6236, § 11).

1213 Essas circunstâncias são as seguintes: o facto de a recusa dizer respeito a um produto ou um serviço indispensável para o exercício de determinada actividade num mercado derivado; o facto de a recusa ser susceptível de excluir toda e qualquer concorrência efectiva nesse mercado derivado; o facto de a recusa constituir um entrave ao lançamento de um produto novo para o qual exista uma procura potencial por parte dos consumidores. Esta jurisprudência, iniciada com o ac. de 6.04.95 (RTE e ITP/COMISSÃO, C-241/91 P e C-242/91 P, Col., p. I-743, "MAGILL") foi reiterada no ac. de 29.04.2004 (IMS HEALTH, C-418/01, Col., p. I-5039) e, mais recentemente, no ac. de 19.07.2007 (MICROSOFT, T-201/04, Col., p. II-3601). Sobre este ponto, cf. Luís Pinto Monteiro, *A recusa em Licenciar Direitos de Propriedade Intelectual no Direito da Concorrência*, 2010 e Cornish/Llewelyn/Aplin, *Intellectual Property...*, cit., p. 818 ss...

PATENTES

Há esgotamento
- colocação pelo titular
  - EM onde está patenteado
  - EM onde não era patenteável
- coloc. por 3º c/ consentimento
  - por licenciado
  - por empresa do mesmo grupo

critério da remuneração	critério do consentimento	
↓	↑	colocação pelo titular ou (EM onde era patenteável,
↓	↑	coloc. por 3º c/ consentimento mas não foi patentado)
↑	↑	colocação por um cessionário (do dto. para outro EM)
↓	↑	colocação por um cedente (do dto. para outro EM)

Não há esgotamento
- coloc. por 3º sem consentimento
  - EM onde não está patenteado
  - EM onde há patente do titular
  - EM sobre licença obrigatória
  - EM sob patente independente
- coloc. (pelo titular ou por 3º) no exterior do EEE

MARCAS

Há esgotamento
- colocação pelo titular
- coloc. por 3º c/ consentimento
  - por licenciado
  - por empresa do mesmo grupo
  - por empresa economicamente ligada, após cessão
- qd. haja uso abusivo dtº de marca
- qd. haja violação D. da concorrência

respeita condições	Sim	↑	reembalagem
"BOEHRINGER"?	Não	↓	
respeita condições	Sim	↑	coloc. por 3º c/ consentimento
"BMW/C.DIOR/COPAD"?	Não	↓	

Não há esgotamento
- coloc. por 3º sem consentimento
- coloc. pelo cessionário (c/ fraccionamento voluntário ou forçado, sem ligação económica posterior ou imagem de marca única e global)
- coloc. pelo cedente (sem ligação económica posterior ou imagem de marca única e global)
- coloc. por 3º com marca "paralela"
- coloc. (pelo titular ou por 3º) no exterior do EEE

Fig. nº 3 – **Quadro-síntese de aplicação da regra do esgotamento**

Capítulo XII
Negócios sobre DPI

1. Introdução

Independentemente da concepção que se tenha sobre a natureza da Propriedade Industrial, é inegável que as patentes, as marcas e a maioria dos DPI constituem bens susceptíveis de avaliação económica, podendo ser objecto de negócios de vária ordem e gerar receitas que aproveitam aos respectivos titulares[1214].

O retorno económico decorrente de um DPI nem sempre resulta da *exploração directa* do seu objecto. Frequentemente, este resultado obtém-se por via indirecta, seja como preço de uma *transmissão definitiva* do direito a favor de outrem, seja como contrapartida de *licenças de exploração*, concedidas a terceiros pelo respectivo titular, que conserva, nesta última hipótese, a titularidade do DPI. Noutros casos, ainda, a exploração do direito faz-se no contexto de contratos de âmbito mais vasto, nomeadamente contratos de distribuição ou de transferência de tecnologia, em que o consentimento para o uso dos sinais distintivos ou da invenção protegida assume um papel

[1214] Para uma panorâmica geral a respeito dos diversos negócios relacionados com os DPI, cf. AAVV, Ferreira de Almeida / Couto Gonçalves / Cláudia Trabuco (org.), *Contratos de Direito de Autor e de Direito Industrial,* 2011. No que respeita especificamente às Marcas da UE e aos DMC, cf. Andreas Renk, *Concise...* cit., pp. 169-187 e 678-687. Para uma perspectiva anglo-saxónica, cf. Cornish/Llewelyn/Aplin, *Intellectual Property ...,* cit. 2019, pp. 7-002 ss. e 13-004 ss..

menos central do que nos puros contratos de licença. Mas nem todos os DPI são livremente transaccionáveis. Como adiante veremos, alguns deles estão sujeitos a restrições e condições, relacionadas com a natureza do direito ou com imperativos de defesa dos consumidores, a fim de evitar confusões acerca do objecto assinalado.

Por outro lado, os direitos emergentes de patentes, de modelos de utilidade e do registo dos demais DPI (desenhos ou modelos, marcas, logótipos e outros sinais distintivos) constituem *bens penhoráveis*, no âmbito de processos executivos, podendo ser sujeitos a penhora e arresto[1215]. Além disso, a lei admite expressamente que os mesmos sejam objecto de *direitos reais de garantia* (podendo ser dados em penhor[1216]) e de outros direitos reais, como por exemplo o *usufruto*[1217]. Note-se que, apesar de estarmos perante bens imateriais, a constituição destes direitos absolutos e a sua disciplina ficam sujeitas às normas que regulam os direitos reais sobre bens corpóreos. Não por acaso, o nº 2 do art. 1303º do Código Civil manda aplicar as suas disposições à propriedade industrial, *quando se harmonizem com a natureza* dos DPI e *não contrariem o regime para eles especialmente estabelecido*. Por seu lado, os regulamentos europeus disciplinam estas matérias sob as epígrafes a Marca da UE e os DMC "enquanto objecto de propriedade".

A celebração destes negócios serve, simultaneamente, interesses de ordem geral (v.g., difusão da tecnologia, aperfeiçoamento da distribuição de bens e serviços) e de carácter individual. Por exemplo, o licenciamento de uma patente permite ao seu titular maximizar o retorno económico do invento, rentabilizar custos de investigação e desenvolvimento, descentralizar a produção e exploração da tecnologia ou penetrar em mercados de acesso difícil ou oneroso, com a colaboração de quem neles já esteja instalado; e permite, ao licenciado, aceder a tecnologia avançada sem grande investimento inicial ou utilizar um sinal distintivo já conhecido no mercado.

Estes contratos envolvem, frequentemente, restrições à *concorrência*, ficando abrangidos pela disciplina – nacional e da União Europeia – que regula esta matéria. Por isso, a respectiva celebração deve ser rodeada de

1215 Art. 6º do CPI, que admite essa possibilidade mesmo relativamente aos direitos emergentes dos pedidos. O mesmo sucede com a Marca da UE (art. 23º do RMUE) e com os DMC (art. 30º do RDM).

1216 Arts. 6º do CPI, 22º do RMUE e 29º do RDM.

1217 Arts. 29º/1/c) do CPI, 22º do RMUE e 29º do RDM.

grandes cautelas, especialmente quando impliquem restrições territoriais no interior do mercado interno ou obrigações contratuais que vão para além do conteúdo típico deste género de acordos. Neste contexto, é fundamental ter em atenção os *regulamentos de isenção por categoria* – relativos aos acordos de transferência de tecnologia e aos chamados "acordos verticais" –, que enunciam os parâmetros de admissibilidade das cláusulas mais frequentemente vertidas nesses tipos de contrato[1218].

2. Transmissão

A transmissão de um DPI, por vezes também denominada "cessão", consiste numa *alienação* da titularidade do direito, que assim se transfere para a esfera jurídica de um terceiro. Nisso se distingue da licença de exploração, que não envolve essa transferência, continuando o direito a pertencer ao titular licenciante[1219]. Esta distinção é fundamental, podendo revelar-se decisiva em diversas situações: por exemplo, só o titular do DPI pode *renunciar* à sua titularidade junto do INPI ou pedir o *restabelecimento* do direito, nos termos dos arts. 8º e 37º do CPI [1220]; em caso de *incumprimento* contratual do licenciado ou mesmo de *insolvência* deste (se tal estiver contratualmente

[1218] Cf. respectivamente o Regulamento da Comissão (UE) nº 316/2014 de 21 de Março de 2014 (JO L 93 de 28.3.2014, p. 17–23; acordos de transferência de tecnologia) e Regulamento (UE) nº 330/2010 da Comissão de 20 de Abril de 2010 (JO L 102 de 23.04.2010), relativo à aplicação do nº 3 do art. 101º do Tratado sobre o Funcionamento da União Europeia a determinadas categorias de acordos verticais e práticas concertadas. Textos actualizados disponíveis in http://eur-lex.europa.eu.

[1219] Acerca da transmissão da marca, cf. MARIA MIGUEL CARVALHO, *A Transmissão da Marca,* in Direito Industrial, Vol. VI, 2009, pp. 183 a 215 e *Contratos de Transmissão e de Licença de Marca,* in AAVV, *Contratos de Direito de Autor...* cit., p. 477 ss.. No entanto, há situações em que não será fácil distinguir a transmissão da licença, nomeadamente quando se trate de uma licença única e exclusiva, concedida por todo o tempo de duração do direito, em que o titular fique impedido de explorar o direito. Nesses casos, como sublinha REMÉDIO MARQUES, a designação que as partes dêem ao contrato não vincula decisivamente o intérprete – *Licenças (Voluntárias e Obrigatórias) de Direitos de Propriedade Industrial,* 2008, p. 36 – havendo, pois, que atender ao conteúdo do contrato para aferir se as partes quiseram transferir a titularidade do direito de um contraente para o outro. Segundo este autor, *na dúvida, e salvo estipulação expressa em contrário, deverá entender-se que as partes terão querido celebrar um contrato de licença e não um contrato de transmissão* (ob. cit., p. 75).

[1220] Apesar disso, em caso de renúncia, o art. 37º/5 do CPI permite que os titulares de direitos derivados que estejam averbados (v.g., licenciados), *se substituam ao titular do direito principal, na medida necessária à salvaguarda desses direitos.*

previsto), o titular do direito pode pôr termo à licença, conservando integralmente o seu direito.

No caso da transmissão, o titular do DPI não se limita a *autorizar* um terceiro a praticar certos actos contidos no âmbito do seu exclusivo; ele *transfere* para o sujeito passivo a titularidade dos direitos, poderes e faculdades em que aquele DPI se traduz, deixando de ser titular dos mesmos[1221]. Contudo, nada impede que a transmissão se faça *sob reserva*, podendo o transmitente, ao abrigo do art. 409º do CC, conservar a titularidade do direito *até ao cumprimento total ou parcial das obrigações da outra parte ou até à verificação de qualquer outro evento*[1222]. Além disso, a aplicação subsidiária do Direito Civil à propriedade industrial permite sujeitar a transmissão dos DPI ao regime da *venda a retro*, em que se reconhece ao vendedor a faculdade de resolver o contrato (arts. 927º e ss. do CC). Acrescente-se que a transmissão dos DPI não inclui certas prerrogativas, não patrimoniais, como por exemplo o direito do inventor a ser mencionado como tal no título da patente (art. 60º/1 do CPI), que perduram mesmo após a celebração do contrato.

Note-se que a transmissão do direito pode ser total ou meramente *parcial*. Contudo, esta cessão parcial – que pressupõe uma *partição* do direito originário – não é admitida para os direitos emergentes de patentes, MU e topografias de semicondutores, conforme passou a dispor o nº 1 do art. 30º do CPI de 2018[1223]. Assim, o titular de uma marca pode cedê-la para uma parte dos produtos ou serviços para os quais esteja registada, mantendo em seu nome o registo relativo aos produtos ou serviços restantes[1224]. Da mesma forma, o titular de um desenho ou modelo múltiplo (isto é, composto por

1221 Como ensina Remédio Marques (*Licenças*... cit., p. 35), nas transmissões *o adquirente, através de uma aquisição derivada translativa, fica titular de direitos absolutos oponíveis erga omnes aos terceiros (e ao próprio transmitente) cujas actividades económicas conflituem com o âmbito de protecção dos direitos transmitidos.*

1222 Para ser oponível a terceiros, esta cláusula terá que ser objecto de registo (art. 409º/2 do CC), através de averbamento no INPI [art. 29º/1/c) do CPI].

1223 Na verdade, como já referia na 1ª edição deste *Direito Industrial*, p. 398, não era concebível que o titular de uma patente de invenção transmitisse apenas uma parte das reivindicações, visto que todas elas derivam da solução técnica objecto da patente. Nesse sentido, Osório De Castro, *Os efeitos da nulidade da patente sobre o contrato de licença da invenção patenteada*, 1994, pp. 65 a 68 e Remédio Marques, *Licenças*..., cit., pp. 33 e 34.

1224 Arts. 256º/1 e 3 do CPI e 20º /1 do RMUE. O CPI de 2018 passou a admitir expressamente pedidos e registos divisionários de marca, no novo art. 225º, de duvidosa utilidade.

vários produtos, conforme prevê o art. 186º do CPI) poderá cedê-lo para uma parte desses objectos. A transmissão do DPI para apenas uma parte do *território* em que este vigora é que não será de todo admissível, pois estamos perante direitos unitários, sendo inconcebível ceder o registo de uma marca só para a região do Algarve, mantendo-o para o restante território nacional...

A transmissão pode ser feita a título gratuito ou oneroso (art. 30º/1 do CPI), podendo resultar, nomeadamente, de uma venda, uma doação, transmissão sucessória, dação em pagamento, permuta ou de uma entrada em sociedade. Quando realizada a título oneroso, o preço a receber pelo titular pode consistir em dinheiro ou em espécie, embora seja habitualmente fixada em dinheiro. A contrapartida estipulada pode ser um quantitativo fixo (*lump sum*) ou variável (*royalties*), ficando neste último caso indexada a factores como, por exemplo, o volume de vendas ou os resultados líquidos da exploração do invento, pelo adquirente. O seu pagamento poderá ocorrer de uma só vez ou ser fraccionado no tempo. Há aqui uma completa liberdade contratual[1225].

As **condições** de que depende a transmissão dos DPI variam consoante as respectivas modalidades. A transmissão das patentes, MU e DM não está sujeita a condicionantes especiais. Já a transmissão do registo de marca está sujeita à regra do nº 2 do art. 256º do CPI, dispondo que *a transmissão da totalidade da empresa implica a transmissão da marca, salvo estipulação em contrário ou se das circunstâncias decorrer claramente o contrário*[1226]. Paralelamente, a transmissão do registo de logótipo, *quando seja usado num estabelecimento*, só pode transmitir-se *com o estabelecimento, ou parte do estabelecimento,* a que esse sinal está ligado (art. 295º/1 do CPI), havendo mesmo uma presunção de que *a transmissão do estabelecimento envolve o respectivo logótipo.* No entanto, como o CPI admite que esse efeito não se produza quando *o transmitente o reserve para outro estabelecimento, presente ou futuro* (ou seja, se não quiser transmiti-lo...), o efeito prático destas disposições é meramente supletivo[1227]. No que

[1225] Cf. Oehen Mendes, *Contratos de Transmissão de Patentes,* in AAVV, *Contratos de Direito de Autor...*, cit., p. 383.

[1226] Além disso, o art. 257º proíbe a transmissão das marcas registadas em nome dos organismos que tutelam ou controlam actividades económicas, *salvo disposição especial de lei, estatutos ou regulamentos internos.*

[1227] Art. 295º/2 do CPI. Algo enigmática é a fórmula do nº 3 do art. 30º do CPI que dispõe: *se no logótipo ou na marca figurar o nome individual, a firma ou a denominação social do titular ou requerente do respectivo registo, ou de quem ele represente, é necessária cláusula para a sua transmissão.*

respeita à firma, a sua aquisição é proibida se for feita *sem a do estabelecimento a que se achar ligada* (e, mesmo assim, apenas no que respeita às firmas de comerciantes individuais[1228]). Relativamente às denominações de origem e indicações geográficas a lei é omissa, o que poderia levar a concluir pela intransmissibilidade do respectivo registo – tendo em conta que estes sinais *constituem propriedade comum dos residentes ou estabelecidos na localidade, região ou território, de modo efectivo e sério* (art. 305º/4 do CPI). No entanto, creio que deve aplicar-se aqui, por analogia, o regime previsto para *as marcas registadas por organismos que tutelam ou controlam actividades económicas*, que só admite a transmissão quando prevista em norma legal, estatutária ou regulamentar[1229]. A titularidade das recompensas é, igualmente, passível de transmissão, desde que acompanhadas do estabelecimento a que respeitem, quando seja caso disso (art. 278º do CPI).

E qual será a consequência do desrespeito dessas condições? Por outras palavras, se alguém transmitir um registo de logótipo sem a concomitante transmissão do estabelecimento a que respeite (ou uma firma não acompanhada do estabelecimento a que se achar ligada), quais os efeitos da falta de cumprimento dos preceitos acima referidos? Não sendo preenchidos os requisitos *substanciais* fixados na lei, parece inevitável concluir-se pela nulidade da transmissão, por violação de norma legal imperativa[1230]. Estando em causa a violação de requisitos de *forma*, tudo dependerá da respectiva natureza. Tratando-se de requisitos *ad substantiam*, a sua falta acarretará,

Admite-se que esta exigência de "cláusula" signifique que é necessária uma autorização *explícita* do titular para que esse nome ou firma continue a figurar no sinal distintivo transmitido. Mas esta autorização parece redundante, para quem já manifesta necessariamente a vontade de transmitir o sinal...

1228 Art. 44º/4 do DL 129/98, de 13 de Maio. No caso da firma das pessoas colectivas, essa transmissão nem sequer é admissível, pois a firma constitui o nome dessa entidade, sendo um elemento essencial da sua personalidade jurídica, que não pode ser alienado. O que não impede, naturalmente, que uma sociedade convencione com outra alterar a sua denominação actual, para deixar livre essa designação e permitir que esta seja adoptada por outrem (na medida em que daí não resulte confusão no mercado ou infracção ao princípio da verdade).

1229 Art. 263º do CPI. Esta transmissão pode justificar-se, por exemplo, quando ocorra uma transferência de competências para outra entidade certificadora de um determinado produto.

1230 Art. 280º/1 do CC. No caso do logótipo, esta conclusão terá que ser relativizada quando este sinal distintivo sirva para assinalar diversos estabelecimentos em simultâneo (pelo que pode a transmissão do registo não ser acompanhada da transmissão de todos eles).

igualmente, a nulidade da cessão (art. 220º do CC); se a exigência de forma constituir mero requisito *ad probationem*, o incumprimento só afectará a eficácia da transmissão, nos termos que abaixo veremos.

Admite-se ainda que se transmitam os direitos emergentes dos *pedidos* de registo de DPI[1231], numa fase em que ainda será incerto o destino desses pedidos, que podem vir a ser rejeitados, embora nessa fase já possa existir uma protecção provisória dos direitos do requerente do registo[1232], pelo que se trata já de algo mais que uma mera expectativa jurídica.

A transmissão dos DPI, para produzir efeitos em relação a terceiros, deve ser **averbada** no INPI[1233]. No caso de transmissão *inter vivos*, é imprescindível a *redução a escrito* do acto de transmissão, exigindo-se ainda – quando seja o cedente a requerer o averbamento – que o cessionário manifeste por escrito a sua intenção de adquirir o direito (seja no próprio contrato de transmissão, seja em declaração autónoma)[1234]. No entanto, atenta a redacção desta norma, estaremos apenas perante uma formalidade *ad probationem*, imposta por motivos de segurança jurídica e não de uma formalidade *ad substantiam*; o que significa que uma transmissão não realizada por escrito é válida e eficaz entre as partes, apenas carecendo de eficácia em relação a terceiros (já que esta depende de averbamento no INPI, que pressupõe prova documental[1235]). Já no que respeita à Marca da UE, a própria validade da transmissão depende da formalização por escrito assinado pelas partes, salvo se resultar de sentença, conforme dispõe o nº 3 do art. 20º do RMUE, que fulmina com a nulidade a falta desse requisito (aqui, sim, uma formalidade *ad substantiam*). O mesmo se diga quanto à transmissão dos pedidos de patente europeia, que podem ser cedidos mediante escrito assinado por ambas as partes[1236]. Relativamente aos DMC, não existe uma exigência equivalente,

[1231] Arts. 30º/2 do CPI, 28º do RMUE e 34º/2 do RDM.

[1232] Arts. 5º do CPI e 11º/3 do RMUE.

[1233] Art. 29º/2 do CPI. No entanto, o nº 3 deste preceito esclarece que a falta de averbamento não impede a oponibilidade entre as partes ou os seus sucessores. Quanto às MUE, cf. o art. 27º do RMUE. Relativamente aos DMC, cf. o art. 33º do RDM.

[1234] Art. 30º/4 do CPI. Para averbamento da transmissão *mortis causa* será, igualmente, necessária prova documental da qualidade de sucessor do titular e da aquisição do DPI (habilitação de herdeiros e, sendo caso disso, testamento ou acto de partilhas).

[1235] Neste sentido, Remédio Marques, *Licenças*... cit., pp. 81 e 82 e Oehen Mendes, *Contratos de Transmissão de Patentes*, cit., p. 379.

[1236] Art. 72º da CPE. Como é óbvio, esta convenção não regula a transmissão das próprias patentes (nacionais) que venham a conceder-se pela via europeia, pois essa matéria releva

havendo apenas – no que respeita à oponibilidade a terceiros do acto de transmissão –, uma remissão para o direito do Estado-Membro em que o titular tenha a sua sede, domicílio, ou estabelecimento estável (art. 33º/1 do RDM).

Frequentemente, os contratos de transmissão de DPI do foro tecnológico são acompanhados pela estipulação de obrigações complementares, como por exemplo o dever de disponibilizar os aperfeiçoamentos futuros dessa tecnologia (seja mediante nova cessão, seja através de licenças), ou pela cessão de "know-how" ou por deveres de formação ou de assistência técnica. No entanto, mesmo que tal não suceda, existem certos deveres acessórios de conduta, por banda do transmitente, no sentido de prestar ao adquirente a cooperação necessária à formalização da transmissão e à normal exploração do invento[1237].

3. Licença

Como vimos, a licença não transfere para o licenciado a titularidade do direito, que permanece na esfera jurídica do seu titular, licenciante. A definição do contrato de licença é largamente influenciada pela concepção que se adopte acerca da natureza dos DPI. Para quem os considere direitos de monopólio – servindo essencialmente para proibir a terceiros a prática de actos reservados em exclusivo ao titular[1238] – é fácil definir a licença: esta consiste numa *autorização* concedida pelo titular de um DPI a um terceiro, para que este exerça, no todo ou em parte, as prerrogativas exclusivas que decorrem daquele direito. Por outras palavras, a licença é uma permissão dada a um terceiro para praticar actos que, na sua falta, constituiriam violação de um DPI[1239].

já do direito interno de cada Estado.

1237 Tal sempre resultaria, no mínimo, do dever geral de boa-fé no cumprimento dos contratos, prescrito pelo art. 762º/2 do CC. Sobre este aspecto, cf. OEHEN MENDES, *Contratos de Transmissão de Patentes*, cit., p. 382.

1238 Concepção que perfilho e justifico no nº 3 do Capítulo I.

1239 Neste sentido, BENTLY e SHERMAN, falando de licenças de marca, afirmam que, *at a basic level, a licence is merely a permission to do an act that would otherwise be prohibited without the consent of the trade mark owner* (*Intellectual Property Law*, cit., p. 950). Para uma concepção mais ampla do contrato de licença, cf. REMÉDIO MARQUES, *Licenças...* cit, pp. 18 a 31, que entende que as licenças não são *reconduzíveis a uma simples renúncia do direito de actuar contra terceiros*, envolvendo ainda a vertente positiva da transmissão do direito a exercer as

3.1. Conceito

É evidente que, na prática, os contratos de licença não se resumem a essa simples permissão. Vão muito para além da mera renúncia do titular a demandar o licenciado devido à exploração do objecto do seu direito exclusivo. A generalidade dos contratos de licença atribui ao licenciado um conjunto mais ou menos alargado das faculdades e poderes que a lei reconhece ao titular do DPI. Mas esse conteúdo "positivo" do contrato de licença é meramente *acidental*, tendo uma origem contratual, pois nem deriva da lei nem resulta da natureza deste tipo de contrato. É certo que, como dispõe o nº 4 do art. 31º do CPI, *o licenciado goza, para todos os efeitos legais, das faculdades conferidas ao titular do direito objecto da licença*, com ressalva dos poderes dispositivos. Mas essa norma admite *estipulação em contrário*, o que significa que está dependente da vontade do licenciante, que poderá aceitar, ou não, que esse conteúdo positivo acresça à mera permissão em que se traduz a licença[1240].

Por isso, mesmo nos casos em que a lei reconhece ao licenciado o poder de demandar infractores que infrinjam o direito exclusivo[1241], estamos perante

faculdades que a lei reserva ao titular dos DPI. A meu ver, essa vertente positiva não constitui um traço essencial da figura da licença, mas meramente acidental, pois pode ser afastada mediante estipulação contratual (art. 31º/4 do CPI). Ou seja, são concebíveis licenças em que o licenciado apenas beneficia do direito de usar um sinal distintivo ou de empregar uma tecnologia, mas sem gozar da faculdade de agir contra terceiros que infrinjam o DPI. É o que sucede, por exemplo, com licenças concedidas na sequência de litígios judiciais, prevendo a "coexistência" de actividades ou o uso de sinais passíveis de infringir DPI, em que uma das partes fica autorizada a continuar a praticar um determinado acto, renunciando a outra a agir contra ela.

[1240] Por esse motivo, não subscrevo o entendimento de REMÉDIO MARQUES (*Licenças...*, cit., pp. 20 e 21), quando afirma que *a licença de direitos de propriedade industrial origina direitos absolutos na esfera jurídica do licenciado, aí onde as faculdades jurídicas autorizadas são faculdades inerentes ao concreto "tipo" ou "categoria" de propriedade industrial que foi objecto de licença.* A este respeito, COUTO GONÇALVES sublinha que *os poderes do licenciado resultam do contrato e a relação da licença é uma relação intersubjectiva e não uma relação dominial*, não tendo por isso *natureza real* (*Manual...* cit., p. 319).

[1241] No caso da Marca da UE, o art. 25º/3 do RMUE vai ao ponto de reconhecer ao *titular de uma licença exclusiva* o poder de instaurar um processo por contrafacção *se, após notificação, o próprio titular não desencadear uma acção de contrafacção dentro de um prazo adequado.* Idêntica solução consta do art. 32º/3 do RDM, para os DMC. Contudo, o legislador português não consagra *imperativamente* esta prerrogativa do licenciado, nem sequer nos casos de licenças exclusivas, admitindo que haja *estipulação expressa em contrário* (art. 31º/4 do CPI).

uma legitimidade *derivada*, de origem contratual, agindo o licenciado por delegação do titular, que conserva, salvo convenção em contrário, a legitimidade originária para tutela do seu direito[1242].

Ao caracterizar o contrato de licença, a doutrina sublinha frequentemente a sua analogia com a locação, que justifica a aplicação subsidiária do regime desta, pelo menos quando esteja em causa uma licença onerosa. Na verdade, a licença tem muito em comum com esta figura, que também envolve a cedência temporária da utilização de um bem que permanece na titularidade do cedente, o qual, findo o contrato, recupera na plenitude a disponibilidade do mesmo. No entanto, distingue-se bem da locação, sobretudo pelo seu objecto, pois não versa sobre um bem corpóreo, sujeito ao direito de propriedade, mas sim sobre um direito de monopólio, que além do mais pode ser gozado simultaneamente pelos dois contraentes e até por outras pessoas, se a licença não for exclusiva[1243].

[1242] Nessa medida, também discordo de Remédio Marques (*Licenças...* cit., p. 24) quando este – na hipótese de se estipular *expressamente que o licenciado não goza das faculdades atribuídas ao titular* do DPI – reconhece ao licenciado *o poder de deduzir providências cautelares, para o efeito de evitar ou prevenir o agravamento dos danos causados por essa violação, pelo menos após o momento em que haja notificado o titular da ocorrência da infracção, e enquanto o titular não reagir.* Desde logo, porque nessa hipótese o titular conservou, intacta, a sua margem de liberdade para decidir como, quando e contra quem agir para tutela do seu direito (imagine-se que não quis demandar um contrafactor por ser seu amigo, ou um bom cliente ou por temer retaliações). Se o titular não conferiu ao licenciado poderes para agir, este nunca poderá actuar sem autorização daquele, e menos ainda contra a sua vontade. Acresce que, relativamente às *providências cautelares*, existe a objecção suplementar resultante da sua *instrumentalidade* e *dependência* relativamente à acção principal: uma providência cautelar só é admissível quando vise conservar ou antecipar os efeitos do direito que o seu titular exerce na acção. Ora, neste caso, se o licenciado não goza do direito de demandar os infractores, não poderá proteger esse direito em sede cautelar.

[1243] Embora com uma concepção distinta do contrato de licença (que qualificava como um *contrato de locação*, dotado de um *conteúdo positivo*), Couto Gonçalves (*Manual...* cit., 2008, pp. 358 a 361), reconhecia que *a locação não assenta como uma luva à licença,* dado incidir sobre uma coisa incorpórea, *ubíqua e repetível,* que é passível de *utilização em simultâneo por diferentes pessoas.* Na edição de 2019 (p. 320), este autor acrescenta que *o conceito civilista de locação não exclui a possibilidade de abranger coisas incorpóreas,* defendendo *uma interpretação objetivista e atualista da norma civilista.*

3.2. Regime

O contrato de licença está sujeito à **forma** escrita[1244], só produzindo efeitos em relação a terceiros após o seu averbamento no INPI (art. 29º/2 do CPI). O mesmo se diga quanto à *oponibilidade a terceiros* das licenças de marcas da UE (art. 27º/1 do RMUE) e dos DMC (art. 33º/2 do RDM). Isto significa que o licenciado não pode agir contra infractores por actos praticados *antes* da publicação do averbamento da sua licença[1245]. Trata-se, por isso, de uma formalidade com grande relevância prática, para a tutela efectiva dos DPI.

A licença destina-se, essencialmente, a permitir que o licenciado explore um DPI alheio, sendo frequente a designação "licença de exploração". Pode assumir as mais variadas **modalidades**[1246]. Pode ser total ou *parcial* (v.g., abrangendo apenas algumas das faculdades que integram o direito: produção, comercialização ou só assistência técnica; ou determinado círculo de clientes; ou certo tipo de produtos ou de serviços). Pode ser concedida para todo o território abrangido pelo exclusivo ou apenas para *certa zona* (v.g, as regiões autónomas dos Açores e da Madeira; ou o território da França, tratando-se de uma MUE ou de um DMC). Por todo o tempo da sua duração ou por *prazo inferior*.

A licença pode ser concedida a título *gratuito* ou *oneroso*. A remuneração contratual (tradicionalmente designada por *royalties* ou *redevances*) pode ser definida ou calculada das mais variadas formas. Pode consistir numa quantia fixa, previamente fixada (*a forfait*) ou a estabelecer posteriormente; paga de uma vez (*lump sum*) ou em prestações periódicas. Ou uma quantia variável em função de variados factores como as quantidades produzidas

1244 Art. 31º/3 do CPI. Note-se que, no contrato de licença, a forma escrita é já uma formalidade *ad substantiam* e não meramente *ad probationem* (como sucede com a transmissão), conforme resulta da diversidade de redacção deste nº 3 face ao nº 4 do art. 30º. Neste sentido, ac. RL de 5.05.2011 (rel. Vaz Gomes; marca "PMO Consulting", in www.dgsi.pt), considerando nulo um contrato de licença verbal. Este aresto (que nesta parte parece acertado) causa, porém, alguma estranheza por haver proibido ao contitular de um registo de marca o uso deste mesmo sinal, numa providência cautelar requerida pelo outro contitular do registo; isto porque o regime da compropriedade permite a qualquer dos consortes usar a coisa comum, contanto que não a empregue para fim diferente daquele a que a coisa se destina e não prive os outros comproprietários do uso a que igualmente têm direito (art. 1406º/1 do CC).

1245 Neste sentido, Remédio Marques, *Licença...* cit., p. 30. Quanto às MUE e DMC, cf. Andreas Renck, *Concise...* cit., p. 185 e 686.

1246 Cf. arts. 31º do CPI, 25º do RMUE e 32º do RDM.

ou comercializadas, o volume de negócios (com ou sem valores mínimos) ou a margem de lucro obtida. Para esse efeito, é aconselhável prever e disciplinar contratualmente mecanismos de *controlo* das variáveis relevantes para cálculo da remuneração (v.g., informação regular, fiscalização, acesso a instalações ou a programas de contabilidade, fornecimento pelo licenciante de etiquetas de autenticação).

Além disso, a licença pode ser *exclusiva* ou não exclusiva. A nossa lei designa por "exclusiva" *aquela em que o titular do direito renuncia à faculdade de conceder outras licenças para os direitos objecto da licença, enquanto esta se mantiver em vigor*[1247]. Ou seja, para o nosso legislador, "exclusiva" é sinónimo de "única" (*sole licence*, na terminologia inglesa). Todavia, esse tipo de exclusividade *não obsta a que o titular possa, também, explorar directamente o direito objecto de licença, salvo estipulação em contrário* (art. 31º/7 do CPI). Abstraindo da manifesta desadequação desta terminologia, o que interessa reter é que um licenciado que pretenda beneficiar de uma verdadeira exclusividade (isto é, do direito de ser *o único* a poder explorar o objecto licenciado), deve fazer consignar no contrato que o próprio licenciante fica impedido de explorar esse objecto e de conceder outras licenças que permitam essa exploração (até porque, no silêncio do contrato, a licença se presume não exclusiva).

Uma das cláusulas habitualmente incluídas nos contratos de licença respeita à *obrigação de exploração* do objecto do DPI, por parte do licenciado. Isso deve-se, pelo menos, a duas razões: por um lado, para estipular *quantidades mínimas* de produção ou de comercialização, a fim de garantir um certo valor de *royalties* (quando seja caso disso); por outro, para assegurar que o direito é *efectivamente* explorado, o que é relevante para afastar as consequências negativas da falta ou insuficiência de exploração: caducidade pelo não uso da marca ou do logótipo[1248] e admissibilidade de licenças obrigatórias de patente (art. 109º do CPI).

Uma questão complexa e assaz controvertida respeita às **consequências** da violação, pelo licenciado, de cláusulas do contrato. Esse incumprimento gera apenas responsabilidade contratual, ou poderá ir além disso,

[1247] Cf. art. 31º/5 e 6 do CPI. Prevendo estas modalidades, mas sem as definir, cf. os arts. 25º/1 do RMUE e 32º/1 do RDM.

[1248] Arts. 268º e 298º do CPI e 58º/1/a) do RMUE. Importa sublinhar que, nos termos do art. 267º/1/a) do CPI, o uso da marca por parte do licenciado equivale ao uso pelo titular, para efeitos de impedir a caducidade do registo.

gerando responsabilidade extracontratual e criminal? E quais poderão ser as repercussões quanto a terceiros? Poderão levar a apreensão de produtos já introduzidos no comércio em infracção ao contrato de licença? Estas questões entrecruzam-se com a incidência do princípio do esgotamento dos DPI[1249], do qual resulta que os poderes do titular se esgotam relativamente aos produtos que tenham sido colocados no mercado por si ou com o seu consentimento (o que abrangerá as situações em que a introdução no comércio seja obra de um licenciado). Sendo assim, importa saber até que ponto a colocação de um produto no mercado – pelo licenciado, mas em violação do contrato de licença – poderá considerar-se abrangida pelo consentimento do titular, esgotando por isso o direito deste último.

As respostas a dar àquelas interrogações dependem do tipo de cláusula que for violada pelo licenciado. Se for uma cláusula que tenha a ver com o *núcleo essencial* do direito licenciado, o titular deve poder agir para impedir a comercialização dos produtos indevidamente lançados no mercado. Assim sucede com as cláusulas que definem o *prazo* de duração da licença, a *identidade* do explorador (v.g. que proíbem a concessão de sub-licenças ou a cessão da posição contratual) e os *actos de exploração* autorizados (produção, utilização, venda, produtos ou serviços abrangidos). A que devem acrescentar-se ainda as cláusulas que especificam o *território* em que a marca pode ser *aposta* ou o invento pode ser *utilizado* e aquelas que definem a *identidade* da marca a usar. Estas cláusulas delimitam a *esfera do consentimento do titular* – que já não existe, se o prazo findou, ou que nunca existiu, se é outro o território onde ocorre a aposição da marca, se os actos praticados são diversos dos autorizados ou se é outra a pessoa que explora o direito[1250].

[1249] Já analisado no nº 3 do Capítulo XI.

[1250] Nesta perspectiva, importa referir que o RMUE (art. 26º/2) dispõe que *o titular da marca da UE pode invocar os direitos conferidos por essa marca em oposição a um licenciado que infrinja uma das* cláusulas *do contrato de licença no que respeite* ao seu *prazo* de validade; à *forma* abrangida pelo registo sob a qual a marca pode ser utilizada; à *natureza* dos produtos ou serviços para os quais a licença foi concedida; ao *território* no qual a marca pode ser aposta; ou à *qualidade* dos produtos fabricados ou dos serviços fornecidos pelo licenciado. Na mesma linha, o art. 32º/1 do RDM dispõe que, *sem prejuízo de eventuais acções baseadas no direito do contrato, o titular pode invocar os direitos conferidos pelo desenho ou modelo comunitário em oposição a um licenciado que infrinja qualquer cláusula do contrato de licença relativamente ao respectivo prazo de validade, à forma como o desenho ou modelo pode ser utilizado, ao leque de produtos para os quais a licença é concedida e à qualidade dos produtos fabricados pelo licenciado.*

Pelo contrário, se a infracção respeitar unicamente a cláusulas contratuais consideradas *acessórias*, por não dizerem respeito ao objecto específico do DPI em questão, as respectivas consequências devem ser apenas obrigacionais. Ou seja, a sua violação envolverá mera responsabilidade contratual, mas não responsabilidade extracontratual nem delitual, devendo considerar-se que os produtos indevidamente lançados no mercado ficam sujeitos ao esgotamento do direito do titular (que não pode assim impedir a sua circulação ou comercialização). A meu ver, tal será o caso, nomeadamente, da violação de cláusulas relativas a *prazos de pagamento* dos royalties, das *quantidades* a produzir ou comercializar[1251], de *preços de venda* mínimos ou de *clientelas* a abastecer.

E que dizer quando o licenciado infrinja as prescrições contratuais definido a *qualidade* dos produtos fabricados ou dos serviços prestados, ou os *limites territoriais* dentro dos quais poderá vender os produtos ou prestar os serviços licenciados?[1252]. A resposta a estas questões foi dada pelo Tribunal de Justiça no caso COPAD[1253], ao decidir que *a comercialização pelo licenciado de produtos que ostentam a marca, em desrespeito de uma cláusula do contrato de licença, é considerada feita sem o consentimento do titular da marca quando se demonstre que esta cláusula corresponde a uma das previstas no artigo 8º, nº 2, da directiva,* entre as quais figuram as cláusulas relativa ao território no qual a marca pode ser *aposta* e à *qualidade* dos produtos fabricados ou dos serviços fornecidos pelo licenciado. Nesse acórdão, o TJ sublinhou o carácter *taxativo* do elenco das cláusulas referidas no citado art. 8º/2 – hoje, art. 26º/2 da Dir. (UE) 2015/2436, transposto para o nº 1 do art. 258º do CPI –, pelo que *só a violação por parte do licenciado de uma das referidas cláusulas obsta ao esgotamento do direito*;

1251 Neste caso, seria normalmente impraticável identificar as unidades ilícitas, após a sua introdução no comércio, tornando impossível destrinçar as mercadorias não excedentárias (abrangidas pela regra do esgotamento) das excedentárias (que seriam passíveis de apreensão e retirada do mercado).

1252 Noutro local (*Direito Comunitário e Propriedade Industrial*, 1996, p. 242) já defendi que essa infracção deveria envolver unicamente responsabilidade contratual, continuando hoje a entender que essa seria a solução mais equilibrada. Na verdade, nestes casos não há que ponderar unicamente os interesses do licenciante e do licenciado, mas também da segurança jurídica e de terceiros de boa fé, adquirentes dos produtos lançados no mercado pelo licenciado, que podem ser injustamente lesados se o titular exercitar nesses casos o seu direito exclusivo. Mas a jurisprudência do TJ citada no texto não aponta neste sentido.

1253 Ac. de de 23.04.2009 (C-59/08, Col., p. I-3421, § 51).

acrescentando que, fora dessas hipóteses, *a comercialização por um licenciado de produtos que ostentam a marca deve, em princípio, ser considerada efectuada com o consentimento do titular da marca*[1254].

Sendo assim, parece claro que as cláusulas *qualitativas* integram o *núcleo essencial* do direito, cuja violação permite ao titular impedir a comercialização dos produtos indevidamente lançados no mercado. O mesmo sucede com as cláusulas que definem zona territorial em que a marca pode ser *aposta*. Mas já não assim quanto às cláusulas que definem a área em que pode ocorrer a *venda*. Isto porque, fora das hipóteses expressamente referidas no nº 2 do art. 25º da DHM, o TJ considera *imperativa* a aplicação da regra do esgotamento dos direitos (limitando ao domínio da responsabilidade contratual as consequências da violação de outras cláusulas do contrato de licença). Ora, a alínea d) daquela disposição da directiva refere-se unicamente "ao território no qual a marca pode ser aposta", o que implicará que a violação de limitações territoriais relativas à *venda* dará lugar a responsabilidade contratual (mas não já criminal), não conferindo ao titular o direito de impedir a circulação dos produtos indevidamente introduzidos no mercado.

Não se ignora que o legislador nacional foi mais longe que o previsto no art. 25º/2 da DHM, ao dispor (no art 258º/1 do CPI) que *o titular do registo de marca pode invocar os direitos conferidos pelo registo contra o licenciado que infrinja qualquer cláusula, ou disposição, do contrato de licença, no que respeita (...) à delimitação da zona ou território (...) dos produtos fabricados ou dos serviços prestados pelo licenciado*. Mas há uma grande diferença entre as duas situações: ao *apor* a marca no exterior do território concedido, o licenciado actua como um *contrafactor*, se aí também estiver registada essa marca; ao *vender* para o exterior do seu território produtos marcados no interior, não ocorre contrafacção, mas apenas incumprimento contratual[1255]. Face ao exposto, impõe-se uma interpretação restritiva da norma do nº 1 do art. 258º, no sentido que o titular do registo de marca pode invocar os direitos conferidos pelo registo contra

[1254] Ac. cit., §§ 50 e 51.

[1255] Neste sentido, também, CARLOS OLAVO, *Propriedade Industrial*, cit., p. 147. Face à lei espanhola de marcas (art. 48º/2, que transpôs correctamente o art. 8º/2 da DHM de 2008) FERNÁNDEZ-NÓVOA/LASTRES/AGRA não hesitam em afirmar que *o ius prohibendi inerente à marca não poderá invocar-se no caso em que o licenciado tenha incumprido outras obrigações (por exemplo, a de não desenvolver uma política activa de vendas fora do território delimitado no contrato)* – *Manual de la Propiedad Industrial*, cit., p. 622.

o licenciado que infrinja os limites territoriais para aposição da marca, mas não para comercialização dos produtos assinalados com a mesma.

Consequentemente, o art. 258º do CPI deve ser interpretado no sentido de que a violação de outras "cláusulas ou disposições" – para além das referidas no art. 25º/2 da DHM – só poderá ser invocada contra o licenciado para efeitos de responsabilidade contratual, mas não já para reagir, civil ou criminalmente, contra a comercialização de produtos introduzidos no comércio em violação dessas cláusulas. Assim, as consequências da violação, pelo licenciado, de cláusulas contratuais devem ser consideradas em três níveis distintos. Em primeiro lugar, a responsabilidade *contratual* existirá seja qual for o tipo de cláusula contratual violada. Já o exercício do direito de marca, *erga omnes*, que permite ao titular obstar à comercialização de produtos lançados no mercado (e até promover a sua apreensão), deve ficar reservada para as situações acima referidas em que não opera o esgotamento do direito, por inexistir consentimento do titular; por outras palavras, quando haja violação de uma das cláusulas referidas no art. 25º/2 da DHM. Em terceiro lugar, a reacção *criminal* deve ser reservada para os casos mais graves, quando o licenciado actue como um verdadeiro contrafactor, o que deve limitar-se às hipóteses tipificadas na previsão dos arts. 318º e seguintes do CPI[1256]. Alguns autores admitem, indiscriminadamente, a aplicação de sanções penais para quaisquer infracções ao contrato de licença[1257]. Porém, tal entendimento colide frontalmente com o princípio da *tipicidade* da lei penal[1258], pois o catá-

[1256] Será esse o caso da violação de cláusulas definidoras do *prazo* de duração da licença, da *identidade* do licenciado, dos *actos de exploração* autorizados, do território em que a marca pode ser *aposta* ou o invento pode ser *utilizado* e as que definem a *identidade* da marca a usar. Mas já não quando as cláusulas violadas respeitem a limitações territoriais de venda, prescrições qualitativas, prazos de pagamento, quantidades a produzir ou comercializar, preços de venda, clientelas a abastecer, ou quaisquer outras.

[1257] É o caso de Carlos Olavo, *Propriedade Industrial,* cit., p. 146, e dos AAVV do *CPI Anotado* (coord. por A. Campinos / C. Gonçalves), cit., p. 500. Remédio Marques, *Licença...* cit., p. 113 e 114, restringe a reacção penal às hipóteses de incumprimento contratual que envolvam também *a violação do direito absoluto de propriedade industrial objecto da licença,* mas nelas inclui, nomeadamente, as limitações territoriais à venda e as limitações quantitativas (a despeito da respectiva atipicidade criminal).

[1258] Art. 29º/1 da Constituição. Gomes Canotilho/Vital Moreira ensinam que este princípio exige uma *suficiente especificação do tipo de crime (...) tornando ilegítimas as definições vagas, incertas, insusceptíveis de determinação,* e implica *a proibição da analogia na definição dos crimes* (*CRP Anotada*, Vol. I, p. 495). A exigência de tipicidade proíbe que o legislador utilize

logo das infracções criminais do nosso CPI não contempla especificamente essa violação contratual. Por isso, só nos casos em que o licenciado actue completamente à margem do programa contratual decorrente da licença, é que poderá atribuir-se à sua conduta relevância penal. Pensemos na hipótese do licenciado infringir uma cláusula contratual impondo a realização de exames laboratoriais *mensais* de controle de qualidade dos produtos, realizando apenas exames *trimestrais*: haverá aí, claramente, a violação de uma das cláusulas referidas nos art. 258º/1 do CPI e 25º/2 da DHM; mas não um crime previsto e punido pelo art. 320º do CPI. Por isso, só quando a conduta do licenciado seja subsumível *directamente* numa das alíneas deste último preceito, é que poderemos qualificá-la como crime.

Dada a importância que normalmente assume, para o titular, a identidade do licenciado, a lei sujeita ao consentimento escrito daquele a cessão da posição contratual deste, bem como a concessão de sublicenças (art. 32º/8 e 9, do CPI).

O contrato de licença pode extinguir-se, nos termos gerais, por caducidade (pelo decurso do prazo de vigência ou pela extinção do DPI objecto da licença), por denúncia (quando contratualmente prevista), por resolução (fundada em incumprimento, embora também possa estipular-se para os casos de insolvência ou de situação económica difícil do licenciado) ou por anulação (nomeadamente por erro ou vício do objecto do contrato, v.g. em caso de invalidade da patente ou do registo da marca). É da máxima conveniência fixar no contrato os efeitos da respectiva cessação (em especial se o licenciado tem ou não o dever de cessar a exploração logo após o termo do contrato), bem como as consequências de um eventual incumprimento, para além do destino a dar a eventuais *stocks*, documentação e equipamentos relacionados com o objecto do contrato.

Importa, por último, distinguir as licenças de que vimos falando (que podemos designar por licenças "voluntárias") da figura das **licenças obrigatórias**, previstas para as patentes e modelos de utilidade, as quais podem ser concedidas por um acto administrativo do INPI, nas hipóteses de falta

fórmulas vagas na descrição dos tipos legais de crime ou contraordenação, ou preveja penas indefinidas ou com uma moldura penal de tal modo ampla que torne indeterminável a pena a aplicar em concreto. Como sublinha MARQUES DA SILVA, tal princípio prende-se com conhecimento pelo destinatário do comportamento proibido ou imposto (*Direito Penal Português*, vol. I, 1997, pág. 220).

ou insuficiência de exploração do invento, de dependência entre patentes ou por motivos de interesse público[1259]. Nestas situações, não existe uma verdadeira licença, mas antes um acto de autoridade permitindo que um terceiro explore o invento patenteado mediante o pagamento de uma remuneração adequada, independentemente da vontade do titular da patente. Estas "licenças" não têm carácter exclusivo, conservando o titular o direito sobre a patente e a faculdade de explorar o seu invento. No entanto, como já ficou dito no capítulo respeitante às patentes, este tipo de licenças não tem qualquer expressão prática entre nós.

4. Outros negócios envolvendo DPI

A exploração de DPI por parte de terceiros ocorre, frequentemente, no âmbito de contratos que transcendem uma simples licença. São contratos mistos, com diversas finalidades, mas envolvendo sempre uma *autorização* do titular do direito a que o outro contraente pratique actos que, sem ela, constituiriam violação do seu exclusivo.

Um exemplo disso está nos contratos de **transferência de tecnologia**, que normalmente incluem licenças de patente ou de modelos de utilidade, a par da cedência de *know-how* (mediante comunicação de informação secreta) e de eventuais prestações de serviço (v.g., formação ou assistência técnica) ou do fornecimento de materiais ou equipamentos[1260]. Estes contratos não estão sujeitos a forma especial, apenas se exigindo (quanto à licença) a forma escrita e, se interessar a oponibilidade a terceiros, o averbamento da licença no INPI. O mesmo se diga, relativamente a contratos de **cooperação para Investigação e Desenvolvimento (I&D)**, que podem assumir diversos formatos, desde os menos formais até ao contrato de consórcio[1261], em que já se prevê uma estrutura organizacional mais complexa.

Um outro contrato envolvendo o licenciamento de DPI é o ***franchising*** (ou franquia) que pode definir-se como *o contrato mediante o qual o produtor de bens e/ou serviços concede a outrem, mediante contrapartidas, a comercialização*

[1259] Arts. 108º a 113º e 150º do CPI. Para uma análise aprofundada do regime das licenças obrigatórias, cf. Remédio Marques, *Licenças...* cit., pp. 191 a 260 e Vitor Palmela Fidalgo, *As Licenças Compulsórias de Direitos de Propriedade Industrial*, 2016.

[1260] Sobre este tema, cf. Moura e Silva, *Contratos de licença de tecnologia*, in AAVV, *Contratos de Direito de Autor...*, cit., p. 573 ss..

[1261] Regulado *pelo* DL 231/81 de 8 de Julho

dos seus bens, através da utilização da marca e demais sinais distintivos do primeiro e em conformidade com o plano, método e directrizes prescritas por este, que lhe fornece conhecimentos e regular assistência[1262]. Existem diversas modalidades de *franchising*, sendo a mais vulgar a de distribuição (v.g., de artigos de moda), seguida do *franchising* de serviços (por exemplo, de rent-a-car), surgindo mais raramente o *franchising* industrial ou de produção (*e.g.*, de refrigerantes). Esta última modalidade pode também incluir, quando esteja em causa tecnologia patenteada, uma ou mais licenças de patente.

Mas a situação típica, no *franchising*, prende-se com o licenciamento de sinais distintivos, principalmente de marcas, embora também seja frequente o de logótipos (anteriormente, nomes e insígnias de estabelecimento). Isto porque, pelo menos no *franchising* de distribuição e de serviços, os contraentes pretendem incutir no consumidor a ideia de que está a lidar directamente com a entidade de que provêm os produtos ou serviços que adquire. E, para isso, é essencial reproduzir toda a "envolvência" comercial típica da empresa franqueadora, incluindo o *trade dress*. Assim, desde a decoração dos estabelecimentos, à apresentação dos produtos e do próprio pessoal, passando pelas técnicas de *marketing* e, naturalmente, pelos sinais distintivos dos produtos e serviços comercializados, tudo corresponde ao padrão, uniforme, que caracteriza a imagem e o *modus operandi* da rede de distribuidores.

Ora esta utilização de sinais distintivos alheios, por parte do franqueado, tem que ser autorizada pelo respectivo titular, o franqueador – para o que se torna necessário um contrato de licença[1263]. Há quem defenda a ideia de que, no âmbito do *franchising*, não tem que existir uma verdadeira licença de marca, bastando uma simples *autorização* de uso desse sinal[1264]. Quem o

[1262] A definição é de António Pinto Monteiro, *Contratos de Distribuição Comercial*, 2002, p. 120. Sobre o contrato de *franchising*, cf. ainda Fátima Ribeiro, *o Contrato de Franquia*, 2001, Pestana de Vasconcelos, *O Contrato de Franquia (Franchising)*, 2000 e Ribeiro de Almeida, *Direitos de propriedade industrial e de propriedade intelectual no contrato de franquia*, in AAVV, *Contratos de Direito de Autor...*, cit., p. 549 ss..

[1263] Ainda que essa licença não seja explicitada como tal e que não venha a ser averbada no INPI. A falta desse averbamento, como vimos, não obsta à validade do contrato, só tendo por efeito a inoponibilidade da licença a terceiros (o que pode não revestir importância para o franqueado).

[1264] Assim, por exemplo, Carlos Olavo, defendendo que nos contratos em que *o franqueador fornece ao franqueado os produtos em que a marca já vem aposta*, não haverá autorização

afirma parte da concepção – que não partilho – de que a licença tem necessariamente um conteúdo "positivo" (constituído pela transferência para o licenciado de um acervo mais ou menos alargado de poderes do titular, incluindo o de *apor* a marca nos produtos). Porém, como entendo que a licença consiste numa autorização para utilizar o sinal (*podendo* ser mais que isso, mas não *tendo* que o ser), considero que no contrato de *franchising* existe necessariamente uma licença de uso de um sinal distintivo[1265]. De resto, mesmo quando o franqueado não receba do franqueador autorização para efectuar a *aposição* da marca, propriamente dita, isso não o impede de a usar de outros modos, nomeadamente na publicidade, nas embalagens, na decoração e identificação das instalações ou na documentação comercial.

Uma outra figura contratual com estreitas ligações à Propriedade Industrial (melhor, à Propriedade Intelectual), é o ***merchandising*** que, na definição de MARIA MIGUEL CARVALHO, consiste na *autorização conferida pelo titular de um bem, que adquiriu valor sugestivo pela sua utilização numa determinada actividade, a outra pessoa para usá-lo – no âmbito de uma actividade diferente – para distinguir ou ornamentar os seus produtos ou serviços, com o fim de promover a venda destes*[1266].

Este tipo de contratos permite explorar comercialmente a notoriedade e poder apelativo de um sinal, de uma personalidade real ou de uma personagem de ficção, num *contexto diverso* daquele em que aquela notoriedade se afirmou. As possibilidades são infinitas: canecas com a figura de um desenho animado, brincos de um futebolista famoso ou canetas com uma marca célebre de carros desportivos. Típico do *merchandising* é que a exploração da notoriedade (a utilização secundária) ocorre no âmbito de uma

para *apor essa marca*, o que seria imprescindível para caracterizar a licença (*Propriedade Industrial*, cit., p. 151). Em sentido análogo, PESTANA DE VASCONCELOS, *O Contrato de Franquia*, cit., p. 40.

1265 A este respeito, FATIMA RIBEIRO, depois de afirmar que *a concessão de uma licença de marca não é essencial aos contratos de franquia*, com excepção da franquia de produção (*O Contrato de Franquia*, cit. p. 162), admite que essa conclusão não é válida quando se adopte uma *concepção lata de licença que englobe nesta categoria todas as autorizações conferidas pelo proprietário da marca*, concluindo que, a essa luz, *está presente uma licença de marca mesmo nos contratos de franquia de distribuição* (*idem*, p. 165).

1266 *Merchandising de Marcas*, 2003, p. 337.Sobre este contrato, cf. também COUTO GONÇALVES, *Contrato de Merchandising*, in, AAVV, *Contratos de Direito de Autor...* cit., p. 511 ss. e *Manual...* cit., pp. 324 a 329.

actividade diferente daquela em que essa notoriedade se gerou (utilização primária). A transposição do valor sugestivo para o novo contexto pode fazer-se de diversas formas: utilizando a imagem ou o sinal originais para a *ornamentação* de um produto (por exemplo, T-shirts com a cara de um artista de cinema) ou convertendo essa imagem ou sinal numa *marca* destinada a assinalar produtos ou serviços de um género diverso daquela em que ocorre a utilização primária.

Ora, na medida em que o sinal ou imagem utilizados gozem de protecção (ao nível dos direitos de autor, do direito à imagem ou da propriedade industrial), a sua utilização secundária carecerá de autorização do respectivo titular. Mas nem sempre a utilização "fora do contexto" necessita de consentimento: se alguém comercializar aventais com a imagem de Pantagruel[1267], estará fazendo uma utilização secundária de uma personagem de ficção, mas já caída no domínio público, pelo que aquela comercialização será livre. O mesmo se diga da utilização de sinais distintivos desprovidos de notoriedade, num domínio de actividade diverso daquele para que estão registados. O princípio da especialidade, que vigora no âmbito das marcas e dos logótipos, torna livre a utilização de sinais iguais em produtos ou serviços *sem afinidade* entre si[1268]. Por isso, normalmente só faz sentido celebrar um contrato de *merchandising* com o titular de uma marca, quando esta beneficia da *protecção reforçada* conferida às marcas de prestígio, pelos arts. 235º e 320º do CPI e 9º/2/c) do RMUE, pois estas marcas não estão sujeitas à regra da especialidade. Para além desta hipótese, existe sempre a possibilidade de o titular de um sinal (ou de uma imagem) que não goze de protecção no ramo de actividade em que se antevê a utilização secundária, promover o respectivo registo como marca para este ramo e – com base no direito exclusivo resultante desse novo registo – negociar com terceiros interessados (se os houver...) uma autorização para o uso desse sinal.

[1267] Personagem criada pelo escritor francês François Rabelais em 1532, famosa pelo seu apetite insaciável e grandes comezainas (*Les horribles et épouvantables faits et prouesses du très renommé Pantagruel Roi des Dipsodes, fils du Grand Géant Gargantua*).

[1268] Para maiores desenvolvimentos sobre este princípio, cf. Capítulo V, 5.2.1. A este propósito, MARIA MIGUEL CARVALHO sublinha que *só se recorrerá ao merchandising se o terceiro (licenciado) que pretende usar um bem alheio para promover os seus produtos ou serviços tiver de obter o consentimento do titular. Esse consentimento só é exigível se o titular do bem gozar, para além de um ius prohibendi no âmbito da utilização primária, de um direito exclusivo relativo à utilização secundária (como marca) do mesmo* (*Merchandising*... cit, p. 338).

Do ponto de vista jurídico, quando o *merchandising* tenha por objecto a utilização secundária de um sinal distintivo protegido, estaremos perante um *contrato de licença* de exploração[1269]. Que normalmente versará sobre um sinal registado como marca, mas que nada impede que respeite a outro sinal distintivo, como um logótipo ou uma denominação de origem ou indicação geográfica[1270]. Essencial é que estes sinais gozem de protecção no domínio de actividade a que a licença se destina, seja porque o sinal goza de prestígio, seja porque foi, entretanto, registado para esse ramo. É que, se assim não fosse, nada haveria que licenciar, pois nada haveria a proibir...

Por fim, importa aludir ainda aos chamados **acordos de coexistência** de marcas (ou de outros sinais distintivos), que normalmente visam evitar ou resolver litígios resultantes da semelhança ou confundibilidade entre dois sinais pertencentes a diferentes titulares. Tais acordos, frequentemente, viabilizam o registo de sinais susceptíveis de confusão com marcas ou outros direitos de propriedade industrial anteriormente registados, como admite expressamente o art. 236º do CPI, que exige declaração de consentimento dos titulares desses direitos e dos possuidores de licenças exclusivas, se os houver e os contratos não dispuserem de forma diferente. Noutros casos, os sinais em confronto já estão registados, servindo o acordo para obstar a um pedido de anulação (ou de declaração de caducidade) de um desses registos, mediante composição entre os respectivos titulares. Nesta última hipótese, o consentimento já não será levado ao registo, nem está sujeito a averbamento, vigorando apenas inter-partes. No entanto, todos os acordos de coexistência, na medida em que revestem a natureza de transacção, estão sujeitos à forma prescrita pelo art. 1250º do Código Civil, que exige pelo menos documento escrito[1271].

1269 Neste sentido, MARIA MIGUEL CARVALHO, *Merchandising*... cit., p. 347.

1270 Na medida em que se trate de sinais gozando de protecção, também, no domínio em que ocorra a utilização secundária. Por exemplo, nada parece impedir a que o titular da DO de prestígio "Porto" autorizasse, sob certas condições, a utilização dessa designação para a comercialização de produtos em cristal (v.g., cálices) ou bens alimentares (e.g., chocolates).

1271 Nos termos do art. 1248º/1 do CC, *transacção é o contrato pelo qual as partes previnem ou terminam um litígio mediante recíprocas concessões*. CARLOS OLAVO, *Propriedade Industrial*, cit., p. 149 e 150, distingue entre os simples *acordos de não oposição* (que têm um conteúdo meramente negativo, representando a renúncia ao exercício do direito exclusivo pelo titular da marca) e os *acordos de coexistência de marca* (que definem as condições em que cada uma das partes pode utilizar a sua marca). Mas não vejo razão para distinguir as duas figuras: ambos

A coexistência destes sinais pode ficar sujeita às mais variadas condições, consoante as circunstâncias e a conveniência das partes: pode envolver, ou não, o pagamento de uma contrapartida, pode exigir certas adaptações dos próprios sinais ou a regulação das circunstâncias em que são usados ou, como por vezes sucede, uma repartição de territórios, de segmentos de clientela ou de gamas de produtos ou serviços a assinalar[1272].

Estes acordos não se confundem com contratos de licença. Nesta, o titular de um DPI autoriza um terceiro a exercer certos poderes ou faculdades compreendidos no âmbito do seu direito. Já nos acordos de coexistência, o titular do DPI prioritário permite que um terceiro adquira ou conserve um DPI, pelo que as faculdades e poderes que este vier a exercer decorrem de um direito próprio e não de um direito alheio (como sucede na licença)[1273]. Além disso, o acordo de coexistência permite a um terceiro adquirir um direito *absoluto*, que decorre directamente da lei, ao passo que a licença lhe atribui um mero direito *derivado*, que só subsiste enquanto subsistir o contrato que lhe serve de base.

os acordos visam prevenir ou terminar litígios (sendo ambos, portanto, transacções), sendo certo que o acordo de coexistência pode limitar-se a prever a renúncia de uma parte a invocar contra a outra o seu direito exclusivo. Por isso, no texto refiro unicamente os acordos de coexistência, que a meu ver englobam aquelas duas situações.

[1272] Como é óbvio, estes acordos podem, sob certas condições, cair sob a alçada da disciplina da concorrência, como já ficou dito no Capítulo XI, 4.1. Sobretudo se forem usados como o meio ou instrumento de acordos restritivos da concorrência, e.g., quando visem a repartição ilícita de mercados.

[1273] Carlos Olavo, convergindo na ideia de que os acordos de coexistência se distinguem dos contratos de licença, baseia essa conclusão no pressuposto de que a licença tem um "conteúdo positivo", o que não aconteceria com aqueles acordos (*Propriedade Industrial*, cit., p, 150). No entanto, nada impede que os próprios acordos de coexistência tenham um conteúdo positivo (aliás, viabilizar um registo de DPI envolve também um efeito positivo, até mais substancial do que, simplesmente, admitir uma partilha do DPI licenciado). De qualquer modo, pelos motivos expostos no texto, mesmo perfilhando uma noção "minimalista" de licença, não vejo dificuldade em distinguir as duas figuras.

Capítulo XIII
A fiscalidade relativa à propriedade industrial

1. Introdução

A inevitabilidade da tributação também se faz sentir no domínio da Propriedade Industrial. O que bem se compreende, face ao impacto dos DPI na actividade económica: uma patente pode gerar elevados rendimentos, seja mediante exploração directa, seja pela concessão de licenças de exploração, seja, ainda, através da sua cessão definitiva; o mesmo se diga de uma marca, cuja alienação ou licenciamento a terceiros podem trazer proveitos consideráveis. Ora, os ganhos ou acréscimos patrimoniais daí resultantes são, naturalmente, passíveis de tributação, que o sistema fiscal português não deixou de contemplar.

Na clássica divisão tripartida dos impostos – sobre o rendimento, sobre o património e sobre o consumo – a tributação da Propriedade Industrial releva, principalmente, da primeira categoria, que em Portugal inclui o Imposto sobre o Rendimento das Pessoas Singulares (IRS) e o Imposto sobre o Rendimento das Pessoas Colectivas (IRC). Embora também seja tributada ao nível do património, em sede de Imposto do Selo (IS), quando adquirido a título gratuito, e do consumo, por sujeição ao Imposto sobre o Valor Acrescentado (IVA). Essa tributação incide não só sobre os rendimentos da sua *exploração* (directa ou indirecta) pelo titular do DPI, mas também pela sua *transmissão* a favor de terceiros.

Por outro lado, atenta a internacionalização da economia, a exploração da Propriedade Industrial suscita diversas questões transfronteiriças, demandando soluções específicas, como é o caso da dupla tributação internacional (disciplinada por convenções bilaterais celebradas entre Portugal e mais de 70 países) e dos preços de transferência, detalhadamente regulamentados pelo CIRC[1274].

Uma outra vertente da tributação diz respeito às taxas devidas aos organismos de registo da Propriedade Industrial, nomeadamente ao INPI e ao EUIPO, quer para a aquisição dos direitos, quer para a sua manutenção. Com efeito, os pedidos de registo ou de patente dão lugar ao pagamento de taxas, previstas em tabelas que são frequentemente actualizadas. O mesmo sucedendo com a manutenção desses direitos, estando previstas taxas para a *renovação* do registo de sinais distintivos, como a marca e o logótipo, bem como *anuidades* a partir do primeiro quinquénio, de valor crescente, para as patentes, modelos de utilidade, desenhos ou modelos e topografias de produtos semicondutores[1275].

Abstraindo deste último aspecto, que não suscita questões de maior, importa agora descrever os traços essenciais da tributação da Propriedade Industrial ao nível interno (2.), quer ao nível do rendimento (2.1), quer ao nível do património (2.2), quer do consumo (2.3), para concluir com uma referência à tributação internacional (3.).

[1274] A tributação da Propriedade Industrial não tem merecido muita atenção dos fiscalistas portugueses, escasseando obras que tratem especificamente este tema. Ainda assim, cumpre assinalar LILIANA PEREIRA, *Sobre o Conceito de Royalties e a sua Aplicação aos Contratos de Transferência de Know-how e Assistência Técnica: O Caso Português,* in "Os 10 Anos de Investigação do CIJE. Estudos Jurídico-Económicos", 2010, pp. 575 a 610, ALBERTO XAVIER, *Direito Tributário Internacional,* 2007, pp. 687 a 740, TEIXEIRA DE ABREU, *Royalties e Transferências de Tecnologia,* Rev. Fisco, nº 30, 1991, pp. 23 a 29, e FREITAS PEREIRA, *Aspectos Fiscais relativos a «Royalties» e Transferências de Tecnologia – Um Comentário,* Rev. Fisco, nº 30 1991, pp. 30 a 34.

[1275] A consulta das taxas cobradas pelo INPI (fixadas pela Portaria nº 201-A/2019, de 1 de Julho) pode fazer-se na página https://inpi.justica.gov.pt/Documentos/Taxas/Tabelas-de-taxas. Para as taxas devidas no EUIPO, relativas a marcas da UE e a desenhos ou modelos comunitários, cf. https://euipo.europa.eu. A título de exemplo, no INPI, um pedido de registo de marca para uma classe custa € 127,37 (online) e € 254,73 (em papel); um pedido de patente custa € 107,62 (online) e € 215,24 (em papel), valores a que acresce, na final, a taxa devida pela emissão do título de registo (€ 43,05 em papel e € 16,15 se desmaterializado). No EUIPO, o pedido de registo de marca custa € 850 (online) e € 1000 (em papel); um pedido de registo de desenho ou modelo custa € 350 (valores à data de 1.07.2019).

2. Fiscalidade interna

Como vimos no capítulo anterior, são diversos os contratos que podem ter por objecto os DPI: desde a *cessão* (transmissão) dos direitos, a título definitivo, até à concessão de *licenças* de uso ou exploração desses direitos, seja isoladamente, seja no contexto de contratos de âmbito mais alargado, por exemplo de distribuição ou de transferência de tecnologia. Sendo esses contratos, normalmente, celebrados a título oneroso, as contrapartidas pagas aos titulares dos direitos constituem ganhos passíveis de tributação do rendimento, em sede de IRS ou de IRC – consoante a natureza, singular ou colectiva, do respectivo beneficiário. Quando a transmissão ocorra a título gratuito, haverá lugar a tributação do património, através do Imposto do Selo, no caso das pessoas singulares e do IRC, sob a forma de Variações Patrimoniais (artº 21º do CIRC). Além disso, a facturação de *royalties* está sujeita à incidência de IVA, em termos que adiante veremos.

2.1. Tributação do rendimento

O Código do IRS, como é sabido, classifica os diversos tipos de rendimentos em várias categorias (A a H), a fim de os diferenciar, nomeadamente para efeitos de determinação da matéria colectável e escolha das taxas a aplicar em certas situações, frequentemente sujeitas a retenção na fonte. Entre essas categorias, interessam-nos especialmente as relativas aos rendimentos do trabalho dependente (A), rendimentos empresariais e profissionais (B), rendimentos de capitais (E) e incrementos patrimoniais (G), quando auferidos por pessoas singulares residentes em território português e, ainda, pelas não residentes que aqui os obtenham (arts. 1º e 13º, nº 1, do CIRS). Por seu lado, o IRC tributa todo o lucro das pessoas colectivas e outras entidades residentes, bem como o rendimento das entidades não residentes obtidos em território português (arts. 3º e 4º, do CIRC).

Entre os rendimentos sujeitos a estes impostos encontram-se os relativos *à propriedade intelectual ou industrial ou da prestação de informações respeitantes a uma experiência adquirida no sector industrial, comercial ou científico*[1276]. Neste contexto, "propriedade industrial" surge como uma categoria distinta da "propriedade intelectual" (entendida como abrangendo apenas os direitos de autor e direitos conexos[1277]) e da "experiência adquirida" (que cor-

[1276] Arts. 3º/1/c), 5º/2/m), 10º/1/c) do CIRS e 4º/1/c)/1) do CIRC.

[1277] Arts. 3º/5 do CIRS e 4º/e)/4 do CIRC.

responde ao que vulgarmente é designado por *know-how*). Assim, para o Direito Fiscal português, o conceito de propriedade intelectual não inclui a propriedade industrial – tal como a definimos no Capítulo I –, sendo esta considerada uma categoria autónoma daquela[1278].

Ao nível do IRS, os rendimentos gerados pela Propriedade Industrial têm um tratamento diferenciado, consoante sejam ou não auferidos pelo *seu titular originário*. Ou seja, o critério da titularidade dos direitos (originária ou derivada), é determinante para a escolha do seu enquadramento numa ou noutra categoria de rendimento. Assim, quando auferidos pelo seu **titular originário**, os rendimentos *provenientes da propriedade intelectual ou industrial* são sempre qualificados como rendimentos empresariais e profissionais (categoria B)[1279]. Em contrapartida, se o contribuinte **não for o titular originário** do DPI, os ganhos obtidos serão enquadrados na categoria E (rendimentos de capitais) se forem *provenientes de contratos que tenham por objecto a cessão ou utilização temporária* desses direitos[1280]; e serão abrangidos pela categoria G (mais-valias), se resultarem da respectiva *alienação onerosa*[1281]. Por outras palavras, quando o beneficiário da contrapartida não for o titular originário do direito, a inclusão na categoria E ou na categoria G depende do carácter *temporário* ou *definitivo* da "cessão": se a entidade pagadora dos rendimentos não adquirir a titularidade do direito (mas apenas um direito de exploração de um DPI que permanece na titularidade do beneficiário dos pagamentos), estaremos perante rendimentos de capitais (categoria E); se o contrato na origem dos rendimentos implicar a transferência definitiva da titularidade do direito a favor da entidade pagadora,

[1278] Aliás, em consonância com essa qualificação, a propriedade industrial não aproveita da exclusão do englobamento (de 50%) prevista no art. 58º do Estatuto dos Benefícios Fiscais para a "propriedade intelectual", pois esta contempla unicamente os *rendimentos provenientes da propriedade literária, artística e científica* – o que deixa de fora invenções técnicas ou do domínio do design (salvo as que possam ser qualificadas simultaneamente como obras de arte). Sublinhe-se, porém, que a importância a excluir do englobamento por força deste benefício nos termos do nº 1 não pode exceder € 10 000 (conforme dispõe o nº 3 daquela disposição).

[1279] Art. 3º/1/c) do CIRS. Este enquadramento fiscal ocorre quer esteja em causa a contrapartida de uma transmissão (cessão definitiva) do DPI, quer de uma simples licença de exploração.

[1280] Art. 5º/2/m) do CIRS.

[1281] Art. 10º/1/c) do CIRS. Sublinhando este aspecto, Xavier de Basto, *IRS: Incidência real e Determinação dos Rendimentos Líquidos*, 2007, p. 306.

a contrapartida dessa alienação será tributada como mais-valia (categoria G). Assim, para usarmos a terminologia do CPI, a contrapartida de uma "licença de exploração" cabe na categoria E, ao passo que o preço de uma "transmissão" cai na categoria G.

Ainda no âmbito do IRS, poderá configurar-se uma situação diversa daquelas que ficaram expostas, quando se trate de uma invenção feita durante a *execução de um contrato de trabalho em que a actividade inventiva esteja prevista*, abrangida pelo regime do art. 58º do CPI. Nestes casos, o direito à patente pertence à entidade patronal, que será, consequentemente, o titular originário do DPI. Mas o inventor terá direito a uma *remuneração de harmonia com a importância da invenção,* a menos que a sua actividade inventiva já seja especialmente remunerada, em termos contratuais. Ora, estes rendimentos – embora resultando de invenções geradoras de Propriedade Industrial – constituem remunerações provenientes de *trabalho por conta de outrem*, devendo como tal enquadrar-se na categoria A, estejam ou não contratualmente estipulados[1282]. Situação análoga é hoje prevista no art. 59º do CPI, que regula a titularidade e a partilha de benefícios derivados de invenções realizadas por trabalhadores ou colaboradores de entidades públicas de investigação[1283].

2.1.1. O conceito de "royalties"

Os rendimentos originados pelos DPI podem assumir as mais diversas modalidades. Podem consistir num pagamento único (a chamada *lump sum*), ou em várias prestações, de montante fixo, variável ou misto. As prestações variáveis são normalmente calculadas a partir do valor gerado pela exploração do direito objecto do contrato, tomando por referência, nomeadamente, o volume de facturação ou o lucro obtido num determinado período temporal,

[1282] Solução que encontra apoio na redacção do nº 2 do art. 2º do CIRS, que qualifica como rendimentos do trabalho dependente, *designadamente, ordenados, salários, vencimentos, gratificações, percentagens, comissões, participações, subsídios ou prémios, senhas de presença, emolumentos, participações em multas e outras remunerações acessórias, ainda que periódicas, fixas ou variáveis, de natureza contratual ou não.*

[1283] Relativamente a estes benefícios, dispõe o nº 7 do art. 59º que a participação do trabalhador ou coleborador *não tem natureza retributiva ou salarial.* Apesar disso, não vejo razão para que o tratamento fiscal a dar a estes rendimentos seja diverso do respeitante às retribuições laborais, sendo certo que o art. 2º/2 do CIRS abrange também as "participações" e os "prémios".

ou estabelecendo valores fixos por cada unidade produzida ou comercializada. Por vezes são definidos valores mínimos, por unidade de tempo, acumuláveis com complementos variáveis, indexados ao volume de negócios a realizar[1284]. A forma de retribuição mais comum consiste na estipulação de prestações *periódicas* (mensais, semestrais, anuais), especialmente em contratos de licença de exploração. Mas essa retribuição periódica também pode ser convencionada em contratos de cessão (ou transmissão) definitiva de DPI.

Independentemente da modalidade da retribuição, as prestações pagas como contrapartida de DPI são geralmente designadas por "**royalties**"[1285]. Contudo, este conceito está longe de ser unívoco, estando rodeado de alguma ambiguidade, alimentada pela existência de diversas definições legais não totalmente coincidentes.

Assim, a alínea b) do nº 14 do art. 14º do CIRC define "royalties" como *remunerações de qualquer natureza recebidas em contrapartida da utilização, ou concessão do direito de utilização, de direitos de autor sobre obras literárias, artísticas ou científicas, incluindo filmes cinematográficos e suportes lógicos, patentes, marcas registadas, desenhos ou modelos, planos, fórmulas ou processos secretos, ou em contrapartida de informações relativas à experiência adquirida no domínio industrial, comercial ou científico e, bem assim, em contrapartida da utilização ou da concessão do direito de utilização de equipamento industrial, comercial ou científico*[1286]. Deixando de lado as questões relacionadas com os direitos de autor, com o *know-how* e com a utilização de equipamentos – que não nos ocupam aqui – temos assim que a noção de *royalty* abrange qualquer tipo de retribuição *recebida em contrapartida da utilização, ou concessão do direito de utilização* de DPI, sejam estes patentes, marcas, desenhos ou modelos (mas também modelos de utilidade,

[1284] Para uma descrição detalhada das diversas modalidades de retribuição, cf. Remédio Marques, *Licenças (Voluntárias e Obrigatórias) de Direitos de Propriedade Industrial*, cit., pp. 117 e ss. e AAVV., *Contratos de Direito de Autor e de Direito Industrial*, 2011, pp. 311 e ss..

[1285] Na falta de uma boa tradução portuguesa para esta palavra (que em francês é traduzida por "redevances") usaremos no texto a expressão inglesa, que é de utilização generalizada entre nós, tendo mesmo sido acolhida pelo legislador, como veremos.

[1286] Esta definição [anteriormente constante do art. 96º/2/b) do CIRC] resulta da transposição da Directiva 2003/49/CE do Conselho de 3 de Junho de 2003 (J.O. L 157/49, de 26.06.2003), relativa a um *regime fiscal comum aplicável aos pagamentos de juros e royalties efectuados entre sociedade associadas de Estados-membros diferentes*, que veio instituir um regime de tributação específico que adiante será analisado.

logótipos ou topografias de semicondutores). As convenções bilaterais para eliminação da dupla tributação assinadas por Portugal empregam fórmulas análogas, neste aspecto, aludindo à "utilização ou concessão do direito de utilização". O que tem levado à conclusão de que o conceito de *royalty* não abrange o preço pago pela *cessão ou transmissão definitiva* de um direito. Neste sentido, ALBERTO XAVIER afirma: *distinto do uso, ou da cessão do uso, é a cessão do próprio direito (...). O preço da cessão não tem natureza de royalty, mas de mais-valia ou ganho de capital*[1287].

Isto posto, importa referir em concreto qual o tratamento jurídico-fiscal dos diversos tipos de rendimento gerado pelos direitos de Propriedade Industrial, na ordem jurídica interna.

2.1.2. A tributação das pessoas singulares

Vejamos, em primeiro lugar, o regime aplicável às pessoas singulares, quanto a rendimentos obtidos em território português[1288]:

- Quando auferidos pelo **titular originário** do DPI, os rendimentos são enquadrados na categoria B e ficam sujeitos a retenção na fonte à taxa de 16,5%, quando pagos por entidades que disponham ou devam dispor de contabilidade organizada [art. 101º/1/a), do CIRS], sem prejuízo do seu posterior englobamento na matéria colectável do sujeito passivo, para posterior liquidação do IRS pelas taxas gerais deste imposto, constantes do art. 68º do CIRS. Contudo, se tais rendimentos foram pagos a contribuintes não residentes em Portugal, ficarão sujeitos a uma taxa liberatória de 25% [art. 71º/4/a), do CIRS], também cobrada por retenção na fonte.
- Quando os rendimentos sejam pagos a quem **não for o titular originário** do DPI – e se trate de royalties devidos ao abrigo de uma **licença de exploração** (ou contrato equivalente, autorizando a respectiva "cessão ou utilização temporária") –, ficarão enquadrados na categoria

[1287] *Direito Tributário Internacional*, cit., p. 690, nota 152. No entanto, o mesmo autor adverte que a Convenção com o Reino Unido *inclui expressamente no conceito de royalties os ganhos provenientes da venda ou troca dos direitos ou bens que dão origem aos royalties.*

[1288] Os rendimentos provenientes da propriedade intelectual ou industrial são considerados obtidos em território português quando sejam *devidos por entidades que nele tenham residência, sede, direcção efectiva ou estabelecimento estável a que deva imputar-se o pagamento* – art. 18º/1/d) do CIRS.

E (capitais) e sujeitos a uma retenção na fonte à taxa de 28%, quando pagos por entidades que disponham ou devam dispor de contabilidade organizada e auferidos por residentes [art. 71º/1/a), do CIRS]. No entanto, se o beneficiário dos pagamentos for um não residente em Portugal, então aplicar-se-á uma taxa liberatória de 25%, cobrada por retenção na fonte [art. 71º/4/b), do CIRS].

- Quando o contribuinte **não for o titular originário** do DPI e os ganhos obtidos resultarem da respectiva *alienação onerosa* (ou seja, constituírem o preço de uma "**transmissão**"), serão abrangidos pela categoria G (mais-valias). Se o beneficiário for residente em Portugal, a mais–valia realizada[1289], considerada apenas em 50% do seu valor (art. 43º/2/b), do CIRS), fica sujeita a englobamento e às taxas gerais do IRS, previstas no art. 68º do CIRS. Tratando-se de não residentes, a mais valia é tributada (na sua totalidade) à taxa autónoma de 28% (art. 72º/1/c), do CIRS), excepto no caso previsto no nº. 13 do art. 72º do CIRS[1290].

2.1.3. A tributação das pessoas colectivas

Estando em causa rendimentos de uma pessoa colectiva com sede ou direcção efectiva em território português, ou rendimentos obtidos em território português[1291], os mesmos serão passíveis de tributação em sede de IRC.

- Quando o sujeito passivo tenha **sede ou direcção efectiva em território português**, os rendimentos provenientes da propriedade industrial – seja a título de *royalties* por licenças de exploração, seja como preço

[1289] Correspondente à diferença entre o valor de realização e o valor de aquisição [Art. 10º/4/a) do CIRS], sendo acrescido ao valor de aquisição as despesas necessárias e efetivamente praticadas, inerentes à aquisição e alienação [Art. 51º/1/b) do CIRS].

[1290] Nesta hipótese, o Código dispõe que *os residentes noutro Estado-Membro da União Europeia ou do Espaço Económico Europeu, desde que, neste último caso, exista intercâmbio de informações em matéria fiscal, podem optar, relativamente aos rendimentos referidos nas alíneas a), b) e e) do nº 1 e no nº 6, pela tributação desses rendimentos à taxa que, de acordo com a tabela prevista no nº 1 do artigo 68º, seria aplicável no caso de serem auferidos por residentes em território português.*

[1291] Consideram-se obtidos em território português, nomeadamente, os rendimentos provenientes da propriedade intelectual ou industrial *cujo devedor tenha residência, sede ou direcção efectiva em território português ou cujo pagamento seja imputável a um estabelecimento estável nele situado* (art. 4º/3/c/1 do CIRC), bem como os *incrementos patrimoniais derivados de aquisições a título gratuito* respeitantes a *direitos de propriedade industrial registados ou sujeitos a registo em Portugal* [*idem*, al. e)].

de alienação definitiva – integram-se nos rendimentos e ganhos [Art. 20º/1/d) do CIRC] a considerar para apuramento do resultado líquido e subsequente determinação do lucro tributável, sujeito às taxas gerais do art. 87º do CIRC[1292]. No entanto, o Artº 50-A do CIRC[1293] atribui benefícios relevantes, que podem chegar a desconsiderar para efeitos fiscais metade destes rendimentos. Quando obtidos em território português, estes rendimentos são objecto de retenção na fonte, à taxa de 25% [art. 94º/1/a) e nº 4, do CIRC], com a natureza de pagamento por conta do imposto devido a final.

- Tratando-se de rendimentos de propriedade industrial de entidades que **não tenham sede nem direcção efectiva em território português** e aí não possuam estabelecimento estável ao qual os mesmos sejam imputáveis, serão tributados à taxa liberatória de 25%, através de retenção na fonte [arts. 87º/4, e 94º/1 e 3/b) do CIRC].
- No entanto, estando em causa ***royalties***, quando o beneficiário efectivo desses rendimentos seja **uma sociedade de outro Estado membro da União Europeia** ou um estabelecimento estável situado noutro Estado membro de uma sociedade de um Estado membro, e sejam devidos ou pagos por sociedades comerciais ou civis sob forma comercial, cooperativas e empresas públicas residentes em território português ou por um estabelecimento estável aí situado de uma sociedade de outro Estado membro, aplica-se a *isenção* prevista no art. 14º, nº 12, do CIRC, desde que verificados os termos, requisitos e condições estabelecidos na Directiva nº 2003/49/CE, do Conselho, de 3 de Junho[1294]. Sublinhe-se, porém, que esta isenção apenas se aplica a *royalties*, tal como definidos pela alínea b) do nº 14 do art. 14º do CIRC e nas condições enunciadas nesta disposição. Ora, como já vimos, só se consideram *royalties*, para este efeito, rendimentos pagos pela *utilização, ou concessão do direito de utilização*, de DPI – o que deixa de fora a contrapartida da transmissão ou cessão definitivas desses direitos, que será tributada nos termos referidos no ponto anterior, para entidades não residentes.

[1292] Ou seja, 21%, com as excepções constantes dos números 2 a 5 desse art. 87º.

[1293] Aditado pela Lei nº 2/2014, de 16 de Janeiro, com a redacção do DL nº 47/2016.

[1294] Destinada a eliminar a tributação destes rendimentos no Estado-membro em que estes são gerados, por forma a eliminar situações de dupla tributação. Contudo, esta isenção está subordinada à verificação das condições dos nºs 13 e 15 do art. 14º.

2.1.4. Os gastos

Até agora, encaramos a Propriedade Industrial na óptica do rendimento. Mas esta realidade também pode gerar gastos. Desde logo, os necessários à *aquisição originária* de DPI. É o caso de trabalhos de investigação e desenvolvimento, destinados ao desenvolvimento de soluções técnicas passíveis de patente de invenção ou de modelo de utilidade, ou os relacionados com serviços de *design* de produtos ou com sinais distintivos registados, como marcas ou logótipos. Esses gastos, na medida em que tenham sido *incorridos ou suportados pelo sujeito passivo para obter ou garantir os rendimentos sujeitos* a imposto, são passíveis de dedução para efeitos de determinação do lucro tributável de IRC (ou da categoria B do IRS)[1295].

Idêntico regime se aplicará aos *royalties* pagos pelo sujeito passivo, como contrapartida do licenciamento de direitos de Propriedade Industrial, que se mostrem necessários para a formação do rendimento. As prestações periodicamente pagas pela autorização de uso de uma marca registada de terceiro ou por uma licença de exploração de uma tecnologia patenteada, constituem inegavelmente custos passíveis de dedução para efeitos de apuramento da matéria colectável de uma empresa. Isto sem prejuízo dos mecanismos correctivos respeitantes aos preços de transferência, de que falaremos em seguida.

Outro tipo de gastos atendíveis respeita à *aquisição derivada* de direitos de Propriedade Industrial. Isto é, ao preço pago pela aquisição definitiva de uma patente de invenção ou de um registo de marca, através de um contrato de cessão (ou de "transmissão"). Quando tal sucede, esses direitos passam a fazer parte do *activo intangível*[1296] das empresas, que frequentemente pagaram valores avultados pela respectiva aquisição. Assim sendo, importa saber se

[1295] Art. 23º/1/a) do CIRC e art. 32º do CIRS. Essa dedução não será admissível, como é natural, no caso de sujeitos passivos sujeitos ao regime simplificado de IRS (art. 31º do CIRS).

[1296] De acordo com a Norma Contabilística e de Relato Financeiro ("NCRF") nº 6 (Activos Intangíveis, § 8 definições): é um ativo não monetário identificável sem substância física. De acordo com o Reg (CE) Nº 1126/2008 da Comissão de 3 de Novembro de 2008, bem como com a Norma Internacional de Contabilidade (IAS) nº 38 (Activos Intangíveis) adoptada na União Europeia § 119 uma classe de activos intangíveis é um agrupamento de activos de natureza e uso semelhantes nas operações de uma entidade, os quais podem incluir marcas comerciais, cabeçalhos e títulos de publicações, software de computadores, licenças e franquias, copyrights, patentes e outros direitos de propriedade industrial, receitas, fórmulas, modelos, concepções e protótipos e activos intangíveis em desenvolvimento.

o valor de aquisição desses direitos dará origem a **amortizações**, ao abrigo da alínea g) do nº 2 do art. 23º do CIRC. A alínea a) do nº 1 do art. 29º do CIRC confirma que "*são aceites como gastos as depreciações e amortizações de elementos do activo sujeitos a deperecimento, considerando-se como tais: a) Os ativos fixos tangíveis e os ativos intangíveis;* O Regime das Depreciações e Amortizações para efeitos de IRC dispõe que *os activos intangíveis são amortizáveis quando sujeitos a deperecimento, designadamente por terem uma vigência temporal limitada,* esclarecendo que será esse o caso de *elementos de propriedade industrial, tais como patentes, marcas, alvarás, processo de produção, modelos ou outros direitos assimilados, adquiridos a título oneroso e cuja utilização exclusiva seja reconhecida por um período limitado de tempo*[1297]. Assim, uma vez que o critério determinante deste direito à amortização reside no carácter efémero do direito exclusivo, não deve admitir-se a amortização dos DPI cujo registo seja indefinidamente renovável, como sucede com as marcas e os logótipos[1298]. Relativamente a estes, o regime contabilístico determina que uma entidade deve escolher o modelo de custo ou o modelo de revalorização[1299], com efeitos fiscais diferentes. No modelo de custo e para ativos intangíveis com vidas úteis finitas, o regime fiscal é bastante próximo do regime contabilístico. O mesmo já não acontece relativamente aos ativos intangíveis com vidas úteis indefinidas, pois o art. 45º-A do CIRC prevê a aceitação, como gasto fiscal, da imputação do respetivo custo de aquisição destes ativos, durante os primeiros 20 períodos de tributação, após o reconhecimento inicial, enquanto que a nova redação da NCRF 6 (que até 2015 não permitia a amortização) vem determinar que os ativos intangíveis com vidas úteis indefinidas devem ser amortizados no prazo máximo de 10 anos. Quanto ao modelo de revalorização, os ajustamentos decorrentes da aplicação do justo valor não concorrem para a formação do lucro tributável, sendo imputados como rendimentos

[1297] Art. 16º/1 do Decreto-Regulamentar nº 25/2009, de 14 de Setembro. Note-se que esta posição foi corroborada na Tabela II anexa a esse diploma (cod. 2475), que apenas admite a amortização quando a utilização exclusiva seja reconhecida por um período limitado de tempo.

[1298] Arts. 247º e 291º do CPI e 52º do RMUE (quanto à marca europeia). Pelo contrário, têm uma vigência temporal limitada os exclusivos sobre patentes (máximo de 20 anos – art. 100º do CPI), modelos de utilidade (máximo de 10 anos – art. 142º, *idem*), topografias de semicondutores (máximo de 10 anos – art. 162º, *ibidem*) e desenhos ou modelos (máximo de 25 anos – arts. 195º do CPI e 12º do RDM).

[1299] Cf. NCRF nº 6 § 70.

ou gastos no período de tributação em que os elementos ou direitos que lhes deram origem sejam alienados, exercidos, extintos ou liquidados (art. 18º/9 do CIRC).

Na eventualidade de se adquirirem esses ativos com atribuição de subsídios, se respeitarem a ativos intangíveis sem vida útil definida, deve ser incluída no lucro tributável uma parte do subsídio atribuído, independentemente do recebimento, na proporção prevista no art. 45º-A [art. 22º/1/b)], ou, com vida útil definida, na proporção das amortizações do ativo.

2.1.5. O regime dos preços de transferência

Uma questão particularmente espinhosa tem a ver com os pagamentos relativos ao uso ou exploração de DPI efectuados entre empresas do mesmo grupo, especialmente quando a entidade pagadora e a entidade beneficiária do pagamento se situam em países diferentes. Nesses casos, é tentador proceder a uma fixação do valor dos royalties a pagar, de modo a "canalizar" os proveitos obtidos no seio do grupo para a empresa situada no território fiscal cuja tributação seja mais favorável. Actualmente, as leis tributárias já contêm mecanismos correctivos destas estratégias empresariais, entre os quais avulta a regulamentação dos chamados "preços de transferência". Alberto Xavier define esta prática como *a política de preços que vigora nas relações internas de empresas interdependentes e que, em virtude destas relações especiais, pode conduzir à fixação de preços artificiais, distintos de preços de mercado*[1300]. Desta forma, empresas que tenham "relações especiais" – para usar a terminologia do art. 63º do CIRC – conseguem proceder a uma circulação planeada de lucros, através da fixação de *royalties* "convenientes", de valor diferente daquele que seria normalmente estipulado entre empresas independentes, segundo uma pura lógica empresarial.

A dificuldade técnica desta matéria resulta do facto de, no seio de um grupo económico, as transacções não serem necessariamente definidas a partir de negociações comerciais que visem a maximização do lucro,

[1300] *Direito Tributário Internacional*, cit., p. 430. Para uma análise aprofundada deste conceito, cf. *OECD Transfer Pricing Guidelines for Multinational Enterprises and Tax Administrations 2017*. Cf. ainda Alexandra C. Martins, *O Regime dos Preços de Transferência e o IVA*, 2009, pp. 31 a 98 e Saldanha Sanches, *Os Limites do Planeamento Fiscal. Substância e Forma no Direito Português, Comunitário e Internacional*, 2006, pp. 254 e ss..

por parte dos intervenientes. Por isso, a lógica da formação dos preços no interior de um grupo é, naturalmente, diversa daquela que preside à respectiva fixação em condições normais. Mas essa dificuldade aumenta no domínio da Propriedade Industrial, em que se torna extremamente difícil aplicar os critérios típicos daquela regulamentação: *o preço de concorrência plena*, ou seja, aquele que se observa no mercado entre duas empresas independentes. É que, face à extrema variabilidade de valores dos DPI, não é fácil encontrar padrões de comparação que permitam aferir desse preço.

Ainda assim, o CIRC impõe aos sujeitos passivos a adopção *dos termos e condições que seriam normalmente acordados, aceites ou praticados entre entidades independentes*, para o que deve lançar mão do *método ou métodos susceptíveis de assegurar o mais elevado grau de comparabilidade entre as operações ou séries de operações que efectua e outras substancialmente idênticas, em situações normais de mercado ou de ausência de relações especiais, tendo em conta, designadamente, as características dos bens, direitos ou serviços, a posição de mercado, a situação económica e financeira, a estratégia de negócio, e demais características relevantes dos sujeitos passivos envolvidos, as funções por eles desempenhadas, os activos utilizados e a repartição do risco*[1301].

2.2. Tributação do património

Quando transmitidos a título gratuito, os DPI podem dar origem a impostos sobre o património. Assim, o Código do Imposto do Selo incide sobre a **transmissão gratuita** de direitos de propriedade industrial, direitos de autor e direitos conexos, sendo devido pelos respectivos adquirentes[1302].

[1301] Art. 63º/2 do CIRC. Os métodos concretos a utilizar, como dispõe o nº 3, devem ser:
a) *O método do preço comparável de mercado, o método do preço de revenda minorado ou o método do custo majorado;*
b) O método do fraccionamento do lucro, o método da margem líquida da operação ou outro, quando os métodos referidos na alínea anterior não possam ser aplicados ou, podendo sê-lo, não permitam obter a medida mais fiável dos termos e condições que entidades independentes normalmente acordariam, aceitariam ou praticariam.
Para mais desenvolvimentos sobre esta matéria, cf. o estudo realizado pela Ernst & Young para o INPI francês e publicado em 2007, intitulado *La Fiscalité de la Propriété Industrielle*, pp. 41 a 44, e John Henshall, *Global Transfer Pricing. Principles and Practice*, 2016.
[1302] Arts. 1º/3/e) e 2º/2/b) do CIS.

Esta tributação, que apenas incide sobre as pessoas singulares[1303], é feita à taxa de 10% sobre o valor dos direitos transmitidos[1304].

Note-se que o Código apenas sujeita a tributação a *transmissão* gratuita dos DPI, nada dizendo acerca da concessão, a título gratuito, de *licenças de exploração*, que parecem arredadas da incidência deste imposto[1305].

2.3. Tributação do consumo

Por fim, cumpre fazer uma referência à tributação em sede de Imposto sobre o Valor Acrescentado, visto que a **facturação de *royalties*** é qualificada como uma prestação de serviços, face ao conceito residual do art. 4º do CIVA, pelo que as importâncias pagas a título de royalties ficam sujeitas à incidência deste imposto.

Neste contexto, pode suscitar alguma dificuldade a aplicação das regras de localização das prestações de serviços, enunciadas no art. 6º do CIVA, quando estejam em causa situações plurilocalizadas, que não cumpre desenvolver aqui[1306].

1303 Art. 2º/2/b) do CIS. Relativamente às pessoas colectivas, este tipo de aquisição a título gratuito fica isento de IS [art. 1º/5/e) do CIS] mas sujeito a tributação em IRC, sendo qualificada como variação patrimonial positiva (art. 21º do CIRC).

1304 Verba 1.2 da Tabela Geral do Imposto do Selo. A determinação do valor dos DPI não é regulada de forma expressa, pois a Secção II do Capítulo III do CIS (respeitante ao valor tributável nas transmissões gratuitas) pura e simplesmente ignora a questão. É certo que o art. 16º/1 alude aos "valores de patentes, de marcas de fabrico e de direitos conexos"; mas essa referência visa apenas determinar o valor tributável dos estabelecimentos comerciais, industriais ou agrícolas de que tais activos façam parte. E, mesmo assim, a norma não vai ao ponto de indicar critérios específicos para avaliação destes direitos. Em face disso, e com as incertezas próprias do "campo de minas" em que o Direito Fiscal se converteu, parece que a solução a adoptar, nesses casos, é tomar como bom o valor atribuído pelo cabeça de casal (da herança) ou pelo beneficiário da transmissão, salvo quando o direito transmitido gratuitamente já tiver um valor pré-definido no património do transmitente (v.g. se já figurar no balanço da entidade transmitente por um dado valor, caso em que estará a influenciar o valor dos activos da empresa e, consequentemente, o valor das participações sociais, cujo valor tributável obedece, para as sociedades, ao disposto no art. 15º do CIS).

1305 Não sendo admissível, aqui, a integração analógica, dado tratar-se de matéria relativa à incidência, sujeita ao princípio da legalidade fiscal e abrangida pela reserva de lei da Assembleia da República [arts. 103º/2 e 165º/1/i) da Constituição e 11º/4 da Lei Geral Tributária].

1306 Ainda assim, na sequência das alterações introduzidas pelo DL 186/2009, de 12 de Agosto, no caso concreto da prestação, por um prestador de serviços nacional, de serviços

3. Fiscalidade internacional

Da mesma forma que em Portugal se tributam rendimentos de Propriedade Industrial obtidos por não residentes, também no estrangeiro se tributam rendimentos desse tipo, quando aí sejam auferidos por residentes em Portugal. O que não impede, à partida, que a lei portuguesa sujeite os residentes em território português a tributação *pela totalidade dos seus rendimentos, incluindo os obtidos fora desse território*[1307].

Esta circunstância é, compreensivelmente, geradora de situações de **dupla tributação internacional**, sujeitando o mesmo facto à incidência de dois impostos: um primeiro imposto, cobrado no estado da fonte dos rendimentos (em geral por retenção na fonte realizada pelo devedor), seguido de novo imposto (sobre os rendimentos ou lucros), exigido no estado da residência do credor. Estas situações de injustiça, excessivamente penalizadoras das relações económicas internacionais, têm vindo a ser resolvidas, em todo o mundo, pelo recurso a dois tipos de soluções.

Uma delas passa pela inclusão, na lei interna de cada estado, de **normas unilaterais** de eliminação ou atenuação da dupla tributação, como sucede

de *cessão ou concessão de direitos de autor, brevets, licenças, marcas de fabrico e de comércio e outros direitos análogos*, podem resumir-se da seguinte forma as regras de localização em sede de IVA:

Adquirente	Localização/Tributação	Norma aplicável
Sujeito Passivo Nacional	Território Nacional	Alínea a) nº 6
Sujeito Passivo Comunitário	Lugar da sede, estabelecimento estável ou domicilio do adquirente	Alínea a) nº 6 (a contrario)
Sujeito Passivo fora da U.E.	Não tributado na Comunidade	Alínea a) nº 6 (a contrario)
Particular na U.E.	Território nacional	Alínea b) nº 6
Particular fora da U.E.	Não tributado na comunidade	Alínea a) nº11

(cf. quadro I constante do Ofício Circulado nº 30115, de 29 de Dezembro de 2009, da Direcção de serviços do IVA). A referência "Alínea a) nº 6 (*a contrario*)" significa que a operação em causa não se localiza em Portugal, por aplicação de norma idêntica no Estado-membro do adquirente ou por este ser um sujeito passivo fora da União Europeia.

[1307] Arts. 15º do CIRS e 4º/1 do CIRC.

em Portugal com os arts. 81º do CIRS e 91º do CIRC[1308]. Contudo, como estas normas não resolvem integralmente o referido problema, os estados celebram entre si **convenções bilaterais**, procedendo a uma *repartição do poder de tributar* entre as partes, em função de critérios de conexão convencionais, e estabelecendo mecanismos destinados a evitar que um mesmo facto seja tributado, simultaneamente, por ambos os países[1309]. Nessas convenções, cujo articulado é largamente inspirado pelo Modelo de Convenção da OCDE[1310], é norma estipular-se que o imposto geral sobre o rendimento será aplicado pelo estado em que o contribuinte tenha a sua residência. Estabelece-se, ainda, que será ao estado da residência que caberá resolver o problema da dupla tributação, evitando tributar de novo os factos já tributados no outro estado, de acordo com os critérios de repartição acima referidos.

Para resolver esta segunda questão, há vários métodos possíveis, mas o sistema generalizado é o do **método da imputação ordinária** (também designado pelo método do *crédito de imposto*), que consiste em calcular, no estado da residência, o valor do imposto correspondente à *totalidade* dos rendimentos auferidos pelo contribuinte (interna e externamente) e seguidamente *deduzir* àquele valor (da colecta) o montante de imposto que já tenha sido pago no estrangeiro. Contudo, essa dedução tem como *limite máximo* o montante de imposto que os rendimentos tributados no estrangeiro pagariam, caso tivessem sido auferidos no país da residência.

[1308] Nos termos destas normas, os residentes em Portugal que sejam titulares de rendimentos obtidos no estrangeiro têm direito a *um crédito de imposto por dupla tributação internacional, dedutível até à concorrência da parte da colecta proporcional a esses rendimentos líquidos, correspondente à menor das seguintes importâncias*: a) Imposto sobre o rendimento pago no estrangeiro; b) Fracção da colecta do IRS (ou do IRC), calculada antes da dedução, correspondente aos rendimentos que no país em causa possam ser tributados, líquidos das deduções específicas (ou dos gastos directa ou indirectamente suportados para a sua obtenção). Quando existir convenção para eliminar a dupla tributação celebrada por Portugal, a dedução a efectuar não pode ultrapassar o imposto pago no estrangeiro nos termos previstos pela convenção.

[1309] Em 22.03.2019, o número das convenções desse género celebradas por Portugal elevava-se a 79, das quais 77 já em vigor e 2 assinadas e aguardando entrada em vigor (http://info.portaldasfinancas.gov.pt).

[1310] Este modelo de convenção, que não é de adopção obrigatório, teve uma influência considerável a nível internacional, tornando-se efectivamente o padrão utilizado pela grande maioria das convenções celebradas a nível mundial, incluindo a maioria das celebradas por Portugal; o texto do modelo de convenção encontra-se disponível in http://info.portaldasfinancas.gov.pt.

Importa assim comparar os dois valores em causa, para deduzir, apenas, *o menor dos dois valores.*

Estas convenções estabelecem habitualmente uma disciplina específica para os ***royalties***, que a Convenção Modelo define em termos muito semelhantes aos constantes do art. 14º do CIRC, já analisado[1311]. A regra geral preconizada pela OCDE aponta mesmo para a tributação dos *royalties* no estado da residência do credor, sem qualquer retenção na fonte no estado da proveniência dos rendimentos[1312]. No entanto, Portugal formulou uma reserva quanto a esta disposição, adoptando sistematicamente nas convenções que celebra o princípio de tributar os *royalties* na fonte, quando a respectiva entidade pagadora se localize em território português – embora aceite fixar em cada uma das convenções taxas de retenção na fonte inferiores à prevista na lei geral (de 25%). Por exemplo, na convenção bilateral Portugal/Estados-Unidos, estabelece-se uma taxa de retenção máxima de apenas 10%. Mas, como já vimos, se o beneficiário dos *royalties* for uma sociedade de outro Estado-membro da União Europeia (ou um estabelecimento estável situado noutro Estado membro de uma sociedade de um Estado membro), esses rendimentos não são tributados em Portugal, por força da Directiva nº 2003/49/CE, já reflectida no regime do CIRC.

[1311] O art. 12º/2 da citada Convenção Modelo define royalties como: *retribuiçoes de qualquer natureza pagas pelo uso ou pela concessão do uso de um direito de* autor *sobre uma obra literária, artística ou científica, incluindo os filmes cinematográficos, de uma patente, de uma marca de fabrico ou de comércio, de um desenho ou de um modelo, de um plano, de uma fórmula ou de um processo secretos, e por informações respeitantes a uma experiência adquirida no sector industrial, comercial ou científico.* Para uma análise detalhada desta disposição, Liliana Pereira, *Sobre o Conceito de Royalties...* cit., pp. 582 a 594.

[1312] Nesse sentido, o art. 12º/1 dispõe que *as royalties provenientes de um Estado contratante e pagas a um residente do outro Estado contratante só podem ser tributadas nesse outro Estado.*

Capítulo XIV
A tutela efectiva da propriedade industrial

1. Introdução

Os DPI servem para proibir, à generalidade das pessoas, a prática de certos actos, reservados aos respectivos titulares. É nisso que se traduz o seu carácter exclusivo. Nos capítulos anteriores, em que estudámos as diferentes modalidades de DPI, descrevemos os actos que cada uma delas permite proibir. Cumpre agora enunciar os meios disponíveis para concretizar essas proibições. Ou seja, depois da descrição do *objecto* da protecção do Direito Industrial, segue-se a análise do *modo* como esta se realiza.

Esta matéria reveste uma importância crucial, pois só através de uma reacção pronta e eficaz da ordem jurídica – pondo cobro à usurpação dos poderes exclusivos dos titulares de DPI – é possível assegurar a fruição efectiva do monopólio de exploração, objecto do seu direito. Estes meios de reacção têm vindo a ser aperfeiçoados, a nível interno e internacional, nomeadamente por influência do Acordo TRIPS e de directivas da União Europeia, impondo aos Estados-membros a adopção ou o reforço de medidas de combate à denominada "pirataria" e outras infracções ao Direito Industrial[1313]. Segundo

[1313] O Acordo TRIPS prevê, nos arts. 41º a 61º, que os Estados membros aprovem disposições processuais internas com vista *a permitir uma aplicação eficaz contra qualquer acto de infracção dos direitos de propriedade intelectual abrangidos pelo presente Acordo, incluindo medidas correctivas expeditas destinadas a impedir infracções e medidas correctivas que constituam um dissuasivo de novas infracções.*

estimativas da OCDE e do EUIPO[1314], o valor económico da contrafacção no comércio internacional, em 2016, terá chegado aos 460 biliões de euros, tornando imprescindível reforçar o combate a esta forma de criminalidade. Ora, a competitividade de um país, inclusive para captação de investimento estrangeiro, depende em parte da capacidade do seu sistema jurídico para prevenir e combater a usurpação da propriedade industrial.

Mas nem todas as infracções ao Direito Industrial constituem "pirataria" ou relevam do foro criminal. Uma boa parte dos litígios que chegam aos tribunais envolvem meros ilícitos civis, opondo empresas idóneas que fazem valer posições contrapostas, carecendo de escrutínio judicial, sem que alguma das partes mereça o epíteto de "pirata". Por esse motivo, os meios de reacção judicial devem ser *gradativos*, permitindo tratar diferenciadamente infracções com níveis de gravidade diversa e evitar a atitude de "disparar primeiro e perguntar depois"... Até porque, sob o pretexto da protecção da criatividade, são frequentemente invocados DPI que não merecem protecção, como armas de arremesso contra concorrentes incómodos. À isenção e sensatez do julgador coloca-se um permanente desafio de "separar o trigo do joio", reservando a tutela legal para aquilo que efectivamente a merece.

Por comodidade expositiva, neste capítulo referem-se essencialmente os procedimentos administrativos e judiciais previstos na ordem jurídica *interna* (que aproveitam também, na sua maioria, aos DPI de origem europeia), sem prejuízo de referências pontuais aos regimes aplicáveis às Marcas da UE e aos DMC, que já ficaram descritos nos capítulos respeitantes às marcas e aos desenhos e modelos.

A defesa da Propriedade Industrial assume não só uma vertente *administrativa* (de pendor essencialmente preventivo) mas também uma vertente *judicial* (em geral, de natureza repressiva).

Desde logo, os DPI que se encontram em vigor são protegidos pela **recusa** da atribuição de novos direitos, por parte das entidades administrativas competentes para a respectiva concessão, quando estes DPI possam colidir com os preexistentes. Esses actos administrativos estão, naturalmente, sujeitos a escrutínio judicial, mediante recursos a interpor pelos interessados que

[1314] OECD/EUIPO (2019), *Trends in Trade in Counterfeit and Pirated Goods, Illicit Trade*, OECD Publishing, Paris/European Union Intellectual Property Office, disponível in https://doi.org/10.1787/g2g9f533-en. De acordo com este relatório, este valor representa cerca de 3,3% com comércio mundial.

se considerem lesados pela decisão. A apreciação desse actos poderá, em alternativa, ficar sujeita a arbitragem, por acordo das partes. O controlo da legalidade desses actos e da validade dos DPI pode ainda ser feito através de pedidos de anulação ou de declaração de nulidade (em sede judicial ou administrativa, consoante os casos), para além dos procedimentos relacionados com a declaração administrativa de caducidade e seu controle judicial.

Noutro plano, a **intervenção aduaneira**, por parte das alfândegas da União Europeia, permite evitar ou suspender o desalfandegamento de mercadorias em que se manifestem indícios de violação de DPI, evitando desse modo a introdução no mercado interno de produtos ilícitos.

Mas a vertente mais complexa da defesa da Propriedade Industrial reside na disciplina estabelecida pelo Título III do CPI que, além de definir as **infracções criminais e contra-ordenacionais** e o seu regime geral, contém detalhadas disposições, processuais e substantivas, em matéria de **tutela civil** (relativas a medidas cautelares, às consequências da decisão de mérito, bem como à matéria da instrução e da preservação dos meios de prova). Estas últimas normas reflectem a transposição da Directiva nº 2004/48/CE[1315], que visou reduzir as disparidades do direito dos Estados-membros da União Europeia em relação aos meios para fazer respeitar os direitos de propriedade intelectual.

Este capítulo visa, pois, dar uma panorâmica dos aspectos essenciais da tutela dos DPI, começando com uma referência à orgânica judicial (2.), seguindo-se a descrição do procedimento administrativo no INPI e no EUIPO e da impugnação das respectivas decisões (3.), para posteriormente abordar os procedimentos e as acções de apreciação da validade de DPI (4.). Seguir-se-á a análise específica da tutela repressiva dos DPI, nas suas dimensões declarativa, cautelar, penal e contra-ordenacional (5.), concluindo-se com referências aos regimes da intervenção aduaneira (6.) e da arbitragem (7.).

[1315] Do Parlamento Europeu e do Conselho, de 29 de Abril de 2004, Relativa ao Respeito dos Direitos de Propriedade Intelectual (frequentemente designada como directiva do *enforcement*), que foi transposta para o ordenamento jurídico português pela Lei nº 16/2008, de 1 de Abril. Para uma visão crítica sobre a forma como essa transposição ocorreu, cf. ADELAIDE MENEZES LEITÃO, *O reforço da tutela da Propriedade Intelectual na economia digital através de acções de responsabilidade civil*, in Direito Industrial, Vol. VII, 2010, pp. 239 a 264.

2. A competência dos tribunais em matéria de Propriedade Industrial

Antes de passarmos à análise dos meios de tutela dos DPI, importa descrever a competência interna dos tribunais portugueses no domínio da Propriedade Industrial, matéria que tem sido objecto de várias alterações de sinal contrário, ao longo das últimas décadas, pressentindo-se que as opções legislativas constituem uma resultante de múltiplos vectores (leia-se "lobbies"), de natureza empresarial, corporativa e política.

O regime actual, resultante da Lei de Organização do Sistema Judiciário ("LOSJ")[1316], consta essencialmente das normas que definem a competência do **Tribunal da Propriedade Intelectual** ("TPI") – criado pela Lei 46/2011, de 24 de Junho, e instalado pela Portaria 84/2012, de 29 de Março –, tribunal de competência especializada, dotado de jurisdição nacional e com sede em Lisboa. Além de outras matérias, como os direitos de autor e direitos conexos, este tribunal é competente para julgar acções em que a causa de pedir verse sobre propriedade industrial, em qualquer das modalidades previstas na lei; acções de nulidade e de anulação e pedidos reconvencionais com esse objecto previstos no CPI; recursos de decisões do INPI que concedam ou recusem qualquer DPI ou sejam relativas a transmissões, licenças, declarações de caducidade ou a quaisquer outros actos que afectem, modifiquem ou extingam direitos de propriedade industrial; recursos de decisões do INPI em matéria de contra-ordenação; acções relativas a nomes de domínio na Internet; recursos relativos ao registo de nomes de domínio de .PT; acções em que a causa de pedir verse sobre firmas ou denominações sociais e recursos sobre a admissibilidade de firmas e denominações no âmbito do RRNPC; acções em que a causa de pedir verse sobre a prática de actos de concorrência desleal ou de infracção de segredos comerciais em matéria de propriedade industrial[1317]; e medidas de obtenção e preser-

[1316] Lei 62/2013, de 26 de Agosto, com diversas alterações, a mais recente das quais resulta da Lei 27/2019, de 28 de Março.

[1317] Esta formulação ("*acções em que a causa de pedir verse sobre a prática de actos de concorrência desleal ou de infracção de segredos comerciais em matéria de propriedade industrial*") que vem na linha da lei anterior (Lei 46/2011, de 24 de Junho), não atribui ao TPI competência para julgar todas as acções versando sobre concorrência desleal (ou segredos de negócio). Mas apenas aquelas em que estejam em causa actos de concorrência desleal ou de infracção de segredos comerciais "em matéria de propriedade industrial". Esta redacção torna praticamente nula a intervenção do TPI nestes domínios, pois a maioria dos actos de concorrência desleal (ou se segredos comerciais) ficarão fora do âmbito de

vação de prova e de prestação de informações para protecção de DPI[1318]. Da competência do TPI são também as acções e reconvenções relativas a contrafacção e apreciação da validade de marcas da UE e desenhos ou modelos comunitários, previstas no RMUE e RDM, nos termos do art. 39º/2 do CPI.

A concentração do contencioso da Propriedade Intelectual num único tribunal tem, como é óbvio, vantagens e inconvenientes. A experiência decorrente de cerca de sete anos de funcionamento confirma as vantagens da especialização dos magistrados, sendo já notório o incremento da qualidade e previsibilidade das decisões judiciais, ao nível da primeira instância. Em contrapartida, a centralização destes processos em Lisboa (com o abandono do sistema anterior, de repartição do contencioso entre os tribunais de comércio de Lisboa e Vila Nova de Gaia), tem reflexos negativos para a comodidade e economia das partes, com um evidente acréscimo de encargos e perdas de tempo, em deslocações e estadias na capital, apesar de uma

competência deste tribunal. Com efeito, dada a complementaridade (ou até subsidiariedade) da disciplina da concorrência desleal face ao Direito Industrial, quando esteja em causa a violação de um DPI, não será necessário invocar aquela disciplina, bastando convocar a tutela da Propriedade Industrial. O mesmo se diga quanto aos segredos comerciais (que funcionam muitas vezes como alternativa à protecção através de DPI). Por isso, quando estão em causa actos de concorrência desleal ou de violação de segredos, não envolvendo DPI, o TPI já não será competente (neste sentido, ac. RC de 16.04.2013, rel. M. José Guerra, P. 900/13.8TBLRA, dgsi.pt). Isto significa que aqueles preceitos atributivos de competência são desprovidos de sentido: nas situações em que o tribunal seria competente, não é preciso invocar a concorrência desleal ou os segredos (pois existem DPI); e, quando interesse invocar tais fundamentos, o tribunal já não será competente... A meu ver, a solução preferível seria atribuir ao TPI competência em matéria de concorrência desleal e de segredos comerciais, sem restrições ou ambiguidades. É que, independentemente das concepções abstractas sobre a natureza da concorrência desleal e sobre a tutela dos segredos, o certo é que estamos perante domínios muito próximos da Propriedade Industrial (sendo, aliás, leccionados e disciplinados conjuntamente com esta), exigindo do julgador idêntico grau de especialização e preparação.

1318 Art. 111º da LOSJ, com a redacção dada pelo DL 110/2018, de 10 de Dezembro. Para além das matérias indicadas no texto, o TPI tem ainda competência para os incidentes e apensos dos citados processos, bem como para a execução das decisões. Para uma interessante descrição do funcionamento do TPI desde a sua instalação até finais de 2017, cf. a comunicação da presidente deste tribunal, Amélia Correia de Almeida, nas Primeiras Jornadas do Tribunal da Propriedade Intelectual, publicada na revista Julgar (nº 38, Maio/Junho de 2019).

parte muito significativa das pendências envolver entidades do Norte do país. É certo que, em matéria de recursos de decisões do INPI e de outras entidades administrativas – atenta a natureza documental dos processos, sem produção presencial de prova –, é indiferente a localização geográfica do tribunal. Mas já não é assim com acções de condenação, procedimentos cautelares ou acções de anulação, que envolvem a deslocação de testemunhas, peritos, mandatários e das próprias partes, com tudo o que isso implica de desperdício de tempo e de meios. Justificar-se-ia, por isso, que um ou mais juízos do TPI ficassem instalados a Norte.

Independentemente disso, os *procedimentos criminais* por violação de DPI permanecem nos tribunais comuns, devendo estes crimes a ser julgados pelos tribunais de competência especializada criminal, conjuntamente com as injúrias, os homicídios e o tráfico de estupefacientes. Nesta matéria – cuja gravidade e especificidade mais reclamariam uma especialização dos julgadores – tudo continua inalterado, face à proibição constitucional da *existência de tribunais com competência exclusiva para o julgamento de certo tipo de crimes* (art. 209º/4 da CRP).

3. Procedimento administrativo e recurso judicial

Como vimos no Capítulo I, a regra em matéria de Direito Industrial é a da necessidade do registo ou da patente para se beneficiar dos direitos exclusivos que esta disciplina confere. Com algumas excepções, os DPI resultam de um acto administrativo, praticado após a análise dos requisitos de concessão desses direitos, ao longo de um procedimento que varia consoante a respectiva modalidade. Não cabendo aqui descrever em detalhe esses procedimentos, bastará recordar que a tramitação perante o INPI começa com um *pedido* de registo, a que se segue a *publicação* de um aviso no BPI, contendo os elementos mínimos para divulgação do seu objecto[1319]. Actualmente, o BPI é publicado apenas em suporte electrónico, acessível na página do INPI na Internet[1320].

Uma vez publicado o aviso do pedido, inicia-se um prazo de dois meses para apresentação de *reclamações*, por parte de qualquer interessado, a que

[1319] Entre o pedido e a publicação, o INPI procede a um exame formal e, consoante os casos, a outras formalidades ou pesquisas, que já foram descritas nos capítulos respeitantes aos diversos DPI, para que se remete.

[1320] Endereço https://inpi.justica.gov.pt/.

o requerente do registo pode responder, através de *contestação* a apresentar em igual prazo, de dois meses a contar da notificação[1321]. Enquanto não for proferida a decisão, há ainda a possibilidade de as partes apresentarem *exposições suplementares*, com vista *ao melhor esclarecimento do processo*. O novo CPI passou a admitir também, no âmbito de pedidos de registo de marcas e logótipos, a apresentação de *observações de terceiros*, no mesmo prazo das reclamações[1322]. Estas observações, previstas nos arts. 226º/1 e 286º/1 do CPI, destinam-se a permitir a invocação de motivos *absolutos* de recusa do registo de marcas ou de logótipos, por qualquer pessoa, independentemente de ser titular de algum direito incompatível com a concessão desse registo. Em contrapartida, as reclamações destinam-se à invocação de motivos *relativos* de recusa (o que não impede que nelas se possam invocar, também, motivos absolutos, até porque estes são de conhecimento oficioso).

Terminado este contraditório, pode haver lugar a *vistorias* ou exames periciais, nos termos do art. 20º do CPI. Concluída a instrução do procedimento, os técnicos do INPI procedem ao *exame* do pedido e das alegações das partes, após o que elaboram um *parecer* que será submetido a despacho, de *concessão ou de recusa*, total ou parcial, do pedido – da competência da Direcção de Marcas e Patentes[1323]. Estes despachos finais são seguidamente *publicados* no BPI e notificados directamente às partes intervenientes no procedimento, salvo quando haja despacho de concessão e não tenha havido reclamação, em que se prevê que o INPI remeta um simples aviso, preferencialmente por meios electrónicos (art. 16º/1 e 4 do CPI).

Contra a decisão final do procedimento pode reagir-se através de um *recurso judicial*, no prazo de *dois meses* a contar da publicação no BPI (art. 41º do CPI), que é interposto directamente no TPI. Antes de interpor recurso judicial, os interessados podem solicitar ao superior hierárquico do autor do despacho a *modificação da decisão*, fazendo uso do mecanismo previsto no

[1321] Cf. arts. 16º e 17º do CPI. Os prazos de reclamação e de contestação podem ser prorrogados, por mais um mês, a requerimento fundamentado do interessado.

[1322] Art. 17º/1 do CPI. O terceiro que apresenta observações não adquire o estatuto de parte, não se prevendo a sua notificação, quer da resposta do requerente, quer da decisão final do procedimento. Este regime é, aliás, análogo ao previsto no RMUE (art. 45º), que tão pouco reconhece como parte o terceiro que formule observações. A respeito do regime deste art. 45º, cf. Fabrizio Jacobaci, *Concise*... cit., pp. 225-227.

[1323] Art. 4º dos Estatutos do INPI, aprovados pela Portaria 386/2012, de 29 de novembro.

art. 22º do CPI, caso em que o prazo de recurso apenas se contará da publicação da *decisão final*[1324].

A *legitimidade* activa para estes recursos cabe não só aos intervenientes no procedimento administrativo (requerente do registo e eventuais reclamantes), mas ainda qualquer terceiro que *seja directa e efectivamente prejudicado pela decisão*[1325]. A legitimidade passiva pertence, obviamente, ao requerente

[1324] Seja qual for o sentido dessa decisão, conforme consta inequivocamente do nº 1 do art. 41º do CPI de 2018, que refere expressamente a decisão final, "*de manutenção ou de revogação, proferida ao abrigo do artigo 22º*". No domínio do CPI de 2003, apesar de o texto do art. 42º do CPI já apontar no mesmo sentido, suscitaram-se dúvidas acerca do momento de início de contagem do prazo de recurso, quando tivesse havido pedido de modificação oficiosa. À partida, seriam concebíveis duas leituras deste preceito: considerar que o prazo de recurso judicial (de 2 meses) se contaria de novo após a decisão proferida sobre o pedido de modificação, fosse ela qual fosse; ou que esse prazo só deveria renovar-se em caso de decisão revogatória ou modificativa (mas não já em caso de *manutenção* da decisão). Na anterior edição deste Direito Industrial (p. 443, nota 918) já defendia a solução que agora ficou explicitada (a par de A. Campinos / C. Gonçalves, in AAVV *CPI Anotado*, cit., pp. 169 e 170), por diversos motivos, incluindo o argumento literal e a segurança jurídica das partes (evitando que fossem obrigadas a interpor recursos judiciais por mera precaução, em paralelo com pedidos de modificação, contribuindo para saturar, ainda mais, os já saturados tribunais). No entanto, registaram-se decisões judiciais de sentido contrário, como v.g. o ac. RL de 10.10.2017 (P. 270/15.0YHLSB, rel. Rijo Ferreira), sustentando que *da decisão do INPI proferida no procedimento previsto no artº 23º do CPI que recusa modificar despacho anterior que concedeu o registo de marca não cabe recurso judicial*. Esta questão, felizmente, ficou ultrapassada com a redacção do actual CPI.

[1325] Art. 40º/1 do CPI. Por outras palavras, a legitimidade para interpor recurso judicial contra o despacho do INPI, por parte de terceiros, não depende da prévia apresentação de reclamação contra o pedido de registo, estando esse recurso à disposição de *quem seja directa e efectivamente prejudicado pela decisão*, na linha do disposto no art. 30º do CPC. Será esse o caso, nomeadamente, do titular de um sinal distintivo prioritário, eventualmente confundível com o sinal registado (que tem interesse em evitar a confusão), ou de um concorrente do requerente de uma patente, MU ou DM, que considere que estes carecem de requisitos de protecção (cujo interesse é evidente, pois a concessão de um direito exclusivo *ex novo* impedi-lo-á de explorar o invento ou criação protegida). No domínio do CPI de 2003, a redacção dos arts. 197º, 239º/2 e 304º-I/3 – fazendo depender a eficácia de vários motivos relativos de recusa da sua invocação "*em reclamação*" – levou o TPI a negar o direito de invocar, em recurso, esses motivos de recusa específicos, a quem não tivesse deduzido reclamação com esses fundamentos (nesse sentido, num caso de DM, sent. TPI de 14.03.2014, Rui Vultos, BPI 2016.06.05, p. 17). No entanto, a nova redacção dos preceitos correspondentes (arts. 332º/2 e 289º/3 do CPI de 2018) já não menciona a "reclamação", limitando-se a exigir que sejam "invocados por um interessado" (sem referir o tipo de procedimento em que tal invocação

do registo e aos eventuais reclamantes, que são citados para responder à petição de recurso, nos termos do art. 43º do CPI, cujo nº 5 esclarece que o INPI *não é considerado, em caso algum, parte contrária*[1326]. O nº 2 do art. 40º reconhece, ainda, legitimidade para intervir, mas como *parte acessória*, àqueles que demonstrem ter interesse na manutenção das decisões do INPI[1327].

A tramitação do recurso, regulada nos arts. 42º e 43º do CPI, principia pela apresentação da petição no TPI, que remete ao INPI uma cópia da mesma e respectivos documentos, a fim de que este envie para o tribunal o processo administrativo, que poderá ser acompanhado de uma *resposta ao alegado pelo recorrente na sua petição*. Recebido o processo administrativo, o tribunal promove a citação da parte contrária[1328], se a houver, para responder no prazo de 30 dias.

é feita). Esta alteração pode ter duas interpretações: poderá significar que estes motivos de recusa terão que ser invocados perante o INPI, não só em reclamação, mas agora também em oposição de terceiro (possibilidade acrescentada em 2018); ou, simplesmente, que esses motivos terão que ser *invocados*, perante o INPI ou perante o TPI; ou seja, que não são de *conhecimento oficioso*, ao contrário dos outros motivos relativos de recusa, que continuam a ter que ser atendidos pelo INPI mesmo na falta de qualquer reclamação. Embora com dúvidas, inclino-me para a segunda interpretação, que favorece os titulares dos direitos e interesses protegidos, bem como o interesse geral em que não existam sinais passíveis de gerar confusão dos consumidores – não vendo que o requerente do registo fique particularmente lesado pelo facto de o seu pedido de registo ficar exposto, durante mais alguns meses, ao risco de contestação (até ao final do prazo de 2 meses a contar da publicação da decisão de concessão no BPI).

[1326] Isto significa que o INPI apenas pode intervir neste recurso aquando da remessa do processo administrativo para o tribunal, nos termos do art. 42º do CPI. Mas não pode exercer quaisquer outros poderes processuais, nem recorrer de uma sentença desfavorável. Embora este recurso constitua, substancialmente, a impugnação judicial de um acto administrativo, o INPI não ocupa aqui a posição de entidade recorrida, nem está sujeito ao pagamento de custas em caso de revogação ou anulação das suas decisões.

[1327] Face à redacção deste nº 2, esta intervenção refere-se ao lado *passivo* da relação jurídico-processual, na medida em que visa apoiar a manutenção da decisão do INPI, que é objecto do recurso. Contudo, nada parece obstar à intervenção acessória de terceiros do lado *activo*, ao abrigo do instituto da assistência, desde que reunidos os pressupostos do art. 326º do CPC, designadamente o interesse jurídico em obter uma decisão num determinado sentido, devido à titularidade *de uma relação jurídica cuja consistência prática ou económica dependa da pretensão do assistido*.

[1328] A citação é feita no escritório do advogado constituído ou, na falta deste, no cartório do agente oficial de propriedade industrial que tenha representado no processo administrativo

Findo o prazo para a resposta, o processo é concluso para decisão final, estando previsto um prazo de 30 dias para a sua emissão[1329]. Isto significa que, neste processo declarativo especial, não está prevista uma fase de alegações finais nem fases autónomas de saneamento e de instrução[1330]. Apenas se admite, no art. 44º do CPI, a eventual requisição pelo tribunal *de técnico, ou técnicos, em cujo parecer se fundou o despacho recorrido, a fim de que lhe prestem oralmente os esclarecimentos de que necessitar*. Esta solução não é feliz, privando as partes do uso de meios de prova relevantes (como a prova testemunhal ou a prova por requisição de informações ou documentos[1331]), que tão-pouco puderam utilizar no âmbito do procedimento administrativo, essencialmente documental. Apesar disso, nada parece impedir que – ao abrigo dos princípios do inquisitório e da adequação formal, previstos nos arts. 411º e 547º do CPC – o juiz determine, oficiosamente ou a requerimento de alguma das partes, a produção dos meios de prova que se mostrem apropriados para a descoberta da verdade e a boa decisão da causa.

Este meio processual constitui um recurso de *plena jurisdição* (art. 38º do CPI). Isto é, ao contrário do que sucede com outros actos administrativos sujeitos à jurisdição dos tribunais administrativos, aqui o tribunal não tem apenas poderes para invalidar ou confirmar os actos recorridos[1332]. Pode revogá-los e *substituí-los* por outros de sinal contrário, que considere devidos à luz dos factos provados e da lei aplicável. Por exemplo, num recurso dum despacho recusando a concessão de uma patente, o tribunal pode concedê-la, para todas ou algumas das reivindicações formuladas. Se se tratasse de um simples recurso contencioso de anulação, o tribunal poderia anular o

a entidade a citar (art. 43º/2 do CPI). Só no caso de não ter intervindo advogado nem agente oficial é que a parte contrária é citada directamente.

1329 Art. 43º/3 do CPI. No CPI anterior este prazo estava fixado em 15 dias; mas, em trinta anos de advocacia, não recordo um único caso em que este prazo tivesse sido respeitado.

1330 Confirmando este entendimento, cf. ac. RL de 24.02.2015 (rel. M. Rosário Morgado; P. 639/11.9TYLSB, www.dgsi.pt).

1331 Ao abrigo dos arts. 429º, 432º e 436º do CPC.

1332 Por exemplo, a acção administrativa especial para impugnação de actos administrativos, regulada nos arts. 50º a 65º do Código de Processo dos Tribunais Administrativos serve apenas para obter a anulação ou declaração de nulidade ou inexistência do acto impugnado, não permitindo a substituição desse acto pelo acto (válido) que deveria ser praticado em seu lugar, o que terá de ser feito autor do acto invalidado, em cumprimento da sentença anulatória (arts. 50º/1 e 158º ss. do CPTA).

despacho que recusassea a patente, mas não substituir-se ao INPI e concedê-la ao recorrente, por simples efeito da sentença.

A decisão da primeira instância pode ainda, por sua vez, ser objecto de um único recurso, para o Tribunal da Relação, não sendo admissível neste tipo de processos recurso ordinário para o Supremo Tribunal de Justiça, sem prejuízo dos casos em que este é sempre admissível[1333].

Acrescente-se que o recurso judicial regulado nos arts. 38º a 46º do CPI não tem apenas por objecto as decisões que concedam ou recusem DPI, embora estas sejam a maioria das decisões impugnadas. A alínea b) do art. 38º do CPI abrange ainda as decisões do INPI *relativas a transmissões, licenças, declarações de caducidade, declarações de nulidade e anulações ou a quaisquer outros actos que afectem, modifiquem ou extingam direitos de propriedade industrial.*

Além do recurso judicial contra as decisões do INPI, o CPI admite outra forma de reacção, através do recurso arbitral, previsto nos artigos 47º a 49º, a que voltaremos *infra,* no final deste capítulo.

4. Processos de declaração de nulidade e de anulação

Uma importante dimensão do contencioso do Direito Industrial diz respeito à apreciação da validade dos DPI. Em Portugal, a declaração de nulidade e a anulação destes direitos esteve, durante largos anos, reservada exclusivamente aos tribunais[1334]. Contudo, o CPI de 2018 veio modificar substancialmente esta matéria, atribuindo ao INPI a competência para apreciar, em primeira instância, a validade dos registos respeitantes aos sinais

[1333] Art. 45º/3 do CPI. Os casos em que é sempre admissível recurso constam das várias alíneas do nº 2 do art. 629º do CPC (para um exemplo, em matéria de marcas, em que o STJ rejeitou o recurso por inexistência de contradição de julgados, ac. de 14.09.2017; rel. António Piçarra; 27/16.0YHLSB, in www.dgsi.pt). Já o recurso de revista excepcional, previsto no art. 672º do CPC, não parece ter cabimento nestas situações, porque esse recurso de revista constitui excepção a uma regra (do nº 3 do art. 671º) que nunca seria aplicável aos recursos de decisões do INPI, por força do citado art. 45º/3 do CPI. Neste sentido, no domínio do CPI de 2003, cf. ac. STJ de 18.11.2010 (rel. Pires da Rosa; Proc. 43/08.6TYLSB, *Sumários de Acórdãos de apreciação preliminar – Revista excepcional. Secções Cíveis,* disponível *in* https://www.stj.pt), rejeitando liminarmente um recurso de revista de ac. RL respeitante a um despacho do INPI que concedera o registo de uma insígnia: (...) *o recurso normal de revista, não é legalmente admissível. E se o normal não é originariamente admissível, não o é também o excepcional.*

[1334] Conforme dispunha o nº 1 do art. 35º do CPI de 2003.

distintivos e aos desenhos ou modelos, e mantendo o regime tradicional apenas quanto às patentes, MU e topografias de semicondutores.

Este novo regime é inspirado na regulamentação europeia respeitante à apreciação da validade das MUE e dos DMC: os pedidos de anulação destes DPI europeus são apresentados e julgados no EUIPO (divisões de anulação)[1335], nos termos dos arts. 63º e ss. do RMUE e 52º e ss. do RDM, dispondo os tribunais nacionais (designados por cada Estado) de competência para conhecer de pedidos *reconvencionais* de declaração de nulidade de MUE e de DMC formulados em acções de contrafacção instauradas nesses tribunais [arts. 124º/d) do RMUE e 81º do RDM].

A transposição da Directiva (UE) 2015/2436 levou o legislador português a adoptar um regime semelhante ao que já vigorava para as marcas europeias, tendo o legislador português optado por estendê-lo não só a todos os demais sinais distintivos, como também aos desenhos ou modelos. Assim, com a entrada em vigor do CPI de 2018, a declaração de nulidade e a anulação dos registos de marcas, logótipos, recompensas, DO e IG e DM passa a ser pedida no INPI[1336], nos termos de uma tramitação idêntica à prevista para as reclamações e para os pedidos de declaração de caducidade[1337].

A decisão que recair sobre esse pedido é passível de recurso para o TPI, nos termos gerais dos arts. 38º e seguintes do CPI[1338]. Além disso, os tribunais

[1335] Das decisões proferidas pelas divisões de anulação pode apelar-se para as Câmaras de Recurso do EUIPO, e destas para o Tribunal Geral. Os recursos deste tribunal para o Tribunal de Justiça, tendo por objecto decisões do EUIPO, passaram a estar dependentes de uma apreciação preliminar da sua admissibilidade, a partir de 1.05.2019, na sequência de uma alteração às Regras de Processo no Tribunal de Justiça (Cap. 1 do Título V). Sobre esta alteração, cf. Press Release Nº 53/19, de 30.04.2019.

[1336] Nos termos dos arts. 204º a 207º (DM), 262º a 265º [marcas, logótipos (*ex vi* arts. 296 e 297º), e DO e IG (*ex vi* arts. 307º e 309º)].

[1337] Que também competem ao INPI (ficando sujeitos a recurso para o TPI, nos termos gerais), nos casos em que o CPI prevê essa declaração de caducidade: marcas (arts. 268º e 269º), logótipos (art. 298º), recompensas (279º/2) e DO e IG (art. 309º).

[1338] O novo regime de apreciação da invalidade de sinais distintivos e DM parece implicar que estes processos ficarão sujeitos a uma tramitação idêntica à prevista para as reclamações e subsequentes recursos judiciais para o TPI, com todas as limitações inerentes a esse tipo de contencioso. Se assim for, as partes ficarão impedidas de fazer uso de importantes meios de prova (v.g. testemunhal), quer na fase administrativa quer na fase judicial desses processos. O que se mostra gravemente limitativo dos seus direitos, em prejuízo da verdade

continuam a ser competentes para conhecer de pedidos *reconvencionais* de declaração de nulidade ou de anulação dos registos em causa, embora com algumas restrições, enunciadas pelos arts. 207º e 266º do CPI.

No que respeita às patentes, modelos e utilidade e topografias de semi-condutores, manteve-se inalterado o regime anterior: a anulação ou declaração de nulidade pode ser pedida em *acção* declarativa instaurada com essa finalidade ou pode ser formulada em *pedido reconvencional*, nomeadamente como meio de defesa de um réu demandado numa acção inibitória ou de indemnização, ou ainda por um licenciado contestando uma acção de responsabilidade contratual[1339]. Em contrapartida, essa invalidade não deverá ser conhecida a título meramente *incidental* ou por via de *excepção processual*, pois, enquanto um DPI não se extinguir por efeito de uma decisão transitada em julgado, continuará a produzir plenamente os seus efeitos[1340]. Este entendimento é o mais coerente com a natureza dos DPI (que resultam de actos de autoridade púbica, de concessão de registos constitutivos) e o que melhor serve os imperativos de certeza e segurança jurídicas (incompatíveis com a subsistência de situações precárias e avulsas, como aquelas que resultariam de um tribunal julgar procedente a excepção de nulidade e outro decidir o contrário, relativamente à mesma patente)[1341].

material. Esta solução é tanto mais incongruente quanto é certo que tais limitações não serão aplicáveis aos pedidos reconvencionais de declaração de nulidade e anulação, que continuarão a ser julgados pelo TPI, em normais acções declarativas; além de contrastar com o regime aplicável às patentes, MU e topografias de semi-condutores, cuja invalidade continuará a ser apreciada, exclusivamente, em processos judiciais, no âmbito de acções declarativas com total amplitude probatória e uma tramitação mais completa do que os recursos de decisões do TPI.

[1339] Necessário é que sejam preenchidos os requisitos processuais da reconvenção (enunciados no art. 266º do CPC), em especial a *conexão* entre o objecto desta e o objecto da acção.

[1340] Neste *sentido*, cf. ac. STJ de 3.02.99 (rel. Machado Soares; in www.dgsi.pt), declarando que *a eventual declaração de invalidade de uma marca registada só poderá ser feita em acção de anulação visando esse fim, e não através de mera alegação de recurso inserida noutro processo.* Em sentido convergente, o ac. STJ de 21.03.90 (rel. Frederico Carvalhão; BMJ 395, p. 281) decidiu que, *uma vez concedido o depósito, e enquanto o respectivo título não for anulado, são irrelevantes a alegação e prova de que o modelo não é novo por ser fabricados por outras, quer tal facto seja notório ou não. Enquanto o título de depósito não for anulado, desfrutam os modelos de protecção legal.*

[1341] Esta matéria foi objecto de uma intensa controvérsia jurisprudencial e doutrinal, suscitada em torno das arbitragens necessárias instituídas pela L 62/2011, de 12 de Dezembro, para dirimir litígios entre titulares de patentes de medicamentos de referência e empresas de medicamentos genéricos. Nesses processos, os demandados invocam amiúde a nulidade

É certo que, por vezes, ao julgamento de acções civis e criminais assentes na violação de DPI interessa a prévia aferição da validade (ou invalidade) desses direitos. No entanto, se essa questão não puder suscitar-se nos autos a título reconvencional – permitindo a eventual anulação com efeitos *erga omnes* –, só restará a alternativa de instaurar autonomamente uma acção de anulação ou de declaração de nulidade, requerendo seguidamente a suspensão do primeiro processo por existência de *causa prejudicial*[1342].

da patente relativa ao medicamento de referência, tendo surgido a questão de saber se – no âmbito dessas arbitragens necessárias – seria admissível conhecer dessa nulidade, por via de excepção. Pronunciando-se no sentido da inadmissibilidade dessa apreciação, no âmbito destas arbitragens, cf. Oehen Mendes (*Breves Considerações sobre a Incompetência dos Tribunais Arbitrais Portugueses Para Apreciarem a Questão da Invalidade das Patentes e dos Certificados Complementares de Proteção para Medicamentos*, in Estudos de Direito Intelectual em Homenagem ao Prof. Doutor José de Oliveira Ascensão, p. 927) e Evaristo Mendes (*Arbitragem Necessária. Invalidade de Patente, Direito a uma Tutela Jurisdicional Efetiva e Questões Conexas*, in Propriedades Intelectuais, 2015/3, p. 103); em sentido contrário, cf. Remédio Marques (*A Arbitrabilidade da Exceção de Invalidade da Patente no Quadro da Lei nº 62/2011*, RDI 2/2014, p. 215) e Dário Moura Vicente (*O Regime Especial de Resolução de Conflitos em Matéria de Patentes*, ROA Ano 72, p. 981). A orientação que prevaleceu foi a da admissibilidade da apreciação da nulidade da patente, por via de excepção, com *efeitos limitados ao caso concreto*, na sequência do ac. do TC de 14.05.2015 (rel. Fátima Mata-Mouros; ac. nº 251/2017), que julgou *inconstitucional* a norma interpretativamente extraível dos arts. 2º da L 62/2011 e 35/º1 e 101º/2 do CPI – por violação do princípio da proibição de indefesa (art. 20º da CRP em conjugação com o seu 18º/ 2) –, ao estabelecer que, em sede da arbitragem necessária instaurada ao abrigo dessa lei, *a parte não se pode defender, por excepção, mediante invocação da nulidade da patente, com efeitos meramente interpartes.* Para uma aplicação desta jurisprudência, posterior ao ac. do TC, cf. ac. STJ de 10.04.2018 (rel. Pedro Marques, www.dgsi.pt). A questão mostra-se, actualmente, ultrapassada com a publicação do DL 110/2018 (que aprovou o novo CPI), dispondo o nº 3 do art. 3º que *no processo arbitral pode ser invocada e reconhecida a invalidade da patente com meros efeitos inter partes.* Note-se que esta solução (justificada, nomeadamente, pela inconveniência de optar pela *suspensão* por prejudicialidade, nesse tipo de contencioso, caracterizado por uma especial celeridade: cf. nºs 21 a 24 do cit. ac. TC) não deve ser transposta para as acções de condenação instauradas nos tribunais *judiciais*, em que o réu tem a possibilidade de deduzir *reconvenção* pedindo a declaração de invalidade. Nestas situações não se justifica, pois, admitir a invocação da invalidade do DPI por via de excepção.

[1342] Ao abrigo do disposto no art. 272º do CPC. Sobre este aspecto, acs. STJ de 5.06.1964 (rel. Gonçalves Pereira; BMJ 138, p. 301), RL de 10.08.96 (rel. Almeida Amaral; www.dgsi.pt) e RC de 6.03.96 (rel. Oliveira Mendes; CJ 1996, II, p. 46). Para um exemplo de suspensão da instância de uma acção por violação de direito de marca, por prejudicialidade de outra

Como já vimos no Capítulo I, a nossa lei distingue entre as hipóteses de **nulidade** e de **anulabilidade** dos DPI. Contudo, as consequências dessa distinção são limitadas, relevando essencialmente para a fixação de prazos de caducidade das acções judiciais de anulação e dos pedidos de anulação apresentados no INPI, que ficam sujeitos a um prazo geral de 5 anos[1343]. A nulidade, pelo contrário, *é invocável a todo o tempo* (art. 32º/2).

A legitimidade *activa* cabe não só a qualquer interessado, mas também ao Ministério Público, como dispõe o nº 3 do art. 34º do CPI. Esta intervenção do Estado justifica-se pela defesa do *domínio público*, que não deve ser usurpado devido à subsistência de DPI inválidos, que reduzem injustificadamente a margem de liberdade para o exercício de actividades económicas, em prejuízo de toda a comunidade. A fórmula empregue neste preceito ("qualquer interessado") é ainda mais abrangente que a utilizada no art. 41º, para os recursos judiciais ("quem seja directa e efectivamente prejudicado pela decisão"), estabelecendo um regime mais liberal do que aquele que poderia deduzir-se da norma geral do Código Civil em matéria de anulabilidade[1344]. Os tribunais têm subscrito este entendimento, reconhecendo legitimidade activa para estas acções aos concorrentes do titular do DPI impugnado[1345]. A legitimidade *passiva* pertence não só ao titular do

acção em que se discute a caducidade do registo, cf. ac. RP de 20.05.2008 (rel. Marques de Castilho; www.dgsi.pt).

1343 Aplicável a todos os DPI (art. 34º/7 do CPI de 2018), ao contrário do que sucedia no CPI de 2003, em que tal limitação temporal só vigorava explicitamente para as marcas, logótipos e DO e IG (arts. 266º/4, 304º-R/2 e 314º/2, que estabeleciam um prazo de 10 anos a contar da data do despacho de concessão do registo, embora ressalvando a possibilidade de instauração da acção de anulação, em caso de registo de má-fé). Contudo, o facto de o CPI não fixar prazos de arguição de anulabilidade dos restantes DPI não significava que eles não existissem, como defendia Carvalho Fernandes, que preconizava nesses casos omissos a aplicação do *regime comum do art. 287º, nº 1, do Código Civil,* de onde *resulta ser tal prazo, em regra, de um ano, contado do momento em que a pessoa com legitimidade para invocar a anulabilidade tem conhecimento da causa em que ele se funda* (*A Nova Disciplina das Invalidades dos Direitos Industriais,* ROA Ano 63º, nº I/II 2003, p. 103). Esta tese mereceu um certo acolhimento jurisprudencial (não unânime), sendo exemplo disso o ac. STJ de 12.03.2009 (rel. Oliveira Vasconcelos; in www.dgsi.pt). Este nº 7 do art. 34º do novo CPI veio resolver esta questão, de forma inequívoca.

1344 O art. 287º/1 do CC, determina que *só têm legitimidade para arguir a anulabilidade as pessoas em cujo interesse a lei a estabelece.*

1345 Acs. RP de 28.11.94 (rel. Oliveira Vasconcelos; in BPI 6/1997, p. 2147) e de 15.05.97 (rel. Manuel Ramalho; BPI 7/1997, p. 2527). Cf. ainda, o ac. STJ de 21.09.2000 (rel. Garcia

DPI a invalidar, mas também a todos quantos – à data da publicação no BPI do averbamento da propositura da acção – *tenham requerido o averbamento de direitos derivados* no INPI[1346].

Uma questão que já tem sido suscitada em acções desta natureza é a sua relação com os recursos judiciais de despachos do INPI, que hajam concedido DPI. Pergunta-se, nomeadamente, se um terceiro que não tenha interposto o recurso para impugnar a decisão do INPI (dentro do prazo legal, de 2 meses a contar da publicação) poderá posteriormente propor uma acção de declaração de invalidade. A resposta é, claramente, afirmativa: nada na lei faz depender o exercício deste direito de uma prévia oposição (administrativa ou judicial) ao pedido de registo. Neste sentido, o STJ foi categórico, ao declarar que *há dois meios legais de atacar o registo de uma marca: ou através do recurso do respectivo despacho para o tribunal ou através da acção de anulação. A lei não impõe a utilização deste ou daquele meio, deixando ao critério de quem tiver interesse directo em atacar a concessão a escolha do processo a utilizar, escolha essa que não está sujeita a qualquer condição que não seja a observância de prazos de propositura diferentes, conforme se opte pelo recurso ou pela acção*[1347]. De resto, é também esse o regime que inequivocamente vigora para as MUE, sendo admissível deduzir pedidos de declaração de nulidade destes DPI, independentemente de ter ou não havido oposição aos respectivos pedidos de registo.

Questão diversa, a exigir mais ponderação, é a de saber se – tendo havido oposição ao pedido de registo, mas tendo esta sido julgada improcedente – pode mais tarde vir a ser instaurada uma acção judicial (ou um pedido no INPI) de declaração de invalidade desse registo; ou se, pelo contrário, a tal obstará a existência de *caso julgado*. A resposta a dar deve distinguir

Marques; BMJ 499, p. 264), embora neste aresto se aprecie um caso atípico, relativo à legitimidade processual de uma sociedade cujo gerente era o titular, a nível pessoal, do DPI invocado. Com interesse, ainda a Sent. TComG de 18.07.2007 (Paulo Silva; Proc. nº 108/07.1TYVNG), julgando que o contitular de um registo de marca não pode pedir a anulação do seu próprio registo, tendo apenas ao seu dispor o mecanismo da renúncia (se possível) ou da acção de divisão de coisa comum (caso pretenda pôr termo à "compropriedade").

[1346] Art. 34º/4 do CPI. É o caso, nomeadamente, de licenciados ou de titulares de direitos de garantia ou de usufruto, ou de credores que tenham averbado a penhora ou o arresto do DPI (art. 29º/1 do CPI).

[1347] Ac. STJ de 26.01.99 (rel. Silva Graça; BMJ 483, p. 248). Cf. ainda ac. RL de 17.02.94 (rel. Flores Ribeiro; CJ 1994, I, p. 129).

as diversas situações configuráveis. Desde logo, se a oposição ao registo se quedou pelo procedimento administrativo de reclamação, não tendo sido seguida de recurso judicial, é manifesta a inexistência de caso julgado, que pressupõe *a repetição de uma causa,* depois da primeira ter findado com uma decisão de um tribunal (art. 619º do CPC). Se, pelo contrário, houve lugar a recurso judicial para reapreciação do despacho do INPI, nesse caso a decisão final desse recurso poderá constituir caso julgado, mas *dentro dos limites* estritos dos arts. 580º e 581º do CPC. Ou seja, o efeito obrigatório dessa decisão só impedirá a repetição da *mesma causa*, isto é, a instauração de uma acção idêntica à primeira *quanto aos sujeitos, ao pedido e à causa de pedir.* Se esta tripla identidade não existir, nada impede que seja instaurada uma ou mais acções de anulação ou de declaração de nulidade de um registo ou de uma patente que se encontre em vigor. Basta, por exemplo, que o autor da acção de anulação seja uma *pessoa diversa* daquela que recorreu da decisão proferida no processo administrativo[1348]. Ou que, tratando-se da mesma pessoa, a *causa de pedir* na acção seja distinta daquela que serviu de fundamento ao recurso: v. g., neste foi invocado um motivo relativo de recusa e naquela invoca-se um motivo absoluto, como a falta de capacidade distintiva ou de actividade inventiva. Em contrapartida, se o recurso e a acção de anulação registarem aquela tríplice coincidência, o efeito negativo do caso julgado obstará ao prosseguimento da segunda lide – em que o tribunal ficaria confrontado com o dilema de repetir ou contrariar uma decisão anterior com o mesmo objecto –, devendo, pois, absolver o réu da instância, por falta de um pressuposto processual[1349].

5. Tutela repressiva dos DPI

O art. 310º do CPI proclama, algo inutilmente, que *a propriedade industrial tem as garantias estabelecidas por lei para a propriedade em geral e é especialmente protegida, nos termos do presente Código e demais legislação e convenções em vigor*[1350].

[1348] Esclareça-se, porém, que haverá identidade de sujeitos se estiverem em causa, por exemplo, os mesmos registos de marca (a impugnada e a prioritária), mesmo que tenha havido transmissão desses registos, pois *há identidade de sujeitos quando as partes são as mesmas do ponto de vista da sua qualidade jurídica* (art. 581º/2 do CPC). O mesmo se diga quanto a outros DPI que tenham sido objecto de transmissão.

[1349] Arts. 576º/2 e 577º/i) do CPC.

[1350] Oliveira Ascensão, referindo-se ao art. 310º do CPI de 2003 (com a mesma redacção) afirma mesmo que esta norma *não tem conteúdo nenhum, porque os direitos industriais não*

Se é certo que aos DPI se aplicam supletivamente as regras do direito de propriedade, não é na repressão das infracções que essa subsidiariedade se afirma, pois esta matéria está regulada, com razoável pormenor, no Título III do CPI, sobretudo após a transposição da citada Directiva 2004/48/CE[1351].

Em caso de infracção, o titular do direito tem ao seu dispor um conjunto diversificado de meios de defesa, que vão desde a simples queixa à ASAE, para que esta persiga os infractores (por vezes de identidade desconhecida), até às acções inibitórias e de indemnização, acompanhadas ou não de providências cautelares, que podem revestir grande complexidade processual, mobilizando meios humanos e financeiros consideráveis. Assim, a par de processos de natureza civil, declarativos e cautelares, previstos no CPI (e também no CPC, aqui aplicável subsidiariamente: art. 358º do CPI) a lei prevê também procedimentos criminais e de contra-ordenação, que cumpre analisar em seguida.

5.1. Acções cíveis

O titular do direito violado, ou ameaçado de violação, pode instaurar acções declarativas pedindo que o réu seja impedido de prosseguir a conduta ilícita (acções inibitórias) e que este seja condenado a reparar os danos causados, nomeadamente através de uma indemnização.

A **acção inibitória**, visando obrigar o réu a abster-se da prática de certos actos (de usar um sinal distintivo, de explorar um invento ou de fabricar e comercializar um modelo), conduz a uma sentença condenatória, passível de execução nos termos gerais. No entanto, tratando-se geralmente de condenação em factos *negativos* (não fazer algo), podem surgir óbvias dificuldades

são propriedade. Não é aplicável o regime desta, nomeadamente não há que falar em acções de reivindicação ou em acções possessórias em relação aos direitos industriais (*Direito Industrial e Direito Penal*, in DI VI, p. 33).

1351 Para maiores desenvolvimentos acerca do regime decorrente desta Directiva e sua concretização prática, em Espanha (com uma análise largamente transponível para Portugal), cf. José Massaguer, *Acciones y Procesos de Infracción de Derechos de Propiedad Industrial*, 2018. Entre nós, cf. Salvador da Costa, *Alterações Processuais. Novos Procedimentos para Tutela da Propriedade Industrial*, DI VII, pp. 119-152. Sublinhe-se que o TJ já esclareceu que *a Diretiva 2004/48 consagra um nível mínimo de respeito dos direitos de propriedade intelectual e não impede os Estados-Membros de prever medidas mais protetoras* (ac. 9.06.2016, HANSSON, C-481/14, §§ 36 e 40).

na execução da sentença[1352]. Por isso, é recomendável que o autor peça expressamente ao tribunal que a decisão de mérito inclua outras medidas destinadas a *reforçar* a respectiva eficácia:

a) a condenação do réu no pagamento de uma *sanção pecuniária compulsória* a definir na sentença, tomando por referência cada acto que este praticar em violação da decisão de mérito ou a quantidade de exemplares que ilicitamente produzir ou transaccionar ou, ainda, o tempo que o mesmo demorar a cumprir (por acção ou omissão) a ordem judicial (art. 349º/4 do CPI);
b) a definição do destino dos bens em que se tenha verificado violação dos DPI e dos instrumentos utilizados no fabrico desses bens, podendo incluir a *destruição, a retirada ou a exclusão definitiva dos circuitos comerciais*, sem atribuição de qualquer compensação ao infractor, devendo o tribunal ponderar aqui os legítimos interesses de terceiros, em particular dos consumidores[1353];
c) a imposição ao réu das medidas inibitórias tipificadas no art. 349º do CPI: *interdição temporária do exercício de certas actividades ou profissões; privação do direito de participar em feiras ou mercados; encerramento temporário ou definitivo do estabelecimento*. As medidas previstas neste artigo podem aplicar-se também *a qualquer intermediário cujos serviços estejam a ser utilizados por terceiros para violar direitos de propriedade industrial*.

O decretamento destas medidas está obviamente subordinado ao *princípio do dispositivo*, pelo que estas só podem ser ordenadas mediante pedido do autor – sob pena de nulidade da sentença, por condenação além do pedido[1354]. No entanto, dentro das balizas decorrentes do pedido formulado,

[1352] A execução para prestação de facto negativo está regulada, genericamente, no art. 868º do CPC, que admite *a indemnização do exequente pelo prejuízo sofrido*, bem como *o pagamento da quantia devida a título de sanção pecuniária compulsória* previamente fixada ou a fixar a requerimento do exequente.

[1353] Art. 348º do CPI, com a desajustada epígrafe de "sanções acessórias" (que sugere um inexistente cariz contra-ordenacional).

[1354] Arts. 609º/1 e 615º/1/e) do CPC. A necessidade do *pedido do lesado* está mesmo explicitada no nº 1 do art. 348º do CPI, relativamente às medidas respeitantes ao destino dos bens e instrumentos, devendo considerar-se aplicável – por força das regras gerais – às medidas inibitórias previstas pelo art. 349º do mesmo diploma.

o tribunal goza de certa margem de discricionariedade, não sendo obrigado a conceder integralmente tudo quanto for requerido. Como sublinha o nº 2 do art 348º do CPI, exprimindo um princípio geral que parece aplicável à generalidade das medidas de tutela repressiva dos DPI, tais medidas *devem ser adequadas, necessárias e proporcionais à gravidade da violação*[1355].

Ao lesado assiste ainda o direito de pedir uma **indemnização** por perdas e danos, que o legislador densificou no art. 347º do CPI, por força da citada directiva, cujo regime é, em certos aspectos, mais severo que a disciplina nacional da responsabilidade por violação de direitos subjectivos[1356]. É o que sucede relativamente ao pressuposto da *culpa*, matéria em que ocorreu uma transposição deficiente do nº 1 do art. 13º da directiva, o qual exige apenas que o infractor, *sabendo-o ou tendo motivos razoáveis para o saber, tenha desenvolvido uma actividade ilícita*. Isto significa que *a culpa é aferida em relação à ilicitude do acto e não ao resultado que dele provém*[1357]. Por isso, atenta o princípio da *interpretação conforme* do direito europeu[1358], será este o critério de aferição da culpa do infractor, a usar para efeitos de condenação em indemnização ao

[1355] Frequentemente, os tribunais recusam-se a ordenar medidas deste género (v.g., destruição ou retirada) relativamente a produtos contrafeitos ou imitados já na posse do adquirente final, em homenagem a tutela de terceiros de boa fé. No entanto, há situações em que os bens ilícitos continuam em utilização à vista do público (v.g., mobiliário urbano), podendo com isso lesar gravemente a imagem comercial dos titulares do DPI e seus produtos, sobretudo quando aqueles tenham uma qualidade inferior à dos produtos genuínos. Nestes casos, a salvaguarda dos interesses de terceiros não deverá fazer-se à custa dos direitos do titular, até porque, em caso de retirada ou destruição, os terceiros lesados terão direito a exigir compensação aos infractores, nos termos gerais.

[1356] Sublinhando e concretizando esta afirmação, Adelaide Menezes Leitão, *O reforço da tutela da Propriedade Intelectual na economia digital através de acções de responsabilidade civil,* in DI VI, 2010, pp. 239 a 264. Para uma panorâmica recente acerca da (escassa) jurisprudência do TJ em matéria de indemnização por danos, no contexto da directiva 2004/48/CE, cf. Bert Wurtenberger, *First Contours of European Law in Damages in IP Infringement Cases,* GRUR Int, 8-9/2018, pp. 725-731.

[1357] Como frisa Adelaide Menezes Leitão, *A tutela dos direitos de Propriedade Intelectual na Directiva 2004/48/CE,* in Direito da Sociedade da Informação, Vol. VII, 2008, p. 196.

[1358] Este princípio significa que, *quando ao órgão jurisdicional nacional seja submetido um litígio que envolva exclusivamente particulares, o mesmo é obrigado, ao aplicar as disposições de direito interno adoptadas para transpor as obrigações previstas numa directiva, a tomar em consideração todo o direito nacional e a interpretá-lo, na medida do possível, à luz do texto e da finalidade dessa directiva, para alcançar uma solução conforme ao resultado por ela pretendido* (cf. entre outros ac. de 5.10.2004, PFEIFFER, C-397/01, §119).

titular de DPI. Por outras palavras, haverá culpa para efeitos indemnizatórios desde que se demonstre que o infractor sabia, ou tinha *motivos razoáveis* para saber que a sua conduta era ilícita. Ora, a existência de um registo de Propriedade Industrial, de acesso público, gratuito e on-line parece constituir um bom motivo para qualquer interessado saber se a sua conduta infringe um direito exclusivo decorrente desse mesmo registo.

A este nível, os tribunais portugueses vêm revelando uma certa complacência com os infractores, acolhendo com excessiva facilidade o argumento de que estes *não sabiam* que o objecto imitado estava registado no INPI (ou no EUIPO) e recusando-se a condená-los em indemnizações, mesmo quando os condenam a abster-se de prosseguir com a imitação. Ora, quando um empresário imita um produto ou um sinal distintivo de um concorrente, o mínimo que se lhe pode exigir é que anteriormente se certifique de que o objecto da imitação não está sujeito a direitos exclusivos. Todo o sistema de protecção dos DPI assenta na existência de registos, que existem precisamente para dar *publicidade* aos bens protegidos e oponibilidade aos direitos que sobre eles recaem. Subordinar a atribuição de uma indemnização à prova concreta de que o infractor conhecia a existência dos registos equivale a conceder um *crédito* para a infracção inaugural ("a primeira é grátis"...). Por isso, deve entender-se que um empresário que imita os produtos ou sinais distintivos alheios, sem cuidar previamente de saber se os mesmos estão sujeitos a DPI, actua de modo censurável, tendo *motivos razoáveis* para saber que a sua conduta é ilícita. Por outras palavras, estamos perante um comportamento *culposo*, passível de fundamentar uma condenação em indemnização.

No que respeita ao conceito de *dano*, também existem especificidades face ao regime geral da responsabilidade civil. Assim, na determinação do *montante* da indemnização, *o tribunal deve atender nomeadamente ao lucro obtido pelo infractor e aos danos emergentes e lucros cessantes sofridos pela parte lesada e deverá ter em consideração os encargos suportados com a protecção, a investigação e a cessação da conduta lesiva do seu direito*, bem como *à importância da receita resultante da conduta ilícita do infractor*. Esta formulação vai mais longe que o regime geral, na medida em que – ao reportar-se ao enriquecimento ilegítimo do infractor – permite fundar uma indemnização superior ao dano, o que confere à compensação um cariz sancionatório e de prevenção geral, e não exclusivamente reintegrador. Esta vertente punitiva – apesar de enjeitada pelo preâmbulo da directiva – torna-se aliás flagrante no nº 6 do art. 347º do CPI, que admite a *cumulação de todos ou de alguns* dos critérios de cálculo da indemnização, quando *a conduta do infractor constitua prática reiterada ou especialmente gravosa* em relação à parte lesada.

Atenta a tradicional dificuldade em provar e quantificar os danos resultantes da conduta ilícita (*maxime* devido à difícil demonstração do nexo de causalidade entre a actuação do infractor e as lesões sofridas pelo lesado), o legislador europeu teve o cuidado de estabelecer um critério de cálculo *subsidiário*, para os casos de impossibilidade de fixação do montante efectivo do prejuízo através do recurso aos critérios acima referidos, na condição de que o lesado não se oponha a esse método de cálculo: o tribunal pode *estabelecer uma quantia fixa com recurso à equidade, que tenha por base, no mínimo, as remunerações que teriam sido auferidas pela parte lesada caso o infractor tivesse solicitado autorização para utilizar os direitos de propriedade industrial em questão e os encargos suportados com a protecção do direito de propriedade industrial, bem como com a investigação e cessação da conduta lesiva do seu direito.* Por outras palavras, na impossibilidade de determinar o valor efectivo dos danos, atribui-se ao lesado o valor que o infractor teria a pagar por uma *licença* de exploração do DPI violado, se a tivesse pedido, acrescido dos encargos a que deu causa.

Ora, o uso que os nossos tribunais têm feito deste mecanismo tem sido decepcionante, indo ao ponto de recusar a sua aplicação nos casos em que o lesado *não consiga provar* qual o valor de licença que praticaria nessa hipótese. Pois bem, a utilidade deste preceito é, justamente, permitir a fixação de uma indemnização equitativa, superando as dificuldades probatórias relacionadas com o prejuízo efectivamente sofrido. Exigir ao lesado que faça prova de uma hipótese académica (quanto cobraria por uma licença que não concedeu e que, em situações normais, nem quereria conceder) levará ao esvaziamento desta norma, tornando-a praticamente inútil. Sendo assim, desde que o lesado consiga demonstrar que o seu direito exclusivo foi violado e que o infractor colocou no mercado produtos imitados ou contrafeitos, deve o tribunal – atendendo à extensão temporal e quantitativa da infracção, ao preço dos produtos "legítimos" e demais circunstâncias do caso – condenar o réu a pagar-lhe uma indemnização, de um valor equitativo e dissuasor, a título de *valor de licença*[1359].

[1359] Para mais desenvolvimentos sobre o cálculo do valor de licença, cf. José Massaguer, *Acciones y Procesos...*, cit, p. 86 ss.. Para uma interpretação acerca do sentido desta norma da Directiva 2004/48, cf. ac. do TJ de 25.01.2017 (OTK; C-67/15).

Na fixação da indemnização, o tribunal deve atender ainda aos *danos não patrimoniais causados pela conduta do infractor* e, além disso, *fixar uma quantia razoável destinada a cobrir os custos, devidamente comprovados, suportados pela parte lesada com a investigação e a cessação da conduta lesiva do seu direito*.

Uma medida complementar da condenação, também dependente de pedido do autor, é a *publicação da sentença*, a expensas do infractor, no BPI ou em qualquer meio de comunicação que se considere adequado, nos termos do art. 350º do CPI.

5.2. Medidas de prova e de informação

Entre as alterações decorrentes da Directiva 2004/98/CE conta-se a tipificação de medidas destinadas à obtenção e à conservação de provas e informações necessárias à instrução dos processos destinados à tutela dos DPI. Nesse sentido, os arts. 339º a 343º prevêm diversos mecanismos de *obtenção de meios de prova e sua preservação*, que podem preceder não só a acção declarativa mas até o próprio procedimento cautelar[1360]. Aliás, embora a lei não os qualifique explicitamente como tal, alguns desses mecanismos constituem verdadeiras providências cautelares, como sucede com as medidas previstas no art. 340º do CPI.

Uma parte dessas medidas, mais gravosas, é reservada para infracções praticadas **à escala comercial**, conceito que é definido no art. 337º do CPI como actos que violem DPI e *que tenham por finalidade uma vantagem económica ou comercial, directa ou indirecta*; deixando de fora (como refere o nº 2) *os actos praticados por consumidores finais agindo de boa fé*. Isto parece sugerir (numa leitura *a contrario*) que o acto de um consumidor final pode ser considerado como praticado à "escala comercial" quando este actue de má-fé – v. g., se agir com consciência e vontade de colaborar ou contribuir para a prática de uma infracção.

A título de **medidas para obtenção de prova**, o art. 339º do CPI prevê que – a requerimento de um interessado que apresente indícios suficientes de violação de DPI –, o tribunal determine a apresentação de *elementos de prova que estejam na posse, na dependência ou sob o controlo da parte contrária ou de terceiro* (podendo mesmo tratar-se de *documentos bancários, financeiros, contabilísticos ou comerciais*, quando estiverem em causa *actos praticados à*

[1360] Neste sentido, Abrantes Geraldes, *Temas da Reforma do Processo Civil*, IV Vol., 2010, p. 361.

escala comercial)[1361]. Entre os elementos de prova que podem ser solicitados, incluem-se amostras de produtos, documentos ou outros objectos necessários à instrução do processo.

Sob a epígrafe de "**medidas de preservação da prova**", o art. 340º institui uma autêntica providência cautelar, semelhante ao arrolamento. Assim, havendo *violação ou fundado receio de que outrem cause lesão grave e dificilmente reparável do direito de propriedade industrial, pode o interessado requerer medidas provisórias urgentes e eficazes que se destinem a preservar provas da alegada violação.* Tais medidas *podem incluir a descrição pormenorizada, com ou sem recolha de amostras, ou a apreensão efectiva dos bens que se suspeite violarem direitos de propriedade industrial e, sempre que adequado, dos materiais e instrumentos utilizados na produção ou distribuição desses bens, assim como dos documentos a eles referentes.* Em casos justificados de urgência ou de receio de extravio ou destruição, essas medidas podem ser decretadas sem audiência prévia da parte contrária, caso em que esta será imediatamente notificada, após a sua execução, dispondo então de um prazo de 10 dias para se opor à decisão[1362]. A aplicação das medidas pode ficar dependente da prestação de uma caução, pelo requerente, se o tribunal assim o entender, podendo condenar o interessado no pagamento de uma indemnização ao requerido, se este o solicitar, caso a providência venha a ser considerada infundada, injustificada ou caducar[1363].

Um terceiro tipo de medidas, previsto no art. 344º do CPI, respeita à **obrigação de prestar informações** detalhadas sobre a *origem e as redes de*

[1361] Se o visado não apresentar os elementos em causa no prazo designado pelo tribunal, este promoverá *as acções necessárias*, que o art. 339º/3 todavia não especificou. A meu ver, dado que o mecanismo processual deste artigo não constitui uma verdadeira providência cautelar (ao contrário do que sucede com o art. 340º), não terá aqui aplicação a garantia penal das providências, prevista no art. 375º do CPC, que manda punir com a *pena do crime de desobediência qualificada todo aquele que infrinja a providência cautelar decretada.* Pelo que só serão admissíveis neste caso outros meios coercitivos, nomeadamente os previstos no art. 417º do CPC para a violação do dever de cooperação para a descoberta da verdade.

[1362] Art. 341º do CPI. A notificação ocorrerá após a execução das medidas e não logo após a decisão (pese embora a ambiguidade da expressão "aplicadas", constante do nº 2, que não é usada na directiva, cujo art. 7º/1 refere expressamente a "execução das medidas").

[1363] Art. 343º do CPI. Neste caso, ao contrário do que dispõe o art. 374º do CPC, a responsabilidade do requerente não pressupõe a culpa deste, nem a demonstração de que não agiu com a prudência normal. Neste sentido, Salvador da Costa, *Alterações processuais. Novos Procedimentos para tutela da Propriedade Industrial,* in DI VII, p. 139.

distribuição dos bens ou serviços suspeitos de violarem DPI. Entre essas informações, incluem-se:

a) *Os nomes e os endereços dos produtores, fabricantes, distribuidores, fornecedores e outros possuidores anteriores dos bens ou serviços, bem como dos grossistas e dos retalhistas destinatários;*
b) *Informações sobre as quantidades produzidas, fabricadas, entregues, recebidas ou encomendadas, bem como sobre o preço obtido pelos bens ou serviços.*

Os visados por esta medida são não apenas os alegados infractores, mas também qualquer outra pessoa que *tenha sido encontrada na posse dos bens ou a utilizar ou prestar os serviços, à escala comercial*, que se suspeite violarem DPI; e, ainda, aqueles que esta venha por sua vez a indicar, *como tendo participado na produção, fabrico ou distribuição dos bens ou na prestação dos serviços* suspeitos de violarem tais direitos.

5.3. Medidas cautelares

Atenta a especificidade do Direito da Propriedade Intelectual e a necessidade de prever meios de reacção especialmente adaptados às infracções típicas deste ramo do direito, a Directiva 2004/48 impôs aos Estados-membros que previssem medidas provisórias de inibição e de proibição da violação de DPI, bem como a apreensão de bens suspeitos de violar esses direitos, a fim de impedir a sua entrada ou circulação nos circuitos comerciais. Essa exigência está contemplada nos arts. 345º e 346º do CPI, que prevêem, respectivamente, um procedimento cautelar não especificado e um arresto. Apesar disso, estes dois mecanismos não esgotam a tutela cautelar ao dispor do Direito Industrial, pois o art. 358º admite expressamente a aplicação subsidiária *de outras medidas e procedimentos previstos na lei, nomeadamente do Código de Processo Civil*[1364].

Um traço importante destas duas providências é que – ao contrário do que sucede com a generalidade dos procedimentos cautelares regulados no CPC – nos casos de *violação já consumada* do direito se prescinde da prova da gravidade da lesão e da dificuldade da sua reparação. É isso que resulta do

[1364] Isto significa que, desde que reunidos os respectivos pressupostos, nada impede que, perante uma infracção do âmbito do Direito Industrial, sejam requeridas outras providências, como v.g. um embargo de obra nova ou um arrolamento.

texto daqueles preceitos, nomeadamente do nº 2 do art. 345º e do nº 3 do art. 364º, que apenas exigem a prova da titularidade do direito e de *que se verifica ou está iminente uma violação* desse direito. Esta solução é aliás consentânea com a filosofia "draconiana" da directiva, que considerou *indispensável prever medidas provisórias que permitam a cessação imediata da violação.* A jurisprudência portuguesa não hesitou, pois, em interpretar aquelas normas como significando que, *em situações de violação já efectiva, a lei torna a tutela cautelar independente da qualificação da situação de periculum in mora*[1365].

Isto não significa que estes procedimentos cautelares fiquem subtraídos à incidência do *princípio da proporcionalidade* ou da proibição do excesso, que impõe ao julgador a máxima contenção possível na escolha dos meios destinados a acautelar o direito ameaçado. Havendo uma medida alternativa, mas menos gravosa, de salvaguardar esse direito, o tribunal deve optar por ela para não lesar inutilmente o requerido, até porque *não está adstrito à providência concretamente requerida*, como dispõe o nº 3 do art. 376º do CPC. Contudo, a ponderação a efectuar nestes casos não está sujeita à regra do nº 2 do art. 368º deste diploma, que manda fazer um *balanço* entre o dano a evitar ao requerente e o prejuízo a causar ao requerido. A natureza exclusiva dos DPI não se compadece com essa ponderação de interesses[1366]. Por isso, a proporcionalidade é um critério relevante apenas para a *escolha* das medidas e não já para a *decisão* de as decretar.

Nestes termos, os titulares de DPI[1367] têm ao seu dispor, desde logo, um **procedimento cautelar não especificado**, de "banda larga", para decretamento de providências destinadas a *inibir qualquer violação iminente* ou a *proibir a continuação da violação.* Estas providências não estão tipificadas ou pré-determinadas, dispondo o tribunal de ampla discricionariedade na sua definição, a fim de salvaguardar *a possibilidade de o titular continuar a explorar, sem qualquer restrição, os seus direitos.* O requerente deve fornecer ao tribunal *os elementos de prova para demonstrar que é titular do direito de propriedade industrial, ou que está autorizado a utilizá-lo, e que se verifica ou está iminente uma violação.*

[1365] Abrantes Geraldes, *Temas da reforma...* cit., pp. 364 a 370. Neste sentido, entre outros, cf. ac. RL de 17.01.2019 (rel. M. Améia Ameixoeira, P. 132/18.9YHLSB, dgsi.pt) e ac. RL de 27.02.2014 (rel. Tomé Ramião, CJ 2014 I, p. 128).

[1366] Neste sentido, Abrantes Geraldes, *Temas da Reforma...* cit., p. 378.

[1367] Ou outras pessoas *com interesse directo no seu decretamento,* como os titulares de licenças, salvo estipulação em contrário – como resulta do art. 338º do CPI.

Se a violação ainda não se tiver concretizado, deverá além disso demonstrar que existe *fundado receio de que outrem cause lesão grave e dificilmente reparável do direito* (art. 345º/1 e 2 do CPI). Estas providências podem, também, ser decretadas *contra qualquer intermediário cujos serviços estejam a ser utilizados por terceiros para violar* os direitos do requerente.

Por seu lado, o art. 346º prevê uma providência especificada, o **arresto**, que pode revestir diversas modalidades, consoante o seu objecto. Pode ter por finalidade garantir o crédito do requerente, caso em que consistirá na *apreensão preventiva dos bens móveis e imóveis do alegado infractor, incluindo os saldos das suas contas bancárias, podendo o juiz ordenar a comunicação ou o acesso aos dados e informações bancárias, financeiras ou comerciais respeitantes ao infractor* (arresto preventivo)[1368]. Ou pode ter por objectivo fazer cessar a infracção, caso em que o tribunal ordenará *a apreensão dos bens que se suspeite violarem esses direitos ou dos instrumentos que apenas possam servir para a prática do ilícito* (arresto repressivo).

Estando em causa providências cautelares, o seu acatamento efectivo é assegurado não só pela possibilidade de execução coerciva das medidas decretadas, mas também pela garantia penal decorrente do art. 375º do CPC, que estabelece *a pena do crime de desobediência qualificada para todo aquele que infrinja a providência.*

A tramitação destes dois procedimentos obedece ao disposto, nos arts. 339º a 343º do CPI, para a providência de preservação de provas: estas medidas podem ser decretadas sem audiência prévia da parte contrária, sendo esta notificada, após a sua execução, para deduzir oposição (em 10 dias) ou recorrer (em 15 dias)[1369]. O tribunal pode exigir do requerente a prestação

[1368] Este tipo de arresto apenas pode ser decretado em caso de infracção à escala comercial, actual ou iminente, e desde que o interessado prove a existência de circunstâncias susceptíveis de comprometer a cobrança da indemnização por perdas e danos (art. 346º/1 do CPI).

[1369] Embora tal não conste explicitamente do art. 341º/3 do CPI, o direito a recorrer do despacho que decrete a providência decorre genericamente do art. 644º/2/i) do CPC e, especificamente, do art. 372º/1/a) deste mesmo código. A aplicabilidade subsidiária das normas do processo civil implica, além disso, que a utilização dos dois meios de reacção (oposição e recurso) não possa ocorrer em simultâneo, embora se admita que, após a oposição, a parte nela vencida possa usar do recurso (art. 372º/3 do CPC). Neste sentido, Abrantes Geraldes, *Temas da Reforma...* cit., p. 380. No caso do procedimento cautelar não especificado previsto no art. 345º do CPI, o requerido tem ainda a faculdade de requerer ao tribunal a substituição das providências decretadas por uma caução, *sempre que esta,*

de uma caução, que além do mais servirá para garantir o pagamento de eventual indemnização ao requerido, na hipótese de a providência vir a ser julgada injustificada ou se ficar sem efeito por facto imputável ao requerente[1370]. Estes procedimentos estão ainda sujeitos, naquilo que o CPI não regula especificamente, às regras gerais em matéria cautelar definidas pelo CPC. É o caso, designadamente, das normas relativas à urgência do procedimento (e consequente modo de contagem de prazos), ao carácter sumário das decisões, à instrumentalidade e dependência do processo cautelar e sua falta de autonomia relativamente à acção principal.

5.4. Tutela sancionatória

A criminalização de certas infracções ao Direito Industrial constitui uma solução tradicional no direito português. Já no CPI de 1940 se punia penalmente a violação de DPI e, também, a própria concorrência desleal, que só em 2003 foi desgraduada em contra-ordenação. A nível internacional, a criminalização das infracções ao Direito Industrial generalizou-se, sobretudo por força do art. 61º do TRIPS, que impõe aos Estados-membros a qualificação da contrafacção de marcas como crime, desde que a infracção seja *deliberada* e ocorra à *escala comercial*. Relativamente aos demais DPI, essa penalização não é obrigatória para os Estados-membros da OMC, que por enquanto conservam total autonomia nessa matéria.

O actual CPI espelha essa margem de liberdade, pois nem todas as violações de DPI estão qualificadas como crime. Tal só acontece com os direitos de patente, de modelo de utilidade, de topografia de semicondutor, de desenhos ou modelos, marcas, logótipos e denominações de origem e

ouvido o requerente, se mostre adequada a assegurar a indemnização do titular. No âmbito do arresto regulado no art. 346º o legislador absteve-se de prever idêntica faculdade, o que militaria no sentido da sua inadmissibilidade. Todavia, no caso do arresto preventivo (previsto no nº 1 desse art.), que prevê medidas destinadas unicamente a garantir um crédito pecuniário, não existe motivo para recusar a respectiva substituição por caução, desde que seja idónea e de valor adequado à situação (o que acautelará totalmente o interesse protegido por essa norma). Já não assim quanto ao arresto repressivo (previsto no nº 2), pois o seu levantamento mediante prestação de caução iria permitir a continuação de uma actividade considerada (aparentemente) ilícita pelo tribunal.

1370 Art. 343º do CPI. Repita-se que, nestes casos, a responsabilidade do requerente não exige que este haja actuado com culpa, ou que não tenha agido com a prudência normal (ao contrário do que dispõe o art. 374º/1 do CPC, para a generalidade das providências).

indicações geográficas. Para o direito de mera ordenação social foi relegada a punição das infracções relativas às recompensas, para além da concorrência desleal e dos segredos comerciais[1371]. O CPI qualifica ainda como contra-ordenações outras infracções, como o simples uso de marcas ilícitas, os actos preparatórios da violação de sinais distintivos e a invocação ou uso indevido de direitos privativos.

Um traço comum aos comportamentos puníveis – constituindo até um pressuposto da sua punibilidade – é que se trate de actos realizados no âmbito da **actividade económica** e não na pura esfera privada. Como salienta OLIVEIRA ASCENSÃO[1372], *o exclusivo outorgado pelos direitos industriais é o exclusivo da utilização na vida dos negócios. Fora disso, o aproveitamento por utentes para uso não negocial não é objecto de protecção. E se é excluído em geral, é-o por redobradas razões no domínio penal.* Esta limitação não decorre, sequer, das normas incriminadoras do CPI, mas antes daquelas que definem o âmbito de protecção dos DPI, que não abrangem os actos realizados no âmbito privado, sem finalidade comercial[1373].

Em matéria criminal, a instauração do procedimento depende de **queixa**, nos termos do art. 328º. Apesar disso, antes da abertura do inquérito, os órgãos de polícia criminal devem realizar, oficiosamente, diligências de fiscalização e preventivas, incluindo a apreensão dos *objectos em que se manifeste um ilícito* previsto no CPI, bem como os materiais e instrumentos que tenham sido predominantemente utilizados para a prática desse ilícito (art. 360º/2)[1374]. A queixa pode ser apresentada não só pelo titular do direito,

[1371] Aplaude-se a inclusão dos logótipos no primeiro grupo, pelo legislador de 2018, tendo deixado a sua tutela de ter natureza meramente contra-ordenacional, como inexplicavelmente sucedia no CPI de 2003.

[1372] *Direito Industrial e Direito Penal*, cit., p. 44.

[1373] Cf. arts. 103º/1/a), 145º/1/a), 165º/a), 198º/a) do CPI, no que respeita às patentes, MU, topografias e DM. No domínio das marcas, o art. 249º só permite impedir o seu uso *no exercício de actividades económicas*. No âmbito dos logótipos e das DO e IG, essa restrição não é formulada explicitamente, mas não parece que essa omissão tenha especial significado.

[1374] Art. 360º/2 do CPI. A intervenção dos órgãos de polícia criminal e das entidades policiais foi reforçada no CPI de 2018, prevendo-se, por um lado, que, quando tenham *conhecimento de factos que possam constituir crimes* previstos no CPI, informem disso o titular do direito de queixa, no prazo de 10 dias, com indicação do prazo para o exercício desse direito (art. 328º/2); e, por outro, que – independentemente de queixa apresentada pelo ofendido – os órgãos de polícia criminal realizem *um exame directo aos objectos apreendidos quando seja notório que estes não sejam fabricados ou comercializados pelo titular* ou por alguém com

mas também pelo licenciado, salvo estipulação contratual diversa e desde que a licença esteja averbada no INPI.

A natureza semi-pública dos crimes previstos no CPI permite a desistência da queixa (art. 116º do Código Penal), circunstância que facilita consideravelmente a composição das partes, mediante a celebração de acordos judiciais ou extra-judiciais[1375]. Estranhamente, essa faculdade não está prevista para as infracções de menor gravidade, as contra-ordenações, o que também teria plena justificação[1376].

As **entidades competentes** para receber a queixa são, no caso dos crimes, o Ministério Público e quaisquer autoridades de polícia criminal[1377], nomeadamente a Polícia Judiciária, PSP, GNR e a ASAE. No âmbito das contra-ordenações, o art. 362º do CPI atribui competência instrutória à ASAE, devendo ser encaminhadas para esta entidade as denúncias, mesmo que sejam apresentadas a outra entidade policial. A aplicação das coimas e sanções acessórias compete ao conselho directivo do INPI (art. 363º do CPI), cujas decisões são passíveis de recurso judicial, no prazo de 20 dias úteis a contar da notificação[1378].

sua autorização, podendo nos restantes casos a autoridade judiciária ordenar a realização de exame pericial (art. 360º/3). Além disso, os nºs 4 a 7 deste art. 360º prevêm mecanismos expeditos de destruição de objectos suspeitos de violar DPI, dispondo o art. 361º que *os custos de armazenagem e destruição dos artigos apreendidos são considerados encargos do processo, sendo a responsabilidade pelo seu pagamento apurada nos termos previstos na lei processual penal.*

1375 A anterior natureza pública destes crimes – além de injustificada, face ao tipo de interesses tutelados –, embaraçava grandemente a formalização de acordos, quando já estivesse pendente um procedimento criminal, a que não era possível pôr termo com segurança, levando por vezes as partes a encontrar soluções imaginosas e a incorrer em "síndromes amnésicas", para obter a absolvição dos arguidos. A solução actual, já constante do CPI de 2003, é mais digna e consentânea com os interesses em presença.

1376 Ainda assim, atenta a aplicabilidade subsidiária das normas do Código Penal ao regime substantivo das contra-ordenações (art. 32º do DL 433/82, de 27 de Outubro), não repugna admitir que os titulares do bem jurídico ofendido (os titulares do DPI) possam formular uma desistência relevante, para efeitos de extinção do processo contra-ordenacional.

1377 Art. 244º do Código de Processo Penal.

1378 Arts. 59º e 60º do DL 433/82. Os tribunais têm entendido que este prazo não se suspende nas férias judiciais e que, mesmo que o último dia do prazo se verifique durante as férias, não se transfere para o termo destas. Neste sentido, ac. RP de 26.02.97 (rec. nº 11085) e Simas Santos / Lopes de Sousa, *Contra-Ordenações. Anotações ao Regime Geral*, 2002, p. 361.

No âmbito dos processos criminais está prevista a **perda a favor do Estado** dos *objectos em que se manifeste um crime* previsto no CPI, bem como dos *materiais ou instrumentos que tenham sido predominantemente utilizados para a prática desse crime, excepto se o titular do direito ofendido der o seu consentimento expresso para que tais objectos voltem a ser introduzidos nos circuitos comerciais ou para que lhes seja dada outra finalidade*[1379]. Esta sanção é extensível aos processos de contra-ordenação[1380].

Em matéria de **culpa**, o regime é semelhante para os crimes e para as contra-ordenações: apenas são puníveis as condutas dolosas, pois não se prevê a punibilidade da negligência[1381]. Não se exige, porém, um dolo específico (ao contrário do que sucedia na vigência do CPI de 1995), bastando actualmente o dolo genérico[1382]. Por outras palavras, é suficiente a demonstração de que o agente agiu livre, consciente e voluntariamente, sabendo que a sua conduta era proibida por lei.

5.4.1. Crimes

Entrando especificamente na análise dos diversos tipos penais previstos no CPI, prevê-se a punição – com penas de prisão até 3 anos ou pena de multa até 360 dias – dos crimes de **violação do exclusivo da patente, do modelo de utilidade ou da topografia de produtos semicondutores** e de **violação dos direitos exclusivos relativos a desenhos ou modelos**, que podem resultar, designadamente, do *fabrico* dos artefactos ou produtos que forem objecto desses DPI, do *emprego dos meios ou processos protegidos*, da *reprodução ou imitação* do DM ou ainda da *importação ou distribuição* dos produtos ilicitamente obtidos[1383].

[1379] Art. 329º/1 do CPI. Os objectos declarados perdidos são total ou parcialmente destruídos, nomeadamente, quando não seja possível eliminar a parte dos mesmos ou o sinal distintivo nele aposto que constitua violação do direito.

[1380] Por força do nº 3 do art. 329º. No CPI de 2003 a perda dos objectos apreendidos era admitida, mas unicamente nos termos do art. 22º do Regime Geral das Contra-Ordenações.

[1381] Quer o art. 13º do Código Penal, quer o art. 8º do DL 433/82, dispõem que o facto praticado com negligência só é punível *nos casos especialmente previstos na lei*, o que não sucede com os crimes e contra-ordenações previstos no CPI.

[1382] Neste sentido, embora referindo-se ao CPI de 2003, cf. A. Campinos / C. Gonçalves, *CPI Anotado*, cit., p. 515.

[1383] Arts. 318º e 319º do CPI. Para uma análise critica desta matéria, cf. Oliveira Ascensão, *Direito Industrial e Direito Penal*, cit., p. 36 e ss.

Idênticas penalidades estão previstas, no art. 320º do CPI, para o crime de **contrafacção, imitação e uso ilegal de marca**, que consiste na prática de algum dos actos tipificados nas nove alíneas dessa disposição, que incluem o uso de marcas contrafeitas ou imitadas, nos produtos, nas embalagens, em documentos comerciais ou em publicidade, a importação, exportação, distribuição, colocação no mercado ou armazenamento de produtos com essas marcas, a oferta ou prestação de serviços com marcas contrafeitas ou imitadas. Tais actos são puníveis mesmo quando envolvam produtos ou serviços sem identidade ou afinidades com aqueles a que se referem marcas protegidas, quando estas gozem de prestígio. Proíbe-se não só a reprodução total do sinal protegido (contrafacção), mas também a reprodução parcial que gere risco de confusão (imitação). Como é óbvio, não basta que alguém reproduza, por qualquer meio, um sinal que se encontre registado como marca de outrem. A qualificação criminal exige que o sinal contrafeito ou imitado seja *usado como marca* de um produto ou serviço (ou esteja destinado a sê-lo)[1384]. Não é necessária a aposição física da marca sobre o produto; mas é imprescindível que a marca seja usada com a finalidade de *identificar e distinguir* um produto ou serviço (seja na publicidade, seja devido à proximidade dos produtos ou do local da prestação dos serviços, seja por qualquer outro modo que faça crer que uma certa marca assinala um dado produto ou serviço). Nessa óptica, a alínea i) do art. 320º proíbe também que alguém use, *nos seus produtos, serviços, estabelecimento ou empresa, embalagens, dísticos ou quaisquer outros suportes com marcas registadas legitimamente apostas* (que não lhe pertençam nem esteja autorizado a usar). A alínea g) abrangem ainda o uso, contrafacção ou imitação de *marcas notórias*, na condição de o respectivo registo já ter sido requerido, em Portugal.

Acrescenta-se ainda, no art. 321º, que é punível (com prisão até 18 meses ou multa até 120 dias) quem ***vender ou ocultar para esse fim*** *produtos que estejam nas condições referidas nos artigos 318º a 322º*. Embora a lei tenha deixado de referir a condição de que o agente tenha actuado *com conhecimento dessa situação*, isto é, com a consciência da natureza ilícita desses produtos, a mesma parece imprescindível, tratando-se de um crime doloso. O que não se deve considerar coberto por esta incriminação é a "importação paralela" de produtos colocados no mercado pelo titular do DPI ou com o seu consentimento, mesmos nos casos em que a regra do esgotamento não se

[1384] Neste sentido, Oliveira Ascensão, *Direito Industrial e Direito Penal*, cit., p. 47.

aplica (v.g. quando os bens provenham do exterior do Espaço Económico Europeu). É que, ainda que se trate de produtos não sujeitos ao esgotamento europeu (legitimando por isso a reacção do titular do DPI, no plano civil), não podem considerar-se artigos contrafeitos ou imitados, pois são produtos genuínos, licitamente fabricados pelo titular do direito em Portugal ou com o seu consentimento.

Neste contexto, o conceito de "pôr em circulação" tem sido objecto da atenção de nossa jurisprudência, que vem esclarecendo que *a circulação que interessa ao artº 324º* [actual 321º] *é a comercial, que vai desde a compra para revenda até à venda ao consumidor final. Tudo isto é circuito comercial, com produtos em circulação*[1385]. Como sublinhou a Relação do Porto[1386], *esta colocação no mercado não ocorre, ou não ocorre apenas, com a venda a realizar pelo arguido: é anterior e aconteceu, desde logo, quando ele comprou os produtos, pois que a compra foi determinada pela intenção de os vender. Assim podemos afirmar que, pelo menos neste momento, os artigos contrafeitos entraram no giro comercial.*

As **denominações de origem e indicações geográficas** também beneficiam de tutela penal, nos termos do art. 324º, que pune a respectiva **violação e uso ilegal** com pena de prisão até 3 anos ou com pena de multa até 360 dias. Assim sucederá quando alguém:

a) *Reproduzir ou imitar, total ou parcialmente, uma denominação de origem ou uma indicação geográfica registada;*
b) *Não tendo direito ao uso de uma denominação de origem, ou de uma indicação geográfica, utilizar nos seus produtos sinais que constituam reprodução, imitação ou tradução das mesmas, mesmo que seja indicada a verdadeira origem dos produtos ou que a denominação ou indicação seja acompanhada de expressões como «Género», «Tipo», «Qualidade», «Maneira», «Imitação», «Rival de», «Superior a» ou outras semelhantes.*

Importa acrescentar que, na protecção das DO e IG do sector vitivinícola, o legislador português entendeu que a *especial relevância que estas designações assumem no nosso país e a importância estratégica do sector* justificavam *um padrão sancionatório mais severo do que o previsto para a generalidade das infracções económicas e contra a propriedade industrial,* tendo estabelecido, no Regime

[1385] Ac. RL de 15.02.2011 (rel. Paulo Barreto; in www.dgsi.pt).
[1386] Ac. RP de 10.02.2010 (rel. Olga Maurício, in www.dgsi.pt).

da Infracções Vitivinícolas[1387], penas de prisão de 6 meses a 4 anos para os crimes mais graves, como a **usurpação de DO ou de IG** e o **tráfico de produtos vitivinícolas**.

A repressão criminal está ainda prevista para três outras condutas, relacionadas com a obtenção indevida de DPI. Assim, o art. 325º do CPI pune a **obtenção, de má fé, de patentes, MU e registos de DM** que não pertençam legitimamente ao requerente. O art. 326º criminaliza o **registo obtido ou mantido com abuso do direito**, relativamente a marcas e outros sinais distintivos pertencentes a um nacional de qualquer país da União de Paris, quando essa actuação obedeça à *finalidade comprovada de constranger essa pessoa a uma disposição patrimonial que acarrete para ela um prejuízo ou para dela obter uma ilegítima vantagem económica*. Por fim, o art. 327º pune o **registo de acto inexistente ou realizado com manifesta ocultação da verdade**, mesmo que tenha ocorrido *sem violação de direitos de terceiro*. A estes tipos penais subjaz a intenção de preservar a idoneidade e fiabilidade dos registos de Propriedade Industrial, bem como a sua finalidade económica e social, punindo o aproveitamento oportunístico de DPI com a intenção de prejudicar terceiros ou de alcançar um benefício ilegítimo.

5.4.2. Contra-ordenações

A fim de punir outras infracções à Propriedade Industrial, consideradas menos graves pelo legislador, o CPI tipifica sete contra-ordenações, nos arts. 330º a 336º, para as quais estabelece coimas que podem atingir os € 30.000 para as pessoas colectivas e € 7.500 para as pessoas singulares, para além de sanções acessórias específicas, como a perda de produtos a favor do Estado (prevista, genericamente, no art. 328º/3 do CPI).

Desde logo, estão aqui incluídos os actos de **concorrência desleal**, tipificados nos arts. 311º do CPI, para os quais o art. 330º se limita a remeter – matéria que já ficou analisada no capítulo X. O CPI de 2018 passou a punir autonomamente, no art. 331º, a **violação de segredo comercial protegido**, abrangendo quer a obtenção, utilização ou divulgação indevidas do mesmo, quer ainda o fabrico e comercialização de produtos resultantes desses actos ilícitos, desde que com conhecimento ou dever de conhecer essa circunstância.

[1387] Aprovado pelo DL 213/2004, de 23 de Agosto; cf. arts. 8º e 9º.

São igualmente punidos a **invocação e o uso ilegal de recompensas**, nos termos do art. 332º, que não parece restringir o seu âmbito às recompensas que hajam sido registadas no INPI, pois também sanciona, designadamente, quem se intitular possuidor de uma recompensa que nunca existiu (o que poderá, simultaneamente, consistir numa prática comercial desleal).

Embora sob uma epígrafe enganadora, o art. 335º do CPI protege o direito sobre a **firma ou denominação social**, ao proibir o seu uso em nome ou na insígnia de um estabelecimento, ou num logótipo, registado ou não, *se for susceptível de induzir o consumidor em erro ou confusão, salvo se se provar o consentimento ou a legitimidade do seu uso*[1388].

A previsão dos **actos preparatórios**, mencionada no art. 333º, refere-se unicamente à preparação da prática das infracções criminais relativas a *nomes, insígnias, logótipos, denominações de origem ou indicações geográficas registados.* Ou seja, será punível quem *fabricar, importar, adquirir ou guardar para si, ou para outrem* algum desses sinais, quando agir *sem consentimento do titular do direito e com intenção de preparar a execução* de algum dos crimes previstos nos arts. 322º a 324º. Já os actos preparatórios relativos às marcas, patentes, MU e DM (face a esta incompreensível opção legislativa), só serão puníveis quando enquadráveis na previsão dos arts. 318º a 321º do CPI.

A fim de assegurar o cumprimento de certas normas relativas à composição das marcas[1389], o art. 334º proíbe o **uso, como sinais distintivos não registados, de marcas ilícitas**, prevendo não só a aplicação de uma coima, mas também a possibilidade de o Ministério Público requerer a apreensão dos produtos que as contenham e a respectiva perda a favor do Estado.

Por último, o art. 336º sanciona a **invocação ou uso indevido de direito privativos**, isto é, que alguém se apresente como titular de um DPI *sem que*

[1388] A redacção deste preceito é algo deficiente, não só porque a epígrafe sugere que o bem jurídico tutelado é o direito ao nome, insígnia ou logótipo, mas também porque, inopinadamente, alude a um "requerente" (quando o tipo de infracção não prevê a realização de qualquer requerimento). Por isso, admito que a expressão "requerente" seja aqui empregue com o sentido de "agente" ou de "utilizador" do sinal.

[1389] Previstas nas alíneas a) e b), f) a h) do nº 3, no nº 5 do art. 231º e na alínea g) do nº 1 do artigo 232º do CPI (proibição do uso não autorizado de sinais de elevado valor simbólico, nomeadamente símbolos religiosos, ou de símbolos, brasões ou distinções do Estado e outras entidades, bem como nomes e retratos de pessoas).

o mesmo lhe pertença ou quando tenha sido declarado nulo ou caduco; ou que use ou aplique, *indevidamente, as indicações de patente, de modelo de utilidade ou de registo autorizadas apenas aos titulares dos respectivo direitos.*

6. Intervenção aduaneira

Importa, ainda, referir um mecanismo com grande interesse prático e comprovada utilidade no combate à pirataria e à contrafacção: a intervenção aduaneira prevista no Regulamento (UE) 608/2013[1390] e regulada pelo art. 312º do CPI e pelo Decreto-Lei nº 360/2007, de 2 de Novembro.

Esta intervenção consiste na retenção ou suspensão do desalfandegamento das *mercadorias suspeitas de violar um direito de propriedade intelectual*, que é realizada a pedido dos interessados ou mesmo oficiosamente, quando as autoridades aduaneiras suspeitem tratar-se de mercadorias resultantes de um acto violador de DPI, ou destinados à prática de actos desse género.

Este é um sistema relativamente expedito e informal: efectuada a intervenção (apreensão), o titular do direito é notificado da sua realização pela via mais célere (se possível, correio electrónico ou telecópia), dispondo a partir daí do prazo de 10 dias úteis (ou de 3 dias úteis no caso de mercadorias perecíveis)[1391] para fazer **uma de duas** coisas:

[1390] Do Parlamento Europeu e do Conselho de 12 de Junho de 2013, *relativo à intervenção das autoridades aduaneiras para assegurar o cumprimento da legislação sobre os direitos de propriedade intelectual* (JO L 181/15, de 26.09.2013). Segundo estatísticas publicadas pela Comissão Europeia em 27.09.2018, em 2017 foram apreendidos mais de 31 milhões de produtos, tendo-se registado cerca de 60.000 casos de apreensão aduaneira. O valor dos produtos genuínos equivalentes aos apreendidos ronda os 580 milhões de euros. No topo da lista dos produtos apreendidos estão os bens alimentares (24 %), seguidos dos brinquedos (11 %), cigarros (9 %), vestuário (7 %) e outros produtos (9 %). A China figura em primeiro lugar, na lista dos países de origem desses produtos, destacando-se também a Moldávia e os EUA. (Fonte: ec.europa.eu/taxation_customs/business/customs-controls/counterfeit--piracy-other-ipr-violations/ipr- infringements-facts-figures_en). Para um comentário aprofundado ao regime deste regulamento (na sua edição anterior, Reg. 1383/2003), cf. Olivier Vrins / Mariius Schneider, *Enforcement of Intellectual Property Rughts Through Border Mesures*, 2ª ed. 2012.

[1391] Prorrogável por igual período, em casos devidamente justificados (arts. 23º/4 do Reg. 608/2013, 312º/5 do CPI e 6º/5 do DL 360/2007).

a) dar início ao competente processo judicial, com o pedido de apreensão das mercadorias[1392]; ou
b) obter o acordo do importador das mercadorias com vista ao respectivo abandono, e posterior destruição ou outro destino que venha a ser definido, caso em que deverá facultar à autoridade aduaneira *o consentimento escrito do declarante, do possuidor ou do proprietário das mercadorias*[1393]. O conteúdo desses acordos é livremente ajustado entre as partes, sendo frequente convencionar-se que o titular do DPI renuncia ao direito de demandar ou denunciar criminalmente o importador, em contrapartida do consentimento deste para o abandono das mercadorias e da assunção dos custos da respectiva armazenagem e destruição[1394], a que poderá ainda acrescer o pagamento de uma compensação.

Se o titular do direito nada fizer, no citado prazo de 10 dias úteis, a intervenção aduaneira caduca, com a consequente libertação das mercadorias retidas.

[1392] Pode tratar-se, consoante os casos, de processo-crime (em que se prevê a destruição dos objectos apreendidos, nos termos do art. 329º do CPI), ou de processo cível (com ou sem procedimento cautelar) em que seja pedida a apreensão e posterior perda das mercadorias. O art. 23º/3 do Reg. 608/2013 alude, genericamente, a *uma acção judicial para determinar se houve violação de um direito de propriedade intelectual.*

[1393] Esta segunda possibilidade está detalhadamente regulada nos arts. 23º/1 e 2 do Reg. 608/2013 e 6º do DL 360/2007, que prevê a recolha de amostras para instruir um eventual processo judicial.

[1394] Na falta de convenção entre os interessados, dispõe o art. 10º do DL 360/2007 que *os custos de armazenagem e destruição das mercadorias objecto de intervenção aduaneira são suportados, a final, pela parte vencida no processo* ou, no caso de se tratar de um procedimento simplificado previsto no art. 6º, pelo declarante, pelo possuidor ou pelo proprietário das mercadorias. Contudo, até à concretização do pagamento dos custos de armazenagem das mercadorias retidas, o titular do direito *deve suportar provisoriamente essas despesas.* No processo que tenha que ser instaurado, *o titular do direito deve pedir a condenação do demandado cível ou réu no pagamento dos custos de armazenagem das mercadorias retidas.* Note-se que o art. 261º do CPI de 2018 passou a dispor que *os custos de armazenagem e de destruição dos artigos apreendidos são considerados encargos do processo, sendo a responsabilidade pelo seu pagamento apurada nos termos previstos na lei processual penal* – o que poderá implicar alterações ao regime decorrente do DL 360/2007, ao nível da responsabilidade do titular do DPI.

7. A arbitragem

Os mecanismos de resolução alternativa de litígios têm vindo a afirmar-se crescentemente, nos mais variados domínios do Direito e, também, no âmbito da Propriedade Industrial. Expressão disso tem sido o recurso arbitral previsto no CPI de 2003 e retomado no novo CPI, bem como a disciplina da arbitragem relativa aos litígios envolvendo patentes de medicamentos de referência e medicamentos genéricos, instituída em 2011 com carácter necessário e que, com a aprovação do novo CPI, passou a revestir natureza voluntária. As vantagens geralmente atribuídas a estes mecanismos resultam da maior celeridade e flexibilidade dos processos e da possibilidade de designação de árbitros epecializados. Embora nada impeça a submissão a arbitragem voluntária (nos termos gerais) de outros litígios relativos a DPI, importa – pela sua especial relevância e expressão prática – fazer uma referência mais desenvolvida ao regime do recurso arbitral previsto no CPI e à arbitragem relativa a patentes de medicamentos de referência, instituída pela Lei 62/2011, de 12 de Dezembro.

7.1. Recurso arbitral

Tentando superar os atrasos dos processos judiciais então pendentes, nos tribunais de comércio, o legislador de 2003 instituiu um mecanismo de recurso arbitral, *para o julgamento de todas as questões susceptíveis de recurso judicial*, cujo regime actual consta dos arts. 47º a 49º do novo CPI.

Esse tipo de recurso só é admissível mediante *compromisso arbitral* celebrado entre as partes, ao abrigo do art. 48º do CPI, que admite requerimento nesse sentido, por parte do interessado, o qual terá por efeito imediato suspender os prazos de recurso judicial. Neste tipo de processos, o INPI é considerado como parte, estando até antecipadamente vinculado à arbitragem de um centro entretanto constituído, denominado ARBITRARE – Centro de Arbitragem para a Propriedade Industrial[1395], para a composição de litígios de valor igual ou inferior a um milhão de euros e que tenham por objecto matérias relativas a propriedade industrial. No entanto, havendo contra-interessados (por exemplo, reclamantes), é também necessário que estes aceitem o compromisso arbitral (art. 47º/2, do CPI).

[1395] Por força do art. 1º/3 da Portaria nº 1046/2009, de 15 de Setembro. Este centro foi constituído por um conjunto de associados, entre os quais a AEP, AIP/CCI, APIFARMA e a CENTROMARCA. Além deste centro, foi constituído pelo menos um outro, fundado pela APDI – Associação Portuguesa de Direito Intelectual.

A tramitação destes recursos obedece, por um lado, ao disposto na Lei da Arbitragem Voluntária[1396] e, por outro, ao regulamento específico do centro de arbitragem que vier a ser designado pelas partes. Uma inovação prevista no novo CPI é possibilidade de recurso, para a relação, da decisão arbitral que vier a ser proferida, nos termos do nº 5 do art. 48º.

Esta forma de resolução alternativa de litígios tem vantagens inegáveis, resultantes da celeridade de decisões e da flexibilidade da tramitação, que permite, designadamente, a produção de todos os meios de prova admitidos em direito[1397]. Apesar disso, tem vindo a deparar com alguma resistência por parte dos interessados, não sendo particularmente elevado o número de casos julgados por este centro, face ao que se retira das decisões publicadas no BPI e divulgadas na página de Internet do ARBITRARE.

7.2. A arbitragem relativa a patentes de medicamentos de referência

Na sequência da crise financeira de 2011, o "Memorando de Entendimento" celebrado entre o governo português e os membros da "troika" determinava que fossem removidas *todas as barreiras à entrada de genéricos, especialmente através da redução de barreiras administrativas/legais, com vista a acelerar a comparticipação de genéricos*[1398]. Com esse objectivo, foi decidido criar um mecanismo rápido e eficiente para julgar os litígios opondo titulares de patentes de medicamentos de referência e empresas de medicamentos genéricos que tenham pedido autorizações de introdução no mercado ("AIM").

Foi assim que surgiu a Lei 62/2011, de 12 de Dezembro, instituindo um regime de arbitragem *necessária*, institucionalizada ou não institucionalizada, e impondo ao titular da patente que pretendesse impedir o requerente da AIM de iniciar a exploração industrial ou comercial do medicamento genérico, o ónus de dar início ao processo arbitral no prazo de 30 dias, a contar da publicitação do respectivo pedido.

Este diploma desencadeou uma onda de processos arbitrais, caracterizados por uma intensa litigiosidade processual e envoltos em acesas controvérsias doutrinais e jurisprudenciais, que não cumpre detalhar neste manual[1399].

[1396] Actualmente, a Lei 63/2011, de 14 de Dezembro.

[1397] Cf., nomeadamente, o art. 25º do Regulamento de arbitragem do ARBITRARE.

[1398] Medida 3.60.

[1399] Para uma panorâmica desta matéria, anterior às alterações introduzidas pelo DL 110/2018, cf., nomeadamente, Rui Medeiros, *Arbitragem necessária e Constituição*, in

Entretanto, aquando da aprovação do novo CPI, o legislador veio abolir o regime da arbitragem necessária, dispondo agora o art. 3º/1 da L 62/2011 que o titular da patente do medicamento de referência que queira invocar o seu direito deve fazê-lo – no prazo de 30 dias a contar da publicitação do pedido de AIM na página do INFARMED – junto do TPI ou, *em caso de acordo entre as partes junto do tribunal arbitral institucionalizado ou efetuar pedido de subsmissão do litígio a arbitragem não institucionalizada.*

A disciplina do processo arbitral voluntário continua a obedecer ao disposto na Lei 62/2011 e, nos casos omissos, à Lei da Arbitragem Voluntária, bem como às regras acordadas entre as partes ou ao regulamento do centro de arbitragem que estas queiram designar. A par desta alteração, foi consagrada a possibilidade de o demandado invocar no processo arbitral a invalidade da patente, por via de excepção, a qual poderá ser reconhecida com meros efeitos *inter partes*[1400]. Esta solução, que reforça o direito de defesa dos demandados, tem sérios inconvenientes do ponto de vista da certeza e segurança jurídicas (propiciando situações dúbias e contingentes, mormente nos casos de decisões divergentes, proferidas em arbitragens distintas), com as consequentes entorses da concorrência no mercado. No entanto, só o futuro dirá se este risco assumirá uma real expressão prática, o que dependerá fundamentalmente do grau de adesão que a novel arbitragem voluntária vier a registar.

Estudos em Memória do Conselheiro Artur Maurício, 2014, p. 1301 ss., Dário Moura Vicente, *O Regime Especial de Resolução de Conflitos em Matéria de Patentes*, ROA Ano 72, p. 971 ss., Evaristo Mendes, *Patentes de medicamentos. Arbitragem necessária. Comentário de jurisprudência. Súmula da Lei nº 62/2011*, Propriedades Intelectuais nº 4 (2015), pp. 26 a 40, Oehen Mendes, *Breves Considerações sobre a Incompetência dos Tribunais Arbitrais Portugueses Para Apreciarem a Questão da Invalidade das Patentes e dos Certificados Complementares de Proteção para Medicamentos*, in Estudos de Direito Intelectual em Homenagem ao Prof. Doutor José de Oliveira Ascensão, p. 927 ss. e Remédio Marques (*A Arbitrabilidade da Exceção de Invalidade da Patente no Quadro da Lei nº 62/2011*, RDI 2/2014, pp. 203 a 284).

1400 Com esta alteração, o legislador subscreveu o entendimento consagrado pelo Tribunal Constitucional, em 14.05.2015 (rel. Fátima Mata-Mouros; ac. nº 251/2017), que havia julgado inconstitucional a norma interpretativamente extraível dos arts. 2º da L 62/2011 e 35/º1 e 101º/2 do CPI de 2003, ao estabelecer que, em sede da arbitragem necessária instaurada ao abrigo dessa lei, a parte não se pode defender, por excepção, mediante invocação da nulidade da patente, com efeitos meramente *inter partes.*

BIBLIOGRAFIA

AAVV – *Código da Propriedade Industrial Anotado* (ob. col. sob a coord. de ANTÓNIO CAMPINOS e COUTO GONÇALVES), Almedina, 2010

AAVV – *Código das Sociedades Comerciais em Comentário*, vol. I (ob. col. sob a coord. de COUTINHO DE ABREU), Almedina, 2010

AAVV – *Concorrência Desleal*, Almedina, 1997

AAVV – *Direito Industrial* (ob. col. editada pela FDUL e APDI, sob a coord. de OLIVEIRA ASCENSÃO), Vols. I a VII, Almedina, 2001, 2002, 2003, 2005, 2008, 2009, 2010

AAVV – *Estudos de Direito das Sociedades* (ob. col. sob a coord. de COUTINHO DE ABREU), Almedina, 2008

AAVV – *Intellectual Property in the New Millenium. Essays in honour of William R. Cornish*, Cambridge University Press, 2004 (reimp. 2010)

AAVV – *Les Licences de Brevets et le Droit Communautaire* (Colóquio do IRPI) Paris, 1985

AAVV –*L'épuisement du Droit du Breveté* (Actes de la 1ère. Rencontre de Propriété Industrielle du C.E.I.P.I.), Librairies Techniques, 1971

AAVV – *WIPO Intellectual Property Handbook: Policy, Law and Use*, in http://www.wipo.int

ABREU, JORGE COUTINHO DE – *Curso de Direito Comercial*, Vol. I, Almedina, 2009

ABREU, TEIXEIRA DE – *Royalties e Transferências de Tecnologia*, Rev. Fisco, nº 30 1991

ALMEIDA, ALBERTO RIBEIRO DE – *As denominações geográficas na recente jurisprudência do Tribunal de Justiça da União Europeia*, RDI 1/2019

–– *A Autonomia Jurídica da Denominação de Origem, Uma perspectiva transnacional. Uma garantia de qualidade*, Coimbra Editora, 2010

–– *O princípio da especialidade da firma – anotação ao Acórdão de 25.03.2009 do Supremo Tribunal de Justiça*, in *Lusíada Direito*, Nº 1 e 2, 2010

-- *Marca de prestígio, marca notória e acordo ADPIC/TRIPS,* in Direito Industrial - Vol. VI, 2009

-- *Denominações Geográficas,* in Direito Industrial, vol. III, 2003

-- *Denominação de Origem e Marca,* STVDIA IVRIDICA, Coimbra Editora, 1999

-- *O afastamento do princípio da especialidade nas denominações de origem?,* in ROA, Ano. 61, Vol. I.

Ascensão, José de Oliveira - *Direito Industrial e Direito Penal,* in Direito Industrial, Vol. VIII, 2010

-- *O registo da marca "Pedras" para cerveja,* in Direito Industrial - Vol. VI, 2009

-- *Questões problemáticas em sede de indicações geográficas e denominações de origem* in Direito Industrial, Vol. V, 2008

-- *A Marca Comunitária,* in Direito Industrial Vol. II, 2002

-- *Concorrência desleal,* Almedina, 2002

-- *O princípio da prestação: um novo fundamento para a concorrência desleal?,* in *Concorrência desleal,* 1997

-- *A aplicação do Art. 8º da Convenção da União de Paris nos países que sujeitam a registo o nome comercial,* in ROA, Ano 56, II, Agosto 1996

-- *Direito de Autor e Direitos Conexos,* Coimbra Editora, 1992

-- *Direito Comercial* - Vol. II, *Direito Industrial,* ed. polic., Lisboa, 1988

-- *Firma,* in *Colectânea de Jurisprudência,* tomo IV, 1988

Aureliano, Nuno - *O Logótipo - Um Novo Sinal Distintivo do Comércio,* Parte I e Parte II, in Direito Industrial IV, pp. 357 a 445 e Direito Industrial, Vol. V, pp. 89 a 154

Auteri, *Territorialitá del diritto di marchio e circolazione de prodotti «originali»,* Giuffrè, 1973

Azéma, Jacques / Galloux, J. C - *Droit de la Propriété Industrielle,* Dalloz, 2012

Bainbridge, David, *Intellectual Property,* Pearson Education - Longman, 2010

Barnard, Catherine, *The Substantive Law of the EU. The Four Freedoms,* Oxford University Press, 2010

Barents, René, *Directory of EC Case Law on Competition,* Kluver, 2007

Basto, Xavier de - *IRS: Incidência real e Determinação dos Rendimentos Líquidos,* Coimbra Editora, 2007

Beier, Friedrich-Karl - *The Principle of «Exhaustion» in National Patent and Copyright Law of Some European Countries,* Separata da Revista da FDUL, 1991

-- *La territorialité du droit des marques et les échanges internationaux,* in *«Clunet»,* 1971

-- *Evolução e Características Básicas do Direito Europeu das Marcas* (trad. Isabel Jalles), in Revista *Assuntos Europeus,* 1982

Beier, Friedrich-Karl / Knaak - *The protection of Direct and Indirect geographical Indications of Source in Germany and in the European Community,* in International Review of Industrial Property and Copyright Law, nº 1, 1994

BEIER, FRIEDRICH-KARL / SCHRICKER / FIKENSCHTER – *German Industrial Property, Copyright and Antitrust Laws. Legal Texts with Introduction*, Max-Plank Institute, 1996

BENTLY, LIONEL / SHERMAN, BRAD – *Intellectual Property Law*, Oxford University Press, 2014

BERTRAND, ANDRÉ – *Droit d'Auteur*, Dalloz, 2010

-- *Droit exclusifs, concurrence déloyale et défense de la concurrence, in AAVV, Direito Industrial*, Vol. III, 2003

-- *La Propriété Intellectuelle, Livre II, Marques e Brevets, Dessins et Modèles*, Delmas, 1995

BIGARÉ, ARNAUD – *Vers une stratégie de dépôt des dessins et modèles en Europe*, in Petites Affiches, 7 de Maio de 2002, Nº 91

BLAKENEY, MICHAEL, *The Protection of Geographical Indications. Law and Practice*, Eward Elgar Pub, 2014

BONET, GEORGES – *Propriétés Intelectuelles*, Crónicas de Jurisprudência publicadas in RTDE (anos 1981 a 2005)

CANOTILHO, GOMES / MOREIRA, VITAL – *Constituição da República Anotada*, Vol. I, Coimbra Editora, 2007

CARVALHO, AMÉRICO SILVA – *Abuso de Direito e Boa Fé em Propriedade Industrial*, in Direito Industrial, Vol. V, 2008

-- *Direito de Marcas*, Coimbra Editora, 2004

-- *Marca Comunitária. Os motivos absolutos e relativos de recusa*, Coimbra Editora, 1999

-- *O Objecto da Invenção*, Coimbra Editora, 1970

CARVALHO, MARIA MIGUEL – *A Marca enganosa*, Almedina, 2010

-- *Desenhos e Modelos. Carácter Singular. Cumulação com Marca*, in Direito Industrial, Vol. VII, 2010

-- *A transmissão da marca*, in Direito Industrial, Vol. VI, 2009

-- *"Novas" marcas e marcas não tradicionais: objecto*, in Direito Industrial, Vol. VI, 2009

-- *Marca Colectiva – Breves Considerações*, in Direito Industrial Vol. V, 2008

-- *Merchandising de Marcas*, Almedina, 2003

CARVALHO, NUNO PIRES DE – *A estrutura dos Sistemas de Patentes e de Marcas. Passado, Presente e Futuro*, Ed. Lumen Juris, Rio de Janeiro, 2009

-- *The Primary Function of Patents*, in Journal of Law, Technology and Policy da Universidade do Illinois, Vol. I, 2001

-- *The TRIPS Regime of Trademarks and Designs*, Kluwer, 2006

-- *The TRIPS Regime of Patent Rights*, Kluwer, 2005

CARVALHO, ORLANDO DE – *Anotação ao Acórdão de 11 de Dezembro de* 1979 in RLJ, ano 113º

-- *Introdução à posse*, RLJ, Ano 122º

-- *Direito das Coisas*, Centelha, 1977

-- *Critério e Estrutura do Estabelecimento Comercial*, Atlântida Editora, 1967

Carvalho, Paula – *A Violação da Licença e o Esgotamento do Direito de Marca*, Coimbra Editora, 2011

Cascón, Fernando Carbajo – *Bienes Inmateriales Híbridos y Concurrencia de Protecciones: Formas de Tutela de las Obras Aplicadas a la Industria,* Pe.i revista de propiedad intelectual, 55, Janeiro-Abril 2017

Casado Cerviño e Cerro Prada – *GATT y Propriedad Industrial*, Ed. Tecnos, Madrid, 1994

Castro, Carlos Osório de – *Os efeitos da nulidade da patente sobre o contrato de licença da invenção patenteada,* Universidade Católica Portuguesa – Editora, 1994

Chavanne, Albert / Burst, J. J. – *Le Droit de la Propriété Industrielle,* Dalloz, 1993

Chorão, Bigotte – *Notas sobre o Âmbito da Concorrência Desleal,* ROA, Ano 55º, Dezembro de 1995

Coelho, José Gabriel Pinto – *Lições de Direito Comercial,* 1º Vol., Lisboa, 1957

–– *A protecção do «nome de estabelecimento estrangeiro»* in RLJ, ano 97º

–– *O "nome comercial" na Convenção da União de Paris (1883) e no Código da Propriedade Industrial,* in RLJ, ano 95º

–– *A protecção da marca notória e da marca de reputação excepcional,* in RLJ Ano 92º

–– *A protecção da marca "notoriamente conhecida"*, in RLJ Ano 84º

–– *Marcas Comerciais e Industriais,* Ed. Portugal-Brasil, 1922

Cordeiro, Menezes – *Manual de Direito Comercial*, Almedina, 2007

–– Tratado de Direito Civil Português, I, Parte Geral, Tomo IV, Almedina, 2005

–– *Teoria geral do Direito Civil,* 1º Vol., AAFDUL, 1990

Cornish, William / Llewelyn, David / Aplin, Tanya – *Intellectual Property. Patents, Copyright, Trademarks and Allied Rights,* 7ª ed., Sweet & Maxwell, 2010

Cornish, William – *Cases and Materials on Intellectual Property*, Sweet & Maxwell, 2003

–– *Intellectual Property. Patents, Copyright, Trademarks and Allied Rights,* 1ª ed., Sweet & Maxwell, 1981

Corte-Real Cruz, A. – *O conteúdo e extensão do direito à marca: a marca de grande prestígio,* in Direito Industrial – Vol. I, 2001

Correia, Ferrer / Serens, Nogueira – *Protecção do Título de Jornal,* Vol. 5 de Temas de Direito de Autor, 1989

Correia, Ferrer – *Lições de Direito Comercial,* Vol. I, polic., U. Coimbra, 1973

Costa, Almeida – *Direito das Obrigações,* 11ª edição, Almedina, 2008

Craig, Paul / De Búrca, Gráinne – *EU Law, Text, Cases and Materials,* Oxford University Press, 2011

Cruz, Justino – *Código da Propriedade Industrial anotado*, Liv. Arnado, 1983

Cruz, Rui Solnado da – *A Marca Olfactiva,* Almedina, 2008.

Dassas, Gérard – *L'élargissement de la protection des marques en droits français, allemand et international,* Librairies techniques, 1976

Demaret, Paul – *Industrial Property Rights, Compulsory Licences and the Free Movement of Goods under Community Law,* IIC, Vol. 18, 1997

-- *La Protection de la Propriété Intellectuelle. Aspects Juridiques Européens et Internationaux* (polic.), Institut Universitaire International Luxembourg, 1989

-- *Patents, Territorial Restrictions and EEC Law. A Legal and Economical Analysis,* in IIC, 1978

-- *Circulation des Produits et Loi Uniforme BENELUX sur les Marques,* RTDE, 1972

Dinwoodie, Graeme B. / Janis, Mark D. – *Trade Dress and Design Law,* Aspen Publishers, 2010

Domingues, Luis – *Marcas notórias, marcas de prestígio e acordo ADPIC/TRIPS,* in Direito Industrial – Vol. VII, 2010

Dreyfuss, Rochelle – *Examining State Street Bank: Developments in Business Method Patenting,* in Computer Law Review, 1/2001

Durham, Alan – *Patent Law Essentials. A concise guide,* Preaeger, 2004

Ernst & Young – *La Fiscalité de la Propriété Industrielle,* INPI, Paris, 2007

Fabbio, Philipp – *Disegni e Modeli,* CEDAM, 2012

Fernandes, Carvalho – *A Nova Disciplina das Invalidades dos Direitos Industriais,* ROA Ano 63º, nº I/II 2003

Fernandes, Miguel Almeida – *Nomes de Domínio na Internet,* Ed. CENTROATLANTICO.PT, 2004

Fernández-Nóvoa/Otero Lastres/Botana Agra – *Manual de la Propiedad Industrial,* Marcial Pons, 2017

Fernández-Nóvoa, Carlos – *Tratado sobre Derecho de Marcas,* Marcial Pons, 2004

– *Fundamentos de Derecho de Marcas,* Ed. Montecorvo, 1984

Fezer, Karl-Heinz – *Markenrecht,* C.H. Beck, 2009

Fidalgo, Vitor Palmela – *As Licenças Compulsórias de Direitos de Propriedade Industrial,* Almedina, 2016.

Franceschelli, Remo – *Sui marchio d'impresa,* Giuffrè Editore, 1988

-- *Nature Juridique des droits de l'auteur et de l'inventeur,* in *Studi Riuniti di Diritto Industriale,* Milão, 1972

-- *Trattato di Diritto Industriale,* Vol. I, Giuffrè Editore, 1961

-- *Vendita sotto e vechi segni altrui di cose rifatte, rinovate, transformate, sofisticate,* in *Studi Riuniti di Diritto Industriale,* Milão, 1972

Freitas, Lebre de – *Incompetência do Tribunal de Comércio para as acções fundadas em concorrência desleal,* ROA, Dezembro 2005

Friden, Georges – *Recent developments in EEC intellectual property law: The distinction between existence and exercise revisited,* Common Market Law Review, 1989

Frisch, Annette – *Das Freihaltbedürfnis im Markenrecht,* Nomos, 2007

Gangjee, Dev – *Relocationg the Law of Geographical Indications,* Cambridge University Press, 2012

Geraldes, António Abrantes, *Temas da Reforma do Processo Civil,* IV Vol., 2010
Gilson, Jerome – Trademark Protection and Practice, Vol. I , Mathew Bender, 1988
Gippini-Fournier, Eric – *Comentário ao Ac. Silhouette,* in CMLR, 1999
Goldman / Lyon-Caen / Vogel – *Droit Commercial Européen,* Dalloz, 1994
Gonçalves, Luis Couto – *Manual de Direito Industrial,* Almedina, 2019
-- *Objecto. Sinais protegíveis. Modalidades* in Direito Industrial, Vol. VI, 2009
-- *Direito de Marcas,* Almedina, 2000
-- *Função Distintiva da Marca,* Almedina, 1999
Greffe, F. / Greffe, P. B. – *Traité des dessins & des modèles,* LITEC, Paris, 2008
Guglielmetti, Giannantonio – *Il Marchio Celebre o «De Haute renommée»,* Giuffrè, 1977
Guy & Leigh – *The EEC and the Intellectual Property,* Sweet & Maxwell, 1981
Haedicke / Timmann, *Patent Law: A Handbook,* C.H. Beck, 2014
Henshall, John – *Global Transfer Pricing. Principles and Practice,* Bloomsbury, 2016
Marcelino, João / Rocha, Manuel Lopes – *Invenções e Patentes. Guia prático do Produtor de Tecnologia,* IAPMEI, 2009
Jehoram, Tobias / Van Nispen, Constant/ Huydecoper, Tony – *European Trademark Law,* Wolters Kluwer, 2010
Joliet, René – *La licence de marque et le droit européen de concurrence,* RTDE, 1984
Jones, Alison / Suffrin, Brenda – *EU Competition Law: Text, Cases, and Materials,* Oxford University Press, 2016, p. 530
Karn, Phil – *The US Patent System Is Out of Control!* in http://people.qualcomm.com/karn/patents
Korah, Valentine – *An Introductory Guide to EC Competition Law and Pratice,* Sweet & Maxwell, 1994
Krasser, Rudolf, *Patentrecht,* C.H.Beck, 2009
Kur, Annette – *Too Common, Too Splendid, or 'Just Right'? Trade Mark Protection for Product Shapes in the Light of CJEU Case Law,* Max Planck Institute for Intellectual Property & Competition Law Research Paper No. 14-17, 2014 (disponível in http://ssrn.com/abstract=2526124)
-- *What to Protect, and How? Unfair Competition, Intellectual Property, or Protection Sui Generis,* Max Planck Institute for Intellectual Property & Competition Law Research Paper No. 13-12, 2014 (disponível in http://ssrn.com/abstract=2268585)
-- *Community Design, in* "Max Planck Encyclopedia of European Private Law", Oxford University Press, 2012, I, 272-274.
-- *Too Pretty to Protect? Trade Mark Law and the Enigma of Aesthetic Functionality,* Max Planck Institute for Intellectual Property & Competition Law Research

Paper Series, No. 11-16 (disponível in http://ssrn.com/abstract=1935289 – vs de 28.09.2011; vs. de 2009 publicada *in* "Technology and Competition. Contributions in Honour of Hanns Ullrich", 139-159).

LADAS, STEPHEN PERICLES – *Patents, Trademarks, and Related Rights. National and International Protection*, Harvard University Press, 1975

LASTRES, OTERO – *El grado e creatividad y de originalidad requerida al diseño artístico*, in Direito Industrial, Vol. V, 2008

LEITÃO, ADELAIDE MENEZES – *O reforço da tutela da Propriedade Intelectual na economia digital através de acções de responsabilidade civil*, in Direito Industrial, Vol. VII, 2010

–– *Práticas comerciais desleais como impedimento à outorga de direitos industriais?* in *Direito Industrial*, Vol. VII, 2010

–– *A tutela dos direitos de Propriedade Intelectual na Directiva 2004/48/CE*, in Direito da Sociedade da Informação, Vol. VII, 2008

–– *Direito da Publicidade e Concorrência Desleal*, in *Direito Industrial*, vol. IV, 2005

–– *Publicidade Comparativa e Concorrência desleal*, in *Direito Industrial*, vol. IV, 2005

–– *Estudo de Direito Privado Sobre a Cláusula Geral de Concorrência desleal*, Almedina, 2000

LESSIG, LAWRENCE – *The Future of Ideas*, Random House, 2001

–– *Code and Other Laws of Cybersapace*, Basic Books, Perseus Books, 1999

LOBATO, MANUEL, *Comentario a la Ley 17/2001 de Marcas*, Civitas, Madrid, 2002

LOPES, SEABRA – *Direito dos Registos e Notariado*, Almedina, 2010

LUCAS, EUGÉNIO PEREIRA, *A Patente Comunitária e o seu Controlo Jurisdicional*, Edições Res XXI, 2009

MACHADO, JOÃO BAPTISTA – *Lições de Direito Internacional Privado*, Almedina, 1982

MAGALHÃES, BARBOSA DE –*Do Estabelecimento Comercial*, Edições Atica, 1951

MAIA, PEDRO – *Tipos de Sociedades Comerciais*, in AAVV, *Estudos de Direito das Sociedades*, Almedina, 2008

MANGINI, VITO – *Il marchio e gli altri segni distintivi*, Vol. V do Tratatto di Diritto Commerciale e di Diritto Pubblico del' Economia, Cedam, 1982

MARCHETTI – *L'épuisement du droit du breveté et règles italiennes, in L'épuisement du droit du brévelé*, 1971

MARQUES, ANDRÉ SOUSA – *Da Aquisição Originária do Direito sobre a Marca (uso vs. registo)*, Almedina, 2014

MARQUES, J. PAULO REMÉDIO – *Anotação ao art. 10º*, in AAVV, *Código das Sociedades Comerciais em Comentário*, vol. I, Almedina 2010

–– *Medicamentos versus Patentes*, Coimbra Editora, 2008

–– *Licenças (Voluntárias e Obrigatórias) de Direitos de Propriedade Industrial*, Almedina, 2008

-- *Biotecnologias(s) e Propriedade Intelectual*, Vol. I e II, Almedina, 2007

MARTINS, ALEXANDRA C. – *O Regime dos Preços de Transferência e o IVA*, Cadernos IDFFF, nº 10, Almedina, 2009

MARTINS, CONCEIÇÃO A. – *Memória do Vinho do Porto*, Instituto de Ciências Sociais da Universidade de Lisboa, 1990.

MASSA, GIOVANNI – *Funzione Attrativa e Autonomia del Marchio*, Jovene Editore, 1994

MASSA, IVÁN SEMPERE – *La protección de las formas como marca tridimensional*, Tirant lo blanch, 2011

MCCARTHY, J. THOMAS – *Dilution of a trade mark: European and United States law compared*, in AAVV *Intelletual Property in the New Millenium. Essays in honour of William R. Cornish*, 2004

MELLO, ALBERTO DE SÁ E – *Manual de Direito de Autor*, Almedina, 2014

– *Contrato de Direito de Autor. A autonomia contratual na formação do direito de autor*, Almedina, 2008

MENDES, MANUEL OEHEN – *Breves Considerações sobre a Incompetência dos Tribunais Arbitrais Portugueses Para Apreciarem a Questão da Invalidade das Patentes e dos Certificados Complementares de Proteção para Medicamentos*, in Estudos de Direito Intelectual em Homenagem ao Prof. Doutor José de Oliveira Ascensão,

-- *Os certificados complementares de protecção (CCP) para medicamentos à luz da jurisprudência recente do TJUE*, RDI 1/2014

-- *Tutela Jurídica das Topografias dos Circuitos Integrados, in* "Direito da Sociedade da Informação", I, 1999, 89-109

-- *Direito Industrial* – I, Almedina, 1983/84

-- *Da protecção do nome comercial estrangeiro em Portugal*, Almedina, 1982

MELLO, ALBERTO DE SÁ E – *Manual de Direito de Autor*, Almedina, 2014

MONTEIRO, CÉSAR BESSA – *Arbitrabilidade, Propriedade Industrial e Direitos de Autor*, in Jornal do INPI, Ano XIII, nº 4, Dezembro de 1998.

OLAVO, CARLOS – *Propriedade Industrial*, Vol. I, Almedina, 2005

-- *De novo sobre a competência do Tribunal de Comércio para as acções fundadas em concorrência desleal*, ROA, Dezembro 2005

-- *Marcas e Indicações Geográficas*, Anotação ao ac. RL de 29.07.2004, in ROA, Ano 65

-- *Desenhos e Modelos: Evolução Legislativa*, in Direito Industrial, Vol. III, 2003

-- *Importações paralelas e Esgotamento de Direitos de Propriedade Industrial: Questões e perspectivas*, ROA, Dezembro 2001

OHLY, ANSGAR – *Areas of Overlap Between Trade Mark Rights, Copyright and Design Rights in German Law*, GRUR Int. 2007

PAÚL, JORGE PATRÍCIO – *Concorrência Desleal e Direito do Consumidor*, ROA, Ano 65, Vol. I Junho de 2005

-- *Breve análise do regime da concorrência desleal no novo Código da Propriedade Industrial*, ROA, Ano 63, Abril 2003

-- *Concorrência desleal e Segredos de Negócio, in AAVV, Direito Industrial*, Vol. II, 2002

-- *Concorrência desleal*, Coimbra Editora, 1965

PEREIRA, ALEXANDRE DIAS – *Direitos de Autor e Liberdade de Informação*, Almedina, 2008

-- *Patentes de Software. Sobre a patenteabilidade de programas de computador*, Direito Industrial, Vol. I, 2001

PEREIRA, FREITAS – *Aspectos Fiscais relativos a «Royalties» e Transferências de Tecnologia – Um Comentário*, Rev. Fisco, nº 30, 1991

PEREIRA, GASPAR MARTINS – *O Douro e o Vinho do Porto de Pombal a João Franco*, Ad. Afrontamento, 1991

PEREIRA, LILIANA – *Sobre o Conceito de Royalties e a sua Aplicação aos Contratos de Transferência de Know-how e Assistência Técnica: O Caso Português*, in "Os 10 Anos de Investigação do CIJE. Estudos Jurídico-Económicos", Almedina, 2010

PERRET, FRANÇOIS – *La protection des méthodes commerciales par le droit des brevets d'invention: le point de la situation aprês l'arrêt State Street Bank*, Revue de Droit Suisse, nº 3-2001

PINHEIRO, LIMA – *Direito Internacional Privado – Direito dos Conflitos – Parte Especial*, Almedina, 2009

PINTO MONTEIRO, ANTÓNIO – *Contratos de Distribuição Comercial*, Almedina, 2002

PINTO MONTEIRO, LUÍS – *A recusa em Licenciar Direitos de Propriedade Intelectual no Direito da Concorrência*, Almedina, 2010

POUILLET, EUGÈNE – *Traité Théorique et Pratique des Dessins et Modèles*, 5ª ed., Marchal & Godde, Suc., Paris, 1911

-- *Traité Théorique et Pratique de la Propriété Littéraire et Artistique et du Droit de Représentation*, 3ª. dd., Marchal et Billard, 1908 (1ª. ed., Marchal et Billard, 1879).

QUAEDVLIEG, ANTOON – *Overlap/relationships between copyright and other intelectual property rights*, in *Research handbook on the future of EU copyright* (Estelle Derclaye ed.), Edward Elgar, 2009, 480-516.

-- *Shapes which give substantial value to the goods. Towards a systematic and homogeneous protection of designs in the EU*, in "Harmonisation of European IP Law", 175-218

-- *Concurrence and Convergence in Industrial Design: 3-Dimensional Shapes Excluded by Trademark Law, in* "Intellectual Property Law. Articles on Crossing Borders between Tradicional and Actual", 2004, 23-69

-- *Copyright and Perfume: Nose, Intellect and Industry*, RIDA, 230, 2011, 7-77

-- *Three Times a Hybrid. Typecasting Hybrids Between Copyrigt and Industrial Property, in* "Intellectual Property and Information Law", 47-58

-- *Protection of three-dimensional models as a trademark* (comunicação ao congresso de Nova Iorque da Association Litéraire et Artistique Internationale, 2001, disponível in www.alai-usa.org/2001)

RAHMATIAN, ANDREAS – *Originality in UK Copyright Law: The Old "Skill and Labour" Doctrine Under Pressure,* IIC (2013) 44, 4-34

-- *A Fundamental Critique of the Law-and-Economics Analysis of Intellectual Property Rights,* Marquette Intellectual Property Law Review, Summer 2013, 192-229

-- *Copyright and Creativity. The Making of Property Rights in Creative Works,* Edward Elgar, 2011

RAINHA, PAULA / VAZ, SÓNIA – *Guia Jurídico da Internet em Portugal,* CENTROATLANTICO.PT, 2001

REBELLO, LUIS FRANCISCO – *Introdução ao Direito de Autor,* Vol. I, Témis, D. Quixote, 1994

RIBEIRO, QUINTELA BÁRBARA – *A Tutela Jurídica da Moda pelos Desenhos ou Modelos,* in Direito Industrial, Vol. V, 2008

RIBEIRO, FÁTIMA – *O Contrato de Franquia,* Almedina, 2001

ROCHA, MARIA VICTÓRIA – *Contributos para delimitação da "originalidade" como requisito de protecção da obra pelo Direito de Autor, in* "ARS IVDICANDI – Estudos em Homenagem ao Prof. Doutor António Castanheira Neves", Vol. II – Direito Privado, STVDIA IVRIDICA, 91, 2008, 733-792

-- *A obra enquanto objecto de protecção pelo Direito de Autor* (policop.), 2011

RODRÍGUEZ-CANO, ALBERTO BERCOVITZ – *Comentarios a la Ley de Competencia Desleal,* Ed. Aranzadi, 2011

ROUBIER, PAUL – *Le Droit de la Propriété Industrielle,* Vols. I e II, Sirey, 1952 e 1954

RUHL, OLIVER – *Gemeinschaftsgeschmacksmuster,* Carl Heymmans Verlag, 2010

SÁ, CUNHA DE – *O Abuso do Direito,* Cadernos de Ciência e Técnica Fiscal, 1973

SAINT-GAL, YVES – *Protection et Défense de Marques de Fabrique et Concurrence Déloyale,* Delmas, 1962.

SANCHES, SALDANHA – *Os Limites do Planeamento Fiscal. Substância e Forma no Direito Português, Comunitário e Internacional,* Coimbra Editora, 2006

SANTOS, FILIPE CASSIANO DOS – *Direito Comercial Português,* Vol. I, Coimbra Editora 2007

SANTOS, MANUEL SIMAS / SOUSA, JORGE LOPES DE – *Contra-Ordenações. Anotações ao Regime Geral,* Vislis, 2002, p. 361

SEGADE, GOMEZ – *Actividad Inventiva y Doctrina de los Equivalentes,* in Direito Industrial Vol. IV, 2005

SEGADE, GOMEZ – *El secreto industrial,* Ed. Tecnos, 1974

SERENS, MANUEL NOGUEIRA – *O Âmbito Geográfico do Esgotamento do Direito à Marca na Primeira Directiva 89/104/CEE,* ROA Jan/Jun 2018

-- *A Monopolização da Concorrência e a (Re-) Emergência da Tutela da Marca,* Almedina, 2007

-- *Aspectos do Princípio da Verdade da Marca,* Boletim da Faculdade de Direito de Coimbra, 2002

-- *A Vulgarização da Marca na Directiva 89/104/*CEE, de 21 de Dezembro de 1988, Separata do Boletim da Faculdade de Direito de Coimbra, 1995

-- *Firma e língua portuguesa (parecer),* Revista do Notariado, 1994

-- *Marcas de Forma* – Parecer publicado na Col. Jur. 1991, Tomo IV

Schricker, Gerhard / Loewenheim, Ulrich – *Urheberrecht Kommentar,* C. H. Beck, 2010

Shanks, Hershel (editor) – *The Art and Craft of Judging. The decisions of Judge Learnead Hand,* Macmillan, 1968

Silva, Miguel Moura e – *O Abuso de Posição Dominante na Nova Economia,* Almedina, 2010

-- *Desenhos e Modelos Industriais – Um Paradigma Perdido?* in Direito Industrial, Vol. I, 2001

Silva, Nuno Sousa e – *A nova disciplina dos segredos de negócio: análise e sugestões,* RDI 1/2019

-- *O Segredo de Negócio como Escudo e como Espada* in Maria Fernanda Palma / Augusto Silva Dias / Paulo de Sousa Mendes (eds), Estudos sobre Law Enforcement, Compliance e Direito Penal, Almedina, 2018

-- *Propriedade Industrial no contexto laboral: quem tem direito a quê?*, RDE Outubro 2017, p. 234 ss.

-- *Patentes de células estaminais: a situação europeia em confronto com o Direito dos EUA,* RDI 2/2017

-- *A Concorrência Desleal como limite à mobilidade de trabalhadores,* in AAVV, Los actuales câmbios sociales y laborales: nuevos retos para el mudo del trabajo, vol. IV, Peter Lang, 2017

-- *Um retrato do regime português dos segredos de negócio,* ROA, 2015

-- *Trabalho e segredos de negócio – Pode um (ex-)trabalhador ser proibido de trabalhar?* in Questões Laborais nº 47, 2015

-- *Proposta de Directiva em matéria de Segredos de Negócio – Estado e Perspetivas,* RDI nº 2/2014

-- *What exactly is a trade secret under the proposed directive?* in JIPLP [2014] vol.9(11)

-- *The Ownership Problems of Overlaps in European Intellectual Property,* Nomos, 2014

-- *Uma Introdução ao Direito de Autor Europeu, ROA, Out/Dez 2013, 1331-1387*

-- *"No copyright protection for tap designs", says Portuguese court, JIPLP, 2013, Vol. 8 686-687*

-- *Novelty is not enough: Spanish Supreme Court rejects unity of art in an enigmatic decision, JIPLP, 2013, Vol. 8, 825-826*

-- *Quando o segredo é a "alma do negócio" – definição de um conceito*, Revista da Associação Brasileira da Propriedade Intelectual, nº 126, 2013, pp. 3-26

SILVA, PAULA COSTA E – *Meios de Reacção Civil à Concorrência Desleal, in* AAVV *Concorrência Desleal*, Almedina, 1997

SILVA, PEDRO SOUSA E – *A Protecção Jurídica do Design*, Almedina, 2017

-- *O artigo 240º do CPI e a Protecção do Trade Dress*, in "Estudos de Direito Intelectual em Homenagem do Professor Doutor Oliveira Ascensão", ob. col. editada pela APDI, Almedina, 2015

-- *O Tribunal Unificado de Patentes*, RDI 1/2014

-- *O Direito ao Modelo de Utilidade*, DI VI, 2009

-- *A «Protecção Prévia» dos Desenhos e Modelos*, in DI IV, 2005

-- *Os Novos Modelos de Utilidade*, DI IV, 2005

-- *A patenteabilidade dos métodos comerciais*, in Direito da Sociedade da Informação, Vol. V, 2004

-- *"E depois do adeus". O "esgotamento" do Direito Industrial e os direitos subsistentes após a colocação no mercado*, in DI III, 2003

-- *O "Esgotamento" do Direito Industrial e as "Importações Paralelas" – desenvolvimentos recentes da jurisprudência comunitária e nacional*, in DI II, 2002

-- *O princípio da especialidade das marcas. A regra e a excepção: as marcas de grande prestígio*, ROA, 1998

-- *Direito Comunitário e Propriedade Industrial*, STVDIA IURIDICA, Coimbra Editora, 1996

SORDELLI, LUIGI – *Marchio e «secondary meaning»*, Giuffré, 1979

STOCKMAIR, WILFRIED – *The Protection of Technical Innovations in Germany*, VCH, p. 128

STONE, DAVID – *European Union Design Law. A Practitioners' Guide*, Oxford University Press, 2012

SUTHERSANEN, UMA – *Copyright and Industrial Objects: Aesthetic Considerations and Policy Discriminations*, , Queen Mary University of London School of Law. Legal Studies Research Paper Nº 168/2014, disponível *in* http://ssrn.com/abstract=2382718

-- *Function, Art and Fashion: Do We Need the EU Design Law?*, Queen Mary University of London School of Law. Legal Studies Research Paper Nº 88/2011, disponível in http://ssrn.com/abstract=1945142

-- *Design Law: Europe and United States of America*, Sweet & Maxwell, 2010

-- *Design Law: Creativity and Competition*, "Intellectual Property Rights. A Global Vision", 295-338

-- *The European Court of Justice in Phillips v. Remington – Trade Marks and Market Freedom*, Intellectual Property Quarterly, 2003, 3, 257-283

-- *Design Law in Europe*, Sweet & Maxwell, 2000

TROLLER, ALLOIS – *Précis du droit de la propriété immatérielle,* Ed. S.A. Bâle, 1978

ULMER, EUGEN – *Urheber- und Verlagsrecht,* Springer, 1980

–– *La répression de la concurrence déloyale dans les Etats membres de la Communauté Économique Européenne. Vol. I. Droit comparé avec des propositions pour le rapprochement des législations.* Dalloz, 1967

VAIDHYANATHAN, SIVA – *Copyrights and Copywrongs,* New York University Press, 2001

VANZETTI, ADRIANO – *Funzione e Natura Giuridica del Marchio,* Rivista di Diritto Commerciale, 1961

VANZETTI, ADRIANO / DI CATALDO, VINCENZO – *Manuale di Diritto Industriale,* Giuffrè Editore, 2018

VAN BAEL & BELLIS – *Competition Law of the EEC,* CCH Editions, 1987

VARELA, ANTUNES – *Direito das Obrigações,* Vol. I, Almedina, 2008

VARELA, ANTUNES / LIMA, PIRES DE – *Código Civil Anotado,* Vol. III, 2ª.ed (reimp.), Coimbra Editora, 2010

VASCONCELOS, PESTANA DE – *O Contrato de Franquia (Franchising),* Almedina, 2000

VICENTE, DÁRIO MOURA – *Propriedade Intelectual – Estudos Vários,* AAFDL, 2018

–– *Proteção do Know-how, Segredo de Negócios e Direito Intelectual,* RDI 2/2018

–– *A Tutela Internacional da Propriedade Intelectual,* Almedina, 2008

–– *Problemática Internacional dos Nomes de Domínio,* in *AA VV* Direito da Sociedade da Informação, Vol. IV, 2003

VILELA, TELMO MACHADO – *Patente Universitária e a sua exploração nas Universidades Ibéricas,* dissertação apresentada na Universidade de Santiago de Compostela, em 30.06.2003, disponível in http://www.marcasepatentes.pt/files/collections/pt_PT/1/271

VRINS, OLIVIER / MARIUS SCHNEIDER, *Enforcement of Intellectual Property Rughts Through Border Mesures,* Oxford University Press, 2ª ed., 2012.

WAELBROECK, DENIS / FRIGNANI, ALDO – *Commentaire J. Megret,* Vol. 4, *Concurrence,* Ed. Université de Bruxelles, 1997

XAVIER, ALBERTO – *Direito Tributário Internacional,* Almedina, 2007

WYATT, D. / DASHWOOD, A. – *The Substantive Law of the E.E.C.,* Butterworths, Londres, 1987

WURTENBERGER, BERT – *Firt Contours of European Law in Damages in IP Infringement Cases,* GRUR Int, 8-9/2018, pp. 725-731

YANNIS SKULIKARIS – *What's wrong with patenting Computer-Implemented Inventions?* EPO Press Workshop, 2006

Obras Colectivas

- *Código da Propriedade Industrial Anotado* (Coord. Campinos, A. / Gonçalves, C.), Almedina, 2010 [citado abreviadamente como "António Campinos, CPI Anotado"]
- *Comentarios a la Ley de Competencia Desleal*, Alberto Bercovitz Rodríguez-Cano (dir.), Aranzadi, 2011
- *Comentarios a la Ley de Propiedad Intelectual*, Rodrigo Bercovitz Rodríguez-Cano (coord.), Tecnos, 2007
- *Common Principles of European Intellectual Property Law*, Ansgar Ohly (ed.), Mohr Siebeck, 2012
- *Concise European Trade Mark and Design Law*, Gielen, C. / Von Bomhard, V. (ed.), Wolters Kluwer, 2nd. edition, 2017 [citado abreviadamente como "*Concise*", com a indicação do autor de cada comentário]
- *Concorrência Desleal* (coord. Oliveira Ascensão), Almedina, 1997
- *Contratos de Direito de Autor e de Direito Industrial* (Org. Almeida, C. F. / Gonçalves, L. C. / Trabuco, C.), Almedina, 2011
- *Designschutz in Europe. Entscheidungen europäisher und nationalier gerichte / Design Protection in Europe. Decisions of European and National Courts*, Vols. 1-4, Henning Hartwig (ed.), Carl Heymanns Verlag, 2007/2012
- *Dicionário de Estética*, Carchia, G. / D'angelo, P. (dir.), Edições 70, 2009
- *Direito Industrial*, Vols. I a VIII (Coord. Oliveira Ascensão), Almedina, 2001-2012
- *Estudos de Direito Intelectual em Homenagem ao Prof. Doutor José de Oliveira Ascensão*, Almedina, 2015
- *Encyclopedia of Law & Economics*, Vol. II, Bouckaert, Boudewijn / De Geest, Gerrit (eds.) Edward Elgar, 2000
- *European Design Protection: Commentary to Directive and Regulation Proposals* (coord. Mario Franzosi), Kluwer Law International, 1996
- *Geistiges Eigentum im Dienst der Innovation*, Schricker, G. / Dreier, T. / Kur, A. (ed.), Nomos, 2001
- *Handbuch das Ausstattungsrecht*, Schricker, G. / Stauder, D. (ed.), 1986, VCH, 1986
- *Harmonisation of European IP Law. From European rules to Belgian Law and practice. Contributions in honour of Frank Gotzen*, M. C. Janssens / Van Overwalle, G. (ed.), Bruylant , 2012
- *Intellectual Property in the New Millenium. Essays in Honour of William R. Cornish*, Bently, L./Vaver, D. (ed.), Cambridge University Press, 2004 (rep. 2010), 175-188.

- *Le Cumul des Droits Intellectuels* (Actas da conferência organizada pelo Centre de Recherche Informatique et Droit das faculdades de Namur), Cruquenaire, A. / Dussolier, S. (dir.), Éditions Larcier, 2009
- *Research Handbook on the Future of EU Copyright Law*, Derclaye, Estelle (ed.), Edward Elgar, 2009
- *The Europeanisation of Intellectual Property Law*, Ohly, A. / Pila, J. (ed.), Oxford University Press, 2013
- *The EU Design Approach. A Global Appraisal*, Kur, Annette / Levin, Marianne / Schovsbo, Jens (eds.), The EU Design Approach. A Global Appraisal, Edward Elgar, 2018.

Documentos

- *Case Law of the Boards of Appeal of the European Patent Office*
- *Creativity, Design and Business Performance*, relatório elaborado pclo "Department of Trade and Industry" britânico, Novembro de 2005 (disponível in http://www.dti.gov.uk/files/file13654.pdf)
- *Guidelines for Examination in the European Patent Office*, aprovadas por decisão do presidente de 18.08.2014
- *Guidelines for Examination in the EUIPO.*
- *Green Paper on the Legal Protection of Industrial Designs. Working document of the services of the Commission*, doc. nº 111/F/5131/91-EN, Junho 1991
- *L'arrangement de La Haye concernant l'enregistrement international des dessins et modèles industriels: principales caractéristiques et avantajes* – Publicação da OMPI nº 911(F), de 2010
- *Livro Verde. Aproveitar ao máximo o saber-fazer tradicional da Europa: a eventual extensão da proteção das indicações geográficas da União Europeia aos produtos não agrícolas*, Comissão Europeia, Estrasburgo, 15.07.2014, COM(2014) 469 final
- *Parecer acerca da proposta de lei sobre propriedade industrial*, Câmara Corporativa, Ed. da Assembleia Naciona, 1937
- *The interplay between design and copyright protection for industrial products*, conjunto de relatórios apresentado pelos grupos nacionais na AIPPI – Associação Internacional para a Protecção da Propriedade Intelectual, em 2012 (disponível in http://www.aippi.org)
- *Towards a European Design Law* (Max Planck Institute for International Patent, Copyright and Competition Law, Munique, 1991)
- Relatório Estatístico Anual do INPI
- *Study on the Overall Functioning of the European Trade Mark System* (Max Planck Institute for International Patent, Copyright and Competition Law, Munique, 2011)

- *Study on the protection of geographical indications for products other than wines, spiritos, agricultural products or foodstuffs* (elaborado pela Insight Consulting para a Direcção-Geral do Comércio da Comissão Europeia, 2009
- *Trade Dress Protection in Europe, Report prepared by the Europe Subcommittee of the Trade Dress Committee 2004-2005;* INTA – International Trademark Association

ÍNDICE

PRIMEIRA PARTE
TUTELA DA INOVAÇÃO

SEGUNDA PARTE
SINAIS DISTINTIVOS